DEUTSCHE GÖTTER- UND HELDENSAGEN

KURT EIGL

DEUTSCHE GÖTTER- UND HELDENSAGEN

MIT ILLUSTRATIONEN VON ADALBERT PILCH

SÜDWEST VERLAG · MÜNCHEN

Umschlaggestaltung: Design Team, München

Lizenzausgabe für den Südwest Verlag GmbH & Co. KG, München

1985 · 71. – 85. Tausend · ISBN 3-517-00150-3

Gesamtherstellung: May & Co., Darmstadt

Thor und Loki

WIE THOR SEINEN HAMMER HEIMHOLTE

Eines Morgens erwachte Thor und griff vergebens nach seinem Hammer: er war ihm über Nacht gestohlen worden. Zornig stampfte er umher und suchte überall — aber weder vom Hammer noch vom Dieb fand sich die kleinste Spur.

Da ging er zu Loki, dem Listigen, und sprach: »Höre, man hat mir Mjölnir geraubt, hilf mir ihn suchen!«

Loki war sogleich dazu bereit. Er eilte zu Freyja, der schmuckfrohen Göttin der Liebe, und bat sie um ihr Federhemd. Gerne gab sie es ihm, denn Thors Hammer war für die Asen kostbarer als alles Geschmeide der Welt: er schützte sie vor den Riesen.

Loki flog mit rauschenden Schwingenschlägen hinab nach Jotunheim. Auf einem Hügel fand er den Riesen Thrym sitzen. Er fragte ihn: »Hast du Thors Hammer gestohlen?«

»Das habe ich!« erwiderte Thrym. »Acht Meilen unter der Erde liegt Mjölnir verborgen, und wenn ihn die Asen wiederhaben wollen, so müssen sie mir dafür Freyja, die Göttin der Schönheit und Liebe, zur Frau geben. Bringt sie mir her, und ihr habt den Hammer wieder!«

Da flog Loki eilends nach Asgard zurück und berichtete, nach welch herrlicher Braut es Thrym gelüste. »Nun habt ihr Freyja oder Thors Hammer verloren«, rief er spöttisch, »eines von beiden müßt ihr dem Riesen lassen!«

Erschrocken eilten die Götter zur Beratung. Freyja war außer sich vor Not: sie wollte nimmer die Braut eines Riesen werden. Aber Thor wollte auch auf seinen Hammer nicht verzichten.

Da sprach Heimdall: »Ich weiß euch Rat. Kleidet Thor in bräutliches Linnen, verschleiert ihm Haupt und Antlitz mit feinem Gewebe und legt ihm Freyjas besten Schmuck um Hals und Gelenke. So angetan, in wallenden Röcken, schickt ihn als Braut hinab zu Thrym, er wird den Trug nicht merken.«

Thor geriet in Wut. »Als Weib soll ich mich verkleiden?« rief er.

»Nie und nimmer! Treibt euren Spott, mit wem ihr wollt, nicht mit mir!«

»Besänftige deinen Zorn«, sagte Loki, »befolge Heimdalls Rat, er ist gut. Oder willst du, daß die Riesen Asgard stürmen? Auf! Leih dir von Freyja Gewänder und schmücke dich, ich will dich als Zofe nach Jotunheim begleiten, du *mußt* Mjölnir heimholen!«

Gesagt, getan. In Frauenkleidern traten sie die Reise an. Eine hohe Haube zierte Thors Haupt, davon fiel ein dichter Schleier herab, Brauen und Bart verhüllend, und bis an die Knöchel wallte der Brautrock nieder, mit roter und goldener Borte gesäumt. Hell blitzte Freyjas Geschmeide über der verhüllten, rauhhaarigen Brust.

Thor trieb seine beiden Böcke von der Weide, schirrte sie an den Wagen und fuhr über die Felsen nach Jotunheim, daß die Funken stoben und die Berge barsten. Loki, als Zofe, stand hinter ihm.

Sie kamen ins Riesenreich. Sogleich ließ Thrym voll Freude Tische und Bänke mit goldenen Ringen bestreuen, schmückte den Saal mit Zweigen und empfing die vermeintliche Braut leuchtenden Auges.

»Nun ist mein Glück vollkommen!« rief er. »Freyja, Njörds holde Tochter, kehrt ein bei mir! Nun erst freue ich mich all meines Reichtums, der fetten, goldgehörnten Herden auf den Weiden, meiner Schätze in der Tiefe und meines mächtigen Saals. Tritt ein, süße Göttin, und laß dir das Hochzeitsmahl schmecken!«

In gewaltigen Kesseln und Tonnen trugen Thryms Knechte Met und Bier herbei, in Trögen schleppten sie Speisen und beluden damit die eichenen Tische, daß die Bretter ächzten.

Thor, die Braut, griff wacker zu. Er aß einen ganzen Ochsen, verspeiste acht Lachse und trank drei Tonnen Met. Auch das Honigbackwerk, das für die weiblichen Gäste bestimmt war und zwölf Körbe füllte, aß er ganz allein auf.

Da staunten die Riesen und Riesinnen, die sich in Thryms Halle zum Schmaus eingefunden hatten, und Thrym selber fragte, aufs äußerste verwundert:

»Wann hat man je eine Braut so schlingen und saufen gesehn?«

Doch Loki, der als zierliche Zofe neben der Braut saß und um das Gelingen des Streiches bangte, erhob sich in Züchten und sagte:

»Acht Tage hat Njörds holde Tochter nichts gegessen vor lauter Sehnsucht nach Riesenheim.«

Das schmeichelte Thrym. Er hob den Schleier ein wenig auf, um der

Braut einen Kuß zu rauben. Aber da traf ihn Thors funkelndes Auge unter rotbuschiger Braue, und er prallte entsetzt zurück.

»Seit wann kann eines Mädchens Blick so schrecklich lodern?« fragte er bestürzt.

Und wieder war Loki mit der rechten Antwort zur Stelle: »Verzeiht, König Thrym, die Braut konnte acht Nächte lang nicht schlafen vor Sehnsucht nach Riesenheim.«

Da wollte Thrym nicht mehr länger warten und die Vermählung alsogleich feiern. Hochzeitsbräuche übte man, Thryms Schwester übergab der künftigen Hausfrau die Herrschaft und erbat sich goldene Ringe als Unterpfand.

Aber Thrym war ungeduldig. Er befahl seinen Trollen, den Hammer aus der Erdentiefe emporzubringen, auf daß man die Braut mit Thors heiliger Waffe segne.

Alsbald lag Mjölnir funkelnd in Thors Schoß. Der Gott packte ihn am Stiel, riß sich mit der Linken Haube und Schleier vom Haupt. Dröhnend sprang er auf, gewaltig holte er aus und schlug Thrym nieder. Auch Thryms Schwester empfing statt goldener Ringe den Todesstreich, und neben und über den beiden lagen im Nu mit gespaltenen Schädeln die anderen Riesen und Riesinnen. Keiner entkam.

Als nichts mehr sich regte im weiten Saal, strich sich Thor den feurigen Bart und rief Loki zu: »Das wäre vollbracht, laß uns heimfahren! Und Dank für deine Hilfe!«

Donnernd fuhr Thors Gefährt aus dem Felsgewirr Jotunheims hinauf nach Asgard. Er hatte seinen Hammer wieder!

WIE THOR UND LOKI NACH UTGARD REISTEN

Eines Tages wollte Thor nach Utgard reisen, das war eine Riesenburg am äußersten Rande von Jotunheim, darum hieß sie auch Utgard: Außenwelt.

In Utgard herrschte König Utgard-Loki, ein gewaltiger zauberkundiger Riese, den wollte Thor besuchen. Er war noch nie so weit gereist. Loki erbot sich, Thor zu begleiten, er wußte in Utgards Wildnis gut Bescheid.

Thors Böcke — »Zahnknirscher« hieß der eine, der andere »Zahnknisterer« — liefen, was sie laufen konnten, und noch vor Abend tauchten die Klippen Jotunheims vor den Augen der Götter auf. Bei einem Bauern, dem letzten, der am Rand des unwirtlichen Gebietes siedelte, baten sie um Obdach für die Nacht und um ein Mahl.

Der Bauer hatte nichts, womit er sie bewirten konnte, darum schlachtete Thor seine Böcke und warf das Fleisch in den Kochkessel über dem offenen Feuer. Die Knochen aber legte er fein säuberlich in Reih und Glied auf die Felle. Als das Fleisch gar war, lud er den Bauern und dessen Sohn Thialfi ein, mitzuhalten.

Während sie aßen, packte Loki die Lust zu bösen Streichen, und er verführte Thialfi dazu, einen Schenkelknochen von den Fellen zu nehmen, ihn mit dem Messer entzweizuschlagen und das Mark herauszusaugen. »Das Mark ist das Beste!« flüsterte er ihm zu.

Der Bursch ließ sich das nicht zweimal sagen, nahm den Knochen, schlug ihn entzwei und schlürfte das Mark. Dann gingen alle zur Ruhe.

Am anderen Morgen segnete Thor mit seinem Hammer die Felle und Knochen, davon wurden die Böcke wieder lebendig. Doch als er sie vor seinen Wagen spannen wollte, bemerkte er, daß der eine an einem Hinterbein lahmte. Vor lauter Zorn wollte Thor das Haus des Bauern in Trümmer schlagen, doch der Bauer warf sich zu Boden und flehte um Gnade. Um den erzürnten Asen zu beschwichtigen, überließ er ihm zur Buße seinen Sohn als Knecht und seine Tochter dazu.

Zu viert ging die Reise nun weiter, unwegsam und öd war das Land, schluchtenreich und von Nebel überwallt. Als es Abend wurde, waren sie noch immer nicht am Ziel. Sie fanden Unterschlupf in einer wunderlichen Herberge, die war gewölbt wie eine Höhle und hatte einen kleineren Anbau. Ein weites, dunkles Tor gähnte ihnen entgegen, sie fuhren hinein und legten sich müde zum Schlafen nieder; zu essen fanden sie nichts.

In der Nacht erschütterte ein schreckliches Erdbeben das seltsame Haus, und Loki kroch mit den zitternden Bauernkindern in den Anbau, indes Thor sich vor den Eingang setzte und mit dem Hammer Wache hielt. Als der Morgen graute, sah er, daß ein Riese neben der Herberge lag und schnarchte. Er hatte während der Nacht geniest, davon war das Erdbeben gekommen.

Schon wollte ihm Thor mit dem Hammer den Garaus machen, da erhob sich der Geselle, rief »guten Morgen!« und stellte sich vor. Er nannte sich Skrymir, das bedeutet Prahler, und als Thor sich im trüben Frühlicht umsah, bemerkte er, daß die wunderliche Herberge, in der sie genächtigt hatten, der Handschuh des Riesen war, ein grober Fäustling, und der Anbau, in welchem Loki Zuflucht gesucht hatte, war der Daumen.

Skrymir frühstückte aus seinem gewaltigen Freßbeutel. Dann wischte er sich den Mund ab und machte sich erbötig, die Reisenden ein Stück Weges zu begleiten. Er ging ihnen voran, doch mit so großen Schritten, daß ihm Thors Böcke kaum folgen konnten, wie schnell sie auch liefen.

Am Abend legten sich die Reisenden gemeinsam unter eine breite Eiche, da wollten sie die Nacht zubringen, denn sie waren noch immer nicht nach Utgard gekommen, das am Rande des Riesenreiches lag. Skrymir bot ihnen großmütig seinen Freßbeutel an, weil sie über Hunger klagten. Doch als Thor den Sack öffnen wollte, vermochte er den Riemen nicht zu lösen. Vor Zorn versetzte er Skrymir, der inzwischen eingeschlafen war, einen Schlag auf die Schläfe. Skrymir wischte mit dem Handrücken über die getroffene Stelle und meinte schlaftrunken: »Da ist mir wohl ein Blatt auf den Kopf gefallen.«

Gleich darauf schnarchte er wieder, daß alles wackelte. Voll Zorn ließ Thor seinen Hammer auf die Wirbelsäule des Riesen niedersausen, daß er ein gutes Stück in den Leib drang. Doch Skrymir brummte nur: »Da ist mir wohl eine Eichel vom Baum auf den Buckel gefallen«, und schlief seelenruhig weiter.

Nun holte Thor zum drittenmal aus und schlug auf des Riesen Schädel. Es donnerte so mächtig, daß ein paar Felsen in der Nähe einstürzten. Der Hammer fuhr bis zum Schaft in Skrymirs Schädel. Aber der Riese fuhr sich nur mit dem Finger ein wenig über den Kopf und meinte: »Ei, da nisten wohl Vöglein im Baum, die haben mir etwas aufs Dach fallen lassen.« Dann erhob er sich und sagte: »Unsere Wege trennen sich. Geht nur immer weiter ostwärts, da könnt ihr nicht fehlen. Im Osten werdet ihr Leute finden, hundertmal stärker als ich. Wenn ihr zu ihnen kommt, seid hübsch bescheiden, sonst ergeht es euch schlecht. Ich muß nach Norden, gehabt euch wohl!«

Damit schlug er sich in die Büsche und war weg.

Am Abend des anderen Tages erreichten die Wanderer endlich Utgard, die Burg König Utgard-Lokis, die sah aus wie ein Eisberg. Sie traten ein. Da saß der König finster blickend auf seinem Thron, umgeben von seinem Hofstaat, und fuhr die beiden Götter und die verschreckten Bauernkinder mit groben Worten an:

»Was wollt ihr hier, ihr Wichte? Zeigt erst, was ihr vermögt, ehe wir euch einladen, Platz zu nehmen!«

»Wie wäre es mit einem Wettessen?« schlug Loki vor.

»Nicht schlecht«, erwiderte Utgard-Loki und rief seinen Koch herbei, mit dem mußte Loki die Wette austragen.

Der König ließ einen mit Fleisch gefüllten Trog bringen, da mußte sich jeder an ein Ende setzen und von seiner Seite her zu schlingen beginnen. Genau in der Mitte trafen sie zusammen, und das Urteil hätte auf Unentschieden lauten müssen, aber weil der Koch auch die Knochen und zuletzt den Trog auffraß, blieb er Sieger.

Die Riesen lachten.

Nun wollte Thialfi, der Bauernbursch, zeigen, wie schnell er laufen konnte, und schlug einen Wettlauf vor. Utgard-Loki gab ihm einen jungen Mann aus seinem Gefolge zum Gegner, der hieß Hugin und lief so schnell, daß er Thialfi eine beschämende Niederlage zufügte.

Nun kam Thor an die Reihe. Er wollte im Trinken siegen. Utgard-Loki ließ ihm ein langes, dünnes Horn reichen und sprach: »Trink das leer!«

Thor setzte an, er wollte es mit einem Zuge schaffen. Doch er sog und sog, und als er zum zweiten Zug Atem holte, sah er, daß die Flüssigkeit kaum um Fingerbreite gesunken war. Das blieb auch nach dem zweiten Zug so. Ärgerlich gab er das Horn zurück.

Die Riesen lachten.

Da wollte sie Thor mit seiner Götterstärke beschämen. Doch als der König ihn aufforderte, seine Hauskatze aufzuheben, versagte Thor auch da. Wie sehr er sich abmühte, die Katze wölbte nur den Buckel. Mit Müh und Not konnte der Gott ihre Vorderpfote ein wenig vom Boden lüpfen.

Zuletzt wollte er es mit einem Zweikampf versuchen, doch der König stellte ihm keinen seiner Männer als Gegner, sondern seine steinalte Amme Elli.

Das wird ein leichter Sieg, dachte Thor und begann mit dem zahnlosen Weib zu ringen. Aber die Alte stand felsenfest und zwang Thor mit geringer Mühe aufs Knie, wie verzweifelt er sich auch wehrte.

Da gab Utgard-Loki ein Zeichen, das Spiel zu beenden, und gewährte den Fremden Unterkunft in seinem Palast. »Morgen früh«, rief er, »müßt ihr zusehen, daß ihr weiterkommt, ich kann euch hier nicht länger dulden!«

Als er bei Sonnenaufgang die Götter und die beiden Bauernkinder entließ, sagte er:

»Ohne meinen Willen wäret ihr niemals in mein Reich gelangt. Ich selbst war der Riese Skrymir, und als du, Thor, dreimal mit dem Hammer nach mir schlugst, hielt ich mir dreimal ein Felsstück vor, sonst stünde ich heute nicht mehr vor dir. Mein Koch, dem du, Loki, im Wettessen unterlagst, war Logi, das Wildfeuer, das alles verzehrt. Und Hugin, der Läufer, war mein Gedanke — kein Wunder, daß er schneller war als der Bauernlümmel da. Das Trinkhorn stak mit der Spitze im Weltmeer, das kann kein Gott austrinken — doch ist durch Thors Saugen immerhin die Ebbe entstanden. Daß meine Katze die Midgardschlange war, habt ihr natürlich auch nicht erkannt — beinahe hättest du, Thor, sie vom Boden losgerissen. Meine Amme Elli endlich war das Alter, das noch jeden, auch den Stärksten, auf den Rücken warf, und daß es dich nur ins Knie zwang, macht dir alle Ehre! Doch jetzt verlaßt schleunigst meine Burg, Asen haben hier nichts verloren.«

Hoch schwang Thor seinen Hammer, er wollte den Eispalast samt den Riesen zerschmettern. Doch im selben Augenblick war Utgard-Lokis Burg verschwunden, öd und leer lag die Küste vor den Blicken der Reisenden: in Utgard, der Außenwelt-Burg am Rande des Riesenreiches, war alles nur Blendwerk.

Zornig fuhr Thor heim. Thialfi und das Bauernmädchen gab er ihrem Vater zurück. Dann lenkte er seine Böcke über Stock und Stein gegen Asgard. Und wenn ihn später jemand an seinen Besuch bei König Utgard-Loki erinnerte, zog er drohend die Augenbrauen zusammen und ärgerte sich.

WIE LOKI IDUN ENTFÜHRTE

Odin, Hönir und Loki wanderten einst zu den Eisriesen. Der Weg ging durch Ödland, und sie litten Hunger. Endlich kamen sie in ein grünes Tal, da weidete eine Rinderherde. Sie fingen einen Ochsen, schlachteten ihn und brieten ihn unter einer Eiche zwischen heißen Steinen. Doch wie lang sie ihn auch brieten, er wurde und wurde nicht gar. Da deckten sie einen schweren Stein über die Kochgrube und schürten das Feuer — aber als sie nach geraumer Weile von neuem nachsahen, war der Ochse noch immer roh und ungenießbar.

Plötzlich hörten sie aus der Eiche herab eine Stimme tönen: »Wenn *ich* nicht will, wird das Fleisch niemals gar!«

Sie blickten auf und gewahrten einen riesigen Adler, der hockte auf einem dicken Ast und sah ihnen zu. Auf einmal hub der Vogel wieder zu sprechen an und sagte: »Gebt mir einen vollen Anteil an dem Fleisch, und ich will machen, daß es weich und knusprig wird!«

Die Asen willigten ein. Da stieß der Adler herab, setzte sich auf den Deckstein, und im nächsten Augenblick duftete es köstlich unter diesem hervor: der Ochsenbraten war fertig.

Nun öffneten sie die Kochgrube und wollten ans Verteilen gehen. Der Adler aber packte sogleich die gerösteten Keulen und die fetten Schultern, die besten Stücke, und flog damit auf. Voll Wut über das eigensüchtige Betragen des Adlers schlug Loki mit einer großen Stange nach ihm, aber die Stange blieb am Gefieder des Vogels haften, und Lokis Hände waren plötzlich wie an die Stange angewachsen.

Da ließ der Adler die Fleischstücke fallen und flog so knapp über dem Erdboden hin, daß Loki über die spitzen Steine schleifte und arge Schmerzen litt. Er bat den Adler, ihn doch freizugeben, den Zauber zu lösen. Doch dieser antwortete:

»Ich bin der Riese Thiassi. Ihr habt einen Ochsen meiner Herde gestohlen, dafür sollt ihr büßen. Niemand frevelt ungestraft auf meinem Grund und Boden!«

Lokis Qual wurde immer ärger. »Du reißt mir ja die Gelenke aus den Achseln!« rief er.

»Versprich mir, daß du mir Idun, die Göttin der Jugend, samt ihren goldenen Äpfeln aus Asgard bringst, so will ich dich loslassen, eher nicht!«

Loki zögerte mit dem Eid, aber der Adler verdoppelte die Geschwindigkeit seiner Flügel und schuf dem Gott solche Pein, daß dieser schließlich alles versprach, was Thiassi verlangte. Übel zerschunden lag er neben der Stange, indes der Adler mit rauschenden Fittichen über ihn hinwegflog und zu seiner Herde zurückkehrte.

Loki suchte Odin und Hönir, fand sie und setzte mit ihnen die Reise zu den Eisriesen fort. Was er Thiassi versprochen hatte, verheimlichte er wohlweislich.

Nach Asgard heimgekehrt, machte sich der Listige an Idun heran und erzählte ihr, er habe in einem Wald, nicht weit von Asgards Grenze, einen Baum mit noch viel schöneren Äpfeln gesehen, als Idun sie in ihrem Garten pflege; sie möge selbst mit ihm kommen und sich von der Wahrheit seiner Worte überzeugen. Zum Vergleich könne sie ja ihre Äpfel mitnehmen.

Idun war arglos. Sie ließ sich von Loki zu der Wanderung überreden, doch kaum hatten sie Asgards Grenze überschritten, als Thiassi in Adlersgestalt einherbrauste und die Göttin samt ihren köstlichen Äpfeln entführte.

Nun war Idun in Jotunheim gefangen. Den Asen aber bekam ihr Verlust schlecht: ihre Haut welkte, ihre Hände wurden faltig und begannen zu zittern, schwach wurde ihr Auge, lahm ihr Fuß, ihre Schläfen grau — kurz, seit sie nicht mehr von den goldenen Äpfeln der ewigen Jugend essen konnten, alterten sie wie Menschen.

Müde und gebeugt schritten sie zur Versammlung. Im Rat kam es dann heraus, daß man Idun zuletzt in Lokis Gesellschaft gesehen habe, und die Götter packten den alten Bösewicht und drohten ihm mit der Folter, wenn er Idun nicht augenblicklich zur Stelle schüfe.

Da borgte sich Loki Freyjas Falkenhemd aus und flog in dieser Verkleidung zu Thiassis Hof. Der Riese befand sich gerade zu Schiff auf dem Meer, Idun aber war allein zu Hause. Da verwandelte Loki sie in eine Nuß, nahm sie in seine Falkenklaue und flog damit nach Asgard.

Thiassi kehrte heim. Als er Idun nicht mehr vorfand, schlüpfte er in sein Adlerhemd und jagte dem Räuber nach. Voll Sehnsucht spähten die Asen nordwärts, und als sie den Falken mit der Nuß heraneilen sahen, verfolgt von einem gewaltigen Adler, häuften sie Holzspäne vor der Wallmauer auf.

Der Falke sauste mit seiner Beute über die Mauer. Da legten die Götter Feuer an die Späne, und als der Adler herbeischoß, vermochte er seinen Flug nicht mehr rechtzeitig zu hemmen und stürzte mitten in die heiße Lohe, die vor ihm hochschlug. Mit versengtem Gefieder fiel er den Asen zu Füßen, die packten und erschlugen ihn. Dann griffen sie lechzend nach Iduns Äpfeln, und mit den ersten Bissen kehrte ihnen die vorige blühende Jugend zurück.

Nun aber kam Skadi, des getöteten Riesen Tochter, nach Asgard und forderte Vatersühne.

»Wähle dir einen von uns zum Gatten, das ist Buße genug!« sagten die Asen, und Skadi war damit einverstanden. Sie sollte jedoch bei der Wahl des Bräutigams nur dessen Füße sehen dürfen, und als die Götter hinter einem Vorhang, der nur die Füße sehen ließ, an ihr vor-

beiwandelten, wählte sie den mit den edelsten, zartesten Füßen, denn sie meinte, das wäre Baldur — und Baldur hatte ihr gleich beim Eintritt so gut gefallen. Ihn wollte sie haben.

Es war aber nicht Baldur, sondern Njörd, Freyjas Vater, der Gott des friedlichen Meeres, dessen Füße sie gesehen hatte, und so wurde sie diesem vermählt.

Skadi war aber noch nicht zufrieden. Da beschlossen die Götter, ihr das Lachen wiederzugeben, das sie vor Trauer verloren hatte.

Sogleich band Loki einer Ziege ein Seil an den Bart, schlang sich das andere Ende um den Leib und vollführte nun um die Ziege einen

Bockstanz mit den tollsten Sprüngen, so lange, bis Skadi hellauf lachen mußte.

Als dritte Sühnegabe verliehen die Asen dem erschlagenen Riesen ewigen Ruhm. Allvater Odin nahm Thiassis Augen und schleuderte sie weit in den Himmelsraum empor. Dort blieben sie als wunderbar blitzendes Doppelgestirn stehen.

Durch ihre Vermählung mit Njörd war Skadi nun in die Schar der Asen aufgenommen. Aber die Ehe war nicht glücklich: Njörds schimmernde Burg stand am sonnigen Meer, das er liebte — Skadi jedoch litt Heimweh nach dem Norden. Ihr fehlten die Eisberge und die wildreichen Wälder, die düstere Wintersonne, die rauhe Jagd.

Da kamen die beiden überein, alle neun Tage den gemeinsamen Wohnsitz zu wechseln. Doch auch dies schlug fehl. Njörd sehnte sich nach der Sonne und den singenden Schwänen, vor dem Gebirge schauerte ihn. Skadi war wieder das ruhige Meer ein Greuel — so trennten sie sich.

Skadi heiratete später Ullr, den Wintergott, der auch nicht gerne in Asgard wohnte, weil dort immer schönes, warmes Wetter war. Er hatte die Schneeschuhe erfunden: starke, schmale Eschenhölzer, mit zerlassenem Bienenwachs geglättet; die schnallten sie sich an die Füße und jagten pelzvermummt und mit roten Wangen über die glitzernden Hänge, daß der Schnee nur so stäubte.

Sie liebten den kalten Norden und blieben ihm treu. Nur im Winter, wenn es auch im Süden von Mittelgard zu schneien begann, kamen sie auf einige Zeit dorthin zu Besuch.

WIE LOKI BESTRAFT WURDE

Baldurs Tod hatte die Götter tief erschreckt. Sie ahnten ihr nahes Ende und suchten es auf alle Art abzuwenden. Nachdem sie den Fenriswolf gebunden hatten, wollten sie nun auch Loki, durch dessen falsche Freundschaft sie in so arge Schuld geraten waren, fangen und unschädlich machen.

Loki aber schöpfte Verdacht. Er zog sich ins fernste, wildeste Gebirge zurück und baute sich dort ein Haus mit vier Türen, durch welche er nach allen Himmelsrichtungen spähen konnte. Mehrmals am Tage verwandelte er sich in einen Lachs und verbarg sich in einem Wasserfall.

Einstmals saß er vor seinem Haus und flocht sich aus Flachsgarn ein Netz. Da erspähte ihn Odin von seinem Hochsitz aus. Er rief: »Dort hockt der Frevler in den Bergen! Auf, ihr Asen, eilet, ihn zu fangen!« Flugs warf Loki das Netz ins Herdfeuer, verwandelte sich und sprang in den Wasserfall. Die Asen fanden das angekohlte Netz, und Heimdall erriet sogleich, daß es ein Gerät zum Fischefangen sei. Er stellte nun selber ein solches Netz her, und mit diesem wollten die Götter Loki fangen. Zweimal mißlang es ihnen. Das eine Mal barg sich Loki zwischen zwei glatten Felsen auf dem Grund, da glitt das leichte Netz über ihn hin. Das andere Mal, als die Asen das Netz unten mit Steinen beschwert hatten, sprang er aus Angst vor der offenen See, gegen die sie ihn drängten, über das Netz und schwamm in den Wasserfall zurück. Beim drittenmal aber, als er wiederum aus dem Wasser hüpfte, erwischte ihn Thor, der hinter dem Netz hergewatet war, am Schwanz und ließ ihn nicht mehr los.

Nun schleppten die Asen den Bösewicht zu einer einsamen Höhle. Dort stellten sie drei gewaltige Felsplatten auf, durchbohrten sie und schlangen durch die Löcher Wolfsdärme. Mit diesen banden sie den Feuer- und Lügengott an den Stein und verwandelten sodann die Fesseln in Eisen. Über Lokis Haupt hängten sie eine Schlange auf, aus deren Maul unablässig ätzendes Gift auf Lokis Antlitz tropfte. Dann verließen sie ihn.

Doch Sigyn, Lokis Weib, schlich herzu, hockte Tag und Nacht neben dem Leidenden und fing die Tropfen in einer Schale auf. Nur wenn diese voll war und Sigyn sie ausleeren mußte, war Lokis Gesicht für ein paar Augenblicke dem schmerzenden Geifer preisgegeben. Dann rüttelte er vor Qual so heftig an seinen Ketten, daß die Erde bebte und die Menschen vor Angst zitterten.

So war auch Loki unschädlich gemacht. Erst am Tage der Götterdämmerung konnte er sich losreißen.

Sigurd der Drachentöter

DIE WÖLSUNGEN

Vor alten Zeiten lebte ein Mann, der hieß Sigi und war ein Sohn Odins. Sein Nachbar hatte einen Knecht, den lieh sich Sigi aus und ritt mit ihm in den Wald zur Jagd. Der Knecht erbeutete mehr als Sigi, da erschlug ihn dieser vor Zorn. Unter einem Schneehaufen verbarg er die Leiche und sagte, als er heimkam, zu seinem Nachbarn:

»Dein Knecht ritt im Wald vor mir her. Auf einmal war er verschwunden, ich weiß nicht, wohin.«

Der Nachbar traute der Rede nicht, ging mit Leuten in den Wald und fand die Leiche des Knechtes unter dem Schnee. So wurde der Mord offenbar, und Sigi friedlos, das heißt: niemand bot ihm Obdach und Schutz, er war vogelfrei. Bei Nacht und Nebel wich er aus dem Land.

Odin, der über seinen Wegen wachte, führte ihn weit fort, gab ihm Schiffe und Heldengefolge. Sigi zog über Land und Meer. Wohin er kam und kämpfte, siegte er und erwarb ein großes Reich. Er heiratete eine Fürstentochter und herrschte als König. Sein Weib gebar ihm einen Sohn, Rerir geheißen, der wuchs in des Vaters Hallen auf. Als aber Sigi alt geworden war, überfielen ihn die Verwandten seiner Frau auf einem einsamen Weg und erschlugen ihn samt seinem Gesinde.

Rerir trat aus der Halle in den Hof. Er rief seine Freunde zusammen, die bildeten ein großes Heer. Sie halfen ihm, seines Vaters Reich zu halten und Rache zu nehmen für Sigis Tod. Keiner der Mörder blieb am Leben, Rerir gewann eines jeden Land und ward noch mächtiger als sein Vater. Er freite ein Weib, das seiner würdig war, doch sie blieben kinderlos. Einsam schritt Rerir hinaus auf einen Hügel und flehte zu den Göttern um Segen. Odin und Frigga erhörten seine Bitte und sandten eine Wunschmaid zu Rerir. Im Krähenhemd flog sie über den Hügel, auf welchem der König saß, und ließ einen Apfel in seinen Schoß fallen.

Rerir verstand die Botschaft. Er ging heim zu seinem Weibe und bat sie, von dem Apfel zu essen. Davon wuchs ihr ein Kind unter dem

Herzen, ein Knabe, der durch der Götter Walten so stark und groß geriet, daß er, kaum geboren, hinging und seine Mutter küßte.

Die Mutter starb bald nach der Geburt, den Vater sah der Knabe nie, denn Rerir fiel gerade auf einer Heerfahrt, während das Kind zur Welt kam. Der Knabe wurde Wölsung genannt und sollte einer der größten Helden werden.

Als Wölsung zum Mann herangewachsen war, nahm er eine Walküre zum Weibe, die gebar ihm zehn Söhne und ein Mädchen. Der älteste Sohn hieß Sigmund, das Mädchen Signy. Sie waren ein Zwillingspaar und die herrlichsten Kinder, die die Erde trug.

Wölsung war König. Rund um eine uralte Esche ließ er eine Halle bauen, der Stamm des Baumes stand in der Mitte der hölzernen Burg, seine Krone ragte mit Laub und Früchten zum Dach hinaus.

Da kam ein mächtiger Fürst über das Meer gefahren, Siggeir von Gautland, der begehrte Signy zur Ehe, und Wölsung gab sie ihm. So bekam die herrliche, herrische Jungfrau einen ruhmreichen Gatten, dessen freuten sich der Vater und alle Brüder. Nur Signy selbst war freudlos, denn sie liebte Siggeir nicht. Trotzdem wurde sie ihm angelobt.

Am Tage der Hochzeit, zu welcher die erlesensten Männer geladen waren, trat plötzlich ein hochgewachsener bärtiger Mann in die Halle. Er war barfuß, die Linnenhosen trug er am Bein zusammengebunden. Ein fleckiger Mantel hüllte seine Gestalt, tief hatte er seinen breiten Wanderhut in die Stirn gezogen. Man sah, daß er alt und edel war.

Den Männern, die da um das Feuer saßen und tranken, versagte die Stimme, keiner vermochte den Mann zu grüßen. Schweigend sah der Fremde von einem zum andern. Dann zog er bedächtig ein Schwert unter seinem Mantel hervor, trat an den Baum heran und stieß es bis zum Heft hinein.

»Wer dieses Schwert aus dem Stamm zieht, der soll es von mir als Geschenk empfangen. Er wird nie ein besseres in Händen halten!«

So sprach der fremde Wanderer, wandte sich um und ging durch das breite Tor hinaus, niemand wußte, wohin.

Die Männer erhoben sich alle und versuchten, einer nach dem anderen, das Schwert herauszuziehen. Keinem gelang es. Doch als Sigmund, Wölsungs Sohn, herzutrat, zog er es so leicht aus dem Stamm, als ob es lose vor ihm läge.

Da sprach König Siggeir: »Gib mir das Schwert, ich wiege es dir dreifach mit Gold auf.« Doch Sigmund entgegnete ihm: »Wenn es dir geziemte, diese köstliche Klinge zu führen, hättest du sie ebensogut dort nehmen können, wo sie stak.«

Diese Rede erzürnte Siggeir, doch ließ er sich nichts anmerken. Am anderen Morgen brach er auf. Die Wölsungen redeten ihm zu, noch zu bleiben, er aber sagte: »Wind und Wetter sind günstig«, und befahl, die Schiffe in die Flut zu stoßen.

Da ging Signy zu ihrem Vater und zu den Brüdern und sagte: »Siggeir fährt heim, ich will nicht mit ihm fahren, mein Herz lacht ihm nicht zu. Unheil wächst aus unserem Bund, behaltet mich hier.«

Doch die Wölsungen sagten: »Wir haben Siggeir unser Wort gegeben und müssen es halten, Eidbruch brächte allen Schmach, uns wie ihm.«

Da fügte sie sich und folgte ihrem Gatten auf das Schiff.

Alsbald lud Siggeir die Verwandten seiner Frau zu einem festlichen Gelage, weil er doch nach der Hochzeit so rasch aufgebrochen und nicht länger geblieben war. Binnen drei Monaten sollten sie kommen und seine Gäste sein.

Zur festgesetzten Zeit stießen die Wölsungen in See. Sie gelangten nach kurzer, rascher Fahrt zu Siggeirs Reich und zogen die Kiele auf den Sand. Da lief ihnen Signy entgegen und warnte sie: »Kehrt um und flieht! Siggeir sinnt Verrat: mit einem Heer will er euch überfallen!«

Die Brüder antworteten: »Schweig, Signy! Wir haben gelobt, weder vor Eisen noch vor Feuer zu fliehen, auch niemals um Frieden zu bitten.« Und Wölsung, ihr Vater, sagte: »Willst du, daß die Mädchen dereinst deine Brüder necken, weil sie sich in Siggeirs Land vor dem Tod fürchteten? Geh zu deinem Mann, wo du hingehörst, unser Wohl und Wehe bekümmere dich nicht!«

Da entfernte sich Signy.

Es kam alles, wie sie es vorausgesagt hatte. Eine furchtbare Feldschlacht entbrannte zwischen der Küste und Siggeirs Hof. Neunmal durchbrachen die Gäste des Feindes Übermacht, beim zehntenmal fiel Wölsung mit all seinem Gesinde bis auf die zehn Söhne. Die wurden gebunden hinweggeführt.

Als Signy vernahm, daß ihr Vater tot und die Brüder gefangen waren, bat sie ihren Gemahl, er möge sie doch nicht gleich töten, sondern in den Stock legen lassen, das heißt, ihnen Hände und Füße in gefällte und gespaltene Baumstämme klemmen und sie so im Walde aussetzen.

»Das ist tausendmal ärger als der Tod«, sagte Siggeir grimmig, »doch gerade darum willfahre ich deiner Bitte, Rasende!«

Signy wollte heimlich zu den Brüdern schleichen und sie befreien. Doch Siggeir ließ sie so streng bewachen, daß es ihr nicht möglich war.

In der Nacht kam eine Elchkuh und biß einen der Brüder tot. Durch einen treuen Mann ihres Gefolges erfuhr Signy davon. »Sollen die Wölsungen so schrecklich enden?« rief sie verzweifelt. Aber sie wußte keinen Rat. Neun Nächte hindurch kam die Elchkuh und tötete einen nach dem anderen der Brüder. Als nur mehr Sigmund, Signys Zwillingsbruder, übrig war, ließ ihm die Königin durch jenen Getreuen aus ihrem Gefolge das Antlitz mit Honig bestreichen, auch Honig in seinen Mund legen. Da kam die Elchkuh, beleckte sein Gesicht und fuhr ihm mit der Zunge in den Mund. Sigmund biß zu und hielt die Zunge der Elchkuh mit den Zähnen fest. Das Tier stemmte sich gegen den Baumklotz und riß so gewaltig, daß ihm die Zunge samt der Wurzel aus dem Maul fuhr und es verblutete. Aber durch sein Stemmen und Reißen hatte es den Wölsung aus dem Stock befreit.

Sigmund verbarg sich im tiefsten Wald. Er baute sich ein Erdhaus. Von seiner Schwester erhielt er alles, dessen er zum Leben bedurfte. Siggeir aber meinte, die Wölsungen wären alle tot, und fürchtete keinerlei Rache.

Eines Abends würzte Signy Siggeirs Schlaftrunk so stark, daß er wie ein Toter entschlief. Da entwendete sie ihm Sigmunds Schwert, das er nach der Niederlage der Wölsungen an sich genommen hatte, und verbarg es zusammen mit einem Stück Speck in einem Bündel frischen Strohs. Das schickte sie Sigmund in den Wald.

Nun wußte der Bruder, daß er noch diese Nacht Rache üben sollte. Er aß den Speck, ergriff das Schwert, raffte einen Bund trockenen Holzes auf und nahm ein glimmendes Scheit vom Herd seines Erdhauses. So ausgerüstet, schlich er in der Dunkelheit an die Halle Siggeirs heran, schob das Holz unter die Balken und entzündete es.

Als das Feuer aufprasselte und die Halle in Flammen stand, erwachte Siggeir und fragte schlaftrunken: »Wer legte Feuer ans Haus?«

Signy antwortete: »Das tat mein Bruder Sigmund, Wölsungs Sohn, den ich gerettet habe!«

Da griff Siggeir nach seinem Schwert, aber er fand es nicht. Der Rauch benahm ihm die Sinne, ohnmächtig schlug er hin.

»Komm heraus, Schwester, und freue dich!« rief Sigmund vor der

Halle. »Gerächt sind wir, Siggeirs Mannen liegen erschlagen, des Gatten bist du ledig, nun flieh mit mir!«

Signy trat unter das brennende Tor. Da lagen viele von Siggeirs Gesinde, die gekommen waren, das Feuer zu löschen und den König zu retten, tot in ihrem Blut.

»Wisse, Bruder«, sagte Signy, »ich habe Tag und Nacht nur auf Rache gesonnen. Zu viel Blut sah ich fließen, zu viel Leid litt ich, nun mag ich nicht mehr leben. Ich sterbe gerne mit Siggeir, wie ungern ich ihn auch zum Manne nahm.« Damit beugte sie sich zu Sigmund hinab, küßte ihn und sprang wieder zurück in die brennende Halle, wo sie an Siggeirs Seite verbrannte.

Sigmund fuhr über das Meer zurück ins Wölsungenland. Er vertrieb die habgierigen Nachbarn, die sich dort breitgemacht hatten, und herrschte lange Jahre als mächtiger König in seinem Vatererbe.

Er war einsam. Eines Tages machte er sich auf die Reise zu König Eylimi. Eylimi hatte eine Tochter, Hjördis mit Namen, die war weiser und schöner als alle anderen Maiden. Sigmund warb um sie. Doch auch König Lyngwi kam und wollte Hjördis zum Weibe haben. Lyngwi war aus dem Stamm König Hundings von Hundland. Zwischen Hundingen und Wölsungen herrschte Unfrieden von alters her, sie erschlugen einander, wo sie nur konnten.

Als König Eylimi sah, daß gleichzeitig zwei Freier um Hjördis warben, rief er die Tochter herbei und sagte zu ihr: »Du bist alt und weise genug, um selber zu wählen — welchen von beiden willst du haben?«

Hjördis wählte Sigmund. »Er ist der Gewaltigere«, sagte sie, »ihn will ich nehmen, obgleich er schon grau ist.«

König Lyngwi fuhr hinweg. Doch als Sigmund mit der schönen Hjördis in sein Land zurückgekehrt war, sagte ihm Lyngwi Krieg an und rückte gegen das Wölsungenreich.

Sigmund brachte Hjördis mit einer Magd und vielen Schätzen eilig in einen Wald an der See. Dort verbarg er sie.

Ein mächtiges Heer stürmte aus Lyngwis Schiffen ans Land. Banner flatterten, Hörner gellten, schaurig krachten Schilde und Helme, von breiten Schwertern getroffen. Sigmund im grauen Haar stand immer ganz vorne. An der Spitze seiner Streiter kämpfend, schritt der König durch das Heer des Feindes, weder Speer noch Pfeil trafen ihn. Walküren schützten ihn mit starken Schilden, liebend zogen sie zu seinen

Häupten mit. Wie Ähren vor dem Schnitter, so fielen Helden von seiner Hand, bis an die Achseln waren seine Arme voll Blut.

Plötzlich trat ein bärtiger Mann in einem blauen Mantel, den Hut tief in die Stirn gedrückt, unter die Streitenden. Es war Odin. Er schwang einen Spieß gegen Sigmund. Dieser schlug zu — da zerbrach Sigmunds Schwert an Odins Speerschaft. Das Kriegsglück wich von Sigmund, die Walküren verließen ihn. Er fiel.

Lyngwi eilte zu Sigmunds Burg, er fand sie leer. Weder Schätze noch Weib gewann er dort. Da verteilte er das Land unter seine Mannen und sagte: »Nun sind alle Wölsungen tot, nun ist endlich Frieden.«

Als es Nacht geworden war, kam Hjördis aus ihrem Versteck heraus. Schaurig brauste das Meer, Wind wehte über das finstere Leichenfeld.

Hjördis suchte Sigmund und fand ihn. Voll Sorge forschte sie, wie sie ihn heilen könne, denn er atmete noch ein wenig.

Doch Sigmund schlug die Augen auf und sprach: »Von ärgeren Wunden, als ich sie trage, kann der Held genesen — ich aber *will* sterben! Mein Glück verließ mich, als mir das Schwert zerbrach. Nimm die Stücke an dich und bewahre sie heilig. Der Knabe, den du im Schoß trägst, wird sie dereinst von dir fordern. Er wird mächtiger sein als ich und Rache üben an Lyngwi und allen aus Hundings Stamm, das sei dir Trost!«

Hjördis nahm die Schwertstücke und barg sie unter ihrem Mantel. Dann wachte sie über Sigmund, bis er starb. Das geschah, als die Sonne aufging.

Fremde Schiffe landeten. Sie kamen von großer Kriegsfahrt. Hjalpreks Wikinge waren es, Alf, König Hjalpreks Sohn, führte sie heim. An der Küste wollten sie rasten.

Sie fanden das Feld mit Toten bedeckt, fanden das Weib, das bei Sigmund saß, und Alf bot Hjördis Schutz und neue Heimat in der Fremde.

Hjördis nickte. Sie holte die Magd aus dem Wald, Männer brachten auf ihren Schilden das Gold zu den Schiffen.

Sie segelten südwärts in Hjalpreks Reich. Dort schenkte Hjördis einem Knaben das Leben. Der König freute sich an dem Kinde, er goß Wasser über sein Haupt und nannte es Sigurd.

Hjördis gab er seinem Sohne Alf zur Frau.

SIGURD, REGIN UND FAFNIR

Am Hofe König Hjalpreks diente als Schmied ein weiser Zwerg namens Regin. Ihm wurde Sigurd zur Erziehung übergeben, denn dazumal gingen junge Könige bei Schmieden in die Lehre.

Regin unterwies den Knaben nicht nur in seinem Handwerk, sondern auch im kurzweiligen Brettspiel, das die Gedanken schärft, und lehrte ihn die Weisheit der Runen.

Regin reizte Sigurd. Durch Stichelreden weckte er allerlei Wünsche in ihm.

»Warum hast du kein Pferd?« sagte er. »Willst du des Königs Rossehüter werden und zeitlebens zu Fuß laufen wie ein Knecht? Geh zu Hjalprek und fordere ein Roß!«

Sigurd ging zum König und forderte eins. Der König sprach: »Wähle aus meiner Herde ein Tier, das dir taugt!«

Am Morgen ging Sigurd auf die Waldweide, um sich ein Roß auszusuchen. Da trat ihm ein graubärtiger Mann in den Weg, der fragte ihn, wohin er ginge.

»Ich brauche ein Pferd«, antwortete Sigurd. »Verstehst du dich darauf, so hilf mir wählen!«

Da riet ihm der Graubart, die ganze Herde durch den Fluß zu treiben, und Sigurd gehorchte. Keines der Tiere schwamm hindurch, alle kehrten wieder um, bis auf einen jungen Hengst, der freudig wiehernd am anderen Ufer ans Land stieg.

»Den wähle«, sagte der Graubart, »der stammt von Odins Sleipnir ab, ein besseres Roß findest du nicht.«

Sigurd wollte dem Alten danken, doch als er sich umwandte, war dieser verschwunden. Es war Odin gewesen. Sigurd taufte den Hengst Grane, das heißt der Graue.

»Was fängst du mit einem Pferd an, solange du kein Gold hast?« sagte der Zwerg Regin bald darauf. »Ohne Gold bist du ewig ein Stallbube, trotz deinem königlichen Blut.«

»Wo finde ich Gold?« fragte Sigurd.

»Fafnir hütet es in Lindwurmgestalt«, antwortete Regin schnell. »Neidhöhle heißt sein Haus, auf der Gnitaheide findest du es.«

»Kindjung bin ich noch«, erwiderte Sigurd, »was reizest du mich zu Männertaten? Woher hat Fafnir das Gold?« ·

»Das will ich dir sagen, du Kind, höre! Fafnir ist mein Bruder. Mit

Otr, meinem anderen Bruder, lebten wir im Wald. Hreidmar hieß unser Vater.

Otr lief alle Tage in Ottergestalt in den Fluß hinein und fing Fische im Wasserfall. Was Otr fing, wollte Fafnir allein für sich haben, er war der Stärkste von uns.

Einst saß Otr im Wasserfall und fraß, mit den Augen blinzelnd, einen Lachs. Da traten drei Asen — Odin, Loki und Hönir — an den Fluß. Loki hob einen Stein und warf damit nach Otr. Tot trieb Otr ans Ufer, den Lachs im Maul. ›Zwiefache Beute mit einem Stein!‹ sagte Loki, er rühmte sich seines Wurfs.

Die Asen kamen zu Hreidmar und baten um Obdach für die Nacht. Sie boten die Beute als Entgelt. Da wir Otr erkannten, forderten wir Buße für seinen Tod.

›Verlangt, was ihr wollt‹, sagte Odin unmutig.

›Füllet den Balg mit Gold und bedeckt Otrs Fell auch von außen damit‹, forderte Hreidmar.

›Schaff uns Gold!‹ befahl Odin, und Loki ging aus dem Haus. Er bat die Meerfrau Rani um ihr Netz und fing den reichen, geizigen Zwerg Andwari, der in Hechtgestalt im Wasserfall wohnte. ›Gib mir alles Gold, das du hütest, so will ich dich leben lassen‹, sagte er zu ihm.

Andwari verwandelte sich in seine wahre Gestalt. Er ging mit Loki zu dem Stein, unter welchem er seine Schätze verborgen hatte, und gab sie ihm heraus. Nur den Ring Andwaranaut hielt er zurück, denn mit diesem konnte er all sein Gut wieder erneuern und beständig vermehren. Doch Loki entdeckte seine Hinterlist und entwand ihm den Ring. Da belegte Andwari den Reif mit einem Fluch. ›Wer dich gewinnt, werde zum Mörder oder zu eines Mörders Opfer‹, sprach er, ›meines Gutes soll niemand froh werden!‹

Loki kam mit dem Gold in Hreidmars, unseres Vaters, Haus. Odin nahm den Ring an sich, weil er ihm gefiel. Hönir füllte den Otterbalg und häufte Gold über das Fell. Es war aber nicht genug, Hreidmar sah noch eines von Otrs Barthaaren hervorlugen. ›Deck das zu!‹ rief er voll Gier. Da mußte Odin den Ring hergeben.

Odin nahm seinen Speer und ging mit den anderen weg. Fafnir und ich, Regin, forderten unseren Teil an dem Golde, doch Hreidmar gönnte uns nichts. Als er schlief, erschlug Fafnir den Vater — nun forderte ich mein Teil von dem Bruder. Doch Fafnir bedrohte mich mit dem Tode, da floh ich hierher zu Hjalprek. Als Schmied und Berater trat ich in des

Königs Dienst. Fafnir aber nahm Drachengestalt an, stülpte sich unseres goldgierigen Vaters Schreckhelm, den niemand anblicken kann, ohne zu sterben, über das Haupt und fuhr auf die Gnitaheide, die Nebel umwallt. Dort baute er sich eine Höhle mit vielen Kammern, häufte das Gold hinein und wälzte sich selber über den Hort.

Nun weißt du, Kind, warum ich dich zu Männertaten reize — Bruderbuße sollst du mir verschaffen! Geh hin und töte Fafnir, wenn er zur Tränke geht, so hast du Gold in Hülle und Fülle!«

»Womit soll ich Fafnir töten?« fragte Sigurd kampfbegierig. »Schmiede mir die rechte Waffe dazu!«

Regin nahm all seine Kunst zusammen und schmiedete ein gutes Schwert. Doch als Sigurd es mit einem Schlag auf den Amboß erproben wollte, zersprang es beim ersten Streich in zwei Stücke.

»Schlechtes Zeug!« rief Sigurd zornig und warf die Trümmer in einen Winkel. Nun machte sich Regin ein zweites Mal an die Arbeit, doch auch diesem Schwert erging es nicht besser als dem ersten: es zerbrach.

Da lief Sigurd zu seiner Mutter und verlangte ungestüm die Schwertstücke, die sein Vater Sigmund ihr sterbend übergeben hatte. Regin zerfeilte sie, schmolz die Späne und schmiedete aus ihnen eine Klinge, deren blanke Schneiden wie Feuer blitzten. Sigurd ergriff die herrliche Waffe und schlug mit ihr Regins schweren Amboß auf einen Streich auseinander. Tief biß die Klinge noch in den steinigen Untergrund — doch als Sigurd sie herauszog, war nicht die geringste Scharte daran zu bemerken. Er nannte das Schwert Gram.

Nun schwang sich Sigurd auf seinen Hengst Grane und ritt, von Regin begleitet, durch viele Wälder bis auf die Gnitaheide.

Es war ein schrecklicher Ort, den sie da betraten. Düster ragte ein Wald zum bedeckten Himmel, alle Stämme waren steingrau und uralt wie die Welt. Dreißig Klafter maß die Klippe, über die sich der Wurm beim Trinken zur Quelle hinabbeugte. Nebel wogte über die Heide. Wo sich der Wurm alltäglich zur Tränke wälzte, war eine breite Bahn in den Wald gebrochen, glattgescheuert vom Schuppenkleid.

Sigurd band Grane an einen Baum, hob auf der Fährte des Wurms eine tiefe Grube aus und hockte sich hinein.

Regin verbarg sich im Gebüsch. »Duck dich!« rief er Sigurd zu. »Hebe dein Haupt ja nicht zu früh aus der Grube — erblickst du den Schreckhelm, lähmt es dir Herz und Hand, und du stirbst auf der Stelle!«

»Schweig!« sagte Sigurd verächtlich, »ich bedarf deines Rates nicht. Furchtlos will ich Fafnir besiegen, furchtlos den Schreckhelm schauen.«

Zitternd barg sich Regin unter seinem Strauch, er wäre am liebsten geflohen. Nur seine Gier und der Gedanke, Sigurd den errungenen Schatz nach dem Kampf abzunehmen oder ihm wenigstens die Hälfte des Goldes abzulisten, hielten ihn zurück.

Es währte nicht lange, da kroch Fafnir aus seiner Höhle und schritt zum Wasser hinab. Vom Tritt seiner Tatzen erbebte die Erde, giftigen Hauch blies er aus, der mengte sich grün mit dem lastenden Nebel. Zischend fuhr sein Atem aus den gewaltigen Nüstern vor ihm her über den Boden.

Sigurd hob ein wenig den Kopf und äugte über den Rand der Grube. Da gewahrte er den Schreckhelm auf Fafnirs Haupt. Grauen rann ihm über den Rücken, eiskalt umkrallte der Anblick sein Herz, doch er lähmte es nicht.

Als der Drache herankam, duckte sich Sigurd, und als Fafnir über ihm war und jähe Finsternis die Grube füllte, reckte er sich auf und stieß ihm das Schwert mit aller Kraft bis ans Heft in die Weiche.

Heißes Blut sprang aus der Wunde und füllte die Grube im Nu. Sigurd zog Gram an sich und sprang aus dem Loch. Da sah er, wie schrecklich Fafnir mit Haupt und Schweif um sich schlug. Was er traf, ob Baum oder Fels, zerbarst wie Glas. Schaurig erfüllte des Wurmes Gebrüll den Wald und die Heide.

Als Fafnir Sigurd bemerkte, hielt er inne. Die bösen Augen hart auf ihn geheftet, begann er zu reden. »Wer bist du, kläräugiger Knabe, daß du Fafnir töten darfst?« fragte er.

»Sigurd bin ich, Sigmunds Sohn«, antwortete der Held.

»O Wölsungenkind«, sagte der Drache, »wer reizte dich zu solcher Tat?«

»Niemand anderer als mein Herz«, versetzte Sigurd, »und Gram, mein Schwert, half mir dabei.«

»So laß dich warnen, ehe ich sterbe: Meide den Hort, meide die Höhle — Gold und rote Ringe sind dein Verderben, nichts schützt vor Andwaris Fluch.«

»Nach Gold giert jeder«, entgegnete Sigurd lachend, »und einmal müssen wir alle von hinnen fahren!«

»Kühnes Kind«, sagte Fafnir seufzend, »gering achtest du der Nornen Spruch, und meine Rede dünkt dich töricht. Doch sage ich dir: Wer

gegen den Sturm rudert, ertrinkt im Wasser, und wer dem Tode verfallen ist, dem gereicht alles zum Verderben. Siehe, ich habe es erfahren: den Schreckhelm trug ich, Gift blies ich aus — was nützte es mir? Sigurd, Sigmunds Sohn, eile von hinnen, meide den Ort! Gleißendes Gold und rote Ringe bezahlst du mit dem Tode wie ich.«

»Viel Worte machst du, ehe du schweigst«, rief Sigurd ungeduldig, »des Hortes wegen ritt ich her, nun will ich ihn haben. Du lieg und stirb!«

Als der Wurm endlich verstummte und sich schwer zur Seite wälzte, kam Regin aus seinem Versteck gehüpft.

»Heil dir, Sigurd!« rief er. »Herrlichen Sieg hast du errungen, doch trag ich Mitschuld an meines Bruders Tod!«

»Du reiztest mich, hierherzureiten«, sagte Sigurd, »doch die Schuld an Fafnirs Tod nehm ich auf mich allein.«

Regin, der um seine Horthälfte bangte, wurde ganz aufgeregt und zappelig. »Wie kannst du das sagen?« rief er. »Habe nicht *ich* das Schwert geschmiedet, mit dem du Fafnir erschlugst?«

»Das stimmt«, erwiderte der Held, »Gram ist ein Werk deiner Kunst — doch was hätte die beste Klinge genützt ohne meinen Mut? Mein ist der Sieg und mein, wenn du willst, die Schuld.«

Das hörte Regin ungern, denn er dachte: Wenn er mich mitschuldig sein läßt, muß er den Hort mit mir teilen — so aber behält er alles für sich allein!

Doch er wagte nicht, weiter in Sigurd zu dringen, und schwieg von dem Gold. Voll Tücke und Freundlichkeit bat er den Helden, er möge doch Fafnir das Herz aus dem Leib schneiden und es über einem Feuer braten. »Wenn ich erwacht bin, will ich es essen«, sagte er und legte sich ins Gebüsch, um zu schlafen.

Sigurd gehorchte. Er entzündete Reisig, steckte Fafnirs Herz an die Spitze seines Schwertes und drehte es über der Flamme. Als der Saft heraussprudelte, griff Sigurd hin, um zu fühlen, ob der Braten schon gar wäre. Hei, wie verbrannte er sich die Finger! Heiß wie glühendes Eisen war Fafnirs Herzblut. Den Finger zu kühlen, steckte ihn Sigurd in den Mund — da netzte das Drachenblut seine Zunge, und im selben Augenblick verstand er die Sprache der Vögel.

Hoch über ihm in den uralten Bäumen tauschten Adlerinnen Rede und Gegenrede von Horst zu Horst. Von Wipfel zu Wipfel flogen sie und sangen:

»Dort unten brät Sigurd Fafnirs Herz für Regin, den Ungetreuen!«

»O wär er doch klug und äße es selbst, im Schlaf sinnt Regin auf sein Verderben!«

»Treulos will Regin Sigurd ans Leben, nach Gold giert er, nach Andwaris Ring!«

»Schlüg Sigurd dem Falschen das Haupt vom Rumpf, für sich allein gewänn er den Hort. Doch dumm ist der Held!«

»Ja, dumm und ein Tor! Den Wurm erschlug er — was schont er den schlafenden Zwerg?«

Da sprang Sigurd auf, stürzte zum Gebüsch, in dem Regin schlief, und hieb ihm den Kopf ab. Dann aß er Fafnirs Herz und fühlte doppelte Kräfte seine Glieder durchströmen. So gewaltig wuchs ihm der Mut, daß nichts mehr auf Erden ihn schrecken konnte.

Und wieder hörte er die Stimmen der Vögel über sich in den Wipfeln:

»Heil dir, Sigurd, Fafnirtöter! Heil dir, Sigurd, der Regin erschlug! Zum Gold gewinne das schönste Weib! Zu König Gjuki führen grüne Pfade, dort harrt in der Halle die Maid!«

»Nicht Gjukis Tochter wähle der Held — die rechte Frau erschaut ich im Fluge: Auf felsiger Höhe, feuerumgürtet, ragt eine Schildburg, bannergeschmückt. Dort liegt in Waffen die herrlichste Maid, Odin stach ihr den Schlafdorn ins Haupt, ihren Schlummer bricht keiner gegen der Nornen Beschluß. Sigurd, wecke die Maid unterm Helm, dem furchtlosen Helden lächelt sie zu!«

Solche Kunde tönte aus den Wipfeln zu Sigurd hinab. Er bestieg Grane und ritt auf des Lindwurms Spuren zu dessen Haus. Ein Gewölbe aus Eisen war tief in den Fels versenkt, das eisenbeschlagene Tor stand weit offen, und Sigurd fand unermeßliche Schätze. Zwei Pferdelasten Goldes füllte er in große Schreine und belud damit sein Roß Grane. Wohl meinte er, die Last würde dem Tier zu schwer werden, darum wollte er es am Halfter hinwegführen. Doch Grane rührte sich nicht vom Fleck und wartete hartnäckig, bis sich der Held auf seinen Rücken schwang. Dann wieherte der Hengst freudig und flog samt der schweren Bürde schneller als ein Vogel dahin. Die Maid auf dem brennenden Berge war Sigurds Ziel.

SIGURD UND BRYNHILD

Gnitaheide versank. Vor Sigurds Blicken tauchte der Hindarfall auf, ein gewaltiger, schreckenerregender Wassersturz. Der Held umritt ihn, und schon sah er in der Ferne das nackte, schroffe Hindargebirge in den Himmel ragen, von rotem Flackerschein umloht.

Auf seinem höchsten Gipfel lag ein schlafendes Weib in voller Rüstung, goldblitzende Rundschilde waren im Kreis um sie aufgestellt. Weithin erscholl das Geprassel der Flammen, die in breitem Gürtel den Berg umgaben. Glühende Hitze trug der Wind herzu, und Grane zitterte. Doch Sigurds Herz jauchzte auf. So trug ihn der Hengst mutig durch die Flammen, unversehrt gelangte er mitten in die Schildburg.

Er stieg vom Roß, ging auf die Schlafende zu und versuchte, ihr die Brünne abzuheben. Doch sie saß fest, wie angewachsen. Da beugte er sich über die Maid und schnitt ihr mit dem Schwert den Harnisch auf: wie Tuch zerteilte Gram Platten und Ringe.

Die Jungfrau fuhr auf und rief mit fliegendem Atem: »Wer zerschnitt mir die Brünne? Wer brach meinen Schlummer? Wer löste mich aus meines Schlafes Haft?«

»Das tat ich, Sigurd, Sigmunds Sohn«, antwortete der Held.

Da lächelte die Maid und sprach: »Lange schlief ich, Schlummerrunen lagen auf mir, sie abzuschütteln verwehrte mir Odins Wille.«

Dann nahm sie ein Horn mit Met und reichte es Sigurd zum Willkomm. Dazu sprach sie laut: »Heil dir, Tag! Heil euch, Asen und Asinnen in sonniger Höhe! Segnend schauet auf uns hernieder, spendet Weisheit dem Haupte und Heilkraft den Händen!«

Sigurd trank. Dann setzte er sich neben die Maid und fragte sie nach Namen und Abkunft. Sie erzählte:

»Brynhild bin ich, König Budlis Tochter — eine Walküre war ich, als Wunschmädchen ritt ich in Odins Geleit, erschlagene Helden trug ich nach Walhall. Für schwere Schuld strafte mich Odin mit Schlummer. Zwei Könige kämpften gegeneinander. Dem jüngeren war Tod vorausbestimmt, dem älteren Sieg. Ich aber schirmte den jungen König, den wangenroten, und fällte den Greis — das war gegen des Gottes Befehl gehandelt. Furchtbar fuhr Odin im Sturm einher, schlug den jungen König zu Boden und stieß mich aus der Walküren Schar. ›Ein Weib sollst du sein wie andere Weiber‹, rief er, ›dem erstbesten Mann gehören, der dich am Wege findet, und ihm Kinder gebären.‹ Da beschwor ich den Gott, die Strafe zu mildern: Nur einem Furchtlosen wollte ich zu eigen sein, keinem andern. Das gewährte mir Odin und stach mich mit dem Schlafdorn. ›Hier schlummre‹, sprach er, ›von Schilden umstellt, von Feuer umloht, nur der Mutigste finde die Burg, den Feigling vertreibe die Flamme!‹ – Nun kamst du, Sigurd aus Wölsungenstamm. Ich grüße dich! Nur Sterbende oder Tote schauten bisher mein Angesicht, im Leibe lebend drang noch keiner zu mir. Dich, herrlicher Knabe, einziger Held, erwählt ich mir unter allen Königen, kein anderer Mann nahe mir je!«

Da umarmte Sigurd Brynhild und schenkte ihr zum Zeichen seiner Liebe und Verbundenheit den Ring Andwaranaut. Von da an lebten die beiden auf der Höhe des Hindargebirges als Mann und Frau hoch über den Tälern der Welt. Die Sonne umgleißte sie, die Sterne umblitzten sie, Adler und Adlerin rauschten auf schimmerndem Fittich über sie hinweg. Das Auge der Götter ruhte Tag und Nacht auf ihnen.

Hel aber, die Göttin des Todes, wartete schweigend auf sie in der Unterwelt. Sie wußte, daß Sigurd und Brynhild ihr trotzdem verfallen waren. –

Nicht lange blieb Sigurd bei Brynhild, es trieb ihn, mit neuen Abenteuern neuen Ruhm zu erwerben. Auf Grane ritt er vom Hindarfelsen hinab ins Land der Menschen und verrichtete viele Heldentaten zu Wasser und zu Lande. Sigurds Ruhm verbreitete sich über die Erde.

Auf seinen Fahrten gelangte er eines Tages auch an den Rhein, wo König Gjuki herrschte. Seine Halle stand am Strom, keine war so breit und herrlich wie sie.

Gjuki hatte drei Söhne: Gunnar, Högni und Guthorn. Grimhild hieß ihre Schwester, die war wegen ihrer Schönheit weit berühmt.

Grimhild träumte: Ein Hirsch mit goldglänzendem Fell, der alles andere Wild überragte, floh zu ihr und barg sein Haupt in ihren Schoß. Da traf ihn ein Pfeil mitten ins Herz, und sein Blut spritzte an ihr empor.

Am Morgen nach diesem Traum ritt Sigurd in Gjukis Burg ein. Die Wächter wagten nicht, ihn daran zu hindern, sie glaubten, ein Ase käme geritten.

»Wer bist du, daß du es wagen darfst, ohne Erlaubnis in die Burg zu reiten?« fragte ihn Gjuki.

»Ich bin Sigurd, Sigmunds Sohn«, antwortete der Held und stieg vom Pferd.

Da hieß ihn der König willkommen.

Sie saßen im Saal. Grimhild war schön, und Sigurd schaute nach ihr. Das merkte Gjukis Gemahlin, die alte Königin, und mischte einen Vergessenstrank, den mußte Grimhild Sigurd in einem Horn reichen, in das Zauberrunen geritzt waren.

Als Sigurd das Horn geleert hatte, verdämmerte Brynhilds Bild in seiner Seele: er wußte nichts mehr von der Frau auf dem feuerumgürteten Fels — er sah nur mehr Grimhild, alles andere war vergessen.

Er schloß Blutsbrüderschaft mit Gjuki und Högni: mit den Schwertern ritzten sie sich die Arme und ließen Blut in ein Horn mit Met tropfen, das leerten sie gemeinsam.

»Sigurd ist der größte aller Helden«, sagte die alte Königin, »gebt ihm Grimhild zur Frau, das bringt uns Ehre und Glück. Er besitzt große Schätze!«

Gjuki und die Brüder handelten nach der Königin Rat, und die Hochzeit wurde mit großer Pracht und mancherlei Kurzweil gefeiert.

Nun zog Sigurd mit den Brüdern auf Kriegsfahrt von Land zu Land und mehrte ihr Reich. Zum Mann war er geworden, der alle überragte. Wenn er durch ein wohlgewachsenes Kornfeld schritt und dabei Gram am Gurte trug, so streifte die Spitze des Schwertes gerade die Spitzen der Ähren.

Gjuki starb, Gunnar wurde an seiner Statt König. Da riet ihm die Mutter, um Brynhild zu werben, die hoch auf dem Hindarberge wohne und herrlicher sei als alle Frauen der Welt.

»Die Walküre allein ist deiner würdig«, sagte die Listige, »nimm Sigurd mit, er wird dir helfen, sie aus dem Feuer zu reißen!«

Sie lehrte Gunnar und Sigurd einen Zauber, durch welchen sie ihre Gestalt tauschen konnten, und Sigurd, der nicht mehr wußte, daß er mit Brynhild vermählt war, ritt mit Gunnar und Högni fort.

Sie kamen zum Hindarfall und umritten ihn. Sie sahen die Schildburg in der Höhe glänzen und fühlten die Glut der Waberlohe rund um Brynhilds Saal.

Gunnar spornte seinen Hengst, doch das Tier wich schnaubend und schweißbedeckt zurück. Da lieh Sigurd dem König sein Pferd Grane, das ließ Gunnar willig aufsitzen, rührte sich aber nicht von der Stelle. Nun tauschte Sigurd mit Gunnar Antlitz und Gestalt und schwang sich auf den Hengst. Kaum spürte dieser seinen wahren Herrn, als er freudig ausgriff und Sigurd mitten in die Lohe trug.

Das Feuer raste wie noch nie, die Erde bebte, die Flammen züngelten bis hoch an den Himmel, doch Sigurd trieb seinen Grauhengst mit dem flachen Schwert hindurch. Da sank das Feuer, die Lohe erlosch, und Sigurd stand vor Brynhild.

»Wer bist du?« fragte sie ihn verwundert.

»Ich bin Gunnar«, antwortete er, »Gjukis Sohn. Nun folge mir, dem stärksten Manne, der das Feuer nicht fürchtet.«

Wie kann einer stärker sein als Sigurd, dachte Brynhild. Sie senkte traurig ihr Haupt und mußte es dulden, daß ihr der Fremde den Ring Andwaranaut vom Finger streifte. Da wich ihre Kraft. Sie durchschaute den Trug nicht, obgleich ihr die Augen des Eindringlings bekannt vorkamen — die Augen vermag kein Zauber zu tauschen.

Brynhild versprach mit einem Eid, in wenigen Tagen in Begleitung ihres Vaters und eines königlichen Gefolges als Braut vor Gunnar in dessen Halle zu erscheinen.

Sigurd verließ den Felsen und ritt zu den Harrenden zurück. Er tauschte mit Gunnar wieder die Gestalt, dann ritten sie fröhlich heim.

Brynhild kam. Wie ein Blitz durchfuhr es ihr Herz, als sie Sigurd in der Halle erblickte. Doch sie merkte, daß er sie nicht erkannte, und schwieg voll Haß gegen ihn und Grimhild.

Viele Tage währte das Hochzeitsfest, und stets saß Sigurd beim Gelage Brynhild gegenüber. Immer wieder schweifte sein Auge zu ihr und haftete an ihrem Antlitz. Und wie er sie so anstarrte, dämmerte allgemach die alte Erinnerung in ihm auf: er sah die schlafende Wunschmaid vor sich liegen, der er die Brünne zerschnitten hatte. Namenloser Schmerz preßte ihm die Brust zusammen, aber er behielt sein Geheimnis für sich, aus Rücksicht auf Grimhild und Gunnar.

Nun geschah es aber, daß Brynhild und Grimhild, die Königinnen, eines Tages den Rhein entlangwandelten. Heiß brannte die Sonne. Da lösten sie die goldenen Schulterspangen und streiften ihre Gewänder ab, um im Strom zu baden. Brynhild watete weit hinaus. Verwundert fragte Grimhild: »Schwester, warum verlässest du mich?«

Brynhild antwortete: »Soll ich in demselben Wasser stehen wie du? Wir haben nicht gleichen Rang, Gunnar ist als König geboren, Sigurd war als Knabe eines Königs Knecht, bei Hjalprek lernte er schmieden.«

Diese Rede reizte Grimhilds Zorn. »Schmähe Sigurd nicht«, rief sie, »alle rühmen ihn vor meinem Bruder! Er durchritt die Flammen in Gunnars Gestalt! Er entriß dir den Ring und schenkte ihn mir! Sieh her, ob ich lüge: Ist dies dein Geschmeide? Wer ist nun der kühnere Held, Gunnar, dein König, oder Sigurd, mein Gatte?«

Todwund war Brynhilds Herz. Sie stieg aus dem Wasser, kleidete sich an und ging schweigend heim. Wie eine Tote lag sie auf ihrem Bett, leichenblaß bis in die Lippen.

»Was grämt dich so sehr?« fragte Gunnar sie. Da forderte sie von ihm den Ring Andwaranaut.

»Ich habe ihn nicht«, sagte er erbleichend.

»So gestehst du, daß Sigurd es war, der die Lohe durchritt und mir den Ring vom Finger zog, nicht du? Betrogen habt ihr mich alle, aber auch ich habe dich betrogen: Ich war Sigurds Weib, längst ehe ich Gjukis Saal betrat und mich dir vermählte. Ich verhehlte es dir, doch nun ist der Sühnetag gekommen: Ich mag nicht zweier Männer Weib sein, einer von uns muß sterben, du oder ich oder Sigurd!«

»So sterbe Sigurd!« sagte Gunnar. Er ging zu seinem Bruder Högni und forderte ihn auf, die Tat zu begehen.

Doch Högni weigerte sich. »Wir mischten unser Blut mit dem seinen«, sprach er, »ich kann nicht Blutschuld auf mich laden.«

»Dann muß Guthorn es vollbringen, der trank nicht mit, er war noch zu jung«, sagte Gunnar.

Die alte Königin machte einen Sud aus dem Fleisch der Schlange und des wilden Wolfes, den gab Gunnar seinem jüngsten Bruder zu trinken, davon wurde Guthorn rasend vor Mordlust. Zweimal schlich er im Morgengrauen zu Sigurds und Grimhilds Kammertür und lugte durch den Spalt. Aber beide Male traf ihn Sigurds wacher, scharfer Blick, den ertrug er nicht und entwich. Beim drittenmal aber war Sigurd wieder eingeschlafen. Da stieß Guthorn die Türe auf, stürzte auf ihn zu und stieß ihm das Schwert lotrecht in die Brust.

Sigurd richtete sich auf. Er warf dem Mörder sein Schwert Gram nach, das zerschnitt Guthorn im Flug in zwei Teile, gerade am Gurt.

Grimhild erwachte von dem Lärm. Als sie den sterbenden Gatten neben sich liegen sah, dem das Schwert des Bruders steil aus der Brust ragte, schrie sie so schrecklich auf, daß der Schrei durch alle Mauern der Burg bis in die Kammer drang, wo Gunnar und Brynhild schliefen. Brynhild wußte, was der Schrei zu bedeuten habe, und lachte so gräßlich, daß der König lieber zehnmal den Schrei der Schwester gehört hätte als noch ein zweites Mal Brynhilds Lachen.

Sigurd sagte zu Grimhild: »Das hat Brynhild angestiftet, zu sehr liebte sie mich. Auf dem Hindarberge ward ich ihr Gatte, lange ehe ich dich schaute. Nun muß ich es büßen, daß ich sie vergaß.«

Mit Brynhilds Namen auf den Lippen verschied er.

Brynhild sagte zu Gunnar: »Nun hat Sigurd für seine Untreue gebüßt, so bleibt mir nichts als der Tod. Adler schreien, Raben krächzen ums Haus, Übles sah ich im Traum. Gjukis Sippe bedeckte des Saales Boden, alle lagen tot, ich selbst in kaltem Bette. So trifft euch Andwaris Fluch: Grimhild trägt den Ring.«

Da schlang Gunnar seine Arme um Brynhilds Nacken und wollte sie zurückhalten. Sie aber stieß ihn von sich. Sie schritt zur Halle und rief nach ihrem Gesinde. Helm und Brünne ließ sie sich reichen, als Walküre gekleidet bestieg sie den Hochsitz, das Schwert in der Rechten, in der Linken den goldenen Schild, der blitzte wie die Sonne.

Verzweifelt irrte Gunnar umher. Er packte Högni, den Bruder, an beiden Schultern und beschwor ihn: »Eile mit allen Mannen zum Saal, hilf mir die Frau retten, ehe Worte zum Werk werden!«

Högni entgegnete ungerührt: »Uns allen zum Unheil kam sie aus Mutters Leib, uns allen zum Unheil verließ sie den Feuerfels, Männern bringt sie Herzeleid — laß sie den Todesgang gehen, und möge ihr auf ewig verwehrt sein, wiedergeboren zu werden!«

Hoch aufgerichtet stand Brynhild am Thron, ihr Gesinde lag entseelt um sie her, Knechte und Mägde teilten der Herrin Tod. In eine Fuge ihrer Brünne setzte sie die Spitze des Schwertes und stemmte das Heft gegen den Boden. Stürzend durchstach sie sich die Brust.

»Herbei«, rief sie, »herbei alle, die ihr mit Sigurd zu sterben begehrt! Reichen Schmuck spende ich jedem zur Helfahrt, der meinem Gatten folgt!«

Aber die Gjukungen und ihre Mannen schüttelten finster die Häupter und sagten: »Genug der Toten! Was sollen wir sterben für Sigurds Ehre? Wir wollen leben, wir wollen uns des Lichtes und unseres Tagewerks freuen — unser ist der Andwarischatz!«

»So lebet!« rief Brynhild, »doch sage ich euch und dir, Gunnar, voraus: Elend werdet ihr einst alle umkommen, armselig wie Bettler bestattet werden. Nicht Gold noch andere kostbare Gabe wird man über euren Holzstoß häufen. Mir aber türmt jetzt schwere Scheiter auf dem Uferfeld zur Brandburg auf. Mit kostbarem Tuch verkleidet sie bis an den Boden, umstellt sie mit goldenen Schilden und hebt mich selber auf purpurumhülltem Wagen hinauf. Sigurd, meinen Gemahl, bettet auf goldener Bahre mir zur Seite, vier meiner Knechte schmücket mit schönen Ketten und bettet zwei von ihnen Sigurd zu Häupten, zwei zu des Helden Füßen, dazu zwei Hunde und zwei Habichte. Die anderen Knechte und fünf meiner Mägde laßt rings um mich her brennen. So ziehe Sigurd zur Hel, mit reichem Gefolge betrete er den goldenen Saal, daß ihm das schwere Tor, das hinter uns zuschlägt, nicht auf die Fersen falle ... Dies, Gunnar, ist meine letzte Bitte. Vieles noch wüßt ich zu sagen von Sigurd, dem schuldlos Schuldigen, doch ist nicht mehr Zeit zur Rede. Richtet die Scheiter!«

Die Gjukungen erfüllten Brynhilds Wunsch. Sie bestatteten sie an Sigurds Seite mit Knechten und Mägden, Hunden und Habichten und hoben auch Guthorns, des Mörders, Leichnam auf den Stoß. Hochauf prasselten die Flammen, verzehrten die Leiber samt den kostbaren Gaben, samt rotem Gold und gewirktem Tuch. Bis tief in die Nacht war der Himmel von blutigem Schein übergossen. —

Sigurd war früher gestorben als Brynhild, so war er auch schon weit voraus auf dem Wege zur Hel. Da sprang Brynhild auf ihren Purpurwagen und fuhr ihm eilig nach. Vor dem Eingang zur Unterwelt ragte eine Felsenklippe auf, darin hauste eine Riesin. Die Eisgraue trat aus dem Stein heraus und drohte Brynhild mit einem langen Stecken.

»Den wollt ich gerade zu deinem Scheiterhaufen spenden, damit er noch heißer brennt!« rief sie. »Dir hätte man längst den Stoß aufrichten sollen, so wäre Sigurd noch am Leben! Hättest du lieber Flachs gesponnen und Borten gewoben, statt Grimhild den Gatten zu rauben und die Hände in Heldenblut zu waschen!«

Zornig fuhr Brynhild die Alte an: »Was weißt du von Sigurd! Längst ehe Grimhild ihm den Vergessenstrunk reichte, durchritt er das Feuer und weckte mich aus dem Schlaf. Mein war Sigurd und bleibt es ewig, nun kann uns nichts mehr trennen, nicht Götterwille noch Menschentrug. Versinke!«

Da stürzte die Riesin mit einem grausigen Schrei in den Felsen hinein, und Brynhilds Wagen fuhr donnernd über sie hinweg, mitten in Hels goldenen Saal, wo alle Helden vereint sind, die nicht das Glück hatten, auf der Walstatt zu sterben.

Wieland der Schmied

WADI UND SEINE SÖHNE

Auf seinen zwölf Höfen in Seeland lebte der Riese Wadi. Seine Mutter war eine Meerfrau mit schuppigem Leib, sein Vater König der Wilkinen. Auf der Heimfahrt von einem Kriegszug gegen den Russenkönig waren die Schiffe der Wilkinen in eine wochenlange Windstille geraten. Auf der Waldinsel, vor der sie lagen, hatte sich der König mit der schönen Meerfrau vermählt. Neun Monde später war sie am Ufer des Wilkinenlandes, das wir heute Skandinavien nennen, ans Land gestiegen, hatte in tiefer Nacht Einlaß in die Königshalle begehrt und dort ihrem Kinde Wadi das Leben geschenkt.

Dieser Sohn, den ob seiner Verschlossenheit und seiner riesenhaften Gestalt keiner in der Königshalle leiden mochte, lebte als angesehener Bauer auf seinen zwölf Höfen, die ihm sein Vater zum Geschenk gemacht hatte. Er war groß wie ein Jote, jedoch gutmütiger als ein solcher. Nie strebte er danach, seinen Reichtum durch Eroberungen oder Raub zu mehren. Von der Waffe machte er nur dann Gebrauch, wenn er angegriffen wurde und sich verteidigen mußte.

Wadi hatte drei Söhne: Egil, der ein gewandter, flinker Schütze wurde, Helferich, dem die Götter das Geheimnis der heilenden Kräuter offenbarten und der darum ein Arzt wurde, und Wieland, in alten Liedern Wölund geheißen, der ein Schmied werden sollte.

»Die Schmiedekunst erlernst du am besten bei den Zwergen«, sprach Wadi zu Wieland, »komm, wir wollen zu ihnen reisen.«

Er nahm seinen Sohn bei der Hand und wanderte mit ihm an den Grönsund, das heißt »Grüne Bucht«. Als sie hinkamen, hielten sie nach einem Schiff Ausschau, das sie über das Wasser bringen sollte, doch war nirgends ein Kahn zu sehen. Da hob Wadi Wieland auf seine Schultern und watete mit ihm durch den Sund, der war neun Ellen tief. Hei, das gefiel dem Knaben, so über das schimmernde Wasser zu reiten!

Am anderen Ufer angekommen, reisten sie weiter und waren bald bei den Zwergen.

»Behaltet meinen Sohn bei euch im Berg«, bat Wadi, »er soll das Schmiedehandwerk erlernen. Nach zwölf Monden hole ich ihn mir wieder, da will ich euch dann geben, was ihr verlangt, eine Handvoll Goldes oder mehr.«

Die Zwerge waren sowohl mit der Frist als auch mit dem Lohn zufrieden, versprachen, Wieland tüchtig in die Lehre zu nehmen, und Wadi wanderte wieder heim.

Als er nach zwölf Monaten mit dem vereinbarten Lohn wiederkam und Wieland abholen wollte, baten die Zwerge:

»Laß uns Wieland noch einmal zwölf Monde, einen gelehrigeren Schüler finden wir nimmermehr! Lieber geben wir dir dein Gold zurück und machen Wieland obendrein zum kunstreichsten Schmied der Erde, als daß wir ihn schon jetzt ziehen lassen.«

Doch neidisch und habgierig, wie Zwerge nun einmal sind, reute es sie sogleich wieder, daß sie Wielands Dienste so teuer erkaufen sollten. Der Knabe wächst heran und wird uns eines Tages noch an Kunstfertigkeit übertreffen, dachten sie. So schlossen sie mit dem gutmütigen Wadi einen Vertrag, daß sie Wieland töten dürften, wenn Wadi ihn nicht auf den Tag genau nach zwölf Monaten abholen käme.

Wadi, der ihre Falschheit und ihren Neid wohl durchschaute, stimmte dennoch zu, denn er wußte keine besseren Lehrmeister für seinen Sohn als die Zwerge. Doch ehe er sie wieder verließ, nahm er Wieland mit vor den Berg. Er zog ein Schwert hervor, stieß es vor Wielands Augen in einen Sumpfbusch und sagte:

»Mit dieser Waffe wehrst du dich, wenn mich ein Unglück abhalten sollte, zur rechten Zeit zu kommen. Wollen dir die Zwerge ans Leben, so schlag zu! Es ist keine Ehre, von Zwergen ermordet zu werden, und ich will nicht, daß die Leute sagen, ich habe statt eines Sohnes eine Tochter gezeugt. Du bist ein Mann, hörst du?«

Dann ging er wieder heim nach Seeland.

Als die zwölf Monate zur Neige gingen, war Wadi drei Tage vor der festgesetzten Frist zur Stelle. Aber die Zwerge hatten den Berg durch Zauberkünste tückisch verschlossen, so daß er den Eingang nicht mehr fand. Als er wütend nach ihm suchte, ging plötzlich ein Bergrutsch nieder, der begrub ihn unter Geröll, Holz und Erde so tief und schwer, daß er darin umkam.

Die Zwerge freuten sich ihres Verbrechens und krochen hervor. Aber auch Wieland kam ins Freie und suchte das Schwert. Er wollte nicht in

der Zwerge Hand geraten. Doch den Sumpfbusch hatte der Bergsturz mit fortgerissen, und erst nach langem Suchen entdeckte er den Schwertknauf zwischen dem Geröll. Er packte ihn, zog die Klinge aus der Erde und erschlug mit ihr die Zwerge, die gerade heranschlichen, um ihn hinterrücks zu überfallen.

Nun war Wieland der Herr des Berges. Er nahm von dem kostbaren Werkzeug der Zwerge und von ihrem Goldschatz so viel an sich, als er nur tragen konnte, und wanderte damit an den Grönsund. Aber auch diesmal schaute er umsonst nach einem Schiff aus: öde und menschenleer lagen die Ufer.

Da fällte Wieland einen starken Baum, höhlte ihn aus und verstaute in ihm seine Schätze und seinen Mundvorrat. Dann schnitzte er ein starkes Ruder, setzte sich in den Kahn und ruderte wacker drauflos, Tag und Nacht, bis er am anderen Ufer war.

Als er seinen Brüdern Egil und Helferich die Nachricht von Wadis Tod überbrachte, trauerten sie sehr um den guten, starken Vater.

Alsbald regten sich kriegerische Nachbarn, welche den Brüdern die zwölf Höfe neideten und streitig machten. Da aber die friedsamen Brüder keine Lust verspürten, blutige Händel auszutragen, wanderten sie eines Tages aus. Sie verließen das väterliche Erbe und wandten sich nordwärts. Auf beschwerlichen Wegen gelangten sie in eine einsame, wilde Gegend, das Wolfstal geheißen.

Hier hatte noch nie ein Pflug die Erde geritzt und noch nie ein Axthieb die Stille der Wälder gestört. Über das Gebirge führten weder Weg noch Steg, und in den großen schwarzen Wolfssee, der inmitten des Tales lag, hatte noch nie ein Fischer seine Netze versenkt.

»Hier bleiben wir und bauen uns Hütten«, sagte Wieland. »Was soll uns hier fehlen? Der See wimmelt von Fischen, durch die Wälder springt das Wild, heilsame Kräuter wachsen in Mengen — da haben wir Nahrung und Arznei, und für Waffen und anderes Gerät sorge ich, wohl auch für allerlei blinkendes Geschmeide zur unschuldigen Freude der Augen.«

So siedelten sich denn die Brüder im Wolfstal an. Ein jeder von ihnen baute sich eine Hütte, sie fällten Bäume und rodeten gemeinsam den Ackergrund, und Wieland baute sich eine Schmiede mit Esse und Amboß. Dort schuf er in sieben Tagen ein Schwert, das war so köstlich, daß ihm kein anderes zu vergleichen war.

»Seht, was mir gelang!« rief er, aus der Schmiede tretend, seinen Brüdern zu. »Kommt hinab an den See!«

Egil und Helferich gingen mit ihm. Wieland warf eine grobe Wollflocke aufs Wasser, in der sanften Strömung trieb sie leicht dahin. Da tauchte Wieland das Schwert in den See, hielt es mit der Schneide gegen die Strömung, die Wollflocke trieb an und war im nächsten Augenblick in zwei Teile zerschnitten.

Wieland war aber noch nicht zufrieden. Er ging zurück in die Schmiede, zerfeilte das ganze Schwert, schmolz die Späne aufs neue zusammen und schmiedete es noch einmal. Nun zerschnitt es bereits eine schwimmende Wollflocke von Fingerdicke, als ob es eine Flaumfeder wäre.

»Es muß noch besser werden!« rief Wieland, er zerfeilte die Klinge wieder, schmolz und härtete sie, schmiedete die Klinge zum drittenmal, und als er nun im See die Probe machte, zerschnitt das Schwert eine armdicke Wollflocke wie Vogelflaum.

»Nun soll einer wagen, unseren Frieden zu stören!« rief er lachend. Er taufte das Schwert auf den Namen Mimung und verfertigte einen handlichen Griff und eine kunstvoll mit Gold eingefaßte Scheide dafür.

Eines Tages sahen die Brüder drei Jungfrauen am Seeufer sitzen und Flachs spinnen. Es waren Walküren, kräftig und schön wie Königinnen.

Ihre Schwanenhemden lagen neben ihnen auf dem Sand. Da liefen die Brüder hin und rissen blitzschnell die Flügelhemden an sich.

»Wo kommt ihr her?« fragte Wieland.

»Weit — aus Süden«, antworteten die Walküren, »über die schwarzen Wälder flogen wir herein.«

»Wie heißt ihr?« fragte Egil.

»Älrun, Swanwit und Alwis«, antworteten sie.

Da wählte jeder der Brüder eine der Jungfrauen zum Weibe. Egil nahm Älrun, Helferich führte Swanwit in seine Hütte, Wieland nahm Alwis zu sich in die Schmiede und verfertigte einen goldenen Armring für sie als Pfand seiner Liebe. Er hatte noch keinen so kunstvoll geschmiedet.

Nun waren die Brüder frohen Sinnes, denn sie waren nicht mehr allein im einsamen Wolfstal. Die Schwanenhemden verschlossen sie sorgsam in Truhen.

Sieben Jahre blieben die Jungfrauen bei ihnen, sie waren stets heiter und freundlich, doch redeten sie wenig. Nur um die Mittsommerzeit, wenn die hellen Nächte kamen, gingen sie oft an das Ufer des Sees, ließen sich dort nieder und sangen viele Stunden lang wunderbar in einer Sprache, die keiner der Brüder verstand.

Helferich züchtete in hohlen Baumstämmen Bienen. Aus dem Honig braute Älrun goldhellen, süßen Met, und Swanwit buk süße Lebkuchen damit. Aus dem Wachs goß Alwis Lichter, und im Winter, wenn die Nächte kein Ende nehmen wollten, die hungrigen Wölfe heulend um die verriegelten Hütten strichen, saßen sie, eine jede mit ihrem Mann, am Feuer und spannen Garn, woben starkes Linnen daraus. Das wuschen sie, wenn die Sonne wieder stieg und das warme Jahr zurückkehrte, im See und bleichten es an seinen Ufern.

Als das siebente Jahr vergangen war und der Frühling des achten die Spitzen der Fichtenäste rötete, erfaßte die Walküren solcher Gram, daß sie unfroh wurden und auch nicht mehr sangen: sie litten Heimweh. Und als der Schnee des neunten Winters schmolz, hielten sie es nicht mehr länger im Wolfstal aus. Sie warteten einen Tag ab, da alle drei Brüder auf der Jagd waren, erbrachen die Truhen, holten ihre Flügelhemden heraus und flogen wie Schwäne über den See und die dunklen Waldkämme südwärts. Die Luft rauschte vom Schlag ihrer Flügel.

Die Brüder kamen heim. Sie fanden die Hütte leer, den Herd erkaltet, die Kammern verlassen, die Truhen erbrochen. Auf Wielands

Werktisch lag der goldene Reif, den er für Alwis geschmiedet: die Walküre hatte ihn dort zurückgelassen.

Tiefer Kummer erfaßte alle drei. Egil und Helferich zogen noch am selben Tage fort, ihre Frauen zu suchen. »Und wenn wir bis ans Ende der Welt wandern sollten, wir müssen sie finden«, sagten sie, »wir können ohne die Schwanenmaiden nie mehr froh werden.«

Wieland aber blieb einsam im Wolfstal zurück. Tagaus, tagein saß er in seiner Schmiede, hämmerte mit leichten Hämmern, feilte mit zarten Feilen. Er hoffte, daß Alwis eines Tages doch von selber wiederkommen werde. So verschmiedete er sein ganzes Gold im Gedanken an sie. Das herrlichste Geschmeide sollte sie erfreuen, wenn sie wieder zu ihm kam. Viele Ringe, unsagbar köstlich, verfertigte er aus übergroßer Sehnsucht nach seinem Weibe. Keiner glich dem andern, an Schnüren aus Lindenbast hängte er sie auf. Aber Alwis' Armreif konnte Wieland selbst nicht mehr übertreffen, er stach aus allen hervor.

WIELANDS NOT UND RACHE

Das Wolfstal und der Wolfssee gehörten zum Reich der Niaren, über das König Nidung gebot. Als er erfuhr, daß Wieland einsam im Wolfstal hause, überfiel er eines Nachts die Schmiede mit einer Schar Gewappneter. Rein und klar stand die Mondsichel über dem See und dem Wald, die Helme und Schilde blinkten in ihrem Schein.

Nidung stieg mit seinen Mannen vor dem Eingang der Schmiede ab. Sie überschritten die Schwelle und durchsuchten den ganzen Raum, aber sie fanden Wieland nicht, der war auf Jagd am anderen Ende des Sees. Wohl aber sahen sie die vielen Ringe am Lindenbast von der Decke schweben und an den Wänden hängen, siebenhundert an der Zahl. Sie banden alle ab, und Nidung betrachtete sie gierigen Auges. Doch ließ er sie alle wieder aufbinden und behielt nur Alwis' Armreif. Dann verbarg er sich mit seinen Knechten im Wald und erwartete Wieland.

Der kam müde vom Weidwerk und vom langen Weg zu den Hütten. Schwer schritt er unter der Last seiner Beute. Er hatte eine Bärin erlegt, die zerwirkte er und briet sich ein Stück Fleisch am Spieß über der Esse. Während er, auf der Bärenhaut sitzend, aß, glitt sein Blick über die Ringe an den Schnüren hin, die funkelten im Schein der Herdglut. Auf einmal entdeckte er, daß Alwis' Armreif fehlte, und ein freudiger Schreck durchfuhr ihn, denn er dachte, die entflohene Schwanenmaid sei vielleicht heimlich zurückgekehrt und habe ihn sich geholt, ihm auf diese Weise ein Zeichen zu geben, eine tröstende Botschaft. Ob sie bald wiederkommen würde? Vielleicht morgen schon? Oh, warum war er nicht daheim gewesen!

So saß er und träumte von Alwis und schlief dabei auf dem Bärenfell ein.

Als er wieder erwachte, war er an Händen und Füßen gefesselt. »Wer sind die Memmen, die einen freien, friedlichen Mann im Schlaf zu fesseln wagen?« fragte er laut und voll ohnmächtigen Zorns.

Da trat Nidung mit den Gewappneten vor und sagte: »Künde du mir zuerst, woher du im Wolfstal das viele Gold nahmst, weiser Albe du, Wadis Sohn? Alles Land hier ist mein, auch das Gold in den Bergen.«

»Hier war nie Gold«, antwortete Wieland trotzig, »was ich verschmiedete, habe ich auf meinem Rücken hierhergebracht. Daheim in Seeland hab ich wohl noch mehr davon liegen, und reicht das nicht, so finde ich genug im Zwergenberg über dem Grönsund drüben.«

»Das glaube, wer mag«, sprach Nidung, »von nun ab sollst du mir dienen.« Er befahl seinen Knechten, Wieland auf einen langen Schild zu binden und ihn auf den Schultern aus dem Wolfstal nach der Burg zu tragen. Dann ließ er alle Schätze aus der Schmiede räumen, nahm Wieland das Schwert Mimung weg und steckte die Schmiede und die ganze Siedlung der Brüder in Brand. Weithin erhellte der rote Feuerschein die Nacht.

Der gefesselte Wieland wandte mit Mühe den Kopf. Als er die Flammen aus den Dächern und Türen der verlassenen Hütten schlagen sah, entrang sich ihm ein furchtbarer Wehschrei. Das friedliche Anwesen verbrannte, nur ein Haufen Asche blieb zurück . . .

Im Morgengrauen langte der habgierige Nidung mit dem Gefangenen vor seiner Königshalle an. Dort trat ihm als erste Badhild, seine Tochter, entgegen. Ihr schenkte er Alwis' Ring. Dann trat sein Weib, die Königin, aus der Halle.

»Wen bringst du denn da?« fragte sie.

»Einen rußigen Alben, Wieland, den kunstreichen Riesensohn«, antwortete Nidung lachend. »Er soll euch Frauen mit manchem Geschmeide ergötzen. Im Wolfstal fand er das Gold dazu!«

»Im Wolfstal?« fragte die Königin. »Hat er dort der Wölfe Art angenommen? Sieh nur, wie böse seine Augen nach dem Schwert an deiner Seite glühen, und wie er die Zähne fletscht, wenn er den Reif an Badhilds Arm erblickt! Ich fürchte, der Mann wird Unheil über uns bringen. Ob es nicht ratsam wäre, ihn zu lähmen, ehe du ihm die Fesseln lösest? Laß ihm zuvor die Kniesehnen durchschneiden, so kann er dir auch niemals entlaufen. Eher habe auch ich keine Ruhe!«

Nidung befolgte seines Weibes Rat und ließ Wieland die Sehnen in den Kniekehlen zerschneiden. Dann erst wurde der Gefangene seiner Fesseln ledig.

So war Wieland zum Krüppel gemacht worden. Er konnte sich nur mehr an zwei Stöcken fortbewegen, seine Beine schleiften am Boden. Auf einem einsamen Werder, einer Halbinsel, die sich unweit der Burg ins seichte, sandige Meer erstreckte, ließ ihm Nidung eine Schmiede errichten, ein festes steinernes Bauwerk.

»Hier magst du edles Geschmeide und Waffen fertigen nach Herzenslust«, sagte er. »Ich weiß, ich handelte übel an dir, doch will ich dir's mit Gold und edlem Gestein vergelten, nie soll es dir an diesen beiden fehlen. Und nun arbeite für mich!«

Da lachte Wieland grimmig, schürte das Feuer, schmolz Gold, schmiedete Ringe und Spangen, und wenn er von der Arbeit ausruhte, sah er über das öde, graue Meer hinaus und sann auf Rache.

»Dich treffe ich noch ins Herz, König Nidung, auch ohne Schwert! Nicht heute, nicht morgen, aber eines Tages treff ich dich! Ich kann warten.« So sprach er oft leise vor sich hin.

Einsam vergingen ihm die Monde, gingen ihm Sommer und Winter dahin, er war fast immer allein. Niemand besuchte ihn in seiner rußigen Behausung außer dem Knecht, der ihm Speise und Trank brachte, und außer dem schatzgierigen König, der dann und wann Nachschau hielt, was Wieland Neues geschmiedet hatte. Andere Leute mieden die Werkstatt des Krüppels, sie dünkte ihnen nicht geheuer.

Bei Nacht verhängte Wieland oft die Fenster, damit nicht etwa fremde Späher sahen, wie er heimlich an einem seltsamen Gerät arbeitete, mit welchem er aus König Nidungs Haft entfliehen wollte. Aus den Flügeln erlegter Raubvögel nahm er die längsten, kräftigsten Federn und formte aus ihnen ein mächtiges Schwingenpaar, von eisernen Spangen zusammengehalten und mit ledernen Schlaufen für die Arme versehen. Sorgsam verbarg er es unter den Feuerbälgen der Esse.

König Nidung hatte außer seiner schönen Tochter Badhild auch zwei Söhne, sie waren jung, Knaben noch. Eines Tages wagten sie sich, von unbändiger Neugier getrieben, auf dem Werder bis zur Schmiede vor, aus der es lustig hämmerte.

Sie traten ein. Zuerst schreckten sie sich ein wenig vor Wielands wildem Auge und wirrem Bart, aber er zeigte sich ihnen freundlich gesinnt, so daß sie bald jede Furcht verloren und ohne Scheu in der Schmiede umhergingen.

Wieland wies ihnen seine kostbarsten Ringe und Spangen, Armreifen, Ketten und Diademe, auch ein aus feinstem Golddraht verfertigtes Finkennest mit kleinen goldenen Eiern darin und derlei Tand mehr.

Bei ihrem Rundgang gelangten sie auch an eine große, eisenbeschlagene Truhe, deren Deckel mit einem schweren Schloß versperrt war.

»Was ist in der Truhe, Meister Wieland?« fragten die Königssöhne.

Statt aller Antwort schloß Wieland die Truhe auf. Wie eine Falle klaffte der schwere Deckel. Der Schmied hielt ihn fest, doch ein furchtbarer Gedanke durchblitzte ihn.

Die Knaben bückten sich über die Schätze. »Was ist das?« fragten sie und fuhren geblendet vor dem Glanz zurück, der ihnen aus der Truhe entgegenstrahlte.

»Zaubergeschmeide«, antwortete Wieland listig. »Ringe, die Riesenstärke verleihen, Hehlkappen, die unsichtbar machen, Silberzäume, die das wildeste Roß zahm machen, goldene Schuhe, mit denen man trockenen Fußes über das Meer schreiten kann. Wollt ihr es sehen oder gar selber erproben?«

Die Knaben nickten eifrig, ihre Wangen glühten vor Erwartung und Neugier. Da sagte Wieland mit geheimnisvoll gedämpfter Stimme:

»Kommt ein andermal wieder, aber bei Nacht und erst, wenn frischer Schnee gefallen ist, hört ihr? Niemand in der Burg darf von eurem Kommen wissen, niemand darf euch sehen. Auch müßt ihr verkehrt von der Burg über den Strand bis an meine Schwelle kommen, mit dem Rücken zur Schmiede, sonst bleibt der Zauber all dieses Geschmeides an euch unwirksam.«

Wenige Tage später fiel der erste Schnee des Jahres, und noch in derselben Nacht pochte es an Wielands Pforte — es waren die Knaben. Rücklings traten sie über die Schwelle. Wieland hieß sie lächelnd willkommen, führte sie an die Truhe, schloß sie auf, und als sich Nidungs Söhne wieder über den Rand beugten, warf Wieland den Deckel mit aller Kraft zu, so daß sein Rand die zarten Nacken durchschlug und die Köpfe der Knaben unter das Geschmeide rollten. Dann versperrte er die Truhe wieder und schleppte die Rümpfe zur Esse, wo er sie im Schlamm unter seinem Wassertrog verbarg.

Am nächsten Morgen wurden die Knaben in der Burg vermißt. Man suchte überall nach ihnen, auch auf dem Weg zur Schmiede.

»Ja, sie waren heute in aller Frühe bei mir«, sagte Wieland, als man ihn befragte, »da sind noch ihre Stapfen im frischen Schnee, wie sie von mir wegliefen.« Und da Nidungs Söhne verkehrt gekommen waren, mit den Fersen voran, schienen ihre halb verwehten Spuren Wielands Worte zu bestätigen.

Nun schickte der König sein ganzes Gesinde zu Fuß und zu Pferde aus, er war vor Not wie von Sinnen. Auch die Fischer jagte er in die Kähne, sie mußten mit Stangen alle Buchten und Untiefen absuchen. Doch sie fanden genauso wenig wie die Reiter und Fußknechte, die alle Wälder durchstreiften und in jedem Strauch vergebens nach den Knaben forschten.

Unerwidert verhallten ihre Rufe über Dünen und Klippen.

»Verflucht sei das Tier, das sie zerriß!« schrie Nidung, Haar und Bart mit beiden Händen raufend, »verflucht die See, die sie verschlang! Hat sie mir aber ein Räuber entführt und finde ich seine Spur, so soll ihn meine Rache furchtbar treffen!«

Tagelang saß er in dumpfem Brüten am Feuerherd in der Halle, und die Königin lag zu seinen Füßen, starr vor Schmerz. »Gib mir meine Kinder wieder!« jammerte sie ein ums andere Mal, doch wer hätte die toten Söhne erwecken sollen?

Wieland aber, das Herz voll ingrimmiger Freude über seine gelungene Rachetat, saß in seiner Schmiede und verfertigte aus den blankgescheuerten Hirnschalen der Knaben, die er mit Silber überzog, zwei wunderbare Becher für den König. Aus ihren Augen härtete er Edelsteine für die Königin, und aus den Zähnen verfertigte er für des Königs schöne Tochter Badhild ein Halsgeschmeide.

Das alles schickte er in die Burg und ließ Nidung ausrichten, er möge sich den Morgen- und Abendtrunk aus den Bechern munden lassen, andere Trostgabe habe er nicht für seinen Herrn und König, er sei ja nur ein einfacher Schmied. Der Königin und Badhild ließ er seine Grüße entbieten.

Bald darauf zerbrach Badhild der geraubte kostbare Ring, den Wieland einst für Alwis geschmiedet und den König Nidung seiner Tochter geschenkt hatte. Er entfiel ihr vor der Halle und zersprang auf den

Steinstufen. Sie bückte sich, hob die Stücke auf und ging damit zu Wieland. Der Winterabend dämmerte, als sie zögernd bei ihm eintrat.

»Meister«, bat sie furchtsam, »seht, der Reif zerbrach mir. Der Vater schenkte ihn mir, er darf es nicht bemerken, mir bangt vor seinem Jähzorn. Fügt mir die Stücke wieder zusammen, ich bitte Euch.«

Wieland schaute überrascht von seiner Arbeit auf und betrachtete Badhild funkelnden Auges. Nach einer Weile sagte er, indem er den Kopf neigte:

»Des Königs Tochter in meiner rußigen Schmiede? Das bedeutet zu hohe Ehre für mich armen, elenden Mann!« Insgeheim aber dachte er: Sie trägt meines Weibes Ring, also soll sie auch mein Weib werden! Die Schmach muß ich Nidung noch antun, ehe ich ihm entfliehe, daß seine schöne, stolze Tochter eines schmutzigen Schmiedes Liebste wird!

Wieland fügte den zerbrochenen Reif mit vieler Kunst wieder zusammen. Keines Menschen Auge hätte je erkennen können, daß er zerbrochen gewesen. Badhild sah ihm zu. Allmählich verlor sie ihre Scheu. Wielands ruppiger Bart und funkelndes Auge dünkten sie nicht mehr so schrecklich wie zuvor. Sie fand es kurzweilig, bei ihm zu sitzen und mit ihm zu reden.

Als er fertig war und ihr den Reif übergab, fragte sie: »Womit darf ich Eure Mühe lohnen?«

»Mit einem Kuß!« entgegnete Wieland gebieterisch.

»So kostbaren Lohn fordert Ihr?« scherzte Badhild, der wieder ein wenig bang ums Herz wurde.

Statt jeder Antwort schlang Wieland seine Arme um sie und küßte sie auf den Mund. »Ihr sollt meine Einsamkeit mit mir teilen, Nacht für Nacht, das fordere ich als Lohn dafür, daß ich Euch einen Ring wieder zusammenfügte, der mir über alles in der Welt teuer ist und den Euer Vater mir stahl wie ein Dieb!«

Da blieb Badhild bei ihm, bis der trübe Wintermorgen aus dem Meer stieg, und am Abend schlich sie sich wieder in die Schmiede, und sie teilte Nacht für Nacht seine Einsamkeit mit ihm, nicht anders als Alwis, die Schwanenjungfrau, es getan hatte.

Eines Nachts aber, da Badhild in der Schmiede entschlafen war, holte Wieland sein Flügelpaar hervor und steckte die Arme durch die ledernen Halteschlaufen. Dann schleppte er sich vor die Türe, ließ die Krücken aus den Achselhöhlen gleiten, daß sie zu Boden fielen, und schwang sich mit gewaltigen Flügelschlägen in die Lüfte.

So mächtig brausten seine Schwingen, daß Badhild in der Schmiede davon erwachte und ängstlich nach ihm rief. Wieland aber kreiste wie ein Adler im Mondlicht ein paarmal über seiner Schmiede, seine Kraft und Geschicklichkeit zu prüfen. Dann, als er sich sicher genug fühlte, flog er dicht an das Rundfenster gegenüber der Esse heran und rief hinein: »Komm zu deines Vaters Haus, Badhild, dort will ich um dich freien!«

Er flog über den Werder, das seichte Wasser und den waldigen Strand geradewegs auf das Dach der Königshalle. Von dort rief er laut in den Hof hinab:

»Nidung, König der Niaren, komm heraus — Wieland, der Schmied, will mit dir sprechen!«

Die Königin erschrak, als sie so gräßlich vom Dach rufen hörte.

»Wachst du, Nidung?« fragte sie den König, der neben ihr lag.

»Immer wache ich«, antwortete er, »deine falschen Ratschläge und meiner Söhne Tod lassen mich keinen Schlaf finden. Ob Wieland mir sagen kann, wo die Knaben hinkamen? Er ist ein weiser Albensproß, seine Hände sind kunstreicher, seine Augen dringen tiefer und schauen weiter als die anderer Menschen.«

»Dann gehe nur gleich hinaus vor die Halle, Wieland rief dich!« sagte die Königin beklommen. Sie ahnte Unheil.

»Seit wann verläßt Wieland die Schmiede?« fragte Nidung verwundert, schob die Riegel zur Seite und stieß das Balkentor auf. Er trat in den Hof, der von weißem Mondlicht überflutet war. Da saß Wieland mit gespreizten Flügeln hoch auf dem Dach der Halle, gegen das Mondlicht wie ein schwarzer Riesenaar anzuschauen. Gespenstisch fiel der Schatten seiner Schwingen in den Hof vor Nidungs Füße.

»Weißt du, Wieland, Künstereicher, wo meine Söhne sind?« fragte der König.

»Das weiß ich wohl«, antwortete Wieland, »doch ehe ich es dir sage, mußt du mir zuvor heilige Eide schwören bei Schwertes Spitze und Schiffes Bord, bei Schildes Rand und Rosses Bug, daß du Wielands Weib nicht tötest, auch wenn dies Weib dein eigen Fleisch und Blut wäre!«

Das schwur der König, obgleich ihm fremd war, daß Wieland je ein Weib hatte. »Erfahre ich nun, wo meine Söhne sind?« fragte er.

Aber Wieland schüttelte das Haupt. »Noch nicht!« rief er, und wieder hallte seine Stimme schaurig durch die Nacht: »Schwöre mir zu-

vor noch heilige Eide bei Schwertes Spitze und Schiffes Bord, bei Schildes Rand und Rosses Bug, daß du das Kind nicht töten wirst, das mein Weib gebären wird!«

Der König schwur, dann fragte er: »Weiß ich nun endlich, wo meine Knaben blieben?«

»Ihre Rümpfe liegen, wo das Wasser hinein- und der Wind hinausgeht: im Schlamm unter meiner Esse!« rief Wieland, sich an des Königs Entsetzen weidend. »Aus ihren Schädeln machte ich silberne Becher für dich, du trankst daraus des Morgens wie des Abends. Aus ihren Augen machte ich Edelsteine für dein Weib, die Königin, und aus den Zähnen ein Halsgeschmeide für Badhild, deine schöne Tochter, die eines schmutzigen Schmiedes Weib ward! In heißer Liebe dient sie mir! Des Krüppels Weisheit heißt Rache, die übte ich gut, König Nidung! Vergolten ist, was du mir angetan!«

Da brüllte Nidung auf, wie mitten ins Herz getroffen. Wieland aber stieß sich ab und flog mit brausenden Schwingen vom Dach über die Wallpfähle des Hofes, über die schwarzen Wipfel des Waldes, über die Küste des Meeres hinaus in die mondweiße Nacht.

Da sah er tief unten Badhild mit fliegendem Haar verzweifelt vom Werder über den Strand nach ihres Vaters Burg eilen. »Folg mir nach Seeland, wenn du mich liebst!« rief er hinab. Einen Augenblick lang sah er ihr weißes Gesicht zu sich emporstarren, dann strebte er mit gewaltigen Flügelschlägen südwärts.

Badhild kam an das Pfahltor und schlug mit der Hand daran. König Nidung öffnete ihr. »Bist du des Schmiedes Weib?« fragte er sie.

»Ich bin es«, antwortete sie trotzig, »und ich bleibe es!«

Da verstieß der König sie und schlug das Tor zu. »Geh, wie du bist, von hinnen, ohne Schutz«, schrie er, »mögen die Wölfe dich zerreißen!«

Umsonst flehte die Königin für ihr Kind. Nidung blieb hart.

Badhild wanderte, so wie sie war, einsam und ohne Schutz durch Wälder und Schluchten, über Heide und Sand bis in Wielands Heimat. Die Wölfe wichen ihr aus, an wilden, herben Früchten stillte sie ihren Hunger, an Quellen und Bächen löschte sie ihren Durst.

Todmüde, mit wunden Füßen und zerfetztem Gewand kam sie in Seeland an. Dort, in Wielands Haus und Schutz, gebar sie Wittich, einen herrlichen Knaben, hoch und stark von Wuchs, der zog später nach Bern und wurde König Dietrichs Genoß. —

Bald darauf starb Nidung, und sein Bruder wurde König. Er war ein gerechter Mann, der Wieland ehrte, darum ritt er mit einer Schar prächtig gerüsteter Männer nach Seeland und brachte Wieland das Schwert Mimung zurück, das ihm Nidung einst genommen hatte. Er verjagte auch die unrechtmäßigen Besitzer von Wadis zwölf Höfen, und Wieland zog hochgeehrt in sein Erbe ein. Auch seine Brüder Helferich und Egil kamen. Sie hatten die Schwanenmaiden nicht gefunden.

Wieland wurde uralt. Von weit und breit kamen Könige und Fürsten und bewunderten seine Kunst. Sie brachten ihm Gold, und er bildete daraus die köstlichsten Kleinodien, wohl auch Zaubergeschmeide, und wer sich von ihm ein Schwert oder einen Harnisch machen ließ, der galt als unbesiegbar, so herrliche Waffen und Rüstungen verstand er zu schmieden.

Als Wieland starb — es war in einer klaren, aber stürmischen Rauhnacht —, sagten die Menschen auf Seeland, er sei mit seinem Schwingenpaar über die Dächer seiner zwölf Höfe hinweggebraust und dann geradewegs in den Himmel geflogen. Auf einem Götterberg im Sternbild des Orion habe er Wohnung genommen und schaue in klaren Winternächten funkelnden Auges von dort herab auf Land und Meer.

Gudrun

VON HETTEL UND HILDE

König Hettel von Hegelingen herrschte über ein Reich, das sich von Friesland bis nach Dänemark erstreckte, von den Gestaden der Nordsee, in welche der Elbestrom mündet, bis tief hinein in die Ostsee mit ihren mächtigen grünen Inseln. Ehe er von seinem Vater Krone und Thron geerbt hatte, war er als Knabe und Jüngling von seinem Verwandten Wate auf Stürmen im Dänenland aufgezogen worden. Wate war ein bärenstarker, ruhmreicher Ritter mit einem ellenbreiten weißen Bart, der ihm bis zum Gurt niederwallte. Sein Auge war blau wie die See und konnte vor Freude und Fröhlichkeit nur so blitzen. Doch wenn Wate zornig wurde, so verdunkelte sich sein Auge, und wehe dem, der ihm dann zu nahe kam.

Bei Wate also war Hettel in Pflege gewesen, hatte von ihm ritterliche Zucht und den Gebrauch der Waffen gelernt. Nun gebot er als König über das Hegelingenland mit seinen achtzig Burgen, deren Hüter ihm in großer Treue und Ehrfurcht dienten.

Doch König Hettel lebte freudlos in seiner Burg Matelane, denn ihm fehlte eine Frau. Darum sah er sich nach einer Gemahlin um. Er berief die Helden Morung von Friesland und Irold von Ortland zu sich und fragte sie, welches Mädchen würdig wäre, mit ihm als Königin den Thron von Hegelingen zu teilen.

»Da gibt es nur eine«, antworteten die jungen Fürsten, »das ist Hilde, die schöne Tochter König Hagens von Irland, den sie ob seiner großen Wildheit den Teufel unter den Königen nennen.«

»Erzählt mir von ihm und von seiner Tochter!« forderte Hettel die Helden auf, und Herr Morung erzählte:

»König Hagen war als Knabe in zartem Alter von einem Greif verschleppt worden. Der furchtbare Vogel hatte ihn durch die Lüfte auf ein wüstes Eiland getragen und seinen Jungen im Horst zum Fraß vorgeworfen. Klein Hagen aber war aus dem Nest geklettert, und im Walde umherirrend zu einer Höhle gelangt, in der sich drei Königstöchter verborgen hielten, die der Greif gleichfalls entführt hatte. Er wurde der Beschützer der Mädchen. Jahrelang wohnten sie gemeinsam in der Höhle. Als an einem stürmischen Tag ein Schiff voll bewaffneter Ritter an der Insel zerschellte, fand Hagen ein Schwert im Sand. Das hob er auf, lief damit auf eine Lichtung unweit des Greifenhorstes, und als die grausigen Vögel seiner ansichtig wurden und sich auf ihn stürzten, um ihn mit ihren Fängen und Schnäbeln zu zerreißen und zu zerhacken, hieb er ihnen die Köpfe ab. Dann baute er mit vieler Mühe ein Floß, hieß die Mädchen aus Schlinggewächsen, Ruten und Tannenzweigen ein Segel flechten und führte sie mit diesem einfachen Fahrzeug unter unsäglichen Gefahren in die Heimat zurück. Eines der Mädchen nahm er zur Frau, sie gebar ihm Hilde, deren jugendliche Schönheit alle Sänger rühmen.«

»Sie muß mein werden!« rief Hettel. »Macht euch auf, Morung und Irold, reist nach Dänenland zu Horand, meinem Neffen, und bittet ihn, er möge kommen und auch den jungen Frute mitnehmen, der ist stark und schlau. Die sollen mir Hilde von Irland als Braut zuführen!«

Horand von Dänemark war nicht nur ein kühner Recke, sondern auch ein berühmter Sänger, den Lichtalben und Wassergeister selbst in der Kunst des Liedes und des Saitenspiels unterwiesen hatten. Als er mit Frute bei Hettel eintrat und des Königs Wunsch vernahm, sagte er:

»Um Hilde von Irland zu werben, ist ein gewagtes Stück. König Hagen liebt die Jungfrau mehr als sein Leben. Wer um sie zu werben wagt, den erschlägt er entweder gleich selbst oder läßt ihn an den nächsten Baum hängen.«

»Wer meine Boten tötet, ist selber des Todes!« sagte Hettel drohend. »Mit eigener Hand räche ich sie!«

Da meldete sich Frute, der Listige, zum Wort und meinte: »Entsende doch Wate als Boten nach Irland, ihm mag es vielleicht gelingen, dir Hilde zuzuführen, denn wer wollte Wate widerstehen?«

»Auf!« rief Hettel. »Sendet Boten nach Stürmen! Ich lasse Wate zu mir bitten. Er wird nicht zögern, zu reiten oder zu segeln, wohin ich ihm befehle!«

Wate kam. Der Boden zitterte, als er eintrat und sich breitbeinig vor seinen Zögling und König stellte.

»Was begehrt man von mir?« fragte er.

»Man riet mir, dich als Boten nach Irland zu schicken, bei König Hagen für mich um seine Tochter zu werben«, antwortete Hettel.

Da verdunkelte sich Wates Auge, und er rief: »Wer dir das riet, der muß mein Todfeind sein oder Frute von Dänenland heißen!« Damit hellte sich seine Miene jählings wieder auf, er blitzte Frute an und sagte lachend: »Warte, du Listenreicher: Ich fahre nach Irland, aber du und Horand, ihr müßt mit mir fahren, und Morung und Irold auch. Wer meine Ruhe mutwillig stört, der soll auch die Arbeit mit mir teilen! Ihr wißt ganz gut, wie grimmig Hagen sein Kind bewacht, oder nicht?« schloß er voll Hohn.

»Spare die Worte«, lachte nun auch Frute, »unter deinem Schutz wagen wir manches. Mit dir entführen wir Hilde, und mag sie der Teufel Hagen noch so sehr behüten. Wie wär's, wenn wir als Kaufleute verkleidet an Irlands Küste landeten? Horand soll singen, Frute soll Gold und Edelsteine unter die Leute verteilen und kostbar gewirkte Stoffe an die Frauen verkaufen.«

»Haltet das, wie ihr wollt«, brummte Wate, »ich bin kein Händler.« Hierauf wandte er sich wieder zu König Hettel und sagte: »Laß für mich und meine Recken neue, feste Schiffe bauen: nicht zu viele, nicht zu wenige, aber so geräumig, daß wir uns darin unter Deck verbergen können. Außerdem mußt du mir deine besten Streiter mitgeben, die sollen uns helfen, wenn uns Hagen mit unserem Raub nicht in Frieden ziehen läßt. Feilschen aber und Lieder singen, das überlasse ich Frute und Horand, ich sagte schon: Ich bin kein Krämer, und meine Kehle ist rauh!«

Und so geschah es. Während die Helden alle wieder auf ihre Burgen zurückreisten, um dort den Winter zu verbringen und sich auf das kühne Unternehmen vorzubereiten, ließ König Hettel die kostbarsten Kleinodien, Ringe und Spangen aus rotem Gold, schwere Schmuckketten, getriebene Becher und mit Steinen übersäte, blitzende Diademe aus seinen Schatzkammern holen und bereitlegen, dazu die schwersten, gold- und silbergewirkten Stoffe. Er ließ aber auch breite, seetüchtige Schiffe bauen, die wurden mit starken Bohlen gedeckt. Den ganzen langen Winter über wurden Beile und Äxte geschwungen, wurden Balken und Bretter geschleppt, Kiele gelegt und Spanten gebogen, Sägen und Hämmer kamen nicht zur Ruhe. Ein Schiff nach dem anderen lief vom Stapel: purpurrot und goldbestickt waren die Segel, mit Silber waren die Fugen längs der Schiffswände gebunden, die Ruder — Griff und Blatt — waren mit hauchdünn gehämmertem Gold überzogen.

Es wurde Frühling. Horand und Frute, Morung und Irold trafen mit ihrem Gefolge an Hettels Hof ein. Staunend betrachteten sie die nagelneue, glänzende Flotte, die da vor Burg Matelane im Hafen lag.

König Hettels Schmiede hatten auch nicht gefeiert, und als Wate mit den Seinen ankam, fand er einen wahren Berg schimmernder Brünnen, starker Helme und scharfer Waffen vor. Sie wappneten sich und krochen dann gemeinsam mit Hettels besten Reisigen in den Bauch der Schiffe. Dort wurde ihnen der Platz zu eng, so viel Schätze hatten Horand und Frute schon verstauen lassen.

»Daß doch diese Krämerseelen nie genug bekommen können!« fluchte Wate scherzend. Dann befahl er, die Segel zu hissen. »Wir bringen dir Hagens Kind als Braut, oder du siehst uns nimmermehr!« rief er Hettel zu, der am Ufer der Ausfahrt beiwohnte.

»Ich habe dir meines Reiches blühendste Jugend anvertraut«, rief Hettel Wate nach, »hüte sie wohl und bring sie mir gut wieder!« Aber Meeresrauschen und Windesbrausen verschlangen seine Worte.

Horand und Frute standen mit Morung und Irold an Deck und winkten lachend zurück. Da krampfte sich des Königs Herz zusammen: Sosehr er des Irenkönigs schöne Tochter herbeisehnte, so sehr schmerzte ihn der Gedanke, er könnte um ihretwillen seine besten Helden und Freunde verlieren.

FRUTES KRAMLADEN UND HORANDS GESANG

Nach langer, wechselvoller Fahrt näherte sich das Geschwader der Hegelingen Irland. Schon von weitem sah man die herrlichen Schiffe herankommen, und jung und alt lief aus König Hagens Burg an den Strand. Die Burg hieß Baljan.

»Nun zeige, wie listenreich du bist«, sagte Wate zu Frute, »ich füge mich dir. Gelingt der Raub ohne Kampf, um so besser!«

Da befahl Frute sechzig Streitern, sich der Brünnen und Waffen zu entledigen und statt dessen feine Gewänder aus Samt und Seide anzuziehen. Er selbst kleidete sich noch prächtiger als sie, und als die Schiffe angelegt hatten, schritt er mit seiner Schar an Land.

Zwei seiner Leute sandte er mit einem Beutel voll ausgesuchter Perlen und Edelsteine hinauf zu Hagen in die Burg und ließ ihn um seinen königlichen Schutz bitten.

»Wer seid ihr?« forschte König Hagen.

»Kaufleute aus Hegelingen«, antworteten die beiden, »wir kommen von weit her.«

»Sagt eurem Herrn: Ich entbiete ihm Frieden und sicheres Geleit. Wer meine Gäste kränkt, büßt es am Galgen.« Damit waren sie entlassen.

Nun schlug Frute am Ufer geschäftig seinen Kramladen auf. Von weit und breit kamen die Leute herbei und kauften, denn noch nie hatten Händler so schöne Dinge so billig feilgeboten. Und wieviel sie auch kauften, der Laden wurde nicht leer: was ausging, wurde sogleich wieder aus den Vorräten in den Schiffen ergänzt. War aber einem der niedrige Preis noch zu hoch, so wurde ihm, was er wollte, lächelnd geschenkt.

Kein Wunder, daß König Hagen den fremden Kaufleuten so wohlgesinnt war, daß er sie eines Tages einlud, in seine Burg zu kommen und sich mit Speise und Trank zu versehen.

Frute nahm diese Einladung dankbar an. Er schloß sogleich seinen Laden und begab sich auf das Schiff, in welchem sich Wate mit seinen Streitern verborgen hielt. Der Alte fluchte gotteslästerlich, weil sie schon so lange, zur Untätigkeit verurteilt, im Dunkeln dösen und schwitzen mußten.

Mit vieler Mühe bewog Frute den Recken, sich gleichfalls wie ein vornehmer Kaufmann zu kleiden und mitzukommen. Widerwillig ließ sich Wate ein weites, faltiges Gewand aus besticktem Samt mit einem goldenen Gürtel anlegen, und Frute flocht ihm eigenhändig goldene Bänder in Haar und Bart. Dann schritten sie beide mit kleinem Gefolge den Strand zur Burg hinan.

»Lieber wollte ich nackend und mit bloßen Händen gegen ein ganzes Heer kämpfen«, fauchte Wate zornig in seinen Bart, »als so läppisch gekleidet und geschmückt wie ein Weib vor einem Helden wie König Hagen zu erscheinen!«

»Sei gut, Graubart«, beruhigte ihn Frute, »denk daran, daß du sogleich die künftige Königin der Hegelingen schauen wirst.«

»Dürfte ich doch mit dem Schwert um sie kämpfen!« knirschte Wate.

»Das kommt, fürchte ich, früh genug«, entgegnete ihm Frute. Dann traten sie ein.

König Hagen empfing sie und ihr Gefolge mit hohen Ehren, die Königin und die schöne Hilde, bei deren Anblick selbst dem alten Wate der Atem stockte, mit neugierigen Blicken.

Sie wurden köstlich bewirtet. Bei der Tafel saß Wate zwischen der Königin und Hilde und mußte von ihnen allerlei neckenden Scherz erdulden, denn sie sahen wohl, daß er nur sehr ungern bei Frauen saß.

»Hat er daheim nicht Haus und Land, ein holdes Weib und Kinder, die er freundlich herzen mag?« fragte die Königin lachend.

Da Wate finster blickend schwieg, antwortete Frute schnell: »Gewiß hat er Weib und Kind daheim, ein festes Haus und viel Land zu Lehen. Für seine Ehre schlägt er Gut und Blut in die Schanze, er ist ein kühner Mann!«

»Ei, ei«, rief Hilde und lachte laut, »das klingt ja fast, als wäret Ihr ein Ritter und kein Händler!«

Wate fühlte, wie sein Blick dunkel wurde, aber er beherrschte sich um seines Herrn Hettel willen. Nach Tisch wurden er und Frute von den Frauen zum Brettspiel eingeladen, Wate mußte Hilde gegenüber Platz nehmen und die Steine rücken. Er tat es unter grimmigem Schweigen. Als aber plötzlich aus dem Hof, wo auf König Hagens Befehl zur Kurzweil der Gäste gerade ein munteres Kampfspiel begann, der Lärm splitternder Lanzen und schlagender Schwerter in den Saal drang, litt es Wate nicht länger. Er sprang auf, eilte ans Fenster und schaute zu.

»Habt Ihr daheim bei Euch je so wacker turnieren gesehen wie hier zu Irland?« fragte Hagen seinen Gast.

»Nein«, log Wate verächtlichen Tones, »doch tät ich da gerne einmal mit. Fänd ich nur einen tüchtigen Meister in der Fechtkunst, ein Jahr lang wollt ich zu ihm in die Lehre gehen und ihn reich entlohnen!«

»Der Meister will ich sein!« rief Hagen. »Gebt uns Schwert und Schild! Ich will ihn meine vier guten Hiebe lehren, daß er mir's sein Lebtag danken soll!« Dann lief er mit Wate in den Hof hinab.

Hei, wie staunten alle, als sie auf einmal den fremden Kaufmann mit dem König fechten sahen! Hageldicht fielen die Hiebe, und Hagen merkte sogleich, daß er an einen Ebenbürtigen geraten war. Er kam in Zorn, weil Wate ihn gefoppt hatte, aber er bezähmte sich und rief:

»So schnell sah ich noch keinen das Fechten erlernen wie dich, Alter!«

Sie fochten so lange, bis ihre Klingen bei einem wuchtigen Schlag beide zugleich zersprangen und sie nur mehr Griff und Knauf in den Fäusten hielten. Da lachten sie aus vollem Hals und gingen einträchtig zurück in den Saal.

Nun veranstaltete Hagen fast alle Tage irgendein Spiel für seine

Gäste, einmal einen Wettlauf, ein andermal Steineschleudern oder Speerwerfen.

Eines Abends aber erbot sich Horand, dem König für so viel Kurzweil durch ein Lied zu danken.

»Ihr seid wahrhaftig kunstreiche Kaufleute«, sagte Hagen verwundert und nahm mit seinen Rittern im Saale Platz.

Horand stimmte sein Saitenspiel und begann zu singen. So wundersüß klang sein Lied, daß selbst die Nachtigallen im Burganger verstummten und lauschten. Die Königin in der Frauenkammer horchte auf und fragte: »Wer mag das sein, der da singt? Noch nie hörte man zu Baljan so herrlichen Gesang!«

Schön Hilde aber gab einem Kämmerling Gold, damit sollte er den fremden Sänger bestechen, noch diesen Abend heimlich in ihre Kammer zu kommen.

Horand konnte seine Freude über diese Botschaft kaum bezähmen: nun würde er endlich der Jungfrau von König Hettel erzählen können! Als er, von dem Kämmerling über dunkle Hintertreppen geleitet, vor Hilde stand — draußen war tiefblaue Nacht —, da bat sie ihn: »Singt mir das Lied noch einmal, mit dem Ihr die Ritter im Saal erfreut habt!«

»Ach«, erwiderte Horand, »wie gerne erfüllte ich Euren Wunsch, schlüge mir König Hagen nicht das Haupt ab dafür, daß ich bei Euch in der Kammer weile. O kämt Ihr mit mir in meines Herrn Land, dort wollte ich Euch alle Tage mit tausend Liedern dienen!«

»Wer ist dein Herr? Hat er Land und Leute? Trägt er eine Krone? Erzähl mir von ihm!«

»Mein Herr ist König Hettel von Hegelingen«, flüsterte Horand erregt, »weit von hier, am Gestade zweier Meere, liegt sein Reich, und wenn du, Königskind, mich nicht verrätst, will ich dir alles von meinem Herrn sagen!«

»Sei ohne Sorge! Sprich!« drängte die Jungfrau.

»Mein Herr ist dir in großer Liebe zugetan«, sagte Horand, »um deinetwillen hat er uns als Kaufleute verkleidet nach Irland geschickt. Er begehrt dich zum Weib, du sollst Königin des Hegelingenreiches werden!«

»Und wenn ich euch folgte in Herrn Hettels Land, würdest du dort jeden Abend für mich singen?«

»Von Herzen gern! Doch viel schöner noch als ich singt König Hettel selber: Wenn er den Mund öffnet, halten die Wasser im Lauf inne, und die Fische schwimmen herzu, ihm zu lauschen. Stürme besänftigt sein Gesang, Todkranke erheben sich gesundet vom Lager, wenn sein Lied sie erreicht, den Wegmüden erquickt seine Stimme so sehr, daß er einen Ritt von tausend Stunden im Nu vergißt. Das Herz der Frau aber, die ihn nur reden hört, verfällt ihm in Liebe bis zum Grab.«

Da senkte König Hagens Tochter den Kopf und sagte errötend: »Ist euer Herr so herrlich, gerne folgte ich euch noch heute in sein Land.

Wie aber soll ich meinem Vater entfliehen, der mich jedem verweigert und noch jeden Werber vor der Burg hängen ließ?«

»Seid guten Mutes«, tröstete sie Horand, »haltet nur Augen und Ohren offen, es wird sich ein Weg finden.«

Verstohlen, wie er gekommen, entschwand der schlaue Sänger: der Kämmerling hatte ihn geholt, denn unten im Saal rüstete man bereits zum Aufbruch, da durfte Horand nicht fehlen!

Als sich die verkleideten Recken wieder auf ihren Schiffen befanden, zog Horand Wate beiseite und flüsterte ihm ins Ohr: »Schön Hilde ist unserem Herrn in Liebe zugetan, ich weilte bei ihr in ihrer Kammer!«

»Das hätte den Kopf kosten können«, sagte Wate und hieb Horand vor Freude auf die Schulter. »Gut gemacht!« rief er. »Komm unter Deck, daß wir sogleich beraten, wie wir die Jungfrau entführen. Dann soll es endlich wieder lustig heimzu gehen, ehe meine Gefährten in euren Krämerkähnen verfaulen und verkommen!«

Und alle, die das hörten, freuten sich mit Wate.

DIE ENTFÜHRUNG

Vier Tage warteten die Hegelingen noch zu, dann brach Frute im Morgengrauen plötzlich seinen Kramladen ab und begab sich mit Wate und seinem Gefolge festlich gekleidet zum König.

»Wir wollen scheiden«, sagte er, »und erbitten gnädigen Urlaub von dir.«

»Hat euch jemand gekränkt?« fragte Hagen. »Warum flieht ihr mein Land? Habe ich nicht alles getan, meinen Gästen den Aufenthalt angenehm zu machen?«

»Es ist nicht an dem«, entgegnete Wate, »aber der Hegelingen Herr hat nach uns geschickt, er mahnt zur Rückkehr. Auch haben wir Frauen und Kinder daheim, die sich nach uns sehnen.«

»Das sehe ich ein«, sagte Hagen, »dennoch werdet ihr mir sehr abgehen. Ihr habt mich selber mit Perlen und edlem Gestein beschenkt, als ihr kamt, und meinen Leuten manch kostbares Stück wohlfeil verkauft — wählet euch nun aus meiner Schatzkammer als Gastgeschenk, was und wieviel euch gefällt!«

Da neigte Frute voll Anstand das Haupt und sprach: »Herr, das werden wir gerne tun, obgleich uns deine Freundschaft mehr wert ist als Gold und Juwelen. Doch wir werden deine Schatzkammer nicht eher betreten und uns auch nicht eher ein Gastgeschenk wählen, als bis du uns die Ehre deines Besuches gemacht hast und selber schaust, was unsere Schiffe noch an Kostbarkeiten bergen. Wir konnten nicht unseren ganzen Vorrat auf dem Lande feilbieten. Auch die Königin und deine schöne Tochter sollen unsere Habe sehen, darum bitten wir dich.«

»Ihr seid seltsame Leute«, erwiderte Hagen dem höflichen Frute, »doch will ich eure Bitte gern erfüllen. Morgen früh lasse ich für mich und die Frauen Pferde satteln, dann reiten wir hinab zum Strand, eure Schiffe und Schätze aus der Nähe zu betrachten.«

Während der nun folgenden Nacht ließen Frute und Wate alles schwere Kaufgut, auch Mundvorrat und Wein bis auf einen geringen Rest ans Ufer tragen — so wurden die Schiffe leichter. Ja, Wate und Frute, die waren klug!

Als nun am Morgen König Hagen mit den Frauen und einem Gefolge von hundert Rittern an den Strand kam, glänzten ihnen schon von weitem die herrlichsten Schätze entgegen. Sie stiegen von den Pferden und schritten staunend das Ufer entlang, die gehäuften Kostbarkeiten bewundernd.

»Da nehme ein jeder, soviel er mag«, rief Wate lachend, und die Reisigen und Höflinge, die Kämmerlinge und Kammerjungfrauen ließen sich das nicht zweimal sagen. Alles staunte, wählte und schwatzte durcheinander, und in dem Trubel war es Horand und Wate ein leichtes, die schöne Hilde, die wohl merkte, worauf das alles hinaus sollte, geschickt von ihrer Mutter zu trennen und auf eines der Schiffe zu bringen.

Sogleich sprangen die verborgenen Recken an Deck, und knatternd stiegen die purpurnen Segel in den Wind. Mit einem schnellen Schwerthieb zerschnitt Herr Morung das Ankertau, und im nächsten Augenblick flog das Schiff mit seiner kostbaren Fracht auch schon hinaus auf die bewegte See.

Ehe König Hagen recht erfaßte, was vorgegangen war, hatten sich auch die anderen Schiffe vom Gestade gelöst und schwammen bereits so weit, daß es Wate und Morung, die auch die übrigen Ankertaue mit den Schwertern zerschnitten hatten, nur noch mit knapper Not gelang, auf das letzte der Fahrzeuge zu springen. Beinahe wären sie König Hagen in die Hände gefallen.

»Bringt Speere! Bringt Pfeil und Bogen! Sie müssen alle sterben!«

schrie Hagen außer sich vor Zorn, indes die Königin mit erhobenen Armen weinend ihrem entführten Kind nachschaute.

Bald wimmelte es am Ufer von Streitern, Speere und Pfeile schwirrten wie ein dichter Vogelschwarm den Schiffen nach, aber sie sausten allesamt zischend ins Wasser, in welchem einige von Hagens Leuten schwammen, die sich fürwitzig auf die Schiffe gewagt hatten und von den Hegelingen kurzerhand über Bord geworfen worden waren.

»Zu den Schiffen!« rief König Hagen. Aber als man die eigenen alten Streitkähne flottmachen wollte, erwiesen sie sich entweder als leck, oder sie waren nicht fahrbereit.

»Nur nicht so hitzig!« rief Wate dem König vom Heck des letzten Schiffes zu. »Tröstet Euch mit den Schätzen — wir tauschten sie gerne gegen das lebende Kleinod, das wir König Hettel zur Hochzeit bringen!«

»Laßt das Heerhorn blasen, wir müssen den Räubern ihre Beute abjagen!« schrie Hagen außer sich vor Zorn. Dennoch blieb zunächst nichts anderes übrig, als die Waffen beiseite zu legen, Werkleute heranzuholen und mit diesen die Schiffe wieder instand zu setzen.

König Hettels stolzes Geschwader aber zog bei klarem Wetter und gutem Wind Tag und Nacht durch die schäumende Flut der friesischen Küste entgegen. Nur selten gab es einen Tag mit schwächerer Brise oder gar Flaute. Da hielten dann Wate und Horand, Frute, Morung und Irold voll Sorgen Ausschau, denn sie ahnten wohl, daß der betrogene Irenkönig alles daransetzen würde, sich so bald wie möglich an ihre Fersen zu heften.

Endlich tauchte die Heimat vor den Augen der wassermüden Recken auf, und die Schiffe legten an.

Als erster sprang Wate auf den Sand und befahl, für Hilde und ihre Frauen ein bequemes Zelt zu errichten. Dann sandte er Boten zum König, der auch alsbald mit glänzendem Gefolge seiner Braut entgegenritt. Hettel wußte nicht, was ihm schwerer zu zähmen fiel, seinen feurigen jungen Hengst oder sein Herz, das heftig gegen die goldene Brünne pochte, als er Hilde, herrlich geschmückt und geleitet, aus dem Zelt treten sah.

»Wir bringen dir die schönste Maid, die wir je auf unseren Fahrten sahen«, sagte Frute, während Morung und Irold neben Hilde traten, sie an den Händen faßten und so ihrem Herrn zuführten, wie es die Sitte gebot.

Hettel stieg ab und beugte sein Knie vor der Irin, die errötend ihr helles Haupt neigte. Dann erhob er sich, umarmte seine Braut und küßte sie.

»Ich war in großer Sorge um euch«, sagte er. »Ich sah meine tapferen Schwertbrüder und Werber schon alle in Hagens Kerkern schmachten oder auf den Galgen vor Burg Baljan hängen.«

»Dazu ist's nicht gekommen«, meinte Wate lachend, »doch sah ich noch keinen Helden so wackere Hiebe austeilen wie König Hagen. Er herrscht gewaltig in seinem Land — Gnade uns, wenn er bald an Frieslands Küste landen wird, wie ich wohl befürchte!«

Am Abend säumten Freudenfeuer den flachen Strand. Rings um das Seidenzelt des Paares lagerten Recken und Gesinde, sie waren müde und bedurften der Rast. Horand von Dänemark sang. Plötzlich aber hielt er mitten im Lied inne, sprang auf und schirmte die Augen mit der Hand. Er sah auf dem Meer ein Segel auftauchen, dem bald noch andere folgten, im Mondlicht kreuzten sie eilig heran.

»Weckt König Hettel!« rief er. »Hagens Schiffe nahen, ich erkenne sie, ihre Segel tragen sein Wappen!«

Sogleich waren Wate und alle anderen Recken auf den Beinen. Auch Hettel trat aus dem Zelt, ließ sich Rüstung und Waffen geben und rief:

»Was List errang, muß jetzt das Schwert verteidigen! Auf, meine Hegelingen, schützt eure Königin vor ihres Vaters Wut! Wer nie Gold gewann, dem will ich's morgen ohne Waage zuteilen, mit Freuden sollt ihr daran zurückdenken, daß ihr heute nacht die Iren besiegtet!«

Da waren auch schon die geschnitzten zähnefletschenden Drachenhäupter am Bug der feindlichen Schiffe deutlich zu sehen. Wie eine Schar geflügelter Untiere lief Hagens Flotte mit knirschenden Kielen auf den Sand. Ein Hagel von Speeren und Pfeilen empfing sie, doch furchtlos sprang Irlands König über Bord und watete ans Ufer, ob ihn die Geschosse auch wie stöbernde Schneeflocken umschwirrten.

»Springt aus den Booten«, schrie er zurück, und augenblicklich wimmelte das Gestade von irischen Streitern.

Da erspähte Hagen Hettel. »Feiger Räuber!« schrie er und drang auf ihn ein. Durch die Hegelingen, die sich dazwischenwarfen, hieb er sich eine Gasse bis zu ihm hin. »Gib mein Kind heraus!« rief er und schleuderte seinen wuchtigen Speer gegen Hettel. Doch der prallte gegen den Schild Wates, den dieser im letzten Augenblick schützend vor den König gehalten hatte.

»Da bist du ja, heuchlerischer Fuchs!« rief Hagen und riß sein Schwert aus der Scheide, »nun zeig, was du in Irland gelernt hast!«

So geschah es zum zweitenmal, daß Hagen und Wate miteinander fochten. Es war ein Kampf auf Leben und Tod, den sie da austrugen. Wie Axtschläge eines Riesen sausten Hagens Schwerthiebe auf Wates Helm, daß diesem das Blut jäh über die Augen schoß.

Voll Wut packte hierauf der Alte aus Stürmen seine Waffe mit beiden Fäusten und hieb damit seitlich auf Hagens Helmspangen, daß eine Funkengarbe davon wegsprang und Hagen, Augen und Seele voll Nacht, in die Knie brach.

Hilde stand am Spalt des Zeltes und schaute dem tosenden Waffengetümmel angstbebend zu. Als sie den eigenen Vater zusammenbrechen sah, rief sie jammernd nach Hettel und flehte ihn bei seiner Liebe zu ihr an, König Hagen beizustehen.

Sogleich drang Hettel mit seinen Getreuen bis zu Hagen und Wate vor und rief mit heller Stimme:

»Bei eurer Ehre, laßt ab vom Streit! Es liegen genug Tapfere blutend auf dem Sand — ich mag mein Glück nicht mit dem Tod so vieler Helden erkaufen!«

»Wer mahnt da zum Frieden? Wer redet von Glück?« fragte Hagen, der sich mühsam aufraffte und den Helm abnahm.

»Ich tue das«, sagte Hettel, »der Hegelingen König, dem Wate deine Tochter als Braut zuführte. Ich liebe sie. Reich mir und Wate und allen anderen die Hand, um unserer Königin willen.«

Da verwunderte sich Hagen sehr. »So hattet ihr kein Verbrechen im Sinn, als ihr mir mein Kind raubtet?« fragte er mißtrauisch.

»Frag doch Hilde selbst«, meinte Hettel lächelnd, »ob sie nicht genugsam wußte, was ihr bevorstand, als sie mit ihren Frauen das Schiff bestieg!«

»Wo ist sie?« forschte Hagen.

»Im Zelt«, antwortete Hettel, »Angst vor ihrem ergrimmten Vater hält sie dort fest.«

In der Tat hätte Hilde ihren Vater herzlich gerne umarmt, doch wagte sie sich nicht hervor. »Um meinetwillen liegen so viele tapfere Iren tot, da wird dem Vater mein Gruß wenig willkommen sein«, sagte sie zitternd, als Horand und Frute sie holen kamen.

»Habe ich so eine feige Tochter, daß sie sich vor dem eigenen Vater fürchtet?« fragte Hagen grollend, jedoch im Innersten bereits versöhnt.

Hilde ließ sich aus dem Zelt führen, und als König Hagen sie sah, ward ihm zugleich weh und warm ums Herz. »Ich kann dir nicht zürnen«, sagte er, »laß dich grüßen, mein schönes Kind!«

Damit schloß er sie in die Arme. »Bringt die Toten zur Ruhe«, befahl er dann, »und laßt uns gehen: wie lange soll die Braut noch auf dem blutigen Feld verweilen?« —

Mit großer Pracht wurde die Hochzeit gefeiert. Hagen war Gast in König Hettels Halle. Anfangs war er ein wenig mürrisch, doch als er schied, war er ganz fröhlich und aufgeräumt. »Eure Mannen haben einen herrlichen Sieg über mich errungen«, sagte er, »was ich mit aller meiner Macht beschützt habe, mein Kind Hilde, das haben sie mir ohne Schwertstreich genommen.«

Als er wieder daheim auf Burg Baljan war und traulich bei Hildes Mutter saß, sprach er: »Unser Kind ist eines mächtigen, reichen Königs Gemahlin geworden. Im Hegelingenland lebt noch mancher angesehene Fürst — hätte ich noch mehr Töchter, ich schickte sie alle dorthin!«

Hilde und Hettel lebten miteinander in ungetrübtem Liebesglück. Zwei Kinder wurden ihnen geschenkt, Ortwin und Gudrun, ein Zwillingspaar. Den Knaben Ortwin schickten sie, da er heranwuchs, nach Stürmen zum alten Wate in die Lehre. Das Töchterlein Gudrun, das später die schönste Jungfrau im ganzen Hegelingenreich wurde, gab Hettel zu seinem Neffen Horand nach Dänemark in Pflege; dort sollte die Maid höfische Zucht und Sitte lernen.

Gudrun wuchs aber nicht nur zu großer Schönheit, sondern auch zu solchen Kräften heran, daß sie ein Schwert ebenso hätte tragen und führen können wie einer der vielen Fürsten und Helden, die später um ihre Hand warben.

WIE GUDRUN GERAUBT WURDE

Als Gudrun zur Jungfrau erblüht und wieder heimgekehrt war nach Matelane in ihres Vaters Burg, zeigte es sich, daß ihre Schönheit selbst die ihrer Mutter überstrahlte.

»Möge es dir und uns zum Glück gereichen, daß du so schön wurdest!« sagte Königin Hilde und seufzte, denn sie wußte, wie vieler Helden Tod ein blühendes Weib verschulden konnte.

Der erste, der bei Hettel um Gudruns Hand warb, war König Siegfried von Morland. Er hatte nicht Boten geschickt, sondern war selbst gekommen. Er wollte mit eigenen Augen prüfen, ob Gudrun wirklich so herrlich war, wie man allenthalben sagte und sang. Er fand sie aber noch schöner, als Worte es zu künden vermochten, und veranstaltete mit seinem Gefolge glänzende Ritterspiele vor Hettels Burg. Doch als er am Ende seines Aufenthaltes voll edlem Anstand seine Werbung vorbrachte, sah Hettel nur verächtlich auf ihn nieder, schüttelte den Kopf und bedeutete ihm, sein Land auf der Stelle zu verlassen.

»Laßt Euch die Fahrt nicht gereuen«, sagte er, »Gudrun ist nicht für Euch.«

»Es war das erstemal, daß ich ins Land der Hegelingen kam«, entgegnete Siegfried von Morland tief gekränkt, »friedlich kam ich, nun kenne ich hier Weg und Steg. Das zweitemal komme ich mit Unfrieden, deinen und deines Kindes Hochmut zu brechen!«

Zornig verließ er mit seinen Mannen die Burg. Gudrun gefiel der Held zwar, doch wagte sie nicht, es ihren Vater merken zu lassen.

Als zweiter Freier meldete sich Hartmut von der Normandie, König Ludwigs Sohn. Seine Mutter hieß Gerlind, die war über alle Maßen ehrgeizig und bestärkte ihn in seinem Wunsch, Gudrun zu gewinnen, wie sie nur konnte.

König Ludwig aber hatte wenig Freude, als Hartmut kostbares Gewand und Geschmeide, Pferde, Waffen und Gefolgsmannen von ihm forderte, um die Gesandtschaft auszurüsten.

»Hüte dich vor König Hettel«, sagte er, »gibt es nicht anderswo Jungfrauen genug, die deiner würdig sind? Laß das hochfahrende Hegelingenmädchen, ihr Vater hat wohl bei König Hagen in Irland gelernt, wie man schöne Töchter hütet. Kann sein, daß auch er eines Tages alle Werber hängt!«

Aber Hartmut brannte darauf, Gudrun als künftige Königin der

Normandie zu gewinnen, und erzwang unter Beihilfe seiner Mutter, die den Boten goldene Berge versprach, daß König Ludwig eine Schar von sechzig prächtig gewappneten Reitern mit Werbebriefen von ihm und Gerlind zu Hettel schickte.

Die Boten wurden an der Grenze von Horand, dem Dänen, willkommen geheißen und nach Matelane geleitet. Jung und alt lief zusammen, als die Normannen auf ihren schönen Rossen in die Königsburg einritten. Als sie aber vor König Hettel standen, der sie mit Hilde und Gudrun im Thronsaal empfing, und ihre Sendschreiben überreichten, wurden sie übel angefahren.

»Habe ich nicht um die Tochter eines geringeren Königs, als ich selber bin, mit tausend Listen, mit zwölf Schiffsfrachten Goldes und leidigem Blutvergießen kämpfen müssen?« rief Hettel. »Und da glaubt Herr Hartmut, ich gebe mein Kind dem Sohn eines Königs, dessen Reich in dem meinen gut dreimal Platz hat?«

Auch Königin Hilde erhob sich von ihrem Hochsitz und rief: »Sagt Herrn Hartmut, mein Vater hat dem König der Normannen in Kardigan vor Irlands Küste hundertdrei Burgen zu Lehen gegeben. Wie darf er, der Sohn eines gemeinen Lehensmannes, es wagen, die Augen zu Gudrun zu erheben?«

Diese Rede kränkte den Ritter, der die Gesandtschaft anführte, sehr. Er richtete sich hoch auf und rief:

»Euer beider Hochmut wird die Hegelingen noch in blutige Not, Gudrun aber in tausendfache Schande stürzen!«

»Hinweg aus dem Saal!« rief Hettel, den Boten mit dem Finger die Türe weisend. »Danket Gott, daß Herr Horand euch zu mir geleitete, sonst würdet ihr alle die freche Rede am Galgen büßen!«

In tiefen Sorgen ritten die Normannen heimwärts wie Geschlagene. König Ludwig verhüllte sein Haupt mit dem Mantel, er weinte vor Zorn und Scham, als man ihm Hettels und Hildes Gebaren berichtete. Königin Gerlind schloß sich in ihre Kemenate ein und sann dumpfbrütend auf Rache. Tagelang verweigerte sie jede Speise.

»Hätte ich Gudrun in meiner Gewalt«, so stöhnte und schrie sie, »die Schuhe müßte sie mir küssen, mit denen ich sie träte! Nackt schickte ich sie mit den Mägden im Winter ans Meer, die schmutzige Wäsche zu waschen!«

Hartmut aber nahm die Boten beiseite und forschte sie nach Gudrun aus. »Ist sie wirklich so schön, wie alle sagen?« fragte er.

»Schöner als der lichte Tag im Mai«, antworteten sie, »wer sie ansieht, um den ist's geschehen, dem ist das Herz wund sein Lebtag.«

»So muß sie mein werden!« rief er. »Helft mir, Hettels Hochmut zu beugen!« Und er begann sogleich, in aller Heimlichkeit einen Heerzug ins Hegelingenland vorzubereiten.

Der dritte, der um Gudrun freite, war König Herwig von Seeland. Sein Reich war so klein, daß es sich neben dem Hettels ausnahm wie ein Wurzelgnom neben einem Bergriesen. Aber die Bewohner in den Burgen wie auf dem Lande waren von mutiger, edler Art wie ihr Herrscher.

Als Herwig jedoch bescheiden Boten zu den Hegelingen schickte, um Gudrun zu werben, wurden sie genauso ausgelacht und mit Schimpf und Schande davongejagt wie Hartmuts glänzende Werberschar.

Da schickte Herwig nochmals einen Boten zu Hettel und ließ diesem sagen:

»Wer eines Königs Werber verhöhnt, hat die Zucht verletzt und den Frieden gebrochen. Das nächste Mal komme ich selber, um Gudrun zu freien, aber mit dem Schwert!«

König Hettel schlug solche Drohungen höhnisch in den Wind, ließ den Boten von einer Schar Knechte, die auf elenden Kleppern saßen und Narrenmützen und Schellenkappen auf dem Kopf trugen, bis an die Grenze seines Reiches begleiten und dachte nicht daran, sich auf einen Angriff Herwigs vorzubereiten.

Hätte er es nur getan! Er wäre nicht so überrascht gewesen, als kurze Zeit darauf im Morgengrauen das Horn des Türmers die Burg aus dem Schlaf schreckte und alle Männer zu den Waffen rief. Herwig von Seeland stand mit einem kleinen, aber wackeren Heer vor dem Tor und begehrte, man soll die Brücke herablassen, er sei gekommen, Gudrun heimzuholen.

»Daß ich die Brücke herablasse, das kannst du wohl haben«, rief Hettel von der Zinne herunter, »denn wir werden zu dir hinausreiten und deinem Haufen tüchtige Schläge verabreichen, du Junker Übermut! Springt mit zwei Schritten über sein armseliges Reich und will des Hegelingenkönigs Tochter minnen! Der Spaß muß blutig ausgehen, ich will endlich Ruhe von dir haben!«

Ganz wohl war König Hettel bei solchen Schmähreden nicht, denn er hatte, keines Überfalls gewärtig und völligen Frieden im Land, nur ein paar hundert Bewaffnete auf Matelane, das gewöhnliche Ingesinde der

Burg. Mit diesen stürmte er nun über die Zugbrücke hinaus auf den Anger und stieß sogleich mit Herwig zusammen.

Ein harter, wilder Kampf umtobte die Burg. Hettel mußte immer mehr vom Schild anstatt vom Schwert Gebrauch machen, so heftig setzte ihm der Seeländer zu, und auch Hettels Mannen wurden nach schweren Verlusten gegen das Tor gedrängt.

Herwigs Kämpen verstanden sich auf unerbittliches Fechten. Sie zerhieben Helme und Schilde und folgten den Hegelingen Schritt für Schritt, ja sie umringten sie so völlig, daß es diesen unmöglich wurde, das Tor vor den Feinden zu schließen, wie sie gerne getan hätten.

Die Seeländer überfluteten den Burghof, der von grausigem Waffenlärm widerhallte. Noch immer ließ Herwig nicht von Hettel ab, der gestehen mußte, schon seit langem an keinen solchen Gegner geraten zu sein.

Bangen Herzens sah Gudrun, die neben ihrer Mutter am Fenster stand, dem Kampf zu. Als Herwig ihrem Vater plötzlich die Brünne durchschlug und eine schwere Wunde beibrachte, schrie sie vor Not auf und rief: »Vater! Wie aus Brunnen springt das Blut der Helden! Sieh doch, schon sind die Mauern rot davon! Herr Herwig ist ein übler Nachbar, versöhne dich mit ihm! Wie könnte ich mich der Liebe eines Mannes erfreuen, da so viele Helden um meinetwillen erschlagen liegen?«

Diese Worte rührten Freund und Feind. »Friede soll sein, König Hettel«, sagte Herwig, die Waffe senkend. »Laßt mich unbewaffnet und unbedroht vor Gudrun treten.«

Diese Bitte wurde Herwig gewährt. Alsbald ritt er zu seinem Troß vor die Burg, wusch sich den Eisenstaub von Gesicht und Leib, ließ sich frisch kleiden und kam dann, mit einer Handvoll Edler als Gefolge, barhaupt und ungerüstet wieder.

Er trat vor Gudrun, die ihn inmitten ihrer Frauen erwartete. »Mir wird gesagt«, begann er zögernd, »Ihr verschmähtet mich, weil ich für Euch zu gering sei. Fragt Euer Herz nur nach Macht und Besitz? Wie reich muß denn der Mann sein, dem Ihr Euch ergebt, schöne Gudrun?«

Da fühlte die königliche Maid, wie ihr die Röte der Scham und Liebe zugleich ins Antlitz stieg. Sie senkte den Kopf und sagte:

»Welche Frau könnte einen Helden wie Euch verachten? Ich sah Euch kämpfen und sah Euch Frieden machen — ich bin Euch hold. Und wäre Euer ganzes Reich nicht größer als der Anger vor Matelane, über den ich Euch bei Morgengrauen heranreiten sah, ich würde Euch folgen, vergönnten mir's Vater, Mutter und alle meine Gesippen.«

Nach dieser züchtigen Rede hob Gudrun den Blick wieder und sah Herwig von Seeland lächelnd ins Auge. Sie hatte nichts mehr zu verhehlen, nachdem sie ihm vor allen Leuten ihre Liebe gestanden hatte.

»Soll Gudrun des Königs von Seeland Weib werden?« fragte Hettel, als er sah, wie sehr Gudrun dem kühnen Freier zugetan war.

»Gib sie ihm!« sagten die Hegelingen, die ihn umstanden, »einem besseren Helden kannst du sie nicht geben.«

Da reichten Herwig und Gudrun einander glückstrahlend die Hände, sie verlobten sich. Hettel und Hilde segneten den Bund, baten aber, Herwig solle ihnen Gudrun noch eine Weile lassen, gar zu schwer fiele ihnen der Abschied. Nach Jahresfrist möge er wiederkommen, dann wollten sie ihm und ihrem Kind auf Matelane die Hochzeit mit höchster Pracht zurüsten.

Schweren Herzens willigte König Herwig ein und zog mit seinem tapferen Heere heim nach Seeland.

Die Kunde von Gudruns Verlobung eilte von Land zu Land, von Küste zu Küste, und bald fiel König Siegfried von Morland, wütend über das Glück seines Nebenbuhlers, mit einer Flotte und vieltausend Rittern in Herwigs blühendes Reich ein. Grausig hauste er mit seinen Recken ringsum, und wie viele der frevlerischen Friedensbrecher Herwig und die Seinen in tagelanger Schlacht auch erschlugen, zuletzt mußte er doch in seine feste Burg flüchten und die Tore verrammeln.

Als er den hohen Turm erstiegen hatte und Umschau hielt, sah er das Land, das kurz zuvor noch im Schmuck des jungen Mai geprangt hatte, voll zerbrochener Burgen, rauchender Dörfer, brennender Wälder und verwüsteter Saaten.

»Um Gudruns willen kam ich in so arge Not«, sagte er zu sich selber, »vielleicht hilft sie mir, ehe es zu spät ist. Ich will versuchen, ihr Botschaft zu schicken.«

Als sein Sendmann in Matelane ankam, war ihm die Kunde von des Morländers tückischem Überfall bereits vorausgeeilt. Weinend empfing ihn Gudrun, eilte mit ihm zu Hettel, umschlang des Vaters Knie und flehte: »Hilf uns, König! Wenn du nicht hilfst, ist Herwig verloren und mein Leben mit ihm!«

»Ich werde ihm helfen«, sagte Hettel.

Gudrun versah den Boten mit reicher Gabe und trug ihm Liebesgrüße

an Herwig nach Seeland auf. Er möge ausharren und sein Leben um ihretwillen schonen!

Zur selben Stunde sprengten schon schnelle Reiter, flogen leichte Schiffe in alle Teile des Hegelingenreiches: zu Morung nach Friesland, zu Horand nach Dänemark, zu Irold nach Ortland, nach Stürmen zu Wate, der sogleich mit Ortwin aufbrach und eine starke, kampferprobte Schar nach Burg und Stadt Matelane führte.

Mit vieler Zärtlichkeit umarmten Gudrun und Ortwin einander. »Geliebter Bruder«, schluchzte die Jungfrau. »Verzage nicht, Schwester«, sagte Ortwin, »wir werden König Herwig beistehen, daß den Morländern die Lust vergeht, andere Reiche zu überfallen!«

Wate hatte tausend Mann gebracht, Morung führte zwei-, Horand viertausend Streiter ins Feld. Mit Irolds und Hettels Scharen wuchs das Heer auf zehntausend Streiter an. Die brachen alle am dritten Morgen auf und ritten voll unbändigem Zorn wider Siegfried von Morland von dannen.

König Herwig konnte ihr Nahen kaum mehr erwarten. Seine Burg war von allen Seiten eingeschlossen, verzweifelt wehrte er sich mit seinen Getreuen gegen den Feind. Als aber die Hegelingen eintrafen, wandte sich das Blatt. Vor den blitzgleichen Schlägen ihrer Schwerter und den donnernden Hufen ihrer Pferde flohen Siegfrieds Mannen, er selber mit ihnen. Wie die Hasen jagten die Hegelingen sie kreuz und quer durch das verwüstete Land, bis sie, ein elend zusammengehauenes, erschöpftes Häuflein, in einer leerstehenden Festung dicht am Meer Zuflucht fanden.

Sie wurden umzingelt.

»Spart Waffen und Blut«, rief Wate, »wem das Brot fehlt, dem vergeht bald der Übermut. Hungert die Friedensbrecher aus!«

Sein Rat wurde befolgt, und so lagen denn Hettels Mannen rund um die Meerburg, geduldig wartend, bis Siegfried von Morland sich ergeben würde. –

Unterdessen waren normannische Späher zu König Ludwig und Hartmut geeilt und hatten ihnen gemeldet, daß Hettel mit seinem Heer weit weg von daheim auf Seeland kämpfe und daß in Matelane nur eine geringe Besatzung zum Schutz der Frauen zurückgeblieben sei.

»Nun ist mein Tag gekommen!« frohlockte die rachsüchtige Gerlind. »Jetzt hat der Hegelingen Stunde geschlagen! Auf nach Hettels Burg, solang sein Heer ferne weilt. Bindet Gudrun und bringt sie hierher!«

»Wenn Gudrun hierherkäme auf Burg Kassiane«, sagte Hartmut, »dafür gäb ich gern mein Reich hin.« Er ließ die Schiffe, die er heimlich vorbereitet hatte, aus den Schuppen ziehen und ins Wasser rollen, bot seinen Heerbann auf und segelte nordwärts. König Ludwig, sein Vater, mit ihm.

Wie staunten die wenigen Burginsassen auf Matelane, als eines Mittags normannische Schiffe mit zähnefletschenden Drachenhäuptern das flache Rund des Hafens füllten. Hartmuts Sendmänner ritten den Strand herauf, betraten die Burg und überbrachten des Normannenkönigs Werbung.

»Folgt Gudrun nicht willig auf unsere Schiffe«, ließ Ludwig sagen, »so soll die schöne Hegelingentochter noch heute eine blutige Augenweide haben. Wir weichen nicht aus diesem Land und lassen uns eher in Stücke hauen, als daß wir ohne Gudrun wieder heimführen!«

Gudrun, die an der Seite ihrer Mutter die Boten in der Königsburg geziemend begrüßt und den bösen Worten der Werbung gelauscht hatte, fragte:

»Wie kann König Ludwig für seinen Sohn um ein Mädchen freien, das einem anderen versprochen ist? Ich erwählte Herrn Herwig aus freien Stücken und liebe ihn! Wollet euch friedlich bei uns laben, dann aber zurückkehren und melden, König Ludwig möge den Hafen räumen. Nie werde ich Herrn Hartmuts Weib!«

Da stießen die Boten die Becher vom Tisch, daß der Wein auf den Boden troff. Wütend, doch wortlos stampften sie aus der Halle, bestiegen ihre Rosse und sprengten zum Tor hinaus.

»Ihr verschmähtet unseren Wein, so wird man euch Blut einschenken!« riefen ihnen Hettels Leute nach.

Nun ordneten Ludwig und Hartmut ihre Scharen zum Sturm auf Matelane. Dem Rat ihres Gatten folgend, wollte Frau Hilde die Tore der Burg geschlossen halten, aber die Hegelingen, voll Zorn über die Werbung der Normannen, wollten die feindlichen Gäste vor den Mauern schlagen und rückten, um König Hettels Banner geschart, eilig aus der Burg.

Es kam zu einem wilden Gefecht. Doch wie löwenmutig die Hegelingen auch kämpften und wie viele der eingedrungenen Normannen sie über die Zinnen in die Tiefe stießen oder sonst übel zurichteten: am Abend waren dennoch die Tore zerschlagen, die braven Burghüter bis auf eine arme, kampfmüde Schar ermordet, und vom Turm wehte die schwarze Flagge der Normannenfürsten.

Ludwig und Hartmut traten bewaffnet vor die Königinnen in den Saal. »Ihr habt mich verachtet«, sagte Hartmut zu Gudrun, »dafür sollten wir die letzten Eurer Getreuen, wund oder gesund, auch noch hängen oder erschlagen. Mögen sie am Leben bleiben und König Hettel erzählen, wie Normannenhiebe schmecken!«

Unfähig, ihm gebührend zu erwidern, seufzte Gudrun nur: »O Vater, wüßtest du, was mir geschieht, du kämest wie der Sturmwind gefahren, dein Kind zu schützen!« Dann umarmte sie Frau Hilde, ihre Mutter, die sich kaum noch aufrecht hielt, und schritt vor den beiden Königen aus dem Saal.

Die Normannen schleiften noch in derselben Nacht die Mauern der Burg, plünderten die Schatzkammern, verbrannten die Stadt und führten Gudrun mit Hildburg von Irland, ihrer liebsten Gespielin, und zweiundsechzig Mädchen und Frauen auf die Schiffe. Schluchzend schaute Frau Hilde aus einem Fenster ihrem Kinde noch einmal nach, dann brach sie zusammen.

Als sie aus tiefer Ohnmacht erwacht war, befahl sie, Boten nach Seeland zu schicken, die sollten König Hettel melden, was geschehen war. »Sagt eurem Gebieter: Die Burg ist verödet, die Königin schutzlos,

Gudrun mit ihrem Gesinde entführt, an tausend Mann liegen erschlagen vor den Mauern.«

Die Boten kamen zu Hettels Heer, das lagerte um die Meerfeste, in der sich Siegfried von Morland verschanzt hielt. Horand sah sie zuerst.

»Boten aus Matelane!« rief er.

»Was mögen sie bringen?« fragte Hettel verwundert.

»Nichts Gutes, fürcht ich, sie blicken so sorgenvoll.«

Die Boten entledigten sich ihres Auftrages. Als König Hettel hörte, was Ludwig und Hartmut ihm angetan, zerbrach er sein Schwert mit der bloßen Hand, so groß war sein Weh.

»Was tun wir, Wate?« schrie er und warf die Schwertstücke zornig von sich.

»Lachen!« antwortete Wate, »weil die Normannen bald weinen werden. Ich rate, mit den Morländern in ihrer Mausefalle Frieden zu schließen und den Räubern ihre Beute abzujagen. Ich kenne hier herum jede Insel und jeden Sund, wir schneiden den Normannen den Weg ab und entreißen ihnen Gudrun!«

»Du hast gut raten«, entgegnete ihm Hettel zornig. »Sind wir zu Schiff hiehergereist? Wir müssen erst Schiffe haben!«

Aber Wate war auch jetzt nicht um Rat verlegen. Unweit der Meeresfeste, in welcher Siegfried von Morland gefangensaß, lag eine stattliche Pilgerflotte vor Anker. Gemeinsam mit Hettel und Herwig trieb er die Wallfahrer aus den Schiffen und ging dann mit allen Hegelingen an Bord. Auch Siegfried von Morland schiffte sich mit dem Resthäuflein seines Heeres ein.

Den frommen Pilgern aber, die jammernd und zeternd am Ufer zurückblieben, rief Wate zu: »Betet für uns, das gewinnt euch vielleicht den Himmel!« Dann ergriff er das Steuerruder des vordersten Schiffes, auf dem er stand, und spähte mit Adleraugen über die weite Wasserfläche und in alle Schlupfwinkel an der Küste.

DIE SCHLACHT AUF DEM WÜLPENWERDER

Drei volle Tage hatte Hartmut gebraucht, um alles, was seine Leute an Schätzen geraubt hatten, auf den Schiffen zu verstauen. Dann blähten sich endlich die Segel vor dem Wind, und die Ruder tauchten emsig in die graublaue Flut. Die allzu schwere Fracht ließ die Schiffe jedoch nur mühsam vorwärtskommen, die Mannen sehnten sich bald nach Rast und Ruhe.

So steuerten sie eines Abends eine mächtige, düstere Sandbank an, auf der weder Gras noch Gestrüpp gedieh, das war der Wülpenwerder. Dort ließen sie die Kiele auflaufen und stiegen aus. Sie zündeten Lagerfeuer an und warfen sich todmüde zur Erde. Voll Herzleid saß Gudrun mit ihren Mädchen und Frauen schweigend im Kreis, starrte in die Glut oder schaute dem Rauch nach, der über die nachtdunkle See zog.

Auf einmal sah sie in der Ferne Segel aufglänzen: Schiffe nahten dort. Eine freudige Ahnung durchzuckte ihr Herz, und sie preßte die Lippen aufeinander, damit ihnen kein verräterischer Laut entführe.

Aber auch Ludwig und Hartmut bemerkten die Schiffe bald, doch da sie auf den Segeln Kreuze gemalt sahen, waren sie ohne Sorge. »Es sind Pilger«, sagten sie, »sie werden gleich uns hier rasten wollen.«

Gudrun war enttäuscht.

Doch als das erste Schiff auf eines Steinwurfs Weite herangekommen war und Wates ellenbreiter Bart am Bug auftauchte, erkannten alle zu ihrem Schrecken, daß es die Hegelingen waren, die da landeten, und keine Pilger.

»Auf!« rief Hartmut. »Was wir bisher getan haben, war Kinderspiel! Wer jetzt zu meinem Banner steht, den mach ich reich!«

Die Schiffe legten an, der Kampf begann. Speere flogen, Schilde zersprangen, Schwerter blitzten weiß und waren im nächsten Augenblick dunkel von Blut.

Wate geriet an König Ludwig, schlug ihm den Helm entzwei, so daß er sich nur mit knapper Not retten konnte. Die Männer aus Stürmen sprangen zu Wate, mähten mit ihm die Normannen nieder, als schnitten sie reife Ähren.

Irold geriet an Hartmut, konnte ihn aber nicht bezwingen. Da wollte ihm Herwig von Seeland zu Hilfe kommen, sein Schiff war noch nicht auf den Sand gefahren. Er sprang ins Wasser, das reichte ihm bis unter die Achseln. Ertränken wollten ihn die Normannen, stießen ihn mit

ihren Lanzen in die Flut! Er aber hieb so gewaltig um sich, daß sie zurückwichen und ihren Frevelmut bald unter seinen wilden Schwertstreichen büßten.

In dem Gewühl, das vor den Lagerfeuern am Ufer entstand, trat Freund den Freund nieder, und noch ehe alle Hegelingen auf dem Wülpenwerder gelandet waren, war schon das Wasser einen Steinwurf weit rund um die Sandbank vom Blut gerötet.

Ortwin und Morung trachteten, an Gudrun und die Mägde heranzukommen, sie den Feinden zu entreißen. Doch ob ihre Schwerter auch zuschlugen wie Äxte im Wald, die Normannen wichen nicht und verteidigten Hartmuts schönen Raub wie ihr Leben.

König Ludwig geriet an Hettel. Tapfer wehrte sich der Hegelingenfürst, schlug dem Normannen handtiefe Wunden. Dennoch mußte er es erleiden, daß er in die Knie brach und unter Ludwigs furchtbaren Schlägen seine edle Seele aushauchte.

»König Hettel tot!« schrien die Hegelingen. »Unser König ist gefallen!« Da drang ein lauter, wehwunder Schrei, anzuhören fast wie der eines Tieres, weit über das schwarzblaue Wasser hin: das war Gudrun, die um den Vater weinte.

Zornig wie ein verwundeter Eber wütete nun Wate unter den Feinden, er wollte Hettels Tod grausam rächen. Auch Ortwin und Horand gedachten, von Weh und Rachgier übermannt, den Sieg zu erzwingen.

Da kam ein Däne gelaufen. Horand hielt ihn für einen Feind und stieß ihm, der sich zu spät zu erkennen gab, das Schwert mitten ins Herz. Erst als der Gefallene sterbend Horands Namen rief, sah dieser entsetzt, daß es sein eigener Neffe war, den er umgebracht hatte. Er sank bei dem Toten nieder und begann über der Leiche laut zu klagen, daß es schaurig anzuhören war.

»Die Schlacht wird zum Mord!« rief Herwig. »Wir werden im Dunkel noch Freund wie Feind erschlagen. Haltet ein!«

Da ließen die Hegelingen ab, zogen sich zu ihren Schiffen zurück, aber nur so weit, daß sie noch die Helme und Schilde der Normannen im Schein der verglimmenden Feuer blinken sehen konnten. Todmüde ruhten sie, bangen Herzens, denn sie merkten wohl, daß ihre Reihen arg zusammengeschmolzen waren.

König Ludwig aber verspürte keine Lust, den Kampf am anderen Tag fortzusetzen, also ersann er eine List. Er befahl seinen Streitern, die Feuer zu löschen und sich dann mit viel Lärm im Sand zur Ruhe zu legen. »So werden wir die Hegelingen in Sicherheit wiegen«, meinte er. Dann aber sollten sie so leise wie möglich in die Schiffe schleichen, im Schutz der Nacht absegeln und fleißig die Ruder gebrauchen.

Es geschah, wie er befohlen. Gudruns Jungfrauen aber, voll Hoffnung, am Morgen durch die Ihren befreit zu werden, erhoben ein Wehklagen, als man sie in die Schiffe wies. Da schlugen die Männer sie derb auf den Mund und drohten ihnen:

»Ihr Kittelvolk! Wenn ihr nicht augenblicklich schweigt, sondern uns durch euer Gejammer verratet, werfen wir euch ins Meer und ersäufen euch alle wie die jungen Katzen!«

So gelangten die Normannen durch ihre List auf die offene See hinaus und waren schon längst hinter der Kimmung entschwunden, als die müden Hegelingen im Morgengrauen erwachten und Wate ins Heerhorn stieß. Nichts mehr war vom Feinde zu sehen! Wo die Schiffe vor Anker gelegen waren, starrte der Wülpenwerder öd und leer. Nur Tote bedeckten, gräßlich zugerichtet, die mächtige Sandbank, und große schwarze Flecke zeigten an, wo die Feuer gebrannt hatten.

»Sie sind entwischt«, sagte Frute, den Wind prüfend, »vergebliche Mühe, sie einzuholen. Laß uns die Toten bestatten, Freund wie Feind«, wandte er sich an Wate, »und dann heimwärtsziehen, Frau Hilde zu melden, was geschah.«

Wate fand diese Rede vernünftig. Er befahl, die Erschlagenen zu verscharren und Sand über die Leichname zu türmen. Dann bestiegen sie die Schiffe.

Wenn Wate sonst von Kriegsfahrten heimkam, pflegte er mit lautem Schall fröhlich einzureiten. Diesmal kam er schweigend mit seinen Leuten vor Hettels Burg.

»Weh, Wate!« rief ihm die Königin Hilde vom Söller entgegen. »Was führen deine Mannen für zerbrochene Schilde? Was reitet ihr so langsam, mit herrenlosen Waffen beladen? Wo ist König Hettel, mein Gemahl?«

»König Hettel liegt auf dem Wülpenwerder im Sand, die Besten der Hegelingen mit ihm, von Normannenschwertern erschlagen.«

»So ist auch mein Leben zerbrochen wie eure Schilde«, schluchzte die Königin, »mit Hettel habt ihr all meine Freude und Ehre begraben, und Gudrun, mein Kind, seh ich nie wieder!«

»Klage hat noch keinen Toten erweckt«, sagte Wate dumpf. »Wartet, bis unsere Kinder schwertreif geworden sind, dann rächen wir an den Normannen tausendfach, was sie uns angetan. Ehe der Sohn nicht des Vaters gedenkt, ist nichts zu machen, wir sind geschlagen. Siechen Männern aber hat noch niemals das Kriegsglück gelacht. Gedulde dich also, Königin Hilde!«

Damit wandte er sein schweres Roß und ritt schweigend, wie er gekommen, nordwärts nach Stürmen.

GUDRUNS NOT

Einsilbig und unfroh fuhren König Ludwig und Hartmut heimzu, sie schämten sich ihrer Flucht. Erst als die Küste der Normandie mit der Königsburg Kassiane aus den Fluten tauchte und die Drachenschiffe vor gutem Wind darauf zuflogen, vergaßen sie die Hegelingen und den Wülpenwerder und atmeten freier.

Ludwig trat zu Gudrun, die im Kreis ihrer Frauen saß, den Blick unablässig starr auf die Deckbohlen geheftet.

»Schau auf, du Stolze«, sagte er, »blick um dich! Deine neue Heimat liegt vor dir! Zähle die Burgen: Hier sollst du als Königin gebieten, sobald du Hartmuts Weib bist.«

»Mir ist dies Land verhaßt«, erwiderte Gudrun, »und lieber wollte ich erschlagen auf dem Wülpenwerder ruhen wie mein Vater, als daß ich mich einem Mann geselle, der mir nicht ebenbürtig ist!«

Diese Worte erzürnten den König so sehr, daß er Gudrun mit beiden Händen an den Haaren packte und sie in hohem Bogen ins Meer schleuderte.

Schrecklich schrien die Frauen auf. Gudrun aber, obgleich des Schwimmens kundig, ließ sich willenlos untersinken, ihrem Leben und ihrer Schmach ein Ende zu bereiten. Doch Hartmut sprang ihr nach, ergriff sie bei ihren langen blonden Zöpfen und brachte sie schwimmend auf das nächste Schiff, das herzusteuerte.

»Danket dem Himmel, daß Ihr mein Vater seid«, rief er zu König Ludwig hinüber, »sonst müßtet Ihr mir das Mordstück mit dem Tode büßen!«

»Mich hat noch keiner straflos geschmäht, und keiner soll es je tun«, rief der König zurück, »du aber wirst deines Weibes Knecht werden, wenn du Gudruns Hochmut nicht brichst, laß dich warnen, mein Sohn!«

Boten waren vorausgeeilt, Frau Gerlind Gudruns Ankunft zu melden. Die Schiffe glitten auf den Sand, froh sprangen die Normannen ans Ufer. Da nahte auch schon die Königin mit ihrer Tochter Ortrun, Hartmuts Schwester, und dreißig prächtig gekleideten Frauen. Voll Liebe nahte Ortrun der fremden, heimatlosen Fürstentochter und küßte sie auf Wangen und Augen. Als aber auch Gerlind Gudrun küssen wollte, stieß diese sie zurück und sagte: »Du sollst mich nicht küssen, rühre mich nicht an und empfange mich voll Haß, wie ich dich hasse! Was kann mir in diesem Land anderes erblühen als Leid?«

Trotz dieser kränkenden Worte wurde Gudrun mit allen Ehren, die einer Königstochter gebühren, in der Burg empfangen. Doch außer Ortrun, deren Herz nicht nur voll Güte und Mitleid, sondern auch voll Bewunderung für die geraubte Jungfrau schlug, begegnete sie allen, die sie anredeten, mit finsterem Schweigen und eiskaltem Blick. Erst als Gerlind sie nach einigen geduldig verwarteten Tagen freundlich fragte, wann sie denn mit Hartmut Hochzeit zu halten gedächte, brach Feuer aus Gudruns Augen.

»Hättet Ihr Euch einem Mann ergeben, durch den Ihr Heimat und Vater verlort?« fragte sie schneidend. »Nie werde ich mit Hartmut Krone und Lager teilen!«

»Sie muß dennoch meine Gemahlin werden«, sagte Hartmut, dem Gudruns unbeugsamer Sinn weh tat, denn er liebte sie.

»Gib sie mir in Pflege und Zucht«, sprach Gerlind, »da wird sich ihre Hoffart legen.«

Hartmut war damit einverstanden, doch sagte er: »Seid milde und gütig zu ihr, wir haben ihrem Herzen manche Wunde geschlagen.«

Von nun ab war Frau Gerlind Tag und Nacht um Gudrun. Doch sie mochte ihr raten oder befehlen, was sie wollte, ihr zureden im guten oder im schlimmen, Gudrun kehrte sich nicht daran. Auch ihre Mädchen begegneten der Königin nur mit höhnischen Blicken und üblen Gegenreden.

Da brauste Gerlind eines Morgens auf: »Wer die Freude verachtet, soll Leid ernten!« rief sie. »Von heut ab wirst du von deinen störrischen Maiden getrennt und sollst mir Magddienste leisten, das Frauengemach heizen und vom Morgengrauen an in der Küche das Herdfeuer schüren.«

Hildburg und die anderen Jungfrauen wurden in düstere Kammern verbannt, dort mußten sie Garn winden und Flachs spinnen. Gudrun aber mußte das Herdloch fegen, die Asche hinaustragen, Holz schleppen, Feuer schlagen, den Küchenboden reiben und ihn mit ihrem herrlichen Haar auftrocknen. Noch nie war eine Magd am Normannenhof so niedrig gehalten worden wie sie. Niemand sagte ihr Dank für so entehrende Dienste, niemand gab ihr ein gutes Wort.

Viereinhalb Jahre währte diese Schmach, von der Hartmut nichts wußte, weil er sich mit dem Vater auf einer langen, beschwerlichen Heerfahrt befand. Als er wieder heimkam, bemerkte er, was mit Gudrun geschehen war, und stellte seine Mutter zornbebend zur Rede.

»Wie sieht Gudrun aus!« rief er. »Gram und Scham haben ihre Züge verändert, wirr und schmutzig ist ihr Haar, ihre Hände sind die einer Magd! Ihre Mädchen spinnen sich den Rücken krumm, das wird uns allen zur Schande gereichen!«

»Was willst du?« fragte Gerlind kühl. »Sie hat dich und uns alle geschmäht. Breche ich ihren Hochmut nicht, wird sie dir nie eine gute Frau werden.« Aber gleich darauf zeigte sie sich ganz gefügig und versprach, Gudrun sogleich wieder zu halten, wie es ihr nach ihrer Herkunft zustand.

Hartmut ging zu Gudrun, setzte sich neben sie und versuchte, in Güte mit ihr zu reden.

»Sag ein einziges Wort«, sprach er, »und du bist Königin in Kassiane: Mein Vater ist des Herrschens müde, er will mir und dir die Krone geben.«

»Ich kann dich nicht minnen, Hartmut«, erwiderte sie, »an deinen Händen ist Hegelingenblut, das schreit nach Rache. Und wäre das nicht, sage mir doch: Möchtest du eines anderen Weib umarmen? König Herwig von Seeland bin ich vor aller Welt mit festen Eiden verlobt, ihn allein liebe ich!«

»Gudrun, du strafst mich mit harten Worten«, sagte Hartmut betrübt. »Ist Herwig denn so viel mehr wert als ich?«

»Und wenn er bettelarm und elend vor mir stünde, ich wollte keinen anderen, nicht für alle Schätze der Normandie!« rief Gudrun.

Da flammte Hartmut auf: »In der Normandie bin ich König und tue, was ich will — ich könnte dich zwingen, mein Weib zu werden!«

»König Hagens Enkelkind zwingen!« Gudrun lachte hellauf. »Schade«, rief sie, »daß ich kein Mann und daß ich ohne Schwert bin: Du und dein Vater, ihr würdet nicht lebend über diese Schwelle kommen! Geh hinaus, du bist mein Retter nicht, ich hoffe auf andere — auf ganz andere!«

Hartmut ging. Als sein Zorn ein wenig verraucht war, sandte er seine Schwester Ortrun in Gudruns Kammer. »Sprich du mit ihr«, sagte er bitter, »vielleicht, daß du der Hegelingentochter mit gutem Wort ihre Treue ausredest, ich vermag es nicht und will doch keine andere zur Königin als sie!«

Ortrun umschlang Gudruns Knie. »Werde meines Bruders Gemahl«, bat sie weinend, »und ich will dir mein Lebtag in Liebe dienen und huldigen.«

Gudrun streichelte ihr über den Scheitel und sagte lächelnd: »Wenn du einem Mann verbunden wärest und um seinetwillen schon so viel gelitten hättest wie ich, du würdest mich um solches nicht bitten. Ich danke dir für deine Güte und will sie dir mit Treue lohnen, wenn der Tag meiner Freiheit und meiner Rache anbricht.«

Sie hob das Mädchen auf und umschlang es mit den Armen. Wie wohl tat es ihr, nach Jahren wieder ein mitfühlendes Herz an dem ihren schlagen zu spüren!

Da flog die Tür auf, und Frau Gerlind stand auf der Schwelle. »Was umarmst du eine Dienstmagd, die uns alle schmäht!« schrie sie Ortrun an und jagte die Erschrockene mit derben Stößen aus der Kammer. Dann ging sie auf Gudrun zu: »Ich versprach Hartmut, dich wieder besser zu halten, doch dein Starrsinn gegen ihn heißt mich anders handeln. Dienen sollst du mir von Stund an, wie noch keine Magd im Normannenland je diente.«

»Ich weiß, du Wölfin, daß mich das Schicksal nicht zu Freunden verschlug«, erwiderte Gudrun gelassen. »Was meine Hände vermögen, werde ich dir leisten, du Teufelin, und sollte ich darüber sterben. Doch nie sollst du König Hettels Tochter klagen hören oder gar weinen sehen.«

»Wäsche sollst du von morgen ab waschen«, schrie Gerlind außer sich vor Wut. »Alle Tage, noch ehe der Morgen graut, sollst du Gewand zum Ufer schleppen und waschen für mich und mein Gesinde, für alle! Gebeugten Rückens und mit den bloßen Händen sollst du die Arbeit verrichten, und wehe dir, wenn die Wäsche nicht blütenweiß wird!«

»So werden meine königlichen Hände auch diese Arbeit lernen«, versetzte Gudrun. »Quält mich, straft mich, soviel Ihr wollt, rauft mir die Haare, peitscht mich mit Ruten, ich bin in Eurer Hand! Aber meinen Sinn ändern könnt Ihr dennoch nicht!«

Am anderen Morgen mußte Gudrun zum Strand gehen. Von den Fenstern der Burg sahen ihr die Hegelingenmädchen nach, und Hildburg zerschnitt es fast das Herz.

»Laß mich mit Gudrun waschen gehen«, bat sie Gerlind, »ich teilte daheim den Glanz mit ihr, so will ich in der Fremde die Schmach mit ihr teilen.«

»Das wird dich hart ankommen«, meinte die Königin, »Gudrun muß barfuß gehen, nur mit einem groben Linnenhemd bekleidet, und du müßtest dich kleiden wie sie, auch wenn es bald wintert. Es ist bitter, in den Schnee zu gehen und zu waschen im kalten Wind, wenn du lieber in der warmen Kemenate am Spinnrad säßest.«

Aber Hildburg konnte den Abend kaum erwarten, um Gudrun diesen Trost zu bringen. Sobald sie heimkehrte, eilte sie zu ihr in die schlechte, finstere Kammer und sagte: »Ab morgen gehe ich mit dir zum Strand.« Dann verriegelten sie die Türe, setzten sich eng aneinandergeschmiegt auf die harte Bank, die Gudruns Lager war, und beklagten ihr Elend.

So vergingen weitere acht Jahre der Not und Schmach für Gudrun. Morgen für Morgen trug sie mit Hildburg den schweren Waschkorb zum felsigen Ufer. Dort knieten die Mädchen nieder und wuschen Wäsche, den ganzen Tag. Vom vielen Knien auf den Steinen bekamen sie Schwielen, von dem scharfen Wasser blutige Risse an den Händen, und Schultern und Rücken schmerzten sie von dem vielen Bücken so sehr, daß sie des Abends oft kaum mehr gerade stehen konnten. Aber sie bissen trotzig die Zähne zusammen und schritten aufrecht vom Strand zur Burg zurück, Frau Gerlind, die Teufelin, sollte sehen, daß sie nicht unterzukriegen waren.

Im ganzen waren also dreizehn Jahre vergangen, seit Gudrun geraubt und König Hettel auf dem Wülpenwerder erschlagen worden war. All die Zeit über hatten Königin Hilde und der alte, treue Wate keinen anderen Gedanken gehegt, als Gudrun und ihre Frauen wieder zu befreien, und als nun im Hegelingenland wieder genug Knaben zu jungen, starken Männern herangewachsen waren, die mit racheglühendem Herzen erzählen hörten, wie tückisch und grausam Ludwig und Hartmut, die Normannenkönige, an ihren Vätern gehandelt hatten, da ließ Frau Hilde siebzehn feste Schiffe mit langen Kielen bauen und dazu dreiunddreißig kleinere, flinke mit rundem Bug. Alle waren mit starken Segeln und Rudern versehen.

Um die Julzeit, wenn die Nächte am längsten sind und die Sonne sich kaum für ein paar Stunden am Tag über den Horizont erhebt und ihre kühlen Strahlen über das Land schickt, sandte Frau Hilde Boten zu König Herwig, auch zu Wate und Horand, zu Morung und Irold, kurz zu allen, die ihr in großer Freundschaft zugetan oder lehenspflichtig waren.

»Der Hegelingen Königin entbietet Euch Gruß und fordert Euch auf zum Rachezug gegen die Normannen. Laßt uns im Winterdunkel aufbrechen nach der Normandie! In den Rauhnächten wird uns der

Feind am wenigsten erwarten — so treffen wir ihn unvorbereitet, rächen Hettels Tod und befreien Gudrun!«

Dies waren die Worte der Sendmänner, und jeder, der sie hörte, gehorchte ihnen freudig. »Keine liebere Botschaft hör ich als diese«, rief König Herwig, Gudruns Verlobter, und der junge König Ortwin, Gudruns Bruder, den die Boten in Ortland auf der Jagd antrafen, jauchzte, als er seiner Mutter Ruf vernahm. »Meine besten Recken führ ich ihr zu«, rief er, »und sollte gleich die Hälfte von ihnen sterben! Es gilt Gudrun, meine liebe Schwester, endlich zu befreien!«

Es war ein stattliches Heer, das sich da zu Matelane versammelte. An seiner Ausrüstung, aber auch an der wiederaufgebauten Burg und Stadt konnte jedermann erkennen, daß sich Hegelingen von seiner schweren Niederlage erholt hatte. Frau Hildes Schatzkammern waren wieder gefüllt, so durfte sie freigebig sein und sprechen: »Rächt meinen erschlagenen Gatten! Bringt mir Gudrun, mein Kind, glücklich und heil wieder, und ich will euch jeden Schwertstreich, den ihr für mich tut, mit Gold lohnen!«

Rötlich erhob sich die Sonne, als das Heer, dem sich im letzten Augenblick auch noch Siegfried von Morland, Herwigs einstiger Feind, angeschlossen hatte, die Schiffe bestieg, die bald mit gewölbten Segeln und zischenden Kielen auf das düstere Meer hinausflogen. Auf dem vordersten Schiff stand Horand von Dänemark, Hettels Schwestersohn, den Frau Hilde zum Bannerträger ernannt hatte. Ihm mußten alle gehorchen, selbst Wate, der alt geworden war und sich murrend fügte.

Nach einigen Tagen tüchtiger Fahrt, wobei es manchmal treibenden Eisschollen auszuweichen galt, die von Norden geschwommen kamen, sahen die Helden eine bewaldete Landzunge auftauchen.

»Hier laßt uns landen«, rief Wate, »ehe uns und unseren Rossen die Glieder steif werden. Von dieser wüsten Insel läßt es sich trefflich Ausschau halten, sie bietet auch gutes Versteck.«

Horand stimmte zu, und alsbald tummelten sich die starken Pferde freudig wiehernd am Ufer umher, und Irold erstieg den höchsten Baum und spähte in die Runde. Da sah er in der Ferne aus grauer Winterluft die Türme von Kassiane in den Himmel ragen. Weithin dehnte sich der meerbespülte Strand des Normannenlandes.

»Wir sind am Ziel, Freunde!« rief er und kletterte freudig den Stamm hinab. Er berichtete genau, was er gesehen hatte. Da drangen Herwig und Ortwin in Horand, er möge sie doch als Kundschafter vorausfahren lassen: sie wollten erforschen, wieviel Mann in König Ludwigs Burg lagen und ob Gudrun und ihre Frauen noch lebten.

»Gut«, erwiderte Horand, »nehmt morgen früh einen starken Kahn und fahrt zu. Wenn ihr bis zum Abend nicht wieder zurück seid, eilen wir, euch zu rächen.«

»Schwört, daß ihr Gudrun auch ohne uns befreien und heim zu Frau Hilde bringen werdet!« sagten Herwig und Ortwin.

»Das ist beschworen«, entgegneten Horand und Wate zornig und wie aus einem Munde, »das bedarf keiner neuen Eide!«

Auch an diesem Tag standen Gudrun und Hildburg wie an allen anderen Tagen des Jahres am Ufer und wuschen. Als um die Mittagszeit die Sonne milchig durch den Nebel schimmerte und Gudrun in der schweren Arbeit ein wenig innehielt, sich aufrichtete und das Haar aus der Stirne strich, rauschte auf einmal ein Schwan mit weit ausgebreiteten Schwingen über ihrem Haupt. Erschrocken blickte sie zu dem herrlichen Vogel empor. Der umkreiste sie und begann plötzlich mit menschlicher Stimme zu sprechen:

»Gudrun! Königskind! Hörst du mich?«

»Ich höre dich!« antwortete Gudrun. »Was bringst du?«

»Gute Kunde! Von weit her komm ich, die Schiffe der Hegelingen begleitete ich aus deiner Heimat hieher! Auf waldiger Insel, unweit von hier, rasten die Deinen, freue dich! Schwerter sah ich blitzen, Schilde schimmern, Helme wie Gold und Brünnen wie Silber!«

»Sage mir, Schwan«, rief Gudrun empor, »weilt Herwig von Seeland bei den Helden? Ist Horand bei ihnen, lebt Wate noch?«

»Herwig sah ich, der dich liebt«, antwortete der Schwan, »und Wate von Stürmen zieht mit Frute an einem Ruder, Horand trägt der Königin Banner!«

»So lebt Hilde, meine Mutter, noch?« fragte Gudrun in höchster Aufregung.

»Sie grüßt dich durch mich«, antwortete der Schwan und flog höher. »Siehe, die Sonne bricht durchs Gewölk, ich muß scheiden.«

Gudrun schirmte die Augen und sah dem Vogel nach, bis er entschwunden war.

Erstaunt fragte Hildburg, was der Schwan ihr verkündet habe, und Gudrun weihte die Gefährtin in ihr Geheimnis ein.

An diesem Tag wuschen die Jungfrauen die Wäsche sehr nachlässig. Immer wieder schauten sie aufs Meer hinaus, ob noch nichts von den Schiffen der Hegelingen zu sehen wäre

Als sie am Abend den Waschkorb in die Burg brachten, zauste Gerlind sie an den Haaren. »Das soll weiß gewaschen sein?« rief sie und hielt ihnen die einzelnen Stücke vor.

»Wir tun unser Äußerstes«, entgegnete Hildburg, »Eure Zucht ist hart, rauh wie der Winterwind. Wehte draußen mildere Luft, so leisteten wir vielleicht bessere Arbeit, aber uns friert im Hemd und mit bloßen Füßen, du Wölfin!«

»Ihr trägen Dirnen, was schert mich euer Weh!« rief Gerlind erbost. »Festtage nahen, wir erwarten Gäste, da müssen König und Ingesinde sauber gekleidet sein! Noch zu nachtschlafender Zeit geht ihr morgen ans Ufer, gleichgültig, wie scharf Wind und Frost sind! Und kommt ihr mir wieder mit so schlecht gewaschener Wäsche zurück, so will ich euch strafen, daß ihr's euer Lebtag nicht vergeßt!«

Schweigend gingen die Mädchen in ihre kalte Kammer, aßen hungrig das schwarze, steinharte Brot, das man ihnen reichte, und tranken von der wässerigen Milch. Dann streckten sie sich auf die Bänke zur Ruhe.

Bald nach Mitternacht trat Gudrun ans Fenster, stieß den Balken auf und sah, daß über Nacht Schnee gefallen war, weiß und rein bedeckte er das stille Land.

Sie weckte Hildburg. »Geh zu Frau Gerlind und sag ihr, sie soll uns Schuhe geben, wir können nicht mehr barfuß bei solchem Wetter waschen, sonst sterben wir, noch ehe die Hegelingen kommen.«

Hildburg schlich vor das Gemach, in dem Gerlind mit König Ludwig schlief. Sie pochte an die Türe und bat um Schuhwerk. »Es hat geschneit, wir können nicht mehr mit bloßen Füßen waschen, wir sterben am Ende noch!« sagte sie flehend.

»Was geht mich euer Tod an!« rief Gerlind. »Geht unverzüglich hinab zum Ufer und vergeßt nicht, was euer harrt, wenn die Wäsche nicht weißer ist als der Schnee, der gefallen ist!«

Weinend kehrte Hildburg zu Gudrun zurück. »Spar die Tränen«, sagte diese erzürnt, »bald sollst du mit mir vor Freude weinen!« Dann gingen sie zum Strand hinunter.

Als der Morgen graute, sahen sie in einem starken Kahn zwei Männer herankommen. Die beiden ruderten mit aller Kraft der Küste zu.

»Sind es Späher unserer Freunde«, sagte Gudrun bebend, »so laß uns laufen! Lieber wollte ich Frau Gerlind mein Lebtag lang dienen, als daß sie mich, König Hettels Kind, in solchem Elend und solcher Niedrigkeit antreffen!«

Herwig, der sah, daß sich die Mädchen anschickten zu flüchten, rief ihnen nach: »Ihr Wäscherinnen! Ach, bleibt doch stehen! Wir sind Fremdlinge, des Landes unkund! Kommt ihr nicht wieder ans Ufer, so rauben wir die schönen Gewänder, die da liegen!«

Da kehrten die Mädchen zögernd um. In ihren groben, feuchten Hemden, die Füße vom Frost gerötet, das Haar vom Winterwind zerrauft, standen sie vor den Helden, die geschickt zwischen den Steinen gelandet und ans Ufer gesprungen waren.

Herwig und Ortwin waren in den dreizehn Jahren reife Männer geworden und trugen dichte kurze Bärte, darum erkannten die Mädchen sie nicht gleich. Gudrun und Hildburg wiederum sahen durch die harte Arbeit, durch die vielen Demütigungen und in dem schlechten Gewand so verändert aus, daß auch sie von den beiden Helden nicht erkannt wurden.

Zwischen den Männern und den Mädchen entspann sich nun folgendes Zwiegespräch:

»Für wen wascht ihr so kostbares Gewand? Ihr seid schön wie Königinnen — wer ist euer Herr, daß er euch zu Mägden erniedrigt?«

»Unser Herr hat viele Mägde, die wohl noch schöner sein mögen als wir.«

»Dennoch macht es eurem Herrn wenig Ehre, euch barfuß und im Hemd an den winterlichen Strand zu schicken. Nehmt unsere Mäntel, ihr friert!«

»Wir tragen keine Männerkleidung. Fragt, was ihr wissen wollt, aber beeilt euch! Sieht man von der Burg aus, wie wir mit euch reden, gibt es Rutenstreiche.«

»Seid unbesorgt, wir bringen euch nicht in Gefahr. Auch lohnen wir euch jedes Wort mit Gold.«

»Wir nehmen keinen Lohn von euch. Fragt!«

»Wem gehört dies Land? Und wer haust in der Burg dort oben?«

»Land und Burg sind des Normannenkönigs, Ludwig heißt er, sein Sohn Hartmut. Da wir heute früh das Haus verließen, schliefen sie noch hinter festen Mauern mit viertausend Mann. Ob sie zur Stunde noch schlafen oder schon ausgeritten sind, wissen wir nicht.«

»Herr Ludwig und Herr Hartmut herrschen in vielen Ehren, sagt man uns, wir möchten sie gerne besuchen. Doch warum werden hierzulande die Mägde so schlecht gehalten?«

Gudrun und Hildburg schwiegen auf diese Frage. Forschend sahen sie auf die Ritter. Nun trat Herwig einen Schritt näher und fragte Gudrun:

»Sag mir, hast du nie gehört, daß vor vielen Jahren des Hegelingenkönigs Tochter mit ihren Mädchen von Normannen geraubt und hierhergebracht wurde?«

Da durchzuckte eine freudige Ahnung Gudruns Herz: Wie, wenn es Herwig von Seeland war, der da vor ihr stand? Und sah der andere nicht ihrem Bruder Ortwin ähnlich?

Sie beschloß, die Männer auf die Probe zu stellen und sagte: »Forscht ihr nach Gudrun? Oh, die kannte ich! In großem Jammer hab ich sie gesehen. Sie ist längst gestorben.«

Da senkte jeder der beiden Recken das Haupt, und aus ihren Augen rollten die Tränen. »So sind wir zu spät gekommen«, sagten sie seufzend.

Nun konnte Gudrun nicht mehr länger an sich halten. Sie gab sich zu erkennen, zeigte Herwig den Ring, den sie von ihm in glücklichen Tagen bei der Verlobung auf Burg Matelane erhalten und seither niemals vom Finger getan hatte, und Herwig zeigte ihr den seinen.

Aufschluchzend umarmten sie einander, und auch Ortwin eilte herzu, küßte zuerst die Schwester und dann auch Hildburg, Gudruns Gespielin, die alle Not mit ihrer Herrin so treu geteilt hatte.

»Rasch, Ortwin«, rief Herwig, »laß uns die Mädchen in den Kahn heben und in Sicherheit bringen, ehe die Sonne den Nebel vertreibt.«

»Niemals!« entgegnete Ortwin erzürnt. »Und wenn ich hundert Schwestern hätte, ich ließe sie alle hier sterben, ehe ich sie entführte wie ein Dieb! Was uns die Normannen mit Kampf raubten, soll ihnen nur mit dem Schwert entrissen werden! Und haben denn Gudruns Mädchen und Frauen nicht auch ein Recht auf Rettung? — Grolle mir nicht, Schwester, ich kann nicht anders!«

Da besann sich auch Herwig. »Ja«, sagte er, »warte bis morgen und schweige. Blutig wird die Sonne über dem Normannenland aufgehen, und blutig befreien und rächen wir dich. Dann erst sollst du mir deine Liebe schenken. Leb wohl!« Ein letztes Mal umarmte er Gudrun und sprang mit Ortwin in den Kahn.

Die Mädchen blickten ihnen nach, es war ein bitterer Abschied. Dann wandte sich Gudrun um, nahm die kostbaren Gewänder, die am Ufer lagen, und schleuderte sie vor Hildburgs erschrockenen Augen ins Meer hinaus.

»Da, treibt hin!« rief sie. »Ich habe heute zwei Könige geküßt — ich bin Gerlinds Magd *gewesen!«* Und sie nahm die entsetzte Gespielin am Arm und schritt mit ihr zur Burg hinauf.

»Was wird die Wölfin sagen«, fragte Hildburg verzagt, »wenn wir schon so früh und ohne Wäsche heimkommen?«

»Sei vergnügt«, entgegnete ihr Gudrun, »noch heute wird sie dich und mich und uns alle in Samt und Seide kleiden.«

Für Hildburg waren diese Worte rätselhaft, sie wußte ja nicht, was für eine grimmige List Gudrun in ihrem Herzen ersonnen hatte.

GUDRUNS LIST UND BEFREIUNG

Gudrun und Hildburg betraten die Burg, das Hettelkind hocherhobenen Hauptes, die Gespielin voll Bangen und Sorge. Mit leeren Händen traten sie vor Frau Gerlind.

»Wo habt ihr die Wäsche gelassen? Wo sind die seidenen Gewänder, wo die kostbaren Schleier?« fragte die Königin drohend.

»Bei den Fischen auf dem Grund«, entgegnete ihr Gudrun voll Hohn, »ich habe sie ins Meer geworfen!«

»Das sollst du mir büßen«, schrie Gerlind. »Schneidet Ruten aus dem Dorngestrüpp«, befahl sie Gudruns Mädchen, »mit ihnen will ich dich nackend peitschen!«

»Das wirst du nicht tun«, sagte Gudrun kühl, »oder es geschieht noch heute an dir selber. Meine Mädchen gehorchen von nun ab wieder ganz allein mir, der künftigen Königin der Normannen!«

Gerlind erstarrte. »Was soll das heißen?« fragte sie.

»Ich habe mich entschlossen, Herrn Hartmut zu minnen, ich werde sein Weib«, antwortete Gudrun hoheitsvoll, »man rufe ihn.«

Sprachlos vor Staunen sah Hildburg an der Gefährtin hinauf, aber Gudrun würdigte sie keines Blickes, sie war wie verwandelt.

Es dauerte eine ganze Weile, ehe Gerlind das Neue, Unerhörte begriff. Dann aber erfüllte eine wilde, triumphierende Freude ihr Herz. So hat meine Zucht am Ende doch gefruchtet! dachte sie und eilte, ihrem Sohn die frohe Botschaft zu überbringen.

Als Herr Hartmut glückstrahlend vor Gudrun stand und die Arme um sie schließen wollte, wies sie ihn jedoch ruhig von sich und sagte:

»Nein. Noch nicht. Es soll nicht heißen: der König der Normannen hat eine niedrige Wäscherin umarmt. Sieh doch, wie ich vor dir stehe: im schneenassen Hemd, bleich und elend, mit wunden Füßen und Händen — sieht so eine Königin aus?«

Ehrerbietig trat er zurück, neigte das Haupt und sagte: »Da du mir endlich deine Liebe schenken willst, gebiete über mich und uns alle!«

»Mein erstes Gebot ist, daß man mir und meinen Frauen nach all der Schmach ein Bad bereite und uns bewirte, wie es uns geziemt«, sprach Gudrun. Auch befahl sie, daß man ihre Mädchen und Frauen unverzüglich von Gerlinds Gefolge absondere, aus den Arbeitsstuben und Spinnstuben entlasse und vor sie bringe.

Hartmut gehorchte willig, und als Gudruns Jungfrauen rund um ihre Herrin standen, schämte er sich ihres Anblicks: ihre Kleider waren zerrissen und beschmutzt, ihr Haar wirr, Wundmale von Rutenhieben klagten Frau Gerlind lauter an als alle Worte.

»Sieh, Hartmut«, sagte Gudrun, »wie meine Mädchen und Frauen zugerichtet sind — soll ich mich von armseligen Mägden zu meinem Königsstuhl begleiten lassen? Das brächte dir wenig Ehre.«

»Sie sollen alle gekleidet sein wie Herzoginnen«, erwiderte der König.

Alsbald wurden die Bäder bereitet. Über mächtigen Feuern hingen Kessel mit klarem Wasser, und als es dampfend heiß war, wurde es in große hölzerne Tröge geschüttet. Bald duftete das Wasser von den köstlichen Spezereien, die man hineintat, Seife war genug vorhanden, weißes Linnen zum Trockenreiben und Salböl. Hartmuts Vettern und Neffen, alles Edelleute von hohem Rang, drängten sich dazu, Gudrun und ihren Frauen als Kämmerlinge zu dienen.

Auch als die Hegelingenmädchen die große Badestube verließen und in der Halle an den fürstlich gedeckten Tisch traten, um endlich wieder zu speisen, wie sie es gewohnt waren, stand hinter jedem Stuhl ein Königssohn oder Herzog als Kämmerling und harrte der Befehle. Die besten Gerichte, die der Hofkoch zu bereiten verstand, wurden aufgetragen, und in würdiger Stille saß die künftige Königin mit ihren Dienerinnen beim Mahl.

Auf einmal stürzten einem der Mädchen Tränen aus den Augen, sie bedeckte das Gesicht mit den Händen und rief unter Schluchzen: »O weh, daß wir nun auf immer in der Fremde weilen müssen und die

Heimat nie wiedersehen werden! Was wird König Herwig sagen, wenn er erfährt, daß Gudrun ihm die Treue brach und Herrn Hartmut zum Manne nimmt, der uns gewaltsam entführt hat?«

Da neigte sich Gudrun auf ihrem Stuhle zurück und lachte hellauf, daß die Kämmerlinge alle erschraken und einige von ihnen heimlich zu Frau Gerlind eilten, ihr zu melden, was sich beim Mahl der künftigen Königin ereignet habe. »Gudrun lacht, während ihre Frauen weinen — was mag das bedeuten?« sagten sie.

Eilig suchte Gerlind Herrn Hartmut auf und sprach: »Ich traue Gudrun nicht. Mir graut vor ihrem Frohsinn. Sieh dich vor, daß nicht schreckliche Not über uns kommt!«

Hartmut fuhr sie an: »Laß Gudrun endlich in Frieden! Wer deiner Zucht entrann, darf lachen!«

»Es fliegen Raben um die Burg. Der Nebel weicht nicht von der Küste, mein Sohn«, sagte Gerlind, von bösen Ahnungen gequält. »Mir graut vor Gudrun, sicherlich hat sie heimliche Kunde von den Hegelingen bekommen. Hüte dich, es kann dich Leben und Ehre kosten!«

»Laß gut sein, Mutter«, entgegnete Hartmut sanft, »dich narrt dein böses Gewissen. Noch ist es Winter, da fährt niemand gern zur See. Gudruns Heimat und Freunde sind weit, und was sollten uns auch die geschlagenen Hegelingen anhaben? Wir brachten ihnen auf dem Wülpenwerder Wunden bei, von denen sie sich nie wieder erholen werden, und haben ihnen alle Schätze geraubt. Sei ruhig und sorge dafür, daß Gudrun königlich zur Ruhe geleitet und daß ihr Schlaf nicht gestört werde, es ist spät.«

Als Gerlind in die Halle kam, hatte Gudrun längst befohlen, daß man nachsehe, ob auch für alle geziemend gebettet sei. Da fand es sich, daß Hartmut die prächtigsten Zimmer der Burg als Kemenaten für Gudrun und ihre Frauen hatte einrichten lassen: da waren Betten mit dem feinsten Linnen gemacht, mit seidenen Decken und Polstern.

Dann hatte Gudrun die Kämmerlinge entlassen und war, von Normannenknaben mit Fackeln geleitet, samt ihren Frauen in die Kemenaten gegangen. Frau Gerlind fand die Halle bereits leer.

»Das ist unsere erste kummerlose Nacht im fremden Land«, sagte Gudrun. Sie rief ihre Mädchen alle zu sich, befahl die Türe zu verriegeln und sprach: »Freut euch mit mir, morgen werdet ihr von diesen Fenstern aus ein prächtiges, blutiges Schauspiel erleben: Ich habe heute König Herwig geküßt und Ortwin, meinen leiblichen Bruder! Diejenige unter euch, die mich beim ersten Morgengrauen weckt, will ich mit Gold überhäufen!«

Ortwin und Herwig waren gegen Abend glücklich wieder auf jener entfernten waldigen Landzunge angekommen, wo Horand, Frute und Wate sie schon mit Bangen erwarteten. Sie erzählten, was sie von den Mädchen am Ufer an Neuigkeiten erfahren hatten. Horand befahl den Aufbruch.

Der Nebel wich, breit und hell schien der Mond über Meer und Land. Die ganze Nacht ritt Königin Hildes Heer: die Blüte des Hegelingenreiches zog da mit blitzenden Waffen und schimmernder Wehr schweigend hinter Horands Banner einher. Weiß stieg der Dampf aus den Nüstern der Rosse, Wates Hauch gefror in seinem Bart zu Eis.

»Morgen werden in Kassiane die Vöglein singen und die Blumen erwachen rund um König Ludwigs Burg«, rief der Alte scherzend, »so heiß wird diese Winterschlacht geschlagen!« Ein leises unheimliches Lachen lief durch die Reihen der Reitenden.

Der Morgenstern stand noch hoch am Himmel. Da trat eine von Gudruns Jungfrauen ans Fenster. Sie sah in der Ferne Schilde und Helme schimmern. Schnell weckte sie Gudrun. Im nächsten Augenblick gellte auch schon das Horn des Türmers: Feind in Sicht!

Schlaftrunken taumelten Ludwigs und Hartmuts Mannen aus den Betten und zu den Waffen, doch ehe sie noch recht kampfbereit waren, hatten die Hegelingen die Feste bereits umzingelt.

Frau Gerlind, die das Türmerhorn aus unruhigem Schlummer gerissen hatte, war, ohne den alten König zu wecken, auf die Zinne geeilt und sah voll Grauen, wie Wate und Frute, Herwig von Seeland und Siegfried von Morland ihre Scharen heranführten.

»Nun bezahlen wir Gudruns Lachen mit dem Leben!« rief sie ihrem Sohne zu, der neben sie trat.

Bald kam auch der alte König. Er schaute nieder auf den Wald der Lanzen und Schilde und erkannte Frau Hildes Feldzeichen, auch Ortwins und Herwigs Banner.

»Was wir zu Matelane und auf dem Wülpenwerder verbrachen, kommt nun mit Übermacht auf uns zurück!« sagte er.

»Was sollen diese Reden?« fragte Hartmut. »Rüste dich lieber, wir müssen kämpfen!«

»Verrammelt die Tore«, riet Frau Gerlind, »schießt mit Pfeilen auf die Feinde! Werft Steine auf sie hinab!« Sie beschwor den Gatten wie den Sohn, die Burg auf keinen Fall zu verlassen. »Ein Jahr oder mehr halten wir durch, bleibt ihr in den Mauern. Auf dem Anger aber seid ihr noch heute des Todes!«

»Ehe ich mich hinter der Mauer erschlagen lasse wie ein Hund oder verhungere, will ich lieber auf offenem Feld sterben«, rief Hartmut erzürnt. »Wie würde Gudrun erst lachen, wenn ich mich ihren Streitern nicht stellte!«

»Dann schwingt eure Schwerter so gewaltig, daß Gudruns Freunden das Blut in Bächen aus den Helmen stürzt!« schrie Frau Gerlind außer sich und half den Königen selber in den Harnisch, reichte ihnen Helm und Schwert.

Unterdessen hatten vor der Burg Wate und Frute, Morung und Irold ihre Scharen geordnet. Dann stieß Wate ins Horn. Beim erstenmal scharten sich alle um Frau Hildes Banner. Beim zweitenmal schwangen sie sich auf die Pferde. Beim drittenmal — es klang so laut, daß die Felsen der Küste zitterten, die Flut des Meeres zurücksprang und Steine aus der Burgmauer kollerten — hob Horand das Banner hoch, und die Schlacht begann.

Auf flogen die vier Tore von Kassiane, und Hartmut zog mit seinen Recken wohlgerüstet aufs Feld. Als ersten traf er Ortwin, Gudruns Bruder, und verwundete ihn schwer. Als Horand herzueilte, Ortwin zu helfen, erfuhr auch er Hartmuts Kraft, und hätten sich nicht seine Dänen dazwischengeschoben, wer weiß, wie es ihm ergangen wäre.

Wild wogte das blutige Getümmel um die Mauern. Wie tapfer auch Hartmut und die Seinen fochten, Frau Hildes Heer umklammerte die Feste immer bedrohlicher, immer enger schloß sich der Ring um die Mauern. In heiße Not gerieten die Normannen.

Der alte König Ludwig schlug einen Helden nach dem anderen vom Pferd, vor Matelane und auf dem Wülpenwerder hatte er nicht so gewaltig gestritten wie hier.

»Wer ist der Graubart dort, der wie ein Jüngling kämpft?« fragte Herwig von Seeland.

»Wer will das wissen?« rief Ludwig und stürmte auch schon auf den Frager ein. »Begehrst du, meine Klinge zu schmecken? Ich bin Ludwig von der Normandie!«

»Du kommst mir gerade recht!« entgegnete Herwig. »Du hast Gudrun geraubt und König Hettel erschlagen, dafür büße jetzt!«

Aber der alte König war stärker als Herwig. Mit einem gewaltigen Streich fegte er ihn vom Pferd, und hätten die Seeländer ihren Herrn nicht rasch mit den Schilden geschützt, es wäre ihm übel ergangen.

König Herwig blickte zur Burg empor. Da sah er, daß Gudrun ihn mit sorgenden Augen verfolgte.

»Daß er mich vor ihr niederschlug, grämt mich mein Lebtag«, knirschte er, sprang aufs Pferd, scharte seine Getreuen um sich und stürmte erneut gegen den alten Normannenkönig an. Mit einem gewaltigen Schwertstreich traf er ihn zwischen Helm und Schildrand, so daß eine tiefe Wunde an Ludwigs Hals klaffte, und mit einem zweiten schlug er ihm das Haupt von den Achseln.

Laut schrie Frau Gerlind auf, als sie König Ludwigs Haupt unter die Hufe der Pferde rollen sah. Hartmut, nun auch schon mit Wunden bedeckt, glaubte, die Burg sei in Gefahr — er wußte noch nichts vom Tod seines Vaters und wollte so rasch wie möglich hinter die Mauern zurück, um frische Kräfte zu sammeln und den Frauen beizustehen.

Aber da stand Wate vor dem Tor! Wie der Gott der Rache selber war er anzuschauen: von den Beinschienen bis zum Bart mit Blut bespritzt. Dunkle Glut brach aus seinen Augen, gewaltig schwang er sein Schwert. Auch bei den anderen Toren standen bereits die Hegelingen und wehrten den Normannen den ersehnten Rückzug.

Da wandte sich Hartmut an seine Leute und rief: »Fliegen können wir nicht! Die Erde tut sich nicht auf, und der Fluchtweg über die See ist uns versperrt — was bleibt anderes übrig, als daß wir absitzen und bis zum letzten Atemzug um uns hauen?«

Nach diesen Worten sprang er vom Pferd, rannte mit erhobener Waffe auf Wate zu und begann mit diesem einen so wilden Zweikampf, daß das schiere Feuer aus Helmen und Klingen fuhr.

Jetzt lief Ortrun, die unter heißen Tränen von der Zinne aus das Gemetzel verfolgt hatte, zu Gudrun, die stolz und siegesgewiß unter ihren Frauen saß, fiel vor ihr zu Boden und rang die Hände.

»Muß ich zum Vater auch noch den Bruder verlieren?« rief sie. »Erbarme dich meiner! War ich dir nicht immer zugetan? Bei den Tränen, die ich über dein Leid vergoß, rette Hartmut, rette ihn, er kämpft mit Wate!«

»Du warst mir hold, Ortrun«, sagte Gudrun mild und hob die Verzweifelte auf, »ich hatte zu Kassiane keinen Freund außer dir. Doch kann ich dir selber nicht helfen, muß mir erst einen Ritter suchen, der es für mich tut. Komm!«

Sie führte Ortrun an ein Fenster und hielt Ausschau nach Herwig. Als sie ihn sah, winkte sie ihn dicht an die Mauer heran. »Ich brauche deinen Dienst!« rief sie.

»Befiehl, was du magst, ich will alles für dich tun!« rief er zurück.

»Scheide Hartmut und Wate!«

»Du begehrst einen harten Dienst«, rief Herwig bitter, »warum willst du Hartmut schonen? Brachte er nicht genug Leid über dich?«

»Zürne mir nicht, Herwig«, entgegnete Gudrun, »um dieses weinenden Mädchens willen bitte ich dich, eile! Ortrun war mir stets lieb und treu gesinnt!«

Da riß Herwig von Seeland sein Pferd herum, versammelte seine tapfersten Streiter samt seinem Bannerträger um sich und schlug sich mit ihnen bis zu dem Tore durch, vor welchem Wate mit Hartmut kämpfte.

»Wate!« rief er ihm schon von weitem zu. »Freund! Laß mich euren Kampf scheiden, holde Frauen bitten mich darum!«

»Laß sie bitten und flennen«, schrie Wate, »ich bin kein Narr, daß ich Hartmut laufen lasse! Wo kämen wir hin, wollten wir auf Weibertränen achten!«

So mußte sich Herwig mit gezogenem Schwert todesmutig zwischen die Kämpfenden werfen und sie trennen. Wütend versetzte ihm Wate eins auf den Helm, daß er zu Boden taumelte und von seinen Leuten gegen den rasenden Alten geschützt werden mußte. Der erschöpfte Hartmut wurde gefangen und gebunden.

Nun kehrte sich Wate in namenlosem Zorn gegen die Burg. Ein Hagel von Steinen prasselte auf ihn nieder. Er aber hieb die Riegel entzwei, brach das Tor auf und lief durch die Säle und Kemenaten, alles niederhauend, was ihm vor die Klinge kam: Mann und Weib, Greis und Säugling. In vielen Räumen waren Fußboden, Wände und Balkendecken rot gefärbt, und über die Stiegen rann Blut.

Inzwischen war Ortrun von neuem zu Gudrun geeilt, die königlich gewandet den Einzug der Hegelingen in die Burg erwartete. Wieder warf sie sich vor ihr nieder, flehte sie für sich und ihre Frauen um Schutz vor Wate an.

»Bring sie alle hierher«, befahl Gudrun.

Da kam Ortrun mit dreiunddreißig Mädchen und Frauen, unter ihnen war auch Gerlind, die Königin.

»Für dich rühre ich keinen Finger und rede kein Wort«, sagte Gudrun kalt, als sie Gerlind bemerkte. »Wie sollte ich dreizehn Jahre der Qual und Pein je vergessen?«

Da stand auch schon Wate auf der Schwelle. Blut tropfte aus seinem Bart und von der Spitze seines Schwertes auf den Boden. »Sei mir willkommen, Wate von Stürmen!« rief ihm Gudrun zu, aber er achtete nicht auf ihren Gruß.

»Wer sind die Frauen hier?« fragte er drohend.

»Meine Hegelingenmädchen«, antwortete Gudrun, »und Ortrun mit ihren Frauen. Ich gewährte ihnen Schutz, gib ihnen Frieden, Wate.«

»Ist Gerlind unter ihnen?« fragte Wate unbeirrt weiter.

Da schwieg Gudrun, und auch die Frauen schwiegen alle, bebend vor Angst.

»Euer Schweigen ist mir Antwort genug«, sagte Wate und kam näher. »Zeigt mir die Wölfin, oder ich schlage euch alle nieder!«

Als sich noch immer keine Hand und keine Lippe regte, ließ Wate seinen glühenden Blick langsam und forschend von einer zur anderen gehen. Da wichen die Frauen, die Gerlind zunächst standen, zurück, so daß die Königin plötzlich ganz allein war. Angstvoll hob sie die Hände, aber Wate stürzte sich schon auf sie, riß sie an den Haaren heraus, schleppte sie bis an die Türschwelle und schlug ihr dort mit einem einzigen pfeifenden Schwerthieb das Haupt ab.

Ein furchtbarer Schrei des Entsetzens entfuhr allen Frauen, nur Gudrun blieb stumm. Wate stieß Gerlinds Leichnam mit dem Fuß in eine Ecke und sagte grimmig:

»Dir werden Königinnen keine Wäsche mehr waschen!«

So war König Hettels Tod und Gudruns Schmach gerächt worden. Wates Zorn verrauchte, das Morden nahm ein Ende. Alle Edlen, Horand und Frute, Irold und Morung, auch König Siegfried von Morland kamen und beugten vor Gudrun das Knie. Herwig von Seeland aber stand, noch bedeckt vom Eisenruß seines Harnischs, neben seiner Braut und hielt ihre Hand.

Wate hätte die Burg gerne in Brand gesteckt, aber der kluge Frute riet ab.

»Wozu die prächtige Burg zerstören?« meinte er. »Hier läßt es sich trefflich wohnen und herrschen. Wascht das Blut von den Wänden und Stiegen, setzt die Tore instand und bestattet die Toten, es soll Friede sein. Das Normannenreich ist unser, laßt es uns durchziehen, seine Burgen brechen und Geiseln fordern. Möge dann Horand als Vogt hier zurückbleiben.«

Alles geschah nach Frutes Rat, und als der Frühling kam, verließ Frau Hildes Heer mit fünfhundert Gefangenen und zwanzig Schiffen voll Gold und anderen Schätzen das unterworfene Land.

Es waren Boten nach Matelane vorausgeschickt worden. Als Frau Hilde sie kommen sah, eilte sie ihnen mit ihrem Gefolge entgegen.

»Was bringt ihr?« fragte sie erwartungsvoll.

»Gute Kunde!« riefen die Sendlinge ihr zu. »Burg Kassiane ist gebrochen, König Hettel und Gudrun sind gerächt, mit reicher Beute und fürstlichen Gefangenen folgt uns das Heer!«

Da schloß Hilde überwältigt die Augen. »So zieht endlich wieder Freude in mein Herz ein«, sagte sie. »Ich werde Gudrun umarmen!« Dann befahl sie, ein Fest vorzubereiten, wie das Hegelingenreich und die alte Königsstadt noch keines gesehen, fünf Tage sollte es währen.

Als eines Morgens bei strahlender Sonne die Heerschiffe am Horizont auftauchten, harrte Hilde mit ihrem Gesinde und allen Einwohnern der Stadt am Ufer, und als die Kiele schwer auf den Sand liefen und Gudrun auf Herwigs Schild ans Ufer getragen wurde, riß die Mutter ihr Kind in die Arme und hielt es so lange und so heftig umklammert, daß beiden Frauen fast der Atem verging.

Dann umarmte die Königin auch den alten Wate und Horand, ihren Bannerträger, und Herwig von Seeland, ihren Eidam. Auch Hildburg, die über alles Getreue, liebkoste sie vor dem jubelnden Volk — nur Ortrun begegnete sie mit finsterem Blick und wollte sie nicht küssen.

»Ist sie nicht der Teufelin Gerlind Tochter?« fragte sie.

»Sie verdient, daß Ihr sie wie die Eure grüßt und liebhabt«, erwiderte Gudrun, »sie war wie eine Schwester hilfreich und gut zu mir, erduldete um meinetwillen Schelten und Schläge.«

Da neigte sich Frau Hilde auch über Ortruns Haupt und küßte ihr den Scheitel. »Wer Gudrun Liebes tat, dem will ich's mit Liebe entgelten. Wer aber Gudrun Weh zufügte, dem will ich's bis in den Tod nicht verzeihen!« sprach sie, und es kostete tagelange Fürbitten und Klagen von seiten Gudruns und Ortruns, ehe die Königin sich erweichen ließ, daß man Hartmut, der während des Freudenfestes in schwerer Haft lag, die Fesseln löste und vor sie brachte.

Sie nahm ihn in Ehren auf, wiewohl die Hegelingen durch ihn so viel Bitteres hatten erleiden und erdulden müssen.

Nun drängte König Herwig zur Heimkehr in sein Reich. Aber Frau Hilde bat ihn:

»Laßt mir mein Kind noch wenige Tage, ich habe es lange und schmerzlich genug entbehren müssen. Feiert hier Hochzeit! Gönnt mir die Freude, Gudrun gekrönt zu sehen!« Da willigte er ein.

Frau Hilde vertauschte ihre Trauerkleider gegen ein helles Festgewand, und als ihre Gäste die reichgeschmückte Halle betraten, begrüßte sie sie an der Schwelle und sprach:

»Ihr habt eure Waffen abgelegt — nun tilgt auch allen Haß aus euren Herzen. Allzu gräßliche Schlachten wurden geschlagen, allzuviel edles Blut ist bei Freund und Feind geflossen, jeder Tropfen hundert Tränen wert. Es darf nicht umsonst geopfert worden sein! Darum laßt uns, ehe wir uns der Freude hingeben, geloben: Nie wieder wollen wir, die wir so tiefe Not erlitten, gegeneinander wüten. Und nun kommt und seid fröhlich im Hegelingenland!«

Gudrun wurde unter großem Gepränge zu Matelane Herwigs Frau und Königin von Seeland. Zugleich übergab Frau Hilde die Hegelingenkrone Ortwin, König Hettels Sohn, und dieser heiratete Ortrun, des

Normannenkönigs Tochter. Ihr Bruder Hartmut vermählte sich mit Gudruns innig geliebter Gespielin Hildburg, wurde Ortwins Gefolgsmann und nahm sein einstiges Reich von Ortwin zu Lehen. Als viertes Paar erschienen an diesem denkwürdigen Fest König Siegfried von Morland und Herwigs schöne Schwester, die der Seeländer durch Boten eigens nach Matelane holen ließ, als Braut und Gattin für den einstigen Feind.

So endete die lange, blutige Fehde zwischen den Hegelingen und den Normannen, und mancherlei Liebesbande, von Meer zu Meer und von Land zu Land geknüpft, sicherten den ersehnten Frieden für lange Zeit.

Hugdietrichs Brautfahrt

In Konstantinopel am Goldenen Horn herrschte ebenso weise wie streng König Anzius, ein hochbetagter Mann. Als er merkte, daß ihm der Tod die Hand auf die Brust gelegt hatte und sein Ende nahe bevorstand, bat er den getreuesten Lehensmann seines Reiches, den Herzog Berchter von Meran, an sein Krankenlager und sprach zu ihm:

»Gottes Wille ruft mich von dieser Erde ab. Wache du über mein Reich und stehe meinem Sohne Hugdietrich in allem bei. Deiner Liebe und Sorge übergebe ich ihn. Ersetze du ihm den Vater und lohn es mir im Tod, daß ich dich reich und mächtig gemacht habe.«

Berchter versprach mit einem heiligen Eid, Hugdietrich als Berater und Freund selbstlos zur Seite zu stehen, und als der König noch am selben Tage starb, drückte er ihm die Augen zu und bahrte ihn prächtig auf. Dann beugte er vor dem Jüngling Hugdietrich das Knie und gelobte ihm Treue und Gehorsam.

Nachdem König Anzius beigesetzt worden war, bestieg Hugdietrich den Thron von Konstantinopel und herrschte von nun ab über das griechische Reich.

Eines Tages rief er Herzog Berchter zu sich und sagte: »Ich fühle mich einsam und möchte mich vermählen. Weißt du keine Jungfrau, die würdig wäre, mit mir den Thron zu teilen?«

Berchter dachte lange nach. Dann hob er den Kopf und sagte: »Ich wüßte schon eine, doch wird es sehr schwer sein, wenn nicht gar unmöglich, sie zu gewinnen.«

»Wer wäre das?« fragte Hugdietrich begierig.

»Hildburg, die Tochter König Walgunds von Salneck. Ich diente ihm selbst eine Zeitlang, bevor ich in Eures Vaters Dienste trat. Walgunds Gemahlin heißt Liebgard, und ihrer beider Kind darf wohl das schönste Mädchen der Welt genannt werden. Nicht nur ihr Äußeres berechtigt zu solchem Lob und Preis, nein, auch ihr Inneres, denn ihre Seele zieren die Tugenden der Scham, der Bescheidenheit, der Treue und der Sittsamkeit.«

»Und warum wäre diese Jungfrau, nach der mich schon jetzt verlangt, so schwierig zu erringen?« forschte Hugdietrich weiter.

»Weil König Walgund einen Eid geschworen hat, seine schöne Tochter keinem Manne anzuvertrauen, solange er lebe, und wär's der Kaiser selber. Wie eine Gefangene hält er sie in einem dicken, streng bewachten Turm verschlossen. Eine einzige Magd versieht den Dienst bei dem Königskind – doch was nützt es, wenn ich Euch noch mehr von Hildburg erzähle? Zur Frau und Königin könnt Ihr sie ja doch nicht bekommen, wie würdig sie auch wäre, die Krone von Konstantinopel zu tragen.«

Diese Antwort des alten Berchter weckte den Ehrgeiz des jungen Herrschers. Er versank eine Weile in tiefes Sinnen, und als er daraus erwachte, rief er, den Blick voll Abenteuerlust: »Ich werde die Jungfrau doch erringen, und zwar mit List! Ich werde nähen und spinnen, sticken und weben lernen und mich als Mädchen verkleidet bei Hildburg einschleichen. Wie dünkt dich der Plan, Herzog Berchter?«

»Nicht übel«, erwiderte der Befragte, »und was an mir liegt, so will ich Euch gern mit Rat und Tat beistehen.«

Nun ließ sich Hugdietrich die Haare wachsen, bis sie ihm in langen, herrlich blonden Locken auf die Schultern fielen, und versuchte mit Glück, seiner Stimme einen weiblichen Klang zu verleihen. Vor allem aber nahm er ein volles Jahr hindurch Unterricht in allen weiblichen Fertigkeiten, bis er mit Nadel und Faden, Spinnrad und Webstuhl so geläufig umgehen konnte, als wäre er als Mädchen zur Welt gekommen.

Um zu erproben, ob man ihn auch schon für ein solches hielt, wenn er verkleidet unter die Leute ging, begab er sich eines Morgens in Frauentracht zur Kirche.

»Wer ist denn die hübsche Jungfrau?« fragten alle, die ihm begegneten. »Die mag wohl aus königlichem Stamm sein! Sah jemand das schöne Kind schon früher am Ort? Nicht, daß wir wüßten!«

Als Hugdietrich die Leute so reden und fragen hörte, hüpfte sein Herz vor Freude und Zuversicht. Er eilte heim in die Burg und erzählte seinem Vertrauten, wie es ihm auf der Gasse und im Münster ergangen sei.

»Meister Berchter«, rief er, »nun kann es losgehen. Keine Stunde länger, als unbedingt nötig, will ich zuwarten — ich verbrenne vor Sehnsucht, die schöne Hildburg zu sehen und für mich zu gewinnen!«

»So nehmt fünfzig Ritter mit«, sprach Herzog Berchter, »dazu vierhundert Knappen und sechsunddreißig edle Jungfrauen. Ferner laßt ein prächtiges Zelt herstellen, dessen Stangen oben mit Karfunkelsteinen besetzt und mit Gold beschlagen sind. Kommt Ihr dann in Salneck vor die Burg, so schlagt das Zelt auf und nehmt darin, die Krone auf dem Haupt und umgeben von Euren Gespielinnen und Dienerinnen, Platz. Eure Ritter und Knappen aber sendet zu König Walgund und bittet ihn um gastliche Aufnahme. Nennet Euch Hildegund von Griechenland und laßt ihm sagen, Ihr wäret von Eurem Bruder, dem König Hugdietrich aus Konstantinopel vertrieben worden, weil Ihr Euch weigertet, einem Heidenfürsten die Hand zum Bunde zu reichen. Hierauf wird König Walgund, wie ich ihn kenne, sogleich selber zu Euch eilen und Euch in seine Burg bitten. Ist es soweit, dann dankt ihm für seine Gnade und für das Obdach, daß er Euch, einer armen, fliehenden Prinzessin, gewährt, und schickt Euer Gesinde fort, bis auf vier. Von den Rückkehrenden werde ich dann erfahren, wie es Euch erging, und übers Jahr komm ich Euch abholen. Bis dahin werdet Ihr ja bereits wissen, ob Ihr auf Hildburgs Liebe hoffen dürft oder nicht.«

Es geschah alles, wie Herzog Berchter es vorausgesagt hatte. Hugdietrich nahm, als Königin verkleidet, Abschied, erreichte nach achtzehntägiger Fahrt Salneck und schlug vor der Burg sein Prunkzelt auf. Er schickte auch zum König, und dieser kam alsbald herbei und lud die schöne junge Fürstin freundlich ein, samt ihrem Gesinde bei ihm als Gast zu weilen, solang es ihr beliebe.

»Das wird nicht gehen«, sagte Hugdietrich und schlug dabei die Augen nach Mädchenart sittsam nieder. »Die Ritter und Jungfrauen, die Ihr hier seht, stehen im Dienste Herzog Berchters von Meran. Er lieh sie mir zu meinem Schutz auf der Flucht, ich muß sie ihm gleich zurücksenden.«

Als Walgund Herzog Berchters Namen nennen hörte und erfuhr, wie mächtig und reich er in Konstantinopel geworden sei, freute er sich herzlich, denn er schätzte den treuen Recken sehr.

»So sendet die Leute heim«, sagte er schließlich, »doch Ihr, Hildegund von Griechenland, Ihr mögt bei mir und Frau Liebgard bleiben.«

Da willigte die vermeintliche Jungfrau dankbar ein, entließ ihr Gesinde bis auf vier und betrat an König Walgunds Seite klopfenden Herzens die Burg.

Der König führte den verkleideten Jüngling sogleich in das Frauengemach der Königin. »Hier bring ich dir eine Gefährtin aus edelstem Geblüt«, sagte er, »Hildegund aus Konstantinopel. Sie mußte vor Hugdietrich fliehen, und ich gewährte ihr Obdach bei uns. Nimm dich ihrer an.«

Frau Liebgard hatte die schöne Fremde bald ins Herz geschlossen und staunte über das große Geschick, mit welchem sie die kostbarsten Handarbeiten in kürzester Zeit herzustellen vermochte.

»In Konstantinopel muß es wahre Zauberinnen der Nadel und des Fadens geben«, sagte sie, »wenn Ihr dort solche Künste lerntet!«

Was Hildegund stickte, war aber auch zum Verwundern schön! Da sprangen lustige bunte Hasen und Hirsche über goldenen Brokat. Da säumten, von flinken Stichen erzeugt, die herrlichsten Früchte, seltene Sträucher und Bäume den Rand schwerer Tischtücher aus Damast, und kostbare Decken und Gewänder belebten sich über Nacht mit fliegenden Falken und stolzierenden Störchen, mit Rotkehlchen und Gimpeln, silbernen Nachtigallen und blauen Lerchen.

Am meisten aber erstaunten die Frauen, wenn sich Hildegund an den Webstuhl setzte und Teppiche wob. Da sah man jagende Hunde wütende Eber umzingeln, da sprang der Löwe mit dem Leoparden um die Wette, und goldene Schiffe mit stolzgeblähten Purpursegeln fuhren über das schäumende Meer.

Es war eine wahre Pracht, und Frau Liebgard bat Hildegund, sie möge doch auch ihren Zofen Unterricht in der Nadelmalerei geben und sie ebenso wertvolle Teppiche weben lehren.

Die Fremde erklärte sich gerne dazu bereit, und nun saß sie ein halbes Jahr lang im Kreis der Kammerfrauen und erteilte ihnen Unterricht.

Eines Tages erkundigte sich König Walgund, wer denn die vielen feinen Stickarbeiten gemacht habe, von denen die ganze Burg wimmle, und Frau Liebgard erzählte ihm von Hildegunds Fingerfertigkeit.

Da kam der König höchstpersönlich ins Frauengemach und sah der Fremden bei der Arbeit zu. Hugdietrich aber, der die günstige Gelegenheit nicht ungenützt vorbeigehen lassen wollte, ließ sich fein gesponnene Goldfäden reichen, wob aus ihnen vor den Augen des Königs flink eine prächtig gemusterte Mütze und machte sie König Walgund zum Geschenk.

»Wollet mir die Ehre erweisen«, sagte er mit zarter Stimme, »diese meine Gabe vor Euren Gästen zu tragen, wenn Ihr mit ihnen tafelt!«

»Sie übertrifft an Schönheit beinah meine Krone«, sagte der König bewundernd und probierte die Mütze sogleich. »Wünscht Euch als Lohn für diese Arbeit, was Ihr wollt!« sagte er sodann. »Was immer Ihr begehrt, ich will es Euch gewähren.«

Da bat Hugdietrich, der König möge ihm doch gestatten, einmal seine schöne Tochter zu sehen. »Führt sie aus ihrem Turm«, sagte er ehrerbietig, »ich möchte ihr dienen. Das wäre der schönste Lohn für all meine Mühe, einen anderen begehre ich nicht.«

»Welch bescheidener Wunsch«, sagte Walgund. »Ich hätte Euch gerne Größeres gewährt. Doch soll Eure Bitte zum kommenden Pfingstfest mit Freuden erfüllt sein.«

Der König hielt Wort. Am Pfingstmorgen durfte die Jungfrau aus dem Turm heraus, und Hugdietrich fiel ihr zu Füßen.

»Hier gebe ich dir eine Genossin für die Dauer des Festes, mein Kind«, sagte Walgund.

Schön Hildburg aber, die Hugdietrich für eine willkommene Gespielin hielt, beugte sich freundlich nieder und bat ihn, aufzustehen.

»Warum kniest du vor mir?« fragte sie. »Sind wir nicht beide Mädchen?«

Da erhob sich Hugdietrich. Meister Berchter, du hast wahr geredet, dachte er, das schönste Mädchen der Welt steht vor mir!

Bei Tisch durfte Hildegund von Griechenland der Königstochter die

Bissen vorschneiden und den Becher reichen, und alle, die das strahlende Paar sahen, meinten, noch niemals zwei Jungfrauen gesehen zu haben, die so vollkommen zueinander paßten wie diese.

»Es wäre töricht, sie zu trennen«, sagte Frau Liebgard zu ihrem Gatten, und als Hildburg nach dem Mahle bat, der Vater möge ihr doch Hildegund mit in die Einsamkeit des Turmes geben, in den sie nach dem Fest ja doch wieder zurückkehren müsse, gewährte es Walgund gerne.

»Mit reichem Golde will ich Hildegund belohnen«, sprach er, »wenn sie dich, mein Kind, in allen ihren Künsten recht unterweist. Und will sie eines Tages Hochzeit halten, so werde ich ihr ein Stück meines Landes mit einer Burg schenken.«

»Ich danke Euch«, sagte Hildegund errötend, »aber ich werde, so wahr ich lebe, nie einen Mann heiraten!«

Zwölf Wochen hindurch erteilte nun Hugdietrich als Hildegund von Griechenland der schönen Hildburg Unterricht im Spinnen und Sticken, auch in der schwierigen Kunst des Teppichwebens. Walgund hatte eigens einen Webstuhl in den Turm schaffen lassen.

Während all dieser Zeit ahnte die Königstochter nichts davon, daß es die Hände eines Mannes waren, die sie so feine Gold- und Silberfäden drehen lehrten oder sie darin unterwiesen, wie man mit der Nadel Menschen, Tiere und Bäume auf Brokat, Seide oder Linnen zaubert. Auch daß es eines Mannes Hände waren, die ihr ab und zu zärtlich über das Haar und die Wangen strichen, ahnte sie ebensowenig, wie daß es eines Mannes Schulter war, an die sie des Abends ihr Haupt lehnte, wenn sie nach getaner Arbeit, an die herzliebe Gespielin geschmiegt, am Fenster saß und in die sinkende Sonne blickte.

Als jedoch die zwölfte Woche vergangen war, ertrug es Hugdietrich nicht mehr länger, sein Geheimnis für sich zu behalten. Er küßte Hildburg auf den Mund. Dann kniete er vor ihr nieder und sprach:

»Hildburg, mein Lieb, um deinetwillen habe ich mich verkleidet. Um zu dir zu gelangen, lernte ich reden und mich geben wie ein Mädchen. Um dich als Königin zu gewinnen, erlernte ich die schwierigsten Frauenarbeiten. Aus lauter Liebe habe ich deinen edlen Vater getäuscht. Ohne dich bedeuten mir mein Land und meine Krone nichts mehr. Ja selbst mein Leben ist mir schal und wertlos, wenn ich dich nicht erringe. Sag, könntest du mich lieben?«

Da begann Hildburg bitterlich zu weinen. »Wenn das mein Vater erfährt, ist es um dich und mich geschehen«, schluchzte sie. »Mir wird er hier in diesem schrecklichen Turm den Hungertod bereiten – du aber wirst von der Hand des Henkers dein Leben lassen müssen!«

Hugdietrich strich ihr sanft über den Scheitel. »Sei nicht verzagt, mein Lieb«, sagte er, »Gott hat schon andere Dinge zum Guten gewendet. Und wenn ihm unsere Liebe gefällt, so wird er uns nicht in Not geraten und verderben lassen. Vertraue auf ihn, unsere Herzen sind ja rein.«

Sechs Wochen lebten die beiden als Brautpaar in aller Heimlichkeit, und wäre die Sorge und das Bangen um die Zukunft nicht gewesen, so hätte Hildburg ihrem Vater nicht genug Dank dafür gewußt, daß er sie in den Turm gesperrt und ihr eine so liebe Gespielin zugesellt hatte.

»Ich liebe dich mehr als mein Leben«, sagte sie oft zu Hugdietrich, »und ich bleibe dein bis an meinen Tod. Aber ich erleide ihn ja schon jetzt alle Tage tausendfach in der Angst vor dem Vater. Ach, Liebster, nie werde ich mit dir in deine Heimat gelangen, nie als Königin in Konstantinopel neben dir auf dem Thron sitzen. Mein höchstes Glück ist zugleich mein tiefstes Unglück!«

Hugdietrich tröstete sie, so gut er konnte, und sagte: »Sei guten Mutes, mein Lieb, Gott vergißt uns nicht!«

Die Königin freute sich herzlich über die schönen Fortschritte, die ihre Tochter in der Nadelmalerei und im Weben machte. Hildburg drehte die Fäden so fein, handhabte die Nadel so geschickt, daß sie ihre Lehrmeisterin bald zu übertreffen schien.

Alle Tage besuchte die Königin die beiden Mädchen, nicht ahnend, daß es ein heimliches Brautpaar war, dem ihre Besuche galten. –

Eines Tages bat Hildburg die Mutter, sie möchte doch mit ihr und Hildegund einen Spaziergang um die Zinnen machen, damit sie ein wenig frische Luft schöpfen könnten.

Frau Liebgard erfüllte ihr diese Bitte gern. Als sie von der hohen Mauer hinabblickten auf das ebene Land, sahen sie in der Ferne einen Trupp Reiter herantraben. Nach einer Weile stiegen die prächtig gerüsteten Männer ab, errichteten Zelte und pflanzten ein Banner auf.

Hildburg und ihre Mutter konnten das Wappen nicht ausnehmen, Hugdietrichs scharfe Augen aber erspähten und erkannten es sogleich: es war Berchters Banner, das da im Wind flatterte.

»Das ist Herzog Berchter von Meran!« sagte er voll Freude. »Er bringt mir Botschaft von meinem Bruder. Sicherlich hat mir Hugdietrich verziehen und ruft mich nach Konstantinopel zurück!«

»O liebe Trautgesellin«, rief Hildburg, indes ihre Augen sich mit Tränen füllten, »was bist du so freudvoll? Mir schnürt es das Herz ab, wenn ich denke, daß ich mich von dir trennen soll!«

»Ach«, seufzte Hugdietrich, »wärest du von daheim vertrieben gewesen wie ich, so würdest du meine Freude wohl verstehen.«

Als die Liebenden wieder im Turm waren, brach Hildburg in fassungsloses Weinen aus. »Wenn du mich hier allein läßt, werde ich vor Sehnsucht nach dir sterben«, sagte sie.

»Und wenn du mich wahrhaft liebst«, entgegnete ihr Hugdietrich, »wirst du aus Sehnsucht nach mir leben und alles tun, was ich dir jetzt sage. Sieh, ich darf hier nicht mehr länger weilen, sonst wird unser Geheimnis doch entdeckt, und dann ist mein Leben verwirkt. Ich will aber alles gutmachen, was du noch um meinetwillen leiden mußt. Gott hat unsere Liebe gesegnet und wird dir ein Kindlein schenken. Wird es ein Knabe, so sollst du es Dietrich nennen, wird es ein Mädchen, so nenn es Hildburg. Die Magd und der Wächter werden dir helfen, es heimlich aus dem Turm in das Münster zu bringen, dort sollen es die Priester taufen. Zieh es ganz im geheimen auf, und wenn es groß und stark geworden ist, dann nimm den Wächter und sonst noch ein paar gute, verläßliche Leute und wandere mit ihnen bei Nacht und Nebel gegen Griechenland. An der Grenze sende mir Botschaft, und ich werde dir mit meinen Rittern entgegenkommen und dich nach Konstantinopel geleiten. Dort wirst du zur Königin gekrönt werden.«

So sprach Hugdietrich. Hierauf begab er sich zum Turmwächter in dessen Stube, verriegelte die Tür und fragte ihn:

»Liebst du deine Herrin?«

Der Wächter antwortete: »Mehr als mein Leben!«

»So will ich dir ein Geheimnis anvertrauen und zugleich einen Befehl geben: Schaffe bei guter Gelegenheit ein Körbchen mit Windeln in den Turm, die Königstochter wird ein Kind bekommen, dem sollst du und die Magd bei der Taufe Gevatter stehen.«

Der Wächter erschrak heftig. »Hilf Himmel«, rief er, »wenn das der König erfährt, läßt er mich hängen!«

»Und wenn du dafür sorgst, daß er es nicht erfährt und daß Hildburg glücklich mit dem Kind nach Griechenland gelangt, mach ich dich zum Grafen!«

Da versprach der Wächter, alles zu tun, um seine Herrin zu schützen.

Am andern Morgen ritt Herzog Berchter mit seinem Gefolge in die Burg. Walgund empfing den einstigen Gefährten mit großer Freude und fragte nach dem Grund seines Kommens.

»Mein Herr, der König Hugdietrich, hat erfahren, daß seine Schwester bei Euch Obdach und Schutz gefunden hat. Nun bittet er Euch, das Mädchen zu beurlauben. Er hat sich eines Besseren besonnen und will sie wieder an seinen Hof aufnehmen.«

Nur ungern kam der König diesem Wunsch nach. Er schickte in den Turm und ließ Hildegund von Griechenland rufen.

Als Hugdietrich seinen treuen Herzog sah, umarmte er ihn voll Freude. Dabei flüsterte er ihm rasch ins Ohr: »Die Maid ist mein! Doch laß uns so schnell wie möglich von hinnen reiten! Entdeckt Walgund mein Geheimnis, so ist es um mich geschehen!« Dann neigte er züchtig vor Walgund sein Mädchenhaupt und bat um Urlaub.

»Ich kann Euch Eurem Bruder nicht verweigern, auch wenn Ihr meiner Tochter durch Euren Abschied alle Freude raubt«, sagte Walgund.

Hierauf ließ er für die scheidende Jungfrau und für Herzog Berchter ein prächtiges Festmahl rüsten, zu welchem auch Hildburg aus ihrem Turm geholt wurde. Sie weinte bittere Tränen, und es schmeckte ihr kein Bissen. Als das Mahl vorbei war, zog sie einen Ring vom Finger und reichte ihn Hugdietrich. »Nimm das von mir, du liebe, unvergeßliche Gesellin«, sagte sie, »und wenn dein Blick auf das Gold fällt, so sollst du der Zeit gedenken, da du im Turm bei mir weiltest. Vergiß mich nicht!«

Diese Worte schnitten Hugdietrich tief ins Herz. Er steckte den Ring an, umarmte die Geliebte noch ein letztes Mal und verabschiedete sich von ihr mit schwesterlichen Küssen auf die Wangen. Dann gab er Herzog Berchter ein Zeichen, worauf dieser ein Pferd mit einem Frauensattel herbeiführte und Hugdietrich in diesen hob. Seite an Seite ritten sie, gefolgt von ihren Mannen, gegen Konstantinopel fort.

Nun war Hildburg allein, und der Kummer über den Abschied des Geliebten und die Angst vor dem, was ihr bevorstand, wenn der Vater entdeckte, wer die schöne Hildegund in Wirklichkeit gewesen war, drückten ihr fast das Herz ab.

Als die Zeit erfüllt war, gebar sie einen Knaben, und als die Magd das Kind gebadet hatte und es ihr ans Bett brachte, drehte und wendete sie das kleine Geschöpf nach allen Seiten. Sie entdeckte, daß es zwischen den Schultern ein Muttermal hatte, das sah aus wie ein kleines dunkelrotes Kreuz. Sie küßte es voll Zärtlichkeit, bedeckte auch die kleinen Füßchen und jedes einzelne Fingerlein der kleinen Hände mit zahllosen Küssen und benetzte es mit Tränen.

Die Magd streifte dem kleinen Wurm ein Hemdchen über, dann kam der Turmwächter und trug das Kind ins Münster, wo es in aller Heimlichkeit auf den Namen Dietrich getauft wurde.

Als man es wieder in den Turm zurückbrachte, bettete man es in das Körbchen, und Hildburg befahl der Magd, ihr den Knaben ganz nah ans Bett zu rücken. Da lag sie dann und wandte kein Auge von dem Neugeborenen. »Hab ich deinen Vater verloren, so hab ich doch dich dafür. Gott gebe, daß ich bald mit dir nach Konstantinopel ziehen kann, dort werde ich neben König Hugdietrich auf dem Thron sitzen, und du wirst unser Kronprinz sein.« Dann sang sie ihm ein Schlummerlied.

So vergingen einige Tage, als Königin Liebgard ihrer Tochter sagen ließ, daß sie sie noch vor dem Abend besuchen werde. Das gab eine große Aufregung.

»Wenn Eure Mutter das Kindlein schreien hört, sind wir alle verloren«, jammerte die Magd. »Wie sollen wir es nur verbergen?«

»Hier kann nur eins helfen«, sagte der Wächter. »Wir binden das Körbchen des Kindes an ein starkes Seil und lassen es aus dem Fenster die Mauer hinab. Da mag es hängen und schlummern, und wenn die Königin den Turm verlassen hat, ziehen wir es wieder herauf.«

Hildburg und die Magd sahen ein, daß dies die einzige Rettung war, und so hängten sie denn das Kind aus dem Fenster. Tief ließen sie den Korb hinabhängen, bis an den Fuß des Turmes, der ganz von Gestrüpp umwuchert war. Dort schlief das Knäblein im Schatten der Büsche ruhig und fest.

Doch während Frau Liebgard bei ihrer Tochter weilte, kam ein Wolf aus dem nahen Wald, der strich um den Turm und entdeckte das Kind. Er packte es am Wickel und trug es in raschem Lauf fort auf den Berg, wo er seine Höhle hatte. Vier kleine Wölfe lagen da, die waren erst acht Tage alt und noch blind. Sie wußten mit dem Menschenkind nichts anzufangen, solche Nahrung verschmähten sie noch, sie tranken lieber die Milch der Mutter. Also blieb der kleine Dietrich ruhig in einem finsteren Winkel liegen, wo er selig weiterschlief.

Frau Liebgard hatte den Turm verlassen. Die Magd wollte das Kind

wieder heraufziehen, doch als sie den Korb durch das Fenster hob, entdeckte sie, daß er leer war.

Sogleich schickte sie den Wächter hinab, der suchte rund um den Turm und in der Umgebung, aber man fand nicht die leiseste Spur von dem kleinen Dietrich. Das Kind war verschwunden.

»Wir dürfen unserer Herrin nichts von dem Unglück sagen, sonst bricht ihr vor Kummer das Herz, und wir sind schuld an ihrem Tode. Wir wollen sagen, eine Amme habe das Knäblein für sechs Goldstücke in gute Obhut und Pflege genommen, und wenn es größer geworden sei, würden wir es wieder abholen und in den Turm bringen.«

So sprach der Wächter zur Magd, und als Hildburg erfuhr, daß ihr Kind aus dem Turm geschafft und wohl aufgehoben sei, war sie damit zufrieden, wie sehr die Trennung auch schmerzte.

König Walgund aber jagte mit seinen Mannen an diesem Tag just in dem Wald, wo der Wolf hauste, und als die Jäger des wilden Tieres ansichtig wurden, verfolgten sie es bis zu seiner unterirdischen Behausung. Sie stachen mit ihren Speeren in das dunkle Loch hinein und töteten den Wolf samt seinem Weibchen. Dann kroch ein Jäger auf allen vieren in das finstere unterirdische Gelaß und fand die kleinen blinden Welpen. Er nahm sie an sich und wollte schon wieder umkehren, als er zu seinem größten Erstaunen auf einmal ein Kindlein weinen hörte.

Er durchsuchte die Höhle, fand den kleinen Dietrich und brachte ihn ans Licht. »So seltsame Beute hab ich noch auf keiner Jagd gemacht«, sagte er und reichte den Knaben dem König.

Der nahm ihn verwundert auf den Arm und rief: »Ei, welch schönes, starkes Kind! Gottlob, daß es in der Höhle noch nicht umkam. Auf, laßt uns die Mutter suchen, wenn sie die Wölfe nicht schon zerrissen haben!«

Bis zum sinkenden Abend durchstreifte die Jagdgesellschaft den ganzen großen Wald, aber sie fanden nichts. Da wickelte König Walgund den kleinen Dietrich in seinen Mantel und nahm ihn mit nach Salneck.

Dort angelangt, erzählte er, wie er zu dem Kinde gekommen war, und da niemand wußte, daß der kleine Dietrich bereits getauft worden war, ließ man die heilige Handlung nochmals an ihm vollziehen. Er erhielt in dieser zweiten Taufe den Namen Wolfdietrich, weil er doch bei den Wölfen aufgefunden worden war.

Man gab den Knaben einer Amme in Pflege, und mit jedem Tag,

den Gott werden ließ, wurde er schöner und kräftiger. Der König und die Königin hatten ihn ins Herz geschlossen und kamen jeden Morgen nachsehen, wie es ihrem kleinen Schützling ging.

Hildburg in ihrem Turm weinte sich unterdessen die Augen aus vor Sehnsucht nach ihrem Kinde. Anfangs war sie froh gewesen, daß der Wächter das Knäblein aus dem Bereich der Burg gebracht hatte, doch nur zu bald übermannte sie der Kummer, und sie beschwor die Magd und den Turmwart, ihr den kleinen Dietrich wiederzubringen. Sie wollte lieber den Zorn des Vaters, ja den Tod erdulden, als ihren Liebling, Hugdietrichs Söhnlein, nicht bei sich im einsamen Gemach zu haben. Es kostete viel Mühe, sie immer wieder zu beschwichtigen und zu vertrösten, denn wo hätten die Magd und der Wächter ein Kind hernehmen sollen, das dem kleinen Dietrich, der doch vom Wolf geraubt worden war, glich?

Eines Tages kam Frau Liebgard wieder einmal zu Hildburg auf Besuch. Sie erzählte ihr, was dem Vater im Wald Seltsames begegnet war. »Denke dir«, sagte sie, »seine Jäger haben einen schönen, strammen Knaben in einer Wolfshöhle gefunden. Wir haben ihn gleich taufen lassen, und nun ist er bei uns, und wir haben unsere Freude an ihm.«

Hildburg erschrak zu Tode. Sie schöpfte Verdacht, und als die Mutter gegangen war, rief sie den Wächter und fragte ihn:

»Wo ist mein Kind? Was hast du mit meinem Kind gemacht? Ist es aus dem Korb gefallen, während wir's aus dem Fenster hängen ließen? Haben es wilde Tiere zerrissen? Beim Jüngsten Gericht, sag mir auf der Stelle die Wahrheit!«

Da fiel der treue Mann auf die Knie, hob die Hände auf und sagte:

»Ich weiß nicht, was mit dem Kind geschehen ist. Doch seid gnädig mit mir, ich bin unschuldig! Als ich das Körbchen hochzog, war es leer, und aus Angst belogen wir Euch. Mag sein, daß der Wolf Euer Kind raubte, er streift öfters hier um den Turm und jagt nach Fasanen und Kaninchen. Fragt doch einmal die Königin, wie der Findling aussieht, den Euer Vater aus dem Wald mit heimbrachte, bittet sie, daß sie ihn Euch in den Turm bringt, und beschaut ihn selbst — vielleicht ist es der kleine Dietrich?«

Hildburg befolgte diesen Rat und ließ die Mutter bitten, ihr doch das Findelkind zur Kurzweil in den Turm zu bringen.

Frau Liebgard willfahrte der Bitte ihrer Tochter gern, doch kaum hatte sie den Knaben, der fröhlich strampelte und krähte, in Hildburgs

Hände gelegt, als diese ihn auch schon aufschluchzend an ihr Herz drückte und unter Tränen ausrief:

»Es ist mein Kind! Es ist mein Kind!«

Die Königin konnte sich dieses seltsame Gebaren nicht erklären, aber da sank Hildburg auch schon, mit dem Knaben im Arm, vor ihr nieder und beichtete alles:

»Das Mädchen, welches mir der Vater in den Turm mitgab und das mich so viele Künste lehrte, war kein Mädchen und hieß auch nicht Hildegund von Griechenland, sondern es war der König Hugdietrich selbst, der in Liebe zu mir entbrannte und nur meinetwegen Nähen und Sticken gelernt hatte, denn wie wäre er sonst je in den Turm gekommen? O Mutter, viele Wochen verhehlte er mir, wer er war, und ich selbst hielt ihn für eine Jungfrau. Doch als er sich mir zu erkennen gab, war ich überglücklich, daß ein so mächtiger und edler König sich um meinetwillen in so große Gefahr begab, und ich liebte ihn von Herzen. Nun hat der Himmel unsere Liebe gesegnet und mir dies Kindlein zum zweiten Male geschenkt, da es mir heil aus dem Walde zurückgekommen ist.«

Dann öffnete sie das Hemd des Kleinen und zeigte der Mutter das Mal zwischen den Schultern zum Beweis dafür, daß es wirklich ihr Kind war. Denn wie hätte sie von dem dunkelroten Kreuzlein wissen können, wenn sie es nicht schon vorher gesehen hätte?

Frau Liebgard zürnte ihrer Tochter nicht. Sie hegte auch keinen Groll gegen Hugdietrich, nein, sie sagte:

»Gott im Himmel sei Lob und Dank, daß ein solcher Mann dich zur Frau begehrt und den Thron mit dir teilen will. Sei frohen Mutes, mein Kind, ich, deine Mutter, werde schon alles zum Besten wenden und auch den Vater besänftigen. Inzwischen bringe ich dir Wolfdietrich alle Tage, da magst du ihn wiegen und küssen nach Herzenslust.«

Die Königin hielt Wort. Sie wartete einen Tag ab, an welchem der König besonders gut gelaunt war, da strich sie ihm mit der Hand liebkosend über den Scheitel und sagte:

»Es heißt, daß du ein weiser Mann und Herrscher seiest — kannst du mir da wohl auch sagen, was man in einer Sache tun soll, die bereits geschehen und nicht mehr zu ändern ist?«

»Dazu bedarf's keines Königs Weisheit«, antwortete Walgund lächelnd, »hier könnte dir jeder Bauer raten. Wenn etwas geschehen und nicht mehr zu ändern ist, so soll man ein Kreuz darüber machen und ja und amen dazu sagen, gleichgültig, ob das Ding gut oder schlimm ist.«

»Nun, wenn das dein Ernst ist«, meinte die Königin listig, »so darf ich dir ja getrost erzählen, was für ein wunderliches Abenteuer unserer lieben Tochter im Turme widerfahren ist.« Und dann erzählte sie ihrem Gemahl alles, was Hildburg ihr gebeichtet hatte.

Da packte Walgund namenloser Zorn. Er sprang auf, raufte sich den Bart und schrie:

»Hugdietrich hat mich betrogen, und ich selber habe dieses falsche Milchgesicht zu meinem Kind geschickt! Wo habe ich nur meine Augen gehabt? Doch das soll mir der Minnejäger büßen, und der treulose Wächter mit ihm! Ist das die Art, um eines Königs Kind zu werben?«

Frau Liebgard legte ihm begütigend die Hand auf den Arm. »Ist das die Art, mit der du dich an deine Weisheit hältst? Ich dachte, man soll über Geschehenes ein Kreuz machen und ja und amen dazu sagen – oder hast du deine Meinung inzwischen geändert? Das stünde einem König übel an, denke ich, so wankelmütig zu sein ... Nein, mach ein Kreuz und segne damit zugleich die Liebe und das Glück unseres Kindes. Der Himmel will nicht, daß es ewig und immer in dem Turme schmachtet wie eine Gefangene.«

Da besann sich Walgund, Frau Liebgards milde, kluge Worte besänftigten sein Gemüt, er befahl den Grafen Wolfwin und den Ritter Jörg vor sich und schickte sie auf der Stelle nach Konstantinopel.

»Bringt Hugdietrich meinen Gruß«, sagte er, »und richtet ihm aus, ich und meine Tochter Hildburg erwarten ihn!«

Mit dieser frohen Botschaft kamen die Gesandten nach Griechenland, wo sie ehrenvoll und mit großer Freude empfangen wurden.

»Gebt uns reiches Botenbrot, König Hugdietrich«, sagten sie, »denn wir verkünden Euch, daß Euer Reich einen Kronprinzen bekommen hat: Schön Hildburg schenkte Euch einen Knaben, Wolfdietrich mit Namen. Zweimal wurde er getauft, möge Gottes Segen auch doppelt auf ihm ruhen! Nun fordert Euch König Walgund auf, nach Salneck zu kommen – es soll wohl eine Hochzeit geben.«

»Wer war dem Kind Gevatter?« fragte Hugdietrich. »Wer hob es aus der Taufe?«

»Beim erstenmal eine alte Magd und der Turmwächter«, antworteten die Boten, »beim zweitenmal wir selbst, Graf Wolfwin und Ritter Jörg, und eine edle Markgräfin.«

»Das deut ich als gutes Zeichen, daß hoch und niedrig ihn aus der Taufe hoben — möge er ein gerechter Herrscher werden.«

Dann nahm er Wolfwin und Jörg bei den Händen und führte sie in den Saal. Dort mußten sie sich links und rechts von ihm zu Tisch setzen und ihm alles ganz genau erzählen: Wie der kleine Dietrich geboren und aus dem Fenster gehängt worden war, wie ihn der Wolf geraubt, der König gefunden, und wie er schließlich als Wolfdietrich wieder zurückgelangt war in die Arme seiner Mutter.

»Oh«, seufzte Hugdietrich, »was wird mein liebes Weib für Angst und Weh ausgestanden haben, als sie so allein und verlassen mit dem Kind war! Stets drohte ihr der Zorn des Vaters, ja der Tod, und dann mußte sie den Kleinen auch noch verlieren!«

»Das ist nun alles vorüber«, sagten die Boten fröhlich. »Bietet Euer Gefolge auf und laßt Euch von uns nach Salneck geleiten!«

Nach achtzehn Tagen trafen sie dort ein, Hugdietrich hatte fünftausend seiner besten Helden mitgenommen, an seiner Seite ritt wie immer der treue Herzog Berchter von Meran. Sie waren alle herrlich gerüstet, die Pferde mit kostbaren Decken geschmückt, lustig flatterten die bunten Wimpel im Wind.

Eine Tagreise weit ritt König Walgund seinem künftigen Schwiegersohn entgegen.

Als er ihn herankommen sah, rief er ihm schon von weitem entgegen: »Willkommen, Herr und Jungfrau! Ihr habt mich arg betrogen, fast hätte mein treuer Turmwärter um Euretwillen den Tod erleiden müssen.«

»An alldem seid Ihr selber schuld, König Walgund«, entgegnete Hugdietrich. »Wer eine so schöne Tochter zeitlebens in einen Turm sperrt und sie keinem Mann zur Frau geben will, der muß auch gewärtigen, daß sie ihm eines Tages durch List genommen wird, denn nichts reizt wahren Rittersinn mehr, als unschuldig Gefangene aus dem Kerker zu befreien.«

Als die beiden Könige vom Pferd gestiegen waren und einander vor allem Volke umarmten, neckte König Walgund Hugdietrich. Er blickte auf die vielen bunten Wimpel der griechischen Ritter und auf die prächtigen Decken ihrer Pferde und fragte:

»Habt Ihr die alle selbst gewoben und gestickt?«

»Gewiß«, erwiderte Hugdietrich lachend, »ein ganzes langes Jahr war ich von Hildburg getrennt, da half mir die Arbeit meinen Schmerz ertragen. Doch nun seid so gut und laßt uns reiten, ich kann es kaum mehr erwarten, Weib und Kind in die Arme zu schließen!«

Im Galopp ritten sie in Salneck ein. Unter dem Tor der Burg kam ihnen die Amme entgegen, die reichte Hugdietrich sein Söhnlein hin.

Hugdietrich sprang ab und riß es an sein Herz. Dann löste er die Kette seines Königsmantels, der über und über mit Gold und Silber bestickt und mit weißer Seide gefüttert war. Er reichte ihn der Amme und sprach:

»Nimm das zum Dank für deine Mühe — du hast den künftigen König von Konstantinopel betreut, das verdient reichen Lohn.«

»Der Segen Gottes sei über Euch«, sagte die Amme und nahm den schweren Mantel mit einem Fußfall entgegen.

Nun kam auch Frau Liebgard die Treppe herab. Sie führte ihre Tochter an der Hand und begrüßte den Helden:

»Das hätte ich nimmer gedacht, als Ihr meine Zofen in der Kunst des Stickens und Webens unterwieset, daß Ihr eines Tages mein Eidam sein würdet. Seid herzlich willkommen und nehmt unser liebes Kind in gute Hut.«

Da umarmte Hugdietrich seine treue Braut, die durch ihn so viel Not und Weh erduldet hatte, und sie feierten Hochzeit, drei Wochen lang.

Als Hugdietrich mit seiner jungen Königin nach Griechenland zurückkehrte, gaben ihm vierhundert Helden und König Walgund selber das Geleit. An der Grenze verabschiedeten sie sich, und Walgund hob den kleinen Wolfdietrich ein letztes Mal auf. »Es geschieht nicht alle Tage«, so scherzte er, »daß ein Großvater sein Enkelkind im Wald bei den Wölfen findet. Mach deinem Namen Ehre, Wolfdietrich, und sei der Schrecken deiner Feinde! Aber denen, die dir wohlwollen, sollst du ein guter, hilfreicher Freund sein, treu bis in den Tod.«

Diesen Wunsch gab Walgund seinem Enkel mit auf den Lebensweg. Dann kehrte er mit seinem Gefolge heim nach Salneck. Nur Graf Wolfwin, Ritter Jörg und die Markgräfin, die bei der Taufe Wolfdietrichs Pate gestanden, zogen mit Hugdietrich und Frau Hildburg weiter.

Die Reise des Paares nach Konstantinopel glich einem Triumphzug. Mit lautem Jubel wurde die schöne Hildburg durch die Stadt in die Burg geleitet, wo sie an der Seite ihres königlichen Gemahls den Thron bestieg und die Krone aufs Haupt gesetzt bekam.

So hatte Hugdietrich das Versprechen wahr gemacht, das er Hildburg im Turm zu Salneck gegeben hatte, als sie noch beide am Stickrahmen und am Webstuhl saßen: Hildburg war Königin von Konstantinopel geworden.

Nach einiger Zeit wurden den beiden noch zwei Söhne beschert, die in der Taufe die Namen Boge und Wachsmuth erhielten. Sie sollten später ihrem erstgeborenen Bruder Wolfdietrich manchen Kummer bereiten.

Doch davon ahnten Hugdietrich und Hildburg nichts. Sie lebten in großem Glück und waren sehr stolz auf ihre drei stattlichen Söhne.

Wolfdietrich

DIE TREULOSEN BRÜDER UND DIE RAUHE ELSE

Als König Hugdietrich, Herr über Griechenland und Konstantinopel, auf dem Sterbebett lag, rief er seine drei Söhne zu sich und teilte sein Reich unter sie auf. Boge setzte er zum Herrn über Blibort ein, Wachsmuth erhielt das Land am Ippstrome, Wolfdietrich aber, sein Ältester, bekam Konstantinopel.

Dann bat der König den alten treuen Herzog Berchter von Meran an sein Lager und sprach zu ihm:

»Berchter, mein treuer Geselle, wie mein Vater einst mich in deine Hut gab, so übergebe ich dir nun meinen Erstgeborenen, Wolfdietrich. Sorge mir dafür, daß er seine Herrschaft behaupten kann, denn Boge und Wachsmuth, seine beiden Brüder, sind eifersüchtig auf ihn und verachten ihn obendrein, weil er bei den Wölfen gefunden wurde.«

Hugdietrich starb. Herzog Berchter übergab Konstantinopel einem treuen Vasallen des toten Königs und nahm Wolfdietrich mit sich nach Meran, wo er ihm Unterricht in der Führung aller ritterlichen Waffen erteilen wollte.

Kaum hatte jedoch der Meister mit seinem Zögling die Gestade des Bosporus verlassen und den Weg nach Meran genommen, als auch schon Boge und Wachsmuth, von treulosen Gefolgsleuten aufgewiegelt, mit Heeresmacht nach Konstantinopel zogen und es besetzten.

»Wolfdietrich ist vor der Hochzeit unserer Eltern geboren worden und zudem ein Findelkind, wer weiß, ob er überhaupt unser echter Bruder ist!« sagten sie und bedrohten alle, die noch zu ihm hielten, mit dem Galgen.

Die Kunde von diesem Überfall drang bis Meran. Sogleich rüstete Herzog Berchter seine sechzehn Söhne und fünfhundert Krieger aus und zog mit ihnen und seinem Schützling Wolfdietrich zurück nach Konstantinopel, um die Stadt aus den Händen der treulosen Brüder zu befreien. Sie schifften sich mit ihren Pferden und allem Heeresgerät ein, segelten bei gutem Winde über das Meer und landeten nach wenigen Tagen auf griechischem Boden. Dort ließ Berchter seine Mannen warten und ritt mit Wolfdietrich allein an den Hof.

»Verlaßt auf der Stelle Burg und Land«, sagte Berchter zu Boge und Wachsmuth, die ihn höhnisch und frech empfingen. »Wolfdietrich ist nach dem Willen seines Vaters hier zum König eingesetzt, und ich habe geschworen, diesen Willen bis zum letzten Blutstropfen zu verteidigen.«

Als Boge und Wachsmuth sahen, daß der Herzog auch vor einer bewaffneten Fehde nicht zurückschrecken würde, gedachten sie, ihn zu überrumpeln und gefangenzunehmen. Sie ließen die Burg von Bewaffneten umzingeln, aber sie hatten nicht damit gerechnet, daß Berchter ein Horn mit sich führte, dessen Ton auch die dicksten Mauern durchdrang und weit über das Land hallte.

In dieses Horn stieß nun der Herzog, worauf ihm seine sechzehn Söhne und die fünfhundert Krieger unverzüglich zu Hilfe kamen, denn sie wußten, daß ihr Herr nur bei höchster Gefahr von seinem Horn Gebrauch machte.

Ein heißer Kampf entbrannte um die Burg. Berchters Mannen drangen in den Hof und in die Säle ein, doch nach drei Tagen erwiesen sich Boge und Wachsmuth als stärker. Sie erhielten Zuzug und überwältigten mit diesem in einem grausigen Gemetzel alle fünfhundert Streiter des wackeren Herzogs von Meran. Keiner von ihnen blieb am Leben, und zuletzt war Berchter mit Wolfdietrich und seinen sechzehn Söhnen allein inmitten der Erschlagenen.

»Laß uns fliehen!« rief Wolfdietrich dem Freunde zu. »Ich könnte es nicht verwinden, wenn um meines Rechtes willen nur einer von deinen herrlichen Söhnen fiele!«

Auch Berchter sah ein, daß sie ihr Heil nur mehr in der Flucht finden konnten, wollte er nicht am Ende auch noch Wolfdietrichs geliebtes Leben opfern. Doch in dem harten Kampf um den Ausgang fielen dennoch sechs seiner Söhne. Und jedesmal, wenn einer von ihnen zu Boden stürzte, blickte Berchter lachend zu Wolfdietrich und sprach:

»Sorgt Euch nicht, Herr, gleich sind wir alle gerettet!«

Endlich hatten sie sich ins Freie durchgeschlagen, wo sie ihre Pferde fanden und davonsprengten. Wohl verfolgten die Feinde sie, aber in dem dichten Wald, den sie alsbald erreichten, fanden sie hinter Gestrüpp und Felsen ein gutes Versteck, wo sie niemand entdeckte.

Als es Nacht geworden war, versammelten sie sich in einem wilden Tal um ein Feuer, und hier zählte Wolfdietrich Berchters Söhne. Er hatte im Kampfgetümmel nicht bemerkt, daß sechs von ihnen gefallen waren, und fragte darum verwundert:

»Wo sind deine Söhne, Herzog von Meran? Du zogst doch mit allen sechzehn aus, nun zähle ich nur zehn!«

»Ich weiß es nicht, lieber Herr«, antwortete Berchter, »sie werden wohl noch irgendwo hinter den Felsen oder im Gestrüpp stecken. Vielleicht sind sie auch durch ein anderes Tor der Burg entronnen, und wir finden sie später wieder.«

Aber Wolfdietrich glaubte seinem alten Waffenmeister nicht und befahl ihm bei seiner Seele Seligkeit, die Wahrheit zu sagen. Da gestand ihm Herzog Berchter, daß die sechs fehlenden Söhne alle erschlagen waren und daß jedesmal, sooft er lachend zu ihm aufgeblickt habe, einer von ihnen gefallen sei.

»Wie konntest du lachen, während dir solches Leid widerfuhr?« fragte Wolfdietrich voll Gram. »O könnte ich doch die treuen Freunde an meinen treulosen Brüdern rächen!«

»Herr«, erwiderte Berchter, »ich gebe gerne alle meine Söhne dahin, wenn nur Ihr am Leben bleibt.«

Wolfdietrich jedoch vermeinte, es nicht ertragen zu können, daß um seines Thrones willen so viele tapfere Streiter und nun auch noch sechs Söhne Berchters sterben mußten. Er zog sein Schwert, stieß es mit dem Heft in die Erde und wollte sich selbst in die Klinge werfen.

Herzog Berchter bemerkte es jedoch rechtzeitig und riß den Verzweifelten mit aller Kraft zurück.

»Solche Sühne steht Euch nicht zu, Wolfdietrich!« rief er. »Der König darf uns nicht sterben! Die sechs Gefallenen waren mir geboren, und doch beweine ich sie nicht. Also stillt auch Ihr Euer Weh!«

Wolfdietrich aber fand keinen Trost. Er warf sich verzweifelt auf die Erde, krallte die Finger ins Moos und schrie: »Hätten mich doch die Wölfe zerrissen, da ich bei ihnen in der Höhle lag, so wäre mir all dies erspart geblieben! Warum stürzt mich der Himmel in solche Not?«

Sie blieben die ganze Nacht über in dem wilden, waldigen Tal. Berchter hielt am Feuer Wache, indes die anderen schliefen. Ums Morgengrauen weckte er seinen Herrn und sprach:

»Ein rauhes Weib umschleicht unser Lager, sie hat ein Zottelfell, und das Haar hängt ihr ellenlang übers Gesicht. Schon öfter sah ich sie Euch nachstellen, wenn wir durch Wälder ritten — gebe Gott, daß die Unholdin kein neues Unglück über Euch bringt!«

»Mag alles Leid gleich in der Jugend über mich kommen, so habe ich ein friedsames Alter«, meinte Wolfdietrich. Dann schickte er den alten Herzog schlafen und setzte sich selber ans Feuer, um zu wachen.

Müde schlief Berchter ein. Da kroch die rauhe Unholdin wie ein Bär auf allen vieren heran, der rote Schein der Glut fiel auf ihr schreckliches Gesicht.

Erschrocken fuhr Wolfdietrich auf und fragte: »Welcher Teufel führt dich her? Was stellst du mir nach?«

Das unheimliche Wesen, halb Weib, halb Tier, nickte traurig und antwortete:

»Weil ich dich liebe. Du bist der Held Wolfdietrich, der mich erlösen soll. Ein Königreich und eine feste Burg sind dein eigen, wenn du mich zur Frau nimmst.«

»Wie soll ich eine Teufelin minnen!« versetzte Wolfdietrich. »Scher dich zur Hölle, der du entlaufen bist!«

Da warf die rauhe Else, denn so hieß die Unholdin, einen Zauber über ihn, durch den sank er in einen tiefen Schlaf. Dann nahm sie ihm sein Pferd und sein Schwert weg und verschwand in der Tiefe des Waldes.

Als Wolfdietrich wieder zu sich kam, suchte er Roß und Waffe, und da er beides nicht mehr fand, lief er der Spur des Tieres nach. Er war noch immer vom Zauberbann der rauhen Else umfangen, der führte ihn auf einen verwunschenen Pfad, von welchem er nicht mehr links noch rechts abweichen konnte, sobald er ihn betreten hatte. Auf diesem schmalen Weg lief er weiter, zwölf Meilen lang, und als der Pfad endlich in eine kleine Lichtung mündete, stand dort unter einem breiten Baum die rauhe Else und fragte ihn, ob er sich nicht schon eines Besseren besonnen habe und sie nicht doch lieben wolle.

»Nein, du Teufelin«, antwortete Wolfdietrich. »Gib mir lieber mein Schwert zurück und mein braves Tier, das du mir entführt hast, oder ich erwürge dich mit meinen bloßen Händen!«

»Du bist müde«, sagte die rauhe Else, die solche Drohungen nicht zu erschrecken schienen, »leg dich ein bißchen schlafen, ich will dir unterdessen dein wirres Haar kämmen.«

»Kämm du das Haar dem Teufel, nicht mir!« rief Wolfdietrich — doch im nächsten Augenblick hatte die rauhe Else einen neuen Zauberbann über ihn geworfen, so daß er umsank und von Blödsinn befallen war.

Mit dieser schrecklichen Krankheit behaftet, lebte der Held ein halbes Jahr lang dahin, aß Kraut und Wurzeln und suchte verzweifelt nach Herzog Berchter und dessen Söhnen. Lallend und tappend lief und kroch er kreuz und quer durch den riesigen Wald, doch die rauhe Else wußte es so einzurichten, daß er immer im Kreis ging und die Gefährten niemals fand.

Herzog Berchter hatte gleichfalls vergebens den Wald nach Wolfdietrich durchsucht, kein Pfad, den er nicht betreten, kein Dickicht, das er nicht durchspürt hätte.

Als er sah, daß alles umsonst war, schickte er seine zehn Söhne zurück nach Konstantinopel und befahl ihnen, bei Boge und Wachsmuth Dienste zu nehmen, denn sie waren immerhin Hugdietrichs Erben.

»Finde ich aber unseren geliebten Herrn wieder oder hört ihr, daß er irgendwo lebt, so soll euch kein Eid mehr an die ungetreuen Brüder binden. Verlaßt sie zur selben Stunde und kehrt zurück zu Wolfdietrich. Gott mit euch!«

So sprach Herzog Berchter, umarmte seine Söhne und machte sich dann allein auf den Weg, um seinen Herrn vielleicht doch noch zu finden.

Viele Tage strich er einsam durch Au und Forst, doch plötzlich sah er die rauhe Else zwischen den Felsen einer Schlucht dahinkriechen. Er ritt ihr vorsichtig nach, viele Tage lang. Sie führte ihn in ein fernes Land, das hieß Alt-Troja. Dort ragte ein uraltes Münster in den grauen Himmel, und vor der Pforte dieses Münsters blieb die rauhe Else stehen.

Nun ritt Herzog Berchter heran, stieg vom Pferd und verneigte sich vor der wilden Frau.

»Ich bitte Euch inbrünstig«, sprach er, »gebt mir meinen Herrn wieder, den Ihr geraubt habt! Sagt mir, wohin Ihr ihn entführtet. Ich will ihn suchen, und müßt ich gleich bis ans Ende der Welt wandern.«

»Ich habe Wolfdietrich nicht geraubt«, antwortete die rauhe Else, »und wenn er nicht mehr zu Euch zurückkehrte, so ist das seine eigene Schuld. Er wollte mich nicht lieben!«

Die Unholdin versuchte, auch den alten Berchter mit ihrem Zauber zu schlagen, doch der Herzog sprang auf sein Roß und vermochte ihr zu entfliehen, ehe ihm ihr Bann Auge und Hand lähmte.

Voll tiefer Traurigkeit pilgerte er weiter, fand nach mühseliger Wanderung aus dem Land Alt-Troja heraus und kam eines Tages zurück nach Konstantinopel. Hell und blau glänzte der Himmel über der Stadt und dem Meer, auf dem viele große und kleine Schiffe mit bunten Segeln hin und her fuhren.

Er traf seine Söhne und fragte sie: »Habt ihr Wolfdietrich nicht gefunden? Habt ihr nichts von ihm gehört?«

»Nein«, antworteten sie, »er wird wohl tot sein.«

Boge und Wachsmuth empfingen den Herzog, der bei ihrem Vater in so hohen Ehren gestanden, mit falscher Freundlichkeit und versuchten, ihn Wolfdietrich abspenstig zu machen. Doch Berchter blieb standhaft.

»Ehe ich nicht mit meinen eigenen Augen seine Leiche gesehen habe«, sagte er, »werde ich nicht ablassen, ihn zu suchen und ihm die Treue zu halten. Um eures Vaters Hugdietrich willen diene ich euch, doch sobald mein Herr wieder auftaucht, verlasse ich euch und gehe zu ihm über. Lieber mit Wolfdietrich arm und zerlumpt durch die Welt ziehen, als in Glanz und Freuden einem andern dienen!«

Da ergriff die treulosen Brüder heftiger Zorn. Sie ließen den alten Herzog und seine zehn Söhne binden und warfen sie in den tiefen Kerker. –

Während all dies geschah, lief Wolfdietrich in seinem Irrsinn ziellos umher, bis ihn die Kräfte verließen und er weinend zusammenbrach.

Sogleich stand die rauhe Else neben ihm und fragte ihn, ob er sie nun endlich heiraten wolle.

»Ach«, antwortete Wolfdietrich, »wenn du wenigstens getauft wärest, so würde ich's mit dir wohl wagen, nur um endlich wieder zu werden, wie ich war!«

Da wurde die rauhe Else ganz froh und freundlich und sagte:

»Die Taufe, edler Fürst, hab ich längst empfangen, und nun, da du endlich bereit bist, mich zu lieben, darf ich dir mein Geheimnis verraten. Eine böse Stiefmutter hat mich verzaubert, so daß ich in dieser schrecklichen Gestalt umherwandeln muß. Doch wenn mich der beste Mann, den die Erde trägt, zu seiner Gemahlin macht, kann auch ich wieder werden, was ich früher war. Der beste Mann aber bist du, Wolfdietrich.«

Nun verriet sie ihm auch, wie es Herzog Berchter und seinen Söhnen in der Zwischenzeit ergangen war und daß sie alle als Gefangene der treulosen Brüder in Konstantinopel im Kerker schmachteten.

Da seufzte Wolfdietrich schwer. »O Unglück über Unglück!« rief er. »Und nun soll ich zu aller Not auch noch dich heiraten, deren Leib mit rauhem Haar bedeckt ist!«

»Gräm dich nicht deshalb!« sagte die rauhe Else und lächelte. »Wenn du mich freist, geb ich dir dein scharfes Schwert und dein gutes Roß wieder und mach dich zum König von Alt-Troja. Das ist mein Land, und es soll dir dienen.«

Da reichte Wolfdietrich dem wilden Weib die Hand und gelobte ihr Liebe und Treue bis in den Tod. Hierauf führte sie ihn an eine verborgene Bucht am Meeresufer, wo ein Schiff vor Anker lag. Das bestiegen sie und fuhren über die Wogen weit hinüber an die Küste von Alt-Troja, der Heimat der rauhen Else.

Als sie dort gelandet waren, wanderten sie gemeinsam in ein zerklüftetes Gebirge, in dessen Mitte sich ein tiefer Brunnen befand, der aus zwei Quellen gespeist wurde, einer siedend heißen und einer eiskalten.

In diesen Brunnen sprang die rauhe Else, nachdem sie ein Gebet gesprochen hatte, furchtlos hinein.

Als sie wieder emportauchte und aus dem Wasser stieg, war sie ganz und gar verwandelt, und Wolfdietrich staunte, welch wunderschönes Mädchen in langem goldenem Haar plötzlich vor ihm stand.

»Nun bin ich nicht mehr die rauhe Else«, sprach sie, »nun sollst du mich Siegeminne nennen, denn das ist mein wahrer Name. Willst du mich nun immer lieben, Wolfdietrich?«

Da schaute Wolfdietrich traurig an sich herab. Er war während der Zeit seines Irrsinns ganz mißgestaltet und häßlich geworden und obendrein von Dornen zerstochen und zerkratzt. Von dem vielen Kriechen durchs Gestrüpp waren seine Hände wie Tatzen geworden, statt der Nägel hatte er Krallen bekommen, und auch sein Gesicht war nicht mehr so edel und wohlgestalt wie früher, sondern glich eher dem der rauhen Else vor ihrer Verwandlung.

»Wie kann ich dich minnen«, rief er voll tiefen Schmerzes aus, »solang ich selber aussehe wie ein Unhold!«

Da forderte ihn Siegeminne auf, sich gleichfalls mutig in den Brunnen zu stürzen, aus dem heißes und kaltes Wasser sprudelte, und nachdem Wolfdietrich dies getan hatte, kehrte seine alte Schönheit zurück, und die letzten Schatten des Irrsinns wichen aus seiner Seele. Sein Geist war wieder hell und klar, und er umarmte seine herrliche Braut voll Glück und Dankbarkeit.

WOLFDIETRICH GEWINNT KAISER ORTNIT ZUM GESELLEN UND BEZWINGT DEN ALTEN DRASIAN

Obwohl Wolfdietrich nun König von Alt-Troja war und als mächtiger Herr über das Land gebot, vergaß er seinen treuen Herzog Berchter und dessen Söhne nicht. Daß sie zu Konstantinopel in Ketten lagen, beschwerte sein Herz sehr, und er sann darüber nach, wie er sie befreien könnte.

Da fiel ihm der Kaiser Ortnit ein, der in seiner Burg zu Garden über das Reich der Lamparten herrschte und so stark war wie zwölf Männer zusammen. Ihn wollte Wolfdietrich bezwingen und dann als Siegespreis nichts weiter von ihm fordern, als daß er sein Gesell würde und ihm hülfe, sein Reich zurückzuerobern.

Kaiser Ortnit war viele Jahre zuvor auf einer abenteuerlichen Meerfahrt in das Heidenland gefahren und hatte dort dem Fürsten Nachaol, der zu Montabaur über die Reiche Syrien und Jerusalem herrschte, seine Tochter Sidrat entführt. Sidrat war so schön, daß sich die schönsten Frauen des Abendlandes neben ihr ausnahmen wie stumpfes Blei neben lichtem Gold. Nach diesem Abenteuer hatte er sich Bayern und

Schwaben, Toskana und Apulien, Rom und das heilige Jakobsland unterworfen, und all diese Siege hatten ihn so übermütig gemacht, daß er eines Tages beschloß, auch Konstantinopel und Griechenland zu erobern. Zwölf Grafen hatte er zu Hugdietrich, der damals noch lebte, gesandt und ihm Krieg angesagt, falls sich der König von Konstantinopel weigere, ihm einen hohen Tribut zu leisten und Kaiser Ortnits Vorherrschaft anzuerkennen.

Hugdietrich zahlte den geforderten Preis.

Wolfdietrich, der damals noch ein halber Knabe war, hatte den Boten des Kaisers zugerufen: »Das Gold hat euch mein Vater gegeben, um unserem Reich den Frieden zu erhalten. Doch sagt eurem Kaiser, daß ich ihn zum Zweikampf fordern und mit meinem Schwert demütigen werde, wenn ich einmal groß und stark genug geworden bin!«

An diese Worte erinnerte sich Wolfdietrich nun, ließ ein stattliches Schiff ausrüsten und segelte in Begleitung seines Weibes Siegeminne und einer Schar auserlesener Helden nach Garden.

Als sie dort gelandet waren, schlugen sie im Schatten einer breitästigen Linde ihr Lager auf. Das sah Kaiser Ortnit von der Zinne seiner Burg, und er wunderte sich, daß eine Schar fremder Recken es sich ohne Erlaubnis in seinem Land bequem machte, als ob es das ihre wäre.

Sogleich rief er nach seinen Waffen, rüstete sich und schritt kampfbegierig durch das Tor seiner Burg auf die Linde zu.

Ohne ein Wort der Warnung hob er seinen schweren Speerschaft und versetzte damit Wolfdietrich einen wuchtigen Stoß vor die Brust.

»Du weckst mich ungefüge!« rief dieser und sprang auf. »Das ist gegen alle Zucht und gute Sitte — oder kennt man die hierzulande nicht?«

»Ich bin nicht gekommen, um mit dir über Zucht und Sitte zu reden, sondern um dich zum Zweikampf zu fordern. Ich will dich lehren, dich in Kaiser Ortnits Land breitzumachen, ohne vorher um Erlaubnis zu bitten, noch dazu in Waffen. An deiner silbernen Brünne und dem Goldhelm, den du trägst und den ich dir gleich spalten werde, erkenne ich, daß du der Anführer dieser Kumpane bist. Also mach dich fertig, mit mir zu streiten. Doch hüte dich: Ich bin so stark wie zwölf deinesgleichen!«

»Das trifft sich gut«, entgegnete Wolfdietrich und ließ sich die Riemen seiner Rüstung zubinden, »denn ich habe nichts anderes im Sinn gehabt, als Euch zum Zweikampf zu fordern.«

Ehe sie die Klingen kreuzten, forderte Ortnit Wolfdietrich auf, seinen Namen zu nennen, doch Wolfdietrich verweigerte es.

Da meinte Kaiser Ortnit: »Eurem wilden Blick und Euren edlen Gebärden nach könntet Ihr Wolfdietrich von Konstantinopel sein. Ich sah ihn noch nie, doch wünscht' ich mir schon lange, mit ihm zu kämpfen!«

»Dann wehr dich, Kaiser Ortnit«, rief Wolfdietrich und zückte sein Schwert, »der Wolf ist in dein Land eingebrochen, um sich das Gold seines Vaters zu holen, das er dir um des Friedens willen gab. Nun aber sei Krieg zwischen dir und mir, Mann gegen Mann!«

Sie traten einander gegenüber, und der Kampf begann. Keiner der beiden Helden bemerkte, daß die schöne Kaiserin Sidrat, die ihrem Mann heimlich aus der Burg nachgeschlichen war, ihnen aus geringer Entfernung zusah.

Dreimal warf Ortnit Wolfdietrich zu Boden, und dreimal gelang es Wolfdietrich, den Kaiser mit grimmigen Schwerthieben auf die Knie zu zwingen. Als Wolfdietrich zum viertenmal stürzte, glaubte Ortnit schon, er habe den Gegner endgültig besiegt. Doch Wolfdietrich sprang so schnell wieder auf die Beine, daß der Kaiser sich nicht mehr rasch genug decken konnte und, von einem furchtbaren Schwertstreich seines Feindes getroffen, bewußtlos zusammenbrach. Aus Mund und Ohren floß ihm das Blut.

Aufschreiend stürzte Frau Sidrat herzu und warf sich verzweifelt über den am Boden liegenden Gatten.

»Warum wollt Ihr meinen Mann ermorden?« rief sie. »Bringt Wasser!«

Sogleich eilte Wolfdietrich zu einer Quelle in der Nähe, schöpfte Wasser in seinen Helm und brachte es der unglücklichen Kaiserin. Gemeinsam mit Siegeminne, die voll Mitleid herzugeeilt war, gelang es Frau Sidrat, den Gatten wieder aus seiner Ohnmacht zu erwecken.

Die Recken stießen ihre Schwerter in die Scheide zurück und gelobten einander durch Handschlag, sich nie wieder zu befehden, sondern einander stets hilfreich beizustehen.

»Wenn wir zusammenhalten«, sprach Wolfdietrich, »sind wir unüberwindlich. Darum bitte ich dich auch, Freund Ortnit, daß du mein guter Geselle wirst und mir hilfst, mein Erbe zurückzugewinnen. Zwei ungetreue Brüder, Boge und Wachsmuth, haben es mir genommen und überdies Herzog Berchter, meinen alten Waffenmeister, und dessen zehn Söhne in Ketten gelegt. Bist du bereit, mit mir gegen Konstantinopel zu ziehen, meine Brüder zu bestrafen und jene wackeren Helden zu befreien?«

Kaiser Ortnit versprach es mit Freuden und bat Wolfdietrich und Siegeminne, so lange bei ihm zu Gast zu weilen, bis ein großes Heer geworben und ausgerüstet sei. Dann wollten sie gemeinsam nach Griechenland ziehen.

Ein halbes Jahr lang blieben Wolfdietrich und seine Gemahlin bei Ortnit in Garden. Das Heer stand bereit, doch wollte der Kaiser seinen Gästen noch ein Abschiedsfest geben und veranstaltete eine große Jagd. Mit reichem Gefolge, Knappen und Frauen, zogen der Kaiser und Wolfdietrich in den Tann und ließen auf einer anmutigen Lichtung ein prächtiges Zelt für Sidrat und Siegeminne aufschlagen.

Da huschte plötzlich ein Hirsch mit goldschimmerndem Geweih über den Weg, den hatte der Riese Drasian, der ein Auge auf die schöne Siegeminne geworfen hatte, in den Wald gejagt, damit sich die Jäger auf seine Fährte setzten und er indessen ohne Mühe und Gefahr Siegeminne rauben konnte.

Der Plan gelang. Während Wolfdietrich und Ortnit auf ihre Pferde sprangen und dem seltenen Wild nachhetzten, stürzte der Riese zwischen den Stämmen hervor, packte Siegeminne um die Mitte und trug sie, wie sehr sie sich auch sträubte und um Hilfe rief, lachend von hinnen.

Wehklagen und Weinen empfing die Jäger, als sie mit dem erlegten Hirsch aus dem Wald zurückkamen. Sie ließen sich zeigen, in welche Richtung der wilde Drasian davongeeilt war, und machten sich sofort auf die Suche nach ihm, während Frau Sidrat bekümmert in die Burg heimkehrte.

Tagelang blieben die beiden Recken im Forst, suchten Tag und Nacht nach dem Riesen, doch sie fanden ihn nicht. Als die Sonne zum viertenmal über den Bergen aufging, gelangten sie vor die Klause eines Einsiedlers. Dort ließen sie sich nieder und rasteten.

Kaiser Ortnit entschlief. Da stand Wolfdietrich auf und bat den Einsiedler, Herrn Ortnit nicht zu wecken und ihm, wenn er erwachte, auch nicht zu sagen, welchen Weg er genommen habe.

»Sag ihm, er möge in seine Burg zu Frau Sidrat zurückkehren und mich allein den Riesen suchen lassen, der mir so viel Leid angetan hat. Ich will nicht, daß er durch mich in Not gerät, es ist schon genug, daß Berchter und seine Söhne um meinetwillen so viel erdulden müssen.«

Sieben Tage streifte Wolfdietrich durch den Wald, aß Beeren und Wurzeln und löschte seinen Durst an Quellen. Er begegnete niemandem, weder Mensch noch Tier noch dem Riesen Drasian.

An einer hohen Steinwand, die plötzlich vor ihm aufragte, sank er erschöpft zusammen. Aus dem weißen Marmor der Wand, an welcher er ruhte, sprudelte eine Quelle hervor, deren Wasser weiterrieselnd viele edle Kräuter tränkte, die einen herben, belebenden Duft verbreiteten.

Diese Marmorwand gehörte zum Palast des Riesen, in welchem Siegeminne gefangensaß. Sie durfte den wuchtigen Bau nicht verlassen, wohl aber war ihr erlaubt, ihre Dienerinnen vor die Mauer zu schicken, damit sie im Wald Beeren pflückten. Auch von den edlen Kräutern neben der Quelle ließ sie sich gerne dann und wann einige bringen, und auch an diesem Tag schickte sie ihre Magd Frohmut hinab, um welche zu pflücken.

Als die Magd neben der Quelle einen unbekannten Ritter sitzen sah, den sie für einen Pilger hielt, fragte sie ihn, was er hier suche.

»Ach, weiter nichts«, antwortete Wolfdietrich, »nur ein wenig Rast und Ruhe. Doch was suchst du zu so früher Morgenstunde an diesem Quell, schönes Mädchen?«

»Kräuter und Wurzeln für meine Herrin, die noch tausendmal schöner ist als ich.«

»Wie ist denn dein Name?«

»Ich heiße Frohmut, Herr.«

»Das ist ein gar wonniger Name! Wenn du Frohmut heißest, so wird dein Tag auch immer eitel Freude sein.«

»O nein, Herr, an Freude bin ich arm, und auch die anderen Mädchen in diesem Felsenhaus lachen nicht mehr, sondern weinen von früh bis spät, weil unsere arme Herrin morgen mit dem Riesen Hochzeit halten muß. Der wilde Drasian hat sie geraubt und ihr bisher immer wieder eine Frist gewährt. Nun aber hört er nicht mehr auf ihre Bitten, seine Geduld ist zu Ende, morgen muß sie ihn heiraten, obwohl sie ihn verabscheut. Ist das nicht traurig? Sie ist ja schon eines anderen Frau, um den klagt sie Tag und Nacht, doch der Riese läßt sie nicht mehr zu ihrem königlichen Gemahl zurück.«

»Wer ist es denn, um den eure Herrin klagt?«

»Oh, ein Held, den alle kennen: Wolfdietrich von Griechenland — kennt Ihr ihn nicht?«

So plauderten die beiden an der Quelle vor der Mauer, und da Wolfdietrich nun wußte, daß die schöne Gefangene niemand anderer als seine Siegeminne war, zog er einen Ring vom Finger und schenkte ihn der Magd. Dafür sollte sie ihre Herrin bitten, ihm im Palast des Riesen Obdach zu gewähren.

Frohmut versprach es gerne. Als sie mit den Kräutern und Wurzeln zu ihrer Gebieterin zurückkehrte, bemerkte diese sogleich den Ring am Finger der Magd und fragte: »Wer hat dir das gegeben?«

Da erzählte Frohmut, daß sie an der Quelle einen armen Pilger getroffen habe, der um ein Obdach bat.

Ein freudiger Schreck durchzuckte Siegeminnes Herz: Wenn der fremde Pilger ihr Gatte Wolfdietrich wäre? Flugs schob sie einen Schemel unter das vergitterte Fensterchen ihrer Kemenate, stieg hinauf und schaute hinaus. Da sah sie den Wanderer auf den Steinen liegen und erkannte sogleich, daß es Wolfdietrich war.

In diesem Augenblick kam gerade der Riese Drasian zur Tür herein. Siegeminne wandte sich um und sagte ihm, sie wolle sich nicht mehr länger sträuben und frohen Herzens mit ihm Hochzeit halten, wenn er ihr zuvor nur noch eine einzige Bitte erfüllte, nämlich den Pilger dort unten für eine Nacht im Palast zu beherbergen.

Da ging der Riese hinunter und lud Wolfdietrich freundlich in sein Haus, wo in der Halle ein lustiges Feuer brannte.

Drasian bat Wolfdietrich zu Tisch, viele kleine Zwerge, des Riesen Diener, trugen Brot und Wein herbei, und sie aßen.

Nachdem sie sich gestärkt hatten, ließ der Riese Siegeminne hereinrufen, denn er war sehr stolz auf seine schöne Braut und wollte sie dem Fremdling gerne zeigen.

Wolfdietrichs Herz schlug heftig vor lauter Freude, sein geliebtes Weib endlich wiederzusehen, aber nicht minder wild vor Zorn auf den räuberischen Riesen. Und als Drasian nun siegesgewiß zu prahlen anfing, daß er mit der Königin schon am nächsten Tag Hochzeit halten werde, sprang Wolfdietrich plötzlich auf, zog unter dem Mantel sein gutes Schwert hervor und rief:

»Nun merke, mit wem du Brot und Wein teiltest — Wolfdietrich bin ich, dem du diese Frau raubtest. Ich hole mir zurück, was mein ist!«

»Ich habe nichts dagegen«, erwiderte Drasian halb erstaunt, halb belustigt, »und wenn du durchaus mit mir kämpfen und von meiner Hand sterben willst, du kannst es haben!«

Hierauf ließ er drei Panzer bringen: der eine war von Gold, der andere von Silber, der dritte aus verrostetem Eisen.

»Wähle dir einen von diesen Harnischen!« sprach er zu Wolfdietrich, und dieser griff, ohne sich lange zu besinnen, nach dem aus verrostetem Eisen.

Drasian erbleichte. »Wer lenkte deinen Sinn, daß du nach dem unscheinbarsten von allen dreien langtest?« fragte er. »Ich dachte, du würdest mindestens nach dem silbernen oder gar nach dem goldenen greifen. Nun aber hast du den besten, härtesten gewählt. Trotzdem werde ich dich erschlagen und Siegeminne für mich behalten.«

Als sie aber auf den Kampfplatz hinaustraten und die ersten grimmigen Schwertschläge tauschten, erwies es sich, daß der Riese Drasian, dem Wolfdietrich kaum bis zum Gürtel reichte, wohl mächtig zuschlagen, aber sich nicht so flink und wendig wehren und decken konnte wie sein berühmter Gegner, der bald vor-, bald rückwärts sprang, bald zwischen des Riesen Beinen durchschlüpfte und ihm plötzlich von hinten eine tiefe Wunde in die Kniekehle schlug, so daß der Riese umsank.

Kaum hatte er den Boden berührt, als Wolfdietrich auch schon mit einem Satz auf seine Brust sprang und ihn von der Schulter bis zum Gürtel spaltete.

So starb Drasian. Wolfdietrich aber nahm seine befreite Gattin glückselig in die Arme und lief mit ihr aus dem Palast.

Nach fünftägiger beschwerlicher Wanderung gelangten sie zu der Klause des Einsiedlers, wo Wolfdietrich den schlafenden Ortnit verlassen hatte. Dort erfuhren sie, daß der Kaiser inzwischen gestorben war. Der Heidenkönig Nachaol in Montabaur, Frau Sidrats Vater, hatte ihm als Rache dafür, daß er ihm seine schöne Tochter entführt hatte, einen Lindwurm ins Land geschickt, der Gift und Feuer spie. Durch diesen war Herr Ortnit ums Leben gekommen.

Wolfdietrich betrauerte den Freund aufrichtig, doch sollte ihm der Tod bald einen zweiten, noch viel schlimmeren Verlust zufügen: Siegeminne, deren Leib durch die Angst vor dem Riesen und die Mühsal der Reise so geschwächt war, daß sie sich kaum mehr aufrecht halten konnte, siechte dahin und starb bald nach der Rückkehr in die Heimat.

Wolfdietrich weinte drei Tage und drei Nächte an ihrem Sarg, dann ließ er sie unter jenem Münster in Alt-Troja begraben, vor dessen Tor sie einst mit dem Herzog Berchter gesprochen hatte, als sie noch die rauhe Else gewesen war.

»Gott liebt mich nicht«, sagte Wolfdietrich, »er nimmt mir mein Reich, nimmt mir meinen guten Gefährten und läßt mich nun auch noch ohne Siegeminne einsam auf der Erde zurück — wie kann ich ihn versöhnen, wie seine Huld gewinnen?«

In seiner Verzweiflung beschloß er, eine Pilgerfahrt zum Heiligen Grab nach Jerusalem anzutreten und dort für Siegeminnes abgeschiedene Seele zu beten.

»Vielleicht stärkt und erleuchtet mich der Geist des Herrn«, sagte er sich, »daß ich mit neuem Mut darangehen kann, Herzog Berchter und seine Söhne endlich zu befreien!«

Dann nahm er den Pilgerstab zur Hand und wanderte nach Osten, dem Morgenland entgegen.

WOLFDIETRICHS MESSERKAMPF MIT DEM HEIDEN BELIAN

Auf der Heimreise aus dem Heiligen Land hörte Wolfdietrich von einem Heiden namens Belian erzählen, der jeden, der sich in seine Burg begab, zum Zweikampf mit Wurfmessern herausfordere und bisher noch jeden besiegt habe. Die Köpfe seiner getöteten Gegner steckte er auf lange Spieße und pflanzte diese auf den Zinnen rund um seine Burg Falkeneis auf — ein gräßlicher Anblick.

Sogleich entschloß sich Wolfdietrich, diesen Heiden aufzusuchen, ihn zu besiegen und ihn an Stelle Ortnits zu seinem Gesellen im Kampf um sein Reich und um die Befreiung Herzog Berchters zu machen. Er ließ sich genau sagen, wie man zur Burg Falkeneis käme, und begab sich unverzüglich dorthin.

Nach zwölf Tagen erreichte er sie. Rund um die hochragenden Mauern breitete sich eine mächtige, große Wiese aus. Bis zum Horizont war nichts als Gras, so daß die dunkle, große Burg in der Mitte ganz unheimlich anzuschauen war, als ob es nichts auf der Welt gäbe als nur sie allein.

Schon von weitem grüßten den einsamen Reiter die von Rabenschnäbeln blankgeputzten und von der Sonne gebleichten Totenschädel, fünfhundert an der Zahl, einer dicht neben dem anderen.

Wolfdietrich schreckte der Anblick nicht, mutig ritt er auf die Burg zu. Er dachte: Um meine elf lieben Gefährten endlich aus dem Kerker zu befreien, ist mir kein Opfer zu groß, kein Abenteuer zu gefährlich.

Von einem Fenster der Burg aus sahen Belian und seine schöne Tochter, die eine große Zauberin war, den fremden Ritter im Pilgerkleid herankommen, und da er der Jungfrau auf den ersten Blick wohlgefiel, bat sie ihren Vater, den Gast doch freundlich aufzunehmen, was ihr Belian auch versprach. Er ging hinab, schwang sich auf sein Pferd und ritt dem Helden entgegen, gefolgt von einem Trupp heidnischer Krieger, die breite Krummschwerter und runde Schilde führten.

»Seid mir willkommen, Pilgersmann«, rief er, »obgleich Ihr ein Christ seid, will ich Euch doch in Ehren aufnehmen und als Gast bewirten.«

Dann geleitete er ihn durch das Tor in die Burg. Dort war der Tisch köstlich gedeckt und bestellt, und Belians Tochter saß neben Wolfdietrich und wartete ihm auf.

Als jedoch das Mahl beendet war, erhob sich der Wirt plötzlich und sagte:

»Ich kann es Euch doch nicht erlassen, werter Gast, mit mir zu kämpfen. Ich ließ noch keinen von hinnen, den ich nicht, wie es bei mir Sitte ist, zum Zweikampf gefordert hätte — Ihr müßt mit mir Messer werfen!«

Da wurde die Jungfrau böse. »Was habt Ihr mir versprochen, Vater?« rief sie. »Schont diesen Gast, er ist mir lieb! Eher würde ich die Taufe nehmen, als ihn von Euren Messern durchbohrt zu sehen!«

»Wenn das so ist«, sagte Belian, »mag er seinen Frieden haben.« Und zu Wolfdietrich gewendet, fuhr er fort: »Höre, Christ, wenn du meine Tochter minnen willst, so ist die Burg mit allen Schätzen, die in ihr sind, und mit allem Land, das um sie ist, dein. Willst du einer der Unseren werden?«

Wolfdietrich dachte: Bin ich deshalb nach Jerusalem gepilgert, um jetzt auf dem Rückweg eine Heidentochter zu freien? Nein, lieber werfe ich mit Messern um mein Leben!

Er schwieg also auf Belians Frage, was diesen so erzürnte, daß er dem Gast sogleich einen vergifteten Schlaftrunk kredenzen ließ.

Doch die Jungfrau durchschaute seine Absicht und schlug Wolfdietrich den Becher vor dem Mund weg, daß er zu Boden fiel, denn sie wollte von dem Helden nicht lassen und hoffte im stillen, seinen Sinn wandeln zu können.

Als es nun Nacht geworden war, schlich sie in die Kammer, die Wolfdietrich angewiesen worden war, und weckte ihn aus dem Schlaf.

»Seid Ihr Wolfdietrich?« fragte sie.

»Warum willst du das wissen?« fragte der Gast dagegen.

»Weil er der einzige ist, der meinen Vater besiegen könnte«, antwortete die Jungfrau.

»Nein«, log Wolfdietrich, dem Vorsicht am Platze schien, »ich bin König Pilgrim von Alt-Troja.«

»Mein Vater ist ein wilder Mann«, sagte die Maid traurig, »er wird Euch morgen sicherlich wieder zum Zweikampf fordern. Doch wenn Ihr mein Gemahl werden wolltet, so wird er es Euch erlassen, und wir könnten hier auf der Burg Falkeneis in Freuden leben.«

»Ach, Jungfrau«, entgegnete Wolfdietrich, »ich entginge dem Kampf ja gerne, und ich sehe auch, wie schön Ihr seid. Doch Ihr wißt ja selbst, daß ich ein Christ bin, wie könnte ich mich da mit Euch verbinden?«

»Schwört Eurem Gott ab«, flehte die Maid, »und betet Mahomet an, unseren Herrn!«

Da sprang Wolfdietrich zornig vom Lager und rief: »Ich kenne nur *einen* Herrn: der am Kreuz für uns alle sein Leben ließ und nach drei Tagen wiederauferstand, auch für dich — wie könnte ich ihn jemals verraten? Lieber sollen mich hundert Messer durchbohren!«

»So magst du sterben und sterbend erkennen, welcher Gott stärker ist: Mahomet oder der deine!« rief Belians Tochter drohend und entwich.

Am andern Tag, als die Sonne aufging, war Belian schon zur Stelle und forderte Wolfdietrich zum Zweikampf.

»Du hast meine Tochter verschmäht«, rief er, »und hast dich geweigert, den Gott der Heiden anzubeten — dafür mußt du jetzt mit mir Messer werfen. Ein Platz auf der Zinne ist gerade noch frei, dort werde ich noch in dieser Stunde dein blutendes Haupt aufpfählen!«

Wolfdietrich erwiderte nichts, betete still und stellte sich dem Heiden.

Belian ließ zwei Fußschemel und sechs Messer kommen, drei für sich, drei für seinen Gast. Die beiden Schemel wurden in einiger Entfernung voneinander aufgestellt. Auf ihnen mußten die Kämpfenden stehen, und es war nicht erlaubt, mit dem Fuß den Erdboden zu berühren. Rundum standen die Heidenkrieger mit ihren Krummschwertern und Schilden und schauten zu. Einer von ihnen hielt schon den Spieß bereit, auf welchen ihr Herr Wolfdietrichs Haupt stecken wollte. Niemand zweifelte an seinem Sieg, denn er war ein unerreichter Meister in seiner gefährlichen Kunst.

Im bloßen Hemd standen Belian und Wolfdietrich einander gegenüber, so wollten es die Regeln des Kampfes. Nur mit dem Schild durfte sich der Beworfene schützen.

»Es ist hierzulande der Brauch, daß der Wirt beginnt«, rief Belian und hob schon das erste Messer. »Wahr deinen Scheitel, ihm gilt mein erster Wurf!«

Das Messer flog pfeilschnell durch die Luft, aber Wolfdietrich duckte sich um eines Wimpernzuckens Länge schneller, und die scharfe Klinge schnitt ihm nur ein paar Locken ab.

»Mahomet, hilf, wie du immer geholfen!« rief Belian. »Der erste Wurf ging fehl, der zweite muß treffen!«

Er hob das zweite Messer empor und rief: »Nun, Christ, gib acht auf deine Füße — ihnen gilt mein Wurf, ich sag dir's zuvor!«

Das zweite Messer zischte mit Blitzesschnelle heran, aber schneller als der Blitz sprang Wolfdietrich mit beiden Füßen zugleich von seinem Schemel auf, die tödliche Wurfwaffe sauste unter ihm hindurch und blieb knapp hinter dem Schemel im Boden stecken.

»Wer lehrte dich diesen Sprung?« fragte der Heide, außer sich vor Entsetzen, daß ihm nur mehr ein Wurf verblieb. »Diesen Sprung kann auf der weiten Erde nur einer: Herzog Berchter von Meran, den ich einst kannte. Kennst du ihn auch? Bist du am Ende sein Schüler? Bist du — Wolfdietrich?«

Als der Held den teuren Namen Berchters an diesem Ort nennen hörte, krampfte sich sein Herz vor Weh zusammen. Doch im selben Augenblick verdoppelte sich auch sein Mut und sein Grimm gegen den hochmütigen Heiden. Mit Mühe dämpfte er seine Stimme und sagte:

»Nein, ich heiße Pilgrim und bin König von Alt-Troja. Doch nun werft endlich Euer letztes Messer, damit ich auch drankomme, ich brenne darauf, Euch zu besiegen und das Haupt des Burgherrn selber neben die fünfhundert Schädel da oben hinzupflanzen!«

Da rief Belian wiederum laut zu Mahomet um Hilfe, und in diesem Augenblick wurde ein Bein von Wolfdietrichs Schemel locker, so daß er plötzlich wackelte und der Held beinahe herabgefallen wäre.

Belian frohlockte. »Sieh nur, wie mein Gott mir beisteht und wie der deine dich betrügt!« rief er. »Mein ist der Sieg — wahre dein Herz!« Im nächsten Augenblick flog das dritte Messer heran, genau auf Wolfdietrichs Herz zu.

Doch Herzog Berchters Zögling bog sich mit Gedankenschnelle zur Seite und hob den linken Arm.

Da flitzte das Messer an ihm vorbei und bohrte sich weit hinter dem Schemel in den Sand.

Nun verzweifelte der Heide an seinem Leben. »Warum hast du ihm den Becher aus der Hand geschlagen!« rief er zu seiner Tochter hinauf, die vom Erker ihrer Kemenate zuschaute. »Hätte er das Gift getrunken, so wäre ich gerettet: nun sterbe ich durch deine Schuld!«

Er bat Wolfdietrich jämmerlich, ihn doch zu schonen, er wollte ihm sein Reich, ja den halben Himmel Mahomets samt allen dienstbaren Dämonen und Gespenstern schenken und die Hand der Tochter samt ihrer Zaubermacht dazu, wenn er ihn nur am Leben ließe.

Aber Wolfdietrich schüttelte den Kopf und sagte: »Du hast mich gefordert, Mann gegen Mann, nun sei es auch Mann gegen Mann ausgetragen. Nimm deinen Schild auf und ertrage auch du die drei Würfe, die ich dir jetzt zeigen werde!«

Damit hob er das erste Messer und rief: »Wahre deinen rechten Fuß und dein linkes Auge, mein erster Wurf gilt ihnen beiden!«

Da wußte Belian nicht, wo er seinen Schild zuerst gebrauchen sollte, unten oder oben. Doch da ihm Wolfdietrich fest ins Auge blickte, während er das Messer hob, meinte er, dieses schützen zu müssen, und hob den Schild vors Gesicht.

Wolfdietrich aber hatte bei Meister Berchter die Kunst gelernt, den Gegner zu täuschen: er schaute aufs Auge und zielte dennoch auf den Fuß.

Zischend sauste das Messer aus seiner Hand und heftete dem Heiden den Fuß gleich wie ein Nagel an den Schemel.

Belian heulte auf, aber da hob Wolfdietrich schon das zweite Messer und rief:

»Euer Mahomet schläft — wahr deinen Scheitel!«

Wieder hob der Heide den Schild vor den Kopf, aber Wolfdietrich warf mit solcher Gewalt, daß die Klinge den Schildrand durchschlug und Belian die Stirn spaltete.

»Nun sollst du erfahren, wer ich bin, hochfahrender Götzenknecht, dein letztes Stündlein hat geschlagen — ich bin Wolfdietrich von Griechenland, und nun wahre dein Herz, denn dein Mahomet ist tot!«

Damit hob der Held das dritte Messer, und abermals durchschlug es den Schild Belians und fuhr diesem mitten durch die Brust, daß er tot vom Schemel sank.

Voll Wut stürzten sich die heidnischen Recken von allen Seiten auf Wolfdietrich, der aber zog sein Schwert und teilte so gewaltige Schläge aus, daß sie bald von ihm abließen und auseinanderstoben.

Schnell sprang er von dem wackelnden Schemel herab, lief zu seinem Pferd, band es los und schwang sich hinauf.

Doch er kam nicht weit, denn als er durchs Tor sprengte, sah er, daß die Burg von einem wildschäumenden Meer umgeben war, dessen Wogen die Mauern umbrandeten. Belians Tochter hatte aus Gram über den Tod des Vaters und aus Haß gegen den Gast, der sie verschmähte, diesen Zauber bewirkt.

Mit knapper Not konnte Wolfdietrich das Pferd zurückreißen. Da stand plötzlich die schöne Zauberin neben ihm unterm Tor und rief zu ihm empor: »Verfluchter Christenhund, nun stirb in der Burg oder stirb im Wasser!«

Blitzschnell beugte sich Wolfdietrich hinab, faßte die Hexe am Gürtel und hob sie zu sich in den Sattel. Mit eisernem Griff preßte er sie an sich und gab dem Pferd die Sporen. So wollte er die Zauberin bestrafen und mit ihr in den tobenden Fluten zugrunde gehen.

Doch kaum hatte das Pferd den ersten verzweifelten Schritt in das Wasser getan, als sich unter seinen Hufen plötzlich eine gläserne Brücke aus dem Meer hob und sich wie ein Regenbogen durch den Himmel spannte.

Sie ritten auf dieser Brücke, die zu einem fernen Festland zu führen schien, hinan. Doch als sie auf dem höchsten Punkte angelangt waren, sagte die Jungfrau schmeichelnd und fügsam: »Du siehst, ich will dich retten, weil ich dich trotz allem, was du mir angetan, immer noch liebe. Nun lockere deinen harten Griff, damit ich ein wenig Atem schöpfen kann.«

Wolfdietrich traute ihr und erfüllte ihr Begehren. Doch da verwandelte sie sich jäh in eine Elster und flog aus seinen Armen fort und zur Burg zurück. Dort stand sie sogleich wieder in ihrer wahren Gestalt auf der Zinne und rief: »Nun bist du des Todes! Versinke, versinke!«

Bei diesen beschwörenden Worten begann die gläserne Brücke langsam ins Meer zu sinken, so daß ihre beiden Enden von der Flut umspült waren und Wolfdietrich weder vor noch zurück reiten konnte.

Da befahl er sein Herz dem Gott der Christen, riß sein Pferd mit jähem Ruck seitlich und sprang von der Brücke in die brausende Tiefe.

Doch statt ins Meer zu fallen, fand er sich plötzlich, ruhig auf seinem Pferd sitzend, inmitten einer blühenden Heide. Weder ihm noch seinem Pferd war auch nur ein Härchen gekrümmt.

Aber noch hatte Belians böse Tochter ihre Zaubergewalt über ihn nicht verloren. Sie ließ vor ihm einen brennenden Wald aus dem Boden schießen, vor dessen Geprassel und Hitze das Pferd scheute. Mit Windeseile kam der Brand auf Wolfdietrich zu. Doch als er sein Pferd wendete, um nach der anderen Richtung zu entfliehen, schlug ihm auch von dort her sengende Glut ins Gesicht. Er war vom Feuer eingeschlossen.

Da faßte er sich abermals ein Herz, rief laut Christi Namen und ritt, den Schild vor Brust und Antlitz haltend, unverzagt mitten in die Glut. Sein Pferd wieherte vor Todesangst und sank in die Knie, aber der Held zwang es, wieder aufzustehen, und trieb es weiter.

»Hat Gott mich den Belian bestehen lassen und mich glücklich vor dem Wassertod bewahrt, so wird er mich auch in dieser letzten Not nicht verlassen«, sagte er laut — und im selben Augenblick sanken die Flammen, und der Spuk war zu Ende.

WOLFDIETRICH RÄCHT ORTNIT, GEWINNT DIE SCHÖNE SIDRAT UND KEHRT IN SEIN REICH ZURÜCK

Nun ritt Wolfdietrich wieder aus Belians Reich hinaus. Dieser Heide, dachte er, wäre doch nicht der richtige Gefährte gewesen, mit mir in Konstantinopel um Herzog Berchters Freiheit zu kämpfen — ach, was für ein guter Geselle war doch Kaiser Ortnit, wie sehr schmerzt mich sein allzu früher Tod!

Da fiel Wolfdietrich ein, daß er damals bei jenem Klausner, von welchem er Ortnits Tod erfahren hatte, sich gar nicht näher danach erkundigt hatte, wie das mit dem Drachen zugegangen war. Zu sehr war er um Siegeminne besorgt, zu eilig hatte er es, mit ihr, die schon kränkelte, noch rechtzeitig in die Heimat, nach Alt-Troja, zu gelangen.

Nun reute es ihn, daß er sich um den toten Freund so wenig bekümmert und noch nicht versucht hatte, seinen Tod zu rächen. Er beschloß also, den alten Einsiedler wieder aufzusuchen, und gelangte nach zwölftägigem, beschwerlichem Ritt nach Garden.

Er nahm den Weg ins Waldgebiet, erreichte die Klause und traf den Einsiedler noch am Leben. Er ließ sich bei ihm nieder und bat ihn: »Erzählt mir doch, ehrwürdiger Freund, wie es zuging, daß Kaiser Ortnit, mein lieber Gesell, der doch Zwölfmännerstärke hatte, ums Leben kommen mußte.«

»Das will ich gerne tun«, sagte der Einsiedler und begann. »Der Heidenkönig Nachaol in Montabaur, dem Ortnit die schöne Sidrat entführt hatte, sandte eines Tages einen Mann namens Rütze zu Kaiser Ortnit in die Burg, der brachte ihm zwei mächtige Eier als Geschenk und sagte: ›Mein Herr schickt Euch dies zum Zeichen seiner Huld. Längst hat er Euch den Raub seiner Tochter verziehen. Nehmt die Gabe an, sie ist sehr kostbar. Aus dem einen Ei wird eine Abrahamskröte auskriechen, ein Tier, das Euch in seinem Maul die kostbarsten Schätze herbeischleppt, aus dem anderen ein Elefant, ein Wundertier, wie Ihr noch keins gesehen habt. Doch müssen beide Eier hoch im Gebirge von der Sonne ausgebrütet werden, und wenn Ihr gestattet, so will ich selbst der Wärter sein, bis die Tiere ausgekrochen und herangewachsen sind.‹

So sprach der falsche Rütze, und der arglose Kaiser willigte ein. Nun ging der Mann in die Berge, suchte eine versteckte Höhle und legte die Eier, die jedes größer waren als ein Männerhaupt, davor in die Sonne. Es dauerte nicht lange, so krochen zwei Drachen aus, die im Anfang noch ungefährlich waren und wenig Schaden anrichteten. Rütze nährte sie gut, indem er ihnen allerlei selbsterlegtes Waldgetier vorwarf. Doch als sie bereits so groß waren, daß sie sich auf ihren schuppigen Flügeln in die Lüfte erheben und mit ihren Krallentatzen selber Beute holen konnten, verließ er schleunigst das Land.

Die Drachen wurden immer größer. Sie fraßen nicht nur Hirsche und Rehe, sondern brachen auch in Schaf- und Rinderherden ein, entführten auch manchen Hirten und Bauern durch die Luft in ihre Höhle, wo sie ihn ihren Jungen zum Fraß gaben.

Das ganze Land seufzte unter dieser Plage, und just um die Zeit, da Ihr, werter Herr, den schlafenden Kaiser hier bei mir zurückließet, um allein nach Eurer Gattin zu forschen, trieben es die Untiere am ärgsten. Darum machte sich der Kaiser auf und durchstreifte, sein gutes Schwert namens Rose in der Faust, den Wald, nur von einem Bracken begleitet. Ermüdet vom vielen Suchen, legte er sich ins Moos, um ein wenig zu ruhen, entschlief aber sogleich. Kaum war er eingeschlafen, so flog einer der Drachen heran, und wie sehr der Hund auch seinen Herrn durch Kratzen und Beißen zu wecken versuchte, es gelang ihm nicht, und der Drache verschlang den Kaiser bis an die Sporen. In der Höhle spie er ihn dann wieder aus, und seine Jungen werden ihn wohl gefressen haben.

Verzweifelt war Ortnits treuer Hund in die Burg zurückgekehrt, und Frau Sidrat wußte wohl, was sein klägliches Jaulen und Winseln zu bedeuten habe: Ihr lieber Gemahl war tot. Der Hund gab durch allerlei aufgeregte Gebärden zu verstehen, daß er einen Mann auf seines Herrn Spur bringen wolle, doch als sich einer der mutigsten Ritter aufmachte und ihm folgte, faßte ihn beim Anblick der blutbespritzten riesigen Fährte der Drachen solches Grauen, daß er sein Pferd wendete und davonritt.

Seither hat sich wohl schon mancher Held, der mutiger war als dieser eine, bereit gefunden, Herrn Ortnit zu rächen. Sonderlich seit Frau Sidrat demjenigen, der die Tat vollbringen würde, Hand und Krone angeboten hat, versuchten es die Besten immer wieder, die zwei Drachen zu töten. Aber keinem gelang es bisher, kaum einer kehrte von der gefährlichen Fahrt zurück, und die Ungetüme sind nach wie vor der Schrecken des Landes.«

Dies erzählte der alte Einsiedler. Wolfdietrich sprang auf und rief: »Und wenn es mein Leben kostete, ich muß Kaiser Ortnit rächen! Könnt Ihr mir den Weg zur Drachenhöhle weisen?«

Der Einsiedler nickte und beschrieb dem Helden ganz genau, wie er die Untiere finden könnte. Wolfdietrich ritt unverzüglich dahin.

Als er in die Mitte des Waldes gelangt war, sah er mit einemmal die breite glatte Felswand vor sich aufragen, von welcher ihm der Einsiedler erzählt hatte. Mitten in dieser Felswand, die nur für geübte Kletterer ersteigbar war, befand sich der Eingang in die Drachenhöhle.

Wolfdietrich stieg ab, zog sein Schwert und rief hinauf:

»He, du Wurm! Bist du drin, so komm heraus — hier wartet einer, der den Kaiser Ortnit rächen will!«

Die Drachen waren beide nicht in der Höhle, weil sie im Wald Fraß für ihre Jungen suchten. Also wartete Wolfdietrich.

Nicht lange, da kamen sie auch schon herangeflogen und ließen sich gräßlich brüllend und fauchend dicht vor ihm nieder. Sein Pferd bäumte sich hoch auf, es zitterte am ganzen Leib, riß sich los und floh.

Wolfdietrich griff die beiden Drachen an. Die Hornhaut der Ungeheuer, von denen jedes vierundzwanzig Ellen maß, glänzte wie Glas. Bis zum sinkenden Abend währte der Kampf, ohne daß es Wolfdietrich gelungen wäre, einen der beiden zu verwunden. Immer mehr erlahmten seine Kräfte, immer schwerer fiel es ihm, die vom Pesthauch der Untiere vergiftete Luft zu atmen. Als er mit letzter Kraft sein Schwert

hob und es auf einen der beiden schuppigen Schädel niedersausen ließ, zersprang es in drei Stücke. Nun war er völlig wehrlos.

Da packte ihn ein Drache am Gurt und flog mit ihm zur Höhle hinauf, wo er ihn mitten unter seine Brut warf.

Wolfdietrich schwanden die Sinne. Als er aus seiner Ohnmacht erwachte, wußte er zuerst gar nicht, wo er sich befand. Doch die schuppigen Leiber der jungen Drachen, die sich unter ihm hindurch- und über ihn hinwegwälzten, belehrten ihn sehr bald über den Ort.

Die alten Drachen waren zum Wald zurückgeflogen, um Wolfdietrichs Pferd zu suchen. So hatte der Held Muße, sich umzusehen.

Er war noch unverwundet, die jungen Drachen konnten die harten

Ringe seines Panzers nicht durchbeißen. Mühsam schleppte er sich in den Hintergrund der Höhle, wo er unter vielen menschlichen Skeletten auch das Kaiser Ortnits fand. Er erkannte es an einem schweren Goldring, der sich noch an der knöchernen Hand befand. Er zog ihn ab und steckte ihn sich an.

Plötzlich entfuhr Wolfdietrichs Lippen ein Aufschrei der Freude: er hatte neben den Gebeinen des Kaisers dessen Schwert Rose entdeckt. Glücklich über den willkommenen Fund, zog er es aus der Scheide, und die herrliche, berühmte Klinge funkelte so stark, daß die finstere Höhle mit einem Male ganz hell war.

Sogleich stürzte er sich auf die schuppige Drachenbrut, die da, zu einem eklen Knäuel verschlungen, träge ruhte und ihren Fraß verdaute, und schlug eins nach dem anderen der Jungen tot.

»Hilf, Himmel, daß ich mit solchen Schlägen bald auch meine elf Getreuen erlöse!« rief er dabei aus.

Als dies vollbracht war, begab er sich zum Ausgang der Höhle und kletterte die Felswand hinab. An ihrem Fuß fand er die alten Drachen. Sie hatten sein Pferd gefunden und aufgefressen und lagen in tiefem Schlaf. Leise schlich er sich an sie heran, spähte nach einer günstigen Stelle an den Weichen und bohrte dort zuerst dem einen, dann dem anderen Ungeheuer das Schwert ins Eingeweide.

Wohl richteten sich die Getroffenen auf und schlugen mit den mächtigen Schwänzen um sich. Aber bald wälzten sie sich zur Seite, streckten die Tatzen aus und waren tot.

Noch einmal kletterte Wolfdietrich zurück in die Höhle. Er schnitt den jungen Drachen allen die Zungen aus dem Maul und band sie in ein Tuch. Dann nahm er die Gebeine Ortnits an sich, stieg mit ihnen wieder hinab vor den Felsen und begrub sie dort. Er wälzte einen schweren Stein über die Stelle, schlug mit dem Schwert Rose eine Inschrift hinein, schnitt auch noch den beiden alten Drachen die Zungen aus und machte sich zu Fuß auf den Weg zur Burg Garden. Er wollte Frau Sidrat, Kaiser Ortnits schöne Witwe, besuchen.

Gerade um diese Zeit war wieder einmal ein wagemutiger Recke unterwegs, der gerne Sidrats Hand gewonnen und Ortnits reiches Erbe angetreten hätte. Es war Graf Wildung von Piterne. Er kam wenige Stunden nach Wolfdietrich zu der Drachenhöhle, und als er sah, daß seine Arbeit schon ein anderer geleistet hatte, freute er sich, erschrak aber zugleich auch.

»Hier ist mir einer zuvorgekommen«, sagte er, »doch er wußte wohl nichts von dem köstlichen Lohn, der für die Tat ausgesetzt ist. Also will ich die Früchte seines Kampfes ernten.«

Kurz entschlossen schnitt er den beiden alten Drachen die Köpfe ab, kletterte dann in die Höhle und tat bei den Jungen dasselbe.

Wer wird mich als Lügner entlarven? dachte er bei sich. Nicht einmal der wirkliche Drachentöter kann etwas gegen mich unternehmen! Mit diesen Trophäen in der Hand muß mir Frau Sidrat Glauben schenken und mich zum Herrn über ihr Reich machen.

Er band die Drachenköpfe zusammen und zog sie an einem Seil, das er am Sattel seines Pferdes befestigt hatte, hinter sich her.

Die Kunde von seiner Heldentat verbreitete sich mit Windeseile, und Frau Sidrat, der man das Nahen des Drachentöters meldete, ließ sogleich alles zu einem festlichen Empfang rüsten.

»Endlich kommt der, der meinen lieben Ortnit gerächt hat«, sagte sie, »ihm gebührt der Ehrenplatz an meiner Seite, ihm auch mein Herz und meine Hand. Gebe Gott, daß der Graf ein Mann ist, stark genug, um die unbotmäßigen Fürsten, die mir seit des Kaisers Tod so viel Sorge bereiten, zu zähmen und das Reich der Lamparten wieder aufzurichten!«

Graf Wildung von Piterne zog, vom Volk bestaunt und von der

Ritterschaft beneidet, in die Burg ein. Alles lief herzu, um die schrecklichen Drachenhäupter gruselnd zu betrachten und zu befühlen.

Alsbald trug man die Köpfe der Untiere in den Saal und stellte sie auf einem langen Eichentisch zur Schau, während Frau Sidrat den Helden mit einem Kuß begrüßte und ihn einlud, neben ihr Platz zu nehmen. Knappen brachten einen Lorbeerkranz, den setzte die Kaiserin dem Sieger mit eigener Hand aufs Haupt. Dann begann das Festmahl.

Als dieses gerade im besten Gang war und das Schloß vom fröhlichen Lärm der Gäste, von Hoch- und Heilrufen und schmetternder Musik widerhallte und Frau Sidrat gerade mit ihren treuesten Räten den Tag der Hochzeit festsetzen wollte, erschien plötzlich ein Mann in Pilgertracht ehrerbietig vor der Kaiserin, beugte ein Knie und bat um einen Labetrunk.

Sidrat winkte einem Mundschenken und ließ dem unbekannten Pilger einen Becher Wein reichen. Der Mann leerte ihn, doch ehe er ihn zurückgab, ließ er einen Ring hineinfallen, daß der Becher hell erklang wie eine Glocke.

»Bring das der Kaiserin«, sagte der Pilger, und der Mundschenk gehorchte verwundert.

Frau Sidrat nahm den Becher und schaute hinein. Da glänzte ihr Ortnits goldener Ring entgegen. Überrascht erhob sie sich und fragte den Pilgersmann: »Wo hast du dieses Kleinod gefunden?«

»In der Drachenhöhle bei den Gebeinen Kaiser Ortnits, dessen Tod ich heute gerächt habe«, antwortete der Pilger.

»Wie willst du meines Gatten Tod gerächt haben?«

»Ich erschlug die Drachen samt ihrer Brut«, sagte der Fremde gelassen.

»Du rühmst dich der Tat eines anderen«, entgegnete ihm Frau Sidrat. »Die Ungetüme besiegte Graf Wildung, der hier an meiner Seite sitzt und dem ich in wenigen Tagen die Hand zum Bund reichen werde.«

»Hat der Graf die Drachen erschlagen, so soll er es auch beweisen«, rief der Pilger.

Über diese freche Rede geriet Graf Wildung in heftigen Zorn. »Was will dieser Bettler?« rief er. »Wie kommt ein Held dazu, daß er sich schmähen und die Tat seines Schwertes bezweifeln lassen soll? Dort liegen meine Beweise!« Und der Graf wies mit ausgestrecktem Finger auf den langen Eichentisch, auf dem in Reih und Glied die Drachenköpfe lagen.

»Ich zweifle nicht an der Tat Eures Schwertes«, erwiderte der fremde Pilger höhnisch. »Ihr habt den Drachen mutig die Köpfe vom Rumpf geschnitten. Gekämpft habt Ihr mit ihnen nicht!«

Nun entstand ein Tumult im Saal. Alle Ritter und Knappen sprangen auf und forderten von dem Fremdling, er solle seinerseits Beweise für seine ungeheuerliche Behauptung erbringen, sonst würde man ihn mit Schimpf und Schande zum Galgen führen.

»So öffnet den Drachen die Mäuler«, sagte der Pilger. »Ich habe noch nie gehört oder gesehen, daß Drachen keine Zungen haben, Graf Wildung ist der erste, der so seltsame Tiere erlegt hat!«

Man riß die Rachen der Untiere auf, und siehe da, in keinem einzigen fand sich eine Zunge. Der Pilger aber öffnete lächelnd das Bündel, das er in der Hand trug, und zog die fehlenden Zungen daraus hervor.

»Seht Ihr nun, wem Ihr beinahe die Hand zum Bund gereicht und Ortnits Land anvertraut hättet?« rief er Frau Sidrat zu. »Einem Lügner und Betrüger!«

Mit diesen Worten schlug der Pilger die Kapuze zurück, streifte die Kutte ab und stand in voller Rüstung vor Sidrat und ihrem Hof. An seiner Seite glänzte Kaiser Ortnits Schwert Rose.

»Wolfdietrich!« rief Frau Sidrat. Sie hatte den Freund aus glücklichen Tagen wiedererkannt und streckte ihm nun beide Hände entgegen, indes Graf Wildung eilig aus dem Saal strebte und das Weite suchte. Gelächter und ein ganzer Schwarm von Spottworten folgten ihm.

Wolfdietrich aber saß nun an seinem Platz. Schon am anderen Tag feierte er mit Sidrat Hochzeit und wurde Kaiser Ortnits gekrönter Nachfolger. Er herrschte mächtig über das Lampartenreich, und niemand wagte es, sich seinem Wort zu widersetzen. Abtrünnige Herzoge und Grafen kehrten reumütig zurück und nahmen ihre Länder aus Wolfdietrichs Hand erneut zu Lehen. So war Frau Sidrats sehnlichster Wunsch, das Reich ihres Gatten wieder in alter Größe und mit Glanz erstehen zu sehen, in Erfüllung gegangen.

Über all diesen Erfolgen vergaß Wolfdietrich den getreuen Herzog Berchter und dessen Söhne nicht. Er bot ein starkes Heer auf, stellte sich an seine Spitze und landete mit ihm nach glücklicher Meerfahrt an den Gestaden seines angestammten Reiches.

»Wartet hier und haltet euch bereit«, sagte er zu den Kriegern. »Ich will allein nach Konstantinopel gehn und erkunden, wie es meinen elf Getreuen geht. Vernehmt ihr den Ton meines Horns, so brecht auf und eilt mir zu Hilfe!«

Wieder zog er das Pilgerkleid, in welchem er vor Frau Sidrat erschienen war, über den Harnisch und ging seines Weges.

Er erreichte die Stadt bei einbrechender Nacht. Am Burggraben angelangt, blickte er sich suchend um, weil er nicht wußte, durch welche Pforte er eintreten sollte. Da hörte er plötzlich über sich weinende Stimmen, und als er nach oben blickte, sah er auf der Mauer zehn männliche Gestalten stehen, zu zweien aneinandergefesselt.

»Ihr Kettenträger!« rief er, die Hände an den Mund haltend, »was klagt und weint ihr so bitterlich?«

»Wir klagen und weinen um Wolfdietrich«, antworteten die Männer. »Lange Jahre sind verflossen, seit wir ihn zuletzt gesehen — wo in aller Welt mag er weilen?«

»Was gebt ihr dem, der euch Wolfdietrich hierher brächte?«

»Wir sind arme Gefangene, was hätten wir zu geben?« riefen die Männer auf der Zinne. »Doch wenn Ihr unseren Herrn kennt, so sprecht! Habt Ihr ihn gesehen?«

»Ja, ich kenne ihn gut«, antwortete der Pilger in der Tiefe. »Wolfdietrich lebt. Er ist König von Alt-Troja und Kaiser des Lampartenlandes geworden. Er herrscht über viele Völker und hat euch in seinem Glück längst vergessen.«

»Du lügst!« rief der älteste Gefangene herab. »Wolfdietrich ist entweder tot oder in ebenso großer Not wie wir, sonst hätte er uns schon längst befreit, oder er wäre gekommen, um mit uns zu sterben!«

Da trat Wolfdietrich aus dem Schatten der Mauer in den vollen Schein des Mondes, zog sein Pilgerkleid aus und sagte mit starker Stimme: »Seht her, ich bin's — er steht vor euch, auf den ihr so lang gewartet habt.«

Da hoben die zehn Recken auf der Mauer die Hände zum Himmel, daß die Ketten an den Gelenken klirrten, und flehten zu Gott. Davon schossen ihnen solche Kräfte ein, daß sie die Fesseln mit einem Ruck zerreißen konnten und nacheinander, Jubel und Freude im Herzen, von der Mauer herab in den Burggraben sprangen.

Wolfdietrich küßte einen jeden von ihnen, dann fragte er: »Ihr wart doch elf, jetzt seid ihr nur zehn — wo ist Berchter, euer Vater?«

»Ihn brachte die Sehnsucht um, er konnte Eure Heimkehr nicht mehr erwarten. Der Gram zog ihn ins Grab.«

So sprachen die zehn Söhne und führten Wolfdietrich an die Stelle, wo Herzog Berchter in der Erde ruhte. Am Grab angelangt, faltete Wolfdietrich die Hände und bat Gott, er möge ihn noch einmal, nur ein einziges Mal noch die Stimme seines Freundes hören lassen.

Da erfüllte Gott seine Bitte, und aus der Tiefe drang Berchters vertraute Stimme, die sprach:

»Wolfdietrich, mein König, meines Herzens Trost, sei willkommen! Nun ruhe ich freudig bis ans Ende der Tage, weil ich noch einmal deinen Schritt und dein Wort gehört habe.«

In der Burg hatte man indessen bemerkt, daß die zehn Gefangenen, die man als Wächter auf die Zinne gestellt hatte, von dort verschwunden waren. Sogleich riefen Boge und Wachsmuth zu den Waffen und stürmten mit ihren Recken vor die Burg. Sie umzingelten die Entflohenen und wollten sie einfangen. Wolfdietrich aber schlug mit dem Schwert Rose einen Angreifer nach dem anderen nieder, und immer bemächtigte sich einer von Berchters Söhnen der Waffen des Gefallenen. Schließlich standen alle zehn gerüstet um ihren Herrn und boten den Feinden einen harten Kampf.

Wolfdietrich stieß in sein Horn, weithin hallte der Ton durch die Mondnacht. Das Heer der Lamparten rückte von der Küste heran, die Burg fiel, Boge und Wachsmuth wurden gefangen und gebunden, und das Land beugte sich unter Wolfdietrichs Gewalt.

Wohl berief der siegreiche Kaiser ein Gericht über seine ungetreuen Brüder ein, aber er schenkte ihnen das Leben, und sie erhielten ihre Reiche wieder, doch mußten sie sich als Lehensmänner Wolfdietrichs bekennen und ihm fortan zinsen.

Die Söhne Berchters wurden für ihre Treue herrlich belohnt, ein jeder von ihnen erhielt ein Herzogtum als erbliches Lehen. Dann kehrte Wolfdietrich nach Garden zurück, und als Frau Sidrat, die ihm einen Sohn geboren hatte, nach vielen glücklichen Jahren starb, entsagte er dem Thron und trat in ein Kloster ein, das dem heiligen Georg, dem Drachentöter, geweiht war.

Die Mönche wollten ihm die Ehren erweisen, die einem Kaiser gebühren, er aber verwies es ihnen.

»Gott hat alle Menschen gleich erschaffen«, sprach er, »vor seinem Antlitz wiegt die Sünde des Kaisers genauso schwer wie die des

Bettlers, und die Seligkeit des Himmels ist für hoch und niedrig die gleiche.« Er lebte streng nach der Ordensregel.

Als er aber eines Tages meinte, er habe noch immer nicht genug gebüßt, legte er sich auf Anraten des Abtes während der Nacht auf ein Brett vor den Hochaltar. Da kamen die Geister aller jener, die er im Lauf seines Lebens erschlagen oder mit denen er einmal die Klinge gekreuzt hatte, und er mußte mit ihnen allen noch einmal kämpfen. Kein Zweikampf und keine Schlacht seines Lebens war so hart gewesen wie diese Begegnung.

Als die Brüder beim Morgengrauen das Münster betraten, fanden sie ihn wie tot auf dem Brett liegen, Haar und Bart waren ihm über Nacht schneeweiß geworden. Sie hoben ihn auf und trugen ihn in seine Zelle. Er war noch warm, und sie pflegten ihn, bis er wieder zu sich kam.

Sechzehn Jahre lebte er in diesem Kloster, bis er eines Tages sanft und ohne Todeskampf entschlief.

Aus Wolfdietrichs Stamm entsproß Amalung, der Großvater Dietrichs von Bern — aus Herzog Berchters Stamm aber Meister Hildebrand, des Berners innigster Freund und Waffengefährte.

Walther und Hildegund

Durch König Etzels Lande gellte das Heerhorn. Das war Musik für die Ohren der rauf- und raublustigen Hunnen. Noch wußten sie nicht, wohin es gehen sollte, aber sie trieben sogleich ihre starken kleinen Pferdchen von den Weiden, sattelten sie und sprengten von allen Seiten über das unermeßliche Grasland der pannonischen Steppe der Etzelburg zu, die breit und düster aus dem Wald von Zelten und strohgedeckten Hütten aufragte.

In alle Windrichtungen hatte der Hunnenkönig seine reitenden Boten entsendet, und wie schwarze Wolken im Sturm über den Himmel jagen, so jagten die Reiterscharen der Völker herbei, die er im Osten unterworfen hatte: Petschenegen und Walachen, Magyaren und Mongolen, Russen und Polen. Über steinige Wüsten rasten sie hinweg, aus schwarzen Wäldern brachen sie hervor in die Tiefebenen, durch die breitesten Flüsse und Ströme schwammen sie auf ihren Pferden und vereinigten sich brüderlich mit den Hunnen rund um Etzels königliches Lager. Das war ein Rufen und Rossewiehern überall, und als die Nacht hereinbrach, glühte der Himmel rot und gelb vom Widerschein tausender Wachtfeuer.

Da trat Etzel aus der Halle. Bis an die Knöchel reichte das weite, goldgestickte Gewand, das seine gedrungene Gestalt umhüllte. Von Juwelen blitzten sein Gürtel und das Krummschwert daran. Frisch geölt und mit einem golddurchwirkten Band abgebunden war sein schwarzer Haarschopf inmitten des sonst kahlgeschorenen Schädels. Wie ein kleiner schlanker Roßschweif hing er den kurzen, breiten Nacken hinab. Im Flackerschein der tausend Fackeln und Feuer warfen Etzels breite Backenknochen tiefe Schatten auf die gelbbraunen Wangen, herrisch blickten seine schmalgeschlitzten Augen in die Runde.

Zwölf hunnische Edle mit silbernen Schilden standen hinter ihm, während auf den Stufen vor der Halle zwölf hunnische Hornisten bliesen, daß es schaurig über die lagernden Völker hin hallte.

Die brausenden Zurufe, die sich bei Etzels Erscheinen erhoben hatten, verstummten. Stille trat ein. Da zog der König sein Schwert, hielt es hoch über seinem Haupt und rief:

»Genug gerastet! Auf, an den Rhein! Im Land der Franken sind die Burgen mit Gold gedeckt, Juwelen warten auf euch in allen Kammern und Kellern, reiche Beute, fettes Vieh und schwerer Wein, ist euch gewiß. Bei Morgengrauen reiten wir!«

Ein ungeheurer Jubelschrei, ein Kampfgebrüll ohnegleichen beantwortete Etzels Botschaft. Befriedigt sah sich der König um, stieß das Krummschwert in die Scheide und kehrte mit den zwölf Edlen in den Palast zurück, um noch ein wenig zu schlafen, das Haupt statt auf einen Polster auf einen Sattel gelegt, wie es einem Reiterfürsten geziemte.

Als der Morgen graute, brach das Heer auf. Die Hunnen hatten ihre hölzernen oder irdenen Flaschen mit Wein gefüllt, unter den Sattel hatten sie frisches Fleisch gelegt, das ritten sie weich und aßen es roh, wenn sie Hunger verspürten. Sie schwangen starke runde Schilde, dazu schlanke Speere, über den sonnenverbrannten Oberkörpern trugen sie mächtige Bogen. Wohlgefüllt mit Pfeilen baumelten die Köcher am Gurt.

So zogen sie, um ihren König geschart, westwärts. Wo die Hufe ihrer Rosse hinstampften, da stand kein Gras mehr auf, da loderten die Äcker gleich Fackeln, brannten Dörfer und Städte, weinten Frauen und Kinder, lagen Männer tot.

Entsetzte Flüchtlinge trugen die Kunde von ihrem Nahen weit voraus, bis ins Frankenland.

Dort herrschte in seiner Hauptstadt Worms König Gibich. Der versammelte seine Recken und Rater um sich. Er fragte: »Sollen wir kämpfen oder König Etzel Zins zahlen und Geiseln stellen, damit er unser Land verschont?«

Die Heißsporne rieten zum Kampf. Aber Aldrian von Tronje, ein naher Verwandter des Königs, riet zum Frieden, und einige andere erfahrene Grauhäupter stimmten ihm bei.

»Nun gut«, sagte Gibich, »auch ich will mich mit Etzel nicht messen, ungleich wäre der Kampf, und das blühende Frankenreich würde am Ende doch nur einer verbrannten Wüste gleichen. Also werde ich meinen ganzen Königsschatz opfern und mir von den Hunnen Frieden erkaufen. Du aber, Aldrian, sollst Etzel deinen Sohn Hagen als Geisel hingeben. Er ist stark und mutig, mein Söhnlein Gunther aber noch ein Kind, der Mutter bedürftig. Viele Helden dienen an Etzels Hof, mag Hagen unter ihnen aufwachsen, es wird sein Schade nicht sein.«

Aldrian war, wenn auch schweren Herzens, mit diesem Vorschlag einverstanden, und alsbald ritten Boten dem Hunnenheer entgegen und baten Herrn Etzel um Frieden.

Der Hunnenfürst war erfreut, daß sich ihm ein so prächtiges Reich ohne Mühe und Blutvergießen unterwarf. Er nahm Gibichs und Aldrians Angebot gnädig auf und befahl dem König auch noch eine hohe jährliche Tributzahlung. Den dunkeläugigen Knaben Hagen, der ihm sehr gefiel, führte er sogleich mit sich.

Nun wandten sich Etzels Horden nach Burgund. Sie durchschwammen die Rhône und Saône und näherten sich der Hauptstadt Chalons.

Die Staubwolke, die die Hufe ihrer kleinen, zähen Pferde aufwirbelten, war so gewaltig, daß sie das Nahen des Etzelheeres schon meilenweit voraus ankündigte. So dicht erfüllte der Staub die Luft, daß die Sonne nur mit trübem, rötlichem Schein auf die Scheitel der Reitenden niederflammte. Die Blätter der süßen Reben aber, die auf den sanftgeschwungenen, traubenreichen Weinhügeln wuchsen, waren von diesem Staub so bedeckt, als wäre mitten im Sommer Schnee oder Reif gefallen.

König Herrich von Burgund hatte bereits erfahren, auf welche Weise sich sein Nachbar Gibich vor Etzels Scharen geschützt hatte. So schickte auch er dem Hunnenheer waffenlose Boten entgegen, die fielen vor König Etzel auf ihr Angesicht nieder und baten im Namen Herrichs von Burgund, er möge auch ihr Land schonen.

»Fordere von uns, was du willst«, sagten sie, »nur schenke unserm blühenden Land den Frieden!«

Etzel zog sich mit seinen Hauptleuten zur Beratung zurück. Dann ließ er den Boten sagen: »Gibt mir König Herrich alles, was seine Schatzkammern bergen, bis auf den letzten Stein, dazu seine Tochter Hildegund als Geisel, so will ich sein Land noch heute verlassen. Weigert er sich, brennen noch heute alle Dörfer und Äcker, und morgen fällt die Feste Chalons!«

Als Herrich diese Forderung hörte, traten Tränen in seine Augen. Nicht des Goldes wegen weinte er sie, wohl aber um sein Kind Hildegund, die er schon in der Wiege mit Walther von Aquitanien verlobt hatte. Die Jungfrau war wegen ihrer Schönheit der Stolz von ganz Burgund.

Aber angesichts der tödlichen Gefahr, die dem Reich durch Etzels Horden drohte, gab er Hildegund als Gefangene hin.

»Du Sonne meiner Seele!« rief er klagend, als die Tochter, ein zartes Mädchen noch, herrlich gewandet vor ihn trat, um Abschied zu nehmen. »Die Kronen Burgunds und Aquitaniens sollten dereinst auf deinem lieblichen Haupt vereint erglänzen, und nun wirst du der Hunnen Beute! Hätte ich tausend Schatzkammern in meiner Burg, ich öffnete sie Herrn Etzel mit Freuden, wenn ich dafür dich, mein geliebtes Kind, behalten könnte!«

An der Hand ihrer weinenden Mutter schritt Hildegund aus dem Tor. Ihr folgte auf einer langen Reihe schwerer Karren der Königsschatz von Burgund. Die Achsen ächzten unter der Last.

Nun wandte sich Etzel südwestlich, nach Aquitanien. Dort herrschte der Gotenkönig Alpher. Auch diesen wollte er demütigen, und auch Alpher zahlte ein hohes Lösegeld und vergeiselte Walther, seinen einzigen Sohn, Hildegunds Verlobten, an den Herrn der Hunnen.

So zog Etzel mit reicher Beute und den drei jungen Fürstenkindern, die schweigend hinter ihm her ritten, viele Wochen lang zurück nach seiner düsteren Burg und entließ die Völkerschaften, die ihm gefolgt waren, reich beschenkt in ihre Länder. Über Ströme und Flüsse, durch Wüsten und Wälder kehrten sie alle wieder heim. Friedlich weideten die Hunnenpferde über das unendliche Grasland der pannonischen Steppe.

Wie staunten die Jünglinge Hagen und Walther, und wie staunte auch Hildegund über den Anblick, der sich ihnen bot, als sie bei der Etzelburg angelangt waren. Die vielen Zelte und strohgedeckten Hütten rund um den Palast, die zahlreichen Brunnen mit ihren steil aufragenden Schöpfbalken, die vielen tausend Pferdchen, die dazwischen weideten, die schlitzäugigen, schwarzbezopften Reiter Etzels, die vor den Zelten ihr Sattelzeug flickten oder ihre Waffen schärften, die Hunnenweiber, die mit ihren Kindern aus den Hütten traten, um die schöne, lichte Hildegund einreiten zu sehen, all das dünkte sie fremd und neu. Beinahe vergaßen sie darüber den Schmerz um die ferne, verlorene Heimat.

Und wie staunten sie erst, als sie die Halle betraten! Etzels Burg ruhte auf einem breiten Unterbau aus Steinen, die er von unterworfenen Völkern weither in die Steppe hatte bringen lassen. Der Palast, der sich darauf erhob, war aus dunklem Holz und glich eher einem riesigen Zelt als einer Burg. Die Halle, deren doppelflügeliges Tor sich weit öffnete, als Etzel mit seinen Gefangenen nahte, war innen mit sonderbaren roten, blauen und goldenen Mustern aus dem fernen Asien bemalt.

Der Boden der Halle war gestampfter Lehm. Da und dort lagen Felle umher. In der Mitte stand ein breiter offener Herd aus Backsteinen, auf dem Tag und Nacht Glut war. Hier wimmelte es oft von hunnischen Hauptleuten, die an der Glut ihr Fleisch brieten und es, auf den Fellen hockend, verzehrten.

So ging es in der weiten Halle beständig zu wie in einem Heerlager. Etzel war immer unter seinen Reitern, die stets unangemeldet und unaufgefordert bei ihm eintreten durften und nicht selten gleich auf ihren Pferden mitten in die Halle und vor seinen Hochsitz sprengten, wenn sie mit wichtigen Nachrichten kamen.

Rund um Etzels Thron waren schwere Tische gereiht, hier pflegte er mit seinen Fürsten und Grafen zu tafeln, hier empfing er Gesandtschaften aus Westen und Osten, Norden und Süden.

König Etzels Gemahlin hieß Helche. Sie war eine Königstochter aus dem Wilkinenland, wo Etzels treuester Gefolgsmann, der Markgraf Rüdiger von Bechlarn, sie ebenso listig wie todesmutig für seinen Herrn geworben und erkämpft hatte.

Als die Königin den drei Geiseln entgegentrat, blühten deren Herzen auf, denn Frau Helche, rosig von Haut und blond von Haar, erschien ihnen wie ein leibhaftiger Gruß aus der Heimat. Hagen und Walther beugten das Knie vor ihr, Hildegund begab sich vertrauensvoll unter ihren Schutz.

Viele Jahre verbrachten die Fürstenkinder vom Rhein an Etzels Hof. Hagen und Walther wuchsen zu tapferen Rittern heran, die sich auf manchem Kriegszug hervortaten. Hildegund, sanft und klug von Wesen, wurde von Frau Helche zur Schatzmeisterin bestellt.

Inzwischen starb in Worms König Gibich, und sein Sohn Gunther, der ihm auf den Thron folgte, fühlte sich stark genug, das Bündnis mit den Hunnen zu brechen und die Tributzahlungen zu verweigern.

Sobald Hagen das hörte, beriet er sich an einem verborgenen Ort mit Walther. »Ich fliehe nach Worms zu meinem Herrn. Lang genug bin ich hier als Gefangener! Oder soll ich warten, bis mich Etzel eines Tages überfällt und tötet, um Gunthers Trotz an mir zu bestrafen? Reitest du mit?«

Walther schüttelte den Kopf. »Du weißt, Hagen, was mich hier hält. Hildegund wurde mir schon in der Wiege anverlobt, und in all den Jahren hier, da sie mit jedem Tag schöner wurde, habe ich in ihr meine künftige Königin erblickt. Ihr gehört mein ganzes Fühlen und Sinnen, auch wenn ich noch nie ein Wort davon zu ihr sprach. Schilt mich also nicht treulos, wenn ich nicht mitreite, mein Herz hindert mich daran. Ich könnte Hildegund unmöglich allein zurücklassen, ohne sie wäre mir die Heimat ein freundloser Ort.«

Die beiden Gefährten umarmten einander. Dann holte Hagen heimlich seinen Renner, einen wilden feurigen Rappen, aus dem Stall und floh bei Nacht und Nebel nach Worms.

Wohl hetzte Etzel einen Trupp verwegener Reiter hinter ihm her, aber Hagen wußte sich, wenn er rasten mußte, so gut zu verstecken, er spornte sein Pferd so unerbittlich, wenn er wieder ritt, daß das treue Tier ihn seinen Verfolgern immer wieder entführte, bis sie schließlich seine Spur verloren und unverrichteterdinge ins Hunnenland zurückkehren mußten.

Hagen gelangte glücklich an den Rhein und zog, von Gunther und dessen Brüdern mit lautem Jubel empfangen, in die Burg zu Worms ein.

Die Flucht des Tronjers erfüllte Etzel mehr mit Sorge als mit Zorn. Wie, wenn er eines Tages auch Walther von Aquitanien verlor, dem er schon manchen Sieg verdankte?

»Vermähle Herrn Walther mit einer hunnischen Fürstin, so wird er hier seßhaft werden und uns erhalten bleiben«, riet ihm Frau Helche, und Etzel fand den Rat gut.

Schon am andern Morgen bot er Walther eine junge, hunnische Fürstentochter zum Weibe an, dazu reichen Besitz, Land und Leute.

»Was taugen dem Mann alle seine Siege, was frommt ihm die Beute, die er heimbringt, wenn zu Haus nicht ein treues Weib auf ihn wartet, das ihm entgegenlacht, ihm mit zarten Händen die Stirne kühlt und seine Wunden pflegt?« So sprach Herr Etzel zu Walther, insgeheim lauernd, was der Recke wohl erwidern werde.

»König«, antwortete dieser, »dein Angebot bedeutet für mich große Ehre. Aber bedenke, ich diene dir als Ritter, und das Kriegshandwerk ist meine einzige Freude. Unbeweibt stürze ich mich voll Lust und Todesverachtung in die Schlacht und kämpfe, wenn es sein muß, allein gegen ihrer zwanzig und mehr, ohne auch nur einen Augenblick lang zu verzagen oder gar an Flucht zu denken. Weiß ich aber daheim ein schutzbedürftiges Weib, das mich liebt und meine Rückkunft in tausend Ängsten herbeisehnt, so kann es leicht geschehen, daß ich feige werde, den Tod fürchten lerne und am Ende gar vor einer Übermacht fliehe. So aber, da niemand um mich weint, wenn ich falle, kann ich dir, mein König, ohne Rücksicht dienen. Laß mich darum unverheiratet. Mein Schwert ist meine Braut und der Krieg mein höchstes Glück!«

Die Schmeichelrede betörte Herrn Etzel. Er tilgte jeden Gedanken an eine Untreue Walthers aus seinem Herzen. Fortab stand ihm keiner so nahe wie Alphers Sohn. Bei Tisch erhielt er den Platz neben dem König, und auch Frau Helche zeichnete ihn bei jeder Gelegenheit vor den anderen Recken aus.

Wenige Tage später sprengte um die Mittagszeit ein Reiter auf schweißnassem Pferd in die Halle. Mit kühnen Sprüngen setzte er über die auf dem Boden schmausenden, schmatzenden Hauptleute und Vertrauten Etzels hinweg und bändigte vor dem Thron sein Tier. Es war ein Bote aus dem Süden. Fünfmal hatte er auf seinem Ritt von der Grenze des Reiches bis zur Etzelburg das Pferd wechseln müssen. Er brachte schlimme Kunde: Ein Nachbarfürst, den Walther schon einmal verjagen und demütigen geholfen hatte, zog sengend und brennend durch die von Etzel längst unterworfene Mark und wiegelte alles gegen den Hunnenkönig auf.

»Das ist Arbeit für mich!« rief Walther und erhob sich kampfeslustig von der Tafel. Dann, zum König gewendet, sagte er: »Überlaß mir den Burschen, ich kenn ihn! Diesmal legen wir ihm sein Handwerk für immer! Gestatte mir, König, daß ich mit deinen Leuten südwärts reite!«

Etzel nickte Gewährung. Walther nahm Urlaub, wappnete sich und ließ das Heerhorn blasen. Im Nu waren die Weiden leer, und Tausende saßen in den Sätteln. Unter Lachen und wildem Geschrei stoben die Hunnen dahin, geführt von Walther, der ihnen allen voranritt. Sein starkes Pferd hieß Löwe, golden wie die Sonne glänzte sein Fell.

Es war ein kurzer Feldzug. Unter dem schmalen, wachsenden Mond zogen sie aus, unter dem vollen stießen sie auf den Feind, und um die Zeit, da der Himmel mondlos bleibt, feierten sie den Sieg. Sie hatten die räuberischen Nachbarn umzingelt und aufgerieben: mit ihren Pfeilen durchbohrt, mit ihren Krummsäbeln erschlagen, mit ihren Wurfschlingen aus den Sätteln gerissen und erwürgt. Herr Walther aber hatte den übermütigen König im Zweikampf mit dem Schwert so grausam gezüchtigt, daß er aus vielen Wunden blutend vom Pferd sank und verschied.

Die Landstriche, deren Bewohner sich gegen König Etzel hatten aufwiegeln lassen, überließ Walther seinen tapferen Streitern zur Plünderung und übergab die weitere Kriegführung ihren Hauptleuten. Sie sollten das Heer nach angemessener Zeit wieder heimwärts bringen, während er mit einer kleinen Vorhut gemächlich vorausritt.

Es war ein heißer Tag, als er mit seinem Trupp wieder vor der Etzelburg anlangte. Alles döste im Schatten der Zelte und Hütten, auch in der Burg war alles still. Die Frauen waren in ihren Gemächern, Herr Etzel bei Frau Helche.

Walther betrat die Halle — da fand er Hildegund ganz allein. Als sie ihn bemerkte, goß sie Wein in einen Becher, kam ihm entgegen und reichte dem Helden den Willkommtrunk.

Er nahm ihn dankbar an. Dann gab er ihr den Becher zurück. Er sah ihr dabei in die Augen und sagte:

»Wir sind unbelauscht. Die Stunde sei gesegnet, da ich dich endlich allein treffe! Du weißt so gut wie ich, daß wir füreinander bestimmt sind, auch wenn wir noch nie darüber sprachen. Das Leid der Fremde hat uns beiden den Mund verschlossen.«

Mit bitterem Lächeln erwiderte Hildegund seinen Blick. »Nie hast du in all den Jahren auch nur ein liebes Wort für mich gehabt«, sagte sie, »stumm warst du wie ein Fisch, und nun erinnerst du mich auf einmal an die Heimat? Erinnerst mich daran, was unsere Väter einander versprachen, als wir beide noch in der Wiege lagen, du in Aquitanien, ich in Burgund? Warum treibst du Spott mit mir? Einer Fürstin Gemahl sollst du werden — was kann ich, die vergrämte Dienerin, dir da noch bedeuten? Du redest anders, als dein Herz denkt!«

»Was ich sage, sinnt auch mein Herz«, entgegnete Walther sanft. »Auf seinem tiefsten Grund halte ich ein Geheimnis verborgen — weißt du, warum ich nicht mit Hagen floh?«

Da durchzuckte Hildegund jähes Begreifen. Sie sank vor Walther zu Boden, umklammerte seine Knie und rief:

»Führe mich, wohin du willst, ich folge dir! Nur laß uns bald von hier fortgehen, das Heimweh tötet mich noch!«

Walther hob die Flehende auf und zog sie innig an sich. Ein rascher Blick überzeugte ihn, daß sie noch immer allein in der Halle waren. Da neigte er sich zu ihrem Ohr und flüsterte:

»Du hast Zutritt zu des Königs Schätzen. Nimm Etzels Helm, sein Wehrhemd und seinen Panzer, auch sein krummes Schwert und leg alles für mich bereit! Dann füll zwei geräumige, eisenbeschlagene Kisten mit Spangen, Armreifen und anderem Gold, so hoch und schwer, daß du sie gerade noch heben kannst! Auch starke Schuhe stell für uns beide bereit, vier Paar für mich, ebenso viele für dich, der Weg wird lang sein und übers Gebirge führen. Außerdem mußt du Leimruten besorgen und Angelhaken vom Schmied, wir werden uns auf der Flucht von Vögeln und Fischen nähren müssen. Das alles mußt du in sieben Tagen griffbereit haben, denn da werde ich dem König und seinen Gefolgsleuten ein Gastmahl geben und alle betrunken machen. Schlafen sie, so reiten wir — der Heimat zu!«

Die sieben Tage vergingen. Walther hatte den Lehmboden der Halle mit erbeuteten Teppichen belegen lassen, ein besonders kostbarer lag vor Etzels Thron. Neben dem König, auf Helches Stuhl, saß Herr Walther selbst, denn bei solchen Gelagen sah man keine Frauen. Etzel liebte es, mit seinen Männern unter sich zu sein, wenn er trank, und sich gehenzulassen, wie es ihm gefiel.

Das Feuer auf dem Herd in der Mitte war gut geschürt, wohl zwei Dutzend Spieße mit den köstlichsten Leckerbissen drehten sich dort über den Flammen, und in das Singen der Spielleute mischte sich das Schmatzen und Schlucken der Essenden und Trinkenden.

Um Mitternacht war des Königs Laune so vortrefflich, daß er aus zwei dicken Beuteln mit vollen Händen Gold in den Saal streute. Dabei stieß er laute Schreie aus wie seine Krieger, wenn sie auf der Steppe die Pferde zusammentrieben, und er, den man sonst nie lachen sah, lachte aus vollem Hals und hielt sich die Seiten vor Vergnügen, wenn seine Leute sich auf dem Boden um die Goldstücke balgten.

Jetzt stand Walther auf. Er holte einen Humpen aus getriebenem Gold, der faßte so viel, wie vier Helme fassen, füllte ihn mit Wein und gebot Stille. Er rief:

»An meines Vaters Hof war es Brauch, daß jeder Mann, der ein Mann sein wollte, einen Humpen von dieser Größe auf einen einzigen Zug leerte. Wer gar als Held gelten wollte, der mußte ihn während des Festes zweimal leeren.«

Damit hielt er den Humpen dem König hin, der auch sogleich lachend danach griff, sich vom Sitz erhob, tief Atem holte und das Gefäß an die Lippen setzte. Alle blickten wie gebannt nach ihm hin. Etzel trank, und als er den letzten Tropfen getrunken hatte, warf er den leeren Humpen Walther zu.

Die Halle erzitterte vom Beifallsgebrüll.

Nun wanderte der Humpen eilig von Hand zu Hand. Niemand, weder die Fürsten auf den Stühlen noch die Hauptleute auf dem Boden, wollte hinter dem König zurückstehen, sondern ihn womöglich auch noch übertreffen und Walthers Humpen ein zweites Mal leeren. Es währte nicht lange, da lagen die meisten in Reihen oder in Haufen durcheinander auf der Erde, schliefen und schnarchten, daß es dröhnte.

Dem Rest, der sich noch halbwegs auf den Beinen hielt, den Spiel-

leuten, Mundschenken und Wächtern, gab Walther an einer Seitentafel ein gesondertes Gelage, und bald war er der einzige, der nicht schlief.

Nun hieß es rasch handeln. Jede Stunde war kostbar! Wenn Etzel und die Seinen erwachten, mußte er mit der Geliebten schon weit fort sein, in hügeligem, bewaldetem Land, wo es Schlupfwinkel und Schluchten gab, frische Quellen und Bäche.

Walther lief aus der Halle. Es war Neumond, schwarze Nacht. So gelangte er ungesehen zu den Frauengemächern. Im tiefen Schatten neben dem Tor wartete Hildegund.

»Alles bereit?« fragte er leise.

»Wie du befohlen. Nichts fehlt.«

»Dann komm!«

Er holte sein Pferd Löwe aus dem Stall, zäumte und sattelte es, hob Hildegund hinauf und gab ihr die Zügel. Dann hängte er dem starken Tier zu beiden Seiten die Schatzkisten an den Sattel und reichte Hildegund einen Korb mit Mundvorrat und die beiden Angelruten hinauf.

Nun wappnete er sich mit Etzels Helm und Panzer — sie stammten aus Wielands Schmiede —, befestigte den Krummsäbel rechts am Gurt, sein eigenes Doppelschwert links, nahm den langen Schild und den Speer auf und schwang sich hinter Hildegund auf Löwes Rücken.

Trotz der ungeheuren Last trabte das Pferd aufgeregt schnaubend durch die Gassen des Lagers und griff auf freiem Feld wacker aus. Der taufeuchte Grasboden dämpfte seinen schweren Schritt, schweigend ritten Walther und Hildegund durch die Nacht. Tröstlich blinkten die Sterne auf sie nieder und wiesen ihnen den Weg.

Als die letzten Zelte, Hütten und Brunnen hinter ihnen am Horizont versanken, trieb Walther seinen braven Hengst zu schärferer Gangart an. Wildschnaubend flog Löwe dahin, als wüßte er, daß es einen Ritt auf Leben und Tod galt.

Aus dem Nebel stieg allgemach der Morgen auf, da waren sie schon weit, fanden gutes Versteck, ritten im Schatten von Uferweiden an Bächen entlang, verschwanden in Mulden, durchquerten Haine. Sie mieden bewohnte Gegenden und befahrene Wege. Als es Mittag war, hielten sie die erste kurze Rast auf einer Waldblöße, nahe einer Quelle. Hier weidete Löwe. Walther schöpfte mit seinem Helm Wasser, reichte es Hildegund, trank selber auch. Dann saßen sie wieder auf, und weiter ging's.

Um diese Zeit erwachten die trunkenen Helden in der Etzelburg. Hätte die Halle während der Nacht Feuer gefangen, sie wären allesamt elend verbrannt. Wie schlummernde Säuglinge hätte man sie hinwegtragen können, so grundtief war ihr Schlaf gewesen. Mühsam ermannte sich der König, und es dauerte eine ganze Weile, bis er begriff, was ihm Frau Helche zu sagen hatte: daß Hildegund verschwunden sei und mit ihr ein Teil des Schatzes! Daß Walthers Pferd aus dem Stall fehle und seit den Morgenstunden niemand den Helden gesehen habe!

Maßlose Wut packte Herrn Etzel. »Er hat mich verraten!« schrie er. Vor Zorn zerriß er sein Purpurkleid und schleuderte die Stücke von sich. »Wer mir Herrn Walther und das Mädchen wiederbringt, tot oder lebendig, um den häufe ich so viel Gold, daß er keinen Schritt machen kann und das Licht des Himmels nicht sieht!«

Doch wie viele seiner besten Reiter er den Flüchtlingen auch nachjagte, Herr Walther war zu wachsam und schlau, zu stark und flink war sein herrliches Roß Löwe. Auch kehrten viele der Verfolger freiwillig unverrichteterdinge um: sie kannten Herrn Walthers Kraft aus mehr als einer Schlacht und begehrten nicht danach, seine Schwerthiebe zu kosten.

So zogen Walther und Hildegund unbehelligt, wenn auch in steter Sorge, ihres Weges, der beschwerlich genug war. Durch unbegangene Wildnis ritten sie, über öde Gebirge, durch Hitze und Regen. Nachts rasteten sie in Wäldern. Hildegund schlief auf Walthers Mantel, er aber gönnte sich kein Hinstrecken. An einen Baumstamm gelehnt, saß er in voller Rüstung, das behelmte Haupt auf den Rand seines Schildes gestützt.

Längst pflegten sie Löwes Rücken zu entlasten, schritten, sooft es nur anging, neben dem braven Tier her, und nur wenn Hildegund gar zu müde wurde, saß sie auf, und Walther faßte den Zügel und schritt voran.

Vierzigmal war die Sonne auf- und untergegangen, seit sie die Etzelburg verlassen hatten. Da blinkte eines Tages in der Ferne ein Strom auf. Sie hatten schon manchen Wasserlauf berührt oder gekreuzt, blauschimmernde, grüne oder graue Gewässer. Dieses aber blinkte golden!

»Was ist das für ein Strom?« fragte Hildegund.

»Kennst du ihn nicht mehr?« erwiderte ihr Walther mit bewegter Stimme. »Da wir ihn zuletzt sahen, waren wir Kinder. Es ist der Rhein! Er sei uns gegrüßt! Nun sind wir gerettet!«

Sie zogen das Ufer entlang. Bei Worms setzten sie über. Dem Fährmann, der sie in seinem Nachen ans andere Ufer ruderte, gab Walther zwei große Fische, die er am frühen Morgen aus einem Bach geangelt hatte, als Lohn. Diese Fische verkaufte der Fährmann in der Küche der Burg zu Worms, und Rumolt, der Küchenmeister, brachte sie in Butter gebraten und fein gewürzt auf die Tafel, an welcher König Gunther mit Hagen und den andern Helden beim Mahl saß.

»Sind das Fische aus dem Rhein?« fragte Gunther, als er den ersten Bissen gekostet hatte. »Sie schmecken köstlich, aber fremd!«

»Ob sie aus dem Rhein sind, weiß ich nicht«, entgegnete Rumolt, »ich kaufte sie heute von einem Fährmann, der bringt öfters welche.«

Gunther befahl, den Fährmann zu rufen, und dieser berichtete:

»Nein, aus dem Rhein sind diese Fische nicht. Ich setzte heute einen fremden Ritter und eine Jungfrau über den Strom, die gaben sie mir als Lohn. Der Recke war groß und breit wie ein Bär und so schwer gewappnet, als ging's in die Schlacht. Die Jungfrau war schön, doch arg müde. Sie führte ein Roß am Zügel, einen hochbeinigen Goldfuchs mit zwei Kisten links und rechts am Sattel, und immer, wenn er den Nacken schüttelte, hört ich's darin klingen wie von Geschmeide.«

Da sprang Herr Hagen jählings auf und rief: »Freut euch mit mir! Walther, mein Freund, der mit mir bei den Hunnen war, kehrt heim!«

»Mit mir freut euch!« rief Gunther dawider. »Der Schatz, den mein Vater an Etzel zahlen mußte, kehrt zurück. Auf, jagt ihn Herrn Walther ab!«

Er stieß den Tisch mit dem Fuß um und befahl Hagen und zwölf seiner besten Helden, sich augenblicklich zu rüsten und die Verfolgung des flüchtigen Paares aufzunehmen.

»Mich laßt aus dem Spiel«, grollte Hagen. »Herr Walther teilte mit mir die Not der Fremde, unsere Herzen sind eins, wir sind Freunde. Zum zweiten ist Walther stärker als wir alle, und zum dritten, König, bedenke, daß auch König Alpher, Walthers Vater, seinen Schatz an Etzel hingeben mußte — wer dürfte sagen, das Gold in den Schreinen sei dein?«

Gunther aber war vor Gier taub gegen solche Worte. Er befahl Hagen mitzureiten. Nur widerwillig gehorchte der dunkelbärtige Held. Als sie aus dem Tor sprengten, sagte er zum König: »Mir träumte vergangene Nacht, wir jagten einen Bären, der riß dir Schenkel und Hüften entzwei, mir schlug er ein Auge aus. Verhüt' es Gott, daß es ein Wahrtraum gewesen!«

Walther und Hildegund ritten unterdessen schon weit durch die sonnige, fruchtbare Rheinebene. Da sah Hildegund blaue Bergrücken näher kommen. »Wie heißt das Gebirge dort?« fragte sie.

»Das ist der Wasgenwald«, antwortete Walther, »über den müssen wir noch hinüber, dann sind wir daheim.«

Sie erreichten das Gebirge, das Wasgenstein heißt. Auf uralter Heerstraße erklommen sie seine waldreichen Flanken. Hier wimmelte es von rotem und schwarzem Wild, und die Bäche waren reich an Fischen. Auf einer Anhöhe mit weiter Rundsicht über das Wipfelmeer erspähte Walther eine Felsenenge, fast wie eine Höhle gestaltet. Über eine steile Geröllhalde führte ein tief eingeschnittener Hohlweg zu ihr hinauf. Das überhängende Gestein bot Schutz gegen Sonne und Regen, die Grasnarbe darunter war trocken, da und dort ein wenig verbrannt.

»Hier dürften Räuber gehaust haben, hier sind auch wir vor Feinden sicher, laß uns rasten«, sagte Walther. »Von hier ist es nicht mehr weit ins Land meines Vaters.«

Seit sie aus der Etzelburg entwichen waren, hatte Walther nicht mehr geschlafen. Nun legte er endlich Waffen und Helm ab, lockerte den

Panzer und streckte sich ins Gras, das Haupt in Hildegunds Schoß gebettet.

»Vierzigmal hab ich Wache gehalten des Nachts, nun wache du bei Tag«, sagte er zu Hildegund. »Halte die Augen offen, und wenn du im Tal Staub aufwirbeln siehst wie von Rossehufen, so weck mich. Aber nur, wenn es wirklich sein muß, ich bedarf der Ruhe.«

Walther schlief ein. Hildegund strich ihm mit der Hand über das Haar. Voll Dankbarkeit ruhte ihr Blick auf dem Mann, der sie mit so viel Mut und Geschick aus der Fremde in die Heimat geführt hatte und um ihrer beider Glück willen so viel Mühsal auf sich lud. Dann gedachte sie wieder seiner Mahnung und hielt Ausschau. Weit blickte sie umher, still lagen die Täler. Nur dann und wann schreckte im Wald ein Reh, oder ein Bussard schrie in den Lüften. Bergbienen summten rings um den Wasgenstein . . .

König Gunther hatte im Sand der alten Heerstraße Spuren entdeckt: bald waren es die Abdrücke von Hufen allein, dann wieder gesellten sich ihnen Menschenschritte dazu.

»Heute noch will ich die beiden als Gäste oder Gefangene in Worms sehen und das Gold im Keller meiner Burg!« rief er.

»Das wird nicht so glatt gehen«, versetzte Hagen, »du hast Walther nie kämpfen gesehen! Ich wüßte keinen, der ihn bezwungen hätte, mir selber getrau ich's kaum zu!«

Stumm ritten sie weiter.

Walther schlief, Hildegund wachte. Auf einmal sah sie im Tal Staub aufwirbeln und Lanzen blinken. »Walther«, rief sie, »wach auf! Die Hunnen kommen!«

Mühsam richtete sich Walther auf. Bleischwer waren seine Lider. Er schirmte die Augen und schaute hinab.

In der Tat, dort unten kamen Reiter.

»Nimm dein Schwert und schlag mir das Haupt ab!« bat Hildegund. »Dein bin ich und will nie eines anderen Mannes Weib werden! Fallen wir aber in Herrn Etzels Gewalt, so wird er mich zur Strafe dem letzten seiner Hunnenreiter vermählen. Töte mich, Walther, bevor es zu spät ist!«

»Das sind nicht die Hunnen«, antwortete Walther und erhob sich vollends, »das sind Franken, und einer von ihnen ist Hagen, mein

Freund, ich erkenne ihn am Helm! Was mögen sie bringen — Freundschaft oder Streit?«

Er schnallte den Panzer wieder fest, gürtete sich mit seinen beiden Schwertern und nahm den Schild auf. Dann trat er aus der Felsenkluft, und seine Blicke verfolgten aufmerksam den Trupp Bewaffneter, der da auf schnellen Rossen herankam.

»Wer weiß«, scherzte er, »vielleicht kommt uns König Gunther mit seinen Rittern nur begrüßen, weil wir nicht in Worms bei ihnen eingekehrt sind. Sollte er aber nach meinem Gold verlangen, so soll er sich vorsehen: Hier aus der Kluft holt mir den Schatz keiner heraus!«

Er schulterte die Lanze und vollführte in voller Wehr ein paar tüchtige Sprünge, um die schlaflahmen Glieder wieder gelenkig zu machen. Dann trat er vor und verfolgte wieder mit aufmerksamen Blicken die Reiter, die eilig den Wasgenstein erklommen.

Gunther kam mit seinen Recken bis auf Rufweite heran. Er ließ halten. Hagen, der Walther auf der engen Felsenpforte stehen sah, warnte den König nochmals vor der Stärke des Freundes.

»Vielleicht überläßt er dir das Gold kampflos«, meinte er, »und wenn er dir nur die Hälfte gibt, ist's immer noch ehrenvoller, als wenn er dir um deiner Gier willen die besten Helden erschlägt. Reiz ihn nicht unnütz, seine Kraft ist schrecklich!«

So frank und frei durfte nur Hagen mit Gunther reden. Gunther gehorchte dem Rat und entsandte Herrn Gamelot von Metz zu dem Felsentor, er sollte mit Walther in Güte wegen des Schatzes verhandeln.

Herr Gamelot gab seinem Pferd die Sporen und sprengte herzu. »Wer bist du, gewappneter Mann«, rief er Walther an, »und woher kommst du?«

»Was geht dich das an?« entgegnete Walther scharf. »Wer schickt dich denn mit solcher Frage?«

»Herr Gunther, der Frankenkönig«, antwortete Gamelot.

»So? Dann sag ihm, ich bin Walther von Aquitanien. Aus dem Hunnenlande ziehe ich heim in meines Vaters Stadt.«

»Liefere den Schatz aus, die Jungfrau und dein Roß, so schenkt dir König Gunther Leben und Freiheit!« rief Gamelot.

»Wie kann mir dein König etwas schenken, was ihm gar nicht gehört?« fragte Walther voll Spott. »Das ist törichtes Geschwätz. Ich bin weder Herrn Gunthers Leibeigener noch sein Gefangener. Doch will ich ihn ehren und biete ihm zweihundert Spangen aus purem Gold.«

Gamelot ritt zurück und überbrachte Walthers Angebot. Hagen riet zur Annahme, aber Gunther brauste auf:

»Du gleichst wahrlich deinem Vater, Hagen! Oheim Aldrian von Tronje focht auch lieber mit Worten als mit Waffen!«

Da stieg Hagen tief gekränkt vom Roß, führte es abseits, setzte sich auf seinen Schild und schaute zu. ›Keinen Finger rühre ich bei dieser Sache‹, dachte er, ›mag Walther sie alle erschlagen, ich werde lachen!‹

Auf einen Wink Gunthers sprengte Gamelot wieder auf Walther zu und rief: »In des Königs Namen, liefere den Schatz aus!«

Walther entgegnete: »Der Schatz ist mein, ich habe ihn Herrn Etzel geraubt, nicht Herrn Gunther! Mag er ostwärts reiten in die Steppe und sich dort seinen Anteil holen, wenn ihn so danach gelüstet! Ich bin ihm nichts schuldig, habe auf meinem Ritt durch sein Land keinerlei Schaden angerichtet, auch den Frieden nicht verletzt, laßt mich ziehen! Das Wegerecht will ich mir meinetwegen erkaufen — zweihundert Spangen aus rotem Gold, und dabei bleibt's!«

»Den Schatz willst du nicht lassen, so fordere ich dein Blut«, rief Gamelot. »In meines Königs Namen, wehr dich!«

Er hob den Speer, zielte und warf. Zischend sauste die Waffe durch die Luft, aber Walther sprang zur Seite, und der Speer bohrte sich in den Rasen. Nun schleuderte Walther den seinen, der fuhr Herrn Gamelot durch Schild und Leib und tief in den Rücken des Rosses. Da riß Walther sein Doppelschwert aus der Scheide, sprang hinzu und erlegte Roß und Reiter mit einem einzigen Streich.

Gamelots Neffe Skaramund schrie schmerzlich auf. Den Oheim zu rächen, jagte er auf schnellem Renner über die Halde auf Walther zu. Er schleuderte gleich zwei Speere: der eine fuhr in den Fels, der andere blieb in Walthers Schild stecken. Nun glitt Skaramund vom Pferd und drang mit dem Schwert auf den Gegner ein. Er hieb Funken aus Walthers Helm, aber er wahrte sich schlecht, und auf einmal fuhr ihm das lange Schwert des Gegners durch den Hals. Mit röchelndem Laut sank er um, lag leblos neben dem Oheim. Walther trat zurück in die Kluft.

»Laßt ihn nicht Atem schöpfen!« rief König Gunther. »Lebend darf er den Wasgenstein nicht verlassen! Wer ihm den Helm spaltet, mit dem teil ich den Schatz!«

Durch solchen Zuruf angespornt, ritt als dritter Werinhard heran, der war ein Meister des Bogens. Einen Pfeil nach dem anderen schoß er auf Walther ab, doch der fing sie alle mit dem Schild, bis Werinhards

Köcher leer war. Dann riß er Gamelots Speer aus dem Boden und traf damit Werinhards Pferd, das sich aufbäumte, seinen Reiter klirrend abwarf und mit Wucht unter sich begrub.

Blitzschnell war Walther zur Stelle und riß Werinhard das Schwert von der Seite. Dann löste er ihm den Helm, packte ihn an seinem blonden Haarschopf und hieb ihm mit seiner eigenen Waffe das Haupt ab.

Nun sandte Gunther Eckefried, den Sachsen, gegen Walther. Eckefried lebte in Worms in der Verbannung. Er hatte daheim an seinem Herzog Totschlag verübt. Er trabte auf einem rotbraunen Schecken heran. »Bist du ein Mensch«, rief er, »oder bist du ein Waldschratt, den ein Albenzauber vor Wunden schützt?«

»Das kann schon sein«, entgegnete Walther lachend, »im Wasgenwald ist's nicht geheuer, da gibt's noch Waldteufel mit Bocksfüßen und Hörnern! Bisweilen legen sie auch Eisenkleidung an, wie ich sehe, haha!«

Eckefried warf seinen Speer mit großer Kraft, aber Walther hielt ihm den Schild schräg entgegen, da prallte er ab und fuhr ins Gras. Flugs riß er ihn wieder heraus und schleuderte ihn zurück. Die Spitze zerschlug den Stachel an Eckefrieds Schild, der mit Büffelhaut bespannt war, zerriß das Panzerhemd und fuhr dem Helden in die Lunge hinein. Wie ein Sturzbach brach das Blut hervor. Eckefried sank stumm und schwer vom Roß.

Hadwart, ein stolzer, übermütiger Recke, stellte sich als fünfter. »Schenkst du mir Herrn Walthers Schild, wenn ich siege?« fragte er Gunther. Er ließ seinen Speer zurück und zog sein Schwert. »Schäfte sind genug verschossen«, sagte er, »ich vertraue meiner Klinge!« Er ritt in den Engpaß hinauf. Da sperrten die Leichen der Erschlagenen seinem Pferd den Weg. Also stieg er ab und ging zu Fuß auf Walther zu.

»Das rechne ich dir hoch an«, rief Walther, »daß du mir so gleichen Kampf bietest, die anderen saßen alle hoch zu Roß – wie aber sollte ich das meine hier zwischen den Felsen tummeln?«

Aber Hadwart vergalt Lob mit Schimpf: »Wie eine Schlange liegst du in sicherer Höhle, feig und hinterlistig. Komm heraus und kämpfe. Doch zuvor leg deinen Schild ab, den hat mir der König als Siegespreis geschenkt, ich möchte ihn unbeschädigt bekommen!«

»Herr Gunther verschenkt schon wieder Dinge, die ihm nicht gehören!« höhnte Walther. »Mein Schild bleibt an meinem Arm, ohne ihn tu ich keinen Schritt, hochnäsiger Prahlhans!«

»So behalt ihn meinetwegen. Wenn dein Blut das Gras färbt, mußt du ihn mir ja doch lassen samt Schatz und Jungfrau!« rief Hadwart. »Am Wasgenstein wirst du noch heute dein Grab finden. Erschlägst du mich – siehe: ein halbes Dutzend steht schon bereit, mich zu rächen. Du entrinnst ihnen nicht.«

Sie kämpften lange, Hadwart mit dem Schwert, Walther mit dem Speer. Fast war es anzuschauen wie ein mannhaft-erbittertes Spiel auf dem Turnierplatz, so trieb einer den anderen. Auf einmal holte Hadwart weit aus, er wollte dem Streit mit einem tödlichen Streich ein

Ende machen. Doch Walther fing ihn so geschickt ab, daß dem Gegner die Waffe im Bogen aus der Faust flog.

Hurtig sprang Hadwart seinem Schwert nach, aber Walther war ihm mit zwei Sätzen auf den Fersen.

»Vergiß den Schild nicht«, schrie er, »da hast du ihn, du wolltest ihn ja!« und schlug dem hochmütigen Recken mit dem Schildrand den Helm über die Augen, daß er stöhnend in die Knie sank. Dann faßte er den Speer mit beiden Händen und stieß ihn Hadwart in den Nacken. Dumpf krachend brach er zusammen.

Nun rüstete sich Patafried, Hagens junger Neffe, zum Kampf.

Bisher hatte sein Oheim, auf dem Schild sitzend, stumm und verdrossen dem sinnlosen Morden zugesehen. Jetzt aber riß es ihn hoch. »Patafried«, rief er, »Herrn Walther bist du niemals gewachsen! Laß ab von so ungleichem Kampf, lieber Neffe! Was soll ich deiner armen Mutter, was deinem jungen Weib sagen? Kinderlos bleibt es zurück!«

Patafried aber schüttelte nur das Haupt. Wilder Ehrgeiz erfüllte ihn.

»Öffnete sich doch der Höllenschlund und verschlänge das verfluchte Gold!« rief Hagen.

Seine Klage drang bis an Walthers Ohr und rührte dessen Herz. Als nun der Jüngling heransprengte, rief er ihm zu: »Kehr um, mein Freund, spar deinen Mut und deine Kraft für einen edleren Anlaß. Schau, hier liegt schon mancher tot, es schüfe mir arge Bitternis, dich ihnen beizugesellen!«

Aber Patafried blieb unbelehrbar. »Was schert das dich, du Teufel«, rief er zornig, »ob ich sterbe oder lebe! Mit der Waffe tu mir Bescheid, nicht mit Worten!« Und schon sauste sein knorriger Speer auf Walther zu. Der aber schlug ihn mit dem eigenen Schaft in der Luft zur Seite, daß er an ihm vorbei- und zwischen die Felsen flog, gerade vor Hildegunds Füße.

Die Jungfrau schrie auf und lugte voll Sorge, ob der Geliebte noch lebe, aus der Kluft hervor. Bangend und von tiefem Mitleid erfüllt, hörte sie, wie Walther den Jüngling noch einmal bat, doch von ihm abzulassen. Aber Patafried, außer sich vor Wut und Kampfgier, holte bereits zum ersten Schwertschlag aus. Da ging Walther blitzschnell in die Knie, so daß der Gegner ins Leere schlug und, vom Schwung mitgerissen, platt auf Bauch und Antlitz fiel.

Zwar raffte er sich sogleich auf, doch Walther war schneller als er und zerhieb ihm mit zwei Streichen den edlen Nacken.

Da sprengte auf wiehherndem Hengst Graf Gerwig herzu, Patafrieds Freund. Funken schlug sein Pferd aus dem steinigen Weg, über die Leichen sprang es wildschnaubend hinweg.

»Das soll dir übel vergolten sein, du Hund!« rief er und hieb mit der doppelschneidigen fränkischen Streitaxt auf Walther ein. Der war gerade daran gewesen, Patafried völlig zu enthaupten. Er sprang rasch zur Seite, stieß sein Schwert in den Boden und langte nach dem Speer. Mit diesem wehrte er Gerwigs Schläge ab. Wortlos kämpften sie: der eine, um Patafrieds Tod zu rächen, der andere um sein Leben. Hoch zu Roß trieb Gerwig Walther im Kreis, um ihn zu ermüden. Als er aber nur für einen Augenblick den Schild ein wenig hob, erspähte Walther auch schon die Blöße und bohrte dem Feind seinen Speer in die Weiche. Laut schreiend sank der Franke hintenüber, fiel aus dem Sattel und stürzte aufs harte Geröll. Dunkelrot färbten sich die verwitterten, grauen Steine.

Sieben Tote lagen nun schon vor Walthers Füßen. Hildegund zählte sie voll Grauen, schluchzend kauerte sie im Versteck. Auch Gunthers Recken ging der Anblick nahe, Mut und Kampfeslust sanken ihnen, sie baten den König, dem unbesieglichen Helden doch Frieden zu gewähren, das gebotene Wegegeld zu nehmen und ihn samt dem Mädchen ziehen zu lassen.

Aber Gunther wollte davon nichts wissen. »Was seid ihr für Männer!« rief er voll Hohn und Zorn. »Soll ich unverrichteterdinge umkehren und als geschlagener Mann durch die Gassen von Worms reiten, jedem Buben zum Gespött? Mich reizt des fremden Wegelagerers Gold längst nicht mehr, ich will nur noch sein Blut! Mord wird einzig durch Mord gesühnt! Einmal muß auch der Gote ermüden! Auf, er soll nicht Ruhe haben!«

Im Nu war das Grauen aus allen Herzen gewichen, machte neu entfachtem Grimm Platz, und die Helden stritten sich darum, wer als erster Walther zum Kampfe stellen durfte. Der enge Weg erlaubte ihnen ja nicht, den Gegner gemeinsam zu überfallen, einzeln mußten sie auf ihn zureiten, einer nach dem anderen.

Während sie noch stritten, nahm Walther den Helm vom Haupt, um sich ein wenig zu erfrischen. Er hängte ihn an einen Baum.

Da rannte plötzlich Randolf mit einer mächtigen Eisenstange, die er wie eine Lanze handhabte, herzu und hätte den Helmlosen um ein Haar zur Strecke gebracht. Mit furchtbarem Stoß traf er Walthers

Brünne, doch zersplitterte die Eisenstange an ihr, denn Etzels Harnisch, den Walther trug, war ja ein Werk Wielands des Schmieds, der schützte ihn mächtiger, als es Runenzauber je vermocht hätte.

Jedoch schnell mußte Walther den Schild über sein Haupt heben, denn nun pfiff ihm Randolfs Klinge um die Ohren. Zwei Locken schor er ihm auf den ersten Schwerthieb ab, der zweite blieb in Walthers Schildrand stecken wie eine verkeilte Axt im Baumstamm, so daß Randolf die Klinge nicht mehr herauszuziehen vermochte.

Jetzt war Randolf verloren. Walther zog mit dem Schild an dem Schwert, sprang bald vor, bald zurück, bis er den Gegner, der das Heft nicht fahrenlassen wollte, mit einem Ruck vom Pferd riß.

Auf dem Rücken lag Randolf. Walther aber setzte ihm den Fuß auf die Brust und rief:

»Du nahmst mir zwei Locken, bezahle jetzt dafür mit dem ganzen Kopf, das ist mein Preis! Nie sollst du dich vor deinem jungen Weibe daheim brüsten, du habest mich ungestraft geschoren!« Dann schlug er ihm das Haupt vom Rumpf.

Kaum hatte sich Walther erhoben, als schon Helmnot zu Fuß herzusprang. An einem festen Seil schwang er einen Dreizack mit Widerhaken, den schleuderte er gegen Walther. Die tückische Waffe zerschlug den Stachel des Schildes und haftete darin.

Nun rannten die übrigen Frankenhelden herzu und zogen mit aller Macht an dem Seil, der König mit ihnen. Nur Hagen saß noch immer finster grollend abseits.

Solch ungleiches Streiten schürte Walthers Grimm zur höchsten Glut. Zwar stand er wie eine Esche festgewurzelt da, sie mochten ziehen und reißen, soviel sie wollten, sie brachten ihn nicht zu Fall. Doch plötzlich bekam er das widerwärtige Spiel satt, ließ den Schild fahren, so daß die Ziehenden wild durcheinanderpurzelten, nahm sein Schwert und stürzte sich mitten unter sie.

Eleuther spaltete er Helm und Haupt bis zum Nacken, dem Recken Drogo, der sich in das Seil verwickelt hatte, hieb er die Waden durch, daß er sich nicht mehr erheben konnte, und nahm ihm den Schild weg.

Da ergiff Drogo wutentbrannt einen großen Stein und warf ihn mit solcher Wucht gegen Walthers Schild, daß die Stierhaut darauf zerplatzte. Dann riß er sein Schwert aus der Scheide und schrie:

»Du hast mir den Schild gestohlen, jetzt hol dir auch mein Schwert!«

»Das brauchst du mir nicht zweimal zu sagen!« höhnte Walther, sprang herzu und trennte dem vor Kampfbegier Glühenden mit einem Streich die Hand samt dem Schwert vom Arm.

Nun war Drogo wehrlos. Da eilte Tannast herbei und schützte ihn mit dem Schild vor Walthers Todesstreich. Doch der Gote wandte sich, zornig wie ein verwundeter Eber, gegen ihn, und im nächsten Augenblick fiel Tannast mit durchhauener Schulter tot ins Gras.

Drogo aber, der schweren Wunden nicht achtend, schmähte Walther aufs schändlichste, stieß einen Fluch nach dem anderen gegen ihn aus.

»Stirb und schweig endlich!« rief Walther. Er beugte sich über den im Gras Kriechenden, packte die goldene Kette, die er um den Hals trug, und erdrosselte ihn damit.

Entsetzen schüttelte König Gunther, als er nun, von allen seinen Helden verlassen, Walther allein gegenüberstand. Er floh zu seinem Pferd, schwang sich auf dessen Rücken und sprengte zu Hagen, der noch immer stumm auf seinem Schild saß.

Mit Tränen in den Augen flehte er den Tronjer an, mit Walther zu kämpfen. »Ich schenk dir den Schatz und die Maid dazu«, rief er, »wenn er noch heute von dir erschlagen in seinem Blut liegt!«

»Mir hat noch nie Gold oder ein Weib das Schwert aus der Scheide gelockt«, antwortete Hagen unversöhnlich. »Auch lähmt mir ja das feige Blut meines Vaters den Arm: Aldrian von Tronje focht immer lieber mit Worten als mit Waffen – war's nicht so? Die Rede, König, steht auf ewig zwischen uns!«

Doch Gunther ließ nicht ab zu flehen. »Zwölf meiner Besten erschlug mir ein einziger Mann, und du rührst keine Hand? Rette die Ehre der Franken! Erbarm dich!« rief er schluchzend. »Ich will dir's lohnen mit Burgen und reichem Besitz!«

Zuletzt sprang er gar vom Roß und beugte vor Hagen das Knie. Da ließ dieser sich erweichen. »Behalte die Burgen, ich bin nicht käuflich«, sagte er dumpf. »Nur aus Treue zu dir will ich mit Herrn Walther kämpfen, so schwer mir der Verrat am Freund auch wird.«

Er erhob sich und riet Gunther mit gedämpfter Stimme: »Laß uns zum Schein heimkehren. Die Felsenkluft und der steile, steinige Weg waren Walthers stärkste Verbündete. Kehren wir ihm den Rücken, so wird er seine Reise fortsetzen und den Engpaß verlassen. Tut er dies, so lauern wir ihm auf und stellen ihn im offenen Feld. Dort wag ich es, mich mit ihm zu messen, ob es auch hart genug hergehen wird, hier nicht.«

Gunther fand den Rat gut. Er umarmte und küßte Hagen, dann ritten sie eilig den Wasgenstein hinab und legten sich in einen Hinterhalt. Die Rosse ließen sie im Wald grasen.

Es wurde Nacht. Walther ruhte neben Hildegund aus. Er überlegte, ob er im Schutz der Dunkelheit davonreiten oder lieber noch bleiben sollte, denn daß die Gefahr noch nicht zu Ende war, das ahnte er wohl: er hatte gesehen, wie Gunther Hagen küßte. »Aus solcher Umarmung erwächst nichts Gutes«, sagte er. »Doch soll Gunther nicht sagen, ich sei wie ein Dieb heimlich und im Dunkeln aus dem Frankenland entwichen aus Angst vor neuem Kampf! Gewiß ist er nach Worms geritten und kehrt mit frischem Beistand wieder. Wir müssen auf der Hut sein!«

Er erhob sich und machte aus dürren Sträuchern und Dorngestrüpp einen Verhau vor dem Eingang der Kluft. Dann fing er die Rosse der Erschlagenen ein.

Nun legte er endlich die Rüstung ab, aß und trank. Dann streckte er sich zur Ruhe hin. Leise singend saß Hildegund zu seinen Häupten und strich ihm liebkosend über die Stirn. Es war ein trauriges Lied, das sie sang. So verscheuchte sie den Schlaf. Der Mond stieg empor. Dann und wann raschelte es im Wald, dann und wann rief ein Nachtvogel, oder es knackte ein Ast. Hildegund horchte bang auf jedes Geräusch: es war wie in allen Nächten bisher, nur daß sie sich jetzt nicht mehr vor den Hunnen fürchtete, sondern vor den Franken.

Nach Mitternacht löste Walther die Geliebte ab. Hildegund legte sich nieder, während er, den Schild am Arm, den Speer über der Schulter, auf und ab schritt, scharf umherspähend.

Der Mond ging unter, die Sterne erblaßten, es wurde Morgen. Da räumte Walther den Verhau weg und schritt hinaus zu den Toten. Er sprach vor jedem ein Sühnegebet, nahm ihnen die Waffen ab und belud damit die Rosse. Auf eins hob er Hildegund, auf ein anderes schwang er sich selbst, und Löwe, seinen braven Goldfuchs, der die Schatzschreine trug, führte er am Zügel hinter sich her.

Sie verließen den Engpaß, als die Sonne aufging. Tiefer Friede herrschte ringsum. Langsam ritten sie vom Berg hinab und aus dem Wald hinaus.

Sie hatten noch kaum tausend Schritt auf offenem Felde zurückgelegt, als Hildegund, sich umblickend, zwei Reiter gewahrte, die ihnen folgten.

Hildegund erschrak.

Walther bemerkte ihr Erschrecken und wandte sich gleichfalls um. Er erkannte Gunther und Hagen, den Freund.

»Laß uns fliehen!« rief die Jungfrau.

»Niemals«, entgegnete Walther hart. »Hab ich die zwölf auf dem Wasgenstein bestanden, werde ich auch die zwei noch bestehen, wenn es sie nach Kampf gelüstet. Reite du mit den Rossen weiter voran, nimm auch Löwe mit und verbirg dich im Gebüsch des Hügels dort vorne. Ich will Gunther und Hagen erwarten und nach Ritterart grüßen.«

Hildegund gehorchte, sie führte Löwe hinter sich her. Walther aber sprengte den Verfolgern furchtlos entgegen.

Schon von weitem rief ihm Gunther zu: »Haben wir dich endlich aus deiner Höhle gelockt, feiger Hund! Nun wird es sich zeigen, ob du ohne den Schutz der Felsen auch so tapfer und geschickt bist wie auf dem Wasgenstein oben!«

Walther kehrte sich nicht an Gunthers Hohnrede, sondern grüßte Hagen mit wehmutsvollem Blick.

»Hagen«, rief er, »alter Gesell! Warst du nicht noch vor kurzem mein Freund? Gedenke unserer Knabenspiele, als wir Etzels Gefangene waren! Gedenke der Schlachten, in die wir als Jünglinge ritten! Gedenke der Gefahren, die wir als Männer gemeinsam bestanden! Du entflohst zuerst aus dem verhaßten Land — weißt du noch, wie hart uns beiden der Abschied fiel? Als du damals die Arme um mich schlangst, fühlte ich, wie gut es sei, an der Brust eines Freundes zu liegen. Nur um Hildegunds willen blieb ich noch. Nun kehrte auch ich in die Heimat zurück und wußte am Rhein keinen besseren Freund als dich. Warum bist du auf einmal mein Feind? Was habe ich dir getan? Laß mich und Hildegund in Frieden, und ich füll dir den Schild mit Schätzen!«

»Du erschlugst König Gunthers beste Vasallen«, entgegnete Hagen rauh, »du erschlugst mir den Neffen, den ich liebte wie einen Sohn. Sein Tod war unserer Freundschaft Ende, ich fordere Sühne für Patafried. Dein verfluchtes Gold behalte, ich will dein Blut!«

Hagen und Gunther sprangen ab, Walther folgte ihrem Beispiel. Nun standen die Helden einander zum Fußkampf gegenüber, zwei gegen einen. Hagen warf seinen Speer, er glitt an Walthers Schild ab wie von geschliffenem Marmelstein, wühlte sich tief in den Rasen. Auch Gunther warf seinen Schaft, doch war es ein schwächlicher Wurf: Walther schüttelte die Spitze voll Verachtung aus dem Schildrand.

Nun griffen die Franken zu den Schwertern. Ihre Klingen waren kurz. Walther erwehrte sich ihrer Schläge mit dem Speer.

Darob geriet Gunther in Zorn. Er gab Hagen ein Zeichen, den Feind härter zu bedrängen, er wollte sich unterdessen nach seinem Speer bücken, der noch vor Walthers Füßen lag. Doch Walther durchschaute die Absicht, hielt sich Hagen mit wuchtigem Hieb vom Leib und trat auf den vor ihm liegenden Speer, gerade als Gunthers Finger danach griffen. Das riß den König zu Boden. Ungedeckt bot sich sein Nacken dem Gegner, und es wäre sein sicherer Tod gewesen, hätte nicht Hagen im letzten Augenblick Walthers Stoß mit dem Schild aufgefangen.

Wie ein Bär, den die Meute kläffend umringt und voll Wut Stücke aus seinem Pelz zu reißen trachtet, so stand Walther vor den beiden Feinden. Er wehrte sich gewaltig. Er schleuderte den Speer so heftig gegen Hagen, daß dem die Spitze durch die Brünne fuhr. Wohl taumelte er, aber er war nur leicht verletzt.

Da warf sich Walther mit gezücktem Schwert blitzschnell auf Gunther. Der wehrte sich schlecht und brach im nächsten Augenblick mit zwei furchtbaren Wunden in Hüfte und Schenkel über seinem Schild zusammen.

Wieder bot sich des Königs Nacken ungeschirmt dem erzürnten Gegner, und schon holte Walther aus, um Gunther zu enthaupten. Da schob Hagen seinen Kopf dazwischen und fing den Streich mit dem Helm ab. Funken sprühten daraus hervor, und Walthers Schwert brach in Stücke.

Wütend schleuderte der Held den unnützen Griff von sich — dabei vergaß er, seine Rechte zu decken, und Hagen hieb sie ihm mit jähem Schwertstreich ab.

Jetzt wußte Walther, daß es um sein Leben ging. Er verbiß den Schmerz, schob den Stummel durch die Schlaufen seines Schildes, riß mit der freien Linken Herrn Etzels Krummschwert, das er an der rechten Seite trug, aus der Scheide und stieß Hagen damit das rechte Auge aus der Höhle. Mit einem wütenden Hieb schlitzte er ihm das Gesicht auf und riß ihm sechs Backenzähne aus dem Kiefer.

Nun war der Kampf zu Ende. Ächzend lag Gunther auf der Erde. Hagen und Walther streckten die Waffen, dann bemühten sie sich, mit Kräutern den Blutstrom zu stillen, der aus Gunthers Wunden floß.

Walther rief laut nach Hildegund, die kam aus dem Dickicht heraus. Mit Tränen des Unmuts und des Schmerzes verband sie zuerst den

König, dann auch Walther und Hagen. Kein Wort kam über ihre Lippen. Sie weinte stumm über alles, was am Wasgenstein und hier auf dem Feld geschehen war, nur um zweier Kisten Goldes willen.

»Bring Wein«, sagte Walther mit sanfter Stimme, »uns dürstet, wir haben einen tüchtigen Trunk verdient! Den ersten Becher sollst du Hagen reichen, so treu er seinem König ist, so tapfer hat er gefochten. Den zweiten Becher gib mir, den dritten Gunther, er führte die Waffen schwächlich, sein Herz ist matt.«

Aber Hagen widersprach: »Nein, Hildegund, den ersten Becher kredenze Walther, deinem lieben Herrn, er hat alle übertroffen, auch mich.

Aber trockne zuvor die Tränen, Mädchen, daß dir keine in den Becher fällt — wer würzte je Wein mit Salz?«

Als der Wein kam und die Becher klangen, setzte Hagen sein Scherzen fort: »Nun magst du dir einen Handschuh aus fester Hirschhaut schneidern, stopf ihn gut aus und stülp ihn dir auf den Stumpf, vielleicht lassen die Leute sich täuschen!«

»Wenn sie einäugig sind wie du, sicherlich!« entgegnete Walther.

»Besser das rechte Auge verloren als die Schwerthand«, höhnte Hagen zurück, »linkisch wird alles sein, was du von jetzt ab machst. Schön Hildegund wirst du mit der Linken umarmen und herzen müssen, und an der rechten Hüfte wird dir zeitlebens das Schwert baumeln, ein lächerlicher Anblick!«

»Du hast es nötig zu spotten«, erwiderte Walther und ließ sich den Becher neu füllen. »Wenn du künftig Freunde grüßest, wird keiner wissen, wen von ihnen du meinst, Einaug! Kindsbrei mümmelt Hagen, werden die Sänger singen, das schwächt seine Kraft, aber heilt seinen Kiefer. Eberbraten wär ihm freilich lieber, doch womit soll er ihn kauen? Walther vom Wasgenstein schlug ihm die Zähne ein!«

So scherzten sie und stießen die Becher aneinander, indes die Sonne hell und warm vom Himmel schien. Die alte Freundschaft wurde erneuert.

Als es Mittag war, hob Hagen Herrn Gunther, der jämmerlich ächzte, auf den Schild und band ihn samt diesem quer über zwei Pferderücken. So ritt er mit dem wunden König in Worms ein.

Walther und Hildegund aber zogen weiter und gelangten ungehindert in König Alphers Reich. Dort hielten sie Hochzeit und herrschten nach des Vaters Tode in großer Liebe und Eintracht über das Land Aquitanien.

Dietrich von Bern

DIETRICH UND DIE RIESEN

Aus dem Geschlecht Wolfdietrichs, der als Kind unter die Wölfe geraten war, stammte der Gotenkönig Amalung. Im Norden herrschte er über ein weites Reich.

Amalung hatte drei Söhne von edelster Art, mit denen zog er eines Tages südwärts in wärmere Länder. Sie erwarben gemeinsam durch gewaltige Taten Ruhm und ein großes Reich, das Amalungenreich. Die Söhne hießen Ermenrich, Dietmar und Dieter, auch Harlung genannt. Dieter ließ sich zu Breisach am Rhein nieder, weithin schaute seine Burg vom hohen Basaltfelsen auf Strom und Land. Dietmar zog über die Alpen nach Italien und erwählte Verona, das die Goten Bern nannten, zum ständigen Wohnsitz. Ermenrich residierte als mächtiger König in Rom. Romaburg, so taufte er die einstige Hauptstadt der Cäsaren.

König Dietmar von Bern erhob Odilia, eine der klügsten und edelsten Frauen, zu seiner Gattin. Sie hatten einen Sohn, Dietrich, der wurde, da er heranwuchs, ein so gewaltiger Held, daß die besten und mutigsten Männer diesseits und jenseits der Alpen herbeieilten, um ihm als Gefährten zu dienen. Dietrich war hoch von Wuchs, in Locken fiel sein helles Haar auf die Schultern herab, sein Antlitz gemahnte mit Nase und Augen an das des Adlers, und des Löwen Mut wohnte in seiner Brust. Geriet er in Not oder Zorn, so konnte er Feuer ausatmen. Er habe, so hieß es, vor seiner Geburt in himmlischen Welten geweilt und von dort einen Teil des Sternenfeuers mitgenommen, davon kam sein Flammenatem.

In Garden, an einem von Bergen eingefaßten See, lebte zu jener Zeit Herzog Heribrand, dessen Sohn Hildebrand ein überaus kluger, treuer und waffenkundiger Mann war. Mit dreißig Jahren zog er von daheim fort zu König Dietmar nach Bern. Als er in die Halle trat, erhob sich der König von seinem Sitz, ging auf ihn zu und rief:

»Wie stattlich Ihr Euch herausgewachsen habt, Hildebrand! Blau wie der See von Garden blitzt Euer Auge, kraus wie Hobelspäne wallt

Euch der Bart die Brust hinab, und daß Ihr die Waffen auch zu führen versteht, die Ihr tragt, das weiß in Bern jedes Kind! Euch schickt mir die gute Stunde. So brauch ich nicht lange nach einem Lehrmeister für meinen Sohn zu forschen: Ihr seid es, wenn Ihr wollt! Wollt Ihr?«

Nun trat auch der Knabe Dietrich herzu, und als Hildebrand ihn sah, ging er auf ihn zu und schloß ihn wortlos in die Arme. Das war seine Antwort auf des Königs Frage, ob er Dietrichs Lehrmeister sein wolle.

Von diesem Augenblick an waren der Zögling und sein Meister unzertrennliche Freunde bis an ihren Tod.

Als Dietrich herangewachsen war und gelernt hatte, die Waffen ritterlich zu führen, ging Meister Hildebrand zum König und sagte:

»Euer Sohn ist würdig, ein eigenes Schwert zu besitzen, gebt ihm eins!«

So empfing Dietrich aus des Vaters Hand sein erstes Schwert. Aber auch ein stattliches Gefolge tapferer Ritter gab ihm der Vater. Hildebrand wurde zum Bannerträger der streitbaren Schar ernannt. Das Banner, das er trug, war weiß wie Schnee und hatte in der Mitte einen goldenen Löwen.

Einst ritten Dietrich und Hildebrand allein auf die Jagd. Mit einer Koppel Hunde trabten sie, Jagdfalken auf der Faust, durch die Wälder. Da sprang vor ihnen plötzlich ein Hirsch auf. Dietrich setzte ihm durch Dorn und Dickicht nach, aber auf einmal zog etwas anderes seinen Blick an. Da lief ein ruppiger Zwerg aus dem Baumdunkel ängstlich über eine Lichtung hin, seiner Höhle zu. Doch noch ehe er diese erreichte, hatte ihn Dietrich am Kragen gepackt und zu sich in den Sattel gehoben.

»Hoho!« rief Hildebrand, der nun auch herzusprengte, »was für ein Wild hast du denn da gefangen?«

»Ach, ihr Herren, schenkt mir mein Leben, so will ich euch an einen Ort geleiten, da könnt ihr mehr Schätze finden, als König Dietmar zu Bern in der Burg hat!« jammerte der Zwerg.

»Gnade dir, wenn du lügst!« rief Dietrich. »Und wo wäre der Platz?«

»Bei Grim und Hilde in der Höhle«, antwortete der Zwerg. »Das sind zwei Riesen, Mann und Weib. Er ist stark wie zwölf Männer, aber sie ist noch dreimal stärker. Ihren Goldhort kannst du aber nur gewinnen, wenn du sie beide erschlägst! Und erschlagen kannst du sie nur, wenn du Nagelring hast, das Schwert, das ich für den Riesen

schmieden mußte! Läßt du mich frei, so will ich es dem Riesen stehlen und dir bringen. Ich weiß, wo Grim es versteckt hält.«

Da bedrohten Dietrich und Hildebrand den rußigen Alben mit ihren Schwertern, bis er tausend Eide schwur, Nagelring herbeizuschaffen.

Sie ließen den Zwerg laufen und jagten weiter bis zum Abend. Als sie auf die Lichtung zurückkehrten, siehe, da kroch der Albe gerade keuchend herbei: er schleppte das Schwert des Riesen. Dietrich nahm es auf und zog es aus der Scheide. Da mußte selbst Meister Hildebrand einen Schritt zurückweichen, so sehr blendete ihn die Klinge.

»Hab ich doch schon manches Schwert gesehen«, murmelte er, »aber noch keins wie dieses. Mög es dir Glück bringen!«

Nun schwangen sie sich auf ihre Pferde, und der Zwerg mußte ihnen vorangehen, bis sie an eine öde Berghalde kamen. Dort zeigte er ihnen einen steinigen Hohlweg, der in eine Felsenkluft mündete.

»Hier geht es hinab«, flüsterte er, »ihr könnt nicht fehlen. Doch reitet sachte, damit sie euch nicht kommen hören.« Dann verschwand er so eilig, als ob ein Rudel Wölfe hinter ihm her wäre.

Vor der Höhle angelangt, stiegen Dietrich und Hildebrand ab, schnallten die Helmriemen fester und nahmen die Schilde vor. Als erster trat Dietrich ein, Hildebrand folgte ihm auf den Fersen.

Der Riese Grim saß in der Mitte der Höhle vor seinem Herdstein und schürte das Feuer. Hilde, sein Weib, saß dahinter im Dunkel und erdrosselte ein Schaf, das sie zum Abendmahl essen wollten.

Als Grim die Eindringlinge gewahrte, langte er gleich in seine Waffenkiste — da fehlte sein Schwert Nagelring, das ihm der listige Zwerg entwendet hatte. Flugs zog er einen gewaltigen brennenden Fichtenast aus dem Feuer und schlug damit auf die Recken ein.

Ein wilder Kampf begann. Hilde eilte herbei und rang mit Hildebrand. Sie würgte ihn mit der einen Hand, mit der anderen umklammerte sie seine Rechte, so daß er sein Schwert nicht gebrauchen konnte.

»Hilf mir, Dietrich, Freund! Es geht mir ans Leben!« rief Hildebrand.

Die Not des Gefährten verlieh Dietrich plötzlich Riesenkräfte. Er faßte Nagelring mit beiden Händen und schlug Grim das Haupt vom Rumpf. Es fiel auf den Herdstein und verbrannte unter Gezisch.

Hildebrand war auf den Rücken gefallen, die Riesin umschlang ihn und stemmte die mächtigen Knie in seine Brust. Da sprang Dietrich herzu und schlug das Weib mit einem einzigen Streich in zwei Stücke. Doch Zauberkräfte, die ihren Leib durchdrangen, vereinigten die Teile wieder, und im nächsten Augenblick erhob sie sich heil und gesund zu neuem Kampf.

Nochmals hieb Dietrich sie am Gürtel auseinander, und wieder wuchsen die Teile zusammen. Da rief Hildebrand, ehe sich die Riesin erneut auf ihn stürzte:

»Tritt mit beiden Füßen zwischen die Hälften, so muß das Ungetüm sterben!«

Und in der Tat: Dietrich schlug Hilde zum drittenmal auseinander, trat schnell zwischen Hauptstück und Fußstück — da war das Weib tot. Der Mund der Riesin aber hatte noch Leben und rief Dietrich zu:

»Hätte Grim dich umschlungen wie ich diesen Blondbart, ihr hättet beide das Atmen verlernt. Nun sind alle Schätze euer und der Helm Hildegrim auch.«

Dieser Helm, der beider Riesen Namen trug und den nicht einmal Nagelring zu ritzen vermochte, war gleichfalls ein Meisterstück aus einer Zwergenschmiede. Hildebrand entdeckte ihn bald unter den Juwelen und Geschmeiden, die in einer Nebenhöhle aufgehäuft waren, und Dietrich setzte ihn sich aufs Haupt. In manchem Kampf hat er ihm später noch gute Dienste geleistet.

Nun beluden sie ihre Pferde mit den kostbarsten Schätzen, soviel die Tiere nur tragen konnten, und kehrten heim nach Bern.

Doch nicht lange weilten sie zu Haus. Sie hörten, daß in jenem Wald noch ein Riese lebte, der war ein Vetter von Grim und hieß Sigenot. Ihn zu schlagen dünkte den jungen Dietrich noch begehrenswerter, obgleich Sigenot keinerlei Schätze hütete. Dafür hieß es, er sei noch hundertmal stärker als Grim und mit einer Hornhaut gepanzert, die kein Schwert durchdringen könne.

»Laß ab von solchem Abenteuer«, warnte Meister Hildebrand den Freund, »ich rate dir gut!« Und als Dietrich nur unwillig den Kopf schüttelte, meinte er: »So will ich mit dir reiten, mag sein, daß du meinen Beistand brauchst.«

Aber Dietrich schüttelte noch heftiger das Haupt, hängte sich Nagelring an die Seite, zwängte seine Lockenlast unter den Helm Hildegrim und rief, indem er die Halle verließ:

»Bleib, Hildebrand! Bring ich ihn allein zur Strecke, ist es größerer Ruhm für mich. Warte hier. Bin ich in sieben Tagen nicht zurück, magst du mich suchen und rächen. Leb wohl!«

Als Dietrich tiefer in den Wald eindrang, hörte er immer näher und näher ein eigentümliches Brausen: das war der Riese, der im Unterholz schnarchte. Neben dem Schlafenden lag eine mächtige Stange aus gehärtetem Eisen. So hoch waren Haupt, Brust und Glieder des Riesen, daß Dietrich nicht über ihn hinübersehen konnte, obgleich er zu Pferde saß.

»Ein Kerl wie ein Berg«, sagte er zu sich selber, während er ihn umritt. »Ich könnte ihn im Schlaf erschlagen — aber das brächte mir nur Schimpf und Schande. He, du da — steh auf!« rief er und sprengte mit seinem Roß gegen des Riesen Bauch.

Im Nu war das Ungeheuer auf den Beinen, raffte die Stange auf und schlug mit ihr auf Dietrich ein.

Wohl hielt Hildegrim den Schlägen stand, aber Nagelring prallte an der Haut des Riesen ab wie an Granit.

»Bist du nicht der Mörder meines Oheims Grim?« schrie der Riese und holte zum vernichtenden Schlage aus. Aber Dietrich sprang flink zur Seite, der Riese fiel platt auf den Bauch, und seine Stange flog in weitem Bogen in den Wald.

Wütend erhob er sich und wehrte sich gegen Dietrichs kühne, aber fruchtlose Hiebe dadurch, daß er Bäume samt den Wurzeln ausriß und mit ihnen auf den Berner einschlug.

»Das ist bald noch ärger als deine Stange«, rief dieser, und der Riese lachte, daß es sich anhörte wie Donner. Immer mehr Bäume riß er aus, immer größere, bis Dietrichs Schwert sie nicht mehr entzweihauen konnte. Da erfaßte den Helden namenloser Zorn, Feuer fuhr in breitem Strahl aus seinem Mund und zerschmolz des Riesen Haut. Schon wollte Dietrich Nagelring in die erweichte Stelle schlagen, da sprang der Riese mit einem Satz davon, holte aus seiner Höhle Helm und Waffen und war sogleich wieder zur Stelle.

Wohl gelang es Dietrich, im neu entbrennenden Kampf des Riesen Schild zu spalten. Sigenot aber schlug ihm mit seiner Keule das Schwert aus der schon ermatteten Hand – da war Dietrich wehrlos in seiner Gewalt. Der Riese fesselte den Helden mit Stricken und schleppte ihn nach seinem Felsenhaus. Dort war ein tiefer, stockfinsterer Abgrund mit glatten Wänden, in den warf er Herrn Dietrich hinab.

»Wohl bekomm's!« schrie er ihm nach. Dann hängte er Nagelring und Hildegrim an einen Zapfen in der Wand und freute sich, daß er seinen Oheim so herrlich gerächt hatte.

Meister Hildebrand hatte voll Bangen die befohlenen sieben Tage abgewartet. Am achten in aller Früh brach er auf, seinen Zögling und Herrn zu suchen. Im Wald kam ihm Dietrichs Pferd ohne Reiter entgegen, da wußte Hildebrand, daß es schlimm stehen mußte. Plötzlich brüllte ihn eine ungeheure Stimme an:

»Ei, die Freude! Da kommt ja der zweite Mörder! Der andere wartet schon auf dich! Nur näher, Freundchen!« Es war Sigenot, der Riese, der so schrie.

»Wo ist Herr Dietrich?« rief Hildebrand dawider.

»An einem Ort, wo es so rabenschwarz und finster ist, wie es dir gleich vor den Augen sein wird«, brüllte Sigenot und schlug mit seiner Stange nach Hildebrand.

Sie kämpften stundenlang miteinander. Wohl gewahrte Hildebrand die Stelle, die Dietrichs Feueratem aus des Riesen hürnener Haut her-

ausgeschmolzen hatte, aber es gelang ihm nicht, sein Schwert dort hineinzustoßen, weil Sigenot jedesmal, wenn Hildebrand dazu ausholte, hinter einen besonders dicken Baum sprang.

Als der Riese merkte, daß Hildebrand nicht unterzukriegen war, riß er wiederum Bäume aus und bildete aus ihnen einen immer höheren ringförmigen Wall rund um Hildebrand, der bald darin gefangen saß.

Mit seiner Stange schlug Sigenot von oben her auf den Feind, bis dieser halb bewußtlos zusammenbrach. Dann zog er ihn an seinem krausen Bart aus der Falle, fesselte ihn und schleppte ihn heimwärts.

In der Höhle angelangt, legte Sigenot den Recken auf den Boden. Dann kramte er in seiner Waffenkiste herum, suchte eiserne Ringe, mit welchen er ihn noch schwerer fesseln konnte. Da sah Hildebrand Dietrichs Helm und Schwert am Zapfen hängen, und der Schmerz, den dieser Anblick in ihm weckte, verlieh ihm solche Kraft, daß er die Stricke zu dehnen vermochte, Hand und Fuß freibekam, aufsprang und Nagelring von der Wand riß.

Jäh wandte sich Sigenot um und wollte sich auf den Befreiten stürzen. Aber zu spät: Hildebrand zielte blitzschnell auf die weiche Stelle in der Haut des Riesen, und noch ehe Sigenot nach einer Waffe langen konnte, fuhr ihm Nagelring in den Leib, daß er umsank und dröhnend zu Boden schlug.

»Dietrich, Freund geliebter!« rief Hildebrand laut und beugte sich voll Bangen über den Rand des Abgrunds, den er bald fand. Wie glücklich war er, als Dietrich ihm mit schwacher Stimme antwortete. Rasch suchte er an Stricken und Riemen zusammen, was er in der Höhle fand, knotete sie aneinander und ließ dies wunderliche Seil in die Tiefe hinab.

So rettete er seinem Herrn das Leben und vergalt ihm zugleich seine Hilfe aus Todesnot in Grims Höhle. Die Recken umarmten einander voll Freude und ritten Seite an Seite heim.

Als Hildebrand am Abend in der Halle in Bern vor König Dietmar, dem Spielmann Ilsung und allen anderen Rittern erzählte, wie es ihm mit Sigenot ergangen war, sagte er am Ende voll Zorn:

»Eins aber wurmt mich mein Lebtag, daß mich der Riese wie einen Lumpen am Bart genommen hat. Hätte ich das vorausgesehen, mit meinem Schwert hätte ich mich zuvor balbiert. Nun, der Kerl zaust jetzt keinen mehr am Bart — auch Herrn Dietrich nicht, meinen herzlieben Freund!«

Da lachten alle, daß die Becher auf den Tischen hüpften, denn ein so gewaltiger Held Herr Dietrich auch war, Bart wollte ihm keiner sprießen, bis zu seinem Tode nicht.

Aber noch ein drittes Mal sollte Dietrich mit einem Riesen aneinandergeraten und ihn besiegen. Er hieß Ecke und war kein wüster Höhlenbewohner wie die anderen, sondern ein ritterlich gebildeter

Mann von so gewaltigem Wuchs, daß er wie mit Siebenmeilenstiefeln über Berg und Tal laufen konnte.

Tief im Wald, auf Burg Jochgrim, hausten drei Riesenfräulein. Mit Jungfer Seeburg, der jüngsten von ihnen, war Ecke verlobt. Die beiden anderen waren die Bräute seiner Brüder Fasolt und Ebenrot.

Eines Tages saßen die drei Paare beim Mahl auf Jochgrim und redeten von Herrn Dietrichs Heldentaten. Da sprang Ecke auf und rief: »Ich hab es satt, ewig mit anzuhören, dem Berner sei kein Riese gewachsen! Auf der Stelle will ich ihn suchen und ihm den Garaus machen!«

Jungfer Seeburg freute sich, daß ihr Bräutigam tapferer und wagemutiger war als Fasolt und Ebenrot, und half ihm selbst, den Harnisch anzulegen. Dann reichte sie ihm den baumlangen Speer und den Schild, auf dem ein Ochsengespann Platz gehabt hätte, und wollte ihm ein Riesenpferd aus dem Stall führen.

Ecke aber lehnte es ab zu reiten. »Meine Füße sind schneller als dein Roß«, sagte er, »ich lauf mit dem Habicht um die Wette und hole Herrn Dietrich ein, mag er auch noch so weit umherziehen.«

Hirsch und Reh, Eber und Wolf stoben nach allen Seiten davon, als der Riese durch den Wald sprang. Eule und Uhu, Häher und Specht schwirrten voll Angst in die Weiten, so schaurig schütterte und klirrte seine Rüstung.

In Bern angekommen, erfuhr Ecke, daß Dietrich sich in Tirol befinde. Schnurstracks lief er dorthin. Tief im Gebirge stieß er auf einen verwundeten Ritter, um den drei Tote herumlagen. Er betrachtete ihre tiefen Wunden und fragte: »Wer hat euch so geschlagen?«

»Herr Dietrich von Bern«, antwortete der Ritter, »wir haben ihn angegriffen.«

Diese Worte und der Anblick der Erschlagenen stachelten Eckes Kampfbegier bis zur Glut. ›Ich muß den Helden heute noch finden‹, dachte er, ›und morgen bei Sonnenaufgang leg ich ihn meiner Braut zu Füßen, tot oder gefangen.‹

Als es Abend geworden war, traf er den Gesuchten endlich im Tann. Er forderte ihn unverzüglich zum Zweikampf, aber Dietrich sagte: »Warte, bitte, bis morgen früh — ich habe heute gegen vier gekämpft und bin müde.«

»Ei«, rief Ecke, »morgen früh, wenn die Sonne aufgeht, will ich dich bereits tot oder gebunden zu Jungfer Seeburg auf Jochgrim bringen! Mir scheint, du fürchtest dich vor meiner Stärke, weil du um Aufschub bittest. Oder willst du mir gar bei Nacht heimlich entlaufen? Ich wußte nicht, daß Herr Dietrich sich vor Riesen fürchtet.«

Die Schmähworte erregten des Berners Zorn. Er hieb mit Nagelring auf einen Felsen, zischend sprühte eine Funkengarbe auf. In ihrem Schein entdeckte er einen Baum, an welchen er sein Pferd anbinden konnte.

Nun schlug auch Ecke mit seiner Klinge in die Steine, daß die Funken spritzten und die Gegner einander sehen konnten. Von da ab jedoch erhellten die Flammen den finsteren Wald, die aus ihrer beider Schilden und Helmen fuhren, wenn die Schwerter darauf niedersausten. Wie ein Gewitter war dieser Zweikampf, es dröhnte und blitzte. Stück um Stück hieben sie einander die Rüstungen vom Leib.

Endlich gelang es Herrn Dietrich doch, Ecke mit einem gewaltigen Schlag niederzuhauen.

»Gib dich in meine Hand und sei mein Gefolgsmann!« rief er dem Riesen zu. Er rang mit ihm.

Ecke schüttelte das Haupt und wehrte sich verzweifelt. Mit beiden Händen zog er Dietrichs Wunden auseinander, daß dem Berner vor Schmerz schier die Sinne vergingen, bis es ihm endlich gelang, dem Riesen den Helm abzustreifen und ihm mit dem Schwertknauf eins über den Schädel zu geben.

Da seufzte Ecke und sprach: »Du bist wahrlich der beste Held unter der Sonne. Nun ist mein Schwert Eckesachs, die herrlichste Klinge, die je ein Riese führte, dein. Nimm es an dich und führe es mit Glück!«

Dietrich schmerzte die Todestraurigkeit des Riesen. »Ergib dich«, bat er nochmals, »ich will dich nicht töten. Komm mit mir nach Bern.«

Aber Ecke wollte nicht Dietrichs Gefangener sein, zu sehr schämte er sich vor Jungfer Seeburg. Er schüttelte abermals das Haupt. Dann zeigte er Dietrich eine Fuge in seinem Harnisch, und der Held stieß ihm durch sie Nagelring ins Herz.

Als der Morgen die Bäume und Felsen rötete, begrub Dietrich den Riesen unter einem Berg von belaubten Zweigen. Es tat ihm leid um den herrlichen Mann. Hierauf nahm er das Schwert Eckesachs an sich und ritt langsam gegen Jochgrim, Jungfer Seeburg die Nachricht vom Tod ihres Bräutigams zu überbringen.

Tags darauf war er wieder in Bern.

HEIME UND WITTICH

Ein Bauer und Rossezüchter in Schwaben hieß Studas. Tief im Wald lagen sein Gehöft und sein Gestüt. Die edlen Rosse, die er züchtete, waren allesamt grau, goldfalb oder schwarz. Ein Teil der Tiere war schwer und ungeschlacht, das waren die Lastträger und -zieher, der andere Teil war flink und feurig: das waren die Reit- und Streitrosse, die Könige und Ritter bei Studas für gutes Gold kauften.

Studas hatte einen Sohn, Heime genannt. Er war von breiter, gedrungener Gestalt, auf breiten Schultern und kurzem Hals ruhte ein kantiges Haupt. Unter schwarzen, buschigen Brauen blickten zwei schwarze Augen düster und wachsam umher. Niemand hat Heime je lachen gesehen. Er wollte auch niemandes Genoß oder gar Dienstmann sein, streifte stets allein auf seinem großen, grauen Hengst Rispa durch Wald und Auland. Menschensiedlungen, begangene Wege und bebautes Land mied er. Blutgang hieß sein Schwert. Zu Haus übte er sich mit des Vaters Knechten im Zweikampf, meist aber ritt er Pferde zu. Die wildesten und ungebärdigsten wurden unter seinen Schenkeln und Fäusten zu Lämmern.

Als jedoch die Kunde von den Taten Dietrichs von Bern eines Tages durch die Wälder auch bis zu Studas' Gehöft drang, sagte Heime zu seinem Vater:

»Ich hab es satt, Roßknecht zu sein. Dein Gewerbe widert mich an. Ich reite nach Bern und fordere Herrn Dietrich zum Zweikampf. Kann sein, daß ich falle, kann sein, daß ich siege und berühmter werde als er. Züchte von nun ab ohne mich Hengste und Stuten, es leidet mich nicht mehr im Wald.« Damit stapfte er aus der Stube, wappnete sich und schwang sich auf Rispa.

Als er nach langem Ritt in Bern vor der Burg anlangte, winkte er einen Knappen herzu, befahl ihm, Pferd und Speer zu hüten, und stieg die Stufen zur Königshalle hinauf.

Er trat ein und schritt auf Dietrich zu, den er unter seinen Genossen bei Wein und vertraulichem Gespräch fand.

»Ich komme weither, aus dem Schwabenland«, sagte er, »und ich will wissen, ob du wirklich so stark bist, wie man sagt, oder ob ich dich nicht bestehe. Ich fordere dich zum Zweikampf vor den Mauern Berns, dort wart ich auf dich. Wer Sieger bleibt, soll des anderen Waffen haben.«

Nach diesen Worten verließ Heime die Halle, bestieg sein Pferd und ritt vor das Tor auf den weiten Anger über dem schimmernden Bogen des Etschflusses. Er brauchte nicht lange zu warten, denn Dietrich war zornrot aufgesprungen — noch keiner hatte gewagt, ihn so frech herauszufordern! —, hatte sich von Meister Hildebrand und seinen Rittern wappnen lassen, sein Pferd bestiegen und sprengte nun, gefolgt von den anderen, wütend durchs Tor.

Wie vom Sturmwind getragen, ritten sie gegeneinander, einmal und noch einmal. Beim dritten Zusammenprall zersplitterten die Speere, und Dietrichs Pferd sank auf die Hinterbeine. Nun stiegen die Kämpfenden ab, zogen die Schwerter und begannen zu fechten. Heime hielt sich tapfer, doch als er mit Blutgang weit ausholte und den Helm Hildegrim mit gewaltigem Schlage traf, brach sein Schwert in zwei Stücke. Da war er waffenlos und ergab sich. Dietrich aber verzichtete darauf, ihn zu töten, sondern nahm ihn in seinen Dienst.

»Männer wie den kann ich brauchen«, sagte er zu Hildebrand, als sie über den Anger in die Burg zurückritten.

Heime gesellte sich zu ihnen und rief: »Herr Dietrich, Ihr seid wahrhaftig eines Heldenliedes wert — doch warum reitet Ihr einen so elenden Klepper, der keinen Stoß aushält? Noch heute reit ich heim zu meinem Vater und besorg Euch ein Pferd, dem könnt Ihr den Rücken nicht durchbiegen, und wenn Ihr zehnmal darauf säßet.«

»Das will ich dir danken, Heime«, sagte Dietrich lachend und beurlaubte den Gefährten.

So ritt Heime nordwärts, bis er auf seines Vaters Gehöft kam. Dort suchte er den größten Hengst aus, den er finden konnte, der war drei Winter alt und hieß Falka. Er brachte ihn nach Bern, und als Dietrich das Tier sah, ließ er auf Heimes Schild so viel Gold häufen, als darauf Platz hatte, und legte das Schwert Nagelring obenauf. Er selber trug von da ab nur mehr den Eckesachs.

Bald sollte Dietrichs Reckenschar neuen Zuwachs erhalten, denn auf Seeland hoch im Norden war Wittich, Wielands, des berühmten Schmiedes, Sohn, zu einem stattlichen Jüngling herangewachsen. Der wollte nicht mehr als Gesell in des Vaters Schmiede dienen, sondern verlangte nach Waffen und Pferd.

»Herr Dietrich von Bern ist kaum älter als ich, und schon tragen die Sänger seinen Ruhm von Land zu Land«, rief er. »Soll ich da ewig nur Schwerter schmieden und nie selber eins im Kampf schwingen dürfen? Ich will nach Bern reiten und meine Kräfte mit König Dietmars Sohn messen. Mag sein, daß ich ihn besiege!«

Da schmiedete ihm sein Vater eine Rüstung, die glänzte wie Silber. Er verfertigte auch einen Helm für Wittich, auf dem bäumte sich eine goldene giftspeiende Schlange. Dann reichte er ihm Mimung, sein herrliches Schwert, und ließ Schimming, sein Roß, aus dem Stall führen. Zuletzt reichte er dem Sohn einen Schild, der war weiß und hatte mit schwarzer Farbe einen Hammer, eine Zange und einen Amboß darein gemalt, zum Zeichen, daß Wittich eines Schmiedes Sohn war.

»Vergiß nicht, daß Mut und Übermut zweierlei Dinge sind!« sagte Wieland, dem düstere Ahnungen das Herz bedrückten. Ungern sah er Wittich scheiden, doch als dieser nach kurzer Umarmung mit einem Satz auf Schimmings Rücken sprang, den Steigbügel verachtend, lachte der Vater voll Stolz, schirmte die Augen und sah dem Sohn nach, bis er entschwunden war.

Nach langem Ritt kam Wittich an einen Strom. Weit und breit war keine Brücke zu sehen. Er mußte aber ans andere Ufer gelangen, denn dort ging der Weg weiter. Also legte er Waffen und Kleider ab, versteckte sie in einer mit Gestrüpp verwachsenen Erdgrube und watete ins Wasser, eine Furt zu suchen. Vergeblich schwamm er auf und ab, seine Füße fanden nirgends Grund.

Da ritten drei Männer das andere Ufer entlang, das waren Meister Hildebrand, Heime und Jarl Hornbogi aus Winland, den Dietrich zu sich nach Bern eingeladen hatte.

»Bist du ein Mensch oder ein Zwerg?« rief Hildebrand den Schwimmenden an.

»Das sollt ihr gleich sehen, wenn ihr mir die Furt zeigt! Denn eher steig ich nicht aus dem Wasser«, entgegnete Wittich.

Da zeigten sie ihm die Furt.

Wittich schwamm zurück, kletterte aber nicht wie ein Mensch aus dem Wasser, sondern sprang wie ein Fisch neun Fuß hoch ans Ufer. Er kleidete sich an, wappnete sich und bestieg sein Pferd.

Als er durch den Strom ritt, rief Hildebrand: »Wo willst du denn hin?«

»Nach Bern, Herrn Dietrich zum Zweikampf zu fordern. Kennt ihr den Weg?«

»Das trifft sich gut«, antwortete Hildebrand, »denn auch wir reiten nach Bern. Wir sind Herrn Dietrichs Leute!«

Sie nannten alle ihre Namen, und auch Wittich nannte den seinen und gab sich als Wielands Sohn zu erkennen.

Hildebrand, der den jungen Recken auf seinem Pferd aus dem Strom tauchen und den Mimung an seiner Seite hängen sah, dachte bei sich: Mit diesem jungen Hünen dürfte mein Herr einen schweren Stand haben, wenn es wirklich zum Zweikampf kommt. Ich will sehen, wie ich das verhindern kann.

Wenig später gelangten die Reitenden an eine Wegscheide. Da sagte Meister Hildebrand:

»Von hier führen zwei Wege nach Bern, ein kurzer und ein langer. Der kurze geht über eine steinerne Brücke, an der ein Kastell liegt, darin hausen zwölf Räuber, Gramaleif heißt ihr Häuptling. Wer über die Brücke will, muß Zoll zahlen: Rüstung und Waffen muß er den Räubern lassen und noch heilfroh sein, wenn er lebend und unverstümmelt hinüberkommt. Herrn Dietrich gelang es noch nicht, dies Kastell zu erstürmen, reiten wir also lieber den langen Weg nach Bern.«

Sofort rief Wittich: »Ich reite den kurzen! Bleibt ihr zurück, ich will versuchen, ob wir nicht ohne Zoll über die Brücke kommen.«

Nach kurzem Ritt durch den Wald lagen Fluß, Brücke und Kastell vor Wittichs Augen. Oben vom Söller schauten die zwölf Räuber herab, wüste Kerle, und teilten im vorhinein untereinander Wittichs Waffen, Rüstung und Leib.

»Mir gehört der Schild dieses Mannes«, rief Gramaleif, der Häuptling.

»Mir sein Schwert«, sagte ein anderer.

»Mir der Helm mit der Goldschlange«, der dritte.

Und so redeten sie durcheinander:

»Mir sein Wams!«

»Mir Handschuhe und Sporen!«

»Mir seine Brünne!«

»Mir sein Beinkleid!«

»Mir alles Gold in seinen Taschen!«

»Mir seine rechte Hand!«

»Mir der rechte Fuß!«

»Mir — sein Kopf!«

»Ach was!« rief der letzte Räuber, »laßt ihm doch seinen Kopf, was soll uns der? Mag er einhändig und einfüßig über die Brücke kriechen, wir werden unseren Spaß daran haben!«

Nun eilten ihrer drei vom Söller hinab und ritten Wittich entgegen.

»Gib uns Waffen, Kleider, Hand und Fuß!« forderten sie.

»Verdient sie euch erst«, rief Wittich und schwang Mimung, daß es pfiff. »Wo ist euer Hauptmann?«

Da kam auch Gramaleif mit den übrigen aus dem Tor und schrie: »Seid ihr alle Narren? Sollen wir zwölf vor einem stehen und seinen frechen Reden lauschen? Haut ihn in Stücke!« Damit zog er sein Schwert und ließ es auf Wittichs Helm niedersausen. Der aber hielt stand, und im nächsten Augenblick sank der Hauptmann, vom Mimung in zwei Teile gespalten, tot aus dem Sattel.

Nun drangen alle auf Wittich ein. Weithin hallte die Luft von schrecklichen Schlägen.

»Mir scheint, sie sind aneinandergeraten«, sagte Hildebrand, der mit Heime und dem Gast im Walde wartete. »Laßt uns hinausreiten und Wielands Sohn beistehen.«

»Wollen wir nicht lieber abwarten, ob er siegt oder fällt?« meinte Heime. »Siegt er, so bringt es ihm Ruhm — fällt er, so haben wir in Bern unsere Ruhe vor ihm.«

»Pfui, Heime!« rief Hildebrand. »Hörte dich Herr Dietrich so schurkisch reden, er stieße dich von sich! Auf, wir wollen Wittich helfen!«

Als sie aber auf die Brücke und vor das Kastell kamen, da hatte Wittich bereits sieben Räuber erschlagen, die fünf übrigen waren geflohen. Nun betraten sie die Räuberburg, ließen sich Wein und Speisen, die sie fanden, gut schmecken, und blieben über Nacht.

Doch Hildebrand konnte keinen Schlaf finden. Wie kann ich sowohl diesem herrlichen Helden dienen als auch meinem Herrn Schande und Schmach ersparen? grübelte er. Um Mitternacht hatte er einen Ausweg gefunden. Er erhob sich, schlich in Wittichs Kammer, löste im Mondlicht mit kundiger Hand den Mimung aus seinem Griff und steckte eine andere, mindere Klinge hinein. Dieses Schwert legte er dann neben den Schlafenden, ohne daß dieser etwas von dem Tausch bemerkt hätte.

Am andern Morgen steckte Wittich die Räuberburg in Brand.

»Fortan reitet hier jeder, dem es beliebt, ungehindert und ohne Zoll nach Bern«, rief er. »Und jetzt laßt uns aufbrechen, ich kann es nicht erwarten, Herrn Dietrich zu sehen!«

Als sie die Brücke hinter sich hatten, stießen sie auf die fünf geflohenen Räuber und machten ihnen den Garaus. Wenige Tage später ritten sie in Bern ein.

Herr Dietrich trat aus der Halle, wo er gerade zu Tisch gesessen war, und begrüßte seinen Gast, dazu Meister Hildebrand und Heime. Da trat Wittich herzu, zog den silbernen Handschuh ab und überreichte ihn Dietrich.

»Wer bist du?« fragte dieser. »Und was soll ich mit diesem Handschuh? Ich brauche keinen!«

»Ich bin Wittich, Wielands Sohn, und begehre mit dir zu kämpfen. Wir sind gleichen Alters, und ich möchte erproben, ob dein Heldentum wirklich so groß ist, wie alle sagen. Darum der Handschuh! Stell dich zum Kampf!«

»Frieden will ich haben in meines Vaters Land«, schrie Dietrich, von jähem Zorn übermannt. »Soll denn jeder Landstreicher nach Bern kommen und mich ungestraft zum Zweikampf fordern dürfen?«

»Gemach, Herr, du weißt nicht, wer dir den Fehdehandschuh bot!« warnte Meister Hildebrand, und als ein Höfling, der sich bei Dietrich einschmeicheln wollte, Wittich mit spöttischen Blicken vom Scheitel bis zur Sohle maß, schlug ihm Hildebrand die Faust ins Gesicht, daß der Mann ohnmächtig umsank.

»So hoch schätzest du den fahrenden Ritter?« fragte Dietrich finster. »Gut, so soll er noch heute am höchsten Galgen baumeln, der in Bern ragt.«

»Noch ist er dir nicht unterlegen«, entgegnete Hildebrand. »Besiegst du ihn, magst du ihn hängen, so hoch du willst.«

Längst hatte Wittich der Halle den Rücken gekehrt und wartete auf dem Anger. Wie ein König saß er in seiner silbernen Rüstung zu Pferde, das Schwert an der Seite, die Lanze in der Faust.

Mit großem Gefolge erschien Dietrich auf dem Plan. Heime trat auf ihn zu, reichte ihm eine Schale Wein und sagte: »Trink, Herr! Sieg sei dir heute und immerdar!«

Herr Dietrich trank. Nun trat Hildebrand zu Wittich und bot ihm gleichfalls einen Trunk.

Wittich, der Dietrich ehren wollte, bat: »Reich ihn zuerst deinem Herrn, er möge mir zutrinken.«

Hildebrand gehorchte, Dietrich aber wandte sich zornig ab.

»Du weißt nicht, auf wen du zornig bist«, sagte Hildebrand halblaut, »vielleicht wirst du noch heute deinen Meister finden, sieh dich vor!«

Nun reichte Hildebrand Wittich die Schale von neuem mit den Worten: »Trink und wehre dich tapfer!«

Da trank Wittich. Dann zog er einen Goldring vom Finger, warf ihn in die leere Schale und reichte sie Hildebrand zurück: »Ich danke dir, Bruder!«

Nun begann der Kampf. Dietrich und Wittich flogen aufeinander zu wie hungrige Habichte auf ihre Beute. Dietrichs Speer glitt an Wittichs weißem Schild ab, aber Wittichs Lanze zerbarst an Dietrichs Schild in drei Stücke.

»Wende und reit auf mich zu, ich werde stillhalten, denn du sollst deine Lanze genauso verlieren wie ich!« rief der Schmiedsohn.

Das ließ sich Dietrich nicht zweimal sagen. Er zielte mit seinem Speer auf Wittichs Brust und stach zugleich seinem Pferd die Sporen in die Weichen. Wie ein Pfeil flog er heran, Wittich aber zog blitzschnell sein Schwert, hieb die Lanze knapp vor seiner Brust entzwei und zugleich einen langen Span von seinem eigenen Schild ab.

Nun sprangen sie aus den Sätteln. Im Schwertkampf, der nun begann, wollte Wittich Dietrichs Helm spalten — da brach sein Schwert in Stücke! Dietrich aber packte, schreiend vor Freude, Eckesachs mit beiden Fäusten. Der Augenblick schien gekommen, da Wittichs Haupt blutend über den Boden rollen sollte.

»O Vater«, rief Wittich, »des Himmels Zorn über dich! Dein Schwert ließ mich im Stich! Schande bringt es über uns beide! Wer rühmt noch Wieland, den Schmied?«

»Genug!« rief Meister Hildebrand und sprang zwischen die Kämpfer. »Gib diesem Mann Frieden, Dietrich, du findest keinen bessern als ihn! Die Räuber an der Brücke, die dein Heer nicht bezwang, hat er ganz allein vernichtet!«

»Und wenn er ihrer hundert erschlagen hätte, es bleibt dabei: noch heute hängt er am Galgen!« erwiderte Dietrich wutschnaubend. »Räum das Feld, Hildebrand, sonst vergesse ich, wer du bist und was du mir warst, und haue dich in Stücke!«

»Ich sehe schon, dich macht der Zorn blind und taub«, sagte Hildebrand bekümmert. »Nun sollst du haben, wonach dich gelüstet. Hier, Wittich, ist Mimung, dein Schwert. Schmähe den Vater nicht, führ es gut, und verzeih mir, daß ich aus Sorge und Treue an dir zum Verräter werden mußte!«

Da küßte Wittich Mimungs Klinge. »Vergib mir, Vater!« rief er und stürzte sich jauchzend auf Dietrich. Schaurig widerhallten die Mauern Berns von Mimungs und Eckesachs' Schlägen. Stückweise schälten die Helden einander die Rüstungen vom Leib, daß der Anger von Splittern und Trümmern übersät war. Aus fünf Wunden blutete Dietrich, es glückte ihm nicht, Wittich auch nur einmal zu verletzen. In arge Not geriet er, da rief er Hildebrand an:

»Komm her, scheide den Kampf, ich kann nicht mehr!«

»Zu spät«, entgegnete der Bärtige. »Als ich euch scheiden wollte, da war dir mein Rat verhaßt! Jetzt sieh zu, wie du deine Ehre rettest! Ich bin dein Meister nicht mehr, Wittich scheint es zu werden.«

König Dietmar hatte unter dem Tor dem Kampf zugesehen. Nun, da sein Sohn in so schreckliche Bedrängnis kam, lief er eilig herzu und stellte sich mit seinem roten Schild zwischen die Streiter.

»Was soll das?« fragte Wittich. »Willst du, König, mir Gewalt antun, weil ich deinem vielgerühmten Sohn eine Lehre erteile?«

König Dietmar trat an Wittich heran. »Nein«, sagte er ruhig, »das brächte uns allen Schande. Aber *bitten* will ich dich, den Kampf zu beenden — hast du nicht auch einen Vater, der dich liebt?«

Wittich biß die Lippen aufeinander und schwieg. Da trat Dietmar traurig beiseite und kehrte zum Tor zurück. Der Zweikampf entbrannte aufs neue und endete erst, als Wittichs Schwert den Helm Dietrichs quer durchschlug, so daß der obere Teil samt Dietrichs Scheitellocken sirrend und flimmernd durch die Luft flog und erst am andern Ufer des Etschflusses zu Boden fiel.

»Nun aber scheidet!« rief Hildebrand und sprang zwischen sie. »Du nanntest mich Bruder, Wittich, ehe der Kampf begann — als Bruder bitt ich dich: Laß ab. Es gibt auf der weiten Erde nicht zwei, die euch gleichen, darum versöhnt euch!«

»Er hat es nicht verdient. Dennoch soll es so sein, wie du es wünschst.« Damit ging Wittich auf Dietrich zu und reichte ihm die Hand.

So wurden die beiden Freunde.

Dietrich aber war durch diesen Kampf und sein Ende wie verwandelt. Aller Jähzorn und Hochmut wichen aus seiner Seele, und er wurde einer der edelmütigsten Könige des Abendlandes. So erwuchs ihm selbst aus einer Niederlage Ruhm, und er segnete insgeheim Hildebrand dafür, daß er sie ihm nicht erspart hatte.

DIETLEIB, DER DÄNE

In Südschweden, das damals zum Dänenreich gehörte, lebte Biterolf, ein reicher, vornehmer Ritter, der viel fruchtbares Land sein eigen nannte. Er war ein weitgereister, schwertgeübter Mann. Mit Oda, der schönen Tochter eines Sachsengrafen, hatte er einen Sohn, der hieß Dietleib, aber er glich seinen vornehmen Eltern in keiner Weise, das mußte man schon sagen.

In jungen Jahren war er groß gewachsen, aber häßlich, sofern man von seinem Antlitz überhaupt etwas sah, denn Dietleib kannte nichts Schöneres, als tagaus, tagein in der Küche hinterm Herd in der warmen Asche zu liegen. Dort schlief er auch. Er war so faul, daß ihn selbst das Reden verdroß, erst recht das Denken. Sein Gesicht war beständig verschmiert: er aß gerne recht viel und recht fett und wischte sich nachher immer mit der rußigen Hand den Mund ab. Zudem war er wasserscheu, pflegte niemals seine Kleider, ließ sich nur ungern das Haar schneiden, und wenn man ihm von ritterlichen Künsten redete — etwa: wie man Rosse tummelt oder Schwerter schwingt —, machte er nur eine halb ärgerliche, halb gelangweilte Handbewegung, was soviel bedeutete wie: »Ach, laßt mich doch mit solchem Zeug in Ruhe!«

Kein Wunder, daß seine Eltern ihn wenig liebten und oftmals mit ihm schalten: »Aus dir wird nie ein Mann und schon gar nicht ein Ritter, der Ruhm und Ehre erwirbt.« Aber Dietleib ließen solche Reden kalt. Er lag in der Asche, fraß und genoß seine Faulheit.

Eines Tages aber wurde Biterolf mit seiner Gemahlin zu einer Gasterei auf die Burg eines benachbarten Fürsten geladen. Man rüstete zur Fahrt. Plötzlich erhob sich zum allgemeinen Erstaunen Dietleib aus der Asche, trat vor seinen Vater hin und sagte:

»Gib mir auch ein Pferd und Waffen, ich fahre mit euch!«

»Scher dich hinter den Herd«, gab ihm Biterolf zur Antwort, »du brächtest uns nur Schande! Von heute auf morgen wird aus einem blöden Vielfraß kein Ritter!«

»Ich fahre trotzdem«, erwiderte Dietleib, ging in den Stall, sattelte seines Vaters bestes Roß und ritt zu einem Bauern, der Biterolf untertan war. Bei dem lieh er sich Waffen, ein schartiges Schwert, einen plumpen Speer, einen rostigen Schild, und kam mit ihnen wieder zurück.

Als Biterolf den Sohn so ärmlich gerüstet in den Hof reiten sah, entschloß er sich, ihm doch bessere Waffen zu geben, und die Mutter befahl ihm, sich zu waschen und feiner zu kleiden. Als das geschehen war, staunte alt und jung über den schmucken Junker, der da auf einmal so kühn zu Pferde saß, als ob er sein Lebtag nichts anderes getan hätte.

Nun durfte er mit zum Schmausgelage reiten und erregte überall Wohlgefallen. Auch bei Tisch waren seine Sitten tadellos, seine Reden mit Männern und schönen Frauen voll Sinn und Witz.

»Er ist nochmals geboren«, sagte sein Vater, als sie nach drei Tagen den Fürstenhof verließen.

»Ja«, sagte die Mutter, »unser Kind ist erwacht. Wer weiß, welchem König er noch in Ehren dienen wird?«

Auf dem Heimweg mußten sie durch den Falsterwald, wo der Räuber Ingram und seine Gesellen Weg und Steg unsicher machten. Sie überfielen Biterolf und sein Geleit. Vater und Mutter ängstigten sich sehr um Dietleib, der ja nie gelernt hatte, Waffen zu gebrauchen. Aber der sprang voll Kampfeslust vom Pferd, rief seinem Vater zu, dasselbe zu tun, und stellte sich mit ihm Rücken an Rücken auf. So wehrten sich die beiden tapfer, bis alle Raubgesellen tot lagen.

Am andern Morgen erbat sich Dietleib die besten Kleider und Waffen und ein ausdauerndes Pferd.

»Wo willst du denn hin?« fragte der Vater.

»In die Welt«, antwortete Dietleib. »Oder soll ich wieder in die Asche zurück?«

So ließen sie ihn, von guten Wünschen begleitet, seines Weges ziehen.

Dietleib ritt südwärts, viele Wochen lang. In Sachsen traf er einen fahrenden Ritter aus dem Amalungenland.

»Ist's noch weit bis da hinunter?« fragte er ihn.

»Was kümmert's dich?« fragte der andere dawider. »Willst du etwa Herrn Dietrichs Dienstmann werden?«

»Warum nicht?« entgegnete Dietleib. »Kannst du mir sagen, wo ich ihn finde?«

»Zur Stunde weilt er in Breisach am Rhein bei seinem Oheim Dieter, den sie auch Harlung nennen. Er überbringt ihm Botschaft von seinem Oheim Ermenrich, der zu Romaburg residiert und alle Amalungen samt ihrem Gefolge zu einem großen Festmahl eingeladen hat. Reite also nach Breisach, vielleicht triffst du Herrn Dietrich noch an!«

Dietleib dankte für den Rat und erreichte König Dieters Burg gerade, als die Recken, unter denen auch Hildebrand, Wittich und Heime waren, zum Aufbruch nach Romaburg rüsteten. Dietleib stellte sich unter einem falschen Namen vor und bot Herrn Dietrich höflich seine Dienste an.

»Willst du in Romaburg unsere Waffen, Kleider und Rosse hüten, solange das Fest währt, so magst du mit uns kommen«, sagte Dietrich, dem der junge Mann gefiel.

Dietleib war's zufrieden, und so zog er mit Dietrichs und Dieters Gefolge über das Gebirge hinunter nach Italien zu König Ermenrich.

Als sie nach Romaburg kamen, standen für König Ermenrichs edlere Gäste prächtige Hallen und Kammern bereit, während Dienstmannen und Reisige wie Dietleib in abgesonderten Hallen wohnen und nächtigen mußten, wo zugleich auch die Pferde untergebracht waren.

Das ärgerte Dietleib so sehr, daß er nicht einmal in die Burg zum Essen ging. Schon am ersten Abend sprang er auf einen der Tische, an denen die Kriegsknechte, Kleiderverwahrer und Futtermeister beim Mahl saßen, und rief:

»Ich lade alle Dienstleute von weit und breit ein, mit mir in dieser Halle ein Gastmahl zu feiern, so üppig wie das König Ermenrichs und ebenso lang wie dieses, neun Tage also!«

Nun floß der Wein in Strömen, und unter der Last der Speisen, die Dietleib auftragen ließ, bogen sich die Tafeln. Bald waren die dreißig

Goldtaler, die er von zu Hause mitbekommen hatte, verpraßt. Er aber, nicht faul, versetzte Heimes Pferd, Waffen und Gewänder, die ihm in Obhut gegeben waren, bei einem Pfandleiher gegen dreißig Goldtaler, und als am siebenten Tag auch dieses Geld verjubelt war, verpfändete er Herrn Dietrichs Hengst Falka sowie dessen Speer, Schild, Rüstung und Mantel gegen nochmals dreißig Taler.

Am Abend dieses Tages war die Halle Dietleibs überfüllt mit Reisigen, Dienstleuten, Sängern und Lautenschlägern, insgesamt an die dreihundert Mann. Zwei Tage lang wurde getafelt und gezecht, gesungen und allerlei rüder Scherz getrieben, und als der Morgen graute, beschenkte Dietleib den Spielmann Ilsung mit einem kostbaren Goldreif, den ihm seine Mutter im Dänenland als Talisman auf den Arm gestreift hatte, und mit einem Prunkgewand aus Dietrichs Kleiderschatz.

Als nun Herr Dietrich wieder heimwärts reiten wollte und Pferde und Waffen verlangte, antwortete Dietleib:

»Herr, bezahlt erst meine und meiner Gesellen Zeche!«

»Wieviel ist es denn?«

»Sechzig Goldtaler, nicht mitgerechnet die dreißig, die ich selber mithatte. Doch die mögt Ihr auf sich beruhen lassen. Die sechzig aber müßt Ihr bezahlen, denn dafür habe ich sowohl Eure als auch Heimes und Wittichs Waffen und Kleider versetzt und die Pferde dazu. Beim Pfandleiher könnt Ihr sie auslösen.«

Derlei war Dietrich noch nicht vorgekommen. Er sagte kein Wort, sondern ging mit Dietleib zu König Ermenrich in den Thronsaal und fragte: »Oheim, willst du die Zeche meiner Gefolgsleute bezahlen?«

»Wieviel ist es denn?«

»Frag diesen Mann hier, den ich als Hüter für unsere Gewänder, Waffen und Pferde zu Breisach in Dienst nahm.«

Als Ermenrich aus Dietleibs Munde erfuhr, wie hoch die Zeche gewesen, die kaum weniger ausmachte, als Ermenrichs großes Gastmahl für alle Amalungen und deren Gefolge gekostet hatte, sprang er auf und schrie:

»Sag mir, bist du ein Narr oder ein verkleideter Edeling, daß du in neun Tagen so viel Geld zu vertun wagst?«

Dietleib sah dem König gerade in die Augen und sagte gelassen: »Ich bin gewohnt, daß man mir Speise und Trank anbietet, ehe man mir zu reden befiehlt.«

Da ließ Ermenrich Speisen und Wein kommen, und Dietleib aß und trank für drei, einen Becher Weins nach dem anderen und immer auf einen Zug. Alles staunte, und die Männer drängten von ringsher in den Saal, um Dietleib essen und trinken zu sehen. Herr Walther vom Wasgenstein, der auch unter den Geladenen war, trat herzu und fragte:

»Was kann dieser Mensch außer Essen, Trinken und Geldverprassen sonst noch? Nichts? Wie wäre es, Freund, mit Steinwerfen oder Schaftschleudern, he?«

»Ich will's versuchen«, antwortete Dietleib.

»So komm«, rief Walther. »Siegst du, ist mein Haupt dein, unterliegst du, gibt es für Geldverschwender in Romaburg Galgen!«

Sie gingen hinaus vor den Palast, da war ein weiter Platz, den säumten alle Gäste Ermenrichs in dichter Schar. Walther warf den schweren Stein, aber Dietleib schleuderte ihn um zwei Fuß weiter.

Beim nächsten Wurf übertraf Dietleib Herrn Walther gar um fünf Fuß Weite und gewann damit das Spiel.

Nun ergriff Walther eine mächtige Bannerstange und schleuderte sie gleich einem Speer über das Dach der Königshalle hinweg. Ein Schrei der Verwunderung ging durch die Umstehenden.

Dietleib ging hinter die Halle, hob die Stange auf, schleuderte sie über das Dach zurück, raste aber, nachdem er sie abgeschleudert hatte, durch die Königshalle von der Hintertür zur Vordertür so flink hindurch, daß er noch vor der Stange auf dem Burgplatz anlangte und den wuchtigen Schaft aus der Luft abfangen konnte.

Da hatte Walther vom Wasgenstein sein Haupt an Dietleib, den Dänen, verloren.

König Ermenrich trat auf Dietleib zu.

»Ich will das Haupt meines Blutsbruders Walther lösen, so teuer du willst«, sagte er.

»Ach«, lachte Dietleib, »Herrn Walthers Haupt schenk ich Euch wie ihm. Aber Herrn Dietrichs und seiner Genossen Waffen, Kleider und Pferde müßt Ihr trotzdem noch auslösen, sonst können sie alle nicht heimreiten!«

Dazu war Ermenrich gerne bereit. »Nun aber sage mir, du seltsamer Held, wer du bist und woher du kommst?«

Da nannte Dietleib seinen wahren Namen und den seines Vaters, erhielt von Ermenrich eine kostbare Rüstung sowie die dreißig Taler, die er für die Bewirtung der Reisigen aus eigener Tasche aufgewendet hatte, und zog als Dietrichs jüngster Genoß fröhlich nach Bern.

KÖNIG LAURIN

Die Recken waren von Ermenrichs Fest schon seit einigen Wochen zurückgekehrt, als sie eines Tages in der Halle zu Bern beisammensaßen und Dietrichs Heldentaten priesen.

»Er hat nicht nur mit den stärksten Recken gekämpft, auch Riesen hat er in seiner Jugend bezwungen«, sagte Wittich.

»Ja«, meinte Hildebrand, »aber mit Zwergen hat er noch niemals zu tun gehabt.«

»Was redest du da?« rief Dietrich, der unvermerkt eingetreten war. »Habe ich nicht den ruppigen Alben gefangen, der mir Nagelring brachte und uns die Höhle von Hilde und Grim wies? Mit den Fingern hätte ich dem Wichtel den Garaus machen können, wenn mich danach gelüstet hätte!«

»Das wohl«, entgegnete Meister Hildebrand. »Es ist ja auch nicht so schwer, mit irgendeinem armen Untertan König Laurins fertig zu werden, wohl aber mit Laurin selber!«

»Wer ist das, König Laurin?« fragte Dietrich.

»Das ist aller Zwerge Herr«, antwortete Hildebrand. »In den Bergen Tirols hat er sich einen Rosengarten angelegt, den umhegt ein roter Faden aus feinster Seide. Wer den Faden zerschneidet, büßt es bitter — Laurin ist augenblicklich zur Stelle, kämpft mit ihm und nimmt ihm außer den Waffen auch noch die linke Hand und den rechten Fuß. Bisher hat ihn noch keiner besiegt.«

»So will ich der erste sein!« rief Dietrich. »Ich reite nordwärts, nach Tirol — wer reitet mit mir?«

»Ich!« rief Wittich mit lauter Stimme. Er eilte mit vor die Halle, rief nach Waffen und Pferden und verließ Seite an Seite mit Dietrich die Burg und die Stadt.

Sie erreichten das Gebirge und ritten zuerst lange durch dichten Wald. Bald aber kamen sie an ein grünendes Gehege, das lag inmitten eines ragenden Walles von mächtigen Felsgipfeln. Die köstlichsten Rosen blühten hier in Beeten ohne Zahl. An jedem Stengel hingen spinnwebfeine Goldborten, die flatterten im leisen Hauch des Mittags und ein blutroter Seidenfaden umspannte den ganzen gewaltigen Garten. Betäubender Duft wehte den Reitern entgegen.

»Hildebrand hat wahr geredet«, sagte Dietrich, in den Anblick des mächtigen Rosenhags versunken. »Aber daß der Zwergenkönig, de über diesen Lustort herrscht, schwerer zu bezwingen sein soll als die Riesen, mit denen ich rang, das glaub ihm, wer will!«

»Laß es uns versuchen«, rief Wittich, »und wenn der Zwerg kommt, so wollen wir ihm mit Eckesachs und Mimung schon seinen Hochmut austreiben.«

Nach diesen Worten hieb er den roten Faden entzwei, schlug mit dem Schwert auch noch ein paar Rosen die Köpfe ab und trat sie samt den goldenen Bändern ins Erdreich.

»So«, meinte er, »nun laß uns abwarten, was geschieht.«

Die Helden setzten sich ins Gras und harrten der Dinge, die da kommen sollten.

Es dauerte nicht lange, da kam ein Zwerg auf einem Pferdchen geritten, das war nicht größer als ein Reh, doch so prächtig gezäumt wie nur eines Königs Roß.

Der Zwerg — es war Laurin — trug eine Rüstung, die war ganz aus Gold. Seine Brünne war mit Drachenblut gehärtet, und um die Hüften trug er einen Zaubergürtel, der ihm die Stärke von zwölf Männern verlieh. Sein goldener Helm war mit Rubinen und Karfunkelsteinen übersät und trug an der Spitze eine winzige Krone. Sein Sattel war aus Elfenbein, die Decke goldgewirkt, aus Gold und mit Edelgestein verziert waren die Zügel.

An der Seite hatte König Laurin ein Schwert, das war nur spannenlang, aber es schnitt Eisen und Stein, als wären sie halbgebackenes Brot.

Geblendet von so viel Glanz und Wunder sprangen die Helden auf.

Wittich rief: »Das muß ein Lichtalbe sein — hilf, Himmel, er tötet uns mit seinen Strahlen!«

»Er ist voll Haß gegen uns«, meinte Dietrich, »sieh nur, wie böse sein Auge blickt.«

Der Zwergenkönig hielt vor den Recken und fragte mit schmerzvoller Stimme:

»Ihr Wüteriche, was haben euch meine Rosen getan? Wer hat euch hierhergesandt oder gerufen? Den Schaden sollt ihr mir büßen! Jeder von euch gebe mir freiwillig seine linke Hand und den rechten Fuß!«

»Höre, Kleiner, so handelt man nicht mit Fürsten«, entgegnete ihm Dietrich. »Deine Rosen wachsen im nächsten Mai nach, und was die Buße betrifft, so biete ich dir statt Hand und Fuß die schönsten Juwelen aus meines Vaters Schatzkammer.«

»Was brauch ich deine Juwelen«, schrie der Zwerg und lief dabei so rot an wie seine Rosen. »Schätze habe ich selber genug, mehr als ihr, verfluchtes Menschenpack! Ihr wollt Fürsten sein? Haha! Wenn ihr Kampf sucht, warum habt ihr ihn dann nicht auf fürstliche Art gefordert? So aber habt ihr unschuldige Rosen zertreten. Wehrt euch!«

»Hör nur, wie der Knirps uns höhnt«, sagte Wittich zornig. »Reitet einen Ziegenbock von Pferd und prahlt dabei, als ob er zehn Riesen wäre. Mich gelüstet es, ihn bei den Beinen zu packen und mit dem Kopf gegen die Felsen zu schlagen!«

»Das magst du tun«, rief Laurin, »zuvor aber kämpfe ritterlich mit mir!«

Da schloß Wittich sein Visier, legte die Lanze ein und ritt gegen den Zwergenkönig an. Der sprengte ihm auf seinem Pferdchen entgegen, berührte mit dem goldenen Speer kaum des Helden Brünne, und schon lag Wittich auf dem Rücken im Gras. Flugs stieg Laurin ab, zog sein spannlanges Schwert und stürzte sich damit auf den Gefangenen, ihm eine Hand und einen Fuß abzuhauen.

Das reizte Herrn Dietrichs Zorn. »Zurück, Wundermännlein«, rief er und hielt Eckesachs schützend über den Gefährten. »Glaubst du, der Berner läßt seinen Schwertbruder im Stich?«

»Du bist der Berner? Du bist Dietrich von Bern?« verwunderte sich Laurin hohnvoll. »Willkommen bei mir im Rosengarten! Gib auch du mir gleich Fuß und Hand! Kannst es dir ersparen, lange mit mir zu kämpfen!«

Diese unverschämte Rede ergrimmte Herrn Dietrich über die Maßen. Er schwang sich auf Falka, senkte die Lanze und wollte gegen den Zwergenkönig anrennen, wie er es sonst auf dem Kampfplatz immer tat.

In diesem Augenblick hörte er Hildebrands Stimme rufen: »Laß das, mein Dietrich, so zwingst du den Zwerg nicht! Steig ab, nimm dein Schwert bei der Spitze und schlag dem Wicht Knauf und Griff um die Ohren!«

Dietrich sah sich rasch um: Hildebrand hielt am Waldrand Seite an Seite mit Dietleib, auch Wolfhart, Hildebrands Neffe, war bei ihnen. Die drei waren ihrem Herrn und Wittich nachgeritten aus Sorge um ihrer beider Leben.

Schneller noch als der Berner war Laurin vom Pferd geglitten. Nun lief er Herrn Dietrich an und schlug ihm mit einem Hieb seines winzigen Schwertes den mächtigen Schild vom Arm. Dietrich aber vergalt ihm den Hieb und zertrümmerte Laurins Schild, auf welchen ein springender Leopard gemalt war. Dann nahm er Eckesachs, wie ihm Hildebrand geraten, bei der Spitze und schlug mit dem Knauf links und rechts auf Laurins Helm ein, daß dem Zwerg Hören und Sehen verging. Er wußte sich schließlich nicht mehr anders zu helfen, als seine Hehlkappe vom Gürtel zu lösen und sie sich überzuziehen: da war er mit eins verschwunden. Zitternder Mittagsglast war an der Stelle, wo Laurin eben noch gestanden, und nur an den Schlägen, die er nun aus sicherstem Schutz heraus austeilte, erkannten Dietrich und Wittich, daß er noch da war.

Von allen Seiten fiel er jetzt die Helden an.

»Ringe mit ihm!« rief Hildebrand Dietrich zu, »so wirst du ihn unterkriegen.«

Im Nu war Laurin wieder sichtbar. Er warf sein Schwert weg, lief zwischen Dietrichs Beinen hindurch, umklammerte dessen Knie und warf ihn zu Boden.

»Zerbrich ihm den Gürtel!« rief Hildebrand vom Wald herauf.

Nun ward es Herrn Dietrich zu bunt. Feuer brach aus seinem Munde. Er faßte den Zwerg am Gürtel, hob ihn hoch auf und stieß ihn mit aller Kraft gegen den Erdboden. Der Gürtel barst, Dietrich nahm ihn auf und warf ihn Hildebrand zu. »Verwahr ihn gut«, rief er, »wer weiß, wozu wir das Kleinod noch brauchen werden!«

Schwach und kraftlos lag Laurin im zertretenen Gras. Laut heulte er aus Todesangst, daß es von den Felsen widerhallte. »Laß mir mein Leben«, wimmerte er.

Herr Dietrich aber stürzte sich voll Zorn auf ihn und wollte ihn erwürgen.

In dieser argen Not hob Laurin die Hände auf und flehte zu Dietleib, der mit Hildebrand herangeritten war:

»Hilf mir, Dietleib, er tötet deiner Schwester Gemahl!«

Da stutzten die Helden. Dietrich ließ den Hals des Zwerges fahren. Nun erfuhren sie, daß er es gewesen sei, der Dietleibs schöne Schwester Kunhild, die ein Jahr zuvor auf rätselhafte Weise verschwunden war, geraubt und zu seiner Gemahlin gemacht hatte.

»Sie ist aller Zwerge Königin«, erzählte er, »und laßt ihr mir mein Leben, so führ ich euch zu ihr. Kommt alle mit in den Berg, ich will euch meine Schätze und Wunder zeigen und alles, was ich besitze, mit euch teilen.«

Nach kurzer Beratung willigten die Helden ein. Dietleib war es vor allem, der ihnen ihr Mißtrauen gegen Laurin ausredete, er wollte ja die geliebte Schwester wiedersehen.

»Mit Lug und Trug wird uns der Alb verderben«, murmelte Wittich.

Dietrich und Hildebrand aber meinten: »Was soll uns ein kraftloser Zwerg noch anhaben?«

So folgten sie Laurin rund um den Rosengarten zu einer Felskluft. Dort tat sich ein Tor auf, und sie ritten in den Berg hinab. Zwölf Zwergenfräulein verneigten sich am Eingange zum Empfang der Helden. Dann schloß sich das Tor donnernd hinter ihnen, und die Mädchen versanken kichernd.

»Nun sind wir wohl auf ewig gefangen«, grollte Wittich.

Aber Laurin wandte sich nach ihm um und sagte: »Vertrauet meinem königlichen Wort, es geschieht euch kein Leid.«

In einem matt erleuchteten Gewölbe, an dessen Wänden große goldene Futterraufen hingen und Krippen aus Marmor standen, mußten sie von den Pferden steigen, denn von da ab waren Gänge und Höhlen für die verschreckten Tiere nicht mehr gangbar.

Die Helden schritten hinter Laurin über Felsenstufen und kühn geschwungene Stege immer tiefer hinab in die kühle Nacht des Berges. Aber diese Nacht war erleuchtet vom unendlichen Glanz des Goldes und der Edelsteine, der Kristalle und Diamanten, vom Leuchten mattschimmernder Tropfsteine und blaustrahlender Grotten, aus denen das silberhelle Klingen und Rauschen eiskalter Quellen und Bäche drang.

Dann und wann stürzte bei einer jähen Wendung des Weges überraschend ein unterirdischer Strom über eine Felsenschwelle tosend in Schluchten und grundlose Tiefen hinab, und das viele Licht der Kristalle brach sich siebenfarbig in seinem Gischt.

Endlich gelangten sie in einen hochgewölbten Saal, dort mußten sie auf goldenen Bänken Platz nehmen. Das Getöne unsichtbarer Harfen und Glockenspiele erfüllte die Luft. Auf einmal kamen dienende Zwerge in großer Zahl herbei, die trugen Gefäße, in die sie Met und Wein gossen. Musikanten und Sänger traten herzu und unterhielten die Gäste, indes im Hintergrund zwei Trupps von Zwergen in silbernen und goldenen Rüstungen aufeinanderstießen, ihre winzigen Schwerter zogen und ein lärmendes Schaugefecht gaben.

»Dein Berg ist voll Freuden«, sagte Dietrich, der bisher nur in staunendem Schweigen die Wunder dieser Unterwelt betrachtet hatte, zu

Laurin. Auf einmal sprang Dietleib mit einem Schrei des Entzückens auf, denn seine schöne Schwester Kunhild war plötzlich aus einer Felsentür getreten. Ihre begleitenden Zwerginnen um das Dreifache überragend, trat sie unter die Gäste und umfing den Bruder mit Tränen.

»Schwesterlein«, fragte Dietleib voll Sorge, »was kümmert dich? Willst du fort von dem räuberischen Zwerg?«

»Ach«, antwortete Kunhild, »es fehlt mir an nichts. Sieh, ich trage die Krone, Laurin hat mich als Königin über alle Zwerge der Erde gesetzt und mir seinen Rosengarten als Brautgeschenk gemacht. Aber ich kann dennoch nicht froh werden, ich vergehe vor Heimweh nach dir und den Eltern, nach Menschen! Dies Treiben hier taugt nicht für mich, mein Herz bleibt freudenleer.«

»Sei ohne Gram, Schwesterlein«, flüsterte ihr Dietleib ins Ohr, »ich entreiß dich dem Zwerg, und koste es mein Leben!«

Laurin lud die Helden zum Mahl, das wurde auf dem prächtigsten Geschirr kredenzt, dergleichen sie oben auf der Erde noch nie gesehen hatten. Während sie sich's schmecken ließen, zog der König Kunhild in ihr Gemach und erzählte ihr, was ihm die Berner Recken angetan und daß er ihren Rosenfrevel noch immer nicht habe rächen können.

Kunhild stimmte den Erzürnten zur Milde und forderte ihm sein königliches Wort ab, keinem der Helden ans Leben zu gehen. Das versprach ihr Laurin, steckte sich aber gleichwohl heimlich einen Ring an den Finger, der ihm die Stärke von zwölf Männern verlieh. Dann ging er in seine Kammer und ließ Dietleib zu sich bitten.

Der Däne trat ein.

Laurin ging auf ihn zu und sagte: »Mein Schwager, du bist mir lieb. Überantworte deine Gesellen meiner Rache, so will ich meine Schätze mit dir teilen!«

»Eher wollte ich freiwillig verhungern«, erwiderte Dietleib zornig und faßte sein Schwert.

»Dann bleib, wo du bist!« schrie Laurin, schlüpfte wieselschnell durch die Tür und verriegelte sie von außen.

Dietleib war gefangen.

Nun befahl Laurin seinen Mundschenken, den Gästen einen Zaubersaft in den Becher zu gießen, davon sanken sie in bleiernen Schlaf, und als sie wieder erwachten, waren sie alle mit Fuß- und Handschellen gebunden und lagen in einem finsteren Kerker.

Maßlos flammte Dietrichs Zorn. Feuer schoß in gleißendem Strahl aus seinem Mund, das schmolz die Ketten entzwei. Die Tür des Kerkers aber vermochte sein Atem nicht zu öffnen, sie war aus Stein.

Währenddessen war Kunhild, Böses ahnend, vor Laurins Kammer geschlichen und hatte den Riegel weggeschoben. Da sprang Dietleib zornbebend heraus.

»Wo sind die Gefährten?« rief er.

»An einem Ort, der dunkler ist als die Nacht, liegen sie gefangen.«

»Führ mich in den Saal, wo wir tafelten, dort liegen unsere Waffen! Ich muß Herrn Dietrich und die anderen befreien!«

Kunhild half dem Bruder, die Waffen zu finden und anzulegen. Dann gab sie ihm einen Ring und sagte:

»Steck ihn an, sonst siehst du die Zwerge nicht!«

Er tat, wie sie befahl, nahm die Schwerter seiner Genossen an sich und lief damit wohl hundert oder mehr Stufen in die Tiefe, wo ihm die Schwester die Pforte des Kerkers gezeigt hatte. Er riß den Riegel zurück und schleuderte die Waffen in das finstere Gelaß, daß der Berg davon dröhnte.

Das hörte Laurin. »Auf, meine Zwerge!« rief er, und im nächsten Augenblick rappelte und rasselte es in allen Höhlen und Hallen, auf allen Stegen und Stufen. Im Nu rückten dreitausend bewaffnete Zwerge heran, alle mit Hehlkappen, alle unsichtbar. Nur Dietleib konnte sie schauen.

»Keiner meiner Gäste kommt mir lebend davon, der Berg wird ihr Grab«, rief Laurin und rückte mit seinen Scharen zum Kerker vor.

Da stand Dietleib wie ein Fels und empfing sie mit pfeifenden Schwertstreichen. Doch so viele er auch hinmähte, gleich standen neue an ihrer Stelle.

Dem König konnte er nichts anhaben, der schlug ihm mit Zwölfmännerstärke furchtbare Wunden.

Im Kerker drinnen standen Dietrich und Wittich, Hildebrand und Wolfhart mit entblößten Klingen.

»Seht ihr wen?« fragte Dietrich verwundert. »Der Berg zittert von Waffenlärm, aber ich sehe keine Streiter.«

»Nimm Laurins Gürtel um, so wirst du sie sehen«, sagte Hildebrand und reichte ihm das Kleinod. Dietrich gürtete sich — da sah er, wie Dietleib gerade von Laurin und den Zwergen überwältigt wurde.

»Bleibt zurück«, rief er den anderen zu, »ihr seht die Alben nicht!« und sprang Dietleib zu Hilfe.

»Schlage Laurin die rechte Hand ab und gib mir seinen Ring, so kann ich mit dir kämpfen«, rief ihm Meister Hildebrand nach.

Übel wurde Dietrich vor dem Kerker empfangen. Laurin stürzte sich auf ihn und verwundete ihn schwer. Dietrichs Zornesatem aber versengte ihm die Brünne, da wich er einen Augenblick zurück, und schon hatte ihm Dietrich den Ringfinger der rechten Hand abgehauen und Hildebrand zugeworfen. Der zog den Ring ab, steckte ihn an und konnte nun auch die Zwerge sehen und mit Schwerthieben züchtigen.

Voll Schrecken lief Laurin aus dem Berg hinaus in die Sonne und stieß dort in sein Horn. Da stapften fünf Riesen herbei, die waren ihm gewogen, weil er sie reich beschenkt hatte. Freudig drangen sie, mit ihren Stangen bewaffnet, in den Berg ein, denn sie gedachten, Dietrich von Bern, dem Riesenfeind, den Garaus zu machen.

Nun wollten auch Wittich und Wolfhart nicht mehr müßig im Dunkel stehen. Sie stürmten aus dem Kerker, sahen jedoch keinen Feind. Kunhild aber, die sie beobachtet hatte, eilte herzu und reichte jedem einen Zauberring, da konnten auch sie die Zwerge schauen.

Hei, nun wütete Mimung hellklingend in Laurins Heer, daß die Zwerge heulend auseinanderstoben. So erkämpften sich Wittich und Wolfhart den Weg zu den Riesen. Mit denen rangen schon die anderen.

Als so die Recken alle wieder vereint waren, nahm sich jeder von ihnen einen der Eindringlinge vor, und sie ruhten nicht eher, bis alle fünf Riesen neben ihren Stangen lagen und elend verröchelten.

Jetzt waren die Zwerge nicht mehr zu halten. Wie Geister flohen sie links und rechts durch die Felswände, stürzten sich wie geflügelt in Abgründe und Schluchten, rannten schreiend vor Angst durch die kristallenen Säle davon, suchten Schutz unter anderen, weitentlegenen Gebirgen der Erde. Denn von König Laurins unterirdischer Burg, die sich bis zur Mitte der Erde hinab erstreckte, konnte man überallhin gelangen, in jedes beliebige Land. So war es dem Zwergenkönig ja auch möglich gewesen, im fernen Dänenland aus einem Erdloch zu treten und Dietleibs Schwester, die gerade auf der Wiese Blumen pflückte, zu rauben.

Nun aber war Laurin, von fast allen seinen Helfern verlassen, nichts mehr als ein schwacher Zwerg. Er fiel Dietrich zu Füßen, hob die Hände und flehte:

»Leib und Leben leg ich in deine Hand — gib meinem Volk unter der Erde Frieden, ich bitte dich!«

»Nein«, antwortete Dietrich hart. »Du hast treulos an uns gehandelt, wie nur ein Zwerg treulos sein kann, dafür mußt du mit dem Leben bezahlen!«

Da trat Kunhild zwischen Dietrich und den zitternden Laurin. »Man rühmt dich als weise und gütig, Dietrich von Bern«, sprach sie. »So bitte ich dich bei aller Frauen Ehre: Gib mir Laurin frei, ich kann es nicht vergessen, daß er mir nur Gutes tat. Er hat mich aus großer Liebe zu seiner Königin erhoben und auch wie eine Königin geehrt und behandelt, obwohl ich mich weigerte, mit ihm Hochzeit zu halten. Schenk ihm sein Leben.«

»Erfülle ihren Wunsch«, sagte Hildebrand, und auch Dietleib bat für Laurin. Da hieß Dietrich den verzweifelten Zwerg aufstehen, und Wittich und Wolfhart, die noch immer Laurins letzte Getreue, die nicht geflohen waren, mit gezückten Schwertern bedrohten, rief er zu: »Laßt sie laufen, ich habe Frieden gemacht.«

Die Recken verließen mit Kunhild und Laurin den Berg. Sie befahlen den Zwergen, die allgemach wieder aus ihren Schlupfwinkeln zurückkehrten, die Pferde mit Schätzen zu beladen, und zogen zu Tal.

Es war Abend geworden. Im Schein der scheidenden Sonne glühte Laurins Rosengarten doppelt rot, und wie in Flammen standen rings die Gebirge.

Zwei Wochen weilte Kunhild an König Dietmars Hof zu Bern als sein und als Herrn Dietrichs Gast. Dann reiste sie mit Dietleib, ihrem Bruder, der sich hierfür Urlaub erbeten hatte, in ihre Heimat zurück, wo sie sich bald mit einem vornehmen Fürsten vermählte.

Ehe sie Bern verließ, empfahl sie Laurin Herrn Dietrichs Huld. Der Zwergenkönig aber schrie und heulte bei ihrem Abschied so furchtbar vor Herzweh, daß auch Kunhild zu weinen begann und von Dietleib hinweggeführt werden mußte.

Dietrich und König Laurin wurden Freunde, und keiner hat jemals dem anderen die Treue gebrochen.

WARUM HERR DIETRICH INS HUNNENLAND FLIEHEN MUSSTE

König Dietmar starb. Von diesseits und jenseits der Alpen kamen die Großen des Amalungenreiches, Ritter, Grafen und geistliche Fürsten, mit glänzendem Gefolge herbeigeeilt, ihm die letzte Ehre zu erweisen.

Sie waren aber auch gekommen, um Dietrich, der nun König von Bern war, zu grüßen und ihm zu huldigen. Und wie er nach des Vaters Bestattung in der Königshalle vor dem Hochsitz stand, die Krone auf goldenen Locken, umflossen vom tiefen Purpur des Königsmantels, Eckesachs, das Riesenschwert, in der Rechten und das schwere Zepter in der Linken, da sah ein jeder, daß hier ein Mann stand, den von der perlgrauen Nordsee und Dänemarks Kreideküste bis hinab zu dem Zaubergarten Sizilien im dunkelblauen Meer jedermann kannte, liebte und rühmte.

Nachdem die Krönungsfeier vorüber war und die Gäste wieder in ihre Länder und Burgen heimgekehrt waren, rief Dietrich seine getreuesten Schwertbrüder zusammen und beriet mit ihnen, was es nach des Vaters Tod in seinem Reich und an seinem Hof alles zu ordnen gab.

Er erhob sich vor den Versammelten, vor Meister Hildebrand und Wittich, Heime, Dietleib, Wolfhart und den übrigen Recken und sprach:

»Ehe wir den Rat beginnen, habe ich euch wichtige Dinge zu sagen. Meinen jüngeren Bruder Dieter, dessen Kindertränen um den Vater noch nicht versiegt sind, übergebe ich dir, Meister Hildebrand, in Pflege. Er soll ein Ritter werden, dessen Taten die Ehre der Amalungen mehren. — Aus Breisach ward uns der Tod König Dieters gemeldet, seine verwaisten Söhne Frittel und Emerich weiß ich bei dem getreuen Eckehart, ihrem alten Waffenmeister, in bester Hut. Du, Wittich, hast den Wunsch geäußert, König Dieters Witwe, die sich auf ihre Güter in König Ermenrichs Reich zurückzog, nach angemessener Frist zu ehelichen. Ich bin entschlossen, deine Werbung um die Hand der verwitweten Königin bei Ermenrich zu unterstützen. Der Oheim wird mich nicht abweisen, ich habe ihm mit den Meinen so manche Waffenhilfe geleistet. Du wirst also bald südwärts ziehen in die Heimat deines Weibes. Und Heime, so hör ich, will dich begleiten und König Ermenrichs Vasall werden. Es sei, möge er gehen, wohin sein unruhiges Blut ihn treibt.«

Diese Worte fielen Herrn Dietrich nicht leicht, er trennte sich ungern von seinen ältesten und besten Schwertbrüdern, doch gönnte er sie zugleich seinem Oheim Ermenrich, an welchem er stets einen hilfsbereiten Nachbarn und Freund gefunden hatte. Dann begann die Beratung.

Ach, Herr Dietrich wußte zu dieser Stunde nicht, welche Not und welche Schmach ihm sein Oheim noch bereiten sollte! —

Ermenrich hatte einen Mann als Berater an seiner Seite, der hieß Sibich. Er war ebenso weise wie tatkräftig, und was er seinem König zu tun empfahl oder zu unterlassen riet, war immer von Nutzen. Darum nannte jung und alt diesen Mann nur den treuen Sibich.

Sibich aber hatte eine schöne, eine allzu schöne Frau, für die König Ermenrichs Herz in so unsinniger Liebe entbrannte, daß er seinen treuen Ratgeber eines Tages mit einer Botschaft auf eine weite Reise schickte und während seiner Abwesenheit Sibichs Gemahlin zu überreden versuchte, sein Weib zu werden. Sie wehrte und weigerte sich jedoch standhaft und sandte in ihrer Not heimlich Boten an Sibich, er möge doch zurückkommen und sie vor dem Drängen des Königs beschützen: Ermenrich drohte ihr mit Kerker und Galgen, wenn sie sich ihm nicht füge.

Sibich erschrak. Eilends kam er unter einem Vorwand zurück und tat, als wüßte er nichts von der Not seiner Gemahlin. Im Herzen aber war er wie verwandelt: Unbändiger Haß gegen seinen König durchloderte ihn, und er schwur einen furchtbaren Eid, Rache zu nehmen an Ermenrich und Ermenrichs Sippe.

Sibich fand sein schönes Weib in tiefer Verzweiflung. Er hob sie, die sich vor ihm auf die Knie geworfen hatte, auf und sagte ruhig:

»Spare deine Tränen. Ich weiß, du bist unschuldig. Sei fröhlich, es braucht niemand zu merken, wie uns beiden ums Herz ist. Ermenrichs verbotene Liebe hat dir und mir die Ehre geraubt, nun wollen wir ihm und seiner Sippe das Leben rauben. Nicht eher werde ich ruhen, als bis des letzten Amalungenkönigs letzter Sproß zu meinen Füßen auf der Erde oder zu meinen Häupten am Galgen stirbt! Der treue Sibich bin ich gewesen — von nun ab will ich der ungetreue Sibich sein.«

Als erstes Opfer seiner Rache erkor er sich Ermenrichs eigene Söhne Friedrich und Reginbald. Friedrich, der ältere von beiden, wurde auf Sibichs Rat von seinem Vater zu König Oserich ins Wilkinenland geschickt, Tributzahlungen einzufordern, und als er Oserichs Burg betrat, wurde er von einem Grafen, einem Blutsverwandten Sibichs, den dieser heimlich verständigt hatte, erschlagen, sein Gefolge mit ihm.

Reginbald, der jüngere, wurde gleichfalls auf Sibichs Rat mit einer ähnlichen Gesandtschaft nach England geschickt, erreichte jedoch die ferne Insel nie, denn Sibich hatte ihm ein schadhaftes Schiff gegeben, das beim ersten geringen Seesturm mit Mann und Maus unterging.

Vor Schmerz über den jähen Verlust seiner blühenden Söhne trübte sich Ermenrichs Geist. Er raste gegen das Schicksal und klammerte sich mehr denn je an Sibich, dessen Heimtücke er nicht durchschaute. So wurde es diesem leicht, den König durch allerlei verleumderische Reden gegen die beiden Harlungen zu Breisach am Rhein aufzuhetzen. Er hatte nämlich Frittel und Emerich als nächste Opfer seiner Rache bestimmt.

»Merkst du nicht, daß sie dir insgeheim nach dem Leben und dem Reich trachten?« sprach er und ruhte nicht, bis Ermenrich aufsprang und, das Antlitz voll zorndunkler Glut, ausrief:

»Friedlos sollen die beiden vor mir sein! Hängen sollen sie so hoch, wie noch keines Menschen Kind hing! Auf nach Breisach zur Harlungenburg!«

Der getreue Eckehart, der gerade in Romaburg weilte und Zeuge von Ermenrichs Zorn war, entwich voll Schreck und Not aus der Halle. So rasch es seine alten Glieder erlaubten, schwang er sich aufs Pferd und ritt Tag und Nacht nordwärts nach Breisach. Im Abenddämmern langte er am Ufer gegenüber der Burg an: da war weit und breit weder Nachen noch Fährmann zu sehen. In großer Angst, Ermenrichs Heer möchte ihm schon auf den Fersen sein, warf er sich in den Rhein und schwamm mit mächtigen Stößen hinüber.

Frittel und Emerich sahen ihren greisen Waffenmeister schwimmen und sagten verwundert zueinander:

»Wenn Meister Eckehart schwimmend naht, muß er dringende Botschaft haben. Laßt uns ihm entgegeneilen!«

»Rettet euch!« rief ihnen Eckehart schon von weitem zu. »Ermenrich fährt mit seinen Streitern einher, er will euch ermorden!«

Die Harlungen schüttelten verwundert die Häupter. »War uns König Ermenrich doch stets ein liebender Oheim — wer sollte ihn so gegen uns aufgebracht haben?« sagten sie.

»Sibich!« rief Eckehart, und während er triefnaß neben seinen beiden geliebten Schützlingen zur Burg hinanstieg, erzählte er ihnen, was er in Romaburg mit eigenen Augen gesehen, mit eigenen Ohren gehört hatte.

Die Harlungen glaubten ihm nicht. Sie wollten auch nichts von Flucht wissen und befahlen lediglich, die Zugbrücken hochzuziehen.

»Wir werden uns schon mit dem Oheim versöhnen«, sagten sie frohgemut, »und Sibich war immer Ermenrichs getreuester Rater.«

»Ein falscher Hund ist er!« schrie Eckehart.

Als Ermenrich am anderen Morgen mit seinem Heer vor Breisach eintraf, stand Frittel auf der Mauer und redete mit ihm:

»Was haben wir dir getan, Oheim, daß du unsere Burg brechen und uns das Leben nehmen willst?«

»Bin ich gekommen, um von euch Knaben verhört zu werden oder um ein Paar Verräter aufzuhängen?« schrie Ermenrich, von Sibich aufgestachelt, und befahl, unverzüglich Fels und Burg zu berennen.

Lange schwankte der furchtbare, ungleiche Kampf. Den Brüdern stand nur ein kleines Häuflein Getreuer als Verteidiger zur Seite. Trotzdem kostete es Ermenrichs Leute viel Schweiß und Blut, an die Mauern heranzukommen. Erst als Sibich riet, statt der Steine Feuer zu schleudern, war das Schicksal der Eingeschlossenen besiegelt.

Lichterloh brannten die Dächer, aus Pallas, Gesindehäusern und Stallungen schlugen die Flammen. Aber Frittel und Emerich wollten nicht als Feiglinge verbrennen: mit sechzig Mann fielen sie aus und erschlugen vor dem Tor noch vierhundert der Angreifer. Dann waren ihre Kräfte erschöpft. Sie wurden überwältigt und gehängt, wie Ermenrich es versprochen hatte.

Mit knapper Not gelang es Eckehart, zu entkommen. Er ritt südwärts nach Bern, Ermenrichs Untat Herrn Dietrich zu melden.

»Nun hüte dich vor dem Berner«, sagte Sibich zu Ermenrich. Er wußte wohl, daß Dietrich jeden Frevel, den einer an seinen Freunden oder Blutsverwandten beging, furchtbar zu rächen pflegte.

Tag und Nacht warnte Sibich seinen König vor Dietrichs Rache, und als er merkte, daß es ihm nicht gelang, Ermenrich zu einem Feldzug gegen Bern zu bewegen, um Dietrich zuvorzukommen, versuchte er es wieder mit Verleumdungen.

»Hat dein Vater Amalung das Gotenreich diesseits und jenseits der Alpen nur für Dietrich aufgerichtet?« flüsterte er Ermenrich zu. »Bist du nicht der älteste seiner Söhne? Sitzest du nicht in Romaburg auf dem Throne von Kaisern, selbst dieses Titels würdig? Wo aber bleibt deine Macht? Hat Herr Dietrich von Bern, dein überstolzer Neffe, dir je einen roten Heller gezinst? Nein! Also rüste gegen Dietrich und demütige ihn, ehe es zu spät ist und er über dich kommt, die verfluchten Harlungen zu rächen — Eckehart ist bei ihm! Heiße den Berner Tribut zahlen, wie sich das für einen Untertanen ziemt!«

Ermenrich tat, wie ihm Sibich geraten. Aber Dietrich schickte seine Boten mit Schimpf und Schande nach Romaburg zurück. Er sei der rechtmäßige Herr von Bern und denke nicht daran, dem Oheim auch nur ein Weizenkorn zu zinsen, geschweige denn Gold.

Jetzt gellte das Heerhorn durch Ermenrichs Land. Von allen Seiten eilten seine Grafen und Ritter herbei, und Ermenrich brach so unerwartet in Dietrichs Reich, daß diesem keine Zeit mehr blieb, Helfer heranzubitten. Nur mit einer geringen Schar konnte er die Stadt verteidigen, an deren verrammelte Tore Ermenrichs Heerhaufen brandeten wie Meereswogen an eine Küste.

Widerwillig und zähneknirschend leisteten Wittich und Heime König Ermenrich Gefolgschaft, ihr Treueid zwang sie dazu. Doch brach ihnen schier das Herz unter der Brünne, als sie vor Bern, der herrlichen Stadt, lagen und der Zeiten gedachten, da sie mit Herrn Dietrich auf Abenteuer geritten waren oder in der Halle mit ihm Südwein getrunken hatten.

Wittichs Groll war besonders heftig. Hatte Ermenrich nicht die Harlungen ermordet, seines Weibes Söhne? Heime aber, dem Mißtrauen von Jugend auf den Blick geschärft hatte, durchschaute wohl, daß hinter all dem Unheil der heimtückische Sibich steckte, und geriet eines Tages mit diesem in Streit.

»Wie lange wirst du noch an Ermenrichs Thron stehen?« rief er ihm zu. »Du Lumpenhund, du scheinheiliger! Du Mörder! Du stinkende Hundeseele! Solange Dietrich König von Bern ist, wird kein roter Heller nach Romaburg rollen, das weissage ich dir und deinem König! Mit dem Schwert wird er euch Zins zahlen, das könnt ihr haben, sonst nichts, du Verräter!«

»Schweig«, antwortete Sibich höhnisch, »schon lange weiß ich, daß dir der König zu sehr vertraut. Du paßt an keinen Fürstenhof. Geh lieber heim zu deinem Vater in den Wald, Rosse züchten, das taugt für Bauerntölpel, wie du einer bist!«

»Gut, daß ich Nagelring nicht bei mir habe, so brauche ich ihn nicht mit deinem Blut zu besudeln«, entgegnete Heime, glühend vor Zorn über den Schimpf, und stieß Sibich seine haarige Faust so wuchtig ins Gesicht, daß der falsche Kanzler ohnmächtig hintenüberfiel. Blut floß ihm aus dem Mund, er hatte fünf Zähne verloren.

»Ergreift und hängt ihn!« rief Ermenrich, aber Heime sprang flink vor das Zelt des Königs, riß dem Knappen, der dort auf Wache stand, die Waffen aus der Hand, schwang sich aufs Pferd und jagte aus dem Ring der Kämpfenden hinaus. Zwar wollte ihm eine Schar Ritter nachsetzen, aber Wittich rannte vors Zelt, zog den Mimung und drohte jedem die Hände abzuhauen, der es wagte, Heime zu verfolgen. Dann zog er seine Leute aus dem Kampf und wartete ab, was weiter geschehen würde.

Heime ritt von diesem Tag ab wie ein Räuber durch das Amalungenland, und wo er auf Besitzungen Ermenrichs oder Sibichs stieß, da steckte er sie unbarmherzig in Brand. Wer sich ihm dabei entgegenstellte, den schlug er nieder.

Es wurde Nacht. Über den Wachtfeuern der Belagerer wölbte sich der Sternenhimmel. Da machte Dietrich mit Hildebrand, Wolfhart und Dietleib und allen anderen einen Ausfall aus der Burg. Sie überrumpelten die schlafenden Feinde, und ehe diese begriffen hatten, was sich begab, und zur Schlacht blasen ließen, hatten die Schwerter der Berner unter Ermenrichs Leuten grausig gewütet und viele Gefangene in die Stadt geführt.

Entschieden hatte dieser Überfall natürlich nichts, nur Ermenrichs Zorn noch heftiger geschürt. Als der Morgen graute, rief Dietrich seine Freunde um sich her und hielt Rat.

»Ich kenne des Feindes Stärke und weiß wohl, daß ich ihm auf die Dauer nicht widerstehen kann«, sagte er. »Wir sind zu wenige, um Bern wirksam verteidigen zu können: eines Tages werden sie die Tore und Mauern doch brechen und die Burg meines Vaters dem Erdboden gleichmachen. Ich müßte weit und breit Streiter werben — aber womit sollte ich sie anlocken und entlohnen? Nun rächt es sich, daß ich für alle stets eine offene Hand hatte und des Goldes nicht achtete — meine Schatzkammern sind leer.«

»Wenn das deine einzige Sorge ist«, entgegnete ihm der Markgraf von Pola, »da kann ich dir helfen. Ich habe daheim in meiner Burg an der Küste mehr Gold und Edelsteine, als ich je brauche: sie sind dein, wenn ich damit dein Reich retten kann, König Dietrich. Gib mir einen Zug kräftiger Saumtiere, dazu Helfer und Beschützer, so will mit ihnen ich bei Nacht und Nebel nach Pola reisen. Mit Gold beladen bring ich dir die Tiere wieder.«

Dietrich dankte dem Grafen für seine Treue und gab ihm Saumtiere und eine Schar kampferprobter Gesellen, darunter keine geringeren als Meister Hildebrand, Dietleib und Wolfhart. Sie gelangten auch glücklich aus der Burg und der Stadt hinaus, erreichten Pola im fernen Istrien und kehrten mit schweren Schätzen zurück. Aber Ermenrich und Sibich hatten von ihrer Schatzholung Wind bekommen, und knapp vor Bern überfielen sie den Troß mit zwanzigfacher Übermacht, raubten das Gold und legten Hildebrand, Dietleib und Wolfhart in Ketten. Dann sandte Ermenrich auf Sibichs Rat Boten mit einer weißen Fahne zu Dietrich, die wurden nach Kriegsrecht ungekränkt eingelassen und vor den König geführt.

»Ihr bringt Botschaft von Sibich, dem Verräter?« fragte Dietrich. »Was hat er mir zu sagen?«

»Du sollst barfuß wie ein Bettler aus Bern hinausgehen, dein Land räumen und Ermenrich die Krone lassen. Weigerst du dich, so enden Hildebrand und die übrigen bei Sonnenuntergang am Galgen!«

»Wartet vor der Halle, bis ich euch rufen lasse«, sagte Dietrich zu den Boten. Dann schickte er alle bis auf den alten treuen Eckehart hinaus und befahl das Tor zu schließen. Eine Weile ging er mit schweren Schritten auf und ab, dann blieb er vor dem alten Waffenmeister, den der Gram um den Tod der Harlungen nicht mehr froh werden ließ, stehen und sagte mit gebrochener Stimme:

»Eckehart, ich habe mit Riesen und Zwergen gerungen, mit Heime und Wittich gekämpft — das war Kinderspiel gegen den Kampf, der jetzt in meinem Innern tobt. Du, Eckehart, bist ein leidgeprüfter Mann. Rate mir: Was soll ich tun?«

»Da gibt es nicht mehr viel zu raten«, entgegnete Eckehart. »Oder willst du von der Mauer herab zusehen, wie sie Hildebrand hängen?«

»Nein!« schrie Dietrich so laut, daß die Boten und Ritter vor der Halle draußen zusammenfuhren. »Nein! So strahlend kann die Krone Berns nicht sein, so gewaltig die Macht nicht, die sie verleiht, daß sie mir kostbarer wäre als Hildebrands geliebtes Haupt! Noch heute will ich den Krausbart in meine Arme schließen und mit ihm mein Reich verlassen, barfuß wie ein Bettler — wenn nur er lebt! Stoß das Tor auf und laß die Boten ein!«

So kam es, daß Hildebrand, Dietleib und Wolfhart samt den anderen frei wurden, und als die Sonne sank, zog Dietrich mit dem geringen Häuflein seiner letzten Freunde aus Bern hinaus. Ermenrich hatte ihnen freien Abzug zugesagt, und als die Nacht zum andernmal ihre Sternenkuppel über das dunkle Land wölbte, saß er auf Dietrichs Hochsitz und ließ sich im Schein von tausend Fackeln die Krone Berns aufs Haupt setzen und sich als Kaiser huldigen.

Dietrich zog mit den Seinen nordwärts. Hildebrand, der das Banner trug, und Eckehart wichen nicht von seiner Seite. Dietleib, der Däne, und Wolfhart waren da, dazu noch Helferich von Lunders, ein schlachterprobter Held, und die Recken Siegstab und Siegeband auch. Klein Dieter, sein Brüderlein, hatte der König vor sich auf das Pferd gesetzt. Es wußte noch nicht, worum es ging, und blickte fröhlich um sich.

Als sie durch Garden ritten, nahm Meister Hildebrand für eine karge Stunde Urlaub. Er wollte von Frau Uta, seinem treuen Weib, und von seinem Söhnlein Hadubrand, das noch kaum der Wiege entwachsen war, Abschied nehmen. Er umarmte Frau und Kind, dann eilte er wieder zu seinem Herrn zurück, und weiter ging die Flucht.

Nach langem, mühseligem Ritt über die Alpen langten sie eines Tages in Bechlarn an der Donau an, wo Rüdiger, ein Graf und Gefolgsmann König Etzels, die Mark des Hunnenreiches hütete. Hildebrand hatte geraten, bei ihm Schutz und Beistand zu suchen. Rüdigers Frau war eine Base Dietrichs.

Weithin glänzte der Donaustrom im Morgenlicht, und weithin ließ der Türmer sein schmetterndes Horn ertönen, als er das Löwenbanner in Hildebrands Faust erkannte.

Als Dietrich über die Brücke in die Burg einritt, beugte Herr Rüdiger das Knie vor ihm, und Gotelind, seine Gemahlin, kam mit ihren Frauen züchtig die Treppe herab, die Helden willkommen zu heißen.

Dietrich sprang vom Pferd, hob den Markgrafen auf und sagte: »Seit wann geziemt Bettlern solcher Gruß? Furchtbarer Bruderkrieg wütet im Amalungenreich, die Krone Berns hab ich verloren, das Land und meine guten Leute dazu.«

»Was mein ist, soll dein sein«, entgegnete Rüdiger. »Auch ohne Krone bleibst du König, und wenn du gestattest, so geleite ich dich zu Herrn Etzel ins Hunnenland. Er wird deiner in großen Ehren pflegen und dir helfen, dein Reich zurückzugewinnen, so wahr ich hier stehe.«

Rüdiger bewirtete seine Gäste aufs trefflichste, wies ihnen gute Gemächer in seiner Burg an, beschenkte sie mit Pferden, Waffen, köstlichem Gewand, Gold und Kleinodien, und als sie genug gerastet hatten, geleitete er sie mit seinem Sohn Nudung, einem überaus kühnen Ritter, und mit glänzendem Gefolge aus Bechlarn donauabwärts ins Land der wilden Hunnen.

Mit offenen Armen wurden die Helden von Etzel und Frau Helche empfangen. Sie boten ihnen die eigene Burg als Heimstatt an, und Etzel ließ einen zweiten Hochsitz neben den seinen in die mächtige, düstere Halle schaffen.

»Mit diesem Helden, König Dietrich von Bern, teile ich fortan Thron und Herrschaft!« verkündete er laut. Da verließen seine Hunnen ihre Zelte und kamen zu Tausenden und aber Tausenden auf ihren kleinen, schnellen Pferdchen herangebraust. Sie huldigten dem Berner vor der Etzelburg mit lautem Geschrei. Herr Dietrich mußte vor den Saal treten und sich ihnen zeigen. Da wimmelte das flache Land bis zum Horizont von braungebrannten Reitern, die jubelten ihm zu und schwangen dabei ihre starken Bogen und blitzenden Krummschwerter.

Am Abend war die weite Ebene rot erleuchtet von tausend Wacht- und Freudenfeuern.

In manchen Krieg zog Dietrich als Etzels treuester Genoß, gegen die Russen das eine, gegen die Wilzen das andere Mal. Doch wie herrliche Siege er auch erringen half, nie vergaß oder verwand er, was ihm sein Oheim Ermenrich, der sich jetzt Kaiser nennen ließ, angetan hatte. Selbst als ihm Frau Helche ihre Nichte Herrat, eine Jungfrau von blühender Schönheit und königlichem Wuchs, zum Weibe gab und Herr Dietrich sich ihr glücklichen Herzens vermählte, vergaß er es nicht.

DIE RABENSCHLACHT

So ging manches Jahr ins Land. Dietrich war an Frau Herrats Seite am Hofe Etzels heimisch geworden. Dennoch blickte er niemals froh. Wenn er des Abends mit Etzels Mannen bei Trunk und kurzweiligen Gesprächen saß und Hildebrand oder dem treuen Eckehart in die Augen sah, so krampfte sich ihm das Herz zusammen vor Weh: er mußte der Harlungen gedenken, die in Breisach so schrecklich ums Leben gekommen waren, und Hildebrand erinnerte ihn an gemeinsam verbrachte Zeiten und an Kämpfe, die sie gemeinsam bestanden hatten.

»Warum lachst du niemals, Berner?« fragte ihn Etzel eines Abends im Winter, da sie um den offenen Glutherd saßen, der die Halle erwärmte. Dietrich schüttelte nur das Haupt und antwortete nicht. In der Nacht aber, als Herrat in der ehelichen Schlafkammer in ihn drang, eröffnete er ihr sein Herz und sagte:

»Gäbe mir Etzel seine Hunnen, dazu Herrn Rüdiger von Bechlarn und alle seine Mannen, die mir hülfen, mein Reich wiederzugewinnen, um dich in Bern zur Königin zu krönen, ich würde meines Lebens wohl wieder froh werden. Aber ich mag ihn nicht darum bitten.«

Herrat berichtete diese Worte Frau Helche, und diese gab sie an ihren Gemahl weiter. Sie bat ihn so inständig, doch ein Heer für Dietrich zu rüsten, bis König Etzel eines Tages seine Reiterführer zu sich in den Palast rief und ihnen befahl, insgeheim Vorkehrungen für einen großen Feldzug zu treffen. Auch schickte er Boten mit gleichem Auftrag nach Bechlarn zu Herrn Rüdiger: im Frühling, wenn das junge Gras die weiten Flächen des Hunnenlandes wieder bedeckte, sollte aufgebrochen werden.

Und so geschah es. Ein riesiges, wohlgerüstetes Heer stand bereit, als die Sonne den letzten Schnee zerschmolzen und die ersten Blumen geweckt hatte. Herr Rüdiger war mit seiner Streitschar zu den Hunnen gestoßen, und bald sammelten sich die Haufen zum geordneten Zug. Meister Hildebrand ritt durch das Lager, das Löwenbanner in der Faust, und musterte die Truppen.

Als König Etzels junge Söhne — sie hießen Scharf und Ort — diese Vorbereitungen sahen und den ritterlichen Glanz des Bechlarners und seiner Mannen schauten — als sie das Rossewiehern und Hörnerblasen über dem weiten, ergrünenden Land rund um die Etzelburg hörten, litt es sie nicht mehr länger. Sie stürmten zu Helche, ihrer Mutter, und flehten sie an:

»Laß uns mit nach Bern ziehen! Sind wir nicht schwertreif und waffengeübt? Haben wir nicht auch feste Helme und Brünnen? Sind wir nicht zu sattelfesten Reitern erzogen worden?«

»Ach«, seufzte Frau Helche, »bleibt bei mir. Ihr seid doch noch Knaben! Was müßt ihr in den Krieg ziehen?«

»Wie alt sollen wir noch werden, ehe wir die Welt kennenlernen dürfen!« murrten sie trotzig. »O bitte den Vater, er soll uns Pferde geben und mit Herrn Dietrich reiten lassen! Oder sollen wir ewig hier zu deinen Füßen sitzen wie Mädchen und warten, indes alle andern, die unsere Spielgefährten waren, schon Heldentaten mit ansehen oder gar vollbringen dürfen?«

In diesem Augenblick betrat Dietrich mit seinem Bruder Dieter, der zu einem strahlenden Jüngling herangewachsen war, und Herrn Etzel das Gemach, um sich von der Königin zu verabschieden. Sie waren reisefertig. Als Scharf und Ort den jungen Dieter erblickten, der all die Jahre ihr liebster Spielgenoß gewesen und nun so prächtig gewappnet vor ihnen stand, waren sie nicht mehr zu halten. »Sieh«, riefen sie der Mutter zu, »Jung Dieter ist kaum älter als wir und darf mit — o bitte den Vater, er möge uns erlauben, an Dieters Seite ins Amalungenreich zu reiten!«

Finster blickend, sagte Etzel: »Ihr bleibt. Ihr wißt nicht, worum ihr bittet — vielleicht um euren Tod. Der aber stürzte uns alle in tiefsten Gram, sonderlich eure Mutter. Das will ich nicht.«

Als aber Dietrich, dem beim Anblick der beiden mutigen Knaben das Herz lachte, für sie sprach und Etzel einen heiligen Eid schwur, über Ort und Scharf zu wachen wie über seinen Augapfel, gab der König nach, und Frau Helche ging selber in den Marstall hinab, wählte unter Tränen zwei der feurigsten Rappen aus, führte sie vor die Halle, hieß sie satteln und hielt ihren glückstrahlenden Kindern mit eigener Hand die Steigbügel.

Herzinnig umarmten und küßten Scharf und Ort die geliebte Mutter und saßen auf.

Nun ging es mit dem riesigen Heer hinter Herrn Hildebrands Banner fort, den fernen Gebirgen zu und über diese hinab in die sonnigen Gefilde des Amalungenreiches.

»Bring sie mir heil und gesund wieder!« mahnte Etzel, der das Heer drei Tagereisen weit begleitete, ehe er Dietrich und Herrn Rüdiger von Bechlarn ein letztes Mal die Hand reichte und wieder heimritt.

»Kein Haar soll ihnen gekrümmt werden, bei meinem Leben und meiner Ehre«, gelobte Herr Dietrich nochmals. Dann trennten sie sich.

Dietrich überschritt die Grenze seines Reichs. Sogleich erhoben sich allerorten seine einstigen Lehnsfürsten gegen den Kaiser, schüttelten das Joch von Ermenrichs harter Herrschaft ab und stießen zum Heer ihres rechtmäßigen Königs. Mailand, Padua und Bern verjagten Ermenrichs Zwingherren und Söldlinge, noch ehe Dietrich diese Städte erreicht hatte, er brauchte sie nicht zu erobern, so mächtig wirkte die bloße Kunde von seinem Nahen.

Herzog Reinher von Mailand und der junge Recke Alphart, ein Bruder Wolfharts und Neffe Meister Hildebrands, kamen eilig heran und berichteten Dietrich, daß sich Ermenrichs Heer vor der Stadt Raben — so nannten die Goten das feste Ravenna — versammelt habe. Auch Heime, seines unsteten Räuberlebens satt, habe sich mit dem Kaiser und Sibich ausgesöhnt und stünde beim Heer.

»Meine schöne Stadt Raben«, sagte Dietrich voll Wehmut, »wer herrscht heute über sie?«

»Wittich«, antwortete Herzog Reinher, »dein einstiger Gefolgsmann und Schwertbruder. Ermenrich hat ihm die Stadt und ihr Umland zum Lehen gegeben, nun regiert Wittich dort mit harter Hand.«

»Das ist Verrat!« schrie Dietrich. »Er durfte Ermenrichs Genoß werden, das nahm ihm keiner übel, ich selber warb ja für ihn, als er Oheim Dieters Wittib zum Weib begehrte. Aber daß er ein Stück meines Landes aus der Hand Ermenrichs zum Lehen nimmt, das soll ihm vergolten werden. Er ist kein Held mehr, er ist ein Krämer geworden! Auf nach Raben!«

Feueratem war aus Dietrichs Mund gefahren, als er so im Zorn den Namen der festen Stadt genannt hatte, vor der wenige Tage später jene Schlacht entbrennen sollte, deren Angedenken niemals vergehen wird, solange die Erde besteht: die Rabenschlacht.

Nun, da ein Ziel genannt war und jedermann im Heer wußte, daß man bald an den Feind geraten würde, stritten die besten Helden darum, als Spähreiter ausziehen zu dürfen, um Ermenrichs Streitmacht, ihre Stärke und Absicht auszukundschaften.

»Laßt mich reiten!« bat Alphart Herrn Dietrich. Der Jüngling brannte darauf, dem Berner seinen Mut und sein Geschick zu beweisen.

»Soll einer auf Kundschaft reiten, der Speer und Schwert bisher nur auf dem Turnierplatz geführt hat? Bin ich nicht mit Dietrich und Etzel gegen die Russen und Wilzen in den Krieg gezogen?« rief sein Bruder Wolfhart.

Beinahe hätten die beiden vor Eifer zu den Waffen gegriffen und einander geschlagen.

Als Dietrich sah, daß Alphart selbst gegen die Vorstellungen seines Oheims Hildebrand taub blieb, ließ er ihn, zu Wolfharts bitterstem Kummer, reiten.

»Der will seinen Mut an der Tat messen — mög es ihm und uns frommen!« meinte er.

Hildebrand aber zürnte seinem Herrn. »Ich hol ihn ein und stell ihn zum Streit«, rief er, »mag sein, daß ihm dann die Lust an Abenteuern vergeht. Ich will ihn nicht verlieren! Hadubrand, mein eigener Sohn, könnte mir nicht lieber sein als er!«

Dann legte er eine fremde Rüstung an und sprengte dem übermütigen Neffen nach.

Alphart hielt von einem hohen Hügel Ausschau gegen Raben. Da ritt Hildebrand im Schutz eines Gehölzes um den Hügel herum und erschien plötzlich mit geschlossenem Visier und gesenktem Speer vor dem Neffen. Der, nicht faul, senkte gleichfalls die Lanze und brauste, in der Meinung, einen von Ermenrichs Männern vor sich zu haben, auf Hildebrand zu.

Furchtbar war der Zusammenprall. Hildebrands Speer zerbarst. Sie ließen die Pferde und liefen zu Fuß mit blanken Schwertern aufeinander los. Mit einem wuchtigen Hieb zwang Alphart Hildebrand in die Knie, und er hätte ihm sicherlich mit dem nächsten den Kopf vom Rumpf getrennt, hätte sich Hildebrand in seiner Not nicht eilends zu erkennen gegeben.

Alphart aber, der ihn in der fremden Rüstung nicht erkannte, glaubte ihm nicht. »Hildebrand willst du sein? Meister Hildebrand, Herrn Dietrichs Genoß? Haha, sieh einer den Schurken an — mit frechen Lügen will er sein elendes Leben retten! Hildebrand ist bei Dietrich in Bern, ich sah ihn doch eben noch, als ich wegritt! Für soviel Frevel und Dummheit sollst du sterben!«

»So löse mir doch den Helm ab, du hitziger Tölpel«, schalt jetzt Hildebrand, »damit du mich endlich erkennst!«

Alphart gehorchte. Lachend standen die beiden Recken einander gegenüber, der junge und der alte.

»Was treibst du für Scherze, Oheim?« fragte Alphart.

»Reite zurück nach Bern«, sagte Hildebrand, »hier zwischen den Heeren im offenen Land geht der Tod um, da bedarf es erfahrener Männer, nicht eines Jünglings, wie du einer bist!«

»Kehr du um, Oheim«, erwiderte Alphart voll Stolz und bestieg wieder sein Roß. »Ich reite und spähe weiter, bin ich nicht so gut Herrn Dietrichs Mann wie du?«

Da sah Hildebrand ein, daß jede Mahnung fruchtlos war. Gesenkten Hauptes ritt er nach Bern zurück. Ihm war das Herz zentnerschwer vor böser Ahnung und Traurigkeit, und außerdem schämte er sich, weil ihn Herr Dietrich gewiß auslachen würde, wenn er mit zersplittertem Speer und ohne Alphart vor die Burg kam.

Alphart ritt den Hügel hinab ins ebene Land. Da kam ihm Herzog Wölfing entgegen, den hatte Sibich mit Gold gekauft, und er war von Dietrich zu Ermenrich abgefallen. Mit einer starken Schar befand auch er sich auf Spähritt.

Nach einem kurzen, wilden Wortwechsel sprengten sie aufeinander los, und im nächsten Augenblick schon fiel der Herzog mit durchbohrter Brust blutüberströmt und schwer aus dem Sattel.

Wütend stürzte sich des Herzogs Gefolge auf Alphart. Der aber sprang aus dem Sattel und erschlug im Schwertkampf zehn Ritter Wölfings, einen nach dem anderen, wie sie sich ihm stellten. Nach dem zehnten packte die übrigen solcher Zorn, daß sie sich alle gleichzeitig auf den jungen Helden, den keiner kannte, stürzen wollten. »Erschlagt ihn wie einen Hund!« riefen sie. Aber ein alter Ritter, der Alpharts Heldenmut bewunderte und auch im Zorn noch ritterliche Sitte zu wahren wußte, befahl ihnen, einen Ring um Alphart zu bilden und weiterhin einzeln mit ihm zu fechten.

Bald lichtete sich der Ring, in dessen Mitte sich die Toten häuften, unter ihnen auch der alte, edle Ritter.

Da verließ die acht letzten jeder Mut. »Dem führt der Teufel die Klinge!« riefen sie, sprangen auf die Pferde und jagten, ihres Herzogs Banner im Stich lassend, in rasendem Galopp davon.

Alphart nahm den Helm ab, trocknete sich die Stirn und wischte das Blut von seiner Rüstung. Dann hob er Herzog Wölfings Banner auf, das einer der Erschlagenen noch fest umklammert hielt, und betrachtete wohlgefällig das reich mit Gold bestickte grüne Tuch.

Als er wieder aufschaute, sah er zwei Ritter auf prächtigen Rossen geradewegs auf sich zukommen, das waren Wittich und Heime, unzertrennlich wie immer.

»Bist du der Held, der Herzog Wölfing und seine Mannen erschlug?« fragte Wittich.

»Bist du Wittich, der Verräter, der sich nicht schämt, eine Stadt Dietrichs von dem Brudermörder Ermenrich zu Lehen zu nehmen?« fragte Alphart dawider.

»Ich bin dir nicht Rechenschaft schuldig über das, was ich tue oder lasse, du hergelaufener Grünfink!« schrie Wittich, sprang vom Roß und zog Mimung. »Ich bin gekommen, um mit dir zu kämpfen!«

Alphart stülpte den Helm über, riß gleichfalls sein Schwert aus der Scheide und gab Wittich mit wuchtigen Streichen Bescheid. So gewaltig ging er ihn an, daß der Wielandsproß, eines solchen Gegners ungewohnt, betäubt zu Boden brach.

Da sprang Heime dazwischen und rief: »Schone sein Leben! Reite zurück nach Bern und laß uns beide bis zum Tod darüber schweigen, was hier geschah!«

Aber Alphart entgegnete lachend: »Ich habe ritterlich gekämpft und nehme Wittich als Gefangenen mit zu Herrn Dietrich. Mag der über ihn richten!«

Das hörte Wittich, der wieder zu sich gekommen war. »Was verhandelst du mit unserem Feind?« rief er Heime an. »Steh mir lieber bei, wie ich dir vor Bern beistand, als du Sibich schlugst!«

Da drang Heime auf Alphart ein. Wittich raffte sich auf. Er griff Alphart im Rücken an und schlug ihm eine tiefe Schenkelwunde.

»Ihr Feiglinge!« schrie Alphart. »Was seid ihr für Ritter, daß ihr zwei gegen einen rast, noch dazu von vorne und hinten zugleich — mein Tod sei ewig eure Schande, ihr Memmen!« Da stach ihm Wittich Mimung ins Herz bis ans Heft.

»Fort!« rief Heime, den Grauen packte. Sie stiegen auf und ritten gegen Raben, die Finsternis des schlechten Gewissens in der Brust.

Einen ganzen Tag lang lag der Erschlagene im Gras. Sein Pferd stand betrübt und einsam bei ihm. Hildebrand aber fand ihn. Er hatte voll heftiger Sorge überall nach ihm gesucht. Er wendete den Leichnam unter Tränen hin und her. Als er die Wunden im Rücken sah, wußte er: Hier war nicht ehrlich gekämpft worden, hier war ein Mord geschehen. Er wußte aber auch, wer die Mörder waren — nicht umsonst war Hildebrand Waffenmeister! Er wußte, wie Wunden aussahen, die Mimung und Nagelring schlugen. Er nahm den Toten wie ein Kind in die Arme, bestieg mit ihm sein Pferd und brachte ihn zu Dietrich.

Der erschrak. »Ist Wittich schon so tief gesunken, daß er meuchelt?« fragte er. Und auf einmal befiel ihn jähe Sorge um die jungen Söhne Etzels und um das Leben seines geliebten jungen Bruders Dieter. Er befahl einen treuen Ritter namens Elsan zu sich — Herr Rüdiger von Bechlarn hatte ihn empfohlen — und setzte ihn zum Hüter über die drei Knaben ein. Er befahl ihm, mit ihnen in Bern zu bleiben, sie nie aus den Augen und ja nicht aus der Stadt zu lassen, bis bei Raben die Entscheidung gefallen sei. »Sie haben nichts im Kampfgetümmel zu suchen! Es wäre mein Ende und Untergang, würde einem von ihnen auch nur ein Haar gekrümmt!« sagte er.

Elsan schwur mit erhobener Rechter, die drei Jungherren zu hüten wie sein Leben. Dann zog das Heer gegen Raben, und die Tore der Stadt Bern schlossen sich. Die Augen voll bitterer Tränen, sahen Ort, Scharf und Dieter von der Zinne aus den davonreitenden Streiterscharen nach, bis eine breite Staubwolke sie ihren Blicken entzog.

Furchtbar tobte am andern Morgen die Schlacht bei Raben. Ermenrich und Sibich hatten ihr Zelt inmitten des Heeres aufgeschlagen: an seiner Stirnseite prunkte das kaiserliche Wappen aus schwarzer, gelber und grüner Seide. Es war mit goldenen Schellen behangen, die der frische Wind erklingen machte.

Ihm gegenüber auf hohem Hügel flatterte das Löwenbanner, dort war Herrn Dietrichs Zelt. Hildebrand führte des Berners eigene Scharen ins Treffen, Markgraf Rüdiger von Bechlarn Etzels wilde, lärmende Hunnen. Der wackere Helferich war noch im Schutz der Nacht mit einer schwerbewaffneten Schar ausgesuchter Ritter aufgebrochen: er sollte Ermenrichs Streitmacht umgehen und von hinten überfallen. Was im Einzelkampf höchster Frevel war, galt in offener Feldschlacht als erlaubte List.

Gegenüber Herrn Rüdigers und Nudungs Scharen, die sich zur Rechten Dietrichs hielten, stand Heime mit seinen Mannen, gegenüber Wolfhart und Dietleib — zur Linken des Berners — Wittich und dessen Neffe Reinhold, die den Befehl hatten, ihre Krieger zu schonen und erst dann in die Schlacht zu führen, wenn es um die Entscheidung ging.

Der Zusammenprall der Heere im Morgengrauen war wie ein Erdbeben: der Boden um die Stadt zitterte. Hörnerklang und Kommandorufe, Wutgeschrei und das Stöhnen Verwundeter, Schwertersausen und Rossewiehern, vermengt mit dem dumpfen Getöse stampfender Hufe und dem Krachen splitternder Lanzen und Schilde, erfüllte die Luft. Dichte Wolken Staubes verdunkelten die Sonne: rot wie eine Glutkugel hing sie im Himmel, durch den Raben und Geier in aufgeregt flatternden Schwärmen kreischend kreisten: ein schauriges Bild.

»Hie Romaburg!« — »Hie Bern!« so hallte das Schlachtgeschrei über den Plan.

Als es Mittag geworden war, ließ Wittich zum Angriff blasen und jagte mit seinen Leuten wie der Sturmwind dem Heere Dietrichs in die Flanke. Doch nicht lange freute er sich der Verwirrung, die er anrichtete: Botenreiter Sibichs holten ihn, der mit Mimung unter den halbnackten Hunnen wütete, bald zurück: »Helferichs Scharen greifen uns im Rücken an!« meldeten sie entsetzt.

Da wendete Wittich den schnaubenden Schimming, gab ihm die Sporen und sprengte mit seinen Streitern an Ermenrichs Zelt vorbei Helferich entgegen.

So tobte die Schlacht auf schier unübersehbarem Feld bis zum

Abend. Der Sieg war Herrn Dietrich gewiß, Ermenrichs Scharen begannen, wenn auch zäh ringend, Schritt für Schritt zu weichen.

Als man Ermenrichs Zelt in aller Eile abbrechen und den Kaiser mit großer Mühe in Sicherheit bringen mußte, trieb Rüdigers Sohn Nudung seine hunnischen Reiter wie einen Keil in die weichenden Haufen der

Feinde und drang an ihrer Spitze bis zu Heime vor. Der aber löschte mit Nagelring jäh das Feuer in der Seele des jungen Helden: mit einem Hieb schlug er ihm die Bannerstange entzwei, mit einem zweiten das Haupt.

Da schrie Markgraf Rüdiger aus schmerzgequältem Vaterherzen auf und hetzte die Hunnen zu wildestem Angriff. Heime geriet in solche Not, daß er auf Rispa dem fliehenden Kaiser nachsetzen und insgeheim dem Himmel danken mußte, der mit den ersten Nachtschatten auch einen dichten Nebel einfallen ließ. In brauenden Schwaden zog er vom Meer her über die Ebene, hüllte Stadt und Feld ein, Freund wie Feind zur Ruhe zwingend.

»Solche Tarnkappe lob ich mir«, scherzte Heime grimmig und zeigte mit dem Daumen auf das immer dichter heranwallende Bodengewölk. »Wenn ich raten darf«, sagte er zu Ermenrich, »so reiten wir im Schutz gleich wieder nach Romaburg. Denn bricht morgen die Sonne durch und Dietrich mit seinen verfluchten Hunnen erneut in unsere Reihen, so verrecken wir alle: entweder mit gespaltenen Helmen im Sand oder mit klaffenden Mäulern am Galgen. Die Schlacht ist verloren!«

Ermenrich erwiderte nichts. »Wo ist Sibich?« fragte er. Aber niemand konnte es ihm sagen.

Sibich hatte nämlich, als er Ermenrichs Schlachtreihen wanken sah, heimlich eine fremde Rüstung angelegt, um ungefährdet fliehen und das Leben retten zu können.

»Und Wittich — wo blieb *er*?« forschte der Kaiser müde. Aber auch auf diese Frage erhielt er keine Antwort ...

Wittich hatte Helferichs kühne Krieger nach erbittertem Gefecht immer weiter in die Ebene abzudrängen vermocht, bis auch hier der Nebel Freund und Feind schied. »Bleib du hier«, hatte Wittich seinem Neffen Reinhold befohlen, »ich kenn mich hier um Raben aus. Ich will sehen, ob ich nicht Ermenrich finde.« Damit war er weggeritten.

Nun suchte er auf Schimming kreuz und quer nach Ermenrich, fand ihn aber nicht. Wohl aber stieß er auf drei gewappnete Jünglinge, die plötzlich, keinen Steinwurf weit, vor ihm auftauchten. Der Nebel hatte sich ein wenig gesenkt, Mondlicht sickerte durch.

»Wer seid ihr?« fragte Wittich. »Gefolgsleute des Berners? Sprecht!«

Er faßte Mimung fester, hob den Schild, blickte über seinen Rand hinweg den drei blutjungen Rittern in die Augen. Es waren Jung Dieter, Ort und Scharf, die Elsans Hut listig entsprungen waren und nun im Nebel das Schlachtfeld suchten.

»Du kennst uns nicht«, sagte Dieter voll Hohn und Zorn, »dich aber nennt uns dein Schild: du bist Wittich, der meinen Bruder verriet!«

»So bist du des Berners Bruder?«

»Wie gut du doch weißt, wen du verrietest!« frohlockte Dieter.

Wittich lächelte: »Ereifere dich nicht, du bist ja noch ein halbes Kind, auch wenn du, wie ich jetzt sehe, den goldenen Löwen im Wappen trägst und so sicher zu Pferde sitzest wie auf Mutters Schoß. Reite heim nach Bern oder ins Hunnenland, hier ist noch kein Ort für dich.«

Da brausten beide Etzelsöhne zugleich auf: »Er höhnt dich wie uns! — Höre, Wittich, du weißt nicht, wer Dieters Begleiter sind: Scharf und Ort heißen wir, König Etzel ist unser Vater!«

»So?« meinte Wittich fast wehmütig. »*Ihr* seid das? Euch hätte Sibich gern mit eigener Hand erschlagen. Er hoffte immer, euch zu begegnen. Nun treff *ich* euch, aber ich lasse euch laufen.«

»Du behandelst uns wie dumme Buben, Wittich«, rief Scharf erbost. »Sieh dich vor, daß nicht Knaben *dich* laufen lehren!« Damit zog er sein Schwert und ritt dicht an Wittich heran. Seine Gefährten folgten.

Wittich wollte die bartlosen Jünglinge schonen. Ich werde sie nur ein wenig ermüden wie auf dem Turnierplatz, dachte er. Mit dem Mimung hielt er sie sich vom Leibe, erwiderte ihre grimmigen Schläge, die seinen Schild trafen, kaum. Erst als ihm Scharf eine Seitenwunde schlug, übermannte ihn Zorn, und er spaltete dem Etzelkind Helm und Haupt, daß es vornüber aus dem Sattel kollerte.

»Ich *will* euch nicht töten!« rief Wittich. »Spart eure Jugend für bessere Taten! Laßt es bei dem einen bewenden! Nehmt doch Vernunft an und reitet davon, Frau Helche und Herr Dietrich werden es euch danken!«

Aber seine Worte verhallten fruchtlos. Ort wollte den Bruder rächen, drang, Seite an Seite mit Dieter, auf Wittich ein. Der wich eine Weile zurück, mehr den Schild als das Schwert gebrauchend. »Laßt doch ab!« rief er ein ums andere Mal. »Niemand wird euch geringere Helden nennen, wenn ihr euch von Wittich trennt! So hört doch!«

Aber sie hörten nicht. »Du willst uns ja nur in Schande bringen!« riefen sie und schlugen so hart wider Wittichs Helm, daß ihm Blut über die Augen tropfte.

»Nun muß es wohl sein«, sagte er, holte mit Mimung weit aus und schlug auch Ort Helm und Haupt entzwei. Dann warf er seinen Schild von sich, sprang vom Pferd, faßte Mimung mit beiden Händen und stürzte sich auf Dieter, der gleichfalls vom Pferd gesprungen war. Mit einem einzigen Streich schlug er ihm die Klinge von der rechten Schulter her durch den Harnisch ins Herz, noch ehe Dieters Schwert ihn treffen konnte.

»O mein Bruder!« schluchzte Dieter. »O Dietrich!« Dann brach er in die Knie, wühlte die Finger in den Boden und führte brechenden Auges ein wenig Erde zum Mund, wie es die Leute tun, denen versagt ist, in der Todesstunde noch einmal den Leib des Herrn zu empfangen. Denn die ganze Erde ist ja der Leib des Herrn geworden, seit sein göttliches Blut auf Golgatha vom Kreuz in sie hinabtropfte.

Dieser Anblick raubte Wittich alle Kraft. Er war unfähig, sein Pferd zu besteigen. Schleppenden Schrittes führte er es ein wenig abseits. Zum erstenmal in seinem Leben überwältigte ihn der Schmerz über den Tod eines anderen Menschen.

Während Schimming, noch erregt schnaubend, im nun schon vollen Mondlicht nach Futter suchte, ließ sich Wittich völlig erschöpft ins Gras gleiten und stützte das Haupt über verschränkten Armen auf seine Knie. Ein furchtbares Stöhnen entrang sich seiner Brust. Wie viele hatten durch seine Hand schon ihr Leben verloren? Er konnte sie nicht zählen. Unsagbare Not und Müdigkeit befielen ihn.

»Warum bin ich damals im Zweikampf mit Dietrich nicht gefallen«, jammerte er, »wieviel Leid wäre mir und anderen dadurch erspart geblieben!« —

Am anderen Morgen entbrannte der Kampf von neuem. Ermenrich hatte sich, von Heimes Mannen gedeckt, während der Nacht in die Stadt Raben geflüchtet. Nun berannten Dietrichs Leute und Rüdigers Hunnen die Tore und Mauern, um den Kaiser und vor allem Sibich, den sie bei Ermenrich wähnten, in ihre Gewalt zu bekommen. Sibich aber trieb sich in fremder Rüstung bei Wittichs Scharen herum, kämpfte mit ihnen gegen jene Helferichs, Dietleibs und Wolfharts. Auch der getreue Eckehart befand sich mitten im Kampfgewühl. Er hatte nur den einen, sehnlichen Wunsch: endlich auf Sibich zu treffen und den Tod der Harlungen, seiner geliebten Schützlinge, an ihm zu rächen. So ließ er seine grauen Augen emsig in die Runde gehen, und als er nach langem Suchen Sibich entdeckte — *ihn* konnte die falsche Rüstung nicht täuschen —, entfuhr ein grausiger Jubelschrei seiner Kehle.

»Hab ich dich!« rief er und drang auf ihn ein. Sibich konnte nicht entfliehen. Eckehart schlug ihm die Waffe aus der Hand, riß ihn vom Pferd und sprengte, den völlig gerüsteten Mann mit riesiger Kraft hoch über sich haltend, aus dem Getümmel. Er fegte mit ihm weit in die Ebene hinaus, wo er eine hohe, breitästige Buche ragen sah. Dort fesselte er den Treulosen, der so vieler Amalungen Tod verschuldet hatte, warf ihm eine starke Schlinge um den Hals und hängte ihn an den Baum.

»Jetzt hängst du gerade so hoch, wie Frittel und Emerich, die armen, unschuldigen Brüder, hingen!« rief Eckehart dem Baumelnden zu. Dann kehrte er wieder zurück auf das Schlachtfeld.

Dort hatten Dietrich und Rüdiger gerade das erste Tor freigekämpft, im nächsten Augenblick sollten ihre Leute in die Stadt eindringen. Mit gewaltigen Schwertstreichen bahnte ihnen Dietrich selber den Weg.

Da trat ein Ereignis ein, das ihr siegreiches Unternehmen jäh zum Stocken brachte. Elsan sprengte herbei, vom Rücken seines Pferdes floß der Schweiß, Schaum flog in Fetzen vom Maul des braven Tieres.

Dietrich eilte ihm einen Schritt entgegen. »Was gibt es?« rief er voll Angst. »Hat man dich und die Knaben in Bern überfallen?«

»Wär's nur so!« erwiderte Elsan, aschfahl im Gesicht. »Nein — sie haben mich aus übergroßer Kampfbegier überlistet und die Burg reitend verlassen. Ich suchte die ganze Nacht und fand sie nun auch. Dort draußen in der Ebene vor Raben liegen sie alle drei in ihrem Blut — kein anderer als Wittich hat sie erschlagen. Doch mich trifft an ihrem Tod die erste Schuld. Hätte ich sie nur in den Kerker geworfen, dort lebten sie noch! Nun sei Eckesachs mein Richter!«

So klagte Elsan. Dann legte er Helm und Schild ab und bot Herrn Dietrich Haupt und Nacken.

Dietrich aber brauchte sein Schwert für anderes: er mußte sich darauf stützen, sonst wäre er ohnmächtig hingeschlagen. Er schloß die Augen, schwer fiel seine Stirn auf den Schwertknauf. Als er den Blick wieder hob, sagte er mit heiserer Stimme zu Elsan:

»Ich bestrafe dich mit dem Leben. Geh, wohin es dich treibt. Ich möchte die Last nicht tragen, die dein Herz bis ans Ende deiner Tage beschweren wird. Geh.«

Da verließ ihn Elsan und pilgerte nordwärts. Auf karstigem Felsen über dem Meer fand er ein Kloster, dessen Pforte sich für immer hinter ihm schloß.

Herr Dietrich aber bestieg, stumm vor Weh, Falka und suchte den Ort auf, an dem Dieter und die Etzelsöhne lagen. Dort glitt er aus dem Sattel nieder zur Erde, küßte die Wunden der Erschlagenen, rief sie beim Namen, zerraufte sein Haar und biß sich vor rasendem Schmerz das Glied eines Fingers ab.

»Von nun ab wird jeder meinen Namen für alle Zeiten mit Abscheu nennen«, rief er. »Wie soll ich je wieder vor Etzel und Helche hintreten, die mir nur Gutes taten und mir ihr Liebstes anvertrauten? Warum sendet der Himmel keinen Blitzstrahl, der mich zu Staub zerschmettert!«

Als er so auf einsamem Feld seiner Trauer und seinem Schmerz freien Lauf gelassen hatte, ermannte er sich wieder. »Jetzt hat Wittichs Stunde geschlagen«, sagte er finster, schwang sich auf Falka und hieb dem Tier die Sporen so heftig in die Weichen, daß es ihn wie im Flug zurück in das Schlachtgetümmel trug.

»Wittich!« rief er schon von weitem. »Wittich, stell dich mir!« Und Feueratem fuhr ihm aus dem Munde.

Wittich, der den König wohl kommen sah und wußte, welch grausiger Kampf ihm nun bevorstünde, wendete blitzschnell seinen Schimming und trieb ihn mit flachen Schwerthieben aus dem Gewirr der Kämpfenden. Er gedachte zu fliehen.

Dietrich aber hatte ihn bereits bemerkt und setzte ihm nach. Wie zwei Segelschiffe, die ein Orkan unaufhaltsam über das Meer dahinjagt, bis sie steuerlos irgendwo an felsiger Küste zerschellen, so jagten Wittich und Dietrich hintereinander über die Ebene dahin.

»Halt ein, Wittich!« schrie Dietrich, »oder willst du als Feigling sterben?« Aber Wittich wußte, daß er um sein Leben ritt.

Da kam das Meer in Sicht. Wittich sah keinen Ausweg mehr. Sich dem Berner zu stellen, war sinnlos: sein Feueratem hätte ihm Brünne und Schwert zerschmolzen. Also trieb er Schimming mit aller Kraft gegen die Küste und flog mit dem treuen Tier vom Steilrand in hohem Bogen hinunter in die brausende Flut.

Dicht hinter Schimmings Huf sauste Dietrichs Speer armtief in den Boden. Zu spät hatte er ihn geworfen.

Nicht einmal König Dietrichs Kraft konnte die Waffe mehr herausziehen, und viele Geschlechter von Kriegern, die später nord- oder

südwärts durchs einstige Gotenreich zogen, haben den mächtigen Schaft dort noch stecken gesehen, bis er eines Tages in Wind und Wetter abfaulte.

Dietrich war seinem Feind bis an den Sattelknauf ins Wasser nachgeritten. Da sah er, wie eine schuppige Meerminne, Wittichs Ahnfrau, den bereits Ertrunkenen im Arm hielt und traurig singend mit ihm in den tieferen Wogen verschwand.

Und damit endete die Rabenschlacht. Denn obgleich Dietrich auf die Walstatt zurückkehrte, wo ihn seine Helden schon ungeduldig erwarteten, und obgleich er noch vor Abend als Sieger über Ermenrich in Raben hätte einziehen und sich selber die Kaiserkrone aufs Haupt setzen können, befahl er den sofortigen Rückzug nach Bern.

Seinen Recken, die sich, so knapp vor dem Sieg, seinem Befehl widersetzen wollten, gebot er Schweigen und sagte:

»Wie dürfte ich Herrn Etzels Heer noch länger in eigener Sache mißbrauchen, da ich nicht einmal seine lieben Söhne vor einem Mörder beschützen konnte?«

Dann befahl er Rüdiger und Helferich, das Heer über das Gebirge zurückzuführen, er selber wollte seinen Boden nie wieder betreten.

Herrn Rüdiger aber gelang es mit vieler Mühe doch, ihn zu überreden, daß er mit ihnen zog. »König Etzel wird Euch verzeihen, dafür bürg ich mit meinem Haupt«, sagte er.

Als aber nach langer, beschwerlicher Heimfahrt die Burg des Hunnenkönigs in Sicht kam, verließ Herrn Dietrich aller Mut. Er verbarg sich mit Hildebrand in einer Hütte und sandte Rüdiger und Helferich allein voraus zu Etzel und Helche. Sie führten die beiden Rappen der Söhne mit sich, aber die Tiere rissen sich los und galoppierten mit fliegenden Mähnen der Burg entgegen, sprangen über die Stufen und mitten hinein in die Halle.

Als Frau Helche die herrenlosen Pferde und die blutigen Sättel sah und gleich darauf Rüdiger und Helferich, die mit kummervollen Mienen eintraten, wußte sie alles. Mit einem Fluch gegen Herrn Dietrich von Bern sank sie ohnmächtig zusammen.

Als sie wieder zu sich kam und erfuhr, daß Dietrichs Bruder gemeinsam mit Ort und Scharf erschlagen worden war und daß auch Rüdiger seinen Sohn Nudung verloren hatte, ging sie, auf die Arme der beiden Helden gestützt, zu König Etzel und bat ihn schluchzend um Verzeihung für Dietrich.

»Unser Gram ist der seine«, sagte sie, »also nimm ihn in Frieden auf, sonst trifft dich eines Tages schwerste Schuld, wenn der edelste König der Erde heimatlos über die Welt wandert und in der Fremde zugrunde geht. Er hat deinem Thron und deiner Krone immer Ehre gemacht, nun teil auch sein Leid mit ihm, wie er das unsere mit uns teilt. Mich reut, daß ich ihm fluchte.«

Da ließ König Etzel Herrn Dietrich und Meister Hildebrand aus der Hütte holen und vor seinen Hochsitz bringen. Sie folgten beide ohne Sträuben, und als sie vor Etzel standen, legte Dietrich sein Haupt in des Königs Schoß und sprach:

»Mein Leben ist dein — räche an mir, was ich dir und Frau Helche zugefügt habe!«

Etzel aber zog den Freund zu sich empor, umarmte ihn und fragte nur: »Starben sie als Helden?«

»Wo immer man deinen und meinen Namen nennen wird, wird man auch ihrer gedenken«, antwortete Dietrich.

Da sprach Etzel: »Bleib bei mir mit all deinen Recken, und nichts soll je unsere Freundschaft trüben. Zum zweitenmal verlorst du dein Reich, zum zweitenmal teile ich das meine mit dir.«

So blieb Herr Dietrich von neuem an König Etzels Hof, geliebt und umsorgt von seiner schönen Gattin Herrat. Und überfiel ihn manchmal allzu große Traurigkeit über den Verlust von Bern und Raben, so vertrösteten ihn seine alten Kampfgefährten. Sie fachten seine Hoffnung immer wieder an. Nur Dietleib entriß ihm der Tod, er fiel als Etzels Gefolgsmann in einem Kriegszug gegen die aufständischen Wilzen.

Frau Helche starb bald. Der Kummer um den Verlust ihrer Söhne hatte ihr alle Lebensfreude geraubt. —

Wie aber Herr Dietrich zuletzt doch noch als Sieger in Bern einzog, zuvor aber all seine lieben Schwertbrüder verlieren mußte, das meldet die Sage von der Not und dem Ende der Nibelungen.

Die Nibelungen

KRIEMHILDS TRAUM UND SIEGFRIEDS ANKUNFT

Drei Könige regierten zu Worms am Rhein: Gunther, Gernot und Giselher. Gunther hatte von seinem Vater die Krone Burgunds geerbt, mit seinen beiden jüngeren Brüdern teilte er sich einträchtig in die Herrschaft über das Reich. Kriemhild hieß ihre Schwester, die war so schön, daß die Sänger ihren Ruf in alle Lande trugen. Kriemhilds Augen strahlten heller als der junge Tag, wie lichtes Elfenbein schimmerte ihre Haut, auf ihren Wangen lag ein zarter Abglanz der Morgenröte, und wie aus schwerem Gold waren die blonden Zöpfe, die links und rechts über ihre Schultern fielen bis ans Knie.

Die Mutter der Könige und der Jungfrau hieß Ute. Sie wachte voll Würde und edlem Sinn streng über des Hofes Zucht und Sitte.

Manch berühmter, tapferer Held diente den Königen am Rhein. Da war vor allen Hagen von Tronje, der Einäugige mit dem finsteren Bart und Haar. Unermeßlich groß war seine Kraft, unwandelbar seine Treue. Was er sprach oder gar gelobte, das stand wie ein Fels im Boden. Außer Hagen lebte am Hof noch der schnelle Dankwart, Hagens leiblicher Bruder und König Gunthers Marschall, ferner die Markgrafen Gere und Eckewart, Herr Ortwin von Metz, des Königs Truchseß und Tafelmeister, Sindold, der Mundschenk, Hunold, der Kämmerer, und Rumolt, der Küchenmeister.

Vier starke Türme beschützten die Burg. Ein Graben, dreimal so tief wie breit, umlief sie, auf seinem Grund schimmerte Wasser. Zum breiten doppelten Tor führte eine schwere Zugbrücke hinüber. Prächtige Gemächer, Säle, Kemenaten und Stuben beherbergten Gunther und die Seinen, in Küche und Keller, Wirtschaftsgebäuden und Ställen werkte das zahlreiche Gesinde. —

In einer stürmischen Neumondnacht träumte Kriemhild, sie habe einen wilden Falken gezähmt und mit vieler Mühe großgezogen. Plötzlich stürzten sich zwei Adler auf den edlen Vogel und zerrissen ihn vor ihren Augen.

Mit einem Schrei des Entsetzens fuhr Kriemhild aus dem Schlaf. Draußen brauste der Wind um Turm und Zinne, schwarze Wolken jagten dahin. Kriemhild schlug die Bettdecke um den Leib und schlich aus ihrer Kemenate in Frau Utes Gemach. Sie weckte die Mutter und erzählte ihr den Traum.

Frau Ute deutete ihn. »Der edle Falke ist dein künftiger Mann«, sagte sie, »die beiden Adler seine Feinde. Möge das Schicksal dich davor behüten, daß du ihn allzufrüh verlierst!«

»Bewahre mich der Himmel vor solchem Herzeleid!« entgegnete das Mädchen, das schöne Haupt an Frau Utes Brust bergend. »Mir schuf schon der Traum allein Schmerz genug. Bis an meinen Tod will ich unvermählt bleiben, damit mir nicht durch eines Helden Liebe solches Weh geschehe!«

Frau Ute lächelte. »Ach, Kind«, sprach sie, »verrede es nicht zu sehr. Du bist ein Weib und wirst doch nur durch die Liebe eines Mannes glücklich werden. Gott hat dich schön geschaffen, möge er dir auch den rechten Ritter an die Seite geben.«

Kriemhild aber schüttelte den Kopf. »Nein, Mutter«, sagte sie, »schon manche Frau hat es erleben müssen, daß Liebe Leid mit sich brachte — ich will beides meiden.«

Sie kehrte in ihre Kemenate zurück, fest entschlossen, ihr Leben lang keinem Mann anzugehören. Sie hielt ihr Herz fortan in guter Hut, und keiner der Helden, die am Hof zu Worms aus und ein gingen, konnte sich ihrer Minne rühmen.

Das ging so, bis eines Tages doch der Held kam, dem sie angehören sollte. An ihm erfüllte sich der Traum vom Falken und den beiden Aaren, und mancher Mutter Kind starb später um seinetwillen einen bitteren Tod. —

Zur selben Zeit wuchs zu Xanten am Niederrhein ein starker, wilder Knabe zum Jüngling heran, Siegfried, König Siegmunds Sohn. Als er den Händen seiner Mutter Sieglinde entwachsen und tüchtigen Waffenmeistern zur Pflege übergeben worden war, zeigte es sich, daß niemand ihn zu bändigen vermochte. Er war eigenwillig, trotzig und stark. Er übertraf alle Männer an Kraft.

Eines Tages entlief er heimlich aus der väterlichen Burg. Er schlug sich in die Wälder, denn er wollte Abenteuer erleben.

Immer tiefer wanderte er ins Dickicht hinein, und plötzlich sah er ein breites unwirtliches Gebirge vor sich aufragen, dessen Fuß von dichten, wallenden Nebeln umgeben war.

Neugierig drang Siegfried in den Nebel ein. Nach einiger Zeit vernahm er Geschrei und Gezänk. Er wandte sich in die Richtung, aus welcher das Geschrei kam — da lichtete sich der Nebel ein wenig, und der erstaunte Jüngling sah zwei prächtig gekleidete Zwerge, die vor einer Felswand wütend zankten und einander in die Haare fuhren. In der Felswand war ein schmaler, finsterer Eingang.

Als die Zwerge Siegfried bemerkten, ließen sie voneinander ab und betrachteten verwundert den hochgewachsenen Jüngling.

»Der sieht so unschuldig drein wie ein Kind«, sagten sie leise zueinander, »den wollen wir zum Richter in unserem Streit machen.«

»Wer seid ihr?« fragte Siegfried lachend. »Und warum liegt ihr euch in den Haaren?«

»Höre, junger Mann — du bist ins Nibelungenreich geraten. Unser Vater, König Nibelung, der über seine unterirdischen Schätze herrschte, ist gestorben, und wir beide, seine Söhne, sollen jetzt als Könige walten. Aber wir können uns bei der Teilung des Schatzes nicht einigen. Hilf uns, damit das Gold gerecht geteilt wird und wir endlich Ruhe haben. Wir bieten dir als Lohn das Schwert Balmung, die köstlichste Waffe, die zu unserem Hort gehört.«

Siegfried ging auf den Handel ein, und die beiden Zwergenkönige ließen von ihren schwarzhaarigen Knechten den Schatz auf Schilden aus dem Berg tragen. Es war eine ungeheure Menge von Armreifen und Kronen, Trinkbechern, Helmen, Ketten und Spangen, die sich vor dem Eingang der Felswand brusthoch türmte.

Die Könige reichten Siegfried das Schwert Balmung, und der Jüngling begann, so redlich, wie er nur konnte, den Hort in zwei gleich große Haufen zu teilen.

Aber die Goldgier ließ die Zwerge nicht zur Ruhe kommen. Sie fingen schon nach kurzer Zeit wiederum zu streiten an, beschimpften und bespien Siegfried und nannten ihn einen Betrüger.

Da hob dieser zornig das Schwert und erschlug alle beide. »Ihr seid nicht wert, über solche Schätze zu herrschen«, rief er voll Ekel, dann bückte er sich und kroch durch den niedrigen Eingang in den hohlen Berg hinein. Er wollte sich ein wenig darin umsehen.

Kaum hatte er die von fahlem Dämmerlicht erhellte Halle betreten, als aus einem Felsspalt Alberich auf ihn zuraste. Dieser zauberkundige

Zwerg war ein Freund König Nibelungs und seiner Söhne gewesen und von diesen zum Hüter über den Hort in der Tiefe bestellt. Er schwang eine Geißel mit sieben Riemen, an deren Enden sich harte, stachelige Knoten befanden, mit dieser brachte er den Helden in Bedrängnis, denn Siegfried konnte Alberich nicht sehen, weil dieser eine Tarnkappe trug.

Er schlug mit dem Schwert nach dem Zwerg — aber der Balmung schlug immer ins Leere. Er raffte einen Schild auf und hielt ihn sich vor — aber Alberichs Geißel hieb den Schild in Stücke.

Da warf Siegfried zornwütig die Schildtrümmer und den Balmung von sich und griff so lange rings um sich in die Luft, bis er den unsichtbaren Zwerg am Bart erwischte.

Laut heulte Alberich vor Schmerz. Aber Siegfried riß ihm die Tarnkappe vom Kopf und fesselte ihn mit seinem Gurt an Händen und Füßen.

Nun wimmerte Alberich kläglich um sein Leben. »Ich sehe wohl, du bist stärker als alle anderen Sterblichen«, rief er, »und du verdienst, Herr dieses Reiches zu sein! Setze mich wieder zum Walter des Hortes ein, so will ich dir dienen, wie ich König Nibelung und seinen Söhnen diente.«

Da band Siegfried den Zwerg los. Kniend mußte er den Treueid schwören. Dann befahl er ihm, das ganze Gold, das vor der Felsenpforte lag, mit den Nibelungenzwergen zum Rhein hinab und nach Xanten zu schaffen.

Er selbst schwang sich auf ein Pferd, das er sich von Alberich geben ließ, und ritt aus dem Nibelungenreich hinaus. Das Schwert Balmung und die Tarnkappe trug er beide an seinem Gürtel. Fortan gehörte alles Gold, das die Nibelungenzwerge im Innern des Gebirges ergruben und zu Geschmeide verarbeiteten, ihm allein. Er war Nibelungenkönig geworden.

Als er das Nebelland hinter sich hatte und hinaus in die freie Sonne ritt, die lustig flimmernd durch die Wipfel des Waldes fiel, wünschte sich Siegfried sehnlich, das Schwert Balmung in einem tüchtigen Kampf zu erproben. Bisher hatte er damit nur zwei habgierige Zwerge erschlagen, das hätte er auch mit der bloßen Hand vermocht.

Der Kampf, den Siegfried sich wünschte, ließ nicht lang auf sich warten. Er hatte sich im Nebel verirrt und suchte nun den Weg zurück an den Rhein und zur Burg seines Vaters. Dabei trug ihn Alberichs

Pferd an einer Höhle vorüber, in der ein riesiger Lindwurm hauste, der weitum grausig wütete.

Das Trappeln der Pferdehufe weckte das Untier aus seinem Schlaf. Es wälzte den schuppigen Leib vor die Höhle, hob das abscheuliche Haupt und stieß aus seinen Nüstern eine Feuergarbe gegen den Reiter, der seine Ruhe zu stören wagte.

Siegfried, der solch einem Drachen noch nie begegnet war, wich zunächst ein paar Schritte zurück und betrachtete den plumpen Kerl.

»Du kommst mir gerade recht«, lachte er.

Der Drache, vor dem bisher noch jeder erschrocken war und der noch nie einen Menschen lachen gehört hatte, wurde zornig. Er fuhr mit grausigem Gebrüll auf Siegfried los. Mit weit aufgerissenem Rachen, aus dem glutrote Flammen schlugen, kroch er heran, so schnell er konnte. Dann hob er den Vorderleib und spreizte drohend die Krallen seiner Tatzen.

Da faßte Siegfried sich ein Herz, umklammerte den Griff des Schwertes und sprang den Lindwurm an. Der schnappte nach ihm, aber der Jüngling ließ sich nicht fassen. Der Drache schlug nach ihm mit dem schuppigen Schwanz, hieb mit den Tatzen um sich, aber Siegfried wich geschickt aus und brachte ihm eine Wunde nach der anderen bei. Darüber geriet der Lindwurm in solche Wut, daß er sich hoch aufbäumte, um sich auf den kühnen Angreifer zu werfen und ihn unter der Last seines Körpers zu zermalmen. Aber Siegfried war flinker als das Untier, lief an seine Weiche heran und stieß ihm die Klinge mitten ins Herz. Dann sprang er blitzschnell zurück.

Unter schaurigem Gebrüll brach der Lindwurm zusammen. Die Erde dröhnte vom Fall seines Leibes, dunkelrotes Blut sprang wie in Bächen aus seinen Wunden und färbte das Gestrüpp und die Steine.

Siegfried reinigte den Balmung vom Blut des Drachen mit einem Büschel Gras. Dabei benetzte er mit dem Blut seine Finger und merkte, daß deren Haut augenblicklich hart wie Horn geworden war.

Flugs entkleidete er sich und badete vom Kopf bis zum Fuß im Drachenblut, das vor der Höhle einen Tümpel gebildet hatte. Davon wurde er am ganzen Leib unverwundbar.

»Einen so trefflichen Panzer hat noch kein Ritter der Welt getragen!« jauchzte er und schöpfte mit der hohlen Hand das Blut überallhin, damit ja keine Stelle trocken blieb.

Aber zwischen den Schultern blieb doch eine kleine Stelle ausgespart:

dort fiel ein herabgewehtes Lindenblatt hin, und unter diesem blieb Siegfrieds Haut weich und zart wie die aller anderen Menschen.

Froh über seine Verwandlung kleidete sich Siegfried nach dem wunderlichen Bad wieder an, raffte sein Schwert auf, fing das Pferd, das vor Angst davongelaufen war, wieder ein und fand nach kurzem Suchen aus dem Wald hinaus.

Als Siegfried nach Xanten kam, keuchten gerade die ersten Nibelungen mit einem Teil des Hortes herbei. Siegmund, der seinen unverwundbaren Sohn in der Burg wie einen König empfing, und Sieglinde, seine Mutter, staunten nicht wenig über das viele Gold, das da von Zwergen in langem Zuge herangeschleppt wurde. Von nah und fern kamen die Leute aus König Siegmunds Reich gelaufen, die wollten Siegfried sehen. Sie zeigten auf ihn und sagten: »Das ist Siegfried von Niederland, der Drachenbezwinger! Heil dem herrlichsten Ritter vom Niederrhein! Gesegnet das Reich, über das er herrschen wird!«

König Siegmund bereitete allen, die nach Xanten kamen, ein Freudenfest, das viele Tage währte. Und während die Hörner schmetterten und die Fiedeln jubilierten und der Koch in der Küche alle Hände voll zu tun hatte, um die vielen Schmausenden mit Leckerbissen zu versorgen, trugen die Nibelungen in ununterbrochenem Zug das Gold ihres Nebellandes herbei und verstauten es in den Schatzkammern der Burg.

In der Halle, wo Siegfried neben seinem Vater und seiner Mutter bei Tisch saß, traten viele Sänger auf, die priesen Siegfrieds Taten im Lied. Sie sangen aber auch, was sich sonst in der weiten Welt ereignete, und fast jeder von ihnen wußte Wundermären von der Schönheit Kriemhilds zu berichten, der holden königlichen Maid zu Worms.

Als das Fest drei Tage gedauert hatte und immer wieder Kriemhilds Name und die Kunde von ihrer Schönheit laut wurde, sprang Siegfried plötzlich von seinem Sitz auf und sagte:

»Gebt mir Urlaub, lieber Vater, und du, liebe Mutter, ich will nach Worms reiten und um König Gunthers herrliche Schwester werben. Sie soll den Thron mit mir teilen!«

König Siegmund schüttelte ernst das Haupt. »Mein lieber Sohn«, sagte er, »dein Wunsch ist allzu kühn. Wenn Gunther und seine Brüder dir die Jungfrau nicht freiwillig geben, du aber im Trotz auf ihrer Liebe bestehst, so mag es geschehen, daß ein heißer Kampf entbrennt. Dem Burgunderkönig dienen starke Recken, allen voran Hagen von Tronje. Ich warne dich! Es gibt noch anderwärts schöne Jungfrauen, deiner würdig — muß es gerade Kriemhild sein?«

Da sagte Siegfried: »Ich liebe Kriemhild und werde um sie freien. Mag Hagen ein noch so gewaltiger Degen sein, ich fürchte mich nicht vor ihm. Ich habe noch nirgends das Fürchten gelernt, auch vor der Höhle des Drachens nicht — ich nehme es, wenn es sein muß, auch mit Herrn Gunthers Helden auf! Ich reite nach Worms, gleich morgen!«

Traurig neigte Sieglinde das Haupt, und auch König Siegmund war über Siegfrieds Ungestüm nicht glücklich. »So habe denn deinen Willen«, sagte er, »nimm Urlaub und wirb um Kriemhild, mein Heer begleite dich — mit den Burgunden ist nicht zu spaßen!«

Siegfried aber lehnte das Angebot ab. »Mit zwölf Mann will ich reiten, mehr brauch ich nicht. Die aber müssen so herrlich gewandet und gerüstet sein, ihre Pferde so köstliches Zaum- und Sattelzeug haben, wie es noch niemals gesehen wurde. So will ich rheinauf ziehen und, allein auf mich gestellt, um die Jungfrau werben. Helft mir, liebe Eltern, daß ich mit würdigem Gefolge Xanten verlasse!«

Nun öffnete man die Schatzkammern und rüstete zwölf edelste Ritter so kostbar aus, als es nur irgend ging. Sie bekamen die schönsten Silberrüstungen aus dem Nibelungenhort und goldene Helme dazu, lichte Schilde mit purpurnen Rändern, blitzende Schwerter, die ihnen von den Hüften bis an die Fersen reichten, und lange, scharfe Speere.

Die Pferde, die man für die Recken aus dem Stall führte, waren Rapphengste aus edelstem Geblüt, feurig und stark zugleich. Aus Seide war das Zaumzeug, wundervoll mit Gold durchwirkt die Schabracken, die der Rosse Rücken bedeckten, und von den Sätteln hingen silberne Steigbügel nieder. Aus purem Gold waren die Sporen der Reiter.

Siegfried wählte für sich ein leichtes, helles Gewand, das hatte weite Ärmel und war mit Hermelin verbrämt. Um die Mitte trug er einen goldenen Gürtel, an dem sein Schwert Balmung und die Tarnkappe hingen. Panzer brauchte er ja keinen. So schwang er sich beim Morgengrauen auf sein Roß aus Alberichs Stall.

Als das breite Tor aufging und Siegfried mit seinen Gewappneten aus dem Burghof hinausritt, war es, als ginge die Sonne ein zweites Mal auf, so funkelten und gleißten Mann und Roß, so hell strahlte Siegfrieds Antlitz.

Nach siebentägigem Ritt tauchten die Türme von Worms und die Zinnen der Burg auf, und Siegfried begrüßte sie insgeheim mit inniger Freude. ›Im Schutz dieser Türme wohnt Kriemhild‹, dachte er und galoppierte mit seinen Recken in die Stadt, begafft von jung und alt.

Vor der Burg hielt der prächtige Trupp. Durch ein Zeichen gab Siegfried zu verstehen, daß er Einlaß begehrte, und da die Wächter in ihm keinen Feind vermuteten, ließen sie die schwere Zugbrücke herab, und die Niederländer ritten in den Hof ein.

Da eilten Knappen herbei, dem fremden Herrn und seinem Gefolge zu dienen. Sie wollten den Rittern aus dem Sattel helfen, die Pferde abhalftern und in den Stall führen, denn sie hielten die Fremden für hohe Gäste. Aber Siegfried sprach:

»Wartet! Die Pferde bleiben gesattelt und die Reiter gewaffnet bei ihnen! Wer weiß, ob wir nicht gleich wieder weiterreiten. Ich will mit König Gunther reden, führt mich zu ihm!«

Inzwischen waren die Bewohner der Burg an die Fenster geeilt und

bestaunten die herrliche Reiterschar, die da im Hofe hielt. Auch Gunther und seine Brüder schauten hinab, und als sie Siegfried erblickten, wunderten sie sich, wer wohl der strahlende junge Ritter sein mochte.

»Ruft Hagen herbei«, befahl der König, »der kennt alle Länder und Herren dieser Welt, er wird auch wissen, wer der stolze Fremdling da unten ist.«

Alsbald kam Hagen in das Gemach, trat ans Fenster und schaute hinab. Finster und aufmerksam blickte er aus seinem einen Auge — das andere hatte er im Kampf mit Walther von Aquitanien im Wasgenwald verloren — auf die prächtige Reiterschar und auf Siegfried. Nach einer Weile sagte er:

»Ich habe Herrn Siegfried aus Niederland zwar noch nie gesehen, doch dünkt mich, der Held dort unten müßte es sein. Keiner sonst könnte so herrlich vor den anderen einhergehen. Er erschlug den Lindwurm, zähmte Alberich und ist unermeßlich reich durch den Nibelungenhort, den er gewann. Unverwundbar ist er, seit er den Leib in Drachenblut gebadet hat. Er trägt die Krone des Nibelungenlandes, und ich rate, den Recken günstig zu empfangen, es ist nicht gut, ihn zum Feind zu haben.«

Da begab sich Herr Gunther mit seinen Brüdern und Hagen in die Halle, befahl auch alle anderen Ritter in Eile dorthin, und als Siegfried, von den Knappen geführt, über die Schwelle trat, ging ihm Gunther freundlich entgegen und hieß ihn willkommen.

»Was führt Euch in unser Land?« fragte er. »Wir wissen die Ehre Eures Besuches wohl zu schätzen, Herr Siegfried aus Xanten. Womit dürfen wir Euch erfreuen? Womit Euch dienen?«

Voll Stolz ließ Siegfried seinen Blick im Kreis wandern und auf jedem der Burgunderhelden ruhen. Dann sagte er:

»Ich hörte, daß an König Gunthers Hof die wackersten Ritter zu finden seien. Nun gelüstet es mich zu erproben, ob die Sänger Wahrheit künden oder nur Prahlhänse sind. Ich will mit den stärksten der Helden kämpfen, die es hier gibt. Burgund gefällt mir, ich setze Niederland dagegen. — Auf, König Gunther, rüste dich zum Zweikampf mit mir, der Sieger gewinnt des anderen Reich zu dem seinen!«

Namenloser Zorn ergriff die Anwesenden. Hundert Fäuste griffen nach den Schwertern. Doch Gernot gebot Stille und sagte:

»Siegfried aus Niederland, wir haben unser Erbe aus unseres Vaters Händen empfangen, wir verwalten und verteidigen es treu — warum willst du es uns streitig machen? Das hat wenig Sinn. Begnüge du dich mit deinem Reich und sei als guter Nachbar und lieber Gast herzlich willkommen.«

Doch noch ehe Siegfried erwidern konnte, sprang plötzlich Herr Ortwin von Metz zornrot vor Siegfried hin und rief: »Nichts da von Ausgleich und Versöhnung! Weibisches Gerede, das! Es ist Kampf angesagt, das soll mit Kampf erwidert werden! Herr Siegfried, Euer Übermut verlangt blutige Strafe! Heraus mit den Schwertern!«

Siegfried maß den Erzürnten vom Scheitel bis zur Sohle und sagte dann:

»Ich habe mich an einen König gewandt, nicht an einen seiner Lehnsmänner — also erwarte ich auch von einem König Antwort.«

Da zog Ortwin sein Schwert, aber Gernot stürzte sich mit wilder Rüge auf ihn: »Zurück, du Tor! Zähme deine Wut, Truchseß! Noch ist Herr Siegfried nicht unser Feind, und wenn er seine Kräfte in fröhlichem Waffenspiel mit uns messen möchte, soll er uns als Freund von Herzen willkommen sein!«

Diese Rede gefiel Hagen, der schon die ganze Zeit mit großer Sorge dem Lauf der Dinge gefolgt war. Er wollte gerade das Wort ergreifen, aber da trat der junge Giselher vor, streckte Siegfried beide Hände entgegen und sagte:

»Laß mich Gernots Rede bekräftigen: sei unser Gast und Freund! Was liegt daran, wenn wir unseren Besitz in Frieden mit dir teilen? Er ist groß genug. Gunther und wir alle werden dir gerne brüderlich dienen. Wozu Streit und Blut?«

Da gedachte Siegfried Kriemhilds, um derentwillen er ja die Fahrt getan hatte. Warum soll ich mit den Brüdern kämpfen, sagte er sich, wenn ich ihre Schwester in Güte erringen kann? Und er ergriff Giselhers Hände.

Nun trat auch Gunther herzu. Er umarmte den Gast und befahl, ihn und sein Gefolge auf das beste zu beherbergen, mit Speise und Trank zu versorgen. Auch Hagen reichte Siegfried die Hand, und als die beiden einander Aug in Auge gegenüberstanden, war es, als grüße der lichteste Tag die finsterste Nacht.

Die Freundschaft der Burgunden zu Siegfried wurde immer inniger und fester. Sie maßen ihre Kräfte täglich im Turnier, und Siegfried übertraf alle, ob es nun galt, schwere Schäfte zu werfen oder mächtige Steine über den Platz zu schleudern oder mit dem Speer zu schießen. Auch im Schwertkampf tat es ihm keiner gleich, und niemand tummelte sein Roß so flink und geschickt wie er.

Der junge Held aus Niederland freute sich an alledem wie ein Kind. Über den eigentlichen Zweck seiner Ankunft schwieg er jedoch beharrlich. Dann und wann hielt er freilich verstohlen Ausschau nach Kriemhild, aber er bekam sie nie zu Gesicht.

Die Jungfrau hingegen sah ihn alle Tage. Hinter dem Fenstervorhang verborgen, schaute sie aus ihrer Kemenate dem Kampfspiel verstohlen zu, und wenn sie Siegfried sah, der strahlender als alle anderen einherging, dann klopfte ihr das Herz.

Bei seinem Anblick vergaß sie völlig, was sie nach jenem bösen Traum in Frau Utes Kemenate gelobt hatte.

Viele Monate waren hingegangen, ohne daß Siegfried Kriemhild gesehen hätte. Allmählich wurde ihm die Zeit lang, das bequeme Leben behagte ihm wenig, Waffenspiele reizten ihn nicht mehr, er sehnte sich nach Abenteuern.

Da trafen eines Tages Boten mit einer unheilvollen Nachricht ein: König Lüdeger von Sachsen und König Lüdegast von Dänemark hatten den Burgunden den Krieg erklärt und rückten mit einem starken Heer gegen die Marken des Reiches vor.

König Gunther war tief betrübt. Er beriet sich mit seinen Brüdern und mit Hagen, dem Scharmeister des Heeres.

»Laßt uns alles aufbieten und die Eindringlinge an der Grenze mit Waffen empfangen!« meinte Gernot voll Grimm über den frechen Angriff.

»Um alles aufzubieten, ist die Zeit zu kurz«, entgegnete Hagen, »wir werden nicht mehr als tausend Mann ins Feld stellen können. Doch rate ich, unseren Gast aus Niederland, Herrn Siegfried, zu bitten, er möge am Krieg teilnehmen. Zieht er mit uns, so will ich's mit den tausend wagen, den Sachsen und den Dänen in offener Feldschlacht zu begegnen.«

Gunther ließ Siegfried in die Halle bitten. Kaum hatte dieser gehört, worum es ging, als er sich auch schon freudevoll bereit erklärte, gegen Lüdeger und Lüdegast zu kämpfen.

»Solche Kunde tönt mir lieblicher in den Ohren als Saitenspiel und süßer Gesang«, rief er aus. »Ich zieh mit euch und werde den Balmung nicht schonen!«

Da wich die Sorgenlast von Gunthers Herzen. Er dankte Siegfried mit starkem Händedruck und sagte: »Alle meine Helden geb ich dir mit, Hagen und Dankwart, Ortwin, Sindold und Gerwart, Rumolt und Hunold, auch Gernot, meinen Bruder — nur Giselher muß in Worms bleiben, er ist noch zu jung.«

»Du hast den Besten von allen vergessen«, schalt Siegfried den König unter Lachen, »Herrn Volker von Alzey, den Fiedler! Wo er naht, weichen alle Feinde.«

»Du mahnst mich recht«, sagte Gunther, »er soll das Banner tragen!«

Auf dem Blachfeld sammelte Hagen das Heer. Schmetternde Trompeten bliesen die Streiter zusammen. Tausend Mann rüsteten sich zum

Kampf. Da wurden die Waffenkammern leer, und die mutigen Streitrosse führte man aus den Ställen.

Auf ein Zeichen Hagens saßen die Krieger auf, ein Wald von Lanzen ragte aus ihren Fäusten, herrlich blinkten die Schilde. Volker, der Spielmann und Sänger, entfaltete das Banner Burgunds, das flatterte lustig im Wind, und Siegfried, Hagen und Gernot scharten sich um ihn. Unter dem Gewieher der Rosse ging es aus Worms hinaus, ostwärts, dem Feind entgegen.

Nach dreitägigem Ritt sah man am Abend in der Ferne die Helme der Sachsen und Dänen. Der Rauch der Wachtfeuer stieg in die Lüfte. Hagen befahl abzusitzen und Zelte zu errichten. Bald ruhten Mann und Roß im weiten Lager: bei kräftigem Mahl und in tiefem Schlaf schöpften sie frische Kräfte für die Schlacht, die ihrer harrte.

Nur Siegfried gönnte sich keine Ruhe. Den Balmung in der Faust, den Schild mit der Krone Niederlands über dem Arm, strich er auf seinem Schimmel durch die Gegend. Er umritt vorsichtig das Lager des Feindes, lugte durch Baum und Dickicht, die Stärke des Gegners auszukundschaften.

Auf einmal bemerkte er einen prächtig gerüsteten Ritter, der gleich ihm zu Pferde umherstreifte. Blitzschnell stürzte er auf ihn zu und stellte ihn zum Zweikampf.

Er hatte leichtes Spiel. Der feindliche Späher blutete bald aus vielen Wunden, die ihm der Balmung durch Helm und Harnisch geschlagen. Des Schildes beraubt und mit zerstücktem Schwert ergab er sich und bat um sein Leben.

»Weh meinem Volk!« rief er schmerzlich, »wie mag es ihm morgen ergehen! Du hast einen glückhaften Fang gemacht, Siegfried aus Niederland — ich bin Lüdegast, der Däne.«

Schon wollte Siegfried seinen Gefangenen ins Lager abführen, da sprengte auf einmal ein Trupp von dreißig sächsischen und dänischen Rittern herbei, die hatten von fern gesehen, daß König Lüdegast in Not geraten war, und wollten ihm helfen.

Sie hätten besser daran getan, im Lager zu bleiben. Siegfried nahm unverzüglich den Kampf mit ihnen allen auf. »Wer den Drachen erschlug, fürchtet Menschen nicht mehr«, rief er, »und kämen sie mit hundertfacher Übermacht!« Er tötete sie bis auf einen, der die Flucht ergriff.

Siegfried ließ ihn laufen und rief ihm nach: »Melde im Lager, was du erlebt hast! Man bricht nicht ungestraft den Frieden mit Burgund! König Lüdeger soll sich vorsehen!«

Dann hob er den wunden Lüdegast aufs Roß und brachte ihn vor Gernot und Hagen.

Groß war der Jubel der Burgunden, als Siegfried mit dem gefangenen König erschien.

»Wie stark ist der Feind?« fragte Hagen.

»An die viertausend Mann«, antwortete Siegfried, »doch taugt ihr Heldenmut keinen Pfifferling, ihrer dreißig schlug ich allein — was kümmert uns da ihre Übermacht?«

Als das Morgenrot die Nacht verdrängte, entbrannte die Schlacht. Dreimal schlug Siegfried breite Lücken in die feindlichen Reihen, und die Burgunden, die mit dem Mut der Verzweiflung kämpften und alles niedermähten, was ihnen vor die Schwerter kam, stießen hinter ihm nach.

Plötzlich erblickte Siegfried König Lüdeger. Er sprang vom Pferd und stellte ihn zum Streit. Der Sachsenfürst wehrte sich wie ein Held, aber Siegfried schlug ihm den Schild vom Arm und brachte ihm mit dem Balmung schwere Wunden bei. Nun erst erkannte Lüdeger an Siegfrieds Schild und Gewand die Krone von Niederland. Er sprang mit einem gewaltigen Satz zurück in den Schutz seiner Mannen und rief, daß es laut über das Schlachtfeld hallte:

»Steht ab vom Kampf, meine Sachsen! Siegfried, König Siegmunds Sohn, ficht gegen uns, ich hab ihn erkannt! Den hat uns der Teufel geschickt!«

Das Kampfgetümmel ließ nach, auf beiden Seiten trat erwartungsvolle Stille ein. Verwundert blickten die Sachsen auf ihren sonst so tapferen König, der nun die Fahne zu senken gebot und sich bedingungslos in Siegfrieds Gewalt begab.

So endete der kurze Feldzug gegen einen übermächtigen Feind mit dem glänzenden Sieg der Burgunden. Sachsen und Dänen zogen heim. Hagen von Tronje aber sammelte das Heer und führte es gemeinsam mit Siegfried, Gernot und Volker wieder zurück an den Rhein. Stolz flatterte das Banner in Herrn Volkers Händen. Von scharf bewaffneten Wächtern umgeben, folgten bangen Herzens die gefangenen Könige Lüdegast und Lüdeger.

Schnelle Boten eilten dem Heer voran. Mit unbeschreiblichem Jubel nahm man in Worms die Kunde von der Vertreibung der Sachsen und

Dänen auf. Gunther befahl, Burg und Stadt auf das prächtigste zu schmücken. Das Pfingstfest stand vor der Tür, das sollte diesmal, Herrn Siegfried und allen anderen Helden zu Ehren, ganz besonders gefeiert werden!

Einer der Boten kam auch zu Kriemhild. Sie hatte ihn heimlich in ihre Kemenate winken lassen.

»Wie geht es meinem Bruder Gernot?« fragte sie den Mann. »Leben Hagen und Dankwart und alle die anderen noch? Kehren sie uns glücklich wieder?«

»O Herrin«, antwortete der Bote, »nicht einer von ihnen ist gefallen, doch der Feind ist schrecklich geschlagen!«

»Und wer tat sich im Streit von allen am meisten hervor? Wer war unter allen Burgunderhelden der kühnste?« wollte Kriemhild noch wissen — sie wagte es nicht, Siegfrieds Namen auszusprechen. Ihr Herz klopfte heftig.

Aber da nannte ihn der Bote schon! Er erzählte mit glänzenden Augen, wie herrlich der Held aus Niederland gefochten habe. »Wie tapfer auch Hagen und Ortwin, Gernot und Dankwart kämpften, mit Herrn Siegfried konnte sich keiner vergleichen! Beide Könige, die als Gefangene nach Worms kommen, hat er allein bezwungen! Zahllos sind die Sachsen- und Dänenhelden, die von seiner Hand den Tod erlitten, der bloße Anblick seines Wappens macht den Feind zittern.«

Da wechselten Blässe und Röte auf Kriemhilds Antlitz, so sehr freute sie sich über diese Nachricht. Sie rief eine ihrer Frauen herbei und befahl, dem Boten ein prächtiges Gewand zum Lohn zu geben. Dann entließ sie ihn wieder.

Das Heer war eingezogen. In hunderten Zelten, von denen bunte Wimpel wehten, lagerte es als Gast des Königs rund um die Burg und die Stadt. Die Zugbrücke war herabgelassen, und jedermann, gleichgültig ob groß oder klein, reich oder arm, hoch oder niedrig, durfte aus und ein gehen, von Meister Rumolt Fleisch oder Honigbackwerk fordern oder sich den Becher, sooft es ihm behagte, aus des Königs ältesten und wertvollsten Weinvorräten füllen lassen.

Im Hof waren die Fahnen des geschlagenen Heeres zur Schau gestellt, auf dem Anger vor der Burg fanden prächtige Turniere statt, auf den Plätzen der Stadt zeigten welsche Gaukler ihre haarsträubenden Künste, und auf den Wiesen am Rheinufer wimmelte es von Buden aller Art. Dazwischen sah man reigentanzende Kinder.

In der Halle der Burg saßen die Recken mit Gunther und seinen Brüdern beim Mahl. Die Becher klangen zu fröhlicher Rede die ganze Nacht. Spielleute von nah und fern sorgten für Musik, auch Herr Volker von Alzey strich die Fiedel und sang dazu.

Am Morgen jedoch neigte sich Ortwin von Metz mit düsterer Miene zu Gunthers Ohr und sagte:

»Dies Fest ist wie ein Frühlingstag ohne Sonne. Es mißfällt mir recht von Herzen!«

Der König schaute verwundert auf, fragte nach dem Sinn der dunklen Worte.

»Den sag ich Euch gern«, meinte Ortwin. »Wir kehren aus blutiger Schlacht heim, feiern den Sieg und müssen dennoch des schönsten, des süßesten Lohnes entbehren, den es für siegreiche Helden gibt: das Lächeln holder Frauen. Diese Gunst, köstlicher als Gold und Gut, versagt uns der König der Burgunden!«

»Du mahnst mich recht, Ortwin!« rief Gunther. »Ich vergaß es, hab Dank!« Er sprang auf, winkte Gernot und Giselher und begab sich mit ihnen augenblicklich zu Frau Ute. Er bat die Mutter, Kriemhild und ihre Mägde festlich zu kleiden und aus der Einsamkeit der Kemenaten hinab in die Halle und in sittsamem Zug hinaus vor das Tor zu geleiten, damit alle sich an dem Anblick der schönen Frauen erfreuen könnten.

»Meine Helden sehnen sich nach lieblicher Augenweide. Nach dem rauhen Schlachtenlärm will ihr Herz ein weiches, lindes Wort hören. Vergönn ihnen, daß Kriemhild unter sie tritt, und nimm auch du, liebwerte Mutter, Platz an unserer Tafel!«

So sprach Gunther.

Die Mutter nickte Gewährung.

Eine Stunde später betrat Kriemhild mit züchtig gesenktem Blick, geleitet von einer Schar Kämmerer und edler Ritter und gefolgt von ihren Frauen und Mägden, die Halle.

Die Recken erhoben sich huldigend, nur Hagen blieb sitzen: ihn ließ Frauenschönheit kalt. Die übrigen Degen aber drängten sich, Kriemhild und ihre Frauen zu sehen, ihnen für die Dauer des Festes Dienste anzubieten.

Weißgewandet war Kriemhild und mit den kostbarsten Edelsteinen geschmückt. Ein blitzendes Diadem krönte ihre Stirn. Aber leuchtender und schöner als aller Schmuck erblühte das Rosenrot ihrer Wangen,

strahlte das Licht ihrer Augen, gleißte das Blond ihrer schweren Zöpfe, die ihr über Schultern und Brust bis auf die Knie niederhingen.

Siegfried war ganz gebannt. Er ließ kein Auge von Kriemhild. Sie kommt einher wie die Sonne nach langer Winterszeit, dachte er. Wie der Mond die Sterne überstrahlt, so überstrahlt sie alle anderen Frauen. Sie *muß* mein werden! Lieber läg' ich tot im Sachsenland, als daß ich lebte ohne sie.

Gernot merkte wohl, wie sehr Kriemhilds Nahen Siegfried ergriff. Er ging zu Gunther hin und sagte:

»Der Held aus Niederland ist ganz versunken in den Anblick unserer Schwester. Willst du ihn nicht für die Zeit des Festes zu Kriemhilds Ritter machen?«

»Dein Rat ist gut«, antwortete Gunther. Dann nahm er Kriemhild bei der Hand und führte sie Siegfried zu. Bebend, das Auge noch immer gesenkt, reichte sie dem Helden, wie es die Sitte gebot, die Lippen zum Kuß, und mit zitternder Stimme sagte sie:

»Seid mir willkommen, Herr Siegfried aus Niederland!«

Da sagte König Lüdegast, der auf Siegfrieds Fürsprache hin gemeinsam mit Lüdeger in Ehren an Gunthers Tafel sitzen durfte, voll Bitterkeit:

»So herrlichen Lohn empfängt der Sieger. Nun weiß ich wohl: um dieses Kusses willen mußten so viele tapfere Dänen ihr Leben lassen. Gnade dem Land, gegen das Siegfried als Freund der Burgunden in den Krieg zieht!«

Nach dem Kuß reichte Kriemhild Herrn Siegfried die Hand. Er ergriff sie und hielt sie mit sanftem Druck ein wenig länger, als es die Sitte erlaubte, in der seinen, so sehr überwältigte ihn Freude und Glück. Wahrlich, es stand dafür, nach Worms zu reiten, dachte er. Dann wurde er von Kriemhild getrennt.

Frau Ute hatte die Tochter zu sich gerufen, sie mußte mit in die Kirche gehen, und obgleich die Messe nicht allzulange dauerte, konnte Siegfried es kaum erwarten, bis der Zug der Frauen aus dem Münster zurückkam.

Er trat gemessenen Schrittes auf sie zu, neigte das Haupt vor ihr und bot ihr die Hand, mit ihm einen Rundgang über den Anger und durch die Zeltstadt des Heeres zu machen.

»Ich dank Euch, daß Ihr meinen Brüdern in so bedrängter Lage beigestanden seid«, sagte sie.

»Um Euretwillen würde ich Herrn Gunther mein Lebtag dienen«, entgegnete er. Dann schritten sie von Zelt zu Zelt und grüßten alle Recken.

Wie wurde er um der Jungfrau willen beneidet! Bis zum letzten Tag des Festes durfte er ihr Begleiter sein, sie bei Tisch bedienen, mit ihr reden, sooft und solang es ihm gefiel. Und wenn er in einem Turnier siegte, empfing er aus ihrer Hand den Preis. –

Das Fest ging zu Ende, die Gäste nahmen Urlaub, kehrten auf ihre Burgen zurück. Die Herbergen begannen sich zu leeren, die Zelte wurden abgebrochen.

Auch Lüdeger und Lüdegast baten, heimkehren zu dürfen. Sie boten ein Lösegeld von fünfhundert Pferdelasten Gold an, und Gunther, stets nach Schätzen gierig, hätte es gerne angenommen.

Doch Siegfried widerriet. »Nein«, sagte er, »das brächte nur neues Unheil: Wer Gold gibt, holt es sich eines Tages wieder zurück. Sie sollen durch Handschlag Treue geloben und einen heiligen Eid schwören, nie wieder burgundisches Land zu überfallen. Dann laßt sie in Frieden ziehen, so ist es besser.«

Gunther befolgte diesen Rat und entließ die gefangenen Könige. Dann öffnete er auf Gernots Geheiß seine Schatzkammern und belud jedem der abziehenden Gäste den Schild mit Gold.

Als letzter befahl auch Siegfried seinen Gefolgsmannen, die Pferde zu satteln. In schimmernder Wehr, wie sie gekommen, standen die zwölf neben ihren Rossen im Hof, während Siegfried schweren Herzens die Stufen zum Saal emporstieg, um sich von den Königen zu verabschieden.

Da trat ihm auf der Treppe der junge Giselher entgegen, Kriemhilds Lieblingsbruder. Der hatte seinerzeit bei Siegfrieds Ankunft das rechte Wort gefunden, das den drohenden Zwist in herzliche Freundschaft verwandelte.

Er fand es auch jetzt.

»Warum so eilig, Herr Siegfried?« fragte er. »Bleibt doch noch ein wenig bei uns! Seht, da sind viele Ritter, die Euch ungern scheiden sehen, und viele schöne Frauen sind Euch von Herzen hold. Auch Kriemhild, meine Schwester, ist unter ihnen.«

Da kehrte Siegfried in den Hof zurück und rief seinen Begleitern zu: »Sattelt ab und führt die Rosse wieder in den Stall – wir bleiben!«

Giselher lächelte glücklich.

Jenseits des Nordmeeres, wo Eis und Feuer sich mischen und rote Flackerglut Tag und Nacht den düsteren Himmel durchzuckt, herrschte auf Isenland eine mächtige, über alle Maßen starke Königin, Brunhild geheißen. Die stärksten Recken besiegte sie im Wettkampf, und sie hatte geschworen, nur den zum Mann zu nehmen, der sie im Speerwurf und Steinschleudern überträfe. Wer aber den Fuß auf ihr Inselreich setzte, seine Kräfte mit ihr zu messen, und dabei unterlag, der mußte auf der Stelle sein Leben lassen.

Siebenhundert Ritter standen in Brunhilds Diensten, und ein ganzes Heer schöner Jungfrauen lebte in der ragenden Burg, ihres Winks gewärtig.

Die Burg war aus grünem Marmelstein erbaut und hatte sechsundachtzig Türme.

Als die Kunde von dieser Heldenjungfrau durch fahrende Sänger über das Meer bis an den Rhein gelangte, erfaßte König Gunther ein heftiges Verlangen, mit der unbesiegten Brunhild zu kämpfen und sie als Gattin heimzuführen.

Siegfried, mit dem er sich beriet, warnte ihn. »Steh ab von solchem Unternehmen«, sagte er, »es kann dich Leib und Leben kosten. Du wärest nicht der erste, der auf Isenland sein Grab fand.«

Doch Gunther wurde unwillig: »Was nützen mir Leib und Leben, solange Brunhild nicht mein ist! Ich weiß keine Jungfrau, die würdiger wäre, mit mir Thron und Krone zu teilen, als sie!«

Da mengte sich Hagen ein. Er sagte: »Du sollst deinen Willen haben, König. Ich selber werde dich nach Isenland begleiten. Ein starkes Schiff will ich ausrüsten und das Steuer selber führen. Aber nur unter der Bedingung, daß Siegfried mithält. Seiner Kraft und Kühnheit werden wir auf dieser gefährlichen Brautfahrt bedürfen!«

Nun sah Siegfried endlich seine Stunde kommen. Er streckte Gunther die Hand hin und sagte:

»König, gib mir deine Schwester Kriemhild zur Frau, so will ich dir helfen, Brunhild zu erringen!«

Freudig schlug Gunther ein: »Das sei gelobt und beschworen.«

Gunther bat Kriemhild, sie möge ihn und seine Begleiter mit kostbaren Gewändern versorgen, und noch am selben Tag wurden in den Kemenaten schwere Stoffe zugeschnitten. Näherinnen und Stickerinnen regten emsig die Hände, und mancher bunte oder goldene Faden wurde dabei verbraucht.

Alsbald setzte man ein starkes Schiff aufs Wasser und belud es mit Speisen und Wein. Am Mast hißte man das Königsbanner mit der Krone Burgunds, die auch in der Mitte des purpurnen Segels prangte. Aus Gold waren die Anker, mit Gold beschlagen die Ruder und das Steuer. Hei, wie das in der Sonne gleißte!

Nur vier Helden — Gunther, Siegfried, Hagen und Dankwart — bestiegen das prächtige Fahrzeug, nicht mehr, so hatte es Hagen befohlen. Knappen führten die Rosse an Bord. Dann packte Hagen das Steuer, stellte das Segel, und rauschend, als ob sich ein Adler vom Ufer höbe, flog das Schiff auf den Rhein hinaus, trieb vor dem Winde stromab — dem Meer zu.

Herrn Gunthers Brüder und Ingesinde, die den Brautfahrern das Geleit gegeben hatten, schirmten die Augen und sahen ihnen lange nach. Auf dem Söller der Burg standen Ute und Kriemhild. Sie verfolgten das rote Segel so lange, bis es entschwunden war.

Gedankenvoll kehrte Kriemhild in ihre Kemenate zurück. Wird Brunhilds Schönheit die meine überstrahlen? fragte sie sich bang. Wird sie mir Siegfrieds Herz rauben? —

Lange dauerte die Überfahrt, immer düsterer wurde der Himmel. Endlich, am Morgen des zwölften Tages, tauchte, von feurigem Schein umloht, Isenland auf. Bald heiß, bald eisig wehte es von der felsigen Insel her, dem äußersten, nördlichsten Eiland der Erde.

Mit starker Hand steuerte Hagen das Schiff. Zwischen den basaltenen Klippen lenkte er den Kiel geschickt hindurch in eine Bucht, deren Ufer leise bebten. Das Innere der Insel war voll feuerspeiender Berge und siedender Springquellen, davon erzitterte das Land.

Voll Staunen erblickten die Helden Brunhilds grünlich schimmernde Burg. Von einem steilen Felsen ragte sie auf, das war der Isenstein. Als sie näher kamen, sahen sie die vielen Fenster belagert von hunderten neugierigen Jungfrauen, Brunhilds Mägden. Aber die Königin, die sich unter ihnen befand, stach aus allen hervor. Hünenhaft war ihre Gestalt, rabenschwarz ihr dichtes, kurz geschnittenes Gelock, dunkel wie das Meer, wo es am tiefsten ist, ihr Auge. Forschend blickte sie auf die vier Ankömmlinge herab.

»Die Jungfrau ist des Kampfes wert«, sagte Hagen. »Heil dir, Gunther, wenn du sie als Königin an den Rhein bringst!«

Sie landeten, vertäuten das Schiff und bestiegen die Pferde. Sie ritten den steilen Pfad zum Isenstein empor, und als Brunhild sie auf die Burg zukommen sah — Gunther in silberner Rüstung, Siegfried in goldgewirktem lichtem Gewand, dahinter Hagen und Dankwart, ganz in schwarzes Eisen gehüllt —, fragte sie verwundert:

»Wer mögen diese vornehmen Gäste sein? Ich kenne ihrer keinen. Der im goldgewirkten Kleid scheint ihr Anführer zu sein, königlich sitzt er auf seinem Roß. Wer mag es sein?«

Sie rief einen ihrer ältesten, erfahrensten Ritter herbei. Der kam und meinte nach kurzem Besinnen: »Das kann nur Herr Siegfried aus Niederland sein, König Siegmunds Sohn, der den Drachen erschlug. Gerade so, wie er da über den Anger reitet, schildern ihn die Sänger.«

Da freute sich Brunhild unmäßig. »Ist Siegfried gekommen, mit mir zu kämpfen, so wird das sein Tod, aber mein höchster Ruhm sein. Ich werde den Drachenbezwinger besiegen! Bringt mir mein Streitgewand, schafft mir die Waffen vor die Burg, ich will Herrn Siegfried würdig empfangen!«

Geleitet von ihren siebenhundert Recken schritt Brunhild, gepanzert und behelmt, vor das Tor.

»Willkommen, Siegfried aus Niederland!« rief sie schon von weitem. »Nichts Lieberes wünschte ich, als den Drachenbezwinger leibhaftig zu sehen! Was führt Euch unter Isenlands Himmel?«

Siegfried stieg ab, neigte vor der herrlichen Frau das Haupt und antwortete, mit einer höfischen Gebärde auf Gunther weisend:

»Nicht mir — diesem Helden hier gebührt Euer erster Gruß, o Königin. Es ist Herr Gunther, König der Burgunden, aus Worms am Rhein. Er begehrt Euch zum Weib und will mit Euch kämpfen — ich bin nur sein Lehnsmann.«

»Herr Siegfried ein Lehnsmann?« fragte Brunhild, außer sich vor Staunen. »Seltsame Bräuche müssen bei euch auf dem Festland herrschen: der mächtigste König dient einem geringeren als Vasall? Derlei begreift man auf dem Isenstein schwer. Nun denn, will Herr Gunther mit mir kämpfen, so möge er gleich die Steine auswählen, die wir über seinem Grab auftürmen sollen — noch in dieser Stunde liegt er tot!«

Die Rede kränkte Hagen. »Laßt uns zuerst Eure Waffen betrachten«, sagte er, »eh Ihr Herrn Gunther schmäht. Unterschätzt seine Kraft nicht!«

Doch als Hagen sah, welch ungeheuren Schild vier Männer für

Brunhild herbeischleppten, welch einen gewaltigen Speer drei andere hinterher trugen und wie mächtig der Wurfstein war, den zwölf nur mit Mühe auf den Kampfplatz rollten, da sank auch ihm beinahe der Mut.

Siegfried aber, der neben Gunther stand, flüsterte diesem zu: »Sei ohne Sorge, ich helfe schon! Noch in dieser Stunde ist sie dein Weib, wir besiegen sie gemeinsam!«

Nun befahl Brunhild ihren Rittern, einen Kreis um den weiten Platz zu schließen, Schild an Schild. Wie eine Mauer aus blauem Eisen schloß sich der Ring. Nun mußte Gunther sich an das eine Ende des Platzes stellen, Brunhild schritt ans andere.

Während dieser Vorbereitungen eilte Siegfried flink wie ein Hirsch und von niemandem bemerkt zum Strand hinab, wo er im Schiff seine Tarnkappe verborgen hatte. Er holte sie aus dem Versteck, zog sie über und stürmte den steilen Pfad wieder zurück. Unsichtbar schlüpfte er durch den Ring der Mannen, unsichtbar trat er neben Gunther.

Brunhild hob den langen Speer auf. Eine Weile wog sie ihn in den Händen, dann faßte sie ihren Feind scharf ins Auge und schleuderte die Waffe mit solcher Kraft durch die Luft, daß es rauschte, wie wenn auf dem Meer ein Kiel eine Sturmwoge zerteilt.

So furchtbar war der Anprall, daß Siegfried, der seinen neben Gunthers Arm unter den Schild geschoben hatte und die Rechte gegen Gunthers Schulter stemmte, samt diesem zu Boden gerissen wurde. Der Schild war zersplittert, Blut stürzte aus Siegfrieds Mund.

Dennoch stand er schon im nächsten Augenblick wieder auf den Beinen und riß Gunther mit sich hoch. Er zwang ihm den Speer in die Hand, aber verkehrt: er wollte die Königin nicht töten. Dann umschloß er den Schaft dicht hinter Gunthers Faust mit der seinen und schoß ihn, mit dem stumpfen Teil voraus, nach Brunhild.

Wie vom Blitz getroffen, brach die Königin ins Knie, ihr Schild war zertrümmert. Bleich bis in die Lippen erhob sie sich.

»König Gunther, der Wurf soll Euch vergolten sein!« rief sie.

Übermenschlicher Zorn verdoppelte ihre Kräfte. Sie rannte zum Wurfstein hin, stemmte ihn in die Höhe, spielte mit ihm über ihrem Haupt, als ob es ein Ball wäre, und schleuderte ihn dann zwölf Klafter weit. In wildem Sprung setzte sie dem sausenden Stein nach und überholte ihn wie ein Vogel.

Begeistert schlugen die Ritter an die Schilde, ihrer Königin für solchen Sprung und Wurf zu huldigen. Aber schon hatte Gunther — mit

Siegfrieds unsichtbarer Hilfe — den riesigen Stein umarmt und aufgehoben. Hoch schwang er ihn über seinem Kopf und schleuderte ihn dann so weit über den Kreis hinaus, daß Brunhilds Schildmannen entsetzt zur Seite wichen. Durch die Gasse, die so entstand, sprang Siegfried, den matten Gunther am Gürtel und unter der Schulter fassend, nach und über den aufschlagenden Stein noch hinweg. Jeder mußte meinen, daß Gunther allein diesen gewaltigen Wurf und Sprung getan habe.

Das war mehr, als je ein Held auf dieser Erde geleistet hatte. Brunhild stand wie zu Stein erstarrt: sie konnte es nicht fassen, daß sie besiegt war. Dann senkte sie den Blick, winkte ihre Ritter herzu und sagte mit gebrochener Stimme:

»Huldigt König Gunther — er ist fortab euer Gebieter, und ich werde sein Weib.«

Da legten Brunhilds Ritter die Waffen ab, beugten das Knie und gelobten Herrn Gunther Treue bis in den Tod.

Keiner von ihnen wußte, daß Siegfried es war, der ihre Königin bezwungen hatte, auch Brunhild wußte es nicht.

Unterdessen war Siegfried längst wieder hinab zum Schiff geeilt, hatte die Tarnkappe abgestreift und verborgen. Nun trat er wie von ungefähr unter die huldigenden Männer, nicht anders, als käme er lustwandelnd von einem kleinen Erkundungsgang am Ufer der Insel zurück. Listig verstellte er sich und fragte:

»Nun, mein König, wann soll denn der Zweikampf beginnen? Warum zögert Ihr so lange, Euch mit Brunhild zu messen? Bangt Euch vor ihr?« Und als man ihm bedeutete, Gunther habe bereits gesiegt, tat er sehr erstaunt. Dann schritt er auf Gunther zu und beglückwünschte ihn.

Verwundert fragte Brunhild: »Wie kommt es, daß Siegfried dem Wettkampf nicht beiwohnte?«

»Er muß das Schiff bewachen«, antwortete ihr der finstere Hagen.

Brunhild glaubte Hagen. Sie war ohne Argwohn. Aber sie dachte in ihrem Herzen: Warum hat nicht Siegfried gegen mich gekämpft? *Sein* Weib wäre ich gerne geworden!

Gunther trat auf sie zu, er wollte sie umarmen und vor allem Volk küssen. Doch Brunhild wies ihn ab:

»Nicht eher, als bis ich in Worms zur Königin gekrönt wurde!«

»So laßt uns die Segel hissen und heimkehren«, rief Gunther seinen

Helden zu. Dann wandte er sich an Brunhild: »Folge mir zum Schiff, wir reisen noch heute.«

Wieder schüttelte Brunhild das Haupt: »Nicht eher folge ich dir, als bis ich alle meine Gesippen zum Abschied beschenkt habe.«

Nun ritten schnelle Boten aus, die luden Brunhilds Verwandte aus dem ganzen Inselreich auf die Burg. In Scharen strömten sie herbei, und die Königin öffnete ihr Schatzhaus und bedachte alle mit fürstlichen Gaben. Auch ihre Ritter und ihre traurigen Mägde überhäufte sie mit Gold und Juwelen.

Zuletzt verblieben nur noch zwanzig Schatzschreine voll Geschmeide und Gewändern, die ließ sie auf ein Schiff laden. Mit königlichem Gefolge ging sie hierauf an Bord, ohne sich noch einmal umzusehen.

»Nun führe mich, wohin du willst«, sprach sie zu Gunther. Aber es klang nicht wie das Wort einer glücklichen Braut, eher wie das einer Gefangenen.

Mit jedem Tag ihrer Reise wurde der Himmel lichter. Längst war Isenland, die düstere Insel, am Horizont versunken, als sie sich der Mündung des Rheins näherten. Dort angelangt, ging Siegfried mit einigen Rittern an Land und ritt Tag und Nacht bis Worms, während das Brautschiff unter Hagens Führung schwerfällig stromauf kreuzte.

Die Kunde, die Siegfried nach Worms brachte, löste ungeheuren Jubel aus. Unter Herrn Ortwins Leitung wurde die Burg zum Empfang der fremden Frau, die eine große Heldin war, sogleich auf das prächtigste geschmückt.

Siegfried ließ sich bei Kriemhild ansagen, und als er in ihre Kemenate trat, empfing sie ihn voll innigster Freude. Die weite Seereise war also glücklich überstanden, heil und gesund sah sie den heimlich Geliebten vor sich!

»O dürfte ich Euch doch belohnen wie jeden anderen Boten! Aber was soll dem Herrn des Nibelungenhortes mein armes Gold?«

»Und wär ich König über dreißig Länder«, entgegnete ihr der Held, »aus Eurer Hand nähm ich dennoch Botenlohn!«

Da ging Kriemhild zu ihrem Schmuckschrein und entnahm ihm vierundzwanzig kostbare Armreifen, die reichte sie ihm. Lachend nahm Siegfried die Gabe entgegen, und lachend verteilte er sie im nächsten Augenblick an die Jungfrauen ihres Gefolges.

Von den Türmen der Burg spähten scharfäugige Wächter Tag und Nacht rheinabwärts, ob das Brautschiff nicht schon auftauchte. Stadt und Burg waren mit Wimpeln und Blumengewinden reich geziert. Der Weg von der Uferbucht bis in den Burghof, den Brunhild neben Gunther reiten mußte, war frisch mit glitzerndem Kies bestreut, kostbare Teppiche aus dem Morgenland liefen in langer Reihe durch den Hof und über die Stufen zur Halle.

Endlich meldeten schmetternde Hörner das Nahen des hohen Paares. Brunhild betrat den Strand. Mit hohen Ehren empfangen, ritt sie in die Burg ein, stieg auf goldenem Schemel vom Pferd.

Da kamen Frau Ute und Kriemhild herbei und umarmten die neue Königin, und auch Gernot und Giselher boten ihr Gruß und Kuß.

Als man in die Halle trat, wo Rumolt die Tafel gedeckt hatte, nahm Siegfried den König beiseite und mahnte ihn an sein Versprechen.

Sogleich gebot Gunther Stille. Alles Flüstern und Schwatzen verstummte, und die Spielleute ließen die Fiedelbogen ruhen. Dann rief der König Gernot und Giselher an seine Seite, neigte sich vor Frau Ute und Kriemhild und sprach:

»Wenn die kommenden Tage voll Becherklang und frohem Lied sein werden, wenn der Kampfplatz vom Klirren fröhlicher Waffenspiele widerhallt oder auf dem Anger holde Mädchen sich bekränzt im Reigen drehen, so gilt dies Fest einer doppelten Freude: Brunhild tritt mit mir als Königin der Burgunden unter die Krone — meine Schwester Kriemhild aber sei noch zu dieser Stunde Siegfried, dem Helden aus Niederland, vermählt!«

Unbeschreiblicher Jubel ließ die Halle erbeben. Vor allem Volk tauschten Siegfried und Kriemhild den Brautkuß. Freudenfeuer wurden vor der Burg entfacht, und mehr als einer schwang sich heimlich aufs Roß, um die frohe Nachricht nach Xanten zu bringen. Reiches Botenbrot erwartete sie dort.

Als sich die Brautpaare mit allen Anverwandten und Gästen zu Tisch setzten, bemerkte Gunther, daß Brunhild düster und stumm vor sich hin blickte. Unberührt ließ sie die köstlichen Speisen, unberührt den goldenen Becher, der vor ihr stand.

»Was für ein Gram verfinstert dein Gemüt?« fragte er sie.

»Soll ich lachen, wenn ein König edle Sitten mit Füßen tritt?« entgegnete sie.

»Welcher König hätte das getan und wann?«

»Du«, sagte sie zornig, »zu eben dieser Stunde! Einem Dienstmann, einem Eigenholden, gibst du deine Schwester zur Frau!«

»Herr Siegfried ist ein König wie ich, auch wenn er sich meinen Lehnsmann nennt. Schweig jetzt davon!«

Wohl schwieg Brunhild, aber sie witterte ein Geheimnis, wenn nicht gar Betrug. Mißtrauen begann an ihrem Herzen zu nagen wie ein böser Wurm, und sie schwur sich, nicht zu ruhen, bis sie alles wüßte, was man ihr verheimlichte. Voll Neid sah sie, wie glücklich Kriemhild neben ihrem Gatten saß und wie minniglich ihrer beider Wangen erglühten.

Ja, es muß herrlich sein, Siegfrieds Weib und Königin zu heißen, dachte sie — aber er ist dennoch nur meines Gatten Lehnsmann, ein besserer Knecht, kein freier Fürst!

In so zwiespältige Gedanken versunken, saß Brunhild an Gunthers Seite, und jeder im Saal, den ihr lauernder Blick traf, fürchtete sich.

Als es Mitternacht war, gebot Gunther dem frohen Treiben Einhal und hob die Tafel auf. Von Fackelträgern geleitet, schritten die Brautpaare und die übrigen Gäste ihren Gemächern zu.

Als Gunther mit Brunhild allein war und die Kämmerlinge die Tür hinter sich zugeriegelt hatten, wollte der König Brunhild ein wenig sanfter stimmen und griff nach ihrer Hand. Aber Brunhild stieß ihn zurück.

»Sag mir zuerst, warum Siegfried, ein König wie du, sich deinen Lehnsmann nannte, als er auf dem Isenstein vom Pferd stieg?« fragte sie drohend. Und da Gunther schwieg, überkam sie ein so namenloser Schmerz und Zorn, daß sie ihn zu Boden warf, mit ihrem Gürtel an Händen und Füßen fesselte und, den Kopf nach unten, an einen starken Nagel in der Wand hängte.

»Ich hasse dies Land, wo der Himmel so hell und die Seelen so finster und so falsch sind!« rief sie.

Wie ihr Gatte auch klagte und schrie, sie ließ ihn an der Wand hängen, die ganze Nacht.

Freudlos, das Herz von Scham zerrissen, begab sich Gunther am andern Morgen zu Siegfried und berichtete diesem, was ihm während der Nacht widerfahren war.

»Du sollst deine Rache und fortab ein gefügiges Weib haben«, sagte Siegfried. »Laß mich heute nacht mit der Tarnkappe in eure Schlafkammer. Sobald ich — unsichtbar — die Lichter in den Händen der Kämmerlinge verlösche, weißt du, daß ich da bin. Im Dunkel werde ich dein Weib niederringen und binden. Brunhild aber wird glauben, *du* habest sie zum andernmal bezwungen. Ist dir das recht?«

Gunther stimmte zu.

Der Tag verging mit großem Prunk. Herrliche Waffenspiele ergötzten jung und alt, und die Freuden der Tafel nahmen kein Ende. Im Münster weihte der Priester den Bund der beiden Paare. Als gekrönte Königin von Burgund kehrte Brunhild in die Burg zurück.

In der Nacht geschah alles, wie Siegfried und Gunther es abgeredet hatten. Zum Schrecken der Kämmerlinge im Vorgemach erloschen jählings die Kerzen in ihren Händen, als hätte ein starker Luftzug sie ausgeblasen. Gunther verriegelte die Tür des Schlafgemachs und löschte die Lampe.

Im nächsten Augenblick hob zwischen Siegfried und Brunhild ein so mörderischer Ringkampf an, daß sich Gunther entsetzt an die Wand drückte.

Siegfried mußte seine ganze Kraft zusammennehmen, denn Brunhild preßte seine Hände mit solcher Gewalt, daß ihm das Blut unter den Nägeln hervorspritzte. Schließlich aber lag sie bezwungen auf dem Boden und flehte um Gnade.

Siegfried verließ die Kammer. Den Gürtel, mit welchem die Königin auch ihn hatte fesseln wollen und den er ihr entwunden hatte, hielt er noch in der Hand, dazu einen kostbaren goldenen Armreif, den er ihr im Ringkampf abgestreift hatte. Beides nahm er mit.

Seit dieser Nacht, da Brunhild zum andernmal bezwungen wurde, waren ihre Kräfte geschwunden. Sie war nicht stärker als sonst irgendein Erdenweib.

Nun freute sich Gunther wieder seines Lebens und seiner Krone. Zwei volle Wochen noch währte das Fest, dann schieden die Gäste. Auch Siegfried wollte mit seinem schönen jungen Weibe und seinen zwölf Getreuen heimreiten nach Xanten, lange genug war er von seines Vaters Burg fern gewesen.

Ehe er aus Worms auszog, boten ihm Gunther, Gernot und Giselher ein reiches Stück ihres Landes mit vielen Burgen als Mitgift für die Schwester an, aber er lehnte freundlich ab.

Da forderten sie Kriemhild auf, sich doch außer den zweiunddreißig Edelfrauen auch noch eine Schar tüchtiger Ritter unter der Führung eines besonderen Helden als Gefolge mitzunehmen an den Hof nach Xanten.

»So wähle ich Hagen von Tronje, meinen lieben Oheim«, sagte Kriemhild arglos.

Hagen aber entgegnete voll Trotz: »Die Tronjer dienen seit Menschengedenken nur ihren Blutsverwandten, den Herren von Burgund, sonst niemandem auf dieser Welt.«

Sprach's, kehrte Kriemhild den Rücken und ging aus dem Saal.

Die Sänger mühten sich später vergeblich, zu schildern, mit welchem Jubel und welcher Pracht Siegfried und Kriemhild von Siegmund und Sieglinde empfangen wurden. König Siegmund übergab seinem Sohn die Herrschaft über ganz Niederland, und niemand widersprach, wenn es hieß: Noch nie saß eine schönere, holdere Königin zu Xanten am Rhein — als die Schwester der Könige von Burgund.

Siegfried schenkte seiner jungen Frau als verspätete Morgengabe den

Nibelungenhort. Feierlich setzte er sie als Herrin über das Gold in den Schatzkammern ein. Er herrschte voll Weisheit und Milde, und da er niemals eroberungslüstern war, wurde er als Friedensfürst geehrt und geliebt.

Auch Brunhilds Ring und Gürtel übergab er Kriemhild, und als sie ihn nach der Herkunft dieser besonders wertvollen Geschmeide fragte, wollte er keine Lüge gebrauchen und erzählte ihr vertrauensselig, wie er die Schmuckstücke gewonnen habe, und auch, daß *er* es gewesen sei, der Brunhild auf dem Isenstein besiegt habe.

Er ahnte nicht, daß seine Aufrichtigkeit ihm dereinst den Tod bringen sollte.

SIEGFRIEDS TOD

Zehn Jahre erfreuten sich Siegfried und Kriemhild eines ungetrübten Glücks. Sie hatten ein Söhnlein bekommen und es zu Ehren von Kriemhilds Bruder Gunther getauft.

Auch König Gunther und Brunhild verlebten diese Zeit in Eintracht und Frieden, obwohl Brunhild das Rätsel, das sich um Gunther und Siegfried spann, nach wie vor geheime Not bereitete. Sie konnte nicht begreifen, daß ein König, der so reich und herrlich in Xanten regierte, kein freier Mann, sondern nur ein Vasall Gunthers sein sollte. Durch listige Fragen suchte sie dem Geheimnis auf den Grund zu kommen.

Als Gunther eines Tages zu ihr in die Kemenate trat, sagte sie zu ihm: »Ich sehne mich danach, deine Schwester Kriemhild wiederzusehen. Sende Boten nach Xanten und befiehl Siegfried nach Worms an unseren Hof!«

»Sie wohnen zu fern, als daß man ihnen die weite Reise zumuten könnte«, entgegnete Gunther.

Brunhild sah erstaunt zu ihm auf. »Was soll das heißen?« fragte sie. »In zehn Jahren kann der Lehnsmann wenigstens einmal den Weg zu seinem König und Herrn machen, um ihm zu huldigen und zu zinsen – oder ist dir Herr Siegfried zu mächtig geworden, daß du dich scheust, ihn hierher zu befehlen?«

Gunther lächelte über ihren Eifer und versuchte, so gut er konnte, ihn zu dämpfen. Da verlegte Brunhild sich aufs Bitten, stellte ihm vor, wie lieb ihr Kriemhild während der Zeit ihres Hochzeitsfestes geworden sei, wie schmerzlich sie der Schwester züchtiges Betragen entbehre, an dem sich jedermann bei Hof erfreue, und wie sehr Siegfrieds Besuch den Burgunden zur Ehre gereichen würde. Kurz, sie lag ihrem Gemahl so lang in den Ohren, bis er eine Gesandtschaft von dreißig Mann ausrüstete, die nach Xanten reiten und sowohl Siegfried und Kriemhild als auch den alten König Siegmund zur Feier des Sonnwendfestes nach Worms bitten sollte. Sieglinde war gestorben.

Zum Führer der Gesandtschaft bestellte Gunther seinen Oheim Gere. Ute und Brunhild trugen ihm viele Grüße auf und ließen sagen, sie würden den Gästen aus Niederland gerne dienen und ihnen den Aufenthalt in Burgund so angenehm wie möglich machen.

Nach langem Ritt trafen die Boten in Xanten ein. Sie wurden herzlich willkommen geheißen. Kriemhild weinte Tränen der Freude. Sie eilte ihrem Oheim Gere entgegen und fragte:

»Wie geht es Frau Ute, meiner geliebten Mutter? Wie geht es den Königen, meinen lieben Brüdern? Wie geht es Frau Brunhild?«

»Sie sind alle wohlauf«, entgegnete Gere. »Ihr einziges Weh ist, daß sie von dir, Kriemhild, getrennt leben müssen und schon so lange nichts mehr von dir hörten. Sie haben große Sehnsucht, dich und deinen Gemahl wiederzusehen, Gruß und Kuß entbieten sie euch. Kommt doch zur Sommersonnenwende nach Worms!«

Freudig nahm Siegfried die Einladung an. Auch König Siegmund versprach zu kommen. Dann wurden die Boten mit neuen Waffen und reichlich Gold entlohnt, und Gere ritt mit seinem Gefolge wieder heim.

Als sie in Worms meldeten, wie es ihnen ergangen sei und wie reich man sie in Xanten beschenkt habe, lachte Hagen und sagte:

»Herr Siegfried hat leicht Geschenke machen! Der Nibelungenhort ist sein eigen, den kann er nicht verschwenden, und wenn er ewig lebte! O käme der Schatz doch einmal in der Burgunderkönige Land und Hand!«

Wenige Tage vor dem Sonnwendfest trafen die Gäste ein. Frau Ute, weißhaarig und gebeugt, umarmte ihre schöne Tochter. Sie schluchzte vor Wiedersehensglück. Siegfried drückte seinen alten Kampfgefährten aus dem Sachsenkrieg einem nach dem andern die Hand.

Brunhild kam mit ihren Frauen festlich geschmückt in den Saal. Sie umarmte Kriemhild voll schwesterlicher Zärtlichkeit und hieß Siegfried willkommen. Der jugendliche Held von einst war zum Mann gereift, und wie sie ihn so vor sich stehen sah, königlicher als alle anderen Könige, regte sich der alte, nagende Argwohn heftiger denn je in ihrem

Herzen. Das soll ein Dienstmann König Gunthers sein? fragte sie sich. Nie und nimmer! Doch vielleicht bringt das Sonnwendfest die Wahrheit an den Tag.

Zu Ehren der Niederländer hatte Hagen auf Gunthers Befehl Waffenspiele vorbereitet. Siegfried nahm eifrig an ihnen teil, und die Ritter aus nah und fern staunten über seine Kraft und Gewandtheit. Da war keiner, den er nicht aus dem Sattel stach oder mit dem Schwert bezwang. Doch gönnten ihm alle den Sieg mit neidlosem Sinn.

Eines Morgens saßen Brunhild und Kriemhild einträchtig beisammen auf dem Söller der Burg. Sie schauten hinab auf das fröhliche, bunte Kampfgetümmel der Fürsten und Ritter.

Da sagte Kriemhild: »Schau, liebe Schwester, wie herrlich Siegfried vor allen anderen einhergeht! Wer wäre mit ihm zu vergleichen?«

Brunhild gab ihr keine Antwort, obgleich sie Kriemhild im Herzen recht geben mußte.

Kriemhild bemerkte Brunhilds Schweigen gar nicht, so sehr war sie in den Anblick Siegfrieds versunken, der da unten ritt und stritt. Voll Bewunderung sagte sie: »Wäre mein Gatte nicht wert, auch über das Reich der Burgunden zu gebieten?«

Das war zu viel für Brunhild. Es erzürnte sie ohnehin, daß Kriemhild sich benahm wie eines freien Königs Gemahlin und nicht wie das Weib eines Vasallen. Nun fuhr sie auf und rief:

»Wie sollte Siegfried je die Krone Burgunds tragen? Noch leben Gunther und seine Brüder, und bis die sterben, fließt noch viel Wasser den Rhein hinunter!«

»Dennoch steht Siegfried höher als sie alle«, entgegnete Kriemhild, von Seligkeit ganz verblendet. »Sieh doch nur, Brunhild: wie der Mond die Gestirne mit seinem Licht überstrahlt, so Siegfried die Könige dieser Erde! Wie sollte ich darüber nicht von Herzen fröhlich sein?«

Brunhild schwieg, so hart es sie auch ankam. Finster starrte sie eine Weile hinab auf den Platz, wo Gunther sich auf falbem Roß neben Siegfried tummelte. Dann sagte sie, grollend und doch voll Hoheit:

»So kühn und herrlich Siegfried auch sein mag, vor einem muß er sich dennoch beugen! Einen gibt es, der ihn übertrifft — Gunther, mein Gemahl, der Vogt vom Rhein, Siegfrieds Lehnsherr!«

»Siegfrieds Lehnsherr?« Fassungslos sah Kriemhild auf die Burgunderkönigin, deren Hochmut sie aus allen Himmeln riß. »Was redest du da? Bist du von Sinnen? Gunther Siegfrieds Lehnsherr? Siegfried Gunthers Dienstmann?«

»Er hat sich stets als solcher bekannt«, triumphierte Brunhild, »und Gunther, dein Bruder, hat sich von ihm wie von einem Vasallen dienen lassen!«

Kriemhild erbleichte.

»Wann und wo wäre das geschehen?«

»Auf dem Isenstein in Isenland«, antwortete Brunhild. »Als Gunther um mich werben kam, nannte Siegfried ihn seinen Herrn. Er faßte des Rosses Zügel, wenn Gunther abstieg, er hielt ihm den Steigbügel, wenn er aufsaß, er bewachte das Schiff und diente ihm bei der Tafel — was willst du noch mehr?«

Tief empört sagte Kriemhild: »So wäre ich nur das Weib eines Eigenholden? So hätte mich der eigene Bruder mit einem Gefolgsmann vermählt? Das glaubst du, Brunhild, und verachtest deinen Gatten nicht? Nie wieder will ich solche Worte hören!«

Da flammte Brunhild auf: »Warum sollte ich die Wahrheit verschweigen? Warum sollte Gunther dich nicht mit Siegfried vermählen? Durch die Ehe mit dir band er den König von Niederland nur um so enger an sich! Oder glaubst du, Gunther würde je auf Siegfrieds Dienste verzichten?«

Kriemhild wußte nicht aus noch ein. Sie hob die Hände beschwörend gegen Brunhild:

»Irrtumsnacht muß deine Sinne umfangen, Schwester, sonst sprächst du nicht so! Wann hätte Siegfried meinem Bruder je Zins gezahlt, wie es dem Lehnsmann geziemt? Nie hörte ich das!«

Brunhild weidete sich eine Weile an Kriemhilds Verzweiflung. Dann sagte sie kühl: »Du überhebst dich in allem und jedem, Kriemhild. Nie wirst du, die Gemahlin Siegfrieds, so hoch in Ehren stehen wie ich, König Gunthers Frau! Erzürne mich nicht durch deinen Übermut.«

Da rief Kriemhild: »Heute noch und hier will ich dir beweisen, wie hoch Siegfrieds Weib über dir steht! Vor dir werde ich, die Frau des edelsten Helden, die Kirche betreten, wie es mir gebührt!«

»So trenne auch gleich dein Gefolge von dem meinen — die Frauen der Königin haben nichts zu schaffen mit den Mägden der Vasallin«, sagte Brunhild zornbebend.

»Das soll geschehen«, erwiderte Kriemhild und verließ den Söller. Sie rief ihre Frauen und Ritter zu sich, befahl ihnen, sich so kostbar und glänzend zu kleiden, wie sie es nur vermöchten, und als die Stunde der Messe gekommen war und die Glocke rief, schritt sie mit ihrem Gefolge durch den Burghof dem Münster zu.

Vor der Pforte stand Brunhild mit ihrer Begleitung, und als Kriemhild die Stufen hinanstieg, trat sie dieser in den Weg und gebot ihr zu halten. »Des Dienstmanns Weib folge der Königin, nicht umgekehrt! Es geziemt sich nicht, daß du vor mir die Kirche betrittst. Zurück!«

Voll Hohn sah Kriemhild in das Antlitz der Gegnerin. Mit lauter Stimme sagte sie: »Du hättest besser getan, zu schweigen, Brunhild. Nun, da du so hochmütig redest und mir Schande zufügen willst, muß auch ich dir Schande bereiten. Höre: Nicht Gunther hat dich auf dem Isenstein besiegt, sondern der König von Niederland! Die Tarnkappe verhehlte ihn deinen Blicken. Nicht Gunther hat dich in jener Nacht ringend bezwungen und deine Kraft gebrochen, sondern zum andernmal Siegfried, mein Gatte! Ist dir das Schande genug?«

Weißer als der weißeste Marmor wurde Brunhilds Antlitz. Unheimlich leuchteten ihre meerdunklen Augen daraus hervor. Schwärzer als die schwärzeste Nacht umrahmte ihr Haargelock, in dem das Königsdiadem blitzte, die kalkweiße Stirn. Wie von einem Speerstoß getroffen, trat sie zurück. Die Hände sanken ihr kraftlos hinab. So gab sie Kriemhild den Weg frei, die als erste vor ihr das Münster betrat. Dann erst folgte Brunhild mit ihren Frauen.

Der Gesang süßer Knabenstimmen, der die Messe begleitete, beruhigte Brunhilds Gemüt ein wenig. Kriemhild wird im Zorn gelogen haben, dachte sie, und als die Messe zu Ende war, verließ sie die Kirche als erste und erwartete die Feindin vor dem Tor.

»Du hast die Unwahrheit gesprochen«, sagte sie zu Kriemhild, »du kannst deine ungeheuerlichen Worte nicht beweisen!«

Statt jeder Antwort streifte Kriemhild Brunhilds Armreif, den sie von Siegfried erhalten hatte, ab und reichte ihn der Königin. »Kennst du das?« fragte sie.

Brunhild erkannte das Geschmeide. »Ha«, rief sie, »den Ring vermisse ich schon lange, nun weiß ich endlich, wer ihn mir gestohlen hat – du!«

»Du wirst mich keine Diebin schelten«, erwiderte Kriemhild zornig, »Siegfried nahm dir den Ring, als er mit dir an Gunthers Statt im Dunkeln rang. Und auch den Gürtel entriß er dir, mit dem du ihn binden wolltest, du Törin! Sieh her!« Sie schlug ihren langen, weißseidenen Mantel auseinander — da blitzte Brunhilds herrlicher, edelsteingezierter Gürtel um ihre Hüften.

»Glaubst du nun endlich, daß ich die Wahrheit spreche?« rief Kriemhild voll wilder Lust, die Gegnerin zu demütigen. »Noch ehe Gunther, dein eigener Gemahl, dich küßte, hat schon Siegfried, der Lehnsmann, es getan!«

Da taumelte die Königin der Burgunden. Dann schrie sie, von ihren entsetzten Frauen gestützt, auf: »Man rufe den König! Mit eigenen Ohren soll er hören, mit eigenen Augen sehen, welche Schmach mir seine Schwester vor allem Volk zugefügt!«

Gunther kam. Brunhild zeigte auf Kriemhild und rief: »Vogt vom Rhein! Das Weib deines Gefolgsmannes, durch dessen Kraft du mich auf dem Isenstein besiegtest und betrogst, trägt meinen Gürtel und Ring! Sie behauptet, Siegfried habe mir beides im nächtlichen Kampf entwunden und mir an deiner Statt den ersten Kuß abgezwungen! Schwöre hier und gleich, daß deine Schwester die Unwahrheit spricht, oder ich bin der Burgunden Königin gewesen!«

»Das soll Siegfried dir und mir beschwören«, entgegnete Gunther voll tiefem Unmut. »Man rufe den König von Niederland!«

Als Siegfried aus der Burg trat und vor der Münsterpforte erschien, ging Gunther auf ihn zu und sagte:

»Kriemhild schmäht die Königin. Sie sagt, du habest Brunhilds bräutliche Lippen eher berührt denn ich. Hast du dich dessen je vor deinem Weib gerühmt?«

Da wurde Siegfried sehr zornig. Er hatte Kriemhild nie dergleichen erzählt, nur, daß er mit Brunhild zweimal gekämpft und sie zweimal besiegt habe. »Das will ich mit heiligem Eid beschwören«, rief er, »daß Kriemhild die Unwahrheit sprach.«

Sogleich schlossen Gunthers Mannen einen Ring um Siegfried, stießen ihre Schilde vor sich in den Boden, und der Held hob die Schwurhand.

Aber Gunther winkte ab. »Ich erlasse dir den Eidspruch«, sagte er, »an dir ist kein Falsch und Arg. Du lügst nicht. Kriemhild, meine Schwester, trifft alle Schuld.« Er teilte den Ring der Männer, trat auf Siegfried zu und bot ihm die Hand.

Siegfried ergriff sie und sagte: »Ich schäme mich über alle Maßen, daß meine Frau deine Gemahlin so tief verletzte. Ich schäme mich ihres unhöfischen Betragens. Laß uns künftig unsere Frauen strenger ziehen

Gunther. Verbiete auch du deinem Weibe, in Hinkunft allzu übermütige Reden zu führen und mutwillig Streit vom Zaun zu brechen. Laß uns den Zwist begraben, er soll die Freude des Festes nicht länger trüben!«

So schieden die Männer versöhnt. Siegfried schritt an Kriemhilds Seite zurück in die Burg, und aller Augen folgten ihm bewundernd. Sein Zorn und Freimut hatten ihn noch königlicher erscheinen lassen und ihm jedes Herz gewonnen.

Nur eines nicht: Hagens Herz. Der Tronjer schaute dem Helden drohend nach. »Ob dieser Eid ein Meineid war, weiß ich nicht«, sagte er. »Aber daß Siegfried geschwätzt und die Königin beleidigt hat, das weiß ich!« Dann begab er sich zu Brunhild.

Von ihren Frauen allein gelassen, saß die Königin einsam in der Kemenate. Tränenlos starrte ihr Auge zu Boden. Im Geist sah sie Isenland vor sich, ihr Inselreich im Norden. Sie hörte das Meer an die Klippen branden, sah ihre vieltürmige Burg in den feurigen Himmel ragen, sah ihre verwaisten treuen Recken und Mädchen voll Sehnsucht nach ihrer Königin Ausschau halten. Aber sie konnte ja nicht mehr dorthin zurück! Sie war ja besiegt und eines Mannes Weib geworden. Eines Mannes, der schwächer war als sie! Das also war die Lösung des Rätsels, das ihr so oft den Schlaf geraubt hatte: Siegfried war ihr Bezwinger gewesen, nicht Gunther!

Furchtbarer Schmerz und Grimm zerwühlten ihr Herz. »O daß ich den Trug doch durchschaut hätte! Glücklich herrschte ich noch heute auf dem Isenstein!« flüsterte sie vor sich hin.

Da trat Hagen bei ihr ein. Ihm klagte sie ihr tiefes Leid. »Nicht eher finde ich Ruhe, und nicht eher werde ich Gunther wieder meine Liebe schenken, als bis die Schmach gesühnt ist, die Kriemhild mir zufügte«, sagte sie.

»Euer Schmerz ist der meine, Königin, und Eure Schmach ist meine Schmach. Ich will an Siegfried Rache üben oder nie wieder froh werden!« Das gelobte Hagen.

Er verließ das Gemach und suchte Gunther auf. Er fand ihn mit Gernot und Giselher im Gespräch, auch Herr Ortwin von Metz, der Truchseß, war zugegen.

Dunkle Glut lohte in Hagens Auge. Mit mühsam gedämpfter Stimme sprach er: »Siegfried muß sterben.«

Ortwin stimmte ihm unverzüglich bei. »Ja«, sagte er, »Siegfried muß

sterben. Wie stark seine Kraft auch sei, sie soll ihm nichts nützen! Erlaubt, so will ich selber gleich versuchen, ihn zu töten!«

Die königlichen Brüder erschauerten bei diesem Gedanken.

»Wir lüden mit solchem Verrat unermeßliche Schuld auf uns«, sagte Gunther. »Immer hat mir dieser Held nur Gutes und Liebes erwiesen.«

Auch Giselher, Frau Utes Jüngster, rief erregt: »Womit hätte er jemals unsern Haß und so schreckliche Strafe verdient? Mich dünkt, der Zwist der Frauen ist viel zu gering, als daß man darum Siegfried morden dürfte!«

Hagen schüttelte nur sein Haupt. »Er hat die Königin beleidigt, er muß sterben«, sagte er.

»Und wie wolltest du es anstellen?« fragte Gunther schwankenden Herzens. »Siegfried ist unverwundbar!«

Hagens Auge leuchtete auf. »Laßt bestellte Boten gegen Worms reiten, die sollen melden, Lüdegast, der Däne, und Lüdeger, der

Sachsenkönig, hätten den beschworenen Frieden gebrochen und zögen mit Heeresmacht gegen Burgund. Siegfried wird wieder mit uns sein, und aus Sorge um das Leben ihres Gatten wird mir Kriemhild die Stelle verraten, wo auch er verwundbar ist. Doch laßt das meine Sorge sein. Sind wir gerüstet und zum Ausritt gegen den Feind bereit, dann laßt uns plötzlich Friedensboten des Sachsenkönigs entgegenkommen, und statt in die Schlacht reiten wir dann eben in den Odenwald zur Jagd. Dort will ich das Wild schon stellen.«

Das war Hagens Rat und Plan. Voll Grauen hatten die Brüder und Ortwin gelauscht. Nun trennten sie sich schweigend.

Gunther konnte sich nicht entschließen, den Befehl zur Ausführung der schrecklichen Tat zu geben, zu sehr fühlte er sich Siegfried verbunden, zu sehr vertraute er ihm.

Hagen aber, voll Haß gegen den Helden aus Niederland, raunte dem König Tag für Tag zu: »Siegfrieds Eid war ein Meineid. Er hat dich verraten! Er hat nach der Königin Minne getrachtet! Er hat dich betrogen! Nie wieder wird dir Brunhild ihre Liebe schenken, eh diese Schmach nicht mit Blut gesühnt ist!« Und als all dies nicht verfing, packte er Gunther bei seiner Goldgier. »Was zögerst du so lange?« sagte er. »Noch ist Siegfried in Worms, noch ist er in unserer Gewalt. Stirbt er, fällt die Nibelungenkrone an dich, und du bist Herr des unermeßlichen Hortes.«

»Und wer sollte die schreckliche Tat vollführen?« fragte Gunther, schon halb gewonnen.

»Ich«, erwiderte Hagen finster. »Ich hasse Siegfried und räche seinen Verrat mit Lust. Soll es gelten?« Er streckte Gunther die Rechte hin.

Der König schlug ein. Siegfrieds Tod war beschlossen.

Schon am andern Morgen kamen die falschen Boten an. Als Siegfried vernahm, was sie brachten, war er außer sich über die Untreue des Dänen- und des Sachsenkönigs. »Haben Lüdegast und Lüdeger denn nicht Frieden geschworen?« rief er. »Haben wir sie nicht würdig behandelt und als Helden in Ehren entlassen? Wehe ihnen, sie sollen ihren Übermut bitter büßen! Wie freu ich mich, daß ich gerade bei euch weile und die Eidbrüchigen mit dem Schwert züchtigen kann!«

Tief neigte sich Gunther, der falsche König, vor dem Gast. Er dankte ihm dafür, daß er wieder mit ihnen in den Krieg ziehen wolle, und tat, als wäre ihm ein gewaltiger Stein vom Herzen gefallen.

Mit Lüge fing man den Helden, Hinterlist brachte ihn zu Fall.

Das Heerhorn gellte durch Burg und Land, es rief alle Reisigen zu den Waffen. Die Rüstkammern und Ställe leerten sich, das Heer versammelte sich auf dem Blachfeld, Hagen ordnete und überwachte es.

Auf Gunthers Befehl rüsteten sich auch Gernot und Giselher, Ortwin und Dankwart samt allen andern Helden des Hofes für die Schlacht. Man zäumte und tummelte die Rosse, schärfte die Schwerter und Speere, entrollte die Fahnen und Heerwimpel — alles zum Schein.

Die burgundischen Streiterscharen sammelten sich, die Niederländer gesellten sich zu ihnen, Hagen, der Scharmeister, teilte sie ein und gab die Anweisungen für den bevorstehenden Kriegszug. Als die Truppen geordnet waren, befahl er ihnen zu ruhen, am anderen Morgen sollte aufgebrochen werden. Dann begab sich Hagen in die Burg, um für die Dauer des Krieges von den Frauen Urlaub zu nehmen.

Er trat auch bei Kriemhild ein. »Wir reiten gegen die Sachsen und Dänen«, sagte er, »Siegfried zieht mit uns!«

Kriemhild reichte ihm die Hand. »Oheim Hagen«, sagte sie, »du bist mein Freund. Wie freue ich mich, daß Siegfried euer Genoß blieb und ihr nicht Feinde wurdet wegen meines üblen Zwistes mit Brunhild. Längst bereue ich, daß ich Brunhild durch mein unbedachtes Reden so schwer kränkte, und Siegfried hat mich auch hart gezüchtigt. Nun laß auch du ihn meine schlimme Rede nicht entgelten und beschütz ihn, wenn es in die Schlacht geht. Ich bange um sein Leben.«

»Die Bitte erfüll ich dir gern«, erwiderte der Tronjer voll heuchlerischer Teilnahme. »Doch was befürchtest du für Siegfried? Ist er nicht unverletzlich?«

»Nicht ganz«, seufzte Kriemhild. »Als er im Drachenblut badete, fiel ihm ein Lindenblatt zwischen die Schultern. Dort verhornte die Haut nicht, blieb weich und zart. Wie leicht kann ihn dort ein Speer oder ein Pfeil treffen! Der Zufall ist heimtückisch, und Siegfried allzu kühn im Kampf!«

Hagen lächelte insgeheim. Er war am Ziel! Voll scheinbarer Sorge fragte er: »Kennst du die verwundbare Stelle genau?«

Kriemhild nickte.

Da sagte er: »So nähe mir heute nacht mit Seide ein Kreuz darüber in Siegfrieds Gewand, damit ich ihn dort mit meinem Schild recht beschirmen kann, wenn ihm Gefahr droht. Willst du das tun?«

Kriemhild drückte voll Dankbarkeit Hagens Hand und versprach es. Und als es Nacht geworden war und Siegfried schlief, stahl sie sich vom Lager hinweg, nahm des Helden Kleid und stickte ein Kreuz hinein, genau über der Stelle, die sie kannte wie sonst niemand auf der Welt.

Der Morgen kam, das Heer verließ Worms. Sie waren noch keine Stunde geritten, als ihnen Boten entgegensprengten, die vor Gunther die Pferde verhielten und ihm meldeten, die Könige Lüdegast und Lüdeger hätten sich auf die Kunde hin, daß Siegfried am Feldzug teilnähme, eines Besseren besonnen und böten Frieden an.

»Das würde den Schurken so passen!« rief Siegfried erzürnt. »Wir setzen ihnen nach und bereiten ihnen im eigenen Land ein blutgetränktes Grab!«

Es kostete viele Mühe, ihn von diesem Vorhaben abzubringen. Siegfried war enttäuscht: Seit Jahren war er nicht mehr in den Kampf gezogen, und nun sollte er zwei eidbrüchige, feige Könige laufenlassen? Schließlich gelang es doch, ihn zu besänftigen.

Auf dem Heimritt, den das Heer nun antrat, zeigte Gunther, der neben dem Gast ritt, mit der Hand auf ein langgestrecktes Waldgebirge, das sich über dem Rhein drüben in der Sonne einladend den Blicken bot. »Dort liegt der Odenwald«, sagte er, »da gibt es die besten Hirsche, die schwersten Sauen, auch fette Bären und wilde Büffel in Menge. Ich ließe morgen früh gerne die Hörner blasen. Reitest du mit auf die Jagd?«

»Statt in die Schlacht gegen die Dänen und Sachsen — auf Sauhatz in den Odenwald! Ein matter Tausch, aber nicht der schlechteste«, scherzte Siegfried und willigte ein.

»Leihst du mir einen Treiber und einen guten Jagdhund dazu, so will ich gerne mithalten«, sagte er zu Gunther, und der König erwiderte: »Vier sollst du haben statt des einen. Treiber und Hunde, die jedes Wild in seinem Schlupfwinkel aufspüren und Weg und Steg wohl kennen, damit du dich nicht verirrst. Der Odenwald ist gar weit und groß.«

So war die Jagd beschlossen. Das Heer kehrte heim, die Rüstkammern füllten sich wieder mit Waffen, die Ställe mit den Pferden. Nun wurde das Pirschzeug hervorgeholt und eifrig instand gesetzt, und Gunther lud alle Gäste zu einer fröhlichen Jagd in den Odenwald, die sollte das Sonnwendfest beenden.

Am andern Morgen wimmelte der Burghof von jagdlustigen Männern. Sie liebten das edle Weidwerk und waren kaum weniger ungeduldig als die gekoppelten Rüden, mit denen die Knappen und Treiber ihre liebe Not hatten.

Rumolt, der Küchenmeister, hatte Saumtiere mit Speisen beladen lassen, denn die Jagd macht hungrig. Auch ein Faß Wein wollte er aufladen lassen, doch Hagen verbot es. Als Rumolt nach dem Grund fragen wollte, schloß ihm ein drohender Blick den Mund. So schwieg er und ließ das Faß wieder in den Keller rollen.

Siegfried, den Bogen um die Schulter, den Köcher am Gurt, betrat noch rasch Kriemhilds Gemach, um sich von ihr zu verabschieden. Er fand sie in Trauer und Tränen.

»Was ist dir?« fragte er. »Warum weinst du?«

»Ach, Siegfried«, schluchzte sie, »ich träumte vergangene Nacht, zwei wilde Eber verfolgten dich über die Heide, und gleich darauf waren das Gras und alle Blumen rot von Blut! Bleib daheim, reite nicht zur Jagd, ich bitte dich! Sicherlich droht dir Unheil!«

»Von Wildschweinen?« lachte der Held. »Mit denen hoff ich noch fertig zu werden, auch noch mit Bären und Büffeln.«

»Ach, Siegfried«, flehte Kriemhild, »die Eber im Traum mögen in Wahrheit Feinde sein, die dir nach dem Leben trachten. Bleib!«

»Lüdegast und Lüdeger haben Frieden angeboten«, sagte er tröstend, »und hier in Worms, wo hätt ich da einen Feind?«

»Vielleicht ist es Hagen, du kannst es nicht wissen«, bangte Kriemhild, und es ging ihr durch den Sinn, ob es nicht am Ende gefährlich war, daß sie dem Tronjer das Geheimnis des Gatten verraten hatte. Doch jetzt war es zu spät, um das seidene Gestick heimlich aus dem Kleid zu trennen.

»Du siehst Gespenster«, erwiderte ihr Siegfried, »warum sollte Hagen mein Feind sein? Gab ich ihm jemals Anlaß dazu? Wir waren Waffengefährten, fuhren mitsammen nach Isenland. Stets vertrugen wir uns.«

»Bleib bei mir, Siegfried«, bat sie wieder, »hör auf mich, nur dieses eine Mal! Mir träumte, du rittest durch eine finstere Schlucht. Da bebte die Erde, die Felsen neigten sich und stürzten über dir zusammen!«

Siegfried schloß sie lächelnd in die Arme und küßte sie auf beide Augen. »Wie können so lichte Augen so finstere Bilder sehen?« sagte er scherzend. »Vergiß die Träume und sei fröhlich!« Dann riß er sich los und lief aus der Tür.

Im Hof hatte man ihn schon mit Ungeduld erwartet. Nun saßen

alle auf und ritten, von Hörnerklang und lebhaftem Hundegebell begleitet, hinaus auf den Anger und über den Rhein in den Odenwald.

Nur Gernot und Giselher waren nicht dabei. Sie wußten, worum es bei dieser Jagd ging. Sie wollten am Mord nicht teilhaben. Sie blieben zu Hause, tiefe Not im Herzen.

Der Odenwald ist uralt. Hagen, der Leiter der Jagd, kannte ihn gut und bestimmte eine weite Lichtung, auf der es sich trefflich lagern und Feuer machen ließ, wenn Hunger und Müdigkeit die Jäger wieder aus dem Dickicht lockten und ein jeder nach einem guten, würzigen Bissen und nach einem kühlen Trunk verlangte.

Sie wünschten einander eine ergiebige Jagd und trennten sich. Jeder jagte für sich allein, auch Siegfried. Immer weiter entschwand das Gekläff der Rüden, immer leiser drang das Hörnerblasen an sein Ohr. Die große, wundersame Stille des Waldes nahm ihn auf. Meisen zirpten, ein Bach rauschte, die hohen Laub- und Fichtenwipfel bewegte der Wind. Schweigend ritt er mit seinen Treibern und Hunden auf immer wilderen Pfaden ins Dickicht. Ein Hirsch sprang auf, er verfolgte und erlegte ihn mit dem Speer. Es war die erste, aber es blieb nicht die letzte Beute an diesem Tag — auch einen Elch erlegte er, einen Eber mit handlangen Borsten und fürchterlichen Hauern, einen Büffel, einen Wisent und vier Auerochsen. Kein Wunder, daß sein Köcher fast leer war, als die Sonne im Mittag stand. Auch der Balmung hatte tüchtig zu tun bekommen, und von der Wurflanze tropfte das Wildblut.

Nun suchte er den Weg zum Lagerplatz, um Leute zu holen, die die Beute einbringen sollten. Als er die Lichtung schon durch die Bäume schimmern sah, ließ Gunther gerade die Jagd abblasen. Der Klang des Hifthorns schreckte einen verschlafenen dicken Bären aus seinem Laubbett. Laut und ärgerlich brummend, trabte er waldein.

Siegfried ritt ihm nach, doch als er ihm schon ganz dicht auf den Fersen war, ließ sich das Tier plötzlich in eine Schlucht hinabkollern, wohin ihm Siegfried zu Pferde nicht folgen konnte. Rasch entschlossen sprang er aus dem Sattel und klomm in die Schlucht hinab. Knurrend richtete sich der Bär auf den Hinterpranken auf und schritt mit erhobenen Tatzen auf Siegfried zu, als wollte er ihn umarmen. Da fing ihn der Held mit den bloßen Händen. Er rang ihn nieder und fesselte ihn an allen vier Beinen. Dann schleppte er den Bären aus der Schlucht hinaus und band ihn an den Sattel seines Pferdes.

So ritt er zum Lager zurück, wo er Meister Petz wieder ausließ. Der rannte aufgeregt zwischen den Zelten und Feuerstellen umher, machte Hunde und Pferde scheu, warf die brodelnden Kochtöpfe um und hauste ganz schrecklich. Die Braten fielen in die Asche, die Küchenknechte rannten kopflos hierhin und dorthin, und niemand getraute sich, dem Störenfried mit Pfeil oder Speer an den Leib zu rücken, weil auf dem engen Raum jeder jeden gefährdet hätte.

Schließlich lief der Bär davon. Aber Siegfried setzte ihm abermals nach und erlegte ihn mit dem Schwert. Alles lachte und beglückwünschte ihn zu dem lustigen Abenteuer, und der Koch machte sich mit dem Küchenjungen sogleich über den fetten Bären her. Das gab einen köstlichen Braten!

Die Jäger lagerten im Gras und ließen sich die Speisen, die die Saumtiere inzwischen herangebracht hatten, wohl schmecken. Als sich aber der Durst meldete und ein jeder nach dem Mundschenk rief, da kam keiner.

»Hagen mag ein guter Scharmeister sein«, rief Siegfried halb im Scherz, halb erbost, »Jagdmeister ist er ein schlechter: er läßt seines Königs Gäste verdursten!«

»Verzeiht, ihr Herren«, sagte Hagen, »ich bekenne meine Schuld, doch dachte ich, wir würden im Spessart jagen, dorthin ließ ich den Wein bringen.«

»So wollte ich, wir wären im Spessart«, rief Siegfried, »mein Durst ist gewaltig, sieben Saumlasten Met und Rebensaft könnten ihn kaum löschen. Hunger erträgt der Weidmann ohne Klage, aber Durst leiden fällt ihm schwer. Wären wir doch wenigstens näher am Rhein, da hätten wir Wasser!«

»Wenn es Wasser sein darf«, sagte Hagen gleichmütig, »damit kann ich dienen. Unweit von hier in einer Wiesenmulde weiß ich eine Quelle, dort sprudelt ein köstlich kaltes Wasser aus dem Grund. Wenn es Herrn Siegfried mit dem Trinken so eilt, möge er mit uns dorthin um die Wette laufen. Ich hörte schon immer sagen, daß ihm im Wettlauf keiner gleichkäme, erprobt hab ich es freilich noch nicht.«

»Das kannst du haben, Hagen von Tronje«, rief Siegfried und sprang auf. »Du und Gunther, ihr mögt ohne Waffen laufen, während ich zu meinem Pirschzeug auch noch meinen Schild aufnehme. Trotzdem will ich früher an der Quelle sein als ihr!«

König Gunther erhob sich und legte gleich Hagen die Kleider ab bis aufs Hemd. Sie liefen wie zwei wilde Panther durch den Klee.

Doch als sie bei der Quelle anlangten, war Siegfried schon dort. Sein Atem ging kaum schneller als sonst, er hatte Bogen und Schwert abgelegt, Speer und Schild an den Stamm der Linde gelehnt, die die Quelle beschattete.

Getrunken hatte Siegfried noch nicht. Wie heftig ihn auch der Durst quälte, er bezwang sich, höfischer Sitte gehorsam, und ließ Gunther, dem im Wettkampf Unterlegenen, den Vortritt.

Die Quelle war rein, ihr Wasser klar wie Kristall. Der König beugte sich nieder und trank. Nach ihm schöpfte Siegfried mit beiden Händen Wasser an seinen brennenden Mund.

Während er seinen Durst in langen Zügen löschte, räumte Hagen blitzschnell Siegfrieds Bogen und den Balmung beiseite. Er versteckte sie unter einem Gebüsch. Dann nahm er den schweren Wurfspieß an sich, trat einen Schritt zurück, faßte das Kreuz zwischen Siegfrieds Schultern scharf ins Auge und schoß dem Helden den Speer mit aller Kraft durch das Gestick in den Rücken. In breitem Strahl sprang ihm Siegfrieds Herzblut entgegen und färbte sein Hemd rot.

So gewaltig war dieser Wurf getan, daß die Spitze von innen den hürnernen Panzer sprengte und spannenlang vorne aus Siegfrieds Brust herausdrang.

Hoch ragte der Schaft aus Siegfrieds Nacken. Der todwunde Held erhob sich, wandte sich um, suchte nach Schwert oder Bogen, fand sie nicht — nur der Schild lag noch im Gras vor ihm. Den nahm er in beide Hände und rannte damit wie rasend hinter Hagen her, der mit Gunther die Flucht ergriffen hatte.

»Mord!« schrie Siegfried. »Mord!«

In gewaltigen Sätzen holte er Hagen ein, schlug ihn mit dem Schildrand nieder. Im selben Augenblick aber wich schon alle Farbe aus seinem Antlitz, zu tief war die Wunde, zu reich floß das Blut. Rot färbten sich die Blumen der Wiese, wie es Kriemhild im Traume gesehen.

Hätte Siegfried den Balmung zur Hand gehabt, es wäre des Tronjers Tod gewesen. Sterbend brach Siegfried über seinem Schild zusammen.

»Ihr Feiglinge«, rief er mit letzter Kraft, »was hilft es mir nun, daß ich euch stets treu und liebreich diente, ihr habt mich doch erschlagen. Warum lohntet ihr meine Treue so schlecht? Warum kühltet ihr euren Zorn an mir so tückisch? Was habe ich euch getan?«

Die Stimme versagte ihm. Hagen und Gunther traten herzu. Da sagte Siegfried: »Ihr habt an euch und euren Gesippen übel gehandelt.

Verflucht sei, was aus Burgundenstamm je geboren wurde und noch geboren wird nach dieser Zeit! In ehrenhafte Recken und in solche aus Burgund wird man fürder die Ritterschaft scheiden. Schämt euch!«

Gunther schlug die Hände vors Gesicht und stöhnte auf. Laute Klagen stieß er um Siegfrieds Tod aus.

Hagen aber verwies es ihm grollend und sagte: »Freut Euch doch! Der einzige, der stärker war als wir, stirbt! Wohl mir, daß ich seinen Hochmut und seine Schwatzhaftigkeit bestrafen durfte! Nun hat all unsere Sorge ein Ende.«

Da hob Siegfried ein letztes Mal die schweren Lider, öffnete mühsam den Mund und sagte:

»Du kannst dich leicht rühmen, Hagen von Tronje. Hätte ich deinen Mördersinn früher erkannt, ich hätte mich wohl vor dir in acht genommen. Nun ist es zu spät. Siegmund, mein Vater, und meine Mannen werden vergeblich meiner harren. Grüßt Kriemhild von mir, sie und auch mein Söhnlein im fernen Xanten. Sie dauern mich beide von Herzen, weil sie von nun an mit Mördern verwandt sind. Willst du, Gunther, noch einmal Treue üben an jemandem auf dieser Welt, so nimm dich deiner Schwester an — noch keiner Frau wurde größeres Leid zugefügt als ihr.«

Nicht lange mehr rang er mit dem Tod. Bald sank sein helles Haupt zur Seite.

Inzwischen waren auch die anderen Recken vom Lagerplatz durch den Wald an die Quelle gekommen. Sie sahen, was geschehen war, stumm blickten alle auf Gunther. Dann legten sie den Leichnam auf Siegfrieds Schild und beratschlagten gemeinsam, wie sie den Mord verhehlen wollten.

»Laßt uns sagen, Räuber hätten ihn erschlagen, als er einsam auf Jagd durch den Tann zog«, rieten einige.

Aber Hagen richtete sich hoch auf: »Nichts da! Ich selber bringe Siegfried heim zu Frau Kriemhild. Mich schert das wenig, ob die weint, die meine Königin beleidigt hat!«

Sie warteten die Nacht ab und kehrten dann über den Rhein zurück. Vier Reiter trugen Siegfrieds Leichnam auf den Schultern. Hagen, der den Balmung an sich genommen hatte und ihn versteckt unter seinem Mantel trug, schritt nebenher. Als sie in der Burg anlangten, befahl der Tronjer in tollem Übermut, die Leiche vor Kriemhilds Tür zu legen.

Im Morgengrauen erhob sich Kriemhild und kleidete sich. Sie wollte sich zur Messe begeben, vom Münster läutete die Glocke. Kriemhild rief nach ihrem Gesinde. Ein Kämmerling, der mit einem Licht bei ihr eintreten wollte, stolperte über den Leichnam vor der Tür. Er sah wohl, daß es ein toter Ritter in blutdurchtränktem Gewand war, aber er erkannte seinen Herrn nicht.

Ganz verstört trat der Page in die Kemenate und sagte: »Fraue, draußen vor der Schwelle liegt ein erschlagener Mann.«

Lautlos sank Kriemhild um. Noch hatte sie den Toten nicht gesehen, und doch wußte sie, daß es nur Siegfried sein konnte, der da draußen lag, von Hagens Hand ermordet.

Die Mägde liefen bestürzt herbei, bemühten sich um die Ohnmächtige, und als Kriemhild endlich zu sich kam, stieß sie so gellende Schreie aus, daß alles in der Burg erwachte und zusammenlief.

»Vielleicht ist es ein Gast, ein Fremder«, versuchten die Frauen sie zu trösten, doch Kriemhild rief: »Siegfried ist es!«

Sie schleppte sich vor die Türe und sank laut weinend neben dem Toten nieder. Sie hob das edle Haupt mit ihrer weißen Hand auf, und wie blutüberronnen es auch war, sie erkannte seine Züge. »Meuchelmörder haben dich erschlagen, dein Schild ist unversehrt«, rief sie wild schluchzend. »Brunhild hat es geraten, Hagen hat es getan!«

Kriemhild befahl einem ihrer Ritter, unverzüglich König Siegmund zu wecken. Der kam, gefolgt von einer Schar Recken.

»Wer hat es getan?« fragte er. »O weh, warum sind wir in dieses Land gereist! Welche Mörderhand hat mir den Sohn geraubt?«

»Ich weiß, wer es tat«, antwortete Kriemhild. »Aber erst soll es vor aller Welt kund werden, ehe ich rede und auf Rache sinne.«

Da begehrten die Mannen aus Niederland mit erhobenen Schilden laut, Siegmund möge sie auf der Stelle zum Kampf gegen die Burgunden führen. Alle Tausend begannen sich zu waffnen, sie wollten Siegfried, ihren geliebten Herrn, grausam an Gunther und den Seinen rächen. Noch nie war das Gastrecht so schwer verletzt worden.

»Der Mörder befindet sich in der Burg!« riefen alle. »Auf! Sucht und tötet ihn! Noch heute soll er in seinem Blut liegen!«

Doch Kriemhild erhob sich und trat ihnen entgegen. »Senkt eure Schilde und laßt die Waffen ruhen«, sagte sie düster. »Gunther kann gegen jeden von euch dreißig aufstellen. Schont euer Leben, noch ist es zu früh. Eines Tages aber, wenn es sich besser fügen wird, werde ich mit euch Herrn Siegfrieds Tod furchtbar rächen. Gnade Gott dem, der mir meinen lieben Gemahl nahm. Nun helft mir, euren König einzusargen, wie es ihm gebührt!«

Die Schmiede bekamen den Auftrag, einen Totenschrein aus Gold und Silber zu verfertigen, darin sollte Siegfried begraben werden. Unterdessen brachte man den herrlichen Leib, nachdem man ihn gewaschen hatte, in das Münster und bahrte ihn unter dem Geläute der Glocken auf. Über einen langen Steinsockel breiteten sie seinen roten Prunkmantel und legten den toten Helden darauf. Seinen goldenen, unversehrten Schild mit der Königskrone von Niederland stellten sie ihm zu Füßen, und die edelsten Ritter, die mit ihm aus Xanten nach Burgund gekommen waren, hielten Totenwacht, unter ihnen der getreue Markgraf Eckewart.

Viele Totenmessen sangen die Priester. Alle Stunden trat Kriemhild an die Bahre und weinte um Siegfried. Tag und Nacht brannten armdicke Kerzen zu seinen Häupten.

Am Morgen des nächsten Tages kamen unter anderen Trauergästen auch Gunther und Hagen in das Münster. Der König ging zu Kriemhild und sagte:

»Vielliebe Schwester, wir teilen dein Leid von ganzem Herzen. Auch wir werden Siegfrieds Tod immer beweinen.«

»Dazu habt ihr wenig Grund, ihr Heuchler«, entgegnete sie. »Wär es euch wirklich leid um Siegfried, so läg er nicht hier.«

Doch Gunther leugnete alle Schuld an dem Verbrechen.

Da rief Kriemhild voll Hohn und Bitterkeit: »Wenn ihr so unschuldig seid, so tretet doch an die Bahre heran! Da wird es sich zeigen, ob ihr die Wahrheit sprecht oder lügt!«

Ohne Zögern gehorchte Gunther. Kriemhild heftete ihre Blicke aufmerksam auf Siegfrieds Leiche: nichts regte sich an dieser, keine Veränderung war zu bemerken.

Nun trat Hagen herzu, stolz und ohne Zagen. Aber im selben Augenblick brach Siegfrieds Wunde wieder auf, dunkles Blut quoll reich hervor und floß auf den herrlichen, goldgewirkten Königsmantel. So wurde Hagens Schuld offenbar.

»Ja, du hast es getan!« schrie Kriemhild, der Würde des Münsters nicht achtend, »du und Gunther — die blutende Wunde klagt euch an!«

Da erhob sich lautes Wehklagen. Empörte Rufe zerrissen den Trauergesang der frommen Mönche. Die Ritter, die an Siegfrieds Bahre Wache hielten, entblößten sogleich ihre Schwerter und wollten sich, mitten im Gottestempel, auf den Tronjer stürzen. Doch Kriemhild wehrte ihnen und wies sie an ihre Plätze zurück.

Gunther leugnete beharrlich. »Glaube mir, Schwester«, sagte er, »Hagen hat es nicht getan – Schächer erschlugen Siegfried im Wald.«

»Ich kenne die Schächer«, erwiderte Kriemhild voll Hohn, »ich kenne sie besser, als dir lieb ist. Möge es Siegfrieds Freunden vergönnt sein, die Tat an ihnen zu rächen. Verlaßt diesen Ort!«

Ein verächtliches Lächeln um die Lippen, schritt Hagen aus der Kirche. Gunther folgte ihm gramvollen Blickes.

Nun kamen auch Ute und Gernot herbei, Kriemhild zu trösten. Auch Giselher umarmte die Schwester. Doch wie gütlich Ute und die beiden schuldlosen Brüder auch auf sie einredeten, wie kindlich und verzweifelt Giselher auch um Siegfried weinte, sie verharrte in steinernem Schweigen. Wer hätte ihr Trost bieten können?

Als der kostbare Sarg fertig war, kleidete man Siegfried in seinen Königsmantel und legte ihn unter dumpfen Klagen und Gesängen in den Schrein.

Noch nie ist ein Held so betrauert worden wie dieser. Von weit und breit strömten die Leute, edle Ritter und Frauen, aber auch allerlei schlichtes Volk ins Münster, traten vor den Sarg und weinten um ihn.

Man wollte den schweren Golddeckel schließen, aber Kriemhild erlaubte es nicht. Drei Tage und drei Nächte saß sie stumm neben dem offenen Sarg und wandte kein Auge von dem geliebten Antlitz.

»Möchte der Tod doch auch mich hinwegraffen«, flüsterte sie ein ums andere Mal, »dann wäre mein Leid zu Ende. Doch nein, ich muß weiterleben – wer sollte dich rächen, wenn nicht ich?«

Als man den Sarg endlich schloß und Siegfried begraben wollte, umklammerte sie verzweifelt den Totenschrein. Sie ließ den Deckel noch ein allerletztes Mal abheben, nahm Siegfrieds Haupt in beide Hände und küßte es. Blutige Tränen rollten ihr dabei aus den Augen über die Wangen, und ein Weh ohnegleichen ergriff alle, die das mit ansahen. Ohnmächtig fiel Kriemhild zu Boden.

Man senkte den Sarg in die Gruft, und die Erde schloß sich über ihm.

Nun rüstete König Siegmund zur Heimfahrt. Mit Gunther und dessen Brüdern sprach er kein Wort mehr, zu schweres Leid hatten sie ihm zugefügt, Hagens Tat hatte sie zu seinen Feinden gemacht. Kriem-

hild aber hätte er von Herzen gern nach Xanten mitgenommen, schon um seines kleinen Enkels willen, der einmal am Niederrhein Siegfrieds Krone tragen sollte. Doch Ute, Gernot und Giselher baten die Trauernde so inbrünstig, doch bei ihnen zu bleiben, bis sich der Schmerz etwas gemildert hätte, daß sie zuletzt einwilligte und blieb.

»Mir leben hier in Burgund viele Blutsfreunde, die an Siegfrieds Tod keine Schuld haben«, sagte sie, »in Niederland aber habe ich doch nur Fremde um mich. Zieht also allein nach Xanten, lieber Vater, und laßt mir Eckewart mit den besten Rittern zum Schutz hier, ich will bei meiner Mutter und meinen übrigen Verwandten bleiben. Mein Söhnlein gebt tüchtigen Rittern in Pflege. Gernot und Giselher werden Euch bis zur Grenze das Geleit geben.«

»O weh, so verlieren wir zum König auch noch die Königin«, klagten die tausend Niederländer, die schon ungeduldig vor der Burg auf die Heimfahrt warteten. Der Boden Burgunds, der ihres Herrn Blut getrunken hatte, war ihnen verhaßt.

»Und ich verliere zum Sohn auch noch die Tochter«, klagte Siegmund. Dann umarmte er Kriemhild und verließ, ohne von Gunther und Gunthers Gesippen Abschied zu nehmen, mit seinen Mannen das Land. Gernot und Giselher ritten mit ihm.

Nun bezog Kriemhild eine geräumige, reiche Wohnung unweit des Münsters. Von dort ging sie täglich an Siegfrieds Grab und weilte stundenlang, in stummer Zwiesprache versunken, über der Gruft.

Es gebrach ihr an nichts, Eckewart und die Seinen bewachten sie, Frauen und Kämmerlinge dienten ihr. Aber sie sprach fast mit niemandem ein Wort, auch nicht mit ihrer Mutter oder mit Gernot. Nur Giselher litt sie dann und wann gerne um sich, denn er trauerte ehrlich um Siegfried. Sonst aber betrat nie jemand ihre Gemächer, ausgenommen ihre Dienstfrauen und Kämmerlinge.

Sommer welkten, Winter schwanden, dreieinhalb Jahre lebte sie so, von aller Welt geschieden.

Hagen verfolgte Kriemhilds Tun und Lassen mit scheelem Blick. »Wenn das so fortgeht«, sagte er zu Gunther, »und Ihr Euch mit Eurer Schwester nicht aussöhnt, bleiben Siegfrieds Schätze ewig außer Landes. Nie kommt der Nibelungenhort über die Grenzen Burgunds, solange Kriemhild Euch haßt.«

Da sandte Gunther seine beiden Brüder Gernot und Giselher zu Kriemhild. Sie sollten versuchen, die Schwester wieder freundlicher zu stimmen. Gernot richtete nichts aus, aber Giselher drang so lange und so liebreich in sie, bis sie zuletzt nachgab und sagte:

»Ich will Gunther verzeihen. Er wußte zwar um Hagens Plan, aber er hob nicht selber die Hand gegen Siegfried. Aber nur dann vergebe ich ihm, wenn er vor allem Volk einen heiligen Eid schwört, daß er mir nie wieder ein Leid zufügt, sondern mir allezeit in brüderlicher Treue dient.«

Auch allen anderen vergab sie, die Siegfried gezürnt und seinen Tod gewünscht hatten, nur Hagen nicht. »Der Mörder bleibt mein Todfeind, solange ich atme«, sagte sie. »Nie soll er mir unter die Augen treten, nie will ich mit ihm in einem Raum weilen, nie mit ihm an einem und demselben Tisch essen!«

Im Beisein Frau Utes wurde die Versöhnung feierlich vollzogen, und Gunther leistete den geforderten Eid.

Nun aber drängte Hagen weiter: »Ist der Nibelungenhort nicht Eurer Schwester Eigentum? Hat sie ihn nicht von Siegfried als Morgengabe empfangen? Warum holt sie ihn nicht hierher samt allem, was Alberich mit seinen Zwergen unterdessen in den Hallen des Berges aufgehäuft hat?«

Und wieder gingen Gernot und Giselher, die schuldlosen Brüder, zu Kriemhild und sprachen zu ihr in Hagens Sinn. Nach langem Zaudern willigte sie ein. Sie sandte die Brüder nach Xanten, verriet ihnen auch den Weg ins Nibelungenreich, und Gernot und Giselher zogen mit einer Schar tüchtiger Recken und vielen starken Frachtwagen zu Schiff nach Xanten und von dort in das Nebelland.

Alberich empfing die Brüder und ihr Gefolge, hörte ihr Begehren an und lieferte den Schatz aus. Er wußte, daß Kriemhild die rechtmäßige Herrin des Hortes war, und widersetzte sich ihrem Wunsch in keiner Weise.

Zwölf Wagen fuhren vier Tage lang ununterbrochen zwischen dem Nebelland und Xanten hin und her, bis der Berg zum andernmal leer war und das ganze Gold am Rheinufer bei den Schiffen lag. Gernot und Giselher holten auch noch den Teil des Schatzes, der zu Xanten in der Burg ruhte, herbei und frachteten alles unter großen Mühen mit ihrem Schiff stromauf nach Worms. Dort wurde der Hort in Kellern und Türmen hinter dicken Mauern verwahrt, und von diesem Tag an nannte man auch die Burgunden, in deren Hauptstadt das Gold nun lag, die Nibelungen. Der Name, den bisher allein das Zwergenvolk getragen hatte, war mit dem Schatz auf sie übergegangen.

Man brachte Kriemhild die Schlüssel zu den Kellern und Türmen, in denen das Gold verstaut war. »Den Hort habe ich«, sagte sie bitter, »doch wie gern gäb ich ihn hin, könnte ich mir damit Siegfried zurückkaufen!«

Von Stund an kannte sie kein größeres Vergnügen, als den Hort zu verschenken. Weder Edeling noch Bettler ging ohne reiche Gabe von ihrer Tür, und manchen tapferen Ritter Burgunds gewann sie durch hohe Geschenke für sich.

Das erregte Hagens Argwohn. »Sie kauft sich ein Heer«, sagte er zu Gunther, »ein geheimes Heer gegen uns! Eines Tages wird man sie wegen ihrer Milde und Freigebigkeit mehr loben und lieben als dich, den rechtmäßigen König. Nimm ihr den Schatz, nimm wenigstens die Schlüssel an dich und verwalte du das Gold!«

»Der Hort ist ihr Eigentum«, erwiderte Gunther, »sie kann damit tun, was sie will.«

»Welcher kluge Mann überläßt einer Frau solche Schätze?« sagte Hagen grollend. »Bleibt das Gold in Kriemhilds Hand, so wird es uns alle eines Tages das Leben kosten! Ich glaube nicht an Kriemhilds Versöhnung.«

»Gleichviel«, entgegnete Gunther, »ich habe ihr Treue geschworen, solang ich lebe. Ich mag den Schwur nicht brechen, ich kann ihr den Hort nicht nehmen.«

»So falle denn auch diese Schuld auf mich ganz allein!« sagte Hagen. Und als die Könige bald darauf einen Kriegszug unternehmen mußten, der sie lange von Worms fernhielt, richtete er es so ein, daß er daheim blieb, um die verwaiste Burg zu hüten. Als die Brüder samt dem Heer eine halbe Tagereise weit weg waren, brachte er durch eine List die Schlüssel der Schatzkammern an sich, sperrte diese auf und trug Nacht für Nacht den ganzen Schatz an eine verborgene Stelle am Ufer des Rheins, die heißt das Loch.

Schwere Truhen schleppte Hagen mit Riesenkraft auf geheimen Wegen aus der Burg zum Strom. Dort leerte er den Inhalt auf seinen Schild, hob diesen hoch und trat ganz dicht an das rauschende Wasser. Dann neigte er den Schild und ließ Fingerringe und Spangen, Armreifen und Ketten, juwelenbesetzte Becher, Diademe und Kronen und manches Zaubergeschmeide von Alberichs eigener Hand in die grüne Flut fallen. Verwundert sahen die Fische, wie das Gold, im Mondlicht blinkend, hinabsank, und die Nixen der Tiefe schwammen herzu und bestaunten den herrlichen Schatz, der sich da am Grund aufhäufte.

So hatte Hagen fast den ganzen Schatz versenkt, nur ein paar geringe Schildlasten voll blieben noch in der Burg zurück, die bedeckten den Boden der düsteren Gewölbe wie glitzernde Spreu.

Als die Könige wieder von ihrer Heerfahrt zurückkamen und erfuhren, was Hagen angerichtet hatte, zürnten sie ihm zwar sehr, sonderlich Gernot und Giselher. Doch dann sahen auch sie ein, daß es für Burgund das beste war, wenn der Schatz verschwunden blieb, und sie schwuren einen gemeinsamen Eid, niemals zu verraten, wo Hagen das Gold versenkt hatte.

Kriemhild war außer sich, als sie den Raub entdeckte. Sie verlangte von Gunther, Gernot und Giselher, daß sie Hagen bestraften, aber die Brüder wichen ihr aus. Sie sagten wohl:

»Ja, Hagen hat dir schweres Unrecht zugefügt und neue schwere Schuld zu seiner alten gehäuft«, doch rührten sie keine Hand gegen ihn und verschwiegen ihrer Schwester beharrlich, wo der Hort hingekommen war. »Wir wissen es nicht«, sagten sie.

Da mied Kriemhild von neuem allen Umgang mit den Ihren, nicht einmal Frau Ute, die Mutter, durfte die Schwelle ihrer Wohnung betreten. In tiefer Einsamkeit lebte Siegfrieds Witwe, ganz und gar nur mehr ihren Rachegedanken hingegeben.

DIE FAHRT INS HUNNENLAND

Viele Jahre waren vergangen, seit Hagen Siegfried ermordet hatte, da trat ein Ereignis ein, das Kriemhild mit einem Schlage so große Macht verlieh, daß sie endlich daran denken konnte, ihre Rachepläne in die Tat umzusetzen: König Etzel, der Herr der wilden Hunnen, hielt um Kriemhilds Hand an. Frau Helche war gestorben, der Thron der Hunnenkönigin verwaist. Nun sollte ihn Kriemhild besteigen.

Markgraf Rüdiger von Bechlarn, König Etzels treuester Gefolgsmann, erschien, begleitet von elf Rittern, als Werber in Worms.

»Der Ruhm von Kriemhilds Schönheit ist bis zu meines Herrn Ohr gedrungen«, sagte er feierlich, »gebt ihm eure Schwester zum Weibe.«

Die Brüder hatten nichts dagegen, nur Hagen warnte. Sein dunkles Auge schaute weiter voraus als alle anderen und sah finstere und drohende Bilder.

»Ich lebte lange an Etzels Hof«, sagte er, »ich kenne ihn und weiß, wie groß seine Macht ist und wie zahllos die Völker, die dem Wink seiner Hand gehorchen. Haben wir Kriemhild darum den Hort genommen, um ihr nun desto größere Macht und größeren Reichtum in die Hände zu geben? Sie haßt uns alle, deshalb sehe ich sie lieber schwach und arm denn als Königin auf einem Thron. Solange sie bleibt, was sie jetzt ist, ein kraftloses Weib, kann sie uns nicht schaden. Ich bin dagegen, daß man Herrn Etzels Werbung annimmt.«

Zornig fuhr Giselher auf. »Haben wir unserer Schwester nicht schon genug Leid zugefügt?« rief er. »Würdelos lebt sie, es ist nur recht und billig, wenn wir sie Herrn Etzel zum Weib geben. Oft genug haben wir treulos an ihr gehandelt, diesmal dürfen wir sie nicht wieder um Glück und Ehre bringen. Kriemhild möge frei entscheiden.«

Dieser Rede stimmte schließlich auch König Gunther zu, und Gernot meinte: »Was sollte es uns Schaden bringen, wenn Kriemhild im Hunnenland gebietet? Mag Herr Etzel auch ein mächtiger König sein — die Steppe ist weit von hier!«

Da wandte sich Hagen zornig ab. Er konnte sich noch sehr wohl daran erinnern, wie schnell und wie kriegerisch der Hunnenkönig damals an den Rhein gekommen war, als man ihn, Walther und Hildegund als Geiseln in die Gefangenschaft geschickt hatte. Damals war Gunther noch ein Knabe gewesen, Gernot ein Wickelkind und Giselher noch gar nicht geboren. Was wußten die Könige?

Aber Hagen schwieg. Er war gekränkt.

Die Brüder schickten den Markgrafen Gere zu Kriemhild, der sollte sie von Rüdigers Ankunft und Etzels Werbung unterrichten und sie dazu bringen, den Bechlarner wenigstens zu empfangen und in Ruhe anzuhören. Es kostete genug Mühe, aber endlich, am dritten Morgen nach Rüdigers Ankunft, durfte der Werber Etzels, begleitet von Frau Ute, Gernot und Giselher, bei Kriemhild eintreten.

Kriemhild empfing Herrn Rüdiger unfestlich, im Hauskleid, wie es einer armen Witwe anstand.

»Ich weiß, was Ihr mir zu sagen habt, edler Herr«, begrüßte sie ihn, »und wenn ich Euch in meinem Witwengemach willkommen heiße, dann nur, um einmal den ruhmreichsten Helden Etzels mit eigenen Augen zu sehen, nicht, um die Werbung Eures Herrn anzunehmen.«

»Ihr erweist mir zuviel Ehre«, sagte Herr Rüdiger, »doch warum verschmäht Ihr meinen Herrn? Er ist mächtig. Zwölf Kronen bietet er Euch, über dreißig Reiche sollt Ihr mit ihm herrschen. Eure Schönheit sichert Euch die Liebe der Hunnen und aller Vasallen des Königs. Endet Eure Trauer und werdet in fremdem Lande wieder froh!«

Diese würdigen Worte bewegten ihr Herz. Dennoch sagte sie: »Ich war Siegfrieds Weib — wie könnte ich da je einem andern Mann zugetan sein?«

Aber Ute und die Brüder umringten sie und baten, sie möge doch so hohe Ehre nicht abschlagen. Plötzlich durchzuckte Kriemhild ein wilder Gedanke. Sie bat Herrn Rüdiger, ihr in ein Nebengemach zu folgen, und als sie dort angelangt waren, schloß sie hinter sich die Tür und lehnte sich dagegen. Dann fragte sie den Gast:

»Herr Rüdiger von Bechlarn, seid Ihr bereit, mir zu schwören, daß Ihr als erster mich rächt, wenn irgend jemand, und sei es wer immer, mir ein Leid zufügt?«

Erstaunt blickte der Held auf. »Und wenn ich den Eid leiste, was geschieht dann?«

»Dann hat Herr Etzel mein Jawort«, sagte Kriemhild, und ihre Augen hefteten sich, glühend vor Erwartung, auf den Ritter.

Da beugte Rüdiger sein Knie, zog sein Schwert und leistete den Eid auf die Waffe.

»Eines noch schafft mir Bedenken«, sagte Kriemhild, als sie beide wieder zu Ute und den anderen, die bang auf sie warteten, zurückkehrten, »daß Herr Etzel Heide ist.«

»Das soll Euch nicht bekümmern«, meinte Rüdiger freundlich, »unzählige christliche Ritter stehen in seinem Dienst, unter ihrem Schutze werdet Ihr Euch wohlgeborgen fühlen, und vielleicht vermag Eure Liebe es dahin zu bringen, daß sich Herr Etzel taufen läßt.«

»So will ich sein Weib werden«, sprach Kriemhild, »und Euch in das fremde Land folgen.«

Mit ebenso großer Freude wie Eile wurde nun Kriemhilds Fahrt ins Hunnenland gerüstet. Markgraf Eckewart und seine Mannen sollten Herrn Rüdigers Geleit verstärken, und Kriemhild gedachte, nun wenigstens den Rest des Nibelungenhortes, der noch den Boden der Schatzkammern bedeckte, mit sich zu führen.

Aber Hagen fuhr zornig dazwischen und verbot es. Trotzdem sperrte Gernot die Kammern auf, um der Schwester das Gold auszuliefern.

Als Herr Rüdiger davon hörte, fürchtete er, es könnte am Ende ein Kampf um das Gold entbrennen. Darum sprach er zu den Brüdern: »Laßt dem Tronjer seinen Willen, die paar Truhen lohnen des Streites nicht. Ungekränkt und heil will ich Frau Kriemhild in König Etzels Land bringen, dort warten ihrer tausendmal mehr Schätze, als diese paar Kammern hier zu bergen vermögen, und für die Wegzehrung bin ich mit Gold und Gut wohl versehen.«

Es war ein grauer, von Wolken verhangener Tag, an welchem Kriemhild aus Worms auszog. Sie trug ihre Trauergewänder, ein dunkler Schleier verhüllte ihr Haupt, nur das Diadem auf ihrer Stirn verriet, daß hier eine Königin ritt.

Gunther begleitete sie ein kurzes Stück vor die Stadt hinaus, während Gernot und Giselher, die mit Eckewarts Leuten hinterdrein ritten, der Schwester bis an die Donau das Geleit geben wollten.

Auf dem Söller der Burg stand Frau Ute und winkte ihrer Tochter mit matter Hand.

Unter Herrn Rüdigers Leitung wurde der Zug, in dem sich nur wenige von Kriemhilds Frauen befanden, über den Rhein gesetzt. Dann ging es den Main entlang durch Ostfranken, und eines Tages gelangten die Recken mit der Braut an die Donau. Sie folgten dem Lauf des Stromes durch das Bayernland bis nach Passau, wo der Inn, mit starker Strömung aus hohen Gebirgen kommend, einmündet.

In Passau residierte Bischof Pilgerin, ein Oheim Kriemhilds, der seine Nichte und die hohen Gäste würdig empfing und bewirtete. Er schloß sich dem Geleit an.

Von Passau ging die Reise weiter nach Eferding, wo man die Zelte zur Nachtruhe aufschlug. Tags darauf überquerte der Brautzug die Traun und die Enns — hohe blaue Gebirge, noch mit Schnee bedeckt, grüßten von fernher die Reitenden.

Bald darauf trafen sie auch schon mit Frau Gotelind zusammen, Markgraf Rüdigers edler Gemahlin, die im Schutze zahlreicher Helden Kriemhild entgegengereist kam, um sie zu begrüßen.

Die Frauen küßten und umarmten einander schwesterlich und zogen gemeinsam nach Bechlarn.

Herrn Rüdigers Burg war schon gerüstet für den Aufenthalt so vornehmer Gäste. Frohe Feste und Kampfspiele wurden veranstaltet und die königliche Braut mit herrlichen Geschenken bedacht. Ihr Herz aber fand keine Freude an all den Gaben aus Gold und Edelgestein, es sann nur auf Rache.

Als man genug gerastet hatte, ging es weiter die Donau hinab durchs Österreichische. Wie staunten die Recken vom Rhein und die Frauen Kriemhilds, als sie dies Land mit seinen schmucken Dörfern, prangenden Obstgärten und mailichen Saatfeldern schauten!

In Melk wurde abermals Rast gemacht. Da trat ein Wirt namens Astolt an den Zug heran und kredenzte den Gästen aus goldenen

Bechern köstlichen Wein. Die Ritter fragten ihn nach dem Weg ins Hunnenland, und der Wirt wies ihnen die Straße in Richtung Mautern.

Nun ritten sie durch das Tal der Wachau. Wundersam grüßten die belaubten Bergrücken und die dunklen, steilen Felsgrate über blühende Wein- und Obstgärten herab den Strom, und die vielen Burgen ragten stolz gegen den tiefblauen Himmel.

In Mautern verabschiedete sich Bischof Pilgerin von seiner schönen Nichte. Er küßte sie auf die Stirn und ermahnte sie, Etzel eine gute Gemahlin zu sein und ihn womöglich zu bereden, daß er sich taufen ließe. Doch Kriemhilds Herz bewegten ganz andere Gedanken.

Unterhalb der breiten waldigen Bergkuppe von Göttweig ging es weiter nach Traismauer, und hier sahen die Reisenden schon von fern eine mächtige Staubwolke aufsteigen, die immer größer wurde und sich eilig heranwälzte: das war König Etzel, dem schnelle Boten das Jawort Kriemhilds überbracht hatten und der nun seiner Braut mit großem Gefolge entgegenkam.

Noch nie seit Menschengedenken wurde eine Braut so herrlich empfangen und begrüßt wie Kriemhild hier auf offener Straße. Vierundzwanzig fremde Fürsten, die Etzel unterworfen hatte, begleiteten ihn, und als der König vom Pferd stieg und sich tief vor Kriemhild verneigte, folgten sie alle seinem Beispiel.

Dann hob man Kriemhild aus dem Sattel, zwei Fürsten sprangen herzu, ihr die Schleppe zu tragen, und Etzel bat unter neuerlichem tiefem Neigen seines Hauptes Kriemhild, den Schleier heben zu dürfen.

Stumm bewunderte er ihre große Schönheit, dann schlang er seine Arme um sie und küßte sie auf den Mund.

Nun traten auch die Helden seines Gefolges auf sie zu, allen voran Dietrich von Bern, der Gote, und König Hawart und Markgraf Iring von Dänemark, aber auch russische und griechische Fürsten, ein Polenherzog und ein Walachenkönig samt mächtigen Khanen aus der Mongolei und dem Land der Petschenegen.

Sie alle hießen ihre neue Königin mit einem höfischen Kuß willkommen. Als letzter nahte auch Blödel, König Etzels Halbbruder, der ein Gefolge von dreitausend Hunnen anführte und die schöne Schwägerin voll staunender Bewunderung begrüßte.

Kriemhild schaute einem nach dem anderen von diesen Gefolgsmännern ihres künftigen Gatten aufmerksam ins Gesicht, und ihr

forschender Blick schien einen jeden von ihnen nur das eine zu fragen: Bist du bereit, dein Leben für mich zu opfern? Wirst du mir helfen, Siegfrieds Tod zu rächen?

An der Donau, nahe dem Dorf Traismauer, waren kostbare Zelte aufgeschlagen, in diese geleitete man Kriemhild mit ihren Frauen.

Am andern Morgen hieß Etzel Kriemhild bräutliche Kleidung anlegen, und in festlichem Zug ging es über Tulln weiter nach Wien, wo die Hochzeit mit nie gesehenem Prunk gefeiert wurde. Achtzehn Tage lang dauerten die Festlichkeiten, bei denen der Wein in Strömen floß und Gold mit vollen Händen unter die Menge geworfen wurde. Wunderbare Waffenspiele sah die Stadt, und Kriemhild frohlockte, weil sie erkannte, daß Etzel an Schätzen um nichts weniger reich war, als es Siegfried, der König von Niederland und Herr des Nibelungenhortes, gewesen. Das machte es ihr leichter, dem fremdartigen Manne, den sie nicht liebte, als Gattin in sein Land zu folgen.

Als das Hochzeitsfest vorbei war, wurde Kriemhild unter fürstlichem Gepränge nach Hainburg geleitet, wo man mit Mann und Roß die bereitliegenden Schiffe bestieg, auf denen der Brautzug die Donau hinab bis zur Etzelburg fuhr. So zahlreich wimmelte es von festlich geschmückten Barken und Booten, daß man das Wasser des Stromes fast nicht mehr sah.

Unweit der Etzelburg landeten die Schiffe. Frau Herrat, Dietrichs Gemahlin, kam mit sieben Königstöchtern herbei. Sie neigten sich tief vor Kriemhild und boten ihr Magddienste an. So hatte Herr Etzel es befohlen.

Sieben Jahre schon lebten Etzel und Kriemhild im Land der Hunnen, da wurde ihnen endlich ein Sohn beschert. Etzels Freude kannte keine Grenzen. Das Hunnenvolk hatte die neue, schöne Königin tief ins Herz geschlossen, nun wurde sie ganz und gar der Abgott ihres Landes, denn seit Etzels Söhne Ort und Scharf in der Rabenschlacht gefallen waren, hatten der König und mit ihm sein Volk keinen sehnlicheren Wunsch gekannt, als wieder einen Thronerben zu haben.

Das Knäblein wurde nach Christenweise getauft und erhielt den Namen Ortlieb.

Kriemhild rührte all diese Freude nicht, sie hatte an dem Jubel keinen Teil. Sie litt darunter, eines ungeliebten Mannes Frau zu sein, denn unverblaßt lebte in ihr der Schmerz um Siegfried, und nur die Aussicht, eines Tages mit Hilfe Etzels und der Hunnen an Hagen Rache zu üben, ließ sie an ihres Gatten Seite ausharren.

Über viele Krieger gebot Kriemhild, alle Fürsten am Hof gehorchten ihr ehrerbietig, und die Mannen Etzels dienten ihr genauso ergeben wie dem König selbst: Kriemhild war eine gar mächtige Frau geworden, die wohl wußte, daß ihr Gatte ihr keinen Wunsch versagen würde.

Doch sie wartete noch einige Jahre zu und schwieg.

Insgeheim dachte sie oft an die Ihren im fernen Worms, und in sanften Träumen ging sie mit Giselher Hand in Hand über blumige Fluren, sie küßte sein Haar und liebkoste ihn. Auch Gernots gedachte sie voll Liebe. Wenn aber Hagens finsteres Bild vor ihr Auge trat oder gar ihre Träume störte, dann konnte es vorkommen, daß sie laut aufschrie und gräßliche Worte des Hasses ausstieß, so daß ihre Frauen erschraken und ihr nur unter Angst und Zittern dienten.

Auch in der Halle bei festlichen Anlässen sah man Kriemhild oft in jähe Traurigkeit versinken. Da brütete sie dann in Gedanken darüber, wie sie es anstellen sollte, Hagen in das Hunnenland und unter ihre Gewalt zu bringen.

Eines Tages, da Etzel vertraulich bei ihr weilte, bat sie ihn, ob er ihr nicht einen heißen Wunsch erfüllen wollte, und da er es ihr von Herzen gern zusagte, bat sie ihn:

»Sende Boten nach Worms und lade meine lieben Anverwandten zu uns hierher ein. Allzulange habe ich sie nicht mehr gesehen, ich trage große Sehnsucht nach ihnen, davon bin ich oft so traurig.«

Voll Freude hörte Etzel diesen Wunsch, denn er war stolz auf seines Weibes Verwandte, die berühmten Nibelungen am Rhein, die nun auch seine Gesippen geworden waren. »Schon morgen schicke ich Werbel und Schwemmel, meine beiden Spielleute, als Boten mit gutem Gefolge nach Burgund, sie sollen deine Brüder einladen, das Sonnwendfest mit uns zu feiern«, sagte er.

Als der Tag graute, führte man starke Pferde aus dem Stall und rüstete eine Botschaft unter Werbels und Schwemmels Leitung aus, die mußte mit reichen Geschenken nach Worms reiten.

Die Spielleute erschienen bei Kriemhild, um Urlaub zu nehmen. Sie beschenkte sie reich und trug ihnen Grüße an ihre Mutter und an die Könige auf. Sie sagte:

»Erzählt Frau Ute, wie mächtig ihre Tochter hier in der Fremde herrscht und wie reich Etzels Gemahlin ist. Zu Giselher sagt, daß ich es nicht mehr erwarten kann, ihm in die Augen zu blicken und ihn innig in die Arme zu schließen, und Herrn Gernot meldet, daß ihm niemand auf Erden so hold gesinnt ist wie ich. Herrn Gunther aber kündet, daß ich die Ehre gar hoch zu schätzen wüßte, käme er als unser lieber Gast ins Hunnenland. Haltet aber fein Augen und Ohren offen und sorgt mir dafür, daß Herr Hagen von Tronje nicht etwa daheim bleibt, sondern mitfährt, denn wie wollten die Burgunden sonst die weite Reise tun? Hagen ist der einzige unter ihnen, der alle Wege vom Rhein zur Donau seit Jugendtagen kennt.«

Die Boten versprachen, alles zu bestellen, bedankten sich für den reichen Lohn und wollten gehen. An der Schwelle rief sie Frau Kriemhild noch einmal zurück und sagte:

»Eines müßt ihr mir versprechen: Sagt niemandem, daß ihr mich in der Etzelburg je trauern gesehen habt. Nein, glücklich und guter Dinge bin ich immer gewesen, seit ich den Fuß in dies Land setzte!«

Werbel und Schwemmel verneigten sich tief: »Wir haben alles verstanden und werden nach Eurem Willen tun.«

Dann eilten sie hinab in den Hof, bestiegen die Pferde und ritten mit dem Gefolge, das ihnen Etzel zum Schutz mitgab, fort.

In Worms angekommen, wurden die hunnischen Boten von jung und alt sehr bestaunt. So seltsame Gäste hatte man am Rhein schon lang nicht mehr gesehen.

Gunther und Gernot hießen Werbel und Schwemmel willkommen und dankten ihnen für die ehrenvolle Einladung. Giselher weinte Tränen der Freude, als man ihm Kriemhilds Grüße ausrichtete. Dann wies man den Boten gute Herbergen an.

»Wollt ihr der Einladung Folge leisten?« fragte Hagen, als er wieder mit den Königen allein war.

»Warum nicht?« entgegnete Gunther. »Wir haben unsere Schwester lange nicht gesehn und haben Sehnsucht nach ihr.«

»So habt ihr Sehnsucht nach dem Tod«, entgegnete Hagen.

»Wie meinst du das?« fragten die Brüder verwundert. »Sie ist eines mächtigen Königs Frau. Daß Herr Etzel uns zu sich lädt, bedeutet für uns hohe Ehre.«

»Und was wir Kriemhild antaten, habt ihr wohl vergessen, wie?« höhnte Hagen. »Schon einmal floß Blut an einem Sonnwendfest — Siegfrieds Blut. Soll es jetzt das unsere sein?«

»Es ist möglich, daß Kriemhild dir noch zürnt, Hagen von Tronje«, erwiderte Gunther gut gelaunt, »mit *uns* hat sie sich jedenfalls versöhnt, ehe sie schied.«

»Laßt euch doch nicht betrügen von den freundlichen Worten dieser Hunnenboten da«, sagte Hagen grollend. »Kriemhilds Rachgier ist unauslöschlich, das fühle ich, das weiß ich, und wenn ihr in Etzels Land fahrt, wird euch Etzels Weib nach Ehre und Leben trachten!«

»Du hast freilich Grund, Kriemhilds Rache zu fürchten, du haßtest Siegfried und erschlugst ihn«, meinte Gernot. »Wir aber brauchen unsere Schwester nicht zu scheuen.«

»Wer sich schuldig fühlt, der bleibe zu Hause«, sagte Giselher, »ins Hunnenland braucht nur mitzukommen, wer sich nicht fürchtet!«

»Ich fürchte mich schon nicht«, rief Hagen höhnisch lachend. »Seid getrost, ich komme mit euch, wenn ihr durchaus dahin ziehen wollt. Doch folgt dann wenigstens meinem Rat: Reist nicht ohne Waffen und Heer! Mich dünkt, wir werden sie brauchen.«

Gunther war einverstanden. Die Boten aber ließ er auf Hagens Rat noch einige Tage im ungewissen darüber, ob die Burgunden Etzels Einladung annähmen oder nicht. »Je später Kriemhild erfährt, daß wir kommen, um so weniger hat sie Zeit, gegen ihre Gäste zu rüsten! Sie wird uns mit Waffen empfangen«, sagte der Tronjer.

Erst als das Heer bereitstand, entließen die Könige Werbel und Schwemmel mit vielen Grüßen und reichem Botenbrot.

»Habt ihr vernommen, ob Hagen mitkommt?« fragte Kriemhild die beiden, als sie wieder in der Etzelburg anlangten und Gunthers Zusage überbrachten.

»Er kommt ganz bestimmt«, antworteten sie, »und Herr Volker von Alzey mit ihm.«

»Den könnte ich entbehren«, sagte sie grimmig, »Hagen von Tronje aber nicht!«

Ein Jauchzen der Freude ging durch ihr Gemüt, und ihr Antlitz strahlte zum erstenmal wieder nach so vielen Jahren.

Da freute sich auch Herr Etzel.

In Worms war alles versammelt worden, was die Burg und das Umland an Helden aufzubieten hatte. Mit sechzig auserwählten Degen und neuntausend kampferprobten Rittern und Knappen brach man ins Hunnenland auf. Wehen Herzens sah ihnen Frau Ute vom Söller nach, sie hatte in der vergangenen Nacht geträumt, alle Vögel Burgunds wären tot aus den Lüften zur Erde gefallen. Gramgebeugt ging sie in ihre Kemenate zurück. Sie ahnte, daß sie die Söhne und die anderen Nibelungenhelden nie wiedersehen würde.

Das Heer setzte über den Rhein. Am andern Ufer verbrachte man die Nacht in Zelten, da durften die Frauen noch einmal von ihren Männern Abschied nehmen, und keine war, die nicht weinte.

Am Morgen ging es auf demselben Weg, den auch Kriemhild genommen hatte, ostwärts. Sie ritten den Main entlang, zogen durch Franken und erreichten nach zwölf Tagen die Donau.

Der Strom war über die Ufer getreten, weit und breit war kein Schiff zu erspähen. Da machte Hagen sich erbötig, eine Furt zu suchen oder einen Fährmann aufzutreiben. Er wußte in allem und jedem Bescheid.

Wild rauschten die drängenden Wogen. Hagen schritt durch den Auwald dahin. In einer verborgenen Bucht badeten drei schöne Frauen, die hatten ihre Federhemden am Ufer liegengelassen. Rasch raffte Hagen die Zaubergewänder auf.

Da klagten die Frauen und baten: »Laß uns die Hemden, Hagen von Tronje. Wir kennen dich und wissen, wohin du mit den Nibelungen fährst und was ihr sucht. Gib uns die Hemden wieder, so wollen wir dir weissagen, was euch im Hunnenland erwartet!«

Es sind Meerfrauen, dachte Hagen und trat näher ans Ufer heran. »Sprecht!« rief er. »Was erwartet uns bei den Hunnen?«

»Ehre und Ruhm, wie er Helden noch nie zuteil ward«, antwortete die eine der Frauen. »Reist getrost, euch wird kein Leid geschehen!«

Das freute Hagen und er gab den Frauen die Hemden wieder. Die legten sie an und schwammen gleich darauf wie Schwäne draußen auf dem Strom.

»Törichter Hagen«, rief die zweite, »meine Muhme betrog dich um unserer Kleider willen! Höre von mir die Wahrheit: Wer zu den Hunnen reitet, muß sterben! Keiner von euch sieht die Heimat wieder, außer König Gunthers Kaplan, der euch begleitet! Er allein kehrt nach Burgund zurück, euch andern droht allen der Tod! Kehr um, eh es zu spät ist! Kehrt heim!«

»Die Fahrt ist beschlossen!« rief Hagen. »Wir können — wir wollen nicht mehr zurück! Aber sagt mir noch, wie kommen wir hinüber?«

»Ein Stück weit wandere den Strom hinab, da wirst du am andern Ufer eine Hütte stehen sehen«, rief jetzt die dritte der gefiederten Frauen. »Dort wohnt ein mächtiger Ferge, der einzige weit und breit. Herrn Gelfrat dient er, dem König des Landstrichs. Versprich ihm guten Lohn, so setzt er die Nibelungen über. Doch lockt ihn das nicht, so sage, du seist Amelrich. Der Held, der so hieß, war des Fährmanns Oheim und Freund, vor feindlicher Übermacht mußte er über die Grenze fliehen. Der Ferge trauert um ihn, er wird sich freuen, den Freund wiederzufinden!«

Hagen dankte für den Rat und befolgte ihn. .Er fand die Hütte am anderen Ufer, stellte sich an den Strom und rief mit gewaltiger Stimme: »Hol über, Ferge! Eine Spange roten Goldes biete ich dir!«

Der Fährmann trat vor seine Hütte und schirmte die Augen. Er schaute hinüber, machte jedoch keine Miene, ein Boot zu lösen.

Da steckte Hagen die goldene Spange an die Spitze seines Schwertes, hob dieses hoch und ließ das Geschmeide in der Sonne funkeln. Dazu rief er:

»Erkennst du mich nicht mehr? Ich bin Amelrich! Feinde sind mir auf den Fersen! Hol über!«

Nun löste der Ferge rasch eine große, starke Zille und ruderte mit mächtigen Schlägen über den Strom. Als er anlegte und Hagen erblickte, wurde er zornig.

»Du magst vielleicht Amelrich heißen«, sagte er, »dem, den ich erwarte bei Tag und Nacht, gleichst du so wenig wie die Kröte dem Adler. Betrug sinnst du! Für dich rühr ich kein Ruder!«

»Ein fremder Mann bin ich in fremdem Land«, entgegnete Hagen, »setz mich und die Meinen über, es soll dein Schaden nicht sein.«

»Das tu ich nimmermehr«, rief der Fährmann. »König Gelfrat hat Feinde genug im Land, er braucht keine neuen!« Dabei zog er sein Ruder aus dem Wasser und stieß damit Hagen, der ins Boot treten wollte, zurück.

Jetzt riß dem Tronjer die Geduld. Er zog sein Schwert und hieb dem Fergen das Haupt von den Schultern, daß es in weitem Bogen ins Wasser sprang. Dann warf er ihm den schweren Rumpf nach, ergriff das Ruder und steuerte die Zille bis an den Ort, wo das Heer auf ihn wartete.

»Warum ist das Boot blutig?« forschte Gunther.

»Weiß ich's?« entgegnete Hagen. »Wie ich es unter einer Weide angepflockt fand, so hab ich's genommen. Steigt alle ein, Mann und Roß, immer ihrer zwölf oder mehr, mit Waffen und allem Gerät, ich will euch übersetzen!«

Den ganzen Tag ruderte Hagen das mächtige Boot mit Riesenkräften über den Strom hin und her, alle setzte er ganz allein über.

Bei der letzten Fahrt war auch der Kaplan mit auf der Zille. Da ließ Hagen plötzlich das Ruder fahren, schritt auf den entsetzten Gottesmann zu, packte ihn am Kragen und am Gürtel, hob ihn hoch und warf ihn über Bord.

Schwimmend suchte der Priester das Schiff einzuholen, aber als er schon nach der Bordwand langen wollte, stieß ihm Hagen das Ruder mit Wucht gegen die Brust, daß er ins Wasser zurücksank. Nun rettete sich der Unglückliche mit letzter Kraft an das soeben verlassene Ufer, stieg triefend ans Land und eilte davon. Heimwärts.

»Warum tatet Ihr das?« fragten die übrigen Insassen Hagen voll Grauen, und auch die Könige, die alles mit angesehen hatten, stellten ihn zur Rede.

»Mir weissagten heute drei Meerfrauen, daß keiner von uns die Heimat lebend wiedersehen würde, außer dem Kaplan. Das wollte ich erproben, und sehe nun wohl, daß die Schwanenjungfrauen wahr gesprochen haben.«

Da wurde manches Helden Antlitz weiß wie Kalk. Hagen aber zerhieb den Kahn mit dem Schwert, daß die Trümmer hinaustrieben in die Strömung, und rief:

»Wir werden kein Schiff mehr brauchen! Ist aber einer unter uns, der ein zages Herz hat und umkehren möchte, der melde sich bei mir — ich will ihn, noch ehe wir weiterreiten, erschlagen! Ein Hundsfott, wer Prophezeiungen mehr vertraut als der eigenen Kraft!«

Es blieb still. Da hob Volker von Alzey lachend die Fahne, die Scharen ordneten sich und zogen gedankenvoll weiter, die Donau entlang durchs bayrische Land gegen Passau.

Hagen und Dankwart führten die Nachhut. Es dunkelte. »Wir reiten die Nacht durch!« befahl Hagen. Dann ließ er den Abstand zwischen Heer und Nachhut absichtlich immer größer werden: er ahnte, daß ihnen König Gelfrat, der Herr des Landes, durch das sie ritten, auf den Fersen war, des Fährmanns Tod zu rächen.

Und in der Tat, noch ehe der Morgen graute, hörten sie hinter sich Hufgetrappel: das war Gelfrat mit seinem Bruder und einer starken Streiterschar.

Ein wilder Kampf entspann sich. Gelfrat verlor Leib und Leben, sein Bruder erhielt schwere Wunden, der Rest des Feindes, ein geschlagener Haufen, ergriff die Flucht.

Nun spornten die beiden Ritter ihre Rosse, und als die Sonne aufging, hatten sie das Heer wieder eingeholt.

»Wer zerhieb euch die Schilde? Und warum sind eure Panzerringe so rot?« fragte Gunther, als er sie ankommen sah.

»Wir haben Gelfrat und die Seinen abgewiesen, sie wollten uns überfallen«, antwortete Hagen.

»Und warum habt ihr nicht zu uns um Hilfe geschickt?« fragte Gunther erzürnt.

»Es war nicht nötig«, erwiderte Hagen ruhig, »wir wurden allein mit ihnen fertig. An hundert Mann haben sie verloren, wir aber nur vier.«

Sie kamen nach Passau, zogen weiter nach Bechlarn. Das Heer zeltete vor der Stadt, die Könige aber und eine Anzahl edler Degen wurden vom Markgrafen Rüdiger in die Burg gebeten.

Dort trat ihnen Frau Gotelind mit ihrem Töchterchen entgegen, die war noch kaum zur Jungfrau erblüht. Sie boten den Burgunderfürsten die Lippen zum Kuß, hießen auch deren beste Helden, Hagen und Dankwart und Volker von Alzey, in gleicher Art willkommen.

Als das Mädchen nach Volker und Dankwart auch Hagen küssen sollte, schrak es vor dem grimmen einäugigen Mann und seinem narbigen Antlitz zurück, und alle lachten es aus. Da faßte es sich ein Herz und hob die Lippen an des Tronjers bärtigen Mund.

Hagen lächelte der Jungfrau wohlgefällig zu — es geschah zum erstenmal in seinem Leben, daß er einer Frau solche Ehre erwies.

Gunther führte Frau Gotelind zu Tisch, Rüdiger Herrn Gernot, Giselher die Jungfrau, von der er während des Mahles kein Auge ließ.

Das bemerkte Hagen. Er sagte zu Rüdiger und Frau Gotelind: »Euer Töchterlein wäre wert, in Worms eine Krone zu tragen — wollen wir die Jungfrau nicht fragen, ob sie Herrn Giselher minnen möchte? Er selbst scheint ja schon in seinem Herzen entschieden zu haben.«

Dieser Rede stimmten alle bei. Rasch schloß man einen Kreis um die beiden jungen Menschen und befragte das Mädchen.

Errötend sagte es: »Ja, ich möchte wohl dieses edlen Herrn Frau werden, wenn es sich fügt.«

Da schloß Giselher die Maid vor allen Gästen in die Arme.

So wurden die beiden einander verlobt, Rüdiger und Gotelind segneten den Bund, und niemand dachte in diesem freudigen Augenblick mehr an die Weissagung der Schwanenfrauen und daran, daß Hagen das Fährschiff an der Donau in Stücke geschlagen hatte ... Wenn die Nibelungen wieder aus dem Hunnenland zurückkehrten und durch Bechlarn kämen, sollte hier die Hochzeit gefeiert werden!

Köstlich wurden die Helden bewirtet und, ehe sie schieden, reich beschenkt.

Als die Reihe an Hagen kam und er wählen sollte, wies er alles Gold, das ihm Frau Gotelind bot, zurück und zeigte nach einem großen, kostbaren Schild, der an der Wand des Saales hing. »Den möchte ich wohl haben«, sagte er, »schenkt ihn mir!«

Weinend nahm die Markgräfin den Schild herab. Er hatte ihrem Sohne Nudung gehört, der in der Rabenschlacht von Heimes Hand gefallen war.

»Ich trenne mich schwer von ihm«, sagte sie, »aber Euch, Herr Hagen, geb ich ihn gern.«

Nun dankten die Nibelungen für alle Gastfreundschaft und brachen auf.

Herr Rüdiger von Bechlarn ließ es sich nicht nehmen, sie selbst bis ins Hunnenland zu geleiten.

DER NIBELUNGEN NOT UND ENDE

Am Sonnwendabend rückten sie in das fremde Land ein. Als die Etzelburg in Sicht kam, wurde Hagen seltsam zumute. Er gedachte der Zeiten, die er hier als Geisel des Hunnenkönigs zugebracht hatte, und gedachte auch des Tages, da er von hier geflohen war. Damals war ich noch halb ein Jüngling, sann er, heute sind mir Haare und Bart schon grau. Doch die Kraft seiner Glieder und den Mut seines Herzens fühlte er noch ungebrochen wie dazumal.

Er führte das Heer so nahe als möglich an das Hunnenlager rund um die Burg heran und befahl, die Zelte aufzuschlagen.

Der erste von Etzels Gefolgsmännern, der den Burgunden entgegenkam und sie begrüßte, war König Dietrich von Bern. Hildebrand, sein Waffenmeister, ritt neben ihm.

»Mit Schmerzen hörte ich von Eurem Kommen, König Gunther, und heiße euch mit Schmerzen willkommen, Gernot und Giselher, Hagen, Dankwart und Volker! Was führt euch in dieses Land?«

»Euer Gruß ehrt uns«, entgegnete Gunther, »doch Euer Schmerz wundert uns, was hat er zu bedeuten?«

»Wißt ihr denn nicht, daß Kriemhild noch immer um Siegfried weint?« fragte Dietrich.

»Da kann sie lange weinen«, sagte Hagen, »Herr Siegfried ist tot und kommt nicht wieder.«

»Herr Siegfried ist tot«, entgegnete Dietrich, »aber solange Kriemhild lebt, ist Unheil zu befürchten. Ich weiß, was sie redet und sinnt. Herrat, meine Frau, berichtete es mir, sie dient der Königin alle Tage. Ein Münster ließ Kriemhild hier errichten nach Christenart, aber was sie dort erfleht, ist Rache. Rache für Siegfrieds Tod. Ich warne euch!«

»Wir sind geladene Gäste«, sagte Gunther, »Herr Etzel hat Boten nach uns geschickt, er wird das Gastrecht nicht verletzen.«

»Ich warne euch trotzdem«, sagte Dietrich.

»Ei was«, rief Herr Volker, »nun ist doch nichts mehr daran zu ändern! Wir sind im Hunnenland und können nicht mehr zurück. Wir werden ja sehen, was uns erwartet.«

Stolz ritten sie weiter nach der Burg, bestaunt von den Hunnen. Das ganze Lager war auf den Beinen und begaffte die Burgunden, vor allem Hagen. »Das ist ein Mann, wie wir noch keinen sahen«, flüsterten die Hunnenrecken einander zu, »seht nur, wie breit seine Schultern sind, wie mächtig Brust und Hüften, wie hoch seine Beine, wie schrecklich sein Angesicht!«

Kriemhild ging ihren Gästen entgegen, vom Fenster aus hatte sie sie kommen gesehen.

Die Helden stiegen ab, Kriemhild begrüßte sie heuchlerisch freundlich, doch nur Giselher reichte sie die Hand zum Gruß und den Mund zum Kuß, sonst keinem.

»Der Empfang ist ungleich«, sagte Hagen boshaft.

»Ich wüßte nicht, warum ich Euch grüßen sollte, Herr Hagen«, entgegnete Kriemhild voll Haß. »Das tue, wer Euch liebt. Oder habt Ihr mir vielleicht vom Rhein etwas mitgebracht, um dessentwillen ich Euch willkommen heißen müßte?«

»Man hat uns nicht gesagt, daß die Hunnenkönigin von Helden Geschenke erwartet«, höhnte Hagen. »Hätte ich das gewußt, so wäre ich immerhin reich genug gewesen, Euch ein Angebinde mitzubringen.«

Da trat Kriemhild einen Schritt näher an ihn heran und fragte: »Wo ist der Hort?«

»Ah, meint Ihr den?« sagte Hagen. »Der liegt tief im Rhein und bleibt dort liegen bis zum Jüngsten Tag.«

»Ihr hättet besser daran getan, den Hort zu heben und mir mein Eigentum zu bringen«, rief Kriemhild.

»Den Teufel bringe ich Euch«, versetzte Hagen, »ich hatte schwer genug an meinem Schild zu tragen.«

»Es ist nicht Sitte, gewappnet zum Fest zu gehen«, sagte Kriemhild erbost zu allen Recken, »liefert mir eure Waffen aus, ehe ihr Etzels Saal betretet, ich will sie für euch verwahren.«

»Das mag bei den Hunnen Sitte sein«, lachte Hagen, »wir sind in Burgund geboren, dort lehrten uns unsere Väter, das Streitgerät selber zu hüten, es gehört nicht in Weiberhand!«

»Wer warnte diese Helden, daß sie so reden und im Eisenkleid zum Sonnwendfest schreiten?« fragte Kriemhild zornig.

»Ich«, antwortete Dietrich von Bern. »Ich habe diese Recken gewarnt! Wage es, mich darob zu schelten!«

Da wandte sich Kriemhild schweigend ab und ging mit ihren Frauen in die Burg zurück. Mit Dietrich wollte sie nicht streiten, sie fürchtete ihn, denn er war ein gewaltiger Held und geraden Sinnes.

»Ich beklage eure Reise von Herzen«, sagte Dietrich. »Habt ihr dieses Weibes Rede vernommen?«

»Zu allem wird Rat«, sagte Hagen, ergriff Dietrichs Hand und drückte sie fest. Dann traten die Burgunden in den weitläufigen Hof der Burg ein, wo es von Menschen wimmelte. Hier warteten Gunther und die anderen darauf, daß Etzel sie begrüßte und in den Saal bat.

Hagen und Volker schritten unterdessen furchtlos durch das Gewimmel der Hunnen und fremden Gefolgsleute. Gegenüber einem weiten Saal fanden sie eine steinerne Bank, darauf ließen sie sich nieder.

»Hier geht es zu wie in einem Bienenhaus«, sagte Volker scherzend.

»Ja«, setzte Hagen hinzu, »aber sie sollen sich hüten, uns zu stechen!«

Der Saal, vor welchem sie saßen, war Kriemhilds Gemach. Als die Königin durch das Fenster Hagen erblickte, stürzten ihr die Tränen aus den Augen.

Die Hunnenrecken ihres Gefolges, die sie umstanden, fragten: »Was schafft Euch solchen Kummer?«

»Ihr guten Helden«, antwortete Kriemhild, »der einäugige Mann dort drüben an der Mauer fügte mir tiefstes Herzeleid zu — und lebt noch! Wie sollte ich da nicht weinen?«

»So soll er mit dem Tod bezahlen, was er Euch antat«, riefen die Hunnen.

»Ja, das soll er«, sagte Kriemhild, »und wer mich an ihm rächt, dem will ich zu Füßen fallen!«

Da griffen ihrer sechzig zu den Waffen und wollten aus dem Saal stürzen, um Hagen auf der Bank zu töten. Aber Kriemhild hielt sie zurück und sagte:

»Was fällt euch ein! Der Mann ist Hagen von Tronje, und der neben ihm sitzt, ist Volker, da müßtet ihr schon mehr sein!«

Nun rotteten sich vierhundert in Kriemhilds Saal zusammen, die wollten Hagen umbringen. Kriemhild aber sagte:

»Wartet auf mich! Mit der Krone auf dem Haupt will ich euch vorangehen und Hagen vor allem Volk beschuldigen. Da sollt ihr hören, was er mir angetan hat, er wird es nicht leugnen!«

Als Volker die Königin herankommen sah, gefolgt von den vierhundert Hunnen, sprach er: »Die sehen aus, als ob sie mit uns kämpfen wollten. Ich sehe Panzer unter ihren seidenen Kleidern blinken. Manch einer ist ein stämmiger Kerl, das könnte heiße Arbeit geben.«

»Ich weiß«, grollte Hagen, »sie sinnen auf meinen Untergang.«

»Sollten wir uns nicht erheben, wenn Kriemhild kommt? Sie ist immerhin unserer Herren Schwester und eine mächtige Königin«, sagte Volker.

»Wenn du mich liebst, so bleibst du sitzen«, entgegnete Hagen. »Ich erhebe mich nicht vor meiner Todfeindin, außerdem könnten die Hunnen glauben, ich stünde aus Angst vor ihnen auf und wollte fliehen, haha!« Damit zog er das Schwert aus der Scheide und legte es quer über seine Knie. Im Griff funkelte ein grüner Jaspis, und Kriemhild erkannte die Waffe sofort: es war der Balmung, Siegfrieds Schwert, das Hagen an sich genommen hatte! So reizte er die Königin.

Volker aber nahm seinen Fiedelbogen zur Hand, gleichsam als lohne es nicht, wegen der paar hundert Hunnen das Schwert zu ziehen.

Kriemhild stand vor den beiden. Herrlich glänzte in ihrem Haar die Hunnenkrone, aber ihr Antlitz war von Haß verdunkelt. Sie fragte:

»Wer hat Euch in dies Land gerufen, Herr Hagen? Warum seid Ihr vor mein Antlitz gekommen, da Ihr doch wißt, was Ihr mir angetan habt?«

»Mich hat niemand gerufen«, antwortete Hagen, »wohl aber hat man nach meinen Herren geschickt, und wo die hinreisen, bin auch ich. Ich pflege bei keiner Hofreise und bei keinem Hofgelage zu fehlen.«

»So sagt mir hier vor diesen Recken: Habt Ihr Siegfried, meinen Gemahl, ermordet? Ja oder nein!«

»Ja«, rief Hagen, »ich habe es getan und rühme mich dessen laut, damit das viele Gerede endlich aufhört! Ich habe Siegfried ermordet, und ich würde es ein zweites Mal wieder tun, wenn er meine Königin kränkte. Möge mich dafür strafen, wer dazu Mut hat!«

Da wandte sich Kriemhild an ihre Mannen und sagte: »Ihr habt sein Geständnis gehört, ich überlasse euch diesen Mann!« Dann ging sie die Treppe hinauf in den Saal.

Unter den Hunnen waren einige ältere Männer, die hatten Hagen seinerzeit an der Seite Walthers von Aquitanien mehr als einmal kämpfen gesehen und erinnerten sich noch daran, wie furchtbar er mit dem Schwert hauen konnte. Sie erzählten es flüsternd den anderen, und als die schreckliche Kunde genügend rundum gegangen war, verloren sie alle die Lust, sich mit Hagen zu messen, und verschwanden einer nach dem anderen lautlos.

»Nun wissen wir doch, wie wir daran sind«, sagte Volker. »Komm, laß uns zu den Königen gehen, damit sie nicht allein sind, falls es Kriemhild einfällt, auch ihnen die Hunnen auf den Hals zu hetzen.«

Hagen stieß den Balmung in die Scheide und ging mit dem Fiedler zu Gunther und den anderen, die noch immer im Hof vor der Königshalle warteten.

»Wie lange wollen wir hier noch herumstehen?« fragte Volker. »Laßt uns zu Etzel gehen und ihn selber fragen, wie er uns gesinnt ist. Er glaubt wohl, wir seien noch bei den Zelten und schmückten uns für das Fest!«

Diese Rede gefiel Dietrich von Bern. Er geleitete die Gäste gemeinsam mit Rüdiger von Bechlarn, Irnfried von Thüringen und allen übrigen Mannen hinauf in den Saal.

Als Etzel, der Herr der halben Welt, sie eintreten sah, sprang er auf und ging ihnen entgegen. Das gereichte den Burgunden zur hohen Ehre. Er hieß sie freundlich bei sich willkommen und dankte ihnen allen, daß sie seiner Gemahlin sehnlichen Wunsch durch ihren Besuch erfüllten.

»Ich dachte schon, ich hätte euch gekränkt, weil ihr nie den Weg zu uns fandet. Nun freu ich mich doppelt, euch kennenzulernen, ihr Könige. Herrn Hagen von Tronje kenn ich freilich schon länger, doch hab ich ihm seine Flucht längst verziehen. Nehmt Platz und tut euch gütlich!«

Man aß und trank. Wein und Met flossen in Strömen. Die Halle glich wie immer einem Heerlager. Es war eine neue Halle. Herr Etzel hatte den alten Holzbau abreißen und unter großen Kosten einen neuen aus Stein aufführen lassen, doch war er innen herrlich getäfelt und reich bemalt. Selbst Hagen bewunderte ihn.

Unter den vielen Gemächern der Burg wurden die vornehmsten für die hohen Gäste aus Worms bestimmt, und auch ihr Gefolge erhielt gute Herbergen zu ebener Erde.

Als die Nacht hereingebrochen war — hoch und kalt zogen die Sterne —, baten die wegmüden Burgunden den König um Urlaub und begaben sich zur Ruhe. Köstliche Betten waren ihnen bereitet. Aber Giselher, der längst kein Kind mehr war und wohl ahnte, was sie alle erwartete, rief voll Spott:

»Wie weich Kriemhild ihre Brüder bettet! Und dabei sähe sie uns tausendmal lieber in unserem Blut liegen als in Eiderdaunen!«

»Sorgt Euch nicht Kriemhilds wegen«, sagte Hagen, *»ich* werde nicht schlafen, ich lasse mich nicht im Bett ermorden. Selber will ich Schildwache halten vor dem Saal, mir schwant nichts Gutes!«

»Wenn du nicht schläfst, schlaf ich auch nicht«, sagte Volker. »Ich bleibe bei dir, wenn's dir recht ist.«

»Daß du mit mir wachst, lohne dir Gott«, sagte Hagen. »Mit dir zur Seite seh ich jeder Not furchtlos ins Auge.«

So setzten die beiden unzertrennlichen Freunde sich auf die Stufen vor dem Saal. Hagen hielt sein Schwert auf den Knien und spähte aufmerksam in die Nacht, während Volker die Fiedel strich, seine geliebten Herren in der Fremde in Schlummer zu geigen.

Als es ringsum still geworden war und die Burg wie tot dalag, sah Volker auf einmal unter einem Torbogen in der Hofmauer Helme glänzen. Er setzte den Bogen ab und sagte:

»Sieh, Hagen — dort nahen Kriemhilds Boten!«

»Wußt' ich's doch«, flüsterte Hagen, so gut dies seiner rauhen Stimme gelang. »Schweig und laß sie näher kommen.«

Vorsichtig schlichen die hunnischen Krieger heran. Es waren dieselben, die Kriemhild schon am Nachmittag vergeblich auf Hagen gehetzt hatte und die sie nun von neuem gegen den Tronjer schickte.

»Überfallt die Burgunder im Schutze der Nacht«, hatte sie ihnen befohlen, »doch tötet mir nur Hagen von Tronje, sonst keinen!«

Lautlos wie Katzen pirschten sie sich die Mauer entlang.

»Soll ich ihnen entgegengehen und sie fragen, was sie wollen?« fragte Volker, den der Übermut plagte.

»Bleib, wenn du mich und die Könige liebst«, verwies es ihm Hagen. »Es könnte geschehen, daß sie dich überfallen, dann müßte ich dir zu Hilfe eilen, und unterdessen wäre die Saalpforte unbewacht. Da könnten einige von ihnen eindringen und die Schlafenden töten.«

»So sollen sie wenigstens wissen, daß wir sie gesehen haben«, sagte Volker. Er stand auf und rief mit lauter Stimme über den Hof:

»Wohin, ihr Herren? Zieht ihr des Nachts auf Kriegsfahrt, so nehmt mich und meinen Gesellen mit!«

Da verschwanden die Hunnen, ohne ein Wort zu erwidern, so lautlos, wie sie gekommen waren.

»Ihr Feiglinge!« rief ihnen Volker nach.

Hagen lachte. »Spiel weiter!« sagte er, und Volker nahm die Geige. Im Morgengrauen weckten sie die Könige und auch die anderen Ritter.

»Begehrt ihr zur Kirche zu gehen?« fragte Hagen. »Es läutet vom Turm.« Und da Gunther bejahte, setzte er hinzu: »Nehmt Waffen mit und betet in Helm und Harnisch. Dann beichtet alle gründlich, mag sein, daß es die letzte Messe ist, die ihr hört!«

Etzel wunderte sich sehr, als er seine Gäste in voller Rüstung das Münster betreten sah.

»In Helmen zum Kirchgang?« fragte er. »Hat euch jemand ein Leid zugefügt? Sagt es mir, und ich werde es auf der Stelle rächen!«

»Noch gehen wir unverletzt und unangefochten einher«, antwortete Hagen, »doch will es bei uns die Sitte, daß wir überall, wo wir zum erstenmal zu Gast weilen, drei Tage lang in Waffen gehen.«

Kriemhild wußte, daß der Tronjer log, und schaute ihm feindselig nach, wie er hinter den Brüdern durch das Münster schritt. Doch sie schwieg: Etzel sollte nicht ahnen, was sie vorhatte, er hätte es ihr verwehrt und damit Hagen gerettet.

Zu Mittag begannen die Kampfspiele vor der Burg. Dietrich von Bern verbot seinen Leuten, daran teilzunehmen. Aus dem Spiel kann allzu leicht Ernst werden, sagte er sich, und auch Rüdiger von Bechlarn verbot seinem Gefolge, sich im Turnier mit den Wormsern zu messen. Thüringer und Dänen aber zogen in herrlichen Rüstungen auf kostbar gesattelten Pferden auf und kreuzten mit den rheinischen Gästen eifrig Lanze und Schwert.

Volker von Alzey, wütend über das feige Unternehmen der Hunnen während der vergangenen Nacht, war stets darauf aus, Etzels Leute im Ernst vor die Klinge zu bekommen, so heftig Gunther es ihm auch verwies. Als nun ein hunnischer Ritter, der besonders eitel herausgeputzt war, auf tänzelndem Goldfuchs in der Kampfbahn erschien und beständig zu den Fenstern der Burg hinaufschielte, ob er wohl den Damen da oben auch recht gefiele, da senkte der Fiedler plötzlich den

Speer, rannte den Prahlsüchtigen unversehens an und stieß ihm die Waffe mitten durch den Leib.

Sofort sprengten Hagen und Dankwart an Volkers Seite, auch Gunther, Gernot und Giselher taten das gleiche, denn schon rotteten sich die Hunnen zusammen, um Volker zu bestrafen.

Da gebot Etzel von seinem Fenster aus, wo er dem Waffenspiel beiwohnte, Frieden. »Wofür wollt ihr den Spielmann strafen?« rief er. »Ich selber sah, daß Herrn Volkers Pferd strauchelte, so konnte er den Stoß nicht mehr abwenden!«

Ruhe trat ein. Man trug den Getöteten vom Platz.

Später, als Etzel die Gäste wieder in die Halle zum Mahl lud, erschienen auch die Hunnen gewappnet bei Tisch. Es war ihnen anzumerken, daß sie danach trachteten, Volker bei günstiger Gelegenheit zu überrumpeln und den erstochenen Ritter zu rächen.

Etzel, der ihre Absicht merkte, rief: »Wer von euch meinen Gästen ein Haar krümmt, ist des Todes!«

Dieses Wort grämte Frau Kriemhild. Sie sah Herrn Dietrich von Bern in die Halle treten und ging auf ihn zu.

»Ihr seid kein Hunne«, sagte sie zu ihm, »für Euch gilt Etzels Befehl nicht. Seid Ihr bereit, für mich gegen die Burgunden zu kämpfen?«

»Niemals!« erwiderte ihr Meister Hildebrand zornig an Dietrichs Statt.

»Wie soll ich da je zu meinem Recht kommen?« sprach Kriemhild. »Trennt Hagen von seinen Herren, nur ihm gilt meine Rache, er ermordete Siegfried!«

»Es macht Euch wenig Ehre, Königin«, erwiderte nun Dietrich selbst, »daß Ihr Euren Verwandten nach dem Leben trachtet. Sie kamen als Gäste vertrauensvoll hierher, wie könnt ich da die Hand gegen sie erheben?«

Nun winkte Kriemhild Etzels Halbbruder Blödel heran. »Höre«, sagte sie heimlich zu ihm, »du weißt, was mir Hagen zufügte — räche meinen Schmerz an ihm!«

»Ich kann nicht, Königin«, erwiderte Blödel, »Etzel, mein Bruder, hat uns verboten, den Nibelungen auch nur ein Haar zu krümmen.«

»Ich biete dir all mein Gold und Silber, dazu das Land, das einst Nudung, Herrn Rüdigers Sohn, besaß, und seine schöne stolze Witwe will ich zwingen, dein Weib zu werden. Bist du nun bereit, Siegfrieds Tod an Hagen zu rächen?«

Solcher Lohn verblendete Blödels Sinn. »Der Tronjer soll seine Tat durch meine Hand büßen«, sagte er, »ich will ihn gebunden vor Euch bringen!«

Nun setzten sich Etzel und Kriemhild mit den Gästen zu Tisch. Die verschiedensten Gerichte wurden aufgetragen, alle köstlich zubereitet. Da fand man vertraute Speisen neben fremdartigsten, weil der Koch darauf geachtet hatte, daß Christen wie Heiden das vorgesetzt bekamen, was jeder von ihnen zu essen gewohnt war.

Während des Mahles befahl Kriemhild, daß man den kleinen Ortlieb hereinbringe, ihr und Etzels Söhnchen.

Voll Stolz stellte der König den Burgunden seinen Knaben vor. »Schaut ihn euch an, ihr Freunde vom Rhein«, sagte er, »das ist mein Sohn, der Erbe von zwölf Reichen. Schon heute müssen sich Fürsten vor ihm beugen. Ich hoffe, er wird stark und kühn!«

Der Knabe ging von einem zum andern, reichte jedem die Hand. Als er zu Hagen kam, sagte dieser, indem er Ortlieb feindselig betrachtete: »Er ist noch recht schwächlich, dünkt mir, wer weiß, ob er so lange lebt, bis er zum Mann gedeiht. Ich bezweifle, daß wir je bei einem König Ortlieb zu Gast sein und daß Helden ihm dienen werden.«

Diesen Worten, die Etzel in tiefster Seele verletzten, folgte Grabesstille. Nichts regte sich im Saal, auch die tafelnden Hunnen schwiegen. Sie sahen, wie ihr Herr und König sich erhob, drohend dunkle Röte im Gesicht. Etzel war zornig.

Da gellten auf einmal wilde Männerschreie in die Stille herein. Alles blickte nach dem weit geöffneten Tor der Halle. Dort stand Dankwart, blutüberströmt.

»Das gefällt mir!« rief er voll Hohn. »Ihr laßt es euch hier schmekken, dieweil drüben in der Herberge unsere tapfersten Ritter und Knechte erschlagen liegen!«

»Wer tat das?« fragte Hagen eisig.

»Das tat Blödel, unseres Gastfreunds Bruder! Bei friedlichem Tun und Ruhn überfiel er uns mit seinen Leuten. Aber er hat es gebüßt: Mit meinen eigenen Händen hab ich ihn enthauptet!« rief Dankwart.

»Zuviel Ehre für ihn«, rief Hagen. »Doch warum ist dein Panzer so rot?«

»Vom Blut der anderen«, antwortete Dankwart. »Ich erschlug sie alle!«

»Hüte das Tor«, sagte Hagen, »damit kein Hunne aus diesem Saal schlüpft! Jetzt rechnen wir mit den Friedensbrechern ab, wie sie es verdienen. Wir wollen Etzels Hofgelage mit Blut bezahlen, und Etzels Erbe soll der erste sein, dem es fließt!«

Hagen fuhr auf, zog den Balmung und schlug dem Knaben Ortlieb, der zu seiner Mutter flüchtete, über den Tisch hinweg das Haupt ab, daß es Kriemhild in den Schoß sprang.

Der nächste, dem der Balmung ins Herz biß, war des Knaben Hofmeister, der dritte, der seine Schärfe zu spüren bekam, Schwemmel, der Spielmann.

»Nimm das zum Lohn dafür, daß du Etzels und Kriemhilds Einladung nach Worms brachtest!« schrie Hagen und hieb dem Fiedler die Hand ab.

Schon standen auch Gunther, Gernot und Giselher mit gezückten Schwertern da — längst war die gedeckte Tafel umgestoßen worden — und verrichteten mit den Klingen grausige Arbeit.

Da sah Hagen, daß die Hunnen in hellen Scharen von außen her in die Halle stürmten und seinen Bruder am Tor in arge Not brachten. Wie Schwärme wilder Vögel schwirrten die Pfeile um sein Haupt und herein in den Saal, prasselten hageldicht auf die Helme und Brünnen der Kämpfenden.

»Eil Dankwart zu Hilfe!« rief Hagen Volker zu.

Der Spielmann schlug sich zum Tor durch, dort wandte er sich um und rief: »Hier steh ich, Hagen! Mit zweien ist das Tor so wohl verwahrt, als schlössen tausend Riegel es ab!«

Jetzt, da Hagen wußte, daß alle Hunnen im Saal gefangensaßen, ließ er den Schild fallen, packte den Balmung mit beiden Händen und ging wie ein Schnitter zur Erntezeit, in weiten Schwüngen mähend, durch die gedrängten Reihen.

Entsetzt starrte Etzel in das Blutbad, das die Nibelungen seinen Hunnen bereiteten. So hatte er seit den Tagen, da Hagen und Walther seine Genossen waren, nicht mehr kämpfen gesehen. Machtlos mußte er zuschauen, wie seine besten Streiter hinsanken.

Da schlich Kriemhild voll Angst zu Dietrich von Bern, der auf einen Tisch gesprungen war und von dort aus voll Grauen das Gemetzel verfolgte.

»Hilf uns«, bat sie den Goten, »hilf Etzel und mir! Wenn Hagen meiner habhaft wird, ist es mein Ende! Bring mich und den König heil aus der Halle!«

Aber Dietrich konnte sich in dem Getöse kein Gehör verschaffen. Er winkte von seinem Tisch Gunther zu. Der schrie mit Macht den Burgunden in die Ohren:

»Haltet ein, Gefährten! Herr Dietrich will uns etwas sagen!«

Im Nu verstummte das Waffenklirren, so daß man nur mehr das Stöhnen der Verwundeten hörte.

»Gebt mir und den Meinen freien Abzug«, bat Dietrich, »ich will euch dafür dienen, sooft ihr mich braucht!«

»Mußt du das erbitten?« rief ihm Wolfhart, Hildebrands Neffe, zu. »Den Abzug erkämpfen wir uns, und weder Dankwart noch der Fiedelspieler sollen uns daran hindern!«

Dietrich verwies ihm die Rede, und Gunther gewährte dem Berner Erfüllung seiner Bitte, sofern er keinen der Hunnen mit hinausschmuggeln wollte.

Herr Dietrich legte seinen Arm um Etzels und Kriemhilds Schultern — wie ein Riese stand er zwischen den beiden — und führte sie aus der Halle hinaus. Sechshundert Gotenhelden folgten ihm.

Da bat auch Rüdiger von Bechlarn, mit den Seinen aus der Halle gehen zu dürfen, und Giselher gewährte es freudig.

»Um unserer Freundschaft willen, Vater, geht hinaus«, rief er. Er gedachte seiner holden Braut fern in Bechlarn am schimmernden Strom, darum nannte er Herrn Rüdiger Vater.

Als Etzel über die Schwelle ins Freie trat, wollte auch ein Hunne noch rasch mit ihm hinausschlüpfen. Aber Volker hatte ihn schon eräugt und schlug ihn nieder.

Da wandte sich der König um und sagte: »Weh dieses Festes! Da wütet einer wie ein wilder Eber und ist doch ein Fiedler. Ein übles Lied spielt er uns auf, rot ist sein Bogenstrich, seine Töne schlagen mir manchen Helden tot!«

Nachdem Dietrich und Rüdiger den Saal verlassen hatten, begann das Toben von neuem. Die Burgunden ruhten nicht eher, als bis alle Hunnen, die mit ihnen zum Mahl gekommen waren, in ihrem Blut lagen. Nicht einer kam mit dem Leben davon.

Die riesige Halle, in der es nun still war, war von üblem, stickigem Dunst erfüllt. Da meinte Giselher:

»Liebe Freunde, laßt uns die Toten und Siechen hinaustragen, sie sollen nicht hier auf dem Boden liegenbleiben und uns beim Kämpfen den Schritt behindern, wenn es wieder losgeht. Denn ich sage euch, die

Hunnen kommen wieder — Kriemhild wird schon dafür sorgen, daß wir nicht Ruhe finden!«

Sie trugen die Toten und Sterbenden hinaus, siebenhundert, und legten sie vor der Halle in den Sand. Von fern sah ihnen eine Schar hunnischer Krieger zu, die heulten vor Wut und Schmerz beim Anblick der erschlagenen Brüder.

Als sich einer von ihnen zu weit an die Halle heranwagte, um einen seiner Anverwandten, der da stöhnend lag, heimlich zu bergen, erschoß ihn Volker mit einem Wurfger.

Schreiend zog sich der Haufe weiter zurück. Aber Volker fand seine Lust daran, ihnen zu zeigen, daß sie vor ihm noch lange nicht sicher waren, und warf einen zweiten Speer mit solcher Kraft über ihre Häupter hinweg an die gegenüberliegende Mauer der Burg, daß Spitze und Schaft an ihr zersplitterten.

König Etzel trat aus dem Haus, ein gebrochener Mann. Er konnte nicht begreifen, wie sich Festesfreude so jäh in blutigen Krieg und Todeskummer wenden mochte.

Hagen empfing ihn von der Schwelle des Tores herab mit Hohnreden. »Was bist du für ein König?« rief er. »Bei uns ist es Sitte, daß der Herrscher seinem Volk im Streit vorangeht! Freilich, wenn sich der Herr verkriecht, kann der Knecht kein Held sein — man sieht's an den Hunnen!«

Da riß Etzel einem der Zunächststehenden den Rundschild aus der Hand, zückte sein Krummschwert und wollte sich auf Hagen stürzen.

Aber Kriemhild hängte sich mit aller Kraft an die Schildriemen und hielt den König zurück. »Hagen ist dein Tod!« sagte sie keuchend. »Laß ab von ihm! Biete lieber deinen Mannen genug Gold, vielleicht spornt das ihren Mut, daß sie die Halle nochmals berennen!«

Hagen aber lachte den König aus. »Man sieht wohl, daß du mit Siegfried nur weitschichtig verwandt bist: du bist der Gatte seiner Witwe, sonst nichts! Warum zitterst du vor mir?«

Heller Zorn erfaßte Kriemhild. Sie rief den hunnischen Kriegern zu: »Wer mir Hagens Haupt bringt, dem fülle ich Etzels größten Schild mit Gold an und schenke ihm zwölf feste Burgen und reiches Land dazu!«

Da lachte auch Volker und rief: »Mehr kann euch die Königin schon kaum mehr bieten, ihr Memmen! Noch nie sah ich Helden bei so hohem Lohn so zag werden! Ihr esset eures Fürsten Brot, aber wenn

ihr für ihn kämpfen sollt, laßt ihr ihn im Stich! Schämt euch auf ewig!«

Diese Worte hatte Markgraf Iring von Dänemark gehört. Es verdroß ihn, daß es heißen würde, ein so mächtiger König wie Etzel habe nur Verräter und Feiglinge unter seinen Gefolgsleuten gehabt und keinen einzigen Getreuen. Er wollte darum mit dem Tronjer ganz allein kämpfen.

»Laß das sein«, rief ihm Hagen entgegen, »sonst geschieht Etzel noch mehr Leid. Wenn zwei oder drei wie du die Treppe heraufkommen, so jage ich sie mit einem einzigen Hieb wieder hinunter!«

Aber Iring ließ sich nicht raten, und Irnfried und Hawart gesellten sich mit tausend Mann zu ihm.

»Seht doch den Prahlhans!« höhnte jetzt Volker. »Erst will er mit Hagen allein kämpfen, jetzt holt er sich gleich tausend Helfershelfer! Seit wann lügt ein Held?«

Da warf sich Iring vor seinen Freunden auf die Knie und bat sie mit aufgehobenen Händen, ihn allein die Stufen zu Hagen emporsteigen zu lassen.

Nur ungern erfüllten die Gefährten seinen Willen, sie kannten Hagens Riesenkraft. Dann wichen sie aber doch zurück und ließen Iring allein. Der Däne deckte sich mit dem Schild und rannte mit hoch erhobenem Speer die Treppe hinan und auf den Tronjer zu. Auch Hagen hob seine Wurfwaffe und schleuderte sie gegen den Angreifer. Die Speere kreuzten sich in der Luft und prallten mit Wucht an die Schilde, daß die Splitter umherwirbelten. Dann griffen die Helden zu den Schwertern und hieben so heftig aufeinander ein, daß der Burghof davon widerhallte.

Als Iring erkannte, daß er Hagen nicht zu überwältigen vermochte, ließ er jäh von ihm ab und sprang wie eine Wildkatze auf Volker zu. Doch der schlug mit einem kräftigen Hieb zurück. Nun wandte sich Iring gegen Gunther. Als er auch hier schlecht ankam, warf er sich auf Gernot, focht mit ihm eine Weile, wandte sich dann aber plötzlich ab und stürzte sich wie ein Wirbelwind mitten in den Haufen der übrigen Burgunden, von denen er vier mit Blitzesschnelle erschlug.

»Das zahl ich Euch heim, Herr Iring!« rief Giselher. Er war der einzige, mit dem Iring bisher noch nicht die Klinge gekreuzt hatte. Nun warf er sich auf den Dänen und versetzte ihm einen so wuchtigen Streich, daß er taumelte und umfiel. Alle meinten, er wäre zu Tode getroffen, und auch Giselher wich von ihm, weil er glaubte, er habe ihn erschlagen. Doch plötzlich erholte sich Iring, sprang rasch auf die Beine und zerhieb dem ihm zunächststehenden Hagen zwei Panzerringe, daß dem Tronjer das Blut aus den Rippen quoll.

Wohl wehrte sich Hagen sofort und jagte den Allzukühnen mit pfeifenden Schwerthieben die Treppe hinunter. Doch Iring schützte sich so geschickt mit dem Schild, daß ihn keiner von Hagens Streichen verwundete und er unversehrt zu den Gefährten zurückkehrte, die ihn mit lauten Glückwunschrufen umringten.

Kriemhild hatte Irings Wagestück mit angesehen. Nun rief sie über den Hof: »Gott lohn dir deinen Mut, Iring! Du hast mein Herz getröstet, ich sehe Blut aus Hagens Panzer tropfen!«

»Euer Dank kommt zu früh, Frau Kriemhild«, rief Hagen zurück, »die Wunde von Herrn Irings Hand wird Euch noch Kummer genug bereiten! Sie stachelt nur meinen Zorn, das soll manchen Eurer Krieger das Leben kosten!«

Iring suchte eine Stelle auf, wo der Wind um die Ecke fuhr. Dort kühlte er sich den heißen Panzer, nahm auch den Helm ab und bot das erhitzte Haupt dem wohligen Luftzug.

»Bringt mir neue Waffen«, rief er dann, »vor allem einen guten Schild, meinen alten haben sie mir zerhauen! Ich will doch sehen, ob ich Hagen nicht unterkriege!«

Doch als er sich zum drittenmal mit Hagen maß, bedeutete es sein Ende. Der Tronjer durchschlug ihm den Helm, so daß Iring halb ohnmächtig zusammenbrach. Dann sprang Hagen zurück, raffte einen Speer auf und durchbohrte des Dänen Haupt.

Vor Schmerz und Grauen aufheulend, stürzten die Gefährten herbei und rissen den Todwunden zurück. Kriemhild beugte sich tief über ihn und beweinte den wackeren Helden. Verröchelnd warnte Iring seine Getreuen: »Laßt euch nicht durch Kriemhilds Gold verlocken! Wer mit Hagen kämpft, der stirbt.«

Sie zogen den Speer aus seinem Kopf, da verschied er.

Nun stürmten Irnfried von Thüringen und Hawart von Dänemark mit tausend Recken gegen die Halle. Iring war Hawarts Lehensmann gewesen, nun wollte der König ihn rächen. Doch wie heftig auch der Angriff war, wie furchtbar der Kampf tobte, wie zäh Mann gegen Mann rang, die Burgunden blieben Sieger. Wohl hatte Irnfried Herrn Volkers Panzer zerschmettert, doch nun lag er selbst mit zerschlagener Brünne und klaffender Wunde vor des Spielmanns Füßen, und neben ihm lag König Hawart, von Hagens Hand erschlagen. Rundum auf den Stufen lagen die gefallenen Dänen und Thüringer. Nur wenige waren noch heil geblieben, die zogen sich zurück.

Aber auch die Zahl der Burgunden war grausig zusammengeschmolzen. Um ihre Könige, um Hagen und Volker geschart, standen sie unter der breiten Pforte der Halle.

Tiefe Stille folgte dem Lärm, von den Stufen tropfte das Blut, rann hinab in den Hof.

»Legt die Waffen nieder, kühlt Haupt und Leib!« befahl Volker. »Ich halte indessen Wache, bis neue Feinde kommen.«

Die Helden taten, wie er sagte. Ein Teil von ihnen zog sich in die Halle zurück. Erschöpft ließen sie sich nieder. Volker aber blieb in voller Rüstung unter dem Tor auf der Schwelle stehen, ein gewaltiger Wächter.

Raben umflogen krächzend die schaurige Walstatt. Der Nachmittag ging zur Neige, die Sonne vergoldete Mauern und Zinnen und die wandernden Wolken. Diese Wolken mochten aus friedlichen Ländern kommen, sie mochten weitersegeln zu Inseln und Küsten, wo zu dieser Stunde vielleicht glückliche Menschen wohnten. Hier über der Steppe an der Donau sahen sie kein frohes Bild, nur Grauen, Blut und Jammer, und die Sterne der Nacht, die ihnen bald folgten, sollten noch viel Grausigeres schauen.

Noch ehe es Abend wurde, trieb König Etzel frische Kriegerscharen gegen die Halle. Wohl fluchte er seinem Weib und verwünschte den Tag, an welchem er Kriemhild gefreit hatte, weil sie nun auf Kosten seines guten Heeres Rache an den Brüdern und an Hagen übte — doch um seines erschlagenen Söhnleins willen machte er gemeinsame Sache mit ihr.

Die Hunnen brandeten in hellen Haufen gegen die Halle. Wild schreiend stürzten sie sich auf die Burgunden, die sich in Eile gewappnet hatten. Bis zur sinkenden Nacht tobte der Kampf, dann waren Etzels Leute geschlagen. Wimmernd und stöhnend lagen die Verwundeten zwischen den Toten, man sah die Stufen der breiten Treppe nicht mehr vor Leibern und Leichnamen. Pausenlos hatten die Schwerter der Nibelungen zugeschlagen. Nun hielten sie ein. Hagen und Volker standen mit den Königen unter dem Tor, ihrer aller Klingen waren rot. Wohl hatten sie wieder gesiegt, aber sie waren so erschöpft, daß sie nach Etzel schickten und den König um Frieden baten.

Etzel erschien an Kriemhilds Seite. »Frieden kann ich euch nimmer gewähren!« rief er zu den Helden hinauf. »Zu viele meiner Freunde und Untertanen habt ihr getötet, mein Kind habt ihr gemordet, nicht einer von euch soll lebend entkommen!«

»Wir kämpften aus Notwehr, nicht aus Übermut«, rief Gunther. Er schritt mit Gernot und Giselher die Treppe herab, sie traten vor den König und Kriemhild hin. »Wir kamen als Freunde und Gäste zu dir, Etzel – wer befahl dir, meine Mannen in der Herberge zu überfallen?« fragte er.

»Das tat Blödel, es geschah ohne mein Wissen«, antwortete der König. »Doch was ihr mir antatet, ist tausendmal schlimmer, dafür müßt ihr sterben!«

»Und ich?« fragte Giselher. »Was hab ich dir und deinen Helden je Böses getan? In bester Absicht kam ich zu euch, das Sonnwendfest zu feiern!«

»Deine gute Absicht haben wir kennengelernt!« schrien die Hunnen voll Hohn und Schmerz. »Tausende Frauen und Kinder sind an diesem Fest zu Witwen und Waisen geworden – das ist dein und deiner verfluchten Brüder Werk! O ihr Burgunden, wärt ihr doch nie über den Rhein gekommen!«

»Das Morden ist aller Untergang, der eure wie der unsere«, erwiderte Gunther. »Laßt ab vom Kampf, nehmt unser Angebot an. Es geschah noch nie vordem, daß wir um Frieden baten.«

»Nein«, sagte Etzel haßerfüllt, »keiner von euch kehrt heim, ich hab's geschworen!«

»So gönnt uns wenigstens, daß wir im Freien um unser Leben kämpfen!« rief Giselher. »In diesem furchtbaren Haus unter den Leichen ersticken wir fast! Deine Krieger aber, König Etzel, sind bei frischen Kräften!«

Diesen Wunsch hätte Etzel beinahe erfüllt. Doch Kriemhild raunte ihm zu:

»Laß sie nicht aus dem Saal! Wenn sie sich in der frischen Luft erholen, seid ihr alle verloren! Seit Siegfried starb, gibt es keine wilderen Recken als Hagen und meine Brüder! Glaube mir, ich kenne sie!«

»Ach, Schwester«, seufzte Giselher, »nie hätte ich gedacht, daß du uns in dies feindliche Land einlädst, um uns so grausamen Tod zu bereiten! Ich war dir stets treu und liebte dich, und ich glaubte daran, daß auch du mich liebst, sonst wäre ich nicht gekommen. Doch sicherlich bist du mir im Herzen noch immer hold, darum schenke mir und den Brüdern Gnade!«

»Gnade?« sagte Kriemhild finster. »Ich schenke euch keine Gnade! Wer hat an mir in Worms Gnade geübt? Siegfried habt ihr erschlagen, den Hort habt ihr mir geraubt – und da soll ich Herrn Etzel, meinen Gemahl, um euer Leben bitten?«

Sie blickte lodernden Auges von einem zum anderen, dann traf ihr Blick Herrn Hagen, der im Hintergrund mit gezogenem Schwert neben Volker auf den Stufen stand und auf die Rückkunft der Könige wartete.

»Liefert mir Hagen aus«, rief Kriemhild plötzlich, »so will ich dessen gedenken, daß wir alle von einer Mutter geboren sind! Gebt mir Hagen heraus, und ich lasse euch ungekränkt und heil heimkehren an den Rhein!«

»Da sei Gott vor«, rief Gernot entsetzt, »daß wir Hagen ausliefern! Lieber sterben, als Hagen, den treuesten Freund, verraten! Nein, Kriemhild, so schlecht vergelten die Burgunden gute Dienste nicht!«

Jetzt gab Etzel das Zeichen zu erneutem Angriff. Ein Hagel von Pfeilen und Speeren trieb die Nibelungen in die Halle zurück.

»Legt Feuer an den Saal!« schrie Kriemhild, außer sich vor Zorn. »An allen vier Ecken zündet ihn an und laßt keinen heraus! Sie sollen sehen, wie Kriemhild Herzeleid vergilt!«

Einige der Hunnenkrieger brachten brennende Pechfackeln, an denen entzündeten die andern ihre Pfeile und schossen damit das Dach in Brand. Wohl war Herrn Etzels neue Halle zu einem guten Teil aus Stein gebaut, doch der Dachstuhl und die kostbare Wandverkleidung waren aus Holz — gierig fraß sie das Feuer.

Blutrote Flammen schlugen alsbald aus dem Gebälk, und Funkengarben stoben hochauf in den Nachthimmel, indes schwere Rauchschwaden sich aus dem Tor der Halle über den Hof wälzten.

»Weh der Not!« schrien die Nibelungen, denn die Hitze im Inneren stieg gewaltig. »Lieber mit dem Schwert einen ehrlichen Tod sterben, als so schrecklich umkommen! Welch grausame Rache nimmt die Königin an uns!«

»Sie will uns mürbe machen«, rief Hagen, »Rauch und Glut sollen unsere Kräfte brechen. Doch sie soll sich täuschen! Hebt die Schilde über den Kopf, schließt die Helme, wir halten durch, bis das Feuer zu Ende ist!«

So standen sie alle eine Weile verbissen da und schützten sich bald gegen herabfallende brennende Trümmer, bald gegen den Hagel der Pfeile, die von außen in die Halle prasselten. Nur Volker stand furchtlos am Tor. Solang er dort stand, konnte keiner eindringen und die vom Rauch halb Erstickten und Wehrlosen umbringen.

Rauch und Hitze wurden unerträglich, die Recken litten namenlose

Qual. Als der erste Burgunde erschöpft umsank und röchelte: »Ich kann nicht mehr, ich sterbe vor Durst!« befahl ihm Hagen, Blut zu trinken. »In solcher Hitze ist das besser als Wein«, sagte er grimmig lachend. »Wir haben ja auch nichts Besseres!«

Der Mann gehorchte. Mühsam schleppte er sich zu einem Toten hin, hielt die Hand unter dessen noch frische Wunde und schöpfte das Blut wie aus einem Quell. Gestärkt erhob er sich wieder und dankte Hagen für den Rat.

Viele folgten seinem Beispiel. »Wahrlich, Hagen hat recht«, sagten sie, »noch selten tranken wir köstlicheren Wein!«

Um Mitternacht stürzte der Dachstuhl ein. Taghell war die Nacht vom Funkenregen erleuchtet. Nur mit großer Mühe erwehrten sich die Burgunden des Feuers. Sie standen einander bei, so gut es ging, halfen einander aus Balkentrümmern heraus. Die Steinwände glühten fast. Gegen Morgen kam endlich ein Wind auf, der den Rauch allmählich aus der Halle trieb und den Eingeschlossenen die Harnische kühlte. Viele waren während der Nacht umgekommen, in rußgeschwärzten Rüstungen scharten sich die letzten Streiter um die Könige und um Hagen. Es waren nur mehr ein paar hundert.

Nun verließ Volker die Schwelle und trat wieder herein. Das Morgenrot fiel trübe in den verwüsteten Saal.

»Wenn mich die Hunnen nicht mehr auf Wache am Tor sehen«, sagte der Spielmann, »werden sie glauben, wir seien alle tot. Dann werden sie angeschlichen kommen und hier eindringen. So können wir noch ein paar von den Hunden erschlagen, ehe wir sterben.«

Volker hatte recht. Als der Wind die letzten Rauchschwaden vertrieben hatte, kamen hunnische Späher die Treppe herauf. Sie lugten in den Saal. Da sahen sie, daß immer noch eine erkleckliche Anzahl von Burgunden lebte und daß die Könige, Hagen, Dankwart und Volker unversehrt waren.

»Ist denn gegen diese Menschen selbst das Feuer machtlos?« rief Kriemhild zornig, als man es ihr meldete. Dann ließ sie im Hof der Burg die köstlichsten Goldgeschmeide auf Schilden zur Schau stellen und versprach sie dem als Geschenk, der sein Leben gegen ihre Brüder und Hagen wagte.

Sie gewann scharenweise neue Krieger. Als die Sonne hell und heiß über der Ebene aufging, tobte bereits das Gemetzel vor der Halle wie am Tag vorher.

Wie die Teufel wehrten sich die Nibelungen in ihren schwarzen Rüstungen, und nie, seit die Erde bestand, hatten Menschenaugen heldenmütiger kämpfen gesehen als in Herrn Etzels Burg.

»O wär ich doch nie geboren!« seufzte Rüdiger von Bechlarn laut, als er sah, welche Not die Nibelungen litten und wieviel Leid ihre Schwerter angerichtet hatten. »Gern stiftete ich Frieden, doch wird Herr Gunther nicht darauf eingehen!«

»Seht nur«, sagte ein Hunne zu Kriemhild, »dort steht Herr Rüdiger und weint. Unser Herr hat ihn mit Ehren und Gütern überschüttet, er aber rührt keinen Finger für ihn! Ist das die Art eines tapferen, treuen Helden?«

Dem Bechlarner waren diese Worte nicht entgangen. Voll Zorn sprang er herzu und schlug den Mann nieder. »Du hast mich zum letztenmal ehrlos und feige gescholten!« schrie er ihn an. »Was kümmert's dich, daß ich nicht fechte? Wohl müßte auch ich die Burgunden hassen und ihnen alles antun, was in meiner Macht steht — aber ich habe sie selbst hierhergebracht! Meiner Redlichkeit vertrauend, sind sie mir in dies Land gefolgt. Wie darf ich da das Schwert gegen sie zücken?«

»Sind nicht schon genug Tote in meiner Burg?« fragte Etzel unmutig. »Ist das Eure ganze Hilfe, Herr Rüdiger, daß Ihr meine Mannen erschlagt? Ich glaube, wir hätten anderes um Euch verdient!«

»Er hat mich verleumdet«, trotzte Rüdiger.

Nun trat Kriemhild auf Rüdiger zu. Sie sah ihn gebieterisch an.

»Habt Ihr vergessen, was Ihr mir in Worms unter vier Augen schwurt? Treue bis in den Tod, Herr Rüdiger, habt Ihr mir versprochen und gelobt, mich als erster zu rächen, wenn mir einer ein Leid antut!«

»Ich leugne es nicht, Königin«, erwiderte Rüdiger, »und ich gebe mein Leben und, wenn es sein muß, auch meine Ehre für Euch hin. Aber meine Seele für Euch zu verwirken, das hab ich nicht geschworen. Ich kann nicht gegen die Burgunden kämpfen!«

»Es ist jetzt nicht Zeit, an dem Schwur herumzudeuteln und mit Worten zu fechten«, entgegnete ihm Kriemhild unerbittlich. »Die Stunde hat geschlagen, haltet Euren Eid!«

»So nehmt mir lieber das Leben«, sagte Rüdiger, »nur fordert von mir nicht, daß ich gegen mein Gewissen handle!«

Da brauste Etzel auf: »Ist das der Dank dafür, daß ich Euch stets nur Gutes tat?«

Aber der Markgraf bat verzweifelt, von seiner Pflicht als Lehensmann entbunden zu werden. »Alles, was Ihr gabt, Burgen, Ländereien und Schätze, ich geb es Euch, mein König, noch heute zurück und geh als Bettler mit Weib und Kind nackt und arm aus Eurem Reich, nur zwingt mich nicht, die Treue zu brechen! Salz und Brot habe ich mit den Burgunden geteilt, unter meinem Dach haben sie genächtigt, mein einziges Kind gab ich Herrn Giselher zur Frau — ich kann nicht gegen die Freunde das Schwert erheben!«

Doch all sein Flehen nützte nichts, Etzel beharrte darauf, daß der Markgraf an den Burgunden Rache für Ortlieb und die erschlagenen Hunnen nahm.

So fügte sich Rüdiger. »Weh mir«, rief er gramvoll, »so muß ich denn alle Eure Wohltaten mit dem Leben bezahlen. Ich weiß, daß ich nicht wieder aus dieser Halle herauskomme, wenn ich einmal die Schwelle überschritten habe. Euch und Frau Kriemhild empfehle ich mein Weib und meine arme Tochter samt allen Witwen und Waisen, die nach diesem Kampf zu Bechlarn weinen werden.«

»Möge Gott dir deine Treue lohnen«, sagte Etzel, »ich will für die Deinen sorgen, solang ich lebe.«

Schweren Herzens rief Rüdiger seine Mannen zusammen, fünfhundert. Mit ihnen stieg er die Treppe zur Halle empor, in der es noch immer qualmte. Ein Bild voll schauriger Verwüstung bot sich ihnen dar.

Inmitten verkohlter Balken und verbrannter Toter standen die Nibelungen, allen voran die Könige, Volker und Hagen, wie finstere Todesengel anzuschauen.

»Heil uns«, rief Giselher, »nun hat alle Not ein Ende! Nun wird uns doch noch Hilfe, Herr Rüdiger kommt! Wie gereicht es uns jetzt zum Segen, daß ich sein Eidam geworden bin!«

»Bezähm deine Freude«, fuhr ihn Volker an, »seit wann kommen Freunde mit aufgebundenen Helmen, das Schwert in der Faust? Herr Rüdiger kommt als Feind, wahrscheinlich hat ihm Etzel Burgund als Lehen versprochen, wenn er gegen uns kämpft. Den Bechlarner gelüstet es stets nach neuen Ländern und Burgen, er bekommt nie genug!«

Da stieß Rüdiger von Bechlarn den Schild vor sich in den Boden und rief:

»Wir waren Freunde — das muß vergessen sein! Wehrt euch, Nibelungen!«

»Warum trittst du Freundschaft und Treue mit Füßen?« fragte

Gunther kummervoll. »Ich glaube deinen Worten nicht, Graf Rüdiger von Bechlarn kann nicht so handeln!«

Auch Gernot schüttelte das Haupt. »Auf all unseren Fahrten fanden wir keinen Wirt so freundlich, so gütig wie Euch, das wollen wir Euch nie vergessen, wenn Ihr uns lebend aus diesem Saal helft!« sagte er.

»Ach, Gernot«, schrie Rüdiger auf, von jähem Schluchzen geschüttelt, »ich wollte, ihr wäret alle am Rhein und ich im Grab! Noch nie hat ein Freund schlimmer an Freunden gehandelt als ich!«

»Dies Schwert in meiner Faust«, sagte Gernot bedrückt, »das habt Ihr mir geschenkt, als wir bei Frau Gotelind als Gäste in Bechlarn saßen — soll ich Euch mit Eurer eigenen Gabe den Tod geben?«

»Und Euer holdes Kind, wollt Ihr das zur Witwe machen, noch ehe wir Hochzeit hielten?« fragte Giselher. »Ich nenn Euch Vater — warum kämpft Ihr gegen uns?«

»Jung Giselher«, rief Rüdiger, »du hast meiner Tochter Liebe und Treue geschworen, das halte ihr, wenn du je lebend nach Bechlarn kommst!«

»Wie kann ich das halten?« entgegnete Giselher. »Wenn Ihr meine Blutsfreunde erschlagt, ist auch das Band zwischen mir und Eurem Kind zerschnitten!«

»Das alles steht nun bei Gott«, sagte Rüdiger. Dann hob er den Schild vor die Brust und schwang sein Schwert.

»Haltet ein«, rief Hagen, »wartet noch, Herr Rüdiger! Die Hunnen haben mir den Schild zerhauen, den mir Frau Gotelind gab — hätte ich einen, wie Ihr ihn tragt, ich blickte Euch und Euren Mannen furchtloser entgegen.«

»So nimm ihn hin, Hagen«, sagte Rüdiger mit tränenerstickter Stimme, »ich wünschte, du brächtest ihn wohlbehalten heim nach Burgund!« Damit reichte er seinen Schild dem Tronjer. Ehrlicher hatte noch nie ein Recke gehandelt, und manches Auge wurde bei diesem Anblick naß. Selbst Hagens Herz fühlte Rührung, als er den Schild empfing. »Der Himmel lohn Euch solchen Edelsinn«, sagte er. »Wie immer Gott unsern Kampf lenken möge, Euch, Markgraf Rüdiger, wird meine Hand nicht berühren!«

»Auch meine nicht!« rief Volker. Dann traten er und Hagen zurück und ließen den Bechlarner eintreten. Der Kampf begann.

Herr Rüdiger hatte sich von seinen Leuten einen anderen Schild reichen lassen, mit dem wahrte er sein Haupt und sprang kämpfend

bald hierhin, bald dorthin. Wie ein Wirbelwind durchfuhr er die Halle, sorgsam darauf bedacht, keinem der Könige oder gar Hagen oder Volker zu begegnen.

Viele Helden erschlug er. Voll Bangen sahen die Fürsten, wie sich ihre Reihen durch Rüdigers furchtbare Streiche lichteten. Da rief plötzlich Gernot:

»Steht mir zum Kampf, Markgraf! Ihr wollt keinem der Unseren das Leben gönnen, also muß ich Euch das Eure nehmen! An Euch selbst will ich das Schwert verdienen, das Ihr mir schenktet!«

Da wandte sich Rüdiger gegen Gernot und spaltete ihm den Helm. Dunkles Blut entströmte der Todeswunde, doch noch ehe Gernot die Sinne schwanden, hieb er dem Gegner Schild und Helmband entzwei, so daß auch Herr Rüdiger sterbend zu Boden stürzte und seine edle Seele verhauchte.

»An diesen beiden haben wir viel verloren«, rief Hagen voll Schmerz, als er Gernot und den Markgrafen fallen sah. »Mögen ihren Tod die Bechlarner bezahlen!«

Und so geschah es: kein einziger von Rüdigers Mannen hat je die Donau wiedergesehen.

Das Tosen und Klirren verhallte. Ihrer Glieder und Waffen kaum mehr mächtig, lehnten die überlebenden Nibelungen an den Mauern im Saal oder unter dem Tor, wo sie die Helme und Panzer kühlten. Todesmattigkeit kroch ihnen allen bis ans Herz hinan. Einige stützten die Häupter auf den Schildrand oder den Schwertknauf. Rauchendes Blut floß ihnen zu Füßen.

»Was ist es so still geworden?« fragte Etzel. Er lauschte bang über den Hof.

Kriemhild schritt an die Halle heran und rief: »Was schonst du unsere Feinde, Markgraf Rüdiger! Hast du den Burgunden etwa Frieden gegeben und uns um die Rache betrogen? Fluch über dich!«

Da trat ihr Volker aus der Halle entgegen. »Schmäht Euren treuesten Gefolgsmann nicht auch noch im Tode, Frau Kriemhild!« sagte er. »Mit all den Seinen liegt er erschlagen. Glaubt Ihr es nicht, so kommt und seht selbst!«

Er wandte sich um und rief in die Halle. Da trugen sie den Leichnam des Bechlarners heraus und legten ihn auf die Stufen.

Als Etzel dies sah, schrie er so gräßlich auf, als ob ein Löwe brüllte. Die ganze Burg widerhallte davon.

Etzels schreckliche Klage drang auch an Dietrichs Ohr. Der Berner saß mit seinen Leuten in der Herberge. Nun sprangen sie auf und stürzten an die Fenster. Sie konnten aber nicht ausnehmen, was vor der Halle geschah.

»Was mag da los sein?« fragte Wolfhart. »Vielleicht ist Herr Etzel verwundet, oder Frau Kriemhild hat den Tod erlitten?«

»Es soll euch nicht kümmern, was dort geschieht«, sagte Dietrich. »Die Nibelungen kämpfen um ihr Leben. Ich menge mich nicht in ihren Streit, ich habe Frieden gelobt.«

»Laßt mich wenigstens hinübergehen und nachsehen, wie es steht«, bat Wolfhart. »Ich komme wieder und meld es Euch.«

»Du bleibst!« sagte Dietrich. Er kannte Wolfharts Jähzorn und Ungestüm. »Helferich mag nachsehen, der ist besonnener als du.«

Helferich ging und kam bald wieder zurück. »Sie haben Rüdiger von Bechlarn samt seinen Mannen erschlagen«, rief er unter Tränen.

Dietrich erschrak. »Womit hätte er den Tod verdient?« rief er. »War er nicht der Burgunden Freund?«

»Das sollen sie büßen«, sagte Wolfhart. »Rüdiger hat uns treu geholfen wie keiner! Es brächte uns tausendfache Schande, wenn wir seinen Tod nicht rächten!«

Aber Dietrich wollte zuvor noch Genaueres über Rüdigers Tod erfahren und sandte Hildebrand vor die Halle. Ungewappnet wollte der Alte über den Hof schreiten. Aber Wolfhart hielt ihn zurück: »Geh nicht ohne Waffen, Hildebrand! Die Burgunden würden dich verhöhnen!«

Schweigend befolgte Hildebrand den Rat seines Neffen. Als er aber Schild und Schwert aufnahm, fuhren auch die anderen in die Harnische und rissen ihre Waffen an sich. Sie wollten Hildebrand nicht allein gehen lassen.

Dietrich sah es ungern, doch konnte er den Grimm seiner Recken nicht mehr dämpfen. Das Herz voll Gram, setzte er sich ans Fenster.

»Neue Feinde!« rief Volker, der Wächter, in die Halle zurück, als er Dietrichs Mannen kommen sah. »Nun steht uns der schwerste Kampf bevor!«

Sogleich traten die Burgunden neben ihn.

Meister Hildebrand hielt am Fuß der Treppe: »Mich sendet Herr Dietrich von Bern. Er will wissen, ob es wahr ist, daß ihr Herrn Rüdiger von Bechlarn erschlagen habt.«

»Es ist wahr«, antwortete Hagen, »wie sehr ich auch wünschte, daß er noch lebte! Immer werden Männer und Frauen ihn beweinen.«

Da begannen die Berner Recken heftig zu klagen. Sie gedachten all der Guttaten, die ihnen Rüdiger erwiesen hatte, als sie aus Bern hatten fliehen müssen und arm und wegmüd an die Donau nach Bechlarn gekommen waren. Helle Tränen rannen ihnen bei dieser Erinnerung in den Bart.

»Was weint ihr wie die Weiber?« rief Volker zornig. »Ist euch so leid um ihn, dann kommt in die Halle und rächt seinen Tod!«

»Gebt uns den Leichnam heraus«, bat Hildebrand, »ich fordre es im Namen unseres Herrn.«

»Hier auf den Stufen liegt er«, rief Volker zurück. »Kommt herauf und kämpft um ihn!«

»Herr Dietrich hat uns verboten, den Frieden zu brechen«, entgegnete Hildebrand. »Liefert uns Rüdigers Leib kampflos aus, wir wollen ihn bestatten!«

»Ja, Feiglingen kommt es immer gelegen, wenn ihnen ihr Herr zu kämpfen verbietet!« höhnte Volker in tollem Übermut. »Das sind mir Helden!«

Nun konnte Wolfhart nicht mehr länger an sich halten. Er stürmte vor, stellte sich neben seinen Oheim und rief über die Treppe hinauf:

»Du, Fiedler, ich rate dir gut, reize uns nicht länger, sonst verstimmen wir dir die Saiten, daß am Rhein keiner mehr deinem Lied lauschen mag.«

»Zurück!« rief Hildebrand seinem Neffen zu, »du verspielst deines Herrn Gnade!«

Es war zu spät. Furchtbaren Grimm fühlten die Berner wegen Volkers Spott. Wolfhart zückte sein Schwert, und alle anderen folgten seinem Beispiel. Wie wilde Löwen stürmten sie die Treppe hinan. Auch Hildebrand wurde mitgerissen und stand im nächsten Augenblick Hagen gegenüber.

So mußte er kämpfen, wie ungern er es auch tat.

Wolfhart hatte sich Volker zum Gegner ausersehen. Mit bösen Schwerthieben empfingen Gunther und Giselher die Amalungenhelden. So mancher Helm wurde naß von Blut.

Aber auch die Berner ließen sich nicht spotten. Wolfhart war im Getümmel von Volker geschieden worden, nun nahm sich Siegstab, der herrliche Recke, den Spielmann aufs Korn. Er unterlag. Im nächsten Augenblick aber mußte sich der Fiedler gegen Hildebrand wehren, der von Hagen abließ und herzusprang, Siegstab mit wuchtigen Streichen zu rächen.

Der Alte zerhieb Volkers Helm und Schild, daß die Splitter rundum an die Wände flogen und der Spielmann tot zu Boden sank. Zu spät eilte Hagen zu Hilfe.

Nun drängten die Berner die Nibelungen immer tiefer in die ausgebrannte Halle zurück. Ohrenbetäubendes Klirren erfüllte den kohlschwarzen, nackten Raum, in den der Himmel hereinsah. Verdunkelte sich die Sonne nicht vor dem grausigen Schauspiel, das sie beschien? Färbten sich nicht die weißen Wölkchen rot vom Widerschein des Blutes, das den Boden der Halle knöcheltief überschwemmte?

Dankwart ließ sein Leben unter Helferichs Schwert. Die letzten Ritter und Knechte der Burgunden sanken dahin. Giselher und Wolfhart sprangen wütend aufeinander los, und Hildebrands kühner Neffe fiel, tödlich getroffen, auf den Rücken. Doch wie ein Tiger noch im Sterben tötet, so auch Wolfhart: Er schlug mit erlöschender Kraft nach Giselher, der über den Todwunden gebeugt stand. Aufseufzend sank Utes Kind auf den Goten. So ruhten sie wie Freunde vereint.

Wolfhart und Giselher waren die letzten, die im Zweikampf ihre Kräfte gemessen hatten. Außer Gunther, Hagen und dem alten Hildebrand lebte niemand mehr. Grauenvolle Stille lag über dem öden Saal, nur Wolfhart stöhnte noch.

Hildebrand trat weinend auf ihn zu und schob Giselhers Leiche beiseite. Er wollte den Neffen auf die Arme nehmen und aus der Halle tragen. Aber Wolfhart sagte:

»Laß mich, Oheim. Ich fiel von eines Königs Hand, das ist ein herrlicher Tod. Ihrer hundert erschlug ich selber vorher, sag das den Freunden, die mich betrauern werden. Kümmere dich nicht um mich, sondern hüte dich lieber vor Hagen, ich hör ihn kommen!«

Wolfhart hatte Hildebrand gerade noch rechtzeitig gewarnt, denn als sich der alte Waffenmeister aufrichtete, stand der Tronjer vor ihm und hob den Balmung. Dröhnend sauste der erste Hieb auf Hildebrands Schild.

Hildebrand wehrte sich tapfer. Er zeigte seine ganze Kunst. Doch Siegfrieds Schwert in Hagens Hand biß ihm allzu gewaltig durch Helm und Brünne. Da warf er kurz entschlossen seinen Schild auf den Rücken und floh. Mit Riesensprüngen stürzte er aus dem Saal.

Dietrich von Bern erschrak, als er den alten Waffengefährten blutüberströmt herankommen sah.

»Habt ihr mein Gebot mißachtet und mit den Burgunden gekämpft?« fragte er streng.

»Herr, es mußte geschehen, um Volkers Übermut zu dämpfen. Er wollte uns Rüdigers Leichnam nicht ausliefern und hat uns alle verhöhnt«, antwortete Hildebrand verzweifelt.

»So ist es wahr, daß sie den Treuen erschlugen!« rief Dietrich voll tiefem Schmerz. »Wie wird meine Base Gotelind um ihn weinen! Auf, Hildebrand, nun führ ich die Meinen selber gegen die Halle, Rüdigers Tod fordert Sühne!«

»Da ist niemand mehr, der dir folgen könnte«, sagte Hildebrand, »sie sind alle erschlagen. Auch von den Burgunden leben nur noch Gunther und Hagen. Ich bin der letzte, der dir blieb.«

Ein Stöhnen entrang sich der Brust des Berners. Es klang wie das Klagen eines weidwunden Hirschs. »So hat mich Gott verlassen«, sagte er dumpf. Dann rief er alle seine Helden mit Namen, pries ihre Taten und klagte laut um jeden von ihnen. »Nie wieder finde ich Männer, die mir so treu dienen wie sie«, jammerte er. »O meine guten Gefährten, kehrt zurück!«

Er ließ sich von Hildebrand wappnen und schritt, noch immer laut klagend, neben seinem alten Waffenmeister aus der Herberge und zur Halle hinüber.

»Dort kommt Herr Dietrich«, sagte Hagen, »er wird seine Helden rächen wollen. Jetzt wird sich endlich zeigen, wer von uns beiden der Stärkere ist, er oder ich. Sie nennen ihn den kühnsten Streiter auf Erden, aber ich fühle mich noch immer stark genug, ihn allein zu bestehen.«

Dietrichs Klagen verstummten. Der Berner stieg die Treppe empor. »Was hab ich euch getan, daß ihr mir solches Leid zufügtet?« fragte er. »Rüdiger von Bechlarn, meiner Base Mann und mein innigster Freund, liegt hier tot. Alle meine guten Gesellen habt ihr mir geraubt. Warum tatet ihr das?«

»Sie zwangen uns zur Gegenwehr«, antwortete Hagen.

»Sei dem wie immer«, sagte Dietrich, »ich fordere Sühne und verlange von dir, König Gunther, und von dir, Hagen von Tronje, daß ihr euch kampflos als Geiseln in meine Hand gebt. Ich bürge dafür, daß euch von Etzel und den Seinen kein Leid widerfährt. Ungekränkt bring ich euch von hier fort, doch sollt ihr mir dienen euer Leben lang.«

»Das wird nie geschehen«, rief Hagen erzürnt, »daß sich dir zwei Ritter in voller Wehr kampflos ergeben.«

»Niemand wird euch feige schelten, wenn ihr mir als Gefangene folgt«, sagte Dietrich friedlichen Sinnes. »Ergebt euch, und ich will alles vergessen, was ihr mir angetan habt.«

»Nimm den Frieden an, Hagen«, rief Hildebrand, »es kommt noch die Stunde, da du ihn gerne haben würdest. Dann wird es zu spät sein.«

»Freilich«, erwiderte Hagen voll Spott, »wer mit dem Schild auf dem Rücken davonläuft, der muß ja zur Feigheit raten!«

Grimmig lachte Hildebrand. »Du hast es notwendig, mich zu schelten. Wer hat denn auf dem Wasgenstein Stunde um Stunde tatenlos zugesehen, wie Walther von Aquitanien Gunthers beste Degen niedermachte? Das war Hagen von Tronje!«

»Schweigt jetzt!« fuhr der Berner dazwischen. »Seid ihr Helden oder alte Weiber, die mit Worten streiten? — Herr Hagen, ich hörte vorhin, wie Ihr Euch rühmtet, mich allein bestehen zu wollen — fühlt Ihr Euch dazu noch immer stark genug?«

»Solange mir der Balmung nicht zerbricht, ja!« entgegnete Hagen und hob den Schild.

Dietrich wußte, was es bedeutete, daß Hagen den Balmung führte, Siegfrieds Schwert, das sein Ziel nie verfehlte. So begnügte er sich auch die längste Zeit, Hagens grimmige Schläge mit seinem guten, langen Schild aufzufangen.

Allmählich erschöpften sich des Tronjers Kräfte. Die Schwerthiebe fielen nicht mehr so hart und dicht. Da holte der Berner plötzlich weit aus und schlug Hagen eine so tiefe Wunde, daß der Held kampfunfähig die Arme sinken ließ.

Er war am Ende.

»Du bist müde«, sagte Dietrich. »Es brächte mir wenig Ehre, wenn ich dich jetzt tötete. Aber dich zwingen, mir als Geisel zu folgen, das will ich versuchen.«

Damit legte er Schild und Schwert ab, umarmte den Tronjer, rang ihn nieder und band ihm die Hände auf den Rücken. So brachte er den Verwundeten vor Kriemhild.

»Das lohn Euch der Himmel«, sagte die Königin triumphierend. »Diesen Dienst vergeß ich Euch nie, solang ich lebe! Ihr habt meinen Todfeind bezwungen.«

»Laßt ihn leben«, sagte der Berner streng. »Lebend kann er Euch das Leid sühnen, das er Euch zugefügt, als Toter nicht mehr. Vergreift Euch nicht an einem Gefesselten!«

Kriemhild ließ Hagen in den Kerker werfen. Herr Dietrich aber kehrte in die Halle zurück, um auch noch Gunther zu bezwingen.

»Du bist der Letzte deines Volkes«, sagte Dietrich voll Wehmut zu ihm, »ergib dich mir freiwillig!« Doch der König schüttelte nur stumm den Kopf und stellte sich zum Kampf.

Er war aber von den vielen überstandenen Mühen, durchwachten Nächten und auch vom Hunger so sehr geschwächt, daß er dem Berner nicht mehr lange Widerstand leisten konnte und bald, aus mehreren Wunden blutend, die Waffen streckte. Da rang Dietrich auch ihn nieder und band ihn wie Hagen.

»Noch nie sah man so gute Helden als Gefangene«, sagte er, als er nun auch den König vor Kriemhilds finsteres Antlitz brachte. »Lohnt meine Treue und langjährige Freundschaft, indem Ihr an beiden Gnade übt!«

»Das will ich tun«, log Kriemhild, und der Berner, ihren Worten trauend, ging hinweg. Noch nie hatte ihm ein Kampf die Seele so beschwert wie dieser, noch nie ein Sieg das Herz mit solchem Gram erfüllt. Bedrückt kehrte er in seine Herberge zurück.

Kriemhild ließ auch Gunther in den Kerker werfen, doch trennte sie ihn von Hagen. Dann begab sie sich zu dem Tronjer.

»Ich versprach Herrn Dietrich, Gnade an Euch zu üben«, sagte sie zu ihm. »Gebt mir wieder, was mir gehört, und ich will mein Versprechen einlösen. Nennt mir die Stelle, wo Ihr den Hort versenkt habt, und ich laß Euch noch heute unversehrt heimkehren nach Worms.«

Ein grimmiges Lächeln verzerrte Hagens Züge. »Ich habe einen heiligen Eid geschworen, den Ort des Hortes nicht zu verraten, solange noch einer meiner Könige lebt!«

»So will ich ein Ende machen!« rief Kriemhild, daß es schaurig von den Gewölben widerhallte. Dann rief sie einen Hunnenrecken herbei, öffnete Gunthers Kerker und befahl, dem Bruder das Haupt abzuschlagen.

Mit Gunthers Haupt trat sie wieder vor den Tronjer und fragte: »Erfahre ich nun, wo das Gold liegt?«

Voll Schmerz sah Hagen auf das edle Haupt in Kriemhilds Händen. Dann erwiderte er:

»Nun hast du alles nach deinem Willen zu Ende gebracht, verfluchtes Weib. Ich habe es nicht anders erwartet. Gunther, Gernot und Giselher sind tot, nun weiß den Nibelungenhort niemand mehr außer Gott und mir allein, und von uns beiden wirst du Teufelin es niemals erfahren!«

»Soll ich den Schatz nicht haben, so will ich wenigstens Siegfrieds Schwert«, rief Kriemhild, weiß vor Wut. »Er trug es, als ich ihn zum letztenmal sah, eh du ihn ermordetest!« Damit zog sie den Balmung, der noch immer an Hagens Schwertgurt hing, aus der Scheide und schlug dem Tronjer das Haupt vom Rumpf.

Zu spät kamen Dietrich und Etzel mit dem alten Hildebrand in den Kerker.

»Weh!« rief der König. »Da liegt der beste Held, von Weiberhand erschlagen. Soviel Leid er mir und den Meinen auch zufügte, es tut mir doch bitter leid, daß er ein so schmähliches Ende finden mußte!«

Erschüttert stand auch Herr Dietrich. Meister Hildebrand aber, voll Zorn und Abscheu über Kriemhild, rief: »Sie soll sich ihrer Tat weder rühmen noch freuen! Ich räche den Tronjer!«

Mit diesen Worten zog er sein Schwert, sprang auf Kriemhild zu, und obgleich sie gellend um Hilfe rief, sie mußte es erleiden, daß Hildebrand sie unbarmherzig erschlug.

Niemand rügte den alten Waffenmeister ob seiner Tat, weder Etzel noch Dietrich, dessen Augen sich mit Tränen füllten, noch die Hunnenrecken, die die Kerkerpforte umdrängten. Alle starrten zu Boden, wo sich Hagens Blut mit dem Kriemhilds vermengte.

So endete das Fest, zu welchem Herr Etzel die Burgunden geladen hatte, wie sich auf dieser Erde Freude und Liebe so oft zuletzt in Leid verkehren.

Und so endet das alte herrliche Lied, das uns die Sage von Siegfrieds Tod und Kriemhilds Rache überliefert:

Ich kann euch nicht berichten, was weiter noch geschah,
nur daß man all die Frauen und Ritter weinen sah
und Knappen auch und Knechte um lieber Freunde Tod.
Hier hat die Mär ein Ende. Das ist der Nibelungen Not.

DIETRICHS HEIMKEHR UND ENTRÜCKUNG

Nun war es in der Etzelburg still geworden, totenstill. Der Waffenlärm war verstummt, kein zorniger Ruf, kein Kampfgeschrei zerschnitt mehr das Schweigen über dem Hof und der ausgebrannten Halle. In den verlassenen Herbergen und Gemächern wie auch in den Kellern und im Kerker hörte man nur mehr das Raunen des Windes und von fern das Gekrächz der Raben. Ruhig zogen die Wolken über das weite Grasland.

Stumme Trauer lastete auch über dem sonst so fröhlich bewegten Lager. Die Hunnen mieden die Burg. Vor ihren Zelten oder Hütten hockend, warteten sie auf irgendeinen Befehl ihres Herrn. Friedlich weideten die Pferdeherden.

Etzel und Dietrich schritten mit Hildebrand von Leiche zu Leiche. Jeden der Helden erkannten sie und beweinten jeden einzeln. Gernot und Giselher, Dankwart und Rüdiger, Herrn Volker und die Dänen.

An Wolfharts, seines Neffen, Leichnam sank Hildebrand nieder, barg sein Gesicht an des Toten Brust und klagte so heftig, daß der König und der Berner sich abwandten. Wolfharts Rechte hielt noch immer das Schwert umklammert, mit dem er Giselher den Tod gegeben hatte. So fest waren die Finger um den Griff gekrampft, daß es Hildebrand nicht möglich war, sie zu lösen, man mußte den Helden samt seinem Schwert begraben.

Etzel ordnete das riesige Leichenbegängnis an. Schweigend hoben die Hunnen tausende Gräber und Gruben aus, in weitem Umkreis um die Burg war die Erde zerwühlt.

Man bettete die Toten in den kühlen Grund und wölbte die Hügel darüber. Die Leichname der Nibelungenhelden aber verschloß man in Särgen, lud sie auf starke Karren und spannte Rosse davor. So wollte man sie nach Worms zurückbringen. Es war ein langer, düsterer Zug.

»Ich mag nicht mehr in einem Land bleiben, wo so Schreckliches geschah«, sagte Dietrich zu Hildebrand. »Laß uns heimreiten, was sollen wir hier noch?«

Am Morgen des Tages, da sich der Leichenzug der Nibelungen westwärts bewegen sollte, trat er noch vor Sonnenaufgang reisefertig und in voller Rüstung in Etzels Schlafgemach und weckte den König.

»Sei mir willkommen, Freund«, sagte Etzel. »Doch warum kommst du in Waffen?«

»Ich verlasse dich«, antwortete Dietrich. »Ich will die toten Burgunden und Herrn Rüdiger ein Stückweit begleiten, bis nach Bechlarn, Frau Gotelind wird meines Trostes bedürfen. Herrat und Hildebrand nehm ich mit. Von Bechlarn reiten wir dann südwärts, ich will mein Reich, meine Heimat zurückerobern oder doch wenigstens im Amalungenland sterben. Lange Jahre hab ich deine Gastfreundschaft genossen, nun möge es genug sein, hab Dank und leb wohl!«

Herr Etzel versuchte den Helden durch alle möglichen Bitten und Versprechungen zurückzuhalten. »Warte doch«, sagte er, »bis ich dir wieder ein Heer mit auf die Reise geben kann!« Aber Dietrich lehnte ab: zu viele schon waren seinetwegen in der Rabenschlacht gefallen, es sollten nicht noch mehr werden.

Traurig senkte Etzel das Haupt. »Ich sehe wohl, ich kann dich nicht halten«, sagte er, »so muß ich denn auch dich verlieren, den besten Freund, den ich außer Rüdiger besaß. Nun mag es wohl sein, daß auch ich mit den Meinen bald wieder dorthin zurückkehren werde, woher ich kam. Was soll ich hier noch? Mir graut vor der Erde, die so Schreckliches gesehen hat und so viele Gräber birgt. Meine Burg liegt verödet, bald wird mein Reich anderen gehören.«

Dietrich versuchte, des Königs düstere Ahnungen zu zerstreuen. Aber Etzel schüttelte nur das Haupt. Er erhob sich von seinem Lager und umarmte den Berner. So schieden sie voneinander.

Drei Rosse ließ Dietrich satteln, Falka für sich, zwei andere für Frau Herrat und Meister Hildebrand, ein viertes wurde mit Gold beladen.

Sie ritten die Donau stromauf und gelangten mit dem Trauerzug nach Bechlarn. Groß war der Jammer in allen Orten, durch die sie kamen, aber in Bechlarn war er am größten. Aufschluchzend warf sich Gotelind über Herrn Rüdigers Leiche, ohnmächtig vor Schmerz sank ihre schöne, jungfräuliche Tochter am Sarge ihres Verlobten Giselher zu Boden.

Nach vielen Tagen, die mit bitteren Klagen und dem Austauschen wehmütiger Erinnerungen hingingen, verabschiedete sich Herr Dietrich und ritt mit seinem treuen Weib und Meister Hildebrand südwärts.

Der Zug mit den toten Nibelungen ging indessen weiter nach Worms, wo Frau Ute wehgebeugt die Leichen ihrer Söhne und Kriemhilds Leichnam empfing.

Dietrich und seine Begleiter überwanden unter zahlreichen Gefahren und Abenteuern das Gebirge mit seinen wilden Schluchten und rauhen Pässen. Nach Tagen wurden die Täler wieder breiter, die eisbedeckten Gipfel rückten immer mehr ab, und alsbald lag das blühende Amalungenreich zu ihren Füßen. Sie überschritten die Grenze, mild wehte die Luft.

Von Pilgern erfuhren sie, daß Kaiser Ermenrich nach qualvollem Leiden und von allen gehaßt gestorben war. Ohne Zaudern drang Herr Dietrich in sein Land ein. Die Kunde von seinem Nahen ging wie ein Lauffeuer von Stadt zu Stadt, weit öffneten Bern und Raben ihre Tore, genau wie einst begrüßten die Untertanen auch diesmal ihren rechtmäßigen Herrn und König.

Ja mehr noch als das: im Triumphzug wurde er durch Ermenrichs Land bis nach Romaburg geleitet, wo er sich an Frau Herrats Seite zum Kaiser des Abendlandes krönen ließ. —

Nun waren wieder Frieden und Glück in Herrn Dietrichs Herz eingekehrt, da nahm Meister Hildebrand Urlaub, um nordwärts nach Garden zu reiten. Er sehnte sich nach Weib und Kind, dreißig Jahre hatte er sie nicht gesehen, nun wollte er sie besuchen.

Als er in die Nähe seiner Burg gelangte, kam ihm auf einem prächtigen Roß ein Ritter entgegen, der sperrte ihm mit vorgehaltener Lanze den Weg.

»Wer bist du«, rief der Fremde, »und was führt dich hierher?«

»Du kennst mich nicht«, antwortete Hildebrand, »ich aber erkenne dich wohl — du trägst deiner Mutter holde Augen. Hadubrand bist du, ich heiße Hildebrand und bin dein Vater. Friedlich komm ich zu dir und deiner Mutter, nimm diese Ringe zum Unterpfand dafür!« Damit streifte er zwei goldene Armreifen ab und wollte sie dem Sohn überreichen.

Hadubrand war empört. »Du willst Hildebrand sein?« rief er. »Ein elender Lügner bist du! Schäm dich bis in deinen grauen Bart! Hildebrand, mein ruhmreicher Vater, war Herrn Dietrichs liebster Genoß. Im fernen Hunnenland erlitt er den Heldentod, davon haben wir sichere Kunde. Ich trau dir nicht und erachte dich als meinen Feind. Feindesgabe jedoch soll man feindlich empfangen, Spitze gegen Spitze!«

Mit diesen Worten senkte Hadubrand seinen Speer, und Hildebrand hängte ihm die Ringe an die Spitze, zornig und stolz zugleich über seines Sohnes ungestüme Art.

»Mein Kind«, rief Hildebrand, »du empfängst mich übel im eigenen Land. Gut, so will ich auch wie ein Feind handeln und fordere dich zum Zweikampf. Vielleicht werden dich meine Streiche lehren, ob ich Hildebrand bin oder nicht!«

So senkte auch er die Lanze. Dann ritten sie aufeinander los.

Von dem Anprall zersplitterten die Schäfte. Hildebrand stürzte vom Pferd ins Gras. Er erhob sich wieder und zog das Schwert. Auch Hadubrand glitt aus dem Sattel und zückte die Klinge. Es war ein grausames Fechten, das die beiden einander boten. Hieb um Hieb tauschten sie, daß der Wald widerhallte und die Vöglein im Gezweig verstummten oder davonschwirrten.

Hildebrand geriet in Not. Schon war ihm der Schild zur Hälfte zerhauen, und durch den Harnisch hatte ihm Hadubrand zwei schwere Wunden beigebracht. Doch er freute sich über des Sohnes Kraft.

Die dritte Wunde, die er von Hadubrands Hand empfing, machte den Alten kampfunfähig. Er streckte die Waffen und sank ins Knie. Sogleich ließ auch Hadubrand sein Schwert sinken und rief:

»So hart wehrte sich noch keiner, mit dem ich stritt. Erheb dich ohne Sorge, Alter, ich habe noch nie einen Wehrlosen erschlagen. Fürwahr, du könntest Hildebrand sein. Doch komm mit mir in die Burg: Wenn dich die Mutter erkennt, will ich's mein Lebtag lang büßen, daß ich dem eigenen Vater Wunden schlug!«

Seite an Seite, doch in gemessenem Abstand, zogen sie nach der Burg Garden und ritten in den Hof ein.

Als Hildebrand den Saal seiner Väter betrat und auf Frau Uta, sein liebes Weib zuschritt, die er schier ein Menschenalter nicht mehr gesehen hatte, fiel sie ihm, vor Freude weinend, um den Hals.

Da verfluchte Hadubrand sein Schicksal. »Warum habe ich meinem Vater nicht geglaubt!« rief er. »Warum mußte ich seine Gabe feindlich empfangen, Spitze gegen Spitze, und ihm Wunden schlagen! O weh, wie leicht hätte ich ihm den Tod geben können! Bis ans Ende meiner Tage werde ich nie wieder froh sein können.«

Da ließ Hildebrand von Frau Uta ab und trat auf Hadubrand zu. »Klage nicht, lieber Sohn«, sagte er, »dein wilder Mut ist mein höchstes Glück und dein kühner Sinn die Lust meines Alters. Nie tauschte ich für goldene Ringe schöneren Lohn als die Wunden von deiner Hand. An deinen ungestümen Streichen erkannte ich mein eigen Blut, und als ich wehrlos auf dem Boden lag, jauchzte mein Herz dir zu!«

Da umarmten Vater und Sohn einander.

Auch Herr Dietrich von Bern war wieder nordwärts gezogen, in Raben schlug er seinen Wohnsitz auf. Hier herrschte er mit Frau Herrat in hohen Ehren.

Doch nicht lange sollten sie sich des gemeinsamen Glückes freuen. Die Königin starb, und bald nach ihr schied auch der alte Hildebrand auf seiner Burg aus dem Leben, tief betrauert von allen Königen und Rittern der Erde, am meisten von Herrn Dietrich, seinem Zögling und Herzbruder.

Einsam war der Berner geworden, alle seine treuen Genossen und Jugendgefährten hatte er verloren. Nur Heime lebte noch irgendwo. Der hatte viel Böses in seinem langen Leben begangen, viele Menschen hatten durch seine Hand den Tod erlitten. Das bedrückte Heimes Gewissen so sehr, daß er reumütig der Welt entsagte und in ein Kloster eintrat. Er hatte aus Angst, die frommen Brüder würden ihn am Ende nicht in ihrer Mitte dulden, dem Abt einen falschen Namen angegeben: Als Bruder Ludwig büßte er fastend und betend für seine Sünden in der Stille der Klausur.

Mitunter, wenn er so im Kreis der Mönche saß, schien es ihm, als wäre alles nur ein schlimmer Traum gewesen, als habe er niemals ein Pferd geritten und niemals ein Schwert geschwungen.

Eines Tages aber gerieten die Brüder in Bedrängnis: Ein Riese mit Namen Aspilian zog kreuz und quer durch das Land, raubte die Höfe des Klosters aus, schleppte ihr Korn und Gold weg und trieb das fette Vieh von den Weiden.

Da stellten die Mönche den Riesen zur Rede. Aber Aspilian lachte sie aus und sagte:

»Ich hol mir, was ich brauche. Wenn's euch nicht paßt, so laßt ein Gottesurteil entscheiden. Sendet mir einen Bruder zum Zweikampf. Besiegt er mich, so habt ihr Ruhe.«

Der Abt versprach demjenigen seiner Brüder Vergebung aller Sünden, der mit dem Riesen kämpfen wollte, und Heime, überglücklich, auf diese Art das Himmelreich zu erwerben, meldete sich.

»Wo habt ihr meine Waffen hingetan, die ich bei meinem Eintritt ins Kloster ablegen mußte?« fragte er.

»O weh«, seufzte listig der Abt, der schon immer gern herausgebracht hätte, wer dieser Bruder Ludwig in Wirklichkeit war, »aus deinem Harnisch haben wir Pflugscharen gemacht und aus deinem Schwert Beschläge für die Kirchentür, die alten waren schon rostig!«

»Ihr Dummköpfe, ihr unseligen!« rief Heime, aller klösterlichen Zucht vergessend. »Habt ihr für solche Zwecke kein anderes Eisen gefunden als mein gutes Schwert Nagelring?«

Da zitterten die Mönche, denn jetzt wußten sie, daß es der schreckliche Heime war, den sie bei sich aufgenommen hatten. Der Abt gab ihm Brünne, Helm und Schwert. Sie waren wohlverwahrt gewesen.

Nun verlangte Heime auch seinen Hengst Rispa. Den jedoch hatten die Mönche zum Pflügen und Steineschleppen verwendet, und er war dabei alt und dürr geworden, ein rechter Klepper. Trotzdem erwies er sich noch immer tausendmal stärker und tauglicher als alle anderen Rosse des Abtes, die jämmerlich einknickten, sobald ihnen Heime nur die Faust in den Rücken stemmte.

Heime befahl, Rispa sechs Wochen hindurch mit Hafer zu füttern. Das geschah, und das Tier war wieder wie einst. Die Mönche ruderten Mann und Roß zu dem Eiland, das der Riese als Kampfplatz bestimmt hatte, und empfahlen Heime der Hilfe Gottes.

Der Abt sprach einen Segen über ihn, dann ruderten sie schnell wieder zurück und überließen ihn seinem Schicksal.

Aspilian, der Riese, kam ihm mit einer Keule auf einem Elefanten entgegengeritten, ein greulicher Anblick. Trotzdem sprengte Heime furchtlos auf den Riesen zu und griff ihn und sein dickhäutiges Reittier ohne Zaudern an.

Viele Stunden währte der ungleiche Kampf, am Ende aber unterlag Heime, und auch Rispa fand durch den Elefanten und Aspilians Keule den Tod.

Die Mönche beklagten ihren wackeren Mitbruder sehr, der Riese aber trieb es von diesem Tag an noch ärger als zuvor.

Das kam auch Herrn Dietrich in Raben zu Ohren, und als er hörte, wie sein einstiger treuer Kampfgefährte ums Leben gekommen war, ließ er sich gleichfalls auf das Eiland hinüberrudern und rächte Heimes Tod. Mit dem Eckesachs tötete er den Riesen, spaltete und zerschlug dessen Keule und hieb auch den Elefanten in Stücke.

Das war seine letzte Waffentat. Von nun an kannte der Berner kein anderes Vergnügen mehr als die Jagd.

Als er während einer solchen einmal im Fluß badete, brach plötzlich ein Hirsch mit goldenem Geweih aus dem Dickicht. Rasch sprang der Held aus dem Wasser, warf sich in die Kleider und rief nach seinem Pferd. Er wollte den Hirsch verfolgen. Aber statt seines Rosses Falka stand auf einmal ein rabenschwarzer feuriger Hengst prächtig gesattelt und gezäumt neben ihm.

Sogleich schwang sich Dietrich auf den Rücken des geheimnisvollen Tieres, und dieses entführte ihn mit Windeseile.

Die Knappen liefen ihm nach, doch sie vermochten nicht, ihn einzuholen.

Plötzlich erhob sich der Rappe vor ihren Augen in die Lüfte und trug Herrn Dietrich von Bern geradewegs in den Himmel, aus dem er einst bei seiner Geburt gekommen war.

»Wohin reitet Ihr?« riefen sie ihm nach.

»Dahin, dahin!« antwortete er, »aber ich komme wieder, wenn meine Zeit erfüllt ist.«

Die Knappen schirmten die Augen und versuchten, dem fliegenden Reiter mit den Blicken zu folgen. Aber sie sahen nichts, zu hell und blendend strahlte die Sonne vom wolkenlosen Firmament. Da ließen sie die Arme sinken und kehrten betrübt um.

So war Herr Dietrich, der edelste König, der je eine Krone getragen, von dieser Erde entrückt worden.

PARZIVAL

WIE PARZIVAL ZUR WELT KOMMT, IM WALDE AUFWACHT UND SEINE MUTTER VERLÄSST

Was hier erzählt wird, trug sich vor gut tausend Jahren zu, doch ist es immer wieder neu und wunderbar.

Im fränkischen Lande Anjou herrschte ein König namens Gandein. Als er starb, erbte sein älterer Sohn Galoes Krone und Reich, der jüngere aber, Gachmuret, ging leer aus. Aber das verdroß ihn wenig, er sehnte sich ohnehin nach Abenteuern. Er ergriff Speer, Schwert und Schild, schwang sich auf sein Roß und ritt fort, fernen Ländern entgegen. Auf seinem Schild trug er einen springenden Panther, das Wappentier von Anjou, und Gachmurets Herz glich diesem ruhelosen, stets kampflustigen Tier ganz und gar.

So zog der Held in Begleitung von sechzehn Knappen aus und gelobte, seine Dienste nur dem mächtigsten Herrn der Erde anzubieten. Das aber war zu jenen Zeiten der Baruch von Bagdad, ein gewaltiger Herrscher. Ihn suchte Gachmuret auf.

Der Baruch empfing ihn mit Freuden, denn sein alter Erzfeind, der Sultan von Babylon, hatte ihm gerade wieder einmal den Krieg erklärt. So stellte er den tapferen Gachmuret gleich an die Spitze eines Heeres und sandte ihn gegen Babylon.

Gachmuret siegte herrlich und demütigte den böswilligen Sultan.

Auf der Rückreise verschlug ihn ein Seesturm an die Küste des Mohrenlandes Zazamank mit seiner Hauptstadt Patelamunt. Dorthin ritt Gachmuret und wurde freundlich aufgenommen.

Die schwarze Königin entbrannte bald in heißer Liebe zu dem fremden Ritter mit der weißen Haut, und als er überdies noch zwei Feinde, die ihre Stadt arg bedrängten, besiegte, bot sie ihm Land und Krone an, wenn er sie heiraten wollte.

Da auch Gachmuret sein Herz an die schöne Mohrin verloren hatte, feierten die beiden Hochzeit, und Gachmuret nahm Belakane zuliebe das Wappen von Zazamank an, einen goldenen Anker. Den führte er von nun ab statt des Panthers im Schild, was bedeuten mochte, daß er seiner Frau stets in Treue zugetan bleiben und sie niemals verlassen wolle. Nicht mehr wollte er wie ein Panther bald hier-, bald dorthin springen, sondern an ein und demselben Ort ausharren gleich einem Schiff, das vor Anker gegangen ist.

Doch schon nach einem halben Jahr übermannte ihn sein angeborener heftiger Wandertrieb. Die Abenteuerlust war stärker als seine Liebe zu Belakane, und während sein Schild noch immer den Anker trug, glich sein Herz längst wieder einem springenden Panther. Er verließ die Königin heimlich bei Nacht, er wollte ihren Jammer nicht mit ansehen. Nur einen Brief hinterließ er ihr, darin stand:

»Wärest du keine Heidin, ich bliebe immer bei dir. So aber muß ich dich verlassen, allzu groß ist mein Heimweh nach dem Land der Christen. Zürne mir nicht zu sehr. Und wenn Gott unsere Liebe segnet und dir ein Söhnlein schenkt, so erzähl ihm, daß sein Vater ein Anjou war, denn das ist ein königliches Geschlecht.«

Was half es Belakane, daß sie sich vor Schmerz fast die Augen ausweinte? Gachmuret kam ja doch nicht mehr zurück. Sie sah ihn auch niemals wieder. Von Herzen gern wäre sie Christin geworden, hätte von Herzen gern die Taufe empfangen — aber nun war sie ja wieder einsam und verlassen unter lauter Heiden.

Drei Monate später gebar sie einen Sohn, der war schwarz und weiß gefleckt wie eine Elster. Sie nannte ihn Feirefiz, das heißt Buntgesicht. Sie bedeckte sein Antlitz Tag für Tag mit heißen Küssen und Tränen: sie ahnte, daß Feirefiz seinen Vater niemals sehen würde.

Gachmuret landete nach einer stürmischen Überfahrt in Spanien. Als er mit seinen Knappen nach Sevilla kam, erfuhr er, daß Herzeloyde, die Königin von Norgals und Waleis, ein großes Mißgeschick erlitten habe. Sie war mit dem edlen Fürsten Kastis verlobt gewesen, doch knapp vor der Hochzeit war der Bräutigam gestorben, so daß man sie halb mitleidig, halb im Scherz eine »ledige Witwe« nannte.

Da aber alle ihre Grafen und Ritter darauf drangen, daß sie dem Land einen Mann als Herrscher gebe, ließ die Königin ein großes Turnier ansagen, bei dem jeder um ihre Hand kämpfen konnte. Den Sieger wollte sie dann zum Mann nehmen.

Gachmuret war sofort entschlossen, um Herzeloyde zu werben, und machte sich nach Kanvoleis auf, das war die Stadt, in welcher das Turnier abgehalten wurde. Dort wimmelte es bereits von fremden Rittern, die alle gekommen waren, um Herzeloydes Hand zu gewinnen.

Man sah Fürsten aus England und Norwegen, aus Irland und Flandern, aus Burgund und Brabant und vielen anderen Ländern. Tag für Tag wurden starke Lanzen gebrochen und dicke Schilde zerhauen, und noch immer konnte der Sieger nicht ermittelt werden.

Gachmuret ritt am frühen Morgen in die Stadt ein. Er war prächtig anzuschauen. Ein Mantel aus grünem Samt, verbrämt mit schwarzem Zobel, hing ihm über die Schultern, in reicher Menge quoll sein helles Haar unter dem Helm hervor. Jung und alt lief zusammen, um den schönen Ritter zu bestaunen, der in lässiger Haltung, ein Bein über das andere geschlagen, im Sattel saß.

Vom Erker der Burg aus sah Herzeloyde ihn kommen, und als Gachmuret zu ihr aufblickte, durchzuckte es ihre Seele wie ein Blitz. Ach, dachte sie, wenn doch dieser Ritter alle anderen besiegte, das wär mir über die Maßen lieb!

Gachmuret setzte sich, als er die Königin sah, gleich wieder so in den Sattel, wie es sich gehört, und grüßte die herrliche Frau mit einem Neigen seines Hauptes. Dann suchte er einen Platz für sein Zelt, ließ es aufschlagen und ruhte darin von seiner beschwerlichen Reise aus.

Unterdessen ging es auf dem Turnierplatz heiß her. In zwei Scharen stürmten die Ritter gegeneinander. Auf der einen Seite fochten der König von England und der König von Norwegen samt kühnen Degen aus Wales, aus der Provence und aus Portugal. Bei den Gegnern sah man den König von Aragon, den König von Ascalon, den Herzog von Brabant und viele spanische und irische Ritter.

Ach, käme doch nur der Ritter mit dem goldenen Anker im Wappen, den ich heute früh in die Stadt reiten sah! dachte Herzeloyde, die mit anderen Damen hoch vom Söller dem Tumult zusah.

Gachmuret aber lag noch immer in seinem dämmerdunklen Zelt und sammelte Kräfte für den Kampf.

Endlich rief er seine Knappen und ließ sich für das Turnier rüsten. Das Wappenkleid, das er über dem Harnisch trug, war aus Goldfäden gewoben. Als Helmzier hatte er einen riesigen Diamanten, ein Geschenk des Baruchs von Bagdad, der strahlte Wunderkräfte aus, so daß kein Schwerthieb sein Haupt verletzen konnte.

Mit eingelegter Lanze und erhobenem Schild ritt Gachmuret in die Stechbahn ein. Ein Ruf des Staunens ging durch die Reihen der Zuschauer, und die Ritter balgten sich beinahe darum, wer als erster mit dem Ankömmling kämpfen durfte. Doch einen nach dem anderen warf Gachmuret in den Sand, und noch ehe die Sonne sank, hatte er alle besiegt.

Glückstrahlend begrüßte ihn Herzeloyde. »Schon als ich Euch heute früh in Kanvoleis einreiten sah, schlug Euch mein Herz entgegen. Wie dank ich Gott, daß Ihr gesiegt habt und nun mein werdet! Hand und Land biet ich Euch. Ihr kamt aus weiter Ferne übers wilde Meer? Nun ruht Euch aus bei mir, süßer Friede sei fortan Euer Leben.«

»O Herrin«, erwiderte Gachmuret, »ich wünschte nichts sehnlicher als dies. Doch wisset, schon einmal versuchte mich eine Frau zu halten — es gelang ihr nicht, wie sehr sie mich auch liebte. Bei Nacht und Nebel floh ich wie ein Dieb, hin zu neuen Abenteuern. Nun bin ich bei Euch, Frau Herzeloyde, doch wie lange ich bei Euch bleibe, das weiß ich nicht. Mein angestammtes Wappentier ist ein springender Panther, den führ ich von nun ab wieder — den goldenen Anker trug ich nur jener fernen Frau zu Ehren.«

»Bleibt, solang es Euch gefällt«, entgegnete sie voll unterdrückten Schmerzes. »Und rufen Euch neue Kämpfe von meiner Seite fort, will ich Euch lachenden Auges ziehen lassen.«

Insgeheim aber hoffte sie doch, den Ritter an ihr Herz fesseln zu können.

Die Hochzeit wurde mit großer Pracht gefeiert und an alle Gäste kostbare Geschenke verteilt. Herrlich saß Gachmuret neben Herzeloyde unter dem goldgewirkten Baldachin, und da ihm zur selben Zeit Boten die Nachricht vom jähen Tod seines Bruders überbrachten, dessen Krone nun an ihn fiel, durfte er sich König über drei Reiche nennen: Anjou, Norgals und Waleis.

Doch auch diesmal währte das Glück nicht länger als ein halbes Jahr. Dann kamen Boten des Baruchs, die beschworen Gachmuret, ihrem Herrn noch einmal gegen seinen alten Erz- und Erbfeind in Babylon zu helfen, und Gachmuret folgte dem Ruf.

Als er reisefertig und gewappnet vor Herzeloyde trat, um von ihr Abschied zu nehmen, hielt sie tapfer, was sie am Tag ihrer Hochzeit versprochen hatte. Keine Träne entquoll ihren lichten Augen, freundlich lächelte ihr Mund. Doch kaum hatte er sie verlassen, brach sie ohnmächtig zusammen.

Schreckliche Träume quälten sie von da an jede Nacht. Doch auch bei Tag fand sie keinen Frieden. Es war an einem Mittag, und Herzeloyde schlief, ermattet vom vielen Weh um Gachmuret. Auf einmal war ihr, als entführe sie ein Komet in die Lüfte. Ihr ganzer Leib war wie von Blitzen durchzuckt, deren Glut ihr Haar versengte. Schaurige Donner umgrollten sie unablässig, und aus dem Himmel fiel ein Tränenregen.

Sie glaubte zu erwachen. Aber auch dies Erwachen war nur ein Traum. Noch immer weinte der Himmel, und Herzeloydes Antlitz wurde ganz naß davon.

Auf einmal stand ein riesiger Vogel Greif neben ihrem Lager, der packte sie mit seinem scharfen Schnabel an der rechten Hand. Im nächsten Augenblick bemerkte sie, daß ein Drache in ihren Armen lag und wie ein Kindlein an ihrer Brust trank. Und als er sich plötzlich in die Lüfte erhob, riß er ihr das Herz aus dem Leib und flog damit fort.

Laut schreiend erwachte sie nun wirklich. Ihre Frauen liefen herzu und versuchten sie zu trösten. Sie führten die Atemlose an das geöffnete Fenster, damit sie frische Luft schöpfte — da sah Herzeloyde Tampaneis, Gachmurets Lieblingsknappen, allein und mit gesenktem Haupt durch das Burgtor in den Hof reiten. Augenblicklich wußte sie, was das zu bedeuten habe: Gachmuret war tot, fern von ihr, im fremden Land gefallen. Die Sinne schwanden ihr.

Als sie wieder zu sich kam, stand Tampaneis vor ihr.

»Unser Herr und König ist tot«, sagte er unter Tränen.

»Wie ging das zu?« fragte Herzeloyde matt.

»Ach, Herrin«, antwortete der Knappe, »wir hatten manch harten Kampf zu bestehen, furchtbar brannte die Sonne auf uns nieder. Da nahm mein Herr den Helm ab und kühlte ein wenig sein Haupt. Der Helm lag im Gras neben ihm. Diesen Augenblick benützte einer von diesen falschen Heidenhunden und beschmierte den Diamanten mit Bocksblut. Davon wurde er weich und verlor seine Zauberkraft. Als wir wenige Stunden später wieder in die Schlacht ritten, schlug einer von des Sultans Leuten Gachmurets Helm entzwei, und mein Herr sank tot vom Pferde.«

Frau Herzeloyde konnte ihren Schmerz kaum bezähmen. Tampaneis mußte ihr noch erzählen, wie prächtig der Baruch Herrn Gachmuret, seinen liebsten Freund, bestattet hatte.

»Er ruht in einem goldenen Schrein«, berichtete er, »auf dem Deckel erstrahlt ein herrlicher Rubin, und auch ein christliches Kreuz aus Smaragd ließ der Baruch, da wir es wünschten, über dem Grab errichten.«

»Ach«, jammerte Herzeloyde von neuem, »alle Welt liebte meinen Gatten, Christen wie Heiden, er war mein ganzes Glück! Nun ließ er mich allein. Was bin ich jetzt noch? Ein armes, elendes Weib. Am liebsten gäb ich mir selber den Tod, doch darf es nicht sein, denn ich trage ein Kind unter dem Herzen, Gachmurets Kind. Um seinetwillen darf ich nicht sterben.«

Auf Herzeloydes Bitten hin brachte man ihr Gachmurets Speer, dessen Spitze von Blut gerötet war. Liebkosend strich sie über den Schaft. Auch das Hemd, das er zuletzt getragen, zeigte man ihr, das war von Hieben und Stichen ganz zerfetzt. Herzeloyde wollte es in ihrem Gram sogleich selber anziehen, so teuer und lieb war es ihr. Doch man nahm es ihr weg und begrub es samt dem Speer im Münster, wie man sonst nur mit Toten zu tun pflegt.

Zehn Tage später lag das Kindlein, von dem Herzeloyde gesprochen hatte, in der Wiege. Die Frauen kamen alle herbei und beschauten es. Es war ein kräftiger, strammer Knabe, ganz nach seinem Vater geraten. »Er wird sicherlich auch ein großer Held werden«, sagten alle.

Als man es der Mutter ans Bett brachte und sie fragte, auf welchen Namen man das Kind taufen solle, sagte sie: »Er heißt Parzival.« Über diesen Namen wunderten sich alle.

Wenn aber Herzeloyde mit dem Knaben allein war und ihn an ihre Brust hob, dann beugte sie sich jedesmal unter heißen Tränen über ihn und flüsterte: »Mein gutes Kind, mein liebes Kind, mein schönes Kind!«

So nannte sie ihn immer wieder, auch als er schon heranwuchs. Seinen richtigen Namen verschwieg sie ihm.

Als Parzival die ersten Schritte tun konnte, überließ Herzeloyde die drei Reiche, über die Parzival dereinst gebieten sollte, treuen eingesessenen Grafen und zog sich mit geringer Dienerschaft in eine Waldwildnis zurück, durch die weder Weg noch Steg führte. Sie wollte nicht, daß Parzival das Getriebe der Welt kennenlernte und am Ende auch in die Fremde zöge wie sein Vater. Genug, daß sie Gachmuret hatte verlieren müssen — sein Söhnlein wollte sie auf keinen Fall hergeben! Darum verbot sie ihren Knechten und Mägden, die sie in die Einsamkeit mitgenommen hatte, bei Strafe, dem Kind irgend etwas von Rittern zu erzählen, ja das Wort Ritter in seiner Gegenwart auch nur auszusprechen.

»Nie soll mein Kind erfahren, was eine Burg ist, was Harnisch, Helm oder Speer, was Schwert und Schild sind«, sagte sie. »Erfährt er es eines Tages, so wird seines Vaters Blut in ihm rege werden, und er wird mich verlassen und irgendwo in der Fremde sterben.«

Die Knechte und Mägde rodeten das Land, bestellten den Acker, trieben das Vieh auf die Weide und molken es. Sie schlägerten Holz und stellten dem Wild im Walde nach, pflückten Beeren und Schwämme, fischten wohl auch in den klaren Bächen, die den Wald durchsprangen.

Sie wohnten alle gemeinsam mit Herzeloyde in einem einfachen Bauernhaus, und Parzival wuchs heran wie ein Hirtenknabe oder ein Jäger. Der Wald war seine Heimat.

Parzival verfertigte sich kleine Bolzen und Pfeile, mit denen schoß er nach den lustigen Singvögeln, deren Lied er so liebte. Doch wenn die buntgefiederten Sänger dann tot vor seinen kleinen, bloßen Füßen lagen, weinte er bitterlich und raufte sich das Haar vor Schmerz.

Von Jahr zu Jahr wurde der Knabe schöner und edler. Jeden Morgen wusch er sich im Bach, der durch die Wiesen floß, und kannte weder Sorgen noch Weh. Nur wenn die Waldvögel im Mai gar zu lieblich tirilierten, kam es vor, daß ihm ihr Gesang so zu Herzen ging, daß er meinte, es müsse ihm zerspringen. Ein großes Sehnen erfüllte seine Brust, aber er wußte nicht, wonach er sich sehnte.

»Wie wunderbar, wie geheimnisvoll sind doch Wald und Wiese, Himmel und Sonne — sicherlich singen die kleinen Vöglein davon. Oh, wenn ich sie doch verstünde!«

So dachte er und sprach er oft im stillen bei sich. Und als er den Schmerz in der Brust eines Tages nicht mehr ertragen konnte, lief er zu seiner Mutter, bettete den Kopf an ihre Brust und weinte heftig.

»Was schafft dir solchen Kummer, mein Kind, daß du Tränen vergießt?« fragte Herzeloyde. »Hat dir jemand ein Leid zugefügt?«

»Ach nein, liebe Mutter«, antwortete Parzival, »es sind nur die Vöglein mit ihrem Lied.«

Sogleich befahl Herzeloyde ihren Knechten, die Vöglein im Wald auszurotten. Mit Leimruten und Pfeilen mußten sie ihnen nachstellen. Doch sie fingen oder erlegten nur wenige, und das Singen und Jubilieren in den Zweigen hörte nicht auf.

Als Parzival sah, wie die Knechte die Vögel verfolgten, kam er ganz verstört zu Herzeloyde gelaufen und sagte:

»Liebe Mutter mein, was haben die armen Vöglein angestellt, daß sie alle ihr Leben lassen müssen?« Und er bat inständig, sie möge die Knechte doch wieder aus dem Wald zurückrufen.

Da küßte ihn Herzeloyde auf die Stirn und sagte: »Du mahnst mich recht, mein Kind, ich frevelte an Gott. Die Vöglein müssen wohl so süß und lieblich singen, weil er sie doch so schuf!«

»Was ist das: Gott?« fragte Parzival.

»Kind«, antwortete Herzeloyde, »das ist nicht so leicht zu sagen. Gott ist noch lichter als der Tag und noch strahlender als die Sonne. Er ist mächtiger als der mächtigste König auf Erden. Vorzeiten nahm er sogar einmal Menschengestalt an und wandelte auf dieser Erde zu unser aller Heil. Fleh ihn an, wenn du in Not gerätst. Sei treu und standhaft, was immer dir auch geschieht, so wird er dir beistehen.«

Von nun ab sprach Herzeloyde oft mit Parzival und lehrte ihn, das finstere Böse von dem lichten Guten zu unterscheiden.

Parzival war ein richtiger Jäger geworden. Er durchstreifte mit Pfeil und Bogen fleißig den Wald und brachte manch schönes Stück Wildbret heim.

Eines Tages nun, als er wieder einmal den dunklen Tann durchpirschte, hörte er plötzlich Hufschlag und Rossegewieher, und als er lauschend um sich schaute, da funkelte es mit einemmal zwischen den Stämmen, und drei prächtig gerüstete Ritter kamen hoch zu Roß auf ihn zugesprengt.

Parzival hatte noch nie so herrlich gekleidete Männer gesehen. Er starrte mit offenem Munde die silberglänzenden Harnische und bunten Schilde an. Die Sonne blitzte auf den Helmen, Schwertern und Steigbügeln der Reiter, die golddurchwirkten Satteldecken schimmerten herrlich.

Die sind alle drei lichter als der Tag, dachte Parzival. Ein jeder von ihnen muß Gott sein. Er kniete vor dem ersten, der herankam, nieder, faltete die Hände und rief:

»Hilf, Gott, du allein kannst Hilfe spenden! Steh mir bei in aller Not!«

Die närrische Rede erzürnte den Ritter. Er rief: »Was versperrst du uns den Weg, Tölpel, scher dich fort!«

Plötzlich kam mit verhängtem Zügel noch ein vierter Ritter daher, der war noch herrlicher gekleidet als die anderen. Parzival schaute ganz verzückt an ihm empor: noch nie hatte er eine solche Lichterscheinung gesehen. Ein wunderbar gewirkter bunter Waffenrock fiel diesem Ritter von den Schultern über den Sattel so tief hernieder, daß er den Tau von den Grashalmen streifte. An seinen Steigbügeln hingen viele Schellen, und wenn er sein Schwert schwang, klingelten die vielen Schellen, die seinen Ärmel schmückten.

Er hielt sein Pferd dicht vor Parzival an und fragte den Knaben: »Hast du hier nicht zwei Ritter durch den Wald reiten gesehen, die eine geraubte Jungfrau mit sich führten? Wir müssen sie finden!«

Die lichten Männer auf den geschmückten Rossen gehörten nämlich zum Gefolge des großen Königs Artus, der mit seiner Tafelrunde bald hier, bald dort hofhielt und in den vielen waldreichen, wilden Gegenden nach dem Rechten sah. Stets verfolgte er allerlei Frevler und Räuber und bestrafte sie.

Doch Parzival verstand nichts von dem, was die Ritter ihn fragten. Er neigte sich nur noch tiefer zur Erde, faltete die Hände und rief ein ums andere Mal:

»Hilf mir, Gott, du hilfst doch gern!«

»Ich bin nicht Gott«, sagte der Gewappnete. »Ich diene ihm nur. Hast du noch nie Ritter gesehen, Bursche?«

»Was ist das: Ritter?« fragte Parzival. »Und wie wird man ein solcher? O sagt mir, was ich tun soll, damit ich auch einer werde!«

Der Gewappnete lächelte. Dann sagte er: »Da mußt du schon zum König Artus wandern, der kann dich zum Ritter machen, und du siehst mir ganz danach aus, als ob du in der Tat einmal einer würdest, wie dumm du auch jetzt noch bist.«

Schweigend sah er auf Parzival nieder und bewunderte dessen Schönheit.

Nun erhob sich der Knabe und betastete die silberne Rüstung, die glänzenden Ringe des Kettenhemdes und den Rand des bunten Schildes. Da zog der Gewappnete sein langes Schwert aus der Scheide und reichte es Parzival. Der wog es in den Händen, betrachtete leuchtenden Auges die glänzende Klinge und umfaßte den Griff so stark und lang, als ob er die Waffe gar nicht mehr zurückgeben wollte.

»Mit solch einem Schwert mußt du dich wehren, wenn du einmal ein Ritter bist, und harte Schläge austeilen, wenn es zu kämpfen gilt«, bedeutete ihm der Gewappnete. Dann nahm er Parzival die Waffe wieder weg, stieß sie in die Scheide zurück und sagte: »Hätte ich deine Schönheit, so bliebe mir nichts mehr zu wünschen übrig. Du aber kannst nichts damit anfangen, weil dir zur Schönheit der Verstand fehlt. Erwirb dir den noch dazu, und du hast ein vollkommenes Leben!«

Nun murrten die anderen und riefen: »Laßt uns weiterreiten, Herr, der Dümmling hat uns lang genug aufgehalten!«

Da gab der Anführer seinem Pferd die Sporen, und alle vier jagten wie der Wind durch den Wald davon.

Parzival sah die schimmernden Gestalten zwischen den Stämmen entschwinden. Ein Sturm durchtobte sein Gemüt. Augenblicklich rannte er zu Herzeloyde und rief: »Mutter, Mutter, ich werde ein Ritter — gib mir Schwert und Schild!«

Die Königin erschrak so über diesen Ausruf, daß sie zuerst kein Wort hervorbrachte und sich setzen mußte. Als sie sich wieder ein wenig gefaßt hatte, fragte sie:

»Wer hat dir gesagt, daß es Ritter gibt?«

»Niemand«, antwortete Parzival. »Im Wald sind mir ihrer vier auf Pferden entgegengekommen, Gott selber kann nicht heller strahlen als sie«, und er erzählte ihr genau, wie wunderbar sie gewandet und gerüstet waren und daß ihm der prächtigste von ihnen sein Schwert in die Hände gegeben habe.

»O Kind«, klagte Herzeloyde und bedeckte ihr Gesicht, »du weißt nicht, wie weh du mir tust!«

Parzival begriff nicht, warum die Mutter auf einmal so bitterlich weinte. »Das ist doch nichts Schlechtes, wenn ich ein Ritter werde!« sagte er. »In lichter Rüstung werde ich durch die Länder reiten. O Mutter, gib mir Pferd und Waffen, noch heute will ich mich aufmachen und König Artus suchen, der kann mich zum Ritter machen!«

Diese Worte schnitten der Königin wie ein Messer ins Herz. »Du sollst deinen Willen haben, lieber Sohn«, sagte sie, »doch bleib noch diese eine Nacht bei mir, damit ich dir ein paar gute Lehren auf den Weg mitgeben kann. Die Welt ist weit und voll Gefahren. Morgen früh werde ich dich dann ritterlich ausrüsten.«

Als es Abend geworden war, saß Parzival bei der Mutter und lauschte ihren Ratschlägen.

»Ziehst du allein durch wilde Wälder oder feldein«, sagte sie, »so meide die dunklen, trüben Furten der Flüsse. Sind sie aber rein und klar, so daß du bis auf den Grund blickst, benütze sie und reite getrost hindurch. Begegnet dir jemand, so grüß ihn freundlich, und wenn sich ein alter Mann mit grauem Haar erbötig macht, dich in Zucht zu nehmen, so folg ihm in allem und murre nicht, wenn er dir etwas sagt. Bedenke, er kennt die Welt besser und weiß mehr als du. — Und noch eins merk dir gut: Wo du von einer edlen Frau durch Minnedienst einen Ring erwerben kannst, dort greif zu, es bringt Ehre. Und bietet sie dir gar die Lippen zum Willkomm, so küsse sie, denn so wollen es Anstand und gute Sitte.«

Parzival lauschte den Lehren der Mutter aufmerksam und merkte sich alles genau.

Während der Nacht legte ihm Herzeloyde ein Narrengewand mit vielen Schellen und Quasten zurecht, dazu eine Narrenmütze, zwei grobe Bauernstiefel und ein Gabilot, einen kleinen, plumpen Spieß, mit welchem man im Wald die Wildsäue erlegt. Das sollte Parzivals Ritterkleidung und Waffe sein.

»Ich will ihn als Narren reiten lassen, da werden ihn die Leute schon auslachen, und die Lust wird ihm vergehen, ein Ritter zu werden«, sagte sie. »Vielleicht kehrt er dann zurück. Gachmuret verlor ich, soll ich mein Kind auch noch verlieren?«

Parzival gefielen die bunten Lumpen, die rote Narrenmütze mit den zwei Zipfeln und der Sauspieß sehr gut. Voll Jubel legte er alles

an, zog auch die Stiefel an seine Füße und freute sich, daß er nun, wie er meinte, schon einem Ritter ähnlich sähe. Auch der steinalte, halblahme Ackergaul, den die Mutter für ihn aus dem Stall führen ließ, entzückte ihn über die Maßen. Wenn's nur ein Pferd war!

Er umarmte Frau Herzeloyde, schwang sich auf sein armseliges, hinkendes Roß und ritt aus dem Hoftor hinaus. Ein letztes Mal noch winkte er zurück: »Weine nicht, liebe Mutter, bald siehst du mich in Glanz und Herrlichkeit!«

Frau Herzeloyde lief ihm ein paar Schritte nach. »Da reitet er hin«, flüsterte sie, »wann kommt er mir wieder? O nimmermehr!« Und als Parzival um die Waldecke bog und ihren Blicken entschwand, zerriß ihr der Trennungsschmerz das Herz in der Brust. Sie fiel nieder und war tot.

WIE PARZIVAL SEINEN NAMEN ERFÄHRT UND DIE RÜSTUNG DES ROTEN RITTERS GEWINNT

Frohgemut ritt Parzival über Stock und Stein aus dem Wald hinaus. Er wollte zu König Artus, damit dieser ihn zum Ritter schlüge, und er befolgte getreulich die Ratschläge der Mutter, mied trübe Furten und grüßte jeden, der ihm auf Karrenwegen und Dorfstraßen begegnete. Ob Herr oder Knecht, ob Bauersmann oder Landstreicher, zu jedem sagte er: »Gott grüß Euch, so lehrte mich's die Mutter!«

Die Leute lachten ihn aus, die Buben liefen ihm nach und verspotteten ihn, und wenn er sein elendes Pferd an einem Brunnen trinken ließ, scharten sie sich sofort haufenweise um ihn und neckten Roß und Reiter.

Parzival aber in seiner Torheit meinte, er gliche in den farbigen Lumpen und mit dem Sauspieß in der Hand aufs Haar einem fahrenden Ritter.

Eines Tages kam er vor einen breiten Wald, das war der Wald Breziljan, in den ritt er hinein. Er kam an einen klaren Bach. Doch weil dieser im Schatten dahinfloß, hielt er ihn für trübe und wagte sich nicht ans andere Ufer, obwohl der Wasserlauf so klein und schmal war, daß ihn ein Huhn hätte überschreiten können.

So ritt er diesseits fort, die ganze lange Nacht. Erst am Morgen, als die Sonne aufging, fand er eine klare Stelle, dort ritt er hinüber.

Alsbald kam er auf eine Lichtung, da stand ein prächtiges Zelt, ganz aus Samt und Seide. Die Nähte waren mit gestickten Borten verdeckt.

Neugierig ritt Parzival näher, stieg vom Pferd, hob den Vorhang auf und betrat das Zelt.

Da fand er eine schöne, schlafende Frau auf einem weichen Lager ruhen, das war Jeschute, die Gemahlin des streitsüchtigen und habgierigen Herzogs Orilus.

Der Herzog war mit seinen Knechten auf die Morgenpirsch geritten, so war Jeschute allein im Zelt.

Parzival betrachtete sie eine Weile. Das ist gewiß eine edle Frau, dachte er. Dann bemerkte er plötzlich an Jeschutes Finger einen goldenen Ring, und sogleich fiel ihm ein, was ihm die Mutter empfohlen hatte: Wenn du von einer edlen Frau einen Ring erwerben kannst, so greif zu, es bringt Ehre! Also schlich er unverzüglich an die Schlummernde heran und riß ihr den Ring vom Finger.

Zu Tode erschrocken fuhr Jeschute aus dem Schlaf und schrie. Parzival aber, nicht faul, umfing sie mit beiden Armen und schloß ihr den Mund mit einem Kuß. »So lehrte mich's die Mutter«, sagte er.

Jeschute hatte sich aus Leibeskräften gegen den wahnwitzigen Knaben gewehrt. Dabei war eine goldene Spange von ihrem Hemd abgerissen und zu Boden gefallen. Parzival hob sie auf und steckte sie ein.

»Um Gott«, rief die Frau entsetzt, »was willst du von mir?«

»Gib mir zu essen«, antwortete er, »ich habe Hunger.«

»Du wirst doch hoffentlich nicht *mich* fressen wollen?« sagte sie halb spöttisch, halb ärgerlich. »Dort drüben findest du Brot und Wein, auch zwei gebratene Rebhühnchen.«

Parzival stürzte auf den Tisch zu, auf dem die Speisen standen, und frühstückte ausgiebig. Er verschluckte das Brot und die Hühnchen im Nu, trank auch den ganzen Wein aus und wischte sich den Mund.

Jeschute stand der Angstschweiß auf der Stirn. Der Knabe muß verrückt sein, dachte sie und wünschte nichts sehnlicher, als diesen Narren mit seinem Sauspieß so rasch wie möglich loszuwerden.

»Jetzt hast du gegessen und getrunken, nun gib mir auch meinen Fingerring und die Spange wieder, und dann scher dich fort! Wenn mein Gatte kommt und dich hier findet, ergeht es uns beiden schlecht!«

»Ei«, entgegnete ihr Parzival, »er soll nur kommen, ich fürcht mich nicht. Doch um dir Ungemach zu ersparen, will ich gern von hinnen reiten. Gott behüt Euch! – so lehrte mich's die Mutter.«

Mit diesen Worten schlüpfte er aus dem Zelt. Den Ring aber behielt er, wie sehr die Herzogin auch darum jammerte.

Bald darauf kam Orilus von der Jagd zurück. Er bemerkte sofort, daß jemand beim Zelt gewesen war, das Gras war von Pferdehufen zertreten. Und als ihm Jeschute auch noch erzählte, wie ihr Ring und Spange abhanden gekommen waren und daß Parzival sie geküßt und alle Speisen aufgegessen habe, da geriet der Herzog in großen Zorn.

»Was für ein ehrvergessenes Weib hab ich!« rief er. »Dieweil ich in den Wald reite und sie schlafend wähne, unterhält sie sich mit einem dahergelaufenen Buben, tafelt und bechert mit ihm, verschenkt ihren Schmuck und läßt sich gar noch von ihm küssen! O Schande, Schande! Aber warte, ich will dich bestrafen, wie es dir gebührt!«

Jeschute beteuerte unter strömenden Tränen ihre Unschuld, sie habe die reine Wahrheit gesprochen. Aber es nützte ihr alles nichts, Orilus verstieß sie. Er erlaubte ihr kein anderes Gewand anzuziehen als das

Hemd, das sie am Leibe trug. Dann riß er den schönen Samtbezug von ihrem Sattel ab, gab ihr statt des seidenen Zaumzeugs rauhe Stricke in die Hand und als Reittier einen mageren, zerschundenen Klepper, der Parzivals Ackergaul aufs Haar glich.

So elend und erniedrigt mußte die edle Frau fortan durch dick und dünn hinter ihrem gekränkten, unbarmherzigen Gatten einherreiten, eine ehrlose Magd.

Herzog Orilus nahm augenblicklich Parzivals Verfolgung auf, doch verlor er dessen Spur sehr bald. Wutschnaubend und rachedurstig ritt er kreuz und quer durch den Wald, die arme Jeschute stets hinter sich.

Von alledem ahnte Parzival gar nichts. Er ritt immer tiefer in die Wildnis hinein, und wenn ihm jemand über den Weg lief, sei's Ritter oder Knecht, Jäger oder Hirte, so grüßte er ihn fein und fügte hinzu: »So lehrte mich's die Mutter.« Und alle lachten über ihn.

Als er einen schattigen Bergeshang hinabritt, hallte die gegenüberliegende Felsenwand auf einmal vom Jammergeschrei eines Weibes wider. Herzzerreißende Klagen schlugen an Parzivals Ohr.

Er trieb seinen Klepper an und fand bald vor den Felsen die edle Maid Sigune sitzen, die raufte sich das Haar vor Herzeleid. In ihrem Schoße lag ein erschlagener Ritter, das war Sigunes Bräutigam, der Fürst Schionatulander, ein schöner, noch junger Mann.

»Gott schütz Euch«, sagte Parzival zu Sigune. Dann fragte er: »Wer erschlug diesen edlen Ritter? Oh, es schmerzt mich, ihn tot in Eurem Schoß zu sehen! Gern würde ich mit dem Mörder kämpfen und ihn töten, sagt mir nur schnell, wer es war!«

»Du mußt ein gutes, treues Herz haben, wenn dich der Tod eines andern so ergreift«, sagte Sigune. »Wer bist du denn? Wie heißt du?«

»Ich bin meiner Mutter Sohn«, antwortete Parzival. »Namen hab ich keinen.«

»Doch wie rief man dich zu Hause?« forschte Sigune weiter. »Wie sagte die Mutter zu dir?«

»Sie sagte: ›Mein liebes Kind, mein gutes Kind, mein schönes Kind‹, sonst nichts«, antwortete Parzival.

Da verklärte, trotz ihrer großen Trauer, ein Leuchten der Freude Sigunes Züge. »So kann auf der Welt nur *eine* Frau ihr Kind nennen, meine Muhme Herzeloyde«, sagte sie. »Nun weiß ich auch, wie du heißt: Parzival bist du getauft. Der Name bedeutet ›Mittendurch‹, den verhehlte dir die Mutter. So erfahr ihn denn von mir.«

Parzival staunte ob dieser Kunde. Nun wußte er endlich seinen wahren Namen, und er freute sich darüber.

»Wenn ich ›Mittendurch‹ heiße, soll ich da zeit meines Lebens auch immer mittendurch reiten?« fragte er.

»So ist es«, antwortete Sigune. »Unbeirrt, nicht links noch rechts schauend, sollst du das Ziel verfolgen, das dir gesteckt ist.«

»Ei, ich weiß schon«, rief Parzival, »zu König Artus soll ich gelangen, das ist mein Ziel! Könnt Ihr mir vielleicht den Weg zu ihm weisen? Ich möchte ihm gerne meine Dienste anbieten und ein Ritter werden. Doch sagt mir zuvor, wer den Jüngling erschlug, den Ihr da im Schoß haltet.«

»Höre, Parzival«, sagte Sigune ernst, »du bist Erbe dreier Reiche: Norgals und Waleis sind Herzeloydes Stammland, Anjou war deines Vaters Königreich. Während deine Mutter mit dir im Wald hauste, raubten dir treulose Herzoge zwei deiner Lande. Einer von diesen Räubern ist Herzog Orilus. Er war es auch, der mir meinen geliebten Schionatulander erschlug. Der tote Ritter hier war mein Bräutigam, zugleich aber auch dein Untertan und einer deiner treuesten Gefolgsleute. Stets anerkannte er dich als seinen Herrn und verteidigte dein Erbe gegen alle Feinde. Heute traf er mit Orilus auf der Jagd zusammen. Sie kämpften, und Schionatulander fiel. Er starb für dich, mein Parzival!«

Der Knabe im Narrenkleid freute sich sehr, zu hören, daß er ein Königssproß war und drei Reiche sein eigen nennen durfte. Der Tod des treuen Schionatulander aber schmerzte ihn tief.

»Zeig mir den Weg«, bat er Sigune, »auf welchem ich Herzog Orilus begegnen kann. Ich will dich und mich an ihm rächen!«

Doch Sigune fürchtete, Parzival könnte sein Leben verlieren, wenn er mit Orilus stritt, und wies ihm einen ganz anderen Weg. Auf diesem gelangte er aus dem dunklen Walde und kam bald an einen großen, breiten Strom, der silbern dahinfloß. Da dachte Parzival nicht mehr an den Herzog und den toten Ritter im Schoß der Jungfrau. Eine große Stadt mit vielen Türmen, die sich am anderen Ufer erhob, nahm seine Blicke gefangen.

Bei einem armen Schiffer fand er Unterkunft für die Nacht und ein bescheidenes Mahl. Er schenkte dem Mann Jeschutes Spange zum Lohn.

Als sie gegessen hatten, fragte Parzival, ob ihm der Fischer den Weg zu König Artus zeigen könne.

»Nichts leichter als das«, antwortete der Mann. »Ruht bis morgen früh, Herr, dann will ich Euch über den Strom rudern. Die Stadt, die Ihr drüben liegen gesehen habt, ist Nantes. Dort hält König Artus gerade hof. Ihr findet die ganze Tafelrunde beisammen.«

Über diese Nachricht freute sich Parzival sehr.

Am anderen Morgen brachte ihn der Schiffer, wie er es versprochen hatte, samt seinem Klepper über den Strom, und Parzivals Herz schlug laut vor Freude, daß er nun endlich zu König Artus kommen und ein Ritter werden sollte.

Voll seliger Erwartung trabte er auf seinem Ackergaul der Stadt zu.

Da sprengte plötzlich ein Ritter in feuerroter Rüstung daher, der hielt einen goldenen Kelch unter den Arm gepreßt. Als er Parzival sah, brachte er sein Roß zum Stehen und rief:

»Sei gegrüßt, holder Knabe, süß ist deine Schönheit! Dich hat sicherlich ein reines Weib geboren — wohl ihr, die dich der Welt gab! Doch wohin willst du?«

»Ich suche den König Artus«, antwortete Parzival. »Er soll seine Tafelrunde in dieser Stadt versammelt haben.«

»Das stimmt«, erwiderte der rote Ritter, »ich komme selber gerade von dort. Diesen Becher raubte ich von Herrn Artus' Tisch, in der Hast begoß ich der Königin Ginovers Kleid mit rotem Wein. Ich forderte vom König die Herrschaft über ein Land, das mir durch Erbschaft gehört. Man will es mir vorenthalten! So entwendete ich kurzerhand den Becher da, und bitte nun dich: Reite in die Stadt und melde dem König, daß ich hier vor dem Tor mit dem Kelch in der Hand warte, bis Herrn Artus' Ritter kommen, mir das Kleinod abzujagen. Richte ihm aus, ich bin kein Dieb, aber ich will gegen jeden seiner Ritter so lange siegreich kämpfen, bis mir mein Recht geworden ist! Willst du mir diesen Botendienst leisten, schöner Knabe?«

Parzival sagte gerne zu. Er trabte durch das Stadttor. Die Gassenbuben liefen hinter ihm her. Bald jedoch ritt er in den Hof der Königsburg ein.

War das ein Gedränge, als er auf seinem Klepper dort hielt! Mit offenen Mäulern begafften ihn Knechte und Knappen.

»Seht nur, ein neuer Ritter für die Tafelrunde«, riefen und lachten die einen.

»Es wird der neue Hofnarr sein«, höhnten die andern.

Der Knappe Iwanet aber, ein Vetter der Königin und ein freundlicher Jüngling, trat herzu, half Parzival vom Pferd und fragte ihn nach seinem Begehr. Dann geleitete er ihn liebreich in den Saal, wo die Tafelrunde tagte.

Parzival war geblendet von dem Glanz der vielen herrlich gekleideten Ritter und schönen Frauen, die da mit König Artus zu Tisch saßen.

»Ich habe dem König Artus eine Botschaft zu bestellen«, sagte er nach einer Weile, während welcher die Blicke aller Anwesenden in stummer Bewunderung auf dem schönen, aber so seltsam gekleideten Gast geruht hatten. »Doch sagt mir, bitte, wer ist hier der König? Ich sehe so viele Artusse, daß ich nicht weiß, an wen ich mich wenden soll!«

Über diese Worte lachten alle Ritter und lächelten die Damen, und König Artus wandte sich nun selber an Parzival und fragte ihn, was er ihm denn auszurichten habe.

Da erzählte Parzival, was der rote Ritter alles gesagt hatte. »Draußen vor der Stadt, am Waldrand, wartet er, bis alle Ritter der Tafelrunde mit ihm um den geraubten Becher kämpfen. Er will sie alle besiegen, bis ihm sein Recht wird!«

Empört sprangen die Ritter von ihren Sitzen auf, riefen nach ihren Waffen und wollten sogleich vor das Tor reiten, um mit dem roten Ritter zu fechten. Doch Parzival hob die Hand und bat den König mit lauter Stimme: »Laßt mich mit dem roten Ritter kämpfen, ich bitte Euch! So weit bin ich geritten, damit Ihr mich zum Ritter schlagt — wie könnte ich meinen Wert besser beweisen, als daß ich mich dem ungestümen Recken vor dem Stadttor stelle und ihn besiege?«

Voll Sorge schaute König Artus auf den schönen Knaben, der da in Narrenkleidern vor ihm stand. Parzivals kühner Wunsch gefiel ihm. Er sagte:

»Ich werde dich zum Ritter schlagen, wenn du mir lange genug als Page und Knappe gedient hast. So von heute auf morgen geht das nicht. Mit dem roten Ritter aber laß ich dich ungern streiten. Herr Ither von Gahevies, der mir, alle Zucht vergessend, den goldenen Becher geraubt hat, ist ein mächtiger, noch unbesiegter Held. Es täte mir bitter weh, dich von seiner Hand sterben zu sehen. Du bist noch zu jung. Bleib lieber hier, es wäre dein Tod.«

Doch Parzival flehte so lang und trotzig, bis der König schweren Herzens nachgab und ihm Herrn Ithers rote Rüstung versprach, falls er ihn wirklich besiegen sollte.

»So eröffne den blutigen Reigen und streite in Gottes Namen als erster mit Herrn Ither. Fällst du, sind genug andere da, die den roten Ritter züchtigen und dich rächen können.«

Iwanet begleitete Parzival bis ans Tor der Stadt. Dort blieb er zurück und ließ Parzival allein über den grünen Plan auf das Waldstück am Flußufer zureiten, wo Herr Ither, brennend vor Kampfbegier, die Gegner erwartete.

Als Parzival bei ihm angelangt war, hielt er seinen schäbigen Gaul an und sprach:

»König Artus hat mir deine rote Rüstung geschenkt und dein Pferd dazu, sei so freundlich und überlaß mir beides. Steig ab und zieh deinen Harnisch aus!«

»Oho!« rief Herr Ither, »ich hätte nicht gedacht, daß mein Bote als mein Feind wiederkommen würde! Wenn dir Herr Artus meine Rüstung schenkt, so hat er dir wohl auch mein Leben geschenkt. Denn lebend und freiwillig laß ich dir weder Harnisch noch Roß, du Grünschnabel! Hast ja schnell Freundschaft geschlossen mit dem König, du Nestspatz! Er ist dir allzu gewogen. Wahrscheinlich kennt er dich und deine Familie schon von früher her, du Hätschelkind!«

»Schweig!« rief Parzival. »Laß die vielen Worte und gib mir, was Artus mir geschenkt hat: deine Rüstung. Ich brauch sie noch heute! Ich mag nicht lange als Page und Knappe dienen — auf der Stelle will ich ein Ritter sein!«

Da packte Herrn Ither der Zorn. Er drehte die Stoßlanze um, spornte sein Pferd und rannte mit dem stumpfen Schaftende gegen Parzival an, daß sich dieser im nächsten Augenblick samt seiner Schindmähre im Gras wälzte. Dann versetzte er ihm noch einen tüchtigen Hieb über den Kopf, an dem sogleich eine Beule zu wachsen begann.

Jetzt übermannte auch Parzival blinde Wut. Er sprang auf, zückte seinen Spieß und warf ihn mit aller Kraft nach dem Helm des Gegners. Die Spitze drang in den Sehschlitz des Visiers ein, durchstieß ein Auge und fuhr hinten beim Nacken wieder heraus. Blutüberströmt sank Herr Ither vom Pferd zur Erde und rührte sich nicht mehr. — Sein Tod zerriß vielen Männern und Frauen das Herz, er wurde bitter beweint, denn er war ein großer Held gewesen.

Parzival aber, der davon nichts wußte, stürzte sich auf den Gefallenen und versuchte, ihm die Rüstung abzuziehen. Doch da er sich mit derlei Dingen nicht auskannte, gelang es ihm nicht gleich.

Da kam der Knappe Iwanet herbei. Er hatte vom Tor aus dem un-

gleichen Zweikampf zugesehen und half nun Parzival, Herrn Ither die rote Rüstung abzuschnallen und sie dem Sieger anzulegen. Als er aber Parzival aufforderte, doch zuvor das Narrenkleid abzutun, weigerte sich dieser.

»Nein«, sagte er trotzig, »was mir die Mutter angezogen hat, das geb ich nicht her. Das Kleid der Mutter ist mir heilig. Das bleibt an mir, auch wenn ich eine Ritterrüstung habe.«

So blieb Iwanet nichts anderes übrig, als Parzival den Helm über die Narrenkappe zu stülpen, den Harnisch um sein scheckiges Narrenwams zu schnallen und ihm mit vieler Mühe die groben Stiefel in die schön geschmiedeten Beinschienen zu zwängen, wie sehr er sich auch über den Starrsinn des Knaben wunderte.

Dann zog Iwanet Herrn Ithers Schwert aus der Scheide und zeigte

Parzival, wie man mit einem so kostbaren Ding umging, wie man damit zuschlug oder die Hiebe des Gegners abwehrte, und der Knabe erwies sich als gelehriger Schüler.

Nun bestieg Parzival das Roß des Toten, einen ebenso starken wie feurigen Kastilier, und sagte zum Knappen: »Mein lieber Trautgesell, ich danke dir für deine Hilfe. Geh und entbiete König Artus meinen Gruß. Bring ihm den geraubten Becher und melde ihm, was sich hier zugetragen. Ich habe erreicht, was ich wollte. Ich trage ein ritterliches Gewand und werde nun auf Abenteuer ausziehen. Bin ich dereinst berühmt, komm ich wieder. Gott behüt dich, so lehrte mich's die Mutter!«

Mit diesen Worten nahm er Abschied von Iwanet, der betrübt über Herrn Ithers Ende in die Stadt zurückkehrte und der Tafelrunde schilderte, wie Parzival mit einem Sauspieß den großen, unbesiegten Helden erschlagen und dessen Rüstung gewonnen habe.

»O weh«, jammerten alle Ritter und Frauen, »nur weil sich der junge Tor die rote Rüstung in den Kopf setzte, mußte Herr Ither sein Leben verlieren. Wie wird der einfältige Knabe seine Tat bereuen, wenn ihm einmal der Verstand kommt!«

Sie zogen gemeinsam hinaus vor das Tor und beweinten den Toten mit heißen Tränen. Denn obwohl er oft allzu heißblütig und zügellos gewesen war, so hatten ihn doch alle sehr geliebt.

Besonders die Königin konnte sich vor Gram und Trauer kaum fassen. »O schwarzer Tag für die Tafelrunde«, rief sie aus. »Statt wie bisher in Freude und Ehre mit uns zu leben, liegt er nun hier erschlagen, er, an dem nie ein Falsch zu finden war. O Not, o Jammer! Herrn Ithers Todeswunde zerreißt uns Frauen das Herz!«

In diese Klage stimmten alle mit ein. Dann trugen sie den Toten feierlich zu Grabe.

WIE PARZIVAL SEINEN LEHRMEISTER GURNEMANZ FINDET UND WAHRE RITTERTUGEND LERNT

Während König Artus und Frau Ginover den erschlagenen Helden beweinten und ehrenvoll bestatteten, ritt Parzival auf Herrn Ithers Pferd munter dahin. Er hatte nie reiten gelernt, für seinen lahmen Klepper hatte er dieser Kunst kaum bedurft. So trieb er das herrliche Tier als ein rechter Schinder immerzu an, so daß es fast den ganzen Tag galoppierte. Doch trotz dieser scharfen Gangart und der schweren Eisenlast, die es zu tragen hatte, kam es doch niemals in Schweiß, ein so gutes Roß war es.

Als sich der Tag neigte, sah Parzival in der Ferne eine schöne Burg mit vielen Türmen auftauchen, die kerzengerade wie frische Kornähren zum Himmel ragten. Er ritt auf sie zu und erreichte sie im letzten Sonnenstrahl.

Vor der Burg war ein breiter grüner Anger, dort saß ein grauhaariger Ritter auf einer Steinbank und schaute hinaus in den Abendfrieden. Dieser Ritter war Herr Gurnemanz, der Fürst des Landes, und die Burg, vor welcher er saß, hieß Graharz. Er war ein sehr weiser Mann, ein Meister wahrer Zucht, der in hohen Ehren alt geworden war und viel von der Welt gesehen hatte.

Als er Parzival heranreiten sah, schirmte er die Augen, blickte ihm scharf ins Gesicht, und da ihm der Jüngling in der roten Rüstung sogleich gefiel, erwiderte er dessen Gruß überaus hold und freundlich.

Parzival neigte das Haupt und sprach: »Meine Mutter schärfte mir ein, bei ergrauten Männern Rat zu holen, ihren Lehren zu lauschen und zu folgen. Wollt Ihr mein Lehrmeister sein? Ich würde Euch gern dafür dienen.«

»Wenn du meinen Unterricht begehrst«, sagte Gurnemanz, der sich erhob, »so mußt du vor allen Dingen zu mir Vertrauen haben und alles tun, was ich dir sage. Versprichst du mir das, so will ich dich in ritterlicher Zucht und Sitte unterweisen.«

Parzival versprach es.

Da winkte Gurnemanz einen Trupp Knappen herbei, die mußten Parzival vom Pferd helfen und ihm im Burghof die Rüstung ausziehen.

Doch Parzival war so töricht stolz auf sein Roß und seine Waffen, daß er zunächst nichts davon wissen wollte. Er sagte nur immer: »Gott grüß Euch, so lehrte mich's die Mutter! Aber Roß und Rüstung hat mir der König zum Geschenk gemacht — ich steige nicht ab, und ihr dürft mich auch nicht entkleiden.« Dann grüßte er wieder sehr artig, wie es ihm die Mutter aufgetragen hatte, und die Knappen dankten ihm so höflich und ernst, als es ihnen möglich war. Sie konnten das Lachen nur mit Mühe verbeißen.

Es dauerte eine ganze Weile, ehe sie ihn vom Pferd gebracht hatten, und es bedurfte ihrer ganzen Besonnenheit und Überredungskunst, bevor sie ihn endlich so weit hatten, daß er sich von ihnen aus seiner Rüstung schälen ließ.

Die Knappen staunten nicht wenig, als sie ihm den herrlichen roten Harnisch abschnallten und darunter die Narrenkleider zum Vorschein kamen. So etwas war ihnen in ihrer ganzen Dienstzeit noch nicht begegnet, darum liefen sie zu Gurnemanz und meldeten es ihm.

Gurnemanz kam nun selber in den Hof und befahl Parzival, die Narrenlumpen abzulegen. Da bemerkte er, daß Parzival an der Brust eine Wunde hatte, die von Herrn Ithers Schaftstoß herrührte. Sogleich brachte er seinen jungen Gast in ein schönes Gemach, wusch die Wunde aus und verband sie. Teilnahmsvoll und sorgfältig pflegte er ihn.

Nun mußte ihm Parzival alles erzählen, was er bisher erlebt hatte: wie er von seiner Mutter aus dem Walde fortgezogen war, wie er Jeschutes Spange und Ring an sich genommen und schließlich Herrn Ither von Gahevies im Zweikampf besiegt hatte.

»O weh«, rief Gurnemanz aus, »diese Nachricht trifft mich sehr schmerzlich! Ich kannte Herrn Ither, er war ein großer, unüberwindlicher Held. Sein Tod macht dir Ehre, junger Tor, mir und andern aber viel Kummer. Den roten Ritter nannte man Herrn Ither. So gehe denn der Name auf dich über, erweise dich seiner würdig!«

Gurnemanz befahl, Parzival prächtig, doch bequem zu kleiden. Da kam eine flinke Schar schöner Mägde gelaufen, die legten ihm ein scharlachrotes Gewand an, ganz mit Hermelin gefüttert, und hängten ihm einen Mantel um die Schultern, dessen Saum mit schwarzem und grauem Zobel besetzt war.

Dann führte ihn Gurnemanz selber zu Tisch, aß mit ihm aus einer Schüssel und trank aus einem Becher mit ihm. Er freute sich von Herzen darüber, wie wacker sein Gast zulangte. Seit Parzival am Morgen von dem Schiffer weggeritten war, hatte er nichts mehr gegessen, kein Wunder, daß er hungrig war.

Nach dem Abendbrot geleitete ihn Gurnemanz an der Hand in sein

Gastgemach zurück und wünschte ihm eine gute Nacht. Am anderen Morgen sollte der Unterricht beginnen.

Als die Sonne sich noch kaum über die Bergspitzen erhoben hatte, war Gurnemanz schon zur Stelle und holte Parzival zur Frühmesse ab, die der Kaplan in der Burgkapelle las. Hierauf setzte er sich mit seinem Schützling in einen stillen Erker und erteilte ihm viele weise Lehren.

»Ich sehe wohl«, begann er, »daß du Zucht sehr nötig hast. Du bist noch in allem ein ungestümes Kind, deine Seele gleicht einem ungeschliffenen Edelstein. Nicht allein Kraft, Mut und Geschicklichkeit im Zweikampf machen den wahren Ritter aus, sondern vor allem edle Sitten und Tugend des Herzens. Darum höre, was ich dir sage:

Berufe dich nicht bei allem und jedem, was du sagst oder tust, auf deine Mutter, das wirkt kindisch und albern. Zum zweiten: Meide böse Taten und sei niemals schamlos, denn was nützt dir die Schönheit deines Leibes, solange dein Gemüt voll unedler Empfindungen ist? Zum dritten: Versage nie einem Armen deine Hilfe. Wo du Not siehst, lindere sie und laß keinen Bettler ohne Gabe von deiner Schwelle. Geiz ist ebenso verächtlich wie Prassen oder Geldverschwenden. Derlei steht einem wahren Herrn immer schlecht. Du aber scheinst mir ausersehen, dereinst ein Führer vieler Völker zu werden, darum lerne, in allem das echte Maß zu halten. Deshalb sollst du auch dem besiegten Gegner, der sich dir ergibt, stets das Leben schenken — es bringt dir wenig Ehre, einen Wehrlosen zu töten.

Zum vierten rat ich dir: Frage nicht so viel! Lerne lieber, stets die richtige Antwort zu geben, wenn man *dich* um etwas fragt. Ferner sollst du stets aufmerksam sein, nicht mit offenen Augen schlafen, sondern deine Sinne stets wach halten, denn es gibt viel zu lernen auf der Welt.

Schließlich merke dir, daß man sich nach jedem Waffenkampf den Eisenruß der Rüstung abwäscht, darauf achten edle Frauen. Die Gesellschaft edler Frauen aber sollst du suchen, das veredelt des Jünglings Sinn und Sitten, verfeinert seine Umgangsart und erhöht des Ritters Wert. Gewinnst du eines Tages gar die Liebe einer Frau, so halte Hochzeit mit ihr und bewahre ihr dein Lebtag lang die Treue. Untreue und Lügen bringen einem Ritter nur Schande. Übst du aber Treue in allen Dingen, so ist dir der Lohn des Himmels gewiß.«

Das waren die Lehren, die Gurnemanz seinem Zögling erteilte.

Nun befahl der Burgherr allen seinen Rittern und Knappen, mit neuen, starken Lanzenschäften auf den Turnierplatz zu kommen. Dort mußten sie mit Parzival in fröhlichem Waffenspiel ihre Kräfte messen. Parzival aber, der unter seiner roten Rüstung keine Narrenkleider mehr trug, kämpfte so mutig und geschickt, ritt einen jeden Gegner mit solcher Kraft und Wucht an, daß sie allesamt von seinen Stößen aus den Sätteln fielen und die Splitter nur so umherwirbelten. Auch im Schwertkampf kamen sie nicht gegen ihn auf. Alle bewunderten Parzivals Kraft, und Gurnemanz freute sich seines Gastes von Herzen.

»Was ihm hier so herrlich im Spiel gelingt, wird sich auch im Ernst bewähren«, sagte er zu sich selber, und er sollte recht behalten.

Am Abend dieses Tages erwies Gurnemanz Parzival eine besondere Ehre. Er rief, als sie sich zu Tisch begaben, sein Töchterchen Liasse in den Saal. Die Jungfrau mußte sich neben Parzival setzen und ihm die besten Bissen auf dem Teller vorschneiden. Auch mußte sie gemeinsam mit ihm aus einem Becher trinken. Sie tat es nicht ohne Erröten.

Parzival ließ sich das gern gefallen und bewunderte im stillen die Schönheit und den Liebreiz der Jungfrau. Schneeweiß war ihre Haut, doch wie zwei Rosen so rot erblühten ihre Wangen. Blond wie Parzivals Locken war auch Liasses Haar, und überaus fein ihr Gebaren.

Der Gast konnte sich an so viel Holdheit und Lieblichkeit gar nicht satt sehen, und nachdem sie ihre erste Scham überwunden hatten, plauderten sie ganz vertraut miteinander. Die gäben ein prächtiges Paar, dachte Gurnemanz. Er hatte sein Wohlgefallen an den beiden.

Nach dem Essen verabschiedete sich Liasse züchtig von ihrem Tischgenossen und verließ den Saal.

Man begab sich zur Ruhe.

So pflegte Gurnemanz seinen Gast vierzehn Tage lang. Jeden Morgen erteilte er ihm neue Lehren, die ein angehender Ritter brauchen konnte, und jeden Tag steigerte sich Parzivals Kühnheit und Geschicklichkeit im Turnier. Wohl hundert und mehr Lanzen wurden während seiner Lehrzeit bei Gurnemanz verstochen und mehr als ein Schild arg verhauen. Doch immer ritt Herzeloydes Sohn als Sieger vom Kampfplatz zur Burg zurück. Und so herrlich saß er, der nun endlich nach Regeln reiten gelernt hatte, auf Herrn Ithers Roß, so würdig und hoheitsvoll trug er die rote Rüstung, so rein und licht war sein Antlitz unter dem Helm, daß kein Maler in ganz Flandern oder zu Köln am Rhein, wo damals die besten Meister des Pinsels und der Farbe lebten, aus der Phantasie einen schöneren, edleren Ritter hätte malen können.

Mit den Narrenkleidern war auch seine Torheit immer mehr von ihm abgefallen, und unter Gurnemanz' starker, kundiger Führung war der Knabe zusehends zum jungen Mann gereift. Von seiner Mutter schwieg er fortan, wenn er auch im Herzen alle Tage mit großer Liebe und Sehnsucht an sie dachte.

Am Morgen des fünfzehnten Tages trat Parzival plötzlich vor Gurnemanz hin und sagte: »Liebwerter Meister, nun gebt mir bitte Urlaub. Ich will mich in der Welt umsehen und nach Heldentaten streben.«

Gurnemanz wurde traurig. Er sprach: »Dein Wagemut erfreut mein Herz, aber er betrübt mich auch. Drei Söhne hatte ich, alle drei verlor ich im Kampf, nun verlier ich in dir den vierten. Denn wisse, du bist mir vom ersten Augenblick an lieb gewesen, als wärest du mein eigen Fleisch und Blut. Gern hätt' ich dir mein Kind Liasse, mein teuerstes Gut, zur Frau gegeben. Nun ist mir auch dieser Trost meines Alters versagt. Doch weil es heißt: ›Wem Hohes will gelingen, der muß nach Hohem ringen‹, so will ich dich nicht halten und dem Drang deines Mutes nicht im Wege stehn.«

Voll Dankbarkeit neigte Parzival vor dem greisen Fürsten das Haupt. »Herr«, sagte er, »ich fühle mich für diese Welt noch nicht weise genug und noch nicht würdig, Eure Tochter zu minnen und zu beschützen, sosehr mein Herz auch für sie schlägt. Ich muß zuerst noch auf manchem Kampfplatz den Preis der Ritterschaft erwerben. Dann erst, wenn ich glücklich und ruhmreich zurückkehre, mögt Ihr mir Liasse, die holde Maid, anvertrauen. Klagt nicht zu sehr um mich, weil ich von Euch Abschied nehme, ich will Euch überall, wohin ich komme, Ehre machen.«

Nach diesen Worten umarmte er seinen Lehrherrn, grüßte alle Ritter und Knappen in Graharz und schwang sich auf sein Roß.

Ohne sich noch einmal umzublicken, ritt er davon.

Vom Fenster ihrer Kemenate sah ihm Liasse mit Tränen in den Augen nach.

WIE PARZIVAL DIE STADT PELRAPEIRE AUS ARGER NOT ERLÖST UND SICH MIT KÖNIGIN KONDWIRAMUR VERMÄHLT

Parzival zog in tiefen Gedanken der Ferne zu. Sein Herz war verwirrt. Er gedachte der Lehren, die er empfangen hatte, dachte an Liasse, sah ihre Rosenwangen glühen und den lichten Schein ihrer Augen. Da wurde ihm sehr weh zumute, und der Schmerz zersprengte ihm fast die Brust.

Er ritt und ritt. Längst war Burg Graharz hinter ihm versunken. Dunkle Wälder und weite Ebenen trennten ihn von ihr. Allmählich hob sich das Land, und nach wenigen Stunden fand sich Parzival inmitten wilder Klüfte und Schluchten, überragt von gewaltigen Felsgipfeln, auf denen die Adler horsteten.

Begangene Pfade hörten auf. Die Sturzbäche waren ohne Steg. Aus der Tiefe drang Wassertosen an Parzivals Ohr, zu seinen Häupten kreisten Raubvögel und stießen helle, drohende Laute aus. Er war in die einsamste Wildnis geraten, die kaum noch eines Jägers Fuß betrat.

Mühsam lenkte er sein Roß durch Steinklüfte und über Geröllhalden. Mit dem Schwert hieb er sich eine Gasse durch dorniges Dickicht und Gestrüpp.

Endlich fand er einen Paß, gebildet aus Almenwiesen mit würzigem kurzem Gras, leuchtendroten, gelben und blauen Blumen und mit duftenden Zwergkiefern dazwischen. Die Klüfte und Schluchten lagen hinter ihm, Höhenstille umgab ihn. Erleichtert schnaubte sein Pferd, schattiger Wald und mildes Talgebreite lockten zum Abstieg.

Als er nach langem Ritt wieder in saftiggrüne, bewohnte Ebenen mit Dörfern und Straßen kam, erfuhr er, daß er in das Königreich Brobarz gelangt war, und bald sah er im Abendlicht die Türme und Zinnen der Burg und Hauptstadt Pelrapeire glänzen.

Das Tor in der Mauer, vor welcher er bald darauf hielt, war verschlossen, und die Wächter fragten von der Scharte herab ziemlich unfreundlich nach seinem Begehr. Ob er als Freund oder Feind komme, wollten sie wissen. Da sagte er, daß er aus Graharz käme und friedlich um Obdach für die Nacht bäte.

Sie öffneten ihm das Tor und geleiteten ihn in die Burg der Königin Kondwiramur, der Herrscherin des Landes. Ihr seltsamer Name bedeutet: Ich führe dich zur Liebe.

Es war eine wunderliche Stadt, in die Parzival da einritt. Allen Bewohnern hing die Haut eingeschrumpft wie Leder um die Knochen. Spitz stachen ihnen Schultern und Hüften durchs Gewand, sie waren allesamt spindeldürr. Bäuche sah man keine, dafür um so mehr fahle, hohlwangige Gesichter, und manchem knurrte der Magen so laut wie ein Hund. Auf den ersten Blick konnte jeder sehen, daß in Pelrapeire Hungersnot herrschte, wer weiß wie lange schon.

Im Burghof wurde Parzival von artigen jungen Mägden empfangen, die schämten sich vor ihm, weil auch sie um nichts weniger mager waren als die Männer. Er setzte sich auf einen Teppich unter einer schattigen Linde und ließ sich entwaffnen. Dann wusch er sich am Brunnen den Harnischruß von Gesicht und Leib, worauf ihn zwei Fürsten, Oheime der Königin, zu Kondwiramur führten.

Als er vor ihr stand, versagte ihm die Sprache vor Entzücken und Staunen, so sehr glich sie Gurnemanz' schöner Tochter Liasse. Weißer als frisch gefallener Schnee war ihr lichtes, minnigliches Antlitz, in dem die Wangen wie Rosen erblühten. Voll Freude schaute sie dem Ankömmling entgegen.

Die übrigen Ritter und Frauen im Saal, auch die Mägde, Knappen und Pagen wandten kein Auge von dem Paar, das ihnen tausendmal schöner und lieblicher erschien als das Licht der Sonne oder ein Garten im Frühling.

Liasse dort — Liasse hier! dachte Parzival und grüßte die Königin stumm. Kondwiramur hieß ihn durch ein Neigen des Kopfes willkommen und lud ihn mit holder Geste zum Sitzen ein.

Parzival nahm neben ihr Platz, aber er sprach kein Wort, so sehr verwirrte ihn Kondwiramurs Ähnlichkeit mit Liasse. Das Glück des Herzens verschloß ihm den Mund.

Kondwiramur aber dachte: Sicherlich verschmäht mich dieser edle fremde Mann, weil ich so ganz von Kräften bin. Dann meinte sie wieder: Nein, er schweigt wohl nur aus feinen Sitten. Er ist ja Gast, die Wirtin bin ich, also muß ich das erste Wort sagen.

So sprach sie denn: »Seid willkommen, Herr! Ihr naht als Freund, sagte man mir, und kommt aus Graharz. Das ist mir lieb zu hören, denn Gurnemanz' Schwester war meine Mutter und Gurnemanz' Tochter Liasse ist meine Base. Wann verließet Ihr sie?«

»Heut am frühen Morgen«, antwortete Parzival.

»So schnell kamt Ihr von Graharz übers Gebirge?« verwunderte sich

Kondwiramur. »In einem Tag hat das noch keiner vollbracht, der rasche Ritt macht Euch Ehre. Doch nun hört, welches Ungemach uns hier in Pelrapeire getroffen hat. Uns quält der Hunger schon lange Zeit! Es ist ein unfrohes Land, in das Ihr kamt, Herr Parzival, ein Land voll Entsagung — wollt Ihr unser Mißgeschick teilen? Gern werden wir Euch mit unseren letzten Vorräten ein festliches Mahl zubereiten, doch morgen sind wir am Ende.«

»Wer brachte Euch denn in solche Not?« wollte Parzival wissen.

»Ach«, seufzte Kondwiramur, »das tat König Klamide, der mich zum Weib begehrt, obgleich ich ihn nicht liebe. Er hat seinen Seneschall Kingrun vorausgeschickt, der schneidet uns von aller Zufuhr ab und kommt jeden Morgen mit seinem Heer, die Stadt zu berennen. Bisher hielten meine Leute tapfer stand, doch wie lange noch? Schon sind viele vor Hunger gestorben!«

»Steht es so, dann will ich Euch unverzüglich helfen«, sagte Parzival entschlossen. Er befahl, die letzten kümmerlichen Nahrungsvorräte an alle streitbaren Männer zu verteilen. Er selbst begnügte sich mit einer Schnitte trockenen Brotes und teilte diese noch obendrein mit Kondwiramur. Aber es schmeckte beiden köstlich!

Nach diesem kargen Abendmahl ließ sich Parzival auf sein Zimmer bringen. Dort war ihm ein königliches Lager bereitet. Flink lösten ihm Kinder die Schuhe ab, aber als seine Füße bloß waren, übermannte ihn eine so jähe Müdigkeit, daß er mit geschlossenen Lidern aufs Bett sank und in voller Kleidung augenblicklich einschlief.

Auf Zehenspitzen schlichen die dienenden Maiden herzu und stellten brennende Kerzen zu seinen Häupten auf. So glich Parzival eher einem aufgebahrten Toten als einem Schläfer.

Aber nicht lange sollte er ungestört so liegen. In tiefer Nacht ging plötzlich die Tür, und Kondwiramur trat, in ein langes weites Nachtgewand gehüllt, ein. Sie kniete neben dem Schlafenden nieder und begann zu weinen. Ihr Schluchzen weckte Parzival.

Erstaunt setzte er sich auf und fragte: »O Herrin, treibt Ihr Spott mit mir? Vor Gott sollt Ihr knien, sonst vor niemandem!«

Da erhob sie sich. »Verzeiht mir«, flüsterte sie, »daß ich gegen alle gute Sitte bei Euch eindrang. Doch ich finde keinen Schlaf, ehe ich Euch nicht alles gesagt habe, was mein Herz beschwert. Hört zu! Mein Vater Tampenteire starb und hinterließ mir armen Waise ein übles Erbe. König Klamide, der mit aller Kraft und List nach meinem Thron und meiner Krone trachtet, hat mir schon die Hälfte meiner Vettern, Fürsten und Mannen wie auch die Hälfte meines Volkes erschlagen, weil ich ihn nicht erhören will. Doch sagt, wie könnte ich ihn je zum Manne nehmen, da er mir doch den Ritter, den ich liebte und dem ich versprochen war, im Zweikampf erschlug?«

»Wer war das?« fragte Parzival. »Wer war der Glückliche, der sich Euer Verlobter nennen durfte?«

»Liasses Bruder«, antwortete Kondwiramur, und wieder entströmten ihren Augen heiße Tränen.

Als Parzival schon wieder Liasses Namen hörte, entbrannte sein Herz in Leid und Liebe zugleich. »Womit könnte ich Euch trösten, herzliebe Frau«, fragte er, »womit Eure Tränen stillen?«

»Erlöst mich von Kingrun, dem Seneschall, und seinem Herrn, dem König Klamide«, antwortete sie. »Endet durch Eure Kraft den Krieg und den Hunger in Pelrapeire! Anderen Trostes bedarf es nicht.«

Da erneute Parzival sein Hilfeversprechen. Wie ein Eid klangen seine Worte: »O Königin, wer immer dein Feind sei, ich werde für dich tun, was in meiner Kraft steht.«

Die Nacht ging hin, der Tag begann zu grauen, fern hörte man einen Hahnenschrei. Da stand Kondwiramur auf, dankte ihrem edlen Gast für seinen Trost und entschwand so leise, wie sie gekommen war.

Parzival konnte den Sonnenaufgang kaum mehr erwarten. Besiege ich den Seneschall mit dem Schwert, so räche ich sowohl Liasses Bruder als auch Kondwiramur. Dieser Gedanke beflügelte seine Seele und stärkte seinen Mut so sehr, daß er sich am Morgen mit größtem Ungestüm in seine Rüstung warf und mit einem Satz, ohne den Steigbügel zu berühren, auf sein gutes Roß sprang. Dann befahl er, das Tor zu öffnen, und ritt vor Kondwiramurs mageren Streitern hinaus auf den Plan.

»Da kommt der rote Ritter!« riefen Kingruns Mannen, die mit eisenbeschlagenen Rammböcken und schweren Schleudermaschinen auf die Burg zukamen. Es wimmelte von feindlichen Reitern und Fußvolk.

Parzival aber suchte aus der Menge sofort den Seneschall und stellte ihn zum Zweikampf.

Sie stoben mit eingelegten Lanzen aufeinander zu. Die Schäfte zersplitterten, die Schilde zerbrachen, tief mußten die Rosse auf die Hakken niedergehn, und die Reiter glitten aus den Sätteln.

Mit geschwungenen Schwertern stürmten sie von neuem aufeinander los. Nun zeigte es sich, was Parzival bei Gurnemanz gelernt hatte! Er schlug mit Ithers Klinge so gewaltig auf Kingruns Helm, daß man meinen konnte, es wären schon die steinernen Wurfgeschosse, die gegen das Tor kamen. Aber es war doch nur Parzival, der mit fürchterlichen Streichen Rache für Kondwiramurs Leiden übte.

Kingrun stürzte zu Boden. Parzival rang ihn vollends nieder und stemmte ihm zuletzt das Knie in die Brust. Da mußte sich der übermütige Seneschall zum erstenmal in seinem Leben ergeben.

»Nun bist du in meiner Gewalt«, sagte Parzival, »aber ich will dich nicht töten, du bist wehrlos. Gib mir dein Wort, daß du nie wieder gegen Kondwiramur ziehen wirst, so schenk ich dir dein Leben. Zur Strafe für alle deine Untaten schick ich dich jedoch zu Gurnemanz nach Graharz, dem sollst du fortan dienen.«

»Das Wort geb ich Euch gern«, entgegnete der Besiegte, »doch erlaßt mir gnädig die Strafe, sie wäre mein Tod. *Ich* war es ja, der in meines Herrn Auftrag Gurnemanz' Sohn erschlug!«

»So übergib dich Kondwiramur, der Königin von Pelrapeire, die soviel durch dich gelitten hat«, forderte Parzival.

»Oh«, flehte Kingrun, »verlangt das nicht von mir! Zuviel hab ich ihren Leuten angetan, sie gleichen hungrigen Wölfen und würden mich sicherlich vor Wut zerreißen!«

»So schick ich dich als Gefangenen zu König Artus«, schloß Parzival und erhob sich. »Solche Strafe bringt dir noch Ehre, denn er ist der Mächtigste von allen, und nicht jedem widerfährt die Gnade, ihm dienen zu dürfen. Überbring ihm meine Grüße und sag ihm, daß ich die rote Rüstung in Ehren trage.«

Diese Sühne nahm der Seneschall mit Freuden an. Er befahl seinem Heer den Rückzug und machte sich sogleich nach Nantes auf, Herrn Artus zu suchen und sich ihm gefangenzugeben.

Nun war der Jubel in Pelrapeire groß. Man führte Parzival zur Königin, die empfing ihn mit süßem Gruß und legte die Arme um seine Schultern. Dabei dachte sie: Sollte ich jemals einen Mann heiraten, so nur diesen, den ich soeben vor allem Volk umarme.

Dann diente sie ihm wie eine Magd und half ihm aus der Rüstung.

Man konnte Parzival keine andere Stärkung und Erquickung nach seinem Kampf anbieten als ein dampfendes Bad, denn das letzte Stück Brot war bereits verspeist und der letzte Tropfen Wein getrunken. Wie sollte man da ein Festmahl rüsten?

Doch niemand fragte jetzt danach, alles drängte herzu, um Parzival zu sehen, ihm zu danken, ihm die Hände zu reichen.

»Parzival soll unser König sein!« riefen Fürsten und Volk, Ritter und Knappen wie aus einem Mund. »Ja, Parzival soll die Krone tragen im Reiche Brobarz und in Pelrapeire mit Kondwiramur, unserer treuen Königin, den Thron besteigen!«

In diesem Augenblick stieß hoch oben der Türmer ins Horn. Auf dem Meer zeigten sich zwei rostrote Segel, die sich in rascher Fahrt der Küste näherten. Es waren Kauffahrteischiffe, die sicherlich allerlei Waren an Bord hatten.

Im Nu waren Säle und Höfe leer. Alles rannte mit Windeseile zum Hafen, und daß Ritter wie Bürger so schnell laufen konnten, kam nur daher, daß sie so ausgehungert und darum so leicht waren wie dürres Herbstlaub, das der Sturm aus den Wäldern über das weite Land wirbelt.

Die Schiffe wurden mit Freuden empfangen, denn sie brachten Brot und Wein und tausend andere lang entbehrte Dinge.

Parzival befahl, daß alles gerecht verteilt würde, und bezahlte den Händlern für jedes Stück den doppelten Preis.

Das gab ein fröhliches Fest, ein Schmausen und Trinken ohnegleichen. Gar manches eingesunkene Bäuchlein rundete sich da wieder, und wenn die Tafelnden die Becher zum Mund führten, wurde der Wein davon fett.

Nun gingen die beiden fürstlichen Oheime zu ihrer Nichte Kondwiramur und fragten sie: »Begehrst du, Hochzeit zu halten?« Und die übrigen Edelleute begaben sich zu Parzival und fragten auch ihn: »Soll Hochzeit sein?« Und da beide nicht verneinten, ging des Volkes Wunsch, Parzival als Kondwiramurs Gatte und König von Brobarz zu begrüßen, noch zur selben Stunde in Erfüllung.

Sie wurden getraut und verteilten zur Feier des hohen und holden Tages viele kostbare Geschenke unter die Gäste, auch unter das brave Volk von Pelrapeire, das sich so lange wacker verteidigt hatte.

Am Morgen nach der Hochzeit kam, völlig unerwartet, König Klamide mit einem zweiten Heer herangestürmt und schickte sich an, die Stadt zu berennen. Doch nun hatten sich ihre Bewohner bereits neuen Mut und neue Kraft angegessen. Sie öffneten das Tor und stürzten sich mit solcher Todesverachtung auf den Feind, daß sie ihn mit eins, zwei über den Haufen warfen und viele Gefangene machten.

Parzival befahl, die Gefangenen gut zu behandeln und ja keinem Wehrlosen ein Leid zuzufügen. Er ließ sie auch trefflich bewirten und schickte sie bald wieder heim.

Beim Heer angekommen, erzählten sie alle, was sie in Pelrapeire erlebt und gesehen hatten. »Macht euch keine Hoffnung auf einen Sieg«, sagten sie zu ihren Gefährten. »Die da drinnen haben mehr als genug zu essen und zu trinken, und außerdem steht ihnen der rote Ritter bei. Den hat noch niemand besiegt!«

König Klamide hörte diese Worte und entsandte sogleich Boten in die Stadt zur Königin, die sprachen:

»Ist der Ritter, den Ihr Euch zum Helfer erkoren habt, unserem König ebenbürtig, so daß er mit ihm streiten darf, dann möge er vor die Stadt hinauskommen und sich ihm, Mann gegen Mann, zum Zweikampf stellen. Kondwiramurs Hand und Land sei der Siegespreis. Bis dahin soll beiden Heeren Waffenruhe gewährt sein.«

Parzival nahm die Aufforderung unverzüglich an. Er wappnete sich, sprengte aus dem Tor und besiegte den König Klamide genauso blitzesschnell, wie er tags zuvor dessen Seneschall bezwungen hatte.

Wehrlos und kampfunfähig lag der Gegner unter Parzivals Fuß, und dieser hätte ihm für seinen Übermut und alles Böse, das er Kondwiramur und Liasse angetan, gerne den Garaus gemacht. Doch er entsann sich der Lehren des alten Gurnemanz und ließ ihn leben.

»Steh auf und gib mir dein Wort, daß du Pelrapeire fürderhin nicht mehr behelligen wirst!« rief er. Dann sandte er auch ihn zu Artus und trug ihm Grüße an den König und an Frau Ginover auf.

Nun war der Friede endlich gesichert. In großem Glück und von allen geliebt, herrschten Parzival und Kondwiramur über ihr gemeinsames Königreich, und niemand, der in Not geraten war und sich bittend an sie wandte, ging unbeschenkt, niemand, den ein Leid bedrückte, ungetröstet von ihrer Schwelle.

Eines Morgens aber trat Parzival mit Züchten vor Kondwiramur hin und sprach:

»Herrin, erlaubt, daß ich Euch einen Herzenswunsch anvertraue. Lange Zeit schon habe ich meine liebe Mutter nicht mehr gesehen. Ich wüßte doch gern, wie es ihr geht, ich trage heftiges Verlangen danach, sie zu besuchen. Gebt mir Urlaub und gestattet, daß ich meine Sehnsucht stille. Auch möchte ich bei dieser Gelegenheit im Dienste Eurer Minne neue Abenteuer suchen und bestehen. Mit größeren Ehren, als da ich ausziehe, kehre ich wieder heim und darf mich dann desto froheren Herzens Eurer Liebe erfreuen.«

Kondwiramur konnte ihm diesen Wunsch nicht versagen, und so zog Parzival ohne Gefolge von dannen. Niemand durfte ihn begleiten, er ritt allein.

WIE PARZIVAL, OHNE ES ZU WISSEN, IN DIE GRALSBURG GELANGT UND AUS IHR VERTRIEBEN WIRD

Einsam und mit schwerem Herzen ritt Parzival dahin. Er dachte an Kondwiramur, an ihre Schönheit und Güte. Wie ein Traum schwebte ihr Bild beständig vor seinen Augen.

Aber er kehrte nicht um. So groß seine Sehnsucht nach der Königin auch war, größer und mächtiger war in ihm der Drang, durch die Welt zu reiten und Abenteuer zu erleben. Vor allem aber wollte er ja seine liebe Mutter, Frau Herzeloyde, endlich wiedersehen. Er freute sich schon auf den Augenblick, da er den Wald seiner Kindheit betreten und in den Gutshof einreiten würde. Wie werden alle staunen, wenn sie mich als Ritter und König wiederkommen sehen, dachte er. Und wie wird sich die Mutter über mich freuen!

Aber es sollte alles ganz anders kommen.

Große und schmerzliche Abenteuer standen Parzival bevor, der seinem Pferd die Zügel schießen ließ. So schnell wie der Pfeil von der Sehne des Bogens schwirrt, so schnell war er von Graharz über das Gebirge nach Brobarz gelangt. Doch nun ritt er noch viel schneller: wie der schnellste Vogel, der mit dem Winde fliegt.

Unaufhaltsam drang das Pferd durch Baumgefälle, Sümpfe und Heideland vor. Parzival überließ ihm den Weg, so sehr war seine Seele von den Bildern Herzeloydes und Kondwiramurs umfangen. Sein Herz träumte. Über Stock und Stein ging die Reise.

Als es Abend wurde, hob Parzival den Blick. Da lag vor ihm mitten im Tannenwald ein See, das war der See Brumbane. Auf seiner spiegelnden, milden Wasserfläche schwamm ein Boot mit Fischern, die hatten ihre Netze ausgelegt und warteten auf den Fang. Auf dem Boden des Kahnes aber ruhte ein prächtig gekleideter Mann mit einem Pfauenhut auf dem Kopf, der sah traurig und müde über das Wasser.

Diesen Mann rief Parzival ehrfürchtig an: »Edler Herr, geruht mich um Gottes Lohn zu belehren, wo ich hier in der Gegend eine Herberge finde!«

Der Angerufene richtete seine ernsten Augen auf Parzival und antwortete: »Hier gibt es auf dreißig Meilen in der Runde weder Dorf noch Stadt, hier gibt es nur Wald, Wasser und Getier, wie Gott es am ersten Tag schuf, unberührt und ungestört. Doch eine Burg könnt Ihr in der Nähe finden, die sucht! Wendet Euch dort drüben, wo die Felsen zu Ende sind, nach rechts, da werdet Ihr sie vor Euch aufsteigen sehen. Lenkt Euer Roß zum Graben hin und begehrt, daß man Euch die Zugbrücke herablasse. Zögert man, Eurem Wunsch zu gehorchen, so sagt nur: ›Der Fischer schickt mich‹, und man wird Euch einlassen.«

Parzival bedankte sich höflich für den guten Rat und ritt die Felsen entlang. Als er an ihrem Ende um die Ecke bog, mußte er für einen Augenblick sein Roß verhalten und die Hand ans Herz pressen, so übermächtig war das Bild, das sich seinen Augen bot.

Von einem tiefen Graben umgeben, stieg ein steiler, auf allen Seiten glattgeschliffener Felskegel in den Abendhimmel, und auf seiner höchsten Spitze stand, funkelnd und schimmernd im Licht, eine vieltürmige Burg mit starken Mauern und Zinnen. So unnahbar hatte Parzivals Auge noch kein Schloß gesehen. An dem glatten Fels hätten weder Fuß noch Huf Halt gefunden, und kein Roß hätte den Graben überspringen können, es wäre am andern Rand abgeglitten und samt seinem Reiter elend in die Tiefe gestürzt. Und wenn alle Völker der Erde hierhergekommen wären, die Burg zu belagern und mit Waffen zu erobern, sie hätten es nie und nimmer vermocht, und wären sie gleich dreißig Jahre davor gelegen.

Parzival trieb sein Pferd wieder von der Stelle. Ruhigen Schrittes trug es ihn hinab an den Rand des Grabens, während die letzten Strahlen der Sonne die Spitzen der uralten Tannen ringsum beschienen.

Jenseits des Grabens war ein Tor in den Fels gehauen. Ein Knappe hatte Parzival durch die Luke erspäht und fragte nach seinem Begehr.

»Laßt mich ein«, rief Parzival hinüber, »der Fischer schickt mich!«

Im nächsten Augenblick senkte sich die mächtige Zugbrücke herab, und Parzival ritt über die grausige Schlucht hinüber.

Durch dämmrige Gänge, die in den Fels gehauen waren, ging es nun aufwärts, immer höher und höher, bis sich der offene Himmel wieder über seinem Scheitel wölbte und er in den Burghof einritt.

Hier war das Gras überall unzertreten, man merkte, daß hier schon lang kein lustiges Waffenspiel, kein fröhliches Fest mehr gefeiert worden war. Trauerstimmung schien alle Säle und Gänge zu erfüllen.

Die Edelknaben, die herzueilten, um Parzival zu dienen, ließen jedoch nichts von Leid merken. Munter und vergnügt ergriffen sie Zügel und Bügel, halfen dem fremden Gast ehrerbietig aus dem Sattel, zogen ihm die Rüstung aus, wiesen ihm den Brunnen, an dem er sich waschen konnte, und brachten dann einen prächtigen Mantel von arabischer Seide herbei, den hängten sie ihm um die Schultern.

»Dieses Kleid sendet Euch Königin Repanse als Willkommgruß«, sagten sie. Hierauf führten sie den Ankömmling in ein Gastgemach, kredenzten ihm Wein und baten ihn zu ruhen, bis der abwesende Hausherr zurückkäme und ihn riefe.

Es dauerte nicht lang, da wurde Parzival abgeholt und in einen prächtigen Saal geleitet. Dort hingen an der Decke hundert Kronleuchter, mit flammenden Kerzen besteckt, und kleinere Kerzen ohne Zahl erhellten die Wände. Hundert Ruhebetten mit hundert Polstern standen im Kreis um hundert Tische, an denen je vier Ritter saßen, die ein Mahl erwarteten.

Der Boden war mit kostbaren Teppichen belegt, auf drei Marmorherden brannte Feuer aus Aloeholz.

Nun trug man den Burgherrn auf einem Tragbett in den Saal und ließ ihn nahe am größten der drei Feuer nieder. Parzival durfte herzutreten und ihn begrüßen. Er erkannte sogleich, daß es der Fischer mit dem Pfauenhut war, den er auf dem See im Tann angerufen hatte. Er schien sehr krank zu sein, blaß und blutleer war sein Antlitz, Gram zerfurchte seine Züge. Er fror vor Fieber, darum war er stets in doppeltes Pelzwerk gehüllt und mußte ein gutes Feuer nahe bei sich haben. Auf dem Haupt trug er eine Pelzmütze aus Zobel, die ganz oben einen herrlichen Rubin als Knopf hatte.

Huldreich lud der Burgherr seinen Gast ein, neben ihm Platz zu nehmen, und Parzival gehorchte sittsam. Erwartungsvoll standen die Ritter ringsum, große Stille herrschte im Raum, den die flackernden Kerzen taghell erleuchteten.

Plötzlich flog im Hintergrund eine Tür auf, und ein Knappe trat ein, der einen blutigen Speer in der Hand hielt. Von der Spitze der Waffe tropfte das Blut herab, rann den Schaft entlang abwärts und dem Träger in den Ärmel hinein.

Den Speer hoch erhoben, schritt der Knappe die Wände entlang, indes sämtliche Ritter in herzzerreißenden Jammer ausbrachen. Sie weinten und schrien. Erst als der Knappe wieder verschwunden war, stillte sich ihr Weh, und das feierliche Schweigen kehrte zurück.

Abermals öffnete sich die Tür, doch nun trat ein Mädchenpaar mit zwei goldenen Kerzenleuchtern in den Händen ein. Ihr Haar war blond und mit einem frischen Blumenkranz geschmückt. Schritt vor Schritt setzend, wandelten sie in den Saal, gefolgt von einem zweiten Mädchenpaar, das in leuchtendes Rot gekleidet war und ein Tischgestell aus Elfenbein trug. Dieses rückten die Mädchen vor den Burgherrn. Alle vier verneigten sich und traten zur Seite.

Nun kamen vier Jungfrauen in Gewändern aus grünem Samt, mit goldenen Gürteln um die Hüften und Blumen im Haar, die trugen eine Tischplatte aus dünngeschliffenem rotem Hyazinth-Stein. Ihnen folgten vier andere, ganz gleich gekleidete Jungfrauen mit Lichtern in den Händen. Sie legten gemeinsam die durchscheinende Platte auf das Gestell vor dem Herrn, neigten ehrerbietig die Häupter und traten zu den anderen.

Doch der feierliche Einzug war noch lange nicht zu Ende. Durch die geöffnete Tür traten jetzt, gefolgt von vier Kerzenträgerinnen, zwei Edelfrauen ein, Töchter von Grafen, die trugen auf weißen Tüchern zwei silberne, halbmondförmige Messer, die waren schärfer als der beste Stahl. Die Edelfrauen legten die Messer auf die Tischplatte aus Edelstein und traten zur Seite.

Nun befanden sich schon achtzehn Frauen im Saal. Da kamen noch sechs herein, die hielten Glasgefäße, in denen Balsamfeuer brannten. In ihrer Mitte aber schritt die Königin Repanse, die Parzival ihren Mantel zur Begrüßung entgegengeschickt hatte. Mit ihrem vollen Namen hieß sie Repanse de Schoye, das heißt: Spenderin der Freude.

Die Königin selbst war in ein Kleid aus weißer arabischer Seide gehüllt, die Jungfrauen mit den Feuerschalen in zweifarbige Stoffe aus der fernen Stadt Ninive im Morgenland.

Doch auch die Hände der Königin waren nicht leer, o nein: Auf einem grünen Seidentuch trug sie einen Kelch aus Kristall, und dieser Kelch, diese Schale, war der heilige Gral, das kostbarste Gefäß auf Erden und im Himmel. Strahlendes Licht ging von ihm aus.

Als Luzifer, der vor Urzeiten ein großer Erzengel gewesen war, sich gegen Gott auflehnte und von den übrigen, den guten, gehorsamen Engeln aus dem Himmel auf die Erde gestürzt wurde, in die er bis zu ihrer Mitte versank, fiel ihm ein Stein aus seiner Krone, ein großer, klarer Kristall. Den fanden fromme Männer, schliffen daraus einen Kelch und verbargen ihn viele tausend Jahre lang.

Aus diesem Kelch spendete Christus, als er auf Erden wandelte, seinen Jüngern beim letzten Abendmahl den Wein. Und als dann der Herr gefangen, nach Golgatha geschleppt und dort gekreuzigt wurde, kam die heilige Schale in den Besitz des frommen Joseph von Arimathia, der die Erlaubnis erhalten hatte, den Leichnam Christi vom Kreuz herabzunehmen und zu bestatten.

Als er spätnachts den Leib des Herrn wusch, tropfte plötzlich noch etwas Blut aus den Wunden des Heilands, das fing Joseph von Arimathia im Gralskelch auf, um es darin zu verwahren. Da senkte sich plötzlich eine Schar Engel mit schwirrenden Flügeln auf die Erde herab und entführte das Gefäß mit seinem kostbaren Inhalt in wolkige Höhen. Dort entschwand es.

Acht Jahrhunderte vergingen. Im neunten zogen fromme Ritter ins Heilige Land, unter ihnen ein Mann namens Titurel, um am Grab des Herrn in Jerusalem zu beten. Da senkten sich die Engel abermals aus himmlischen Höhen herab und übergaben Titurel den Gral mit dem Blut, das nun nicht mehr rot, sondern weiß erstrahlte wie die Sonne.

Die Ritter verbargen das Gefäß in einem kostbaren Schrein und brachten es so nach Europa. Hier baute Titurel mit seinen Gefährten, vielen Rittern und Knappen, in einer einsamen hohen Gebirgsgegend, die kein Mensch ohne Gottes Willen und Ruf finden kann, die Gralsburg, Montsalvat geheißen: Berg des Heils, der Rettung, der Gesundheit. In ihrem allerinnersten Gemach, das er ganz mit Gold auskleiden ließ, stellte er die heilige Schale auf.

Alljährlich kam eine Taube vom Himmel, die eine Hostie im Schnabel trug. Sie legte die schneeweiße Scheibe in den Gral, wodurch sich dessen Wunderkraft immer wieder erneuerte und verstärkte.

Der Gral hatte nämlich die Eigenschaft, daß er jeden mit jener Speise labte, nach welcher ihm gerade der Sinn stand, sei es nun Brot oder Wein, Fisch oder Geflügel, frische Milch oder Obst. Und wer nach alledem kein Verlangen trug, sondern Stärkung des Herzens, Mut, Hoffnung, Zuversicht oder Seelenfrieden erbat, den erhörte der Gral genauso wie alle jene, die nur ihren leiblichen Hunger zu stillen wünschten. Dem Sterbenden aber gab sein Anblick die Gewißheit, daß er gar nicht sterben, sondern nach seinem Tod zu einem neuen, anderen Leben in geistigen Bereichen auferstehen werde, mit Christus vereint. Wer aber am Leibe verwundet war, dessen Schmerzen hörten auf, sobald sein Blick auf dem Gral ruhte.

Niemand durfte die heilige Schale mit den Händen berühren außer Repanse de Schoye, die eine Tochter Titurels war. Sie durfte das Gefäß mit ihren geweihten Händen aufnehmen und in den Saal tragen, sooft der Gralskönig und die Ritter danach verlangten. Dort stellte sie es dann auf den Tisch vor den König, und das Mahl begann.

Als König Titurel, dessen Augen bis zum letzten Atemhauch so rein und stark geblieben waren wie die eines Kindes, uralt geworden und von dieser Welt gegangen war, übernahm sein Sohn Anfortas das Amt des Gralshüters. Es war der leidende Fischer, der Parzival den Weg vom See Brumbane in die Gralsburg gewiesen hatte. Sein Name bedeutet: der Kraftlose.

Jahr um Jahr versah er getreulich seinen hohen Dienst, und Montsalvats Ritterschaft stand in hoher Blüte. Sooft der Gral einen neuen Ritter zu seinem Dienst ausersehen hatte und in die Burg berief, erschien dessen Name in leuchtenden Buchstaben im Kristall des Gefäßes, und alle erwarteten ihn und empfingen ihn mit großer Freude. Und wenn irgendwo in der Welt ein Mensch in Not und Gefahr geriet und den heiligen Gral um Hilfe anflehte, erschien der Name des Bedrängten im Kristall. Dann mußte sich einer der Gralsritter aufmachen und ihm beistehen.

Doch eines Tages erlag Anfortas dem Zauberer Klingsor. Dieser teuflische Magier, der die Burg Montsalvat und ihre Ritter haßte, hatte einen herrlichen, ewig blühenden Garten rings um das Gralsgebiet gezaubert, und obwohl Anfortas wußte, daß er eine Sünde beging, wenn er diesen üppig wuchernden, trügerisch lockenden Garten der Versuchung betrat, wich er dennoch vom Pfad der Tugend ab und begab sich, mit einem geweihten Speer bewaffnet, in das Zaubergelände.

Sofort war Klingsor zur Stelle. Er entriß dem König, den der Anblick der tausend prangenden Blumen fesselte und dem die duftende Luft die Sinne lähmte, den Speer und fügte ihm mit der heiligen Waffe an der rechten Hüfte eine Wunde zu.

Im selben Augenblick versank auch der Zauberspuk. Die Blumen lagen verdorrt auf dem Boden, herbstdürr fiel das Laub von den Zweigen, die Bäume sanken um und vermoderten, das Gras verbrannte — eine öde Wüste dehnte sich ringsum bis zum Horizont aus.

Wohl gelang es Anfortas, den Speer an sich zu raffen und nach langer, mühseliger Wanderung wieder das Gralsgebiet zu finden und in die Burg zurückzukehren, aber er war ein siecher Mann geworden. Die Wunde, die ihm Klingsor geschlagen hatte, heilte nicht wieder zu, der köstlichste, teuerste Balsam des Morgenlandes war machtlos gegen sie. Gräßlich brannte der Schmerz, nichts vermochte das Blut und den Eiter zu stillen, die ohne Unterlaß aus der Öffnung sickerten.

So war Anfortas für seine Sünde bestraft worden, da half keine Reue. Mit ihm verfielen auch alle anderen Bewohner der Gralsburg in tiefe, trostlose Trauer.

An schönen, sonnigen Tagen suchte der kranke, sündige Gralshüter gern den kühlen See Brumbane auf, der nahe von Montsalvat mitten im Wald lag. Die Fischer mußten ihn auf das Wasser hinausrudern. Dort saß er dann, das Gesicht vom Pfauenhut beschattet, und sah den ziehenden Schwänen zu, indes die Fischer ihre Netze auswarfen. Der heilsame, reine Dunst des Sees linderte seine Schmerzen ein wenig, und weil er diesen See immer wieder aufsuchte, hatten ihm seine Ritter im Laufe der Zeit den Beinamen »der Fischer« gegeben, obwohl er niemals selber einen Fang tat.

Seit Anfortas' Verwundung blieb die Himmelstaube aus. Der Gral berief keine neuen Ritter mehr zu seinem Dienst, schickte auch keinen mehr hinaus in die weite Welt, er schwieg. Verzweifelt durchforschten die Ritter die Schriften der weisesten Ärzte der Welt und versuchten alle Heilmittel, die es nur gab, an ihrem siechen König, doch keines half. Ruhelos war Kundry, die Gralsbotin, unterwegs, schaffte die Arznei Theriak herbei und das kostbare Nardöl, auch ein Fläschchen Blut vom Vogel Pelikan, der sich, um seine Jungen in der Not mit seinem Blut zu nähren, die eigene Brust zerfleischt.

Auf langen Reisen suchten die Ritter den Karfunkelstein zu gewinnen, den das Einhorn auf seiner Stirn trägt. Sie brachten auch das Kraut Trachonte oder Natterwurz mit, das aus dem Blut erschlagener Drachen sprießt, und legten es dem König auf die Wunde. Aber keins dieser seltenen Mittel fruchtete, Anfortas blieb siech.

Da warfen sich die Ritter vor dem Gral nieder und flehten in inbrünstigen Gebeten um Hilfe, um ein Zeichen. Und siehe da, in der Schale erschienen eines Tages die Worte:

»Harret des Ritters, der kommen und aus eigenem Antrieb den König fragen wird, was ihm fehlt. Diese Frage allein kann Anfortas von seinen Qualen erlösen, doch muß sie der Held gleich in der ersten Nacht stellen, am andern Tag ist es schon wieder zu spät. Niemand von euch darf den Ankömmling zur Frage mahnen, sonst wird Anfortas' Leiden nur noch größer als bisher. Stellt der Ritter die erlösende Frage, so soll er die Krone des Grals tragen, Anfortas aber fortan nicht mehr Gralskönig, sondern wieder ein gewöhnlicher Ritter sein.«

Von alledem wußte Parzival nichts. Er ahnte auch nicht, wie viele Jahre die Ritter schon auf den warteten, der den Fischer von seinen Schmerzen befreien würde. Er sah nur, wie sie an den Tischen von den Speisen aßen, die ihnen der Gral geheimnisvoll spendete, sah, wie die dienenden Knappen und Schenkbuben von Tisch zu Tisch eilten, und merkte auch, welch unendliches Leid aus Anfortas' Zügen sprach, wie mühvoll er sich bewegte und, bald auf den linken, bald auf den rechten Arm gestützt, bei Tisch lehnte. Aber er erkundigte sich weder nach dem Gral, der da vor ihm stand, noch nach dem Wunder des Abendmahls noch nach der Ursache von Anfortas' Schmerzen. Hätte Parzival nur ein einziges Mal gefragt: »Lieber Herr, was fehlt Euch?«, so wäre der Fischer von all seinen Qualen erlöst und seiner Sünde ledig gewesen. Doch Parzival tat nichts dergleichen, wie gern er auch gewußt hätte, was dem Burgherrn solches Weh und solchen Kummer erzeugte. Er mußte immer an die Mahnung des alten Gurnemanz denken: »Frage nicht so viel, es gehört sich nicht!« Also preßte er die Lippen aufeinander und verharrte stumm bis zum Ende des Mahls.

Der Burgherr ließ nun ein herrliches Schwert kommen, zog es aus der Scheide und reichte es Parzival als Gastgeschenk. Der Griff der Waffe war aus einem einzigen Rubin verfertigt.

»Nehmt dieses Schwert als Gabe von mir«, sprach der Burgherr, »ich hab es oft im Kampf getragen, es leistete mir manchen Dienst, eh mich Gott so schwer an meinem Leibe schlug. Sollte es Euch in der Burg an irgendwelcher Pflege fehlen, sollten Euch Knaben und Mädchen nicht aufmerksam genug bedienen, so nehmt diese Waffe schon jetzt dafür zum Entgelt und scheidet ungekränkt von hier.«

Nun wäre noch Zeit gewesen, zu fragen! Hätte Parzival, die höfische Sitte nur für einen Augenblick mißachtend, die Lippen geöffnet und gesprochen: »O Herr, was quält Euch so sehr?«, es wäre alles gut gewesen, und Parzival hätte auch sich selber manche Not und Pein erspart. Doch er gedachte immer nur der Mahnung seines Lehrherrn und schwieg. Vielleicht sagt mir noch jemand, was all der Glanz hier um mich bedeuten soll, ehe er erlischt, dachte er, ich will geduldig warten, bis man mich aufklärt, denn so gehört es sich.

Aber da kamen schon die Diener mit kleinen Wagen heran, stellten die goldenen Teller und Becher der Ritter darauf und rollten das Geschirr zur Tür hinaus. Die vierundzwanzig Jungfrauen, die um die Königin standen, begannen den Saal in derselben Reihenfolge, in der sie gekommen waren, zu verlassen. Als letzte folgte ihnen, nach einem kummervollen Blick auf Parzival, Repanse de Schoye mit dem heiligen Gral. Sein Licht entschwand, und trotz der vielen tausend Kerzen, die den Saal erhellten und Parzival bei seinem Eintritt so schön erschienen waren, kam ihm der Raum nun dämmrig, fast düster vor, verglichen mit dem Licht des Grals.

»Herr, Ihr bedürft der Ruhe, geht zu Bett«, sagte nun der Wirt zum Gast, und Parzival, wie aus tiefstem Traume auffahrend, gehorchte. Er bot dem Burgherrn eine gute Nacht und ließ sich in sein Gemach führen. Das Schwert mit dem Rubingriff nahm er mit.

Sein Zimmer war ganz hell von Kerzen, aber sein Antlitz strahlte noch hundertmal heller als sie. Flinke Edelknaben halfen ihm, sich zu entkleiden, sie lösten ihm das Schuhwerk von den Füßen, nahmen ihm den Mantel der Königin Repanse von den Schultern, streiften ihm die Beinkleider und das Wams ab. Dann schlüpfte er unter die Decke. Sein Gesicht strahlte wie die Sonne.

Vier Jungfrauen traten bei ihm ein, die baten: »Wachet noch eine Weile, Herr! Schlaft noch nicht, tut's uns zuliebe!« Sie reichten ihm Würzwein und auf einem weißen Handtuch Äpfel aus dem Paradiesesgarten.

Er aß und trank wohl noch, entschlief aber dann gleich.

Die Edelknaben stellten die Kerzenleuchter von den Tischen auf den Teppich hinab, damit ihr Schein ihn nicht störe, und huschten mit den Mädchen zur Türe hinaus.

Furchtbare Träume quälten Parzival in dieser Nacht. Nicht weniger furchtbare, als seine Mutter an jenem Tag erschreckten, da Gachmurets Knappe Tampaneis mit der Botschaft vom Tod seines Herrn in den Hof geritten war. Mit seiner Lanze und dem Schwert, das der Burgherr ihm geschenkt, hatte er Kämpfe zu bestehen, die so schrecklich waren, daß ihm ein dreißigfacher Tod im Wachen leichter erschien als solche Traumturniere. Er schwitzte aus Adern und Gebein.

Als er erwachte, war es heller Morgen. Er richtete sich von seinem Lager auf und rief nach den Knappen, aber es kam niemand, der ihm dienen wollte. Sein neues Schwert lag neben dem Ithers von Gahevies auf einem Stuhl, daneben lehnten Lanze und Schild. Auch sein Helm und sein roter Harnisch lagen bereit, die doch am Abend nicht im Zimmer gewesen waren.

»Soll das etwa heißen, daß ich mich rasch ankleiden und wappnen soll?« fragte er sich halblaut. »Am Ende ist Krieg ausgebrochen, und die anderen sind alle schon ausgeritten, und ich soll ihnen nacheilen!«

Er legte sich die Rüstung ohne fremde Hilfe an und nahm seine Waffen auf. Dann schritt er aus dem Gemach und strebte durch die Gänge ins Freie. Die Burg schien wie ausgestorben. Nirgends war ein Mensch zu sehen. Leer waren alle Räume, schaurig hallte der Tritt.

Im Burghof war das Gras ringsum zertreten und zerstampft, als ob hier viele Ritter in großer Eile und Hast zu Pferd gestiegen und davongeritten wären.

Die Zugbrücke war herabgelassen. Parzival fand sein Pferd gesattelt und gezäumt neben dem Tor. Verwundert und zugleich erzürnt über die schlechte, unhöfliche Behandlung, bestieg er sein Roß und ritt aus der Burg.

Er hatte jedoch kaum den andern Rand des Grabens erreicht, als die Brücke von unsichtbarer Hand so jäh und so knapp hochgezogen wurde, daß es seinem braven Pferd die Hinterhufe vom Boden riß und das erschrockene Tier einen Luftsprung machte.

Wütend wandte sich Parzival um und rief: »Was soll das heißen? Antwortet!«

»Macht, daß Ihr weiterkommt!« entgegnete ihm eine Stimme von drüben, obwohl kein menschliches Wesen zu erblicken war. »Fahret hin! Selbst die Sonne haßt Euch von heute ab! Konntet Ihr nicht das Maul auftun? Oh, hättet Ihr doch den Wirt nach seinem Kummer gefragt! Ein Schwan hättet Ihr werden können, und was seid Ihr nun? Eine Gans seid Ihr! Trollt Euch und laßt Euch hier nie mehr blicken. Euch war ein großer Preis verheißen, den habt Ihr hier verspielt und vertan!«

Parzival forderte Erklärung dieser wunderlich bösen Worte, aber wie laut er auch rief, es kam keine Antwort mehr. Da ritt er fort. Stumm und drohend umragten ihn die Felsen, ohne Vogelsang war der dunkle Wald, die Sonne brannte trotz der frühen Stunde heiß auf das schweigende Land herab. Hinter Parzivals Rücken versank die Gralsburg, deren Geheimnis er zwar geschaut, aber nicht begriffen hatte.

Eine Weile folgte er den vielen Hufspuren im Gras, die wohl von den Pferden der Gralsritter stammten, die nach allen Richtungen davongeeilt sein mußten. Doch im Waldboden verloren und zerstreuten sie sich immer mehr, entschwanden zuletzt ganz.

Da zerschnitt der laute Klageschrei einer Frauenstimme die Stille, und als Parzival dem Jammer nachritt, kam er auf eine Lichtung hinaus, in deren Mitte eine umgehauene Linde lag. Auf dem Stumpf des Baumes fand er ein Weib, das einen einbalsamierten toten Ritter auf dem Schoße hielt. Das Gesicht des Weibes war fahl und gräßlich zerfurcht, sein Haar schütter.

»Bedürft Ihr der Hilfe, so sagt es, ich diene Euch gern«, redete Parzival die Frau an.

Sie dankte ihm traurig und fragte, woher er komme. »In diesem Wald hier ist's nicht geheuer«, sagte sie. »Was hat Euch denn in diesen Forst verschlagen? Hier kann es einem Unkundigen schlimm ergehen. Wenn Ihr Euer Leben liebt, so flieht! Doch saget mir zuvor: Wo verbrachtet Ihr die vergangene Nacht?«

Die Frage beschwerte Parzivals Gewissen. Unendliches Weh erfüllte seine Brust. »O Fraue«, sprach er, »eine Meile von hier steht eine Burg, wohl mit hundert Türmen ragt sie zum Himmel auf, nie sah ich eine prächtigere. Dort blieb ich zur Nacht, soeben verließ ich sie.«

»Das gibt es nicht«, entgegnete ihm die Frau kopfschüttelnd. »Auf dreißig Meilen im Umkreis ist hier noch nie Holz für ein Haus geschlägert, sind noch nie Steine behauen worden. Nur eine Burg steht in diesem Land, herrlicher zwar als alle anderen — doch wer sie sucht, der findet sie nicht, und wenn er sich noch so bemüht. Nur berufen oder unwissend gelangt manchmal einer dort hinein, doch glaube ich nicht, daß Euch solches Glück zuteil ward. Montsalvat heißt die Burg, der ›wilde Berg‹, Terre de Salväsche, ›Land der Wildnis‹, das Reich, aus welchem sie gen Himmel ragt. Ein König herrscht dort, der heißt Anfortas. Vor Schmerzen bleich ist sein Antlitz. Er kann weder gehen noch reiten, weder sitzen noch liegen, nur mehr lehnen. Ach, wenn das wahr wäre, daß Ihr des Nachts bei ihm in der Burg wart, so wäre er von seinem schrecklichen Siechtum erlöst!«

»Ich war sicherlich dort«, rief Parzival voll Schmerz. »Ich sah viele Wunder: einen blutigen Speer, zwei silberne Messer, speisende Ritter,

einen kranken, stöhnenden Fischer. Ich sah ein kristallenes Gefäß, hell wie die Sonne —«

»Und hast du den König nach dem Grund seiner Schmerzen gefragt?« fiel ihm die Frau mit dem Leichnam ins Wort. »Hast du die Frage gestellt, auf die alle Welt wartet?«

»Nein«, antwortete Parzival, »ich tat es nicht!«

»Oh«, rief die Frau in höchstem Schmerz, »so bist du verloren und verflucht! Du sahst ihn leiden, sahst den blutigen Speer — und hast nicht gefragt? Ist deine Brust aus Stein? Dein Herz erstarrt? Fühltest du noch nie Mitleid und Erbarmen, daß du so namenlose Not schweigend mit ansehen konntest? Eines Wolfes, nicht eines Menschen Seele birgt dein Leib. Ich nannte dir deinen Namen: Parzival. Mittendurch solltest du gehen — und was tatest du? Du schwiegst und bliebst zögernd zurück, statt mit einer einzigen, kleinen Frage für immer zum Gral zu gelangen. Du sprachst das winzige Wort nicht aus, die eine kleine Frage: ›Was fehlt Euch, lieber Herr?‹«

»Du nanntest mir meinen Namen?« verwunderte sich Parzival. »Ja, bist du denn Sigune?«

»Die bin ich«, antwortete die Frau, »und daß du mich nicht erkanntest, daran ist mein Haar schuld, das mir vor Gram ausfällt, und mein Antlitz, das vor der Zeit altert . . . Ich liebte dich, Parzival, roter Ritter! Doch nun wende ich mich von dir ab. Dir war von Gott der höchste

Ritterpreis zugedacht: die Gralsburg — und in der Gralsburg hast du ihn verloren. Hebe dich hinweg!«

»O Sigune«, flehte Parzival, »ich will gutmachen, was ich verbrach! Doch laßt mich Euch zuvor diesen toten Ritter begraben helfen.«

»Hinweg!« rief Sigune aufs neue. »Rühr ihn nicht an! Er bleibt in meinem Schoß liegen. Hier will ich sitzen und um ihn, meinen Bräutigam, klagen, bis oben in Montsalvat der Fischer von seinen Qualen erlöst ist. Fort! Geh mir aus den Augen! Ich verfluche dich! Ruhelos sollst du von nun ab die Welt durchziehn und den Gral suchen — aber finden sollst du ihn nicht!«

Da verließ Parzival die klagende Maid. Traurig ritt er fort. Allein, wie er von Kondwiramur ausgezogen war, durchstreifte er den Tann. Zu seiner Linken und Rechten wechselten Berge und Hügel, Moore und Bäche. Doch immer wieder ging es durch den Wald, und der Wald nahm kein Ende. Wie gerne wäre er jetzt bei seiner Mutter gewesen, aber er ließ dem Pferd die Zügel hängen und ritt gesenkten Hauptes betrübt dahin, ohne Pfad.

Auf einmal entdeckte er frische Hufspuren im Waldboden. Er hob den Kopf und sah ein gutes Stück vor sich einen Ritter reiten, dem in größerem Abstand eine Frau auf einem elenden alten Klepper folgte, der keine Eisen mehr an den Hufen hatte, weil er ohnehin jeden Augenblick sterben konnte und es sich nicht mehr lohnte, ihn zu beschlagen.

Parzival ritt dicht an die Frau heran, er wollte ihr seine Hilfe anbieten. Da sah er, daß sie nur ein grobes Hemd am Leib trug, und dieses Hemd war ganz und gar von Dornen und dürren Zweigen zerrissen. Wirr und beschmutzt hing der Frau das Haar in die Stirn und über den Rücken, hohlwangig war ihr Gesicht, von Tränen überströmt. Parzival grüßte sie voll Mitleid. Sie blickte auf und erkannte ihn gleich.

»O reitet fort«, rief sie, »ich habe schon genug durch Euch gelitten, vermehrt mein Leiden nicht noch durch Eure Gegenwart!«

»Wie hätte ich solche Worte verdient?« fragte Parzival erstaunt. »Ich grüßte Euch voll Erbarmen, und Ihr zürnt mir? Nehmt zum Zeichen, daß ich es gut mit Euch meine, diesen Mantel von mir an, Euer Hemd ist ja ganz zerrissen.« Er löste Repanses Geschenk von seinen Schultern und wollte es der Unglücklichen umhängen.

Voll Entsetzen wehrte die Frau ab. »Nicht!« rief sie, »wenn das mein Gatte sieht, ist's unser beider Tod! Dort vorn reitet er, Herzog Orilus ist sein Name, und ich bin Jeschute, der Ihr im Zelt den Ring und eine Spange raubtet. Um Eurer Torheit willen bin ich so arg gestraft. Doch rate ich Euch bei Gottes Liebe: Flieht, Herr, ehe Orilus sich umsieht und Euch erblickt!«

Aber es war schon zu spät. Der Herzog hatte sein Roß gewendet und sprengte mit dem Ruf: »Da bist du ja, den ich so lange gesucht habe!« wutschnaubend auf Parzival zu. Sein Wappenkleid war über und über mit Drachen bestickt, einen Drachen führte er im Schild, und ein zauberkräftiger Drache mit rubinroten Augen, die lebhaft umherblickten, schmückte seinen felsenharten Helm.

Weinend vor Angst und Kummer sah Jeschute, wie die Gegner aufeinanderprallten. Splitter umwirbelten ihre Helme, Funkengarben erhellten die Dämmerung des Waldes.

Hier kämpfen in einem Manne wahrlich hundert Drachen gegen mich, dachte Parzival. Doch dann schwang er sein Gralsschwert hoch auf und spaltete mit einem mächtigen Schlag den Drachenhelm des Gegners. Vor Anfortas' heiliger Gabe mußte jeder noch so starke Zauber erlahmen.

Orilus gab den Kampf noch nicht auf. Er ritt blitzschnell an Parzival heran und versuchte, ihn vom Pferd zu reißen. Parzival aber fing seinen Griff ab, hob Orilus mit einem Ruck aus dem Sattel, schwang ihn wie eine volle Hafergarbe unter seinen Arm und sprang mit ihm vom Roß. Dann preßte er den Gegner, der sich wütend wehrte, so heftig gegen einen vom Wind umgeworfenen Baumstamm, daß ihm schier der Atem verging.

Parzival rief: »Nun bezahlst du für alles, was du diesem armen Weib angetan hast! Verzeih Jeschute auf der Stelle!«

»Noch nicht«, rief Orilus, nach Luft ringend, »noch bin ich nicht besiegt!«

Da drückte Parzival den Kopf seines Feindes so gewaltig gegen den Baum, daß ein Blutstrahl aus dem Sehschlitz des Drachenhelmes sprang.

»Halt ein«, rief Orilus, »lieber, als zu sterben, will ich diesem Weib vergeben, so schwer es mich auch ankommt. Seid Ihr bereit, Jeschutes Unschuld zu beschwören? Schenkte sie Euch Ring und Spange aus Minne — oder raubtet Ihr den Schmuck?«

»Jeschute ist unschuldig und treu«, antwortete Parzival und ließ den Herzog los. »Mich allein trifft alle Schuld. Ich war ein Tor und noch kein Mann. Hier ist das Ringlein, gebt es ihr zurück und verzeiht Eurer lieben Frau. Die Spange gab ich leider einem Schiffer als Lohn für Kost und Obdach.«

Doch Orilus war noch immer nicht zufrieden. »Ist es auch wahr«, fragte er, »daß Ihr Jeschute den Kuß raubtet, oder gab sie ihn Euch freiwillig um Eurer Schönheit willen?«

»So wahr ich ihr den Ring im Schlaf raubte, so wahr ist es, daß ich sie gegen ihren Willen küßte«, sagte Parzival feierlich.

»Könnt Ihr das auf Eure Ritterehre nehmen?« rief Orilus. »Ich weiß hier ganz in der Nähe die Klause des Einsiedlers Trevrizent, dort sollt Ihr mir Jeschutes Unschuld beschwören.«

Parzival war damit einverstanden. Sie ritten zu dritt den Felspfad hinan, der zur Einsiedelei führte. Orilus kannte den Weg, er ritt voran.

Mit glücklichem Lächeln dankte Jeschute Parzival dafür, daß er sie befreit und für alle erduldete Schmach so mutig gerächt hatte.

Der Einsiedler Trevrizent, zu dem sie bald gelangten, war ein leiblicher Bruder des Anfortas und der Königin Repanse. Er war früher einmal auch Gralsritter gewesen. Doch seit Anfortas die Speerwunde empfangen hatte und der Gral niemanden mehr in die Welt hinausschickte, war ihm das Leben auf Montsalvat verleidet. Er hatte sich an den Rand des Gralsgebietes zurückgezogen und pflegte dort mit frommen Wanderern und Pilgern freundschaftlichen Umgang, stand auch sonst allen, die ihn suchten, mit Rat und Tat bei.

In seiner Klause, vor welcher sich eine große, herrliche Gebirgswiese ausdehnte, hatte er einen Reliquienschrein verwahrt, ein schönes, reichverziertes Kästchen. Auf dieses legte nun Parzival die Hand und schwur einen heiligen Eid auf Jeschutes Treue und Unschuld.

Nun wollten Orilus und Jeschute zu ihrem Zelt zurückkehren, sie waren von Herzen froh, endlich wieder versöhnt zu sein. Doch Parzival trat ihnen in den Weg und sprach:

»Ich habe Euch, Herzog Orilus, nicht nur dafür im Zweikampf gedemütigt, daß Ihr Eure arme, unschuldige Frau so tief erniedrigt habt, sondern auch dafür, daß Ihr den edlen Ritter Schionatulander, den Bräutigam meiner Base Sigune, erschlugt. Doch dünkt mich Eure Niederlage noch zu gering als Buße, darum befehle ich Euch, daß Ihr unverzüglich zu König Artus reist und Euch ihm gefangen gebt. Ihr müßt ihn suchen und ihm Eure Dienste anbieten.«

Das gelobte Orilus gern. Er verabschiedete sich von dem frommen Einsiedler und von Parzival, hüllte Jeschute in seinen Mantel und hob sie zu sich aufs Pferd. Den Klepper zog er am Zügel hinten nach. So kehrten die beiden zu ihrem Zelte zurück, wo sie vom Gesinde mit Jubel begrüßt wurden und sich unverzüglich für die Fahrt zu König Artus rüsteten.

Parzival aber versank sogleich wieder in seine frühere Traurigkeit. Mit Trevrizent, der ihn aufmerksam betrachtete und dabei immer wieder gramvoll den Kopf schüttelte, sprach er kein Wort.

An der Wand der Klause lehnte ein bunter Speer, den hatte dort vor langer Zeit ein wilder Ritter namens Taurian vergessen. Wie im Traum und ohne Trevrizent zu fragen, griff Parzival nach diesem Speer, als ob es sein eigener wäre.

Daß er diesen Speer an sich nahm, sollte Parzival noch manchen Kummer bereiten, denn an der Waffe haftete ein Zauber: der Zauber des Vergessens. Wer diesen bunten Speer mit sich führte, der sah und hörte nichts von allem, was um ihn vorging. Der schaute nur in sein eigenes Innere hinein, in die Bilderwelt seiner Erinnerungen und Sehnsüchte.

WIE PARZIVAL BEINAHE EIN ARTUSRITTER WIRD UND SEINEN HERZBRUDER GAWAN FINDET

Herzog Orilus und Jeschute fanden Herrn Artus bald, sie mußten nicht weit reiten. Der König war nämlich mit seiner Tafelrunde aus Nantes aufgebrochen, um Parzival im Wald zu suchen: er wollte den kühnen jungen Ritter, der einen so gewaltigen Helden wie Herrn Ither von Gahevies erschlagen hatte, nur allzugern in seine Tafelrunde aufnehmen. Außerdem hatte ihm Parzival bisher schon zwei besiegte Recken als Dienstmannen geschickt, was den Glanz und die Kraft von Artus' Tafelrunde sehr vermehrte. Dafür wollte er ihm Dank sagen.

So war er denn samt seinem Hofstaat ausgezogen und lagerte nun mit tausend Zelten auf einer mächtigen Wiese am Flusse Plimizöl. Das hatte einer von Orilus' Knappen ausgekundschaftet und seinem Herrn gemeldet, worauf der Herzog und Jeschute sogleich dorthin zogen.

Orilus kniete vor König Artus nieder, bekannte laut, wie hart und zugleich großzügig Parzival ihn besiegt habe, und gab sich zerknirscht in Artus' Gefangenschaft.

Da hob ihn der König auf und reihte ihn freudig unter seine Tafelrunde ein. –

Es war Mai, und das Pfingstfest stand bevor. Das war die Zeit, um welche Artus am liebsten mit seinen Rittern waffenfreudig durch die Lande zog.

Am Plimizöl aber, wo er gerade hofhielt, hatte er ein strenges Verbot erlassen: Niemand, weder Ritter noch Knappe, durfte sich ohne des Königs ausdrückliche Erlaubnis mit irgend jemandem in einen Zweikampf einlassen.

»Das Gralsgebiet ist nahe von hier«, hatte Artus gesagt, »da könnte es leicht geschehen, daß einer von euch im Wald einem ziehenden Gralsritter begegnet und Streit mit ihm bekommt. Das stürzte uns alle in tiefe Schuld. Wo das Gebiet des Grals beginnt, dort endigt meine Macht – darum zieht niemand sein Schwert in diesen Tagen, und niemand legt eine Lanze an, dem ich es nicht ausdrücklich erlaube!«

Dieses Verbot sollte den Rittern der Tafelrunde bald überaus ärgerlich und lästig werden, und das kam so:

Die Falkner des Königs waren in die Auwälder des Plimizöl zur Reiherbeize geritten. Als sie wieder heimkehren wollten, entdeckten sie, daß sich ihr bester Falke im Wald verirrt hatte. Er hatte sich überfressen und hockte nun still irgendwo auf einem Ast. Weder Rufe noch der beste Köder vermochten ihn aus seinem Versteck zu locken.

Es wurde Nacht, und auf einmal begann es in dicken Flocken zu schneien, obwohl doch nicht Winter war. Und als der Morgen graute, war über die ganze Welt eine Decke feinen, frisch gefallenen Schnees gebreitet. Alle Pfade waren verschneit.

Parzival war auf seinem irrenden Ritt – er suchte ja voll Weh die Gralsburg – am Abend zuvor in diesen Wald gekommen. Die ganze Nacht hatte er gemeinsam mit dem verirrten Falken unter den schneebeladenen Bäumen zugebracht, und beide hatten grimmig gefroren.

Als nun das Tageslicht matt durch den grauverhangenen Winterhimmel sickerte, machte sich Parzival auf und ritt weiter über Stock und Stein. Der Falke, der Vertrauen zu dem einsamen Mann gefaßt hatte, strich ihm getreulich zu Häupten mit.

Nach einiger Zeit trafen sie auf einer kleinen Lichtung eine Gänseherde. Hungrig stieß der Falke auf sie herab und traf eine von den

Gänsen mit seinem scharfen Schnabel. Mit knapper Not konnte sich das Tier unter einen umgehauenen Baum retten.

Aus der Wunde der Gans waren drei Tropfen Blut in den Schnee gefallen. Als Parzival sie sah, ritt er ganz nahe herzu und versank in ihren Anblick.

Er stieß seinen bunten Speer vom Sattel herab in den Boden und stützte sich darauf. Er starrte unbeweglich auf die drei roten Flecke im Schnee und sagte sich:

»Rot und weiß, weiß und rot — hier liegt dein Abglanz. Kondwiramur! Weiß ist deine Haut, rosenrot deine Wangen. O wie weit hab ich mich von dir entfernt! Wie tief bin ich in die Wirrnis des Waldes hineingeraten! Werde ich jemals wieder zu dir, geliebte Frau, zurückfinden? Wird uns das Schicksal je wieder in Liebe vereinen? Ach, ich bin ein verlorener, verworfener Mann! Hätte ich die Probe in der Gralsburg bestanden, so wär ich ein Schwanenritter geworden, so aber bin ich eine armselige verwundete Gans wie diese da . . . O Kondwiramur, wie sehne ich mich nach dir! Hilf mir, daß ich wieder heil werde! Weiß und rot, rot und weiß, o weh, hier liegt dein lieber Schein im Schnee, deine Farben — das Wappen deiner Seele! O Kondwiramur!«

Traumverloren, das Herz voll Qual, stand Parzival mit seinem guten Pferd in der winterlichen Öde. So fand ihn einer von Artus' Jägern, der gekommen war, den verflogenen Falken zu suchen.

Sogleich kehrte er um und weckte das ganze Lager, indem er gellend auf zwei Fingern pfiff.

»Auf, ihr Herren«, rief er, »euer Schlaf bringt euch Schande! Dort draußen auf der Lichtung, wenige Schritte von hier, hält ein fremder Ritter mit erhobenem Speer, zerhauenem Schild und schartigem Helm. In vollem Waffenschmuck sitzt er zu Roß, als begehre er zu kämpfen. Die Tafelrunde ist entehrt, wenn dieses Fremdlings Übermut nicht schleunigst gedämpft wird! Pfui über alle Helden hier! Wer mag noch den werten Herrn Gawan, die Herren Keie und Segramors, wer den König selber rühmen, solange dort draußen einer mit frech erhobenem Speer hält und auf Zweikampf wartet?«

Diese Worte jagten die ganze Tafelrunde auf. Wie zornige Wespen, in deren Nest Buben mutwillig hineingestochen haben, so schossen die Ritter aus ihren Zelten hervor, allen voran Segramors, der tollkühne Held. Er rannte zum Zelt des Königs, der mit Frau Ginover noch in süßem Schlummer lag, riß ihnen beiden die Bettdecke weg, daß sie jählings erwachten, und bat voll Ungestüm um Erlaubnis, mit dem stummen fremden Ritter, der durch seine Anwesenheit das Lager verhöhne, zu kämpfen.

»Segramors«, sprach König Artus rügend, »ich schwor mir zu, dich vor deinem eigenen Unverstand zu schützen. Gestatte ich dir diesen Kampf, so werden auch die anderen Ritter zu kämpfen begehren. Doch wir sind nicht weit von Montsalvat. Wie leicht kann es zum Krieg mit dem Gralsheer kommen, das diesen Wald durchstreift!«

Auf Bitten der Königin aber, die Herrn Segramors gut leiden konnte, gab Artus schließlich doch nach und erlaubte dem Recken, mit dem fremden Ritter zu kämpfen.

Also rüstete sich Segramors in großer Eile und sprengte hinaus auf die Lichtung, wo Parzival, auf seinen Speer gestützt, noch immer die drei Blutstropfen anstarrte.

»Ergebt Euch gütlich«, schrie ihm Segramors zu, »oder ich stoß Euch vom Pferd, daß der Schnee Euer Sterbebett wird!«

Aber Parzival sah und hörte nichts. Weltverloren und weltvergessen stand er da, versunken in den Abglanz von Kondwiramurs lieben Wangen.

Da legte Segramors die Lanze ein, gab dem Pferde die Sporen und rannte auf den verträumten Ritter los. In diesem Augenblick scheute Parzivals Hengst. Er machte eine plötzliche Wendung, durch die Parzival die Blutstropfen aus den Augen verlor. Dadurch kam er plötzlich wieder zur Besinnung. Rasch senkte auch er den Speer und trieb sein Pferd an.

Der Zusammenprall der zwei Streiter ließ die Bäume erzittern. Aber Parzival war der Stärkere, und Segramors lag mit zerstochenem Schild im Schnee.

Ohne den Besiegten auch nur eines Blickes oder Wortes zu würdigen, kehrte Parzival sogleich wieder zu der Stelle zurück, wo die Blutstropfen lagen, indes Segramors, schauerlich fluchend, sich aufraffte und seinem Pferd nachhinkte, das ohne Reiter im Galopp zum Stall zurückkehrte. Es war das erstemal, daß Segramors im Zweikampf seinen Meister gefunden hatte.

Nun eilte Herr Keie, der jähzornige Degen, zum König, meldete ihm Segramors' Mißgeschick und daß der fremde Ritter noch immer in voller Rüstung herausfordernd auf demselben Platz stehe wie vorhin.

»Wenn Ihr mir den Kampf mit diesem frechen, selbstherrlichen Eindringling nicht augenblicklich gestattet, bleibe ich keine Stunde länger in Eurem Dienst«, rief Keie. »Die Tafelrunde ist erniedrigt, solange dieser Ritter mit erhobenem Speer dort hält und uns alle verhöhnt.«

Da mußte Artus abermals nachgeben, und Keie, glühend vor Kampfbegier, warf sich in seine Rüstung und rief nach seinen Waffen. Auf schnaubendem Rappen sprengte er hinaus auf die Waldlichtung, wo der minnekranke Parzival, auf Ithers Kastilier sitzend und auf den bunten Speer gestützt, nach wie vor in abgrundtiefer Sehnsucht die drei Blutstropfen betrachtete.

»He!« rief ihn Keie an. »Hebt das Haupt, damit ich Euch eine Hundeleine um den Hals legen und Euch zu König Artus führen kann. Ergebt Euch oder ich stech Euch aus dem Sattel!«

Bewegungslos und schweigend verharrte Parzival. Da stürmte Keie wütend auf ihn zu, schwang seine Lanze und schlug mit dem Schaft von oben auf Parzivals Helm, daß es dröhnte.

»Wacht endlich auf!« schrie er.

Da Parzival nichts dergleichen tat, wendete Keie zornentbrannt sein Roß, nahm einen Anlauf und stach Parzival ein Fenster in den Schild.

Doch da folgte auch schon die Vergeltung. Parzival, dessen Pferd wieder scheute und der dadurch seinen Blick von den Blutstropfen wegwendete, senkte seinen Speer und stieß Herrn Keie so gewaltig gegen den Schild, daß der bunte Schaft in zwei Teile zerbrach. Keies Roß sank, von dem heftigen Anprall erschüttert, auf die Hinterbeine, strauchelte über den vom Schnee verdeckten Baumstamm, unter welchem die verwundete Gans Zuflucht gefunden hatte, fiel um und brach sich das Rückgrat. Keie wurde aus dem Sattel geschleudert und kam unter das tote Tier zu liegen, dessen Last ihn nun an den Boden drückte. Er konnte sich nicht erheben.

Parzival aber starrte bereits wieder auf das Rot im Schnee und scherte sich nicht um den bald jämmerlich stöhnenden, bald verzweifelt um Hilfe schreienden Gegner.

Vom Lager liefen Knappen herbei, die befreiten Herrn Keie. Er war übel zugerichtet. Sein rechter Arm und sein linkes Bein waren gebrochen. Man trug ihn in Artus' Zelt, und Männer wie Frauen beklagten laut sein Mißgeschick.

Auch Herr Gawan, der größte Held der Tafelrunde, kam herzugeeilt und trat tränennassen Auges an das Bett, auf welchem Keie lag.

»O schlimmer Tag«, klagte er mit weicher Stimme, »an dem solch übler Kampf geschah! Soll ich dich, Freund Keie, am Ende verlieren?«

Keie aber schlug die Augen auf und sagte zornig: »Was weint und greint Ihr wie ein altes Weib? Freilich, wem Frauenliebe stets mehr galt als harter Männerstreit, der erbleicht beim Anblick eines verwundeten Helden, anstatt ihn zu rächen! Pfui, schämt Euch, Herr Gawan! Ein blondes Weiberhaar fesselt Euch stärker als jedes Seil, und ein Blick aus zwei schönen Augen lähmt Euren Schwertarm rascher als Klingsors stärkste Zauberkunst!«

Traurig verließ Gawan das Zelt. Er war zu wohlerzogen, um dem grobschlächtigen Keie seine Beleidigungen mit gleicher Münze zurückzuzahlen. Scham über des Freundes ungerechte Reden verschloß ihm den edlen Mund. »Ich bin noch nie einem Kampf ausgewichen und werde es auch jetzt nicht tun. Ich vergebe Herrn Keie. Die Frauenminne, die er mir vorwirft und zugleich neidet, sie hat mein Herz gütiger und verständiger gemacht als das seine.«

So sprach er zu sich selber. Dann rief er nach seinem Pferd und ritt ohne Waffen hinaus auf die Lichtung, wo Parzival noch immer auf das Blut im Schnee starrte.

Lange betrachtete Gawan den fremden Ritter, dessen rote Rüstung ihm bekannt vorkam.

»Diesen Helden hat Frau Minne in ihren Bann geschlagen«, sagte er nach einer Weile. »Nicht um uns alle zu reizen, beträgt er sich so wunderlich, sondern weil ihm die Sehnsucht nach einer holden, reinen Frau die Sinne benimmt. Hier hilft weder Anruf noch wilder Kampf, hier bedarf es anderer Mittel, um den Ritter aus seinem Traum zu wecken.«

Nach diesem Selbstgespräch stieg Herr Gawan vom Pferd, zog ein feines seidenes Tüchlein aus der Tasche und deckte damit die drei Blutstropfen im Schnee zu.

Sofort kam Parzival zu sich. »Wo bin ich?« fragte er. »O Kondwiramur, wer hat mir dein liebes Bild entführt?«

»Das tat ich, mein Freund«, antwortete Gawan. »Und nun erkenn ich dich auch: du bist Parzival, der den roten Ritter erschlug und nun selber ein roter, liebeskranker Ritter wurde. Doch laß dir raten: Dein Herz mag noch so sehr in ihrer Haft sein, dein Geist bleibe von den Fesseln der Minne frei, sonst verlierst du Rittertugend und Ritterehre.«

Parzival sah sich um. »Wo ist mein Speer?« fragte er.

»Hier liegt er«, sagte Gawan und zeigte auf die Stücke.

»Zerbrochen?« wunderte sich Parzival. »Ich brachte ihn doch ganz hierher!«

»Er zerspellte Euch in einem Kampf«, erklärte Gawan.

»In einem Kampf? Gegen wen? Ihr steht doch ohne Waffe vor mir«, sagte Parzival.

»Ihr siegtet träumend über zwei Helden«, antwortete Gawan, »Frau Minne half Euch dabei. Seid froh, daß dieser Speer zerbrochen ist, und erlaubt mir, daß ich Euch zu König Artus geleite. Er lagert mit der Tafelrunde ganz nah von hier. Kommt!«

Gern folgte Parzival dieser Einladung. In Gawans Zelt legte er seine Rüstung ab, wusch sich und bekam weiche, bequeme Kleider.

Nach der langen, beschwerlichen Irrfahrt durch den Wald tat ihm die Ruhe und Behaglichkeit wohl, er freute sich auf die Gesellschaft der Ritter und auf die Freuden der Tafelrunde. Mit Herrn Artus' werten Genossen das nahe Pfingstfest zu feiern, das dünkte ihn das Lieblichste, was er sich wünschen konnte.

Artus wohnte gerade der Frühmesse bei, als man ihm die Ankunft des roten Ritters meldete. Nachdem der Gottesdienst zu Ende war, begab er sich höchstpersönlich in Gawans Zelt, um Parzival zu begrüßen.

Von allen Seiten strömten die Ritter herbei. Das Zelt konnte ihre Zahl nicht fassen, also schlug man die kostbaren Wände hoch. Das weite, winterlich glitzernde Land mit Wald und Au sah durch das Gestänge herein. Wie unter einem Baldachin stand Parzival vor dem König, einem Engel vergleichbar, nur daß ihm Flügel fehlten, und als Artus ihn voll Liebe umarmte und ihm für das Gute dankte, das er an Frau Jeschute getan, und für die herrlichen Recken Kingrun, Klamide und Orilus, die er ihm an den Hof geschickt, da brach gerade die Sonne durch die Wolken. Der Schnee begann zu schmelzen.

»Hätte ich gewußt, daß Ihr es wart, der heute morgen auf der Lichtung vor unserm Lager hielt und den Zorn meiner Ritter erregte, nie hätte ich Segramors oder Keie gegen Euch zu kämpfen erlaubt. Doch nun habt Ihr beider Übermut herrlich gedämpft. Kommt und seid fortab unser aller liebwertester Genoß!«

Mit stürmischen Bitten drängten nun auch die anderen Ritter heran, und Parzival drückte glückstrahlend die vielen Hände, die sich ihm entgegenstreckten. Er gelobte mit Hand und Mund, ein Ritter der Tafelrunde zu werden und in alle Zukunft Herrn Artus, dem mächtigsten König und edelsten Fürsten der Christenheit, in Treue zu dienen. Rasch hatte die warme Sonne die dünne Schneedecke hinweggezogen, und die süßen, bunten Maiblumen erhoben wieder ihre Köpfe zum belebenden Licht.

Die echte runde Tafel war zwar in Nantes geblieben, aber man hatte ein Abbild von ihr hergestellt. Dieses schlug man nun unter freiem Himmel im Grünen auf, und Ritter wie Knappen, Frauen wie Mägde setzten sich zum Mahl. Frau Ginover erschien mit einem Zug reichgeschmückter, bekränzter Jungfrauen, die waren fast noch lieblicher anzuschauen als der Frühling ringsum.

Die Königin bot Parzival die Lippen zum Willkommensgruß. »Hiemit vergebe ich Euch den Schmerz, den Ihr mir einst durch Herrn

Ithers Tod zufügtet«, sagte sie. Dann nahm sie neben Artus Platz, und die Jungfrauen setzten sich zu seiten des Königspaares nieder.

Parzival saß neben Gawan, und jeder, der die beiden sah, kannte es ihren Mienen an, daß diese Männer für ihr Lebtag Freunde, ja Brüder geworden waren, die kein noch so großes Ungemach je voneinander trennen konnte.

Doch wer hätte gedacht, wie schlimm dieser Freuden- und Ehrentag für Parzival enden sollte! Während noch alle mitten in der blumigen Au fröhlich bei Tisch saßen, den köstlichen Speisen und Weinen eifrig zusprachen und manch liebendes oder neckendes Wort gleich bunten Vöglein hin und her schickten, nahte plötzlich die Zauberin Kundry.

Auf einem hochbeinigen Maultier kam sie die lange Reihe der geschmückten Zelte entlanggeritten und schwenkte in den Ring herein. Alles ließ die Hände sinken, die goldenen Messer der Speisenden ruhten, das gebratene Fleisch auf den Tellern wurde kalt und zäh, der Wein in den Bechern warm. Niemand wagte zu essen oder zu trinken, niemand sprach ein Wort. Nur an Kundrys grausiger Erscheinung hingen aller Augen, ihrer schrecklichen Rede lauschte jedes Ohr.

Kundry war die Gralsbotin. Sie konnte alle Sprachen sprechen, Französisch, Heidnisch und Latein. Sie verstand sich auf Geometrie und kannte die geheime Weisheit, die aus den Gestirnen spricht. La Surziere, die große Zauberin, nannten sie alle. Ihr Gewand war aus blauem Brautstoff, wie man ihn in der reichen Stadt Gent wob, ihr kostbarer Mantel stammte aus Frankreich, aus London der prächtige Pfauenhut, ihr Rock war aus feinster morgenländischer Seide.

Doch so schön und anziehend ihre Kleidung war, ihre Gestalt schreckte dafür jeden ab. Ein dicker schwarzer Zopf, glanzlos und hart wie Schweineborsten, hing ihr über den Rücken bis auf den Sattel hinab. Ihre Nase glich der des Hundes, und aus ihrem Mund ragte ein Paar spannenlanger Eberzähne. Ihre Ohren waren Bärenohren.

In ihrer Hand, deren Haut dunkel wie Affenhaut war und deren Fingernägel den Klauen des Löwen glichen, hielt sie eine mit Edelsteinen besetzte Peitsche, damit trieb sie ihr falbes, schäbiges Reittier an. So trabte sie auf den großen Platz zwischen den Zelten herein und hielt vor König Artus.

»Schmach und Schande über dich und die Tafelrunde!« rief sie. »Ihr seid alle entehrt und jeder Würde bar! In den Ruhm, den die Sänger von euch und euren hohen Taten überall singen, wird sich von nun ab ein lauter Mißton mischen, seit Parzival unter euch weilt. Ihr habt ihm Rittertracht verliehen, ja ihr habt ihn in euren Bund aufgenommen! Ihr nennt ihn den roten Ritter, weil er Herrn Ithers Rüstung errang, doch ich sage euch: Herr Ither von Gahevies war ein Edelmann, Parzival aber ist für euch alle ein Makel, ein Schandfleck!«

Erstarrt hörten die Männer der Tafelrunde diese furchtbaren Worte, doch wagte keiner, die mächtige Gralsbotin darob zu schelten oder gar sie zu verjagen.

Nun trieb Kundry ihr Maultier an und ritt zu Parzival hin. Sie schaute ihm drohend in die Augen und rief:

»Schande und Spott über den lichten Schein, der von dir ausgeht! Schmach und Fluch über die Kraft deiner herrlichen Glieder! Ein tausendfaches Pfui über deinen kühnen Sinn und deine Heldenehre! Mein Anblick, Herr Parzival, kommt dir schrecklich vor, nicht wahr? Doch würdest du noch weit mehr über deinen eigenen Anblick erschrecken, könntest du dich mit den Augen des Grales ansehen wie ich!

Du warst in Montsalvat, hast den Fischer in seiner Not gesehen, aber du hast die erlösende Frage unterlassen! So schmählich hast du dort oben versagt, und nun willst du dich hier bei Herrn Artus zur Ruhe setzen? Das würde dir so passen: Pferdedieben und Mädchenräubern im Walde nachspüren, Raubritter und allerlei Mordgesindel aufstöbern und strafen helfen, was? Das ist freilich bequemer, als die Gralsburg zu suchen! Aber dazu hat dir Anfortas sein Schwert nicht gegeben. Du bist auserkoren, im Anblick des Grales zu leben, sein Licht über alle Reiche der Erde zu verbreiten, was aber tust du? Statt nach der dreimal heiligen Schale zu forschen, begnügst du dich mit dem lustigen Pokal, den dir König Artus' Mundschenken mit schäumendem Wein füllen!«

Sie rang die Hände zum Himmel, und Tränen stürzten aus ihren Augen. »O Montsalvat«, rief sie aus, »o Berg der Leiden! Kein Retter erscheint dir! Ist denn hier niemand in der Runde, der nach wahrem Ruhm und höchster Minne begehrt? Ich weiß ein Schloß, ›Schloß der Wunder‹ genannt — vier Königinnen und vierhundert Jungfrauen sind darin gefangen! Dort kann ein kühner Held der Abenteuer Krone erringen. Ich reite dorthin, noch vor dem Abend hoffe ich anzulangen. Wer Abenteuer sucht, der folge meiner Spur!«

So sprach Kundry. Dann gab sie ihrem Maultier die Peitsche und ritt ohne Gruß von dannen. Einige Male noch wandte sie sich weinend um und klagte: »O Montsalvat, Haus der Qualen, wann wird dir endlich ein Tröster erstehen!« —

Lähmendes Schweigen lag über der Tafelrunde, nachdem Kundry verschwunden war. Doch plötzlich sprang Parzival von seinem Sitz auf, schlug die Hände vors Gesicht und rief:

»O weh, was ist Gott? Wie kann er solchen Schimpf an mir geschehen lassen, wenn er wirklich so mächtig ist, wie man sagt? Nein, er kann so mächtig und gütig nicht sein, sonst hätte er meine Kämpfe und Siege, mein Wandern durch Dorn und Dickicht, mein reuevolles Suchen und die Qual meiner Seele nicht so übel belohnt wie eben jetzt! Ich diente Gott mit jeder Faser meines Herzens, mit jedem Tropfen Blut war ich ihm zugetan. Um seinetwillen verließ ich Kondwiramur, das weiß ich jetzt, um seinetwillen bestand ich die härtesten Zweikämpfe, und nun stürzt er mich, der ich doch sein Geschöpf bin, unschuldig in so tiefe Schuld? War's nicht genug, daß ich in der Gralsburg schwieg? Muß auch noch Kundry Spott und Hohn auf mich häufen? Ich sage Gott den Dienst auf! — Doch nein, ich merke wohl, daß ich Gottes

Zorn genauso dankbar und in Demut tragen soll wie seine Liebe. Nur wenn ich zum Gral zurückfinde, finde ich auch den verlorenen Pfad zu meinem süßen Weib Kondwiramur wieder. Zum Gral aber komme ich nur, wenn ich das ›Schloß der Wunder‹ erobere, von dem Kundry sprach. Dies Abenteuer sei als nächstes gewagt und, so Gott hilft, glücklich bestanden!«

Da sprangen auch die anderen Ritter auf. Sie schämten sich auf einmal alle ihres guten, behaglichen Lebens und ihrer fröhlichen Rast im Walde am Plimizöl. Sie riefen nach ihren Waffen und Rossen, nahmen vom König Urlaub und ritten nach allen Windrichtungen auseinander. Der Pfingstmorgen sah sie auf den Straßen landauf, landab zu neuen Abenteuern ziehn, durch die sie vollkommener und edler werden wollten.

Gawan trat auf Parzival zu und umarmte ihn. »Laß mich für dich das Abenteuer im Wunderschloß bestehen. Ich kenne mich in Klingsors Zauberland, wo es steht, besser aus als du. Es ist ein Minneland und eine Minneburg, dort strahlt bei Nacht kein Stern, und bei Tag ist der Himmel ewig von farbigem Gewölk verhangen. Den Weg dahin findet keiner so bald – es ist, als ritte man unter die Erde. Gewähre mir diesen Dienst an dir, laß mich durch diese Tat unsere Freundschaft bekräftigen. Du wirst oben im Sonnen- und Sternenschein noch genug zu kämpfen und zu leiden haben, ehe du wieder mit Kondwiramur vereint bist. Lebwohl!«

Parzival nahm, wenn auch nach einigem Widerstreben, das Angebot Gawans an. So trennten sie sich nach schmerzlichem Abschied, und jeder ritt in eine andere Richtung fort.

WIE GAWAN DAS WUNDERSCHLOSS VOM BANNE KLINGSORS BEFREIT UND DAS TUGENDREIS GEWINNT

O Frau Minne, die Ihr vielgestaltig im Himmel und auf Erden regiert — als Liebe Gottes zu den Menschen, als Liebe der Menschen zu Gott und Gottes Schöpfung, als Liebe der Menschen untereinander, als Liebe zwischen Eltern und Kindern, als Liebe zwischen Mann und Frau —, beschützet gnädig Euren Liebling, Herrn Gawan, auf seiner Fahrt zum Wunderschloß!

So hätte wohl mancher beim Anblick des grausen Weges ausgerufen, den Parzivals Freund jetzt ritt. Durch immer tiefere, immer engere Schluchten ging es hinab. Nach vielen Tagen kam er an einen breiten, wildschäumenden Fluß, dessen Ufer üppig mit Gebüschen bewachsen waren. Weithin dehnte sich eine fruchtbare Ebene mit blauen Randbergen, aber der Himmel darüber war beständig von vielen bunten Wolken verdeckt, die, ohne daß man Wind fühlte, eilig dahinzogen. Manche von ihnen hingen tief herein, als wollten sie die Spitzen der Bäume berühren, andere wieder fielen fern am Horizont als Regen nieder, man konnte deutlich die dunklen Strähne zwischen Himmel und Erde ausnehmen.

Es war ein schwermütiges Land.

Um so überraschender war der Anblick des Wunderschlosses, das sich am anderen Ufer erhob. Auf einem einsamen, dunklen Felskegel ragte es empor, seine Mauern waren aus weißem Marmor, seine Dächer mit bunten Ziegeln bedeckt, als hätte man das leuchtende Gefieder von tausend Pfauen über sie gebreitet.

Der kostbare Bau war in maurischem Stile erbaut: Kuppel wölbte sich neben Kuppel, ein schlanker Turm ragte neben dem andern auf, und viele hundert rundbogige Fenster mit zarten Fenstersäulen lugten gleich Augen in das Land. Über die Zinnen der Höfe schauten die Kronen hoher morgenländischer Palmen.

Obgleich kein Strahl Sonne auf all diese Pracht fiel, blitzten und funkelten die Millionen Diamanten, Smaragde und Rubine, die die Mauern verzierten, heller als im hellsten Mittag: es war, als leuchteten sie von selbst.

Gawan klopfte das Herz, als er die Burg sah. Er konnte es nicht erwarten, ihre Abenteuer kennenzulernen. Am andern Ufer des Stromes sah er einen Fährmann mit seinem Kahn, den bat er, ihn samt seinem Roß überzusetzen, und der Ferge kam heran und diente ihm willig.

»Ist dies das Schloß, das der Zauberer Klingsor mit Hilfe unsichtbarer Geister in einer einzigen Nacht erbaute?« fragte Gawan, während sie über das Wasser fuhren.

»O Herr«, antwortete der Fährmann erstaunt, »Ihr scheint wohlbewandert. Dies ist Klingsors Schloß — hütet Euch, es zu betreten! Ich ruderte schon manchen über den Strom, den es nach seinen Abenteuern gelüstete, doch sah ich keinen mehr wiederkommen.«

»Erzählt mir von Klingsor und den Jungfrauen, die im Schloß wohnen sollen«, bat Gawan, als sie am anderen Ufer landeten.

Da setzte sich der Ferge an den Rand des Bootes und begann zu erzählen:

»Klingsor war der Sohn des Herzogs von Neapel. Er war als Kind krank und schwächlich, und auch als er heranwuchs, war er nicht imstande, ein Schwert zu führen und im Zweikampf seinen Mann zu stellen. Auch fehlte es ihm am nötigen Mut. So war er für alle ein Spott und ein Gelächter. Das kränkte und erbitterte ihn so sehr, daß er jeden, dem ein Heldenherz in der Brust schlägt und der stark genug ist, Rüstung und Waffen zu tragen, haßte.

›Gelüstet es sie nach Abenteuern‹, rief er, ›nun, ich will ihren Fahrten ein Ziel geben, das sie alle vernichten soll!‹

Gesagt, getan. Er verschaffte sich mit vieler Mühe und Gefahr ein uraltes Buch, das hatte einer seiner Vorfahren, der große Magier Virgilius, verfaßt, darin waren alle Geheimnisse der Unterwelt geoffenbart, die lernte Klingsor eifrig auswendig. Eines Tages nahm er von diesem abgelegenen Land hier Besitz und errichtete mit Hilfe von Dämonen das Wunderschloß. Vier Königinnen fing er durch Zaubergewalt und vierhundert Jungfrauen dazu, die sperrte er alle in die tausend goldenen Gemächer und prangenden Gärten seiner Burg, wo es ihnen an nichts fehlt und wo sie dennoch große Not leiden, denn sie sehnen sich nach nichts so sehr wie nach der Freiheit, nach dem klaren, warmen Licht der Sonne, nach dem Schein der Nachtgestirne.

Die Mär von dem Wunderschloß drang in alle Welt. Von überallher kamen Ritter in hellen Scharen, die armen Gefangenen zu befreien. Doch Klingsors Zauber hielt für sie alle so gefährliche Abenteuer bereit, daß jeder elend umkam. Nur dem, der keine Furcht kennt, kann es gelingen, sie zu bestehen — doch wer ist ohne Furcht?

Klingsor starb vorzeiten. Sein Zauber wirkt weiter. Und wird er nicht eines Tages gebrochen, so bleiben die vier Königinnen und die Jungfrauen für ewige Zeit gefangen. Auch mich, der ich einst ein Ritter gewesen bin, bannte Klingsors Haß an dieses Ufer, wo ich Fergendienste leisten und jeden über das Wasser fahren muß, den es nach dem Wunderschloß gelüstet. Keinem darf ich es verweigern, nur zu warnen ist mir erlaubt, und so warne ich auch Euch, edler Herr: Laßt ab und meidet die Burg, sie wird Euch nichts als Kummer bereiten!«

Gawan dankte dem Fährmann für seine Erzählung und wollte sich unverzüglich in das Wunderschloß begeben.

Jedoch der Schiffer bat ihn so inständig, die Nacht in seiner Hütte zu verbringen und das Abenteuer erst am Morgen zu wagen, daß er einwilligte.

Als der alte Mann Gawans Pferd im Stall versorgt hatte und mit seinem Gast über die Schwelle trat, kam ihnen Laudine entgegen, des Fährmanns Tochter.

»Bediene diesen Ritter«, sagte der Vater, und das Mädchen gehorchte. Es führte Gawan in ein Gemach, dessen Boden mit Binsen und Blumen bestreut war, und half ihm die Rüstung ablegen. Dann brachte sie einen Krug mit warmem Wasser und füllte ein Becken an, damit Gawan sich waschen konnte.

»Gott lohn Euch dafür«, sagte Gawan. »Hätte es Euch der Vater nicht befohlen, so nähme ich Eure Dienste nicht an. Ihr seid so hold, daß eher *ich* Euch dienen müßte.«

Das Mädchen errötete. »O Herr«, sagte sie, »auch wenn es mir der Vater nicht befohlen hätte, würde ich doch nichts Lieberes tun, als Euch zu dienen.«

Diese Worte freuten Gawans Herz. Als ihn der Fährmann und dessen Hausfrau zum Abendbrot einluden, bat er sich Laudine als Tischgenossin aus, und der Vater gewährte es gern.

»Mein Kind«, sprach er, »hat zwar noch nie einem Ritter die Bissen vorgeschnitten und den Trunk eingeschenkt, auch wäre zu befürchten, daß es die Nähe eines so edlen Mannes, wie Ihr seid, stolz und hochmütig macht. Dennoch mag sie es tun, Euch kann ich keinen Wunsch versagen.«

So aß denn Gawan von dem lecker bereiteten Geflügel und dem Weißbrot, das ihm Laudine in artig geschnittenen Scheiben auf ihren rosigen Händen bot, und trank roten Wein dazu. Hierauf bereitete ihm das Mädchen ein Lager, das war aus Samt und Seide, und als Decke gab sie ihm ihren eigenen neuen Hermelinmantel.

Die sternlose Nacht wölbte sich über dem Wunderland. Der Fluß rauschte an der Hütte des Fährmanns vorbei. Gawan schlief. Laudine aber wachte und betete, Gawan möge doch von seinem Vorhaben ablassen und nicht in das Schloß eindringen, denn sie liebte ihn und wollte ihn nicht verlieren.

Gawan erwachte vor Morgengrauen. Wunderbar sangen die Vöglein vor seinem Fenster. Er stand auf, stieß die Läden auseinander und sah hinaus. Da glänzte und gleißte das Wunderschloß mitten im Land und war so herrlich und licht anzuschauen, als ob es von der Morgensonne beschienen würde. In jedem seiner vielen Fenster lehnte eine gefangene schöne Jungfrau, die blickten alle kummervoll auf Gawan her. Das ging ihm bis ins Herz.

Er schloß die Balken und begab sich nochmals zu Bett. Mit Laudines Mantel deckte er sich warm zu und entschlief noch für ein Weilchen.

Als ihn der Fährmann weckte, erzählte ihm Gawan sogleich, was er durch das Fenster gesehen hatte. Da wurde der Alte traurig und sagte:

»Gern hätt ich Euch davor bewahrt, die Jungfrauen zu erblicken. Nun bin ich zu spät gekommen, und Ihr werdet Euch nicht mehr zurückhalten lassen, das wird mir und meinem Kind großen Schmerz bereiten. Oh, geht nicht in das Wunderschloß!«

Gawan sprang aus dem Bett und begann sich anzukleiden. Weinend trat Laudine in das Gemach und half ihm in die Rüstung, während der Wirt mit kundigem Blick des Gastes Waffen prüfte.

Er wog Schwert und Helm in den Händen und fand sie für die bevorstehenden Gefahren tauglich.

Der Schild Gawans jedoch gefiel ihm nicht. Er stellte ihn beiseite und holte seinen eigenen. »Nehmt den«, sagte er, »er ist dicker als der Eure. Ihr werdet im Schloß auf dem Wunderbett liegen müssen: Laßt mir da Schild und Schwert ja keinen Augenblick aus den Händen, so Euch Euer Leben lieb ist! Mehr darf ich Euch nicht sagen. Lebt wohl, und Gott steh Euch bei.«

Vor der Hütte fand Gawan sein Pferd bereit. Er stieg auf, dankte aus dem Sattel für alle Güte, die man ihm erwiesen, und ritt auf das Wunderschloß zu. Voll Sorge sah ihm der Ferge nach. Laudine aber weinte heiße Tränen. »Er ist verloren wie alle anderen, die vor ihm kamen«, schluchzte sie.

Gawan ritt den Burgberg hinan und kam zum Tor, das stand offen. Ein Kramladen war davor, angeräumt mit den buntesten Dingen, die man sich nur denken kann, vom Kinderspielzeug bis zur Männerwaffe, vom schlichten Armreif bis zur juwelenübersäten Krone.

Der Krämer kam händereibend hinter seinem Stand hervor und fragte:

»Beliebt Euch, mir das eine oder andere Stück abzukaufen, schöner Herr? Wollt Ihr den Jungfrauen im Schloß nicht ein kleines Angebinde mitbringen? Mein Kram kommt weither, aus der Stadt Tabronit, wo alle Wünsche und Sehnsüchte in Erfüllung gehen. Seht, hier sind Schmuck, schimmernde Geschmeide, Karfunkelsteine, bemalte Stoffe, auf denen man die ganze Erde in Bildern sieht — wollt Ihr es Euch nicht einmal ansehen? Ich sitze schon manches Jahr hier, doch außer ein paar Edelfrauen hat noch niemand meinen Kram eines Blickes gewürdigt, auch keiner von den Rittern, die hier vorbeikamen.«

Als er sah, daß Gawan den Kram zwar mit einem gelassenen Blick beschaute, jedoch nicht Miene machte, ein Stück zu erwerben, sagte der Krämer:

»Ich sehe schon, auch Euch treibt es nur zu den Abenteuern im Schloß. Überlaßt mir das Pferd, ich will es gern für Euch hüten, im Schloß könnt Ihr es doch nicht gebrauchen. Kommt Ihr heil zurück, was ich Euch wünsche, so übergeb ich es Euch samt meinem ganzen Kram. Der ist dann Euer, sobald Ihr Herr des Schlosses und König des Wunderlandes seid.«

Gawan war einverstanden. Er stieg ab und übergab die Zügel dem Krämer, der das Roß sogleich an seiner Bude festband. Dann hob er den dicken Schild des Fährmannes hoch, umklammerte das Schwert und betrat die Burg.

Er durchwandelte Säle und Hallen, deren Wände von Juwelen strotzten. Er durchschritt lange, blauschimmernde Gänge, die in Höfe voll fremdartiger Blumen und Palmen mündeten. Hier wehte milde Luft, und das Wasser springender Brunnen fiel in Schalen aus klingendem Marmor. Doch so weit er auch in dem unermeßlichen Bau umherirrte, nirgends begegnete er einer der vier Königinnen oder auch nur einer einzigen der vierhundert Jungfrauen, die im Morgengrauen aus den Fenstern gesehen hatten.

Müde vom langen, fruchtlosen Wandern, kam er abends endlich in einen gewölbten Saal, da standen viele Ruhebetten, auf denen Polster verstreut lagen. Hier pflegten sich sonst die Jungfrauen aufzuhalten – aber jetzt war keine einzige zu sehen, das ganze Schloß schien wie ausgestorben.

Gawan hätte sich gern auf eines der Betten gelegt, doch kaum hatte er das erste im Niedersitzen berührt, als es auch schon mit allen übrigen spurlos verschwand – nur der blanke Boden war noch zu sehen.

Verwundert schaute sich Gawan um. Da bemerkte er, daß im Hintergrund des Saales eine Tür aufgesprungen war, die er vorher nicht bemerkt hatte. Er trat darauf zu, überschritt die Schwelle und befand sich in einer mäßig großen Kemenate, deren Boden glasglatt und ganz schlüpfrig war, so daß er kaum darauf gehen konnte, ohne auszurutschen und das Gleichgewicht zu verlieren. Aus geschliffenem Jaspis, Chrysolith und Sardin, lauter Edelsteinen, war der Estrich gebildet.

In der Mitte des Raumes stand ein breites Bett, das war das Wunderbett, von dem der Fährmann gesprochen und das schon vielen Helden das Leben gekostet hatte. An seinen Füßen waren kleine runde Scheiben aus Rubin angebracht, auf denen konnte es blitzschnell hin und her rollen.

›Hier will ich endlich ausruhen‹, dachte Gawan und wollte sich auf das Bett legen. Doch kaum hatte er es berührt, als es auch schon im Raum, dessen Türe sich wie von Geisterhand geschlossen hatte, zu fahren begann und, sooft Gawan sich ihm nahte, davonrollte.

›Du wirst mich nicht lange necken und mir die ersehnte Ruhe mißgönnen‹, dachte der Held, ›im Sprung werde ich dich überrumpeln!‹ Er nahm also vorsichtig einen kleinen Anlauf und sprang mit einem kühnen Satz mitten auf das Bett.

Nun erst zeigte das Wunderlager seine ganze Tücke, mit der es Klingsor ausgestattet hatte. Es begann mit Gawan in der Kemenate hin und her zu rasen und stieß dabei immer wieder unter Donnergetöse an die Wände des Gemachs. Auch war es Gawan, als erfüllten ohrenzerreißende Posaunenstöße den engen Raum.

Gawan deckte sich mit dem Schild zu. Er lag ganz still da und befahl seine Seele Gott, was hätte er sonst auch tun sollen? Und siehe da, allmählich beruhigte sich das fahrende Bett und stand zuletzt ganz still. Der Donner schwieg, die Posaunenstöße verhallten.

Jetzt aber öffneten sich unsichtbare Schleusen an der Decke des Gemachs, ein Hagel von Steinen jeder Größe prasselte auf den todesmutigen Ritter herab und zerquetschte ihn beinahe, während aus den

Wänden ein ununterbrochener Schwarm von scharfen Pfeilen auf ihn zuflog, die ihn am ganzen Leib zerstachen und zerschnitten.

Mit einemmal drang durch die geschlossene Tür ein riesengroßer Bauer ein, der war vom Scheitel bis zur Sohle in ein Gewand aus Fischhaut gehüllt und schwang eine Keule in der Faust. Er rief mit gräßlicher Stimme:

»Von mir habt Ihr nichts zu befürchten — doch will ich dafür sorgen, daß Ihr noch in dieser Stunde den Leib verliert! Weiß der Teufel, wieso Ihr überhaupt noch am Leben seid! Aber getröstet Euch, der Tod ist Euch nicht geschenkt, nur aufgespart, Ihr werdet ihm nicht entrinnen. Sobald ich wieder draußen bin, hat er Euch beim Kragen!«

Der Kerl entschwand, und Gawan schlug in aller Eile mit dem Schwert die Schäfte der Pfeile ab, die in seinem Schild staken. Sie hatten den Schild überall durchbohrt und waren ihm beinahe durch die Rüstung ins Fleisch gedrungen.

Da erscholl plötzlich grollendes Brüllen. Es klang, als schlüge man zwanzig dumpfe Trommeln. Im nächsten Augenblick sprang ein Löwe, groß wie ein Pferd, auf das Bett zu.

Jetzt gilt es wohl, sich zu wehren, dachte Gawan, preßte den Schild fest an sich und sprang vom Bett auf den Boden.

Im Nu hatte ihm der Löwe mit seiner ungeheuren Pranke ein Loch in den Schild geschlagen, Gawan jedoch, nicht faul, hieb ihm die Tatze ab, so daß sie im Schild steckenblieb.

Der Boden des Gemaches schwamm in Blut. Rasend vor Zorn stürzte sich der Löwe erneut auf den Helden. So nahe kam er ihm, daß Gawan den heißen Atem im Gesicht spürte. Doch er kämpfte mit dem Mut der Verzweiflung, sein Leben stand auf dem Spiel! Er nahm alle Kraft zusammen und stieß dem Löwen das Schwert mitten durch den Leib. Da sank das Untier tot zu Boden.

Aber auch Gawan war mehr tot als lebendig. Er blutete aus vielen Wunden. Vor seinen Augen begann sich das Zimmer auf einmal zu drehen, die Sinne schwanden ihm, und er fiel ohnmächtig neben dem Löwen in das Blut. Sein Kopf ruhte auf dem Mähnenhaupt des getöteten Raubtieres.

So fanden ihn die vier Königinnen und die vierhundert Jungfrauen, die nun auf einmal aus allen Ecken und Winkeln des Schlosses zusammenliefen. Daß Gawan die schreckliche Mutprobe bestanden hatte, war ihrer aller Erlösung! Sie durften sich ihm zeigen und wußten, daß die Stunde ihrer Befreiung geschlagen hatte. Mit großer Liebe und Sorge bemühten sie sich um den Besinnungslosen.

Unter den Königinnen befand sich auch die würdige Arnive, König Artus' Mutter, die von Klingsor aus Haß gegen den Herrn der Tafelrunde gleichfalls in das Wunderschloß gebannt worden war. Nun kam sie in die Kemenate, kniete neben Gawan nieder und behorchte seinen Atem, der schon fast erstorben war. Dann senkte sie ihm eine reich verzweigte Wurzel in den Mund, davon kehrte sein entschwundener Odem wieder zurück, und Gawan sank in einen tiefen, erquickenden Schlaf.

Als er daraus erwachte, fand er neue Kleider vor, und die Jungfrauen halfen ihm diensteifrig, sie anzulegen. Dann führten sie ihn zu Arnive, die ihn herzlich willkommen hieß, ihm zu essen gab und mit ihm einen Rundgang durch das Schloß machte.

Sie führte ihn durch die Schatzkammern und unterirdischen Gewölbe, und Gawan staunte, wie viele Räume er trotz seines langen Umherirrens noch nicht gesehen hatte. Alle erstrahlten von Gold und Kristall, und die Fenster waren mit Diamanten, Amethysten, Granaten, Smaragden und Rubinen geschmückt.

Zuletzt geleitete ihn Arnive in einen hohen Turm. In dessen höchstem Rundgemach befand sich in der Mitte eine spiegelnde Säule, in welcher man alles sehen konnte, was sich auf sechs Meilen im Umkreis abspielte.

Erstaunt blickte Gawan, mit dem Rücken zum Fenster sitzend, in diese Wundersäule. Es war ihm, als sähe er die ganze Erde darin. Die Länder mit Wäldern und Feldern, Flüssen und Straßen drehten sich vor Gawans Auge. Er sah Leute laufen oder reiten, beisammenstehen oder auseinandergehen, sah Bauern bei der Feldarbeit, und auf einmal gewahrte er, daß über dem Wunderland, in dessen Mitte das verwunschene Schloß stand, die Sonne aufgegangen war. Die düsteren oder bunten Wolken waren von einem frischen Wind hinweggefegt worden, blank und rein schaute der Himmel hernieder.

Das alles war durch Gawans mutiges Verhalten auf dem Wunderbett geschehen. Er hatte den Zauber Klingsors gebrochen, das glückliche Singen der Jungfrauen, das alle Räume mit Jubel erfüllte, bezeugte es.

Auf einmal sah Gawan in der Säule — Parzival! Parzival, wie er, irrend und an Gott verzweifelnd, einsam durch die Länder ritt, die Gralsburg zu suchen. Ein tiefer Schmerz erfaßte Gawan ob dieses Bildes, und er rief den Freund unter Tränen beim Namen, wollte ihm von dem glücklichen Gelingen seines Abenteuers erzählen. Doch war es ja nur ein Trug-, ein Spiegelbild. Parzival konnte den Freund nicht hören und entschwand vor dessen Blicken wieder in der Tiefe des Waldes.

Ganz verzweifelt rang Gawan die Hände. »Ich muß zu ihm, ich muß ihm beistehen!« rief er aus. Doch da sah er plötzlich in der Säule einen gewaltigen Ritter in eisengrauer Rüstung auf sich zusprengen. Arnive, die gleichfalls in die Säule schaute, sagte:

»Du kannst jetzt nicht fort, Gawan. Dieser Ritter ist der mächtige König Gramoflanz. Er bewacht das Tugendreis, das er niemandem freiwillig und kampflos überläßt. Sicherlich kommt er, um dir die Herrschaft über das Wunderschloß und das Wunderland streitig zu machen, denn er sagt, daß alles, was andere erringen, ihm gebühre. Morgen früh wirst du wohl mit ihm kämpfen müssen. Besiegst du ihn, so ist nicht nur das Schloß auf ewig dein, sondern auch das Tugendreis des Gramoflanz, ein unscheinbares grünes Zweiglein, aber so köstlich, daß jeder Ritter gern sein Leben daran wagt, um es zu besitzen! Wer es erringt, der mag eines Tages die Gralsburg finden, wenn Gott es ihm gewährt.«

»So will ich bleiben und Gramoflanz im Zweikampf besiegen«, sprach der Held.

Die Nacht verging Gawan und den Jungfrauen mit einem großen

Freudenfest. Sie tanzten Reigen in den Hallen des Schlosses und lustwandelten in den Gärten. Voll Glück blickten sie alle zum Himmel empor und sahen nach langer Zeit zum erstenmal wieder Sterne glänzen.

»Morgen ziehn wir fort von hier«, sangen sie, »morgen grüßt uns die Heimat wieder.«

Die Sonne war noch nicht aufgegangen, Tau benetzte die Wiesen, Nebel umwallte die Hügel. Da erhob sich Gawan, legte die Rüstung an und sah nach seinem Pferd. Ehrerbietig verneigte sich der Krämer am Tor, doch Gawan beachtete ihn kaum. Er bestieg sein Roß, das ihn mit freudigem Wiehern empfing, und ritt den Berg hinab. Er wollte Gramoflanz erwarten und mit ihm kämpfen.

Durch den Sehschlitz seines Helms aufmerksam nach allen Seiten spähend, lenkte er das Tier in die Richtung, aus welcher er tags zuvor den König Gramoflanz hatte kommen sehen.

Auf einmal erblickte Gawan im Nebel auf einem Hügel die dunklen Umrisse eines Gewappneten, der mit geschlossenem Visier zu Pferd saß. Drohend ragte die Lanze des Fremden zum Himmel.

Wenn ein Ritter mit geschlossenem Visier durch die Lande zog, so bedeutete dies, daß er darauf aus war, zu kämpfen. Wer immer ihm begegnete, den griff er an, und jeder, der seinen Weg kreuzte, mußte sich vorsehen.

Gawan rief den Unbekannten an: »Wen sucht Ihr hier? Gebt Antwort!«

Aber die dunkle Gestalt regte sich nicht.

Das muß Gramoflanz sein! durchzuckte es Gawan. Er ritt näher herzu und versuchte, des anderen Schildwappen zu erspähen. Doch im selben Augenblick hatte ihn der stumme Ritter bemerkt. Er senkte die Lanze und galoppierte geradewegs auf Gawan zu, der noch so viel Zeit fand, um auch seinerseits die Lanze einzulegen und seinem braven Pferd die Sporen zu geben.

Fürchterlich war der Zusammenprall. Die Lanzen zerbarsten, die Pferde stürzten zu Boden. Die Kämpfenden aber erhoben sich mit Blitzesschnelle, rissen ihre Schwerter von der Seite und hieben so wuchtig aufeinander ein, daß es klang, als ob ein halbes Dutzend Schmiedgesellen auf die Ambosse schlügen.

Vom Luftzug der niedersausenden Streiche zerriß der Nebel um die Kämpfenden, und der Waffenlärm, den sie verursachten, scholl so laut bis ins Schloß hinauf, daß die Jungfrauen erschrocken an die Fenster stürzten.

Verwundert erkannten sie, daß Gawan an einen Gegner geraten war, der ihm überlegen zu sein schien. Jeden Augenblick konnte es geschehen, daß Gawan zusammenstürzte und sein Leben durch des fremden Ritters Hand verlor.

Das bereitete ihnen großen Kummer, denn sie liebten Herrn Gawan, ihren Befreier. Also hielten sie alle die hohlen Hände an den Mund und begannen ihn durch laute Zurufe anzufeuern:

»Haltet stand, Herr Gawan, haltet stand!«

Kaum hatten sie so zu rufen begonnen, als der unbekannte Ritter auch schon mit einem Satz zurücksprang und die Waffen streckte.

»Was muß ich hören?« rief er. »Ist das Gawan, gegen den ich kämpfe? O mein Freund, wie dank ich Gott, daß mir jene Jungfrauen zur rechten Zeit deinen Namen verrieten! Ich wäre mein Lebtag nicht mehr froh geworden, hätt ich dich verwundet oder gar vom Leben zum Tode gebracht. O mein lieber, treuer Bruder!«

Damit klappte er sein Visier auf, und Gawan erkannte voll Staunen, daß es — Parzival war, gegen den er da im Morgengrauen gekämpft hatte.

Unter Tränen der Freude sanken die Recken einander in die Arme.

»Wie kommt es, daß wir uns hier vor dem Wunderschloß treffen?« fragte Gawan.

»Mich beschied der gewaltige König Gramoflanz zum Zweikampf an diesen Ort«, antwortete Parzival. »Ich schickte Boten zu ihm, weil ich ihm das Tugendreis entwinden wollte, das er so eifersüchtig bewacht.«

»O wundersame und zugleich schlimme Fügung!« rief Gawan aus. »Auch ich erwarte Gramoflanz und glaubte mit ihm zu streiten, das wäre uns beiden fast zum Unheil ausgeschlagen!«

»Nimm mein Schwert als Sühnegabe dafür, daß ich es gegen dich geschwungen habe!« sagte Parzival und reichte Gawan die kostbare Waffe mit dem Griff aus Rubin. »Anfortas reichte mir die Klinge, doch brachte sie mir wenig Glück. Die Gralsburg jedenfalls hat sie mir noch nicht erstreiten geholfen. Trage du sie von jetzt ab. Ich bin nicht mehr würdig, sie zu tragen, seit ich dir damit beinahe den Tod gegeben hätte.«

Gawan nahm das Gralsschwert ehrfürchtig entgegen. Dann hob er den Blick und sagte:

»O Parzival! Siehe, ich habe das Wunderschloß vom Zauberbann Klingsors befreit, ich schenke es dir und den Kram dazu, dessen Herr ich geworden bin. Dort vor dem Tor steht er zur Schau, er enthält alle Kostbarkeiten, die die Sinne erfreuen. Zieh ein in die unermeßlich reiche Burg und ruhe dort von deinen Mühen aus. Vierhundert Jungfrauen werden dir alle Tage dienen, und jede von ihnen schenkt dir ihr Herz.«

Parzival schüttelte ernst das Haupt. »Ich danke dir, Gawan, für alle Liebe und Treue. Doch wenn du mir die ganze Erde mit all ihren Schätzen schenktest, sie könnten mir die Wunder der Gralsburg doch nicht ersetzen. Wenn das Zauberschloß noch tausendmal herrlicher und reicher wäre, als du sagst, ich tauschte es nicht gegen die Wunder von Montsalvat. Was meines Herzens Sehnsucht erstrebt, ist nicht die Liebe der süßen Jungfrauen dort oben, sondern einzig und allein die Minne Kondwiramurs, meines holden Weibes. Was ist die Schönheit aller anderen Frauen gegen die Keuschheit ihres Herzens? Jedoch, es liegt ein Fluch auf meinen Pfaden: Wie rastlos ich auch suche, ich finde die Burg nicht wieder. Wie viele Entbehrungen und Abenteuer ich auch auf mich nehme, der Weg zu Kondwiramur bleibt mir verloren. Dennoch muß ich nach beiden ruhelos suchen bis ans Ende meiner Tage. Lebwohl!«

So sprach Parzival. Dann schwang er sich aufs Pferd, ritt zum Fluß und ließ sich übersetzen. Er trug von jetzt ab nur mehr *ein* Schwert, das Schwert Ithers von Gahevies.

Bekümmert blickte Gawan ihm nach. Als er sich jedoch umwandte, um ins Schloß zurückzukehren, stand auf einmal ein riesengroßer Ritter vor ihm, ganz in Eisen gehüllt. Er saß auf einem Roß, hoch und breit wie ein Elefant, und trug einen herrlichen grünen Zweig in den Händen, den übergab er Gawan feierlich und sprach:

»Ich wollte mit dir um den Besitz der Klingsorburg kämpfen, nun ist mir Herr Parzival zuvorgekommen, der Nebel war daran schuld. An meiner Statt hat er sich in Gefahr begeben, an meiner Statt hat er herrlich gesiegt — ihm gebührt das Tugendreis, bring es ihm!«

Nach diesen Worten wendete er sein Roß und ritt lautlos, wie er gekommen war, davon. Gawan sah ihn kleiner und kleiner werden und plötzlich entschwinden, als hätte die Luft ihn verschluckt.

Gawan lief in den Turm hinauf und suchte Parzival in der Wundersäule. Aber wie aufmerksam er auch forschte und von allen Seiten in den Zauberspiegel schaute, er sah ihn nirgends. So verabschiedete er sich von Frau Arnive und ritt dem Freunde nach. Aus dem Tugendreis hatte er sich einen Kranz gemacht, den trug er auf dem Helm.

Gerne hätten der Fährmann und seine Tochter, die sich herzlich freuten, ihn gesund wiederzusehen, ihn wieder als Gast bei sich behalten. Doch Gawan lehnte dankend ab und eilte fort.

Am nächsten Tag bekam der Fährmann eine schwere Arbeit. Die vier Königinnen und vierhundert Jungfrauen kamen in festlichem Zug von der Burg herab und ließen sich übersetzen. Sie wollten alle zu Herrn Artus und seiner Tafelrunde. Und da der Kahn nicht alle auf einmal fassen konnte, mußte der Fährmann viele Male hin und her rudern, bis alle am anderen Ufer waren.

WIE PARZIVAL AM KARFREITAG ZUM ALTEN TREVRIZENT KOMMT UND DEN WEISEN LEHREN DES EINSIEDLERS LAUSCHT

Wie erging es Parzival, seit er dem Wunderschloß den Rücken gekehrt hatte? Zu Roß und Schiff zog er durch die Welt, bestand in vielen Ländern und auf wilden Meeren die schwersten Abenteuer, so daß man seine rote Rüstung und seinen Namen bald überall mit Staunen und Ehrfurcht nannte und kannte.

Doch durch wie viele Reiche sein Weg ihn auch führte, wie viele verschlungene oder verwachsene Pfade im Dickicht des Waldes und im Hochgebirge er auch erforschte, nirgends war er auf den Weg zur Gralsburg gelangt, nirgends hatte sein Auge ihre himmelragenden Zinnen erschaut. Alle Pfade, wie beschwerlich oder steil sie auch waren, mündeten zuletzt doch immer wieder in öde Wüsten voll Sand und Geröll, oder sie endeten vor unübersteigbaren Felsmauern.

Unter den zahlreichen Rittern, denen er begegnete und die er, gleichgültig ob Stammesgenosse, Blutsfreund oder Feind, alle zum Zweikampf stellte, war kein einziger gewesen, den er nicht sofort besiegt hätte — aber auch kein einziger, der ihm Genaueres über die Wunder der Gralsburg hätte sagen oder ihm gar den Weg nach Montsalvat hätte zeigen können. Und wie viele Pilger er auch nach dem Land Brobarz und seiner Königin Kondwiramur befragt hatte, keiner war imstande gewesen, ihm die Straße dahin zu weisen. »Ja, gehört haben wir den Namen dieser Königin wohl«, sagten alle, »aber wo sie wohnt und wie man zu ihr gelangt, das wissen wir nicht.«

Sommer gingen, Winter kamen, Parzival zählte sie nicht. Einsam und an Gottes Gnade verzweifelnd, ritt er dahin, bis er eines Tages in einen tiefen Tann gelangte, dessen Wipfelrauschen ihm seltsam vertraut in Ohr und Herz drang. Schneerosen blühten zwischen den Stämmen, und die Bäche tosten zu Tal, geschwellt vom Schmelzwasser, das aus hohen Bergen kam.

Auf einmal sah Parzival eine neu erbaute Klause, durch die ein kalter Brunnen floß. Die Tür war verriegelt, nur ein winziges Fensterchen, durch das spärliches Licht ins Innere drang, verband den düsteren Raum der Hütte mit der Außenwelt. Hier hatte Sigune ihren toten Bräutigam bestattet und lag nun bei Tag und Nacht als Büßerin über dem Sarg. Nie mehr verließ sie die Klause. Ihr ganzes Leben war nichts mehr als ein einziges inbrünstiges Gebet. So trauerte sie um den verlorenen Geliebten, so wartete sie, trotz ihrer Jugend, den Tod heran.

Parzival, der gern gewußt hätte, wo er sich befand, ritt dicht an das kleine Fenster heran und rief: »Ist jemand drinnen?«

»Ja«, antwortete Sigune.

Erschrocken riß Parzival sein Pferd zurück. Reue und Scham erfaßten sein Herz, denn es war nach höfisch-ritterlicher Sitte streng verboten, so nahe an eine Dame heranzureiten.

›Hier büßt kein Einsiedler‹, sagte er sich, ›hier in der Klause wohnt eine Frau. Wer mag das sein?‹

Er band sein Pferd in gemessener Entfernung an den Ast eines umgehauenen Baumstammes, lehnte seinen zerbrochenen Schild daneben, desgleichen Speer und Schwert. Ohne Waffen näherte er sich wieder.

»Ehrwürdige, fromme Frau«, bat er, »tut mir die Liebe und tretet ein wenig näher, ich möchte gerne ein Wort mit Euch reden.«

»Vergelte Euch Gott den milden Gruß, mit dem Ihr meine Einsamkeit erfreut«, erwiderte Sigune. Dann erhob sie sich vom Gebet und trat an das Fenster. Ihr Gesicht war sehr bleich. Sie trug einen groben grauen Kittel und darunter ein härenes Büßerhemd. In der Hand hielt sie ihr Psalmenbuch, am Ringfinger aber hatte sie ein Ringlein mit einem hellfunkelnden Granatstein stecken.

»Außen an der Wand ist eine Bank«, sagte Sigune, »dort mögt Ihr Euch setzen, wenn Ihr Lust und Muße habt. Es geschah mir noch nie, daß ein Mann hier gesellig bei mir weilte.«

Verwundert sah Parzival, dem die Ruhe und der Frieden des Waldes nach der langen Irrfahrt wohltaten, sich um. Nach einer Weile fragte er zum Fensterchen hinauf: »Wie lebt Ihr in dieser Wildnis? Wie stillt Ihr Euren Hunger? Hier ist doch weit und breit weder Acker noch Mühle noch Backofen zu sehen. Wer versorgt Euch mit Brot?«

»Das tut Kundry, die Gralsbotin. Jede Samstagnacht reitet sie vom Gral herunter und bringt mir eine Handvoll Speise, einen Laib Brot, ein geräuchertes Fischlein, ein Körbchen süßer Beeren oder was sonst gerade vom heiligen Mahl übrigbleibt.«

Diese Worte ließen Parzival aufhorchen. Seine Seele wurde hellwach: Er war also dem Gebiet des Grales nahe gekommen? Dann konnte es von hier aus wohl nicht mehr weit nach Montsalvat sein, wenn Kundry jede Woche einmal vom Berg herab zu dieser Waldklause ritt.

»Wer seid Ihr?« fragte er, neugierig geworden. »Ihr scheint Euch eine strenge Buße auferlegt zu haben, weil Ihr bei verschlossener Tür im Dunkeln sitzt und betet. Doch sagt mir: Seit wann tragen denn Büßerinnen bräutlichen Schmuck? Ich sah ein Ringlein an Eurem Finger glänzen.«

»Dies Ringlein, werter Herr, sollte ein Trauring werden«, antwortete Sigune. »Mein Liebster gab es mir als Unterpfand seiner Liebe, ehe er im Zweikampf erschlagen wurde. Diesen Schmerz verwind ich nie und nimmer, und niemals trenne ich mich von dem Ring. Mit ihm am Finger werde ich dereinst vor Gottes Angesicht treten zum Zeichen dafür, daß ich meinem Bräutigam, an dessen Sarg ich hier bete und büße, bis in den Tod die Treue hielt. Dann werden wir im Himmel Hochzeit halten und ewig miteinander vereint sein, Schionatulander und ich!«

Da sprang Parzival vom Sitz auf. »So seid Ihr Sigune?« rief er. »So fand ich endlich den Weg zurück in diesen Wald?« Eilig schlug er das Visier seines Helmes zurück und schaute durch das Fenster. »Ihr seid so bleich, so verhärmt, Base Sigune«, sagte er voll Mitleid. »Darum wohl habe ich Euch nicht erkannt. Verzeiht mir!«

»Ja, ich bin Sigune«, antwortete sie, »und du bist Parzival. Der lichte Schein, der von deinem Antlitz geht, verkündet es mir, ob du auch sonst zum Mann gereift bist und ein Bart deine Lippen umrahmt ... Doch sage mir, Parzival, wie steht es um deine Fahrt? Hast du die Gralsburg noch immer nicht gefunden?«

»Nein, Sigune!« rief Parzival verzweifelt aus. »Schweig mir vom

Gral. Er hat mir bisher nur Kummer und Herzeleid gebracht! Mein holdes Weib Kondwiramur und ihr Land, in dem ich die Krone trage, hab ich verlassen, um meine Mutter zu besuchen. Doch anstatt mich in die Arme Herzeloydes zu führen, lenkte Gott meine Schritte in die Gralsburg. Von dort vertrieb mich meine Torheit, nun leidet Anfortas durch meine Schuld! Und nicht genug damit, trag ich auch noch die Last *deines* Hasses, Sigune! Du hast mich schrecklich verflucht, und schrecklich ging dein Fluch an mir in Erfüllung: ruhlos durchstreife ich die ganze Welt!«

Diese Worte schmerzten Sigune sehr. »O verzeih mir, Parzival«, flehte sie, »verzeih meinen Zorn von einst! Reuig nehm ich in dieser Stunde den Fluch von deinem Haupt, du hast genug durch ihn gelitten. Aber glaube mir, es mußte sein. Wer für den Gral bestimmt ist, den prüft Gott tausendmal härter und schwerer als jeden anderen. Sei gesegnet, Parzival, und lasse nicht ab, weiterzusuchen, jetzt, da Leid deinen hochfahrenden Mut dämpfte — jetzt, da Sorge und Not dein allzu stürmisches Herz bezähmten.«

Parzival schüttelte das Haupt, er lachte bitter. »Wie soll ich es denn anstellen?« fragte er. »Ich habe schon alle Pfade dieser Welt versucht, ich weiß keinen mehr!«

»Verzage nicht, Parzival«, entgegnete Sigune nachdenklich. »Vielleicht bringt dich eine Hufspur zum Gral. Siehst du nicht die Abdrücke von Kundrys Maultier vor der Hütte? Ich weiß nicht, wohin die Zauberin von hier aus weiterritt, ob der Ferne zu oder gleich zurück zum Gral. Doch folge getrost ihrer Spur. Wenn du dich beeilst, kannst du sie vielleicht noch einholen und gemeinsam mit ihr nach Montsalvat reiten.«

Das ließ sich Parzival nicht zweimal sagen. Er verabschiedete sich rasch von Sigune und ritt davon, den Blick scharf auf die Hufspur von Kundrys Maultier geheftet.

Doch in diesem riesigen, gebirgigen Forst entschwand sie ihm bald wieder, vermischte sich mit anderen Spuren, verlor sich unter diesen, und wieder sanken ihm aller Mut und alle Hoffnung.

Viele Wochen ritt er so dahin und merkte kaum, daß die Welt um ihn her immer schöner wurde, daß die ersten Primeln und Leberblümchen aus dem Grase guckten, daß sich alle Wurzeln regten, Kraut und Halm aus dem Boden schossen und die Sonne mit jedem Tag wärmer wurde.

Eines Morgens aber war mitten in all die Herrlichkeit Schnee gefallen. Bitter kalt wehte es vom Himmel. Da begegnete Parzival einem grauhaarigen Mann, der mit seiner Frau und zwei liebreizenden Töchtern zu einem fernen Gnadenort unterwegs war. Alle vier Pilger trugen Büßerhemden und gingen trotz des Frostes barfuß.

Als sie Parzival bemerkten, der gewappnet zwischen den Stämmen seines Weges zog, blieben sie verwundert stehen. Der grauhaarige Mann, dem man wohl ansah, daß er sonst Rüstung und Waffen trug und ein Ritter war, trat dicht an Parzival heran.

»Warum ziehst du in Waffen dahin und lässest dein Pferd mit seinen Eisenhufen die Erde zerstampfen?« fragte er. »Weißt du nicht, welcher Tag heute ist?« Und als er sah, daß Parzival nur leise das Haupt schüttelte, fuhr er fort: »Heute ist Karfreitag, da ziemt es sich, die Erde mit sanftem Fuß zu berühren, denn sie hat Christi Blut in sich aufgenommen, als es auf Golgatha herabtropfte. Oder weißt du das alles nicht? Bist du ein Heide, daß du Waffen trägst an dem Tag, da man keiner Kreatur ein Leid zufügen soll? Willst du etwa mit dem Schwert gegen deinen Nächsten kämpfen, heute, da der Erlöser am Kreuz sein Leben hingab, damit wir aus der Nacht unserer Sünden wieder zurückfinden in das Licht der Liebe? Die ganze Natur, Stein und Blume, Luft und Wasser, erschauert vor Dankbarkeit — du aber bist gewappnet! Folge unserer Fußspur und lege die Waffen an dem Orte ab, zu dem wir wallfahren. Vielleicht vergibt dir Gott deinen Frevel!«

Parzival aber schüttelte wieder nur das Haupt, dankte dem Ritter mit demütigen Worten für seine Rüge und ritt fort. Verwundert blickten die Pilger ihm nach.

Als Parzival wieder allein war, überkam ihn auf einmal ein großer Schmerz. Er warf die Hände zum Himmel empor und rief:

»O Gott, wenn es dich gibt und du so gnädig bist, wie alle sagen, und wenn heute der Tag deiner Hilfe ist, so hilf endlich auch mir! Ich kann nicht mehr weiter! Die Welt ist voll von frommen Leuten und Büßern, und sie alle fühlen sich in deiner Gnade geborgen und sind glücklich, weil sie vom Gral nichts wissen und nichts von der Wunde des Königs Anfortas. Sie müssen die Burg nicht suchen in Schnee und Regen, Frost und Hitze, Not und Pein! O Gott, wenn es dich gibt und du so mächtig bist, wie alle dich preisen, so lenke du von jetzt ab mein Pferd! Ich gebe mich ganz in deinen Willen.«

Nach diesen verzweifelten Worten hängte Parzival seinem Pferd die Zügel um den Hals und ritt mit schlaffen Händen untätig weiter. Und siehe da, mit wenigen raschen Schritten trug ihn das Pferd auf eine große blühende Wiese hinaus, an deren Rand, zwischen schützenden Felsen, der Einsiedler Trevrizent seine Klause hatte.

Die Sonne zerteilte die Wolken. Parzival erkannte die Hütte, die Felsen und die Wiese sogleich wieder: Hier hatte er doch vor langer Zeit Jeschutes Unschuld beschworen und in Gedanken den bunten Speer mitgenommen!

Trevrizent kam ihm entgegen. »Ich habe dich lange erwartet«, sagte er ernst, »nun bist du endlich da. Aber warum kommst du im Eisenkleid? Steig vom Pferd, leg die Waffen ab und bade dort in der heiligen Quelle.«

Parzival gehorchte schweigend. Dann saß er neben dem Einsiedler auf der Bank, und zum erstenmal seit Jahren wurde ihm wieder ein wenig leichter ums Herz. Das Bad hatte seine Glieder erquickt, der Anblick der im Sonnenschein prangenden Wiese labte seine Seele. Er ahnte, daß es von hier aus nicht mehr weit zur Gralsburg sein konnte.

»Wie lang ist das her«, fragte er, »seit ich mit Herzog Orilus und Jeschute bei Euch war?«

»Fünfeinhalb Jahre«, antwortete Trevrizent.

»So lange bin ich umhergeirrt?« verwunderte sich Parzival. »Oh«, rief er dann aus, »ich hegte Haß gegen Gott! Was hab ich nicht alles an glänzenden Waffentaten geleistet! Wieviel Siegesruhm in aller Welt errungen! Aber Gott, der so gewaltig helfen könnte, er half mir nicht und ließ mich in die Irre gehen!«

Betrübt senkte Trevrizent den Kopf. »Laß mich dir helfen, damit du Gott wieder lieben lernst!« sprach er. Und dann erzählte er Parzival alles, was dieser vom Gral noch nicht wußte: Vom Sturz des Erzengels Luzifer und wie dabei ein Stein aus seiner Krone gefallen war; von der Abendmahlschale, die man aus dem Stein gebildet und in die Christi Blut getropft war; von Anfortas' Schuld und von der Wunde, die ihm Klingsor im Garten der Sündenwonne beigebracht hatte. Auch von der Weissagung des Grals erzählte er: daß in fernen Tagen ein Ritter kommen und die erlösende Frage stellen würde.

Da schlug Parzival die Hände vors Gesicht und weinte. Er sprach: »Ich war beim Gral und fragte nicht. Nun ringe ich schon so viele Jahre um ihn und kann den Weg nicht finden. Ich bin ein Verworfener!«

»Das bist du nicht«, widersprach ihm Trevrizent, »im Gegenteil:

du bist jener Erwählte — doch mußt du dir abgewöhnen, um den Gral zu kämpfen. Wer kämpft, lädt immer Schuld auf sich, selbst wenn er um den Gral ficht! Tilge die Sehnsucht nach der Gralsburg aus deinem Herzen: wer sich nach Montsalvat sehnt, kommt nie dorthin. Ganz ruhig laß dein Herz werden und vertrau dich Gott an, so wirst du plötzlich am Ziel sein. Was nützen dir all deine Waffentaten? Mit ihnen magst du bei König Artus und seiner Tafelrunde Ruhm und Ehre erwerben — auf deinem Weg nach Montsalvat bringen sie dich keinen Schritt weiter. Du hast schon Schuld genug auf dich geladen, als du, ein halbes Kind noch, so ungestüm begehrtest, ein Ritter zu werden. Du gabst damit deiner Mutter den Tod, denn Herzeloyde starb, als du sie verließest. Und glaubst du, daß es deine Seele verschönte, als du Herrn Ither um seiner Rüstung willen mit einem Sauspieß erschlugst? Wisse, er war dein eigener Onkel!«

Da griff sich Parzival mit beiden Händen ans Herz. »Ich bin verflucht, ich bin verflucht!« rief er. »O Mutter! Geliebte Mutter! Und du, herrlicher Ither von Gahevies! Warum lebt ihr nicht mehr? O Trevrizent, warum mußte ich so gräßliche Schuld auf mich laden?«

»Das ist ein großes Geheimnis«, antwortete der Klausner, »ich will es dir enthüllen. Wer nie sündigt, kennt die Sünde nicht. Und wer die Sünde nicht kennt, der kann sie nicht vermeiden oder in Gutes verwandeln. Wem nie die Reue das Herz verbrannte, der bleibt unwissend. Gott aber will, daß wir sehend und wissend werden, darum schickt er uns in die Schule der Schuld. Es ist eine harte Schule und Gott ein gar strenger Lehrer. Er wohnt über den Sternen, aber zugleich auch tief in deinem Herzen. Dort spricht er mit der Stimme des Gewissens laut und deutlich zu dir. Hörst du ihn nicht? Danke ihm, daß er so viel Leid auf dich häufte — Leid gebiert am Ende Mitleid, den köstlichsten Schatz der Erde. Hättest du nur ein weniges von ihm besessen, als Gott dir zum erstenmal den Anblick des Grals und des wunden Fischers bescherte, du hättest gefragt. So aber war dein Herz noch wie Stein. Nun, denk ich, ist es weich geworden.«

Lange schwieg Parzival, dann sagte er: »Ich will zu ihm! Ich will zu Anfortas! Zeig mir den Weg!«

»Du wirst ihn von selbst finden, wenn deine Zeit gekommen ist«, antwortete Trevrizent. »Bleib noch eine Weile bei mir und ruhe aus, du wirst es, fürchte ich, nötig haben. Noch steht dir eine letzte Prüfung bevor. Auch hab ich dir noch vieles zu erzählen.«

So blieb Parzival vierzehn Tage bei Trevrizent, und sie nährten sich von Wurzeln, Kräutern und wildem Honig. Andere Speisen verweigerte Trevrizent. Noch nie war seinetwegen ein Tier gestorben.

In vielen Gesprächen, die sie führten, erfuhr Parzival noch manches, was er nicht gewußt hatte. So etwa, daß Anfortas, Trevrizent, Herzeloyde und die Königin Repanse Geschwister waren; daß Anfortas unbeweibt geblieben war, obwohl es dem Gralskönig gestattet ist, eine Frau zu nehmen, und vieles andere mehr.

Auch nach Sinn und Zweck der beiden silbernen Messer, die er in der Gralsburg gesehen hatte, fragte Parzival, und der Einsiedler erzählte: »Wenn der Mond wechselt, leidet Anfortas besondere Schmerzen. Kälter als Schnee brennt dann seine Wunde. Um dem König Linderung zu verschaffen, taucht man die heiße Spitze des blutigen Speeres in den Stich. Der Frost der Wunde schlägt sich als Eis glasig auf dem Speer nieder, und zwar so fest, daß ihn keine Kunst der Welt von dort wieder entfernen konnte, bis ein weiser frommer Schmied endlich die beiden scharfen Messer erzeugte. Mit ihnen schaben die Gralsritter das Eis jedesmal ab.« –

Als die Stunde gekommen war, da Parzival von hinnen scheiden sollte, fragte er den Oheim: »Soll ich nun ein Ritter bleiben oder ein Mönch werden wie du, wenn ich Gottes Gnade erringen will?«

»Dein Los ist das Rittertum«, antwortete ihm Trevrizent, »doch sollst du ein Gottesritter, kein Artusritter werden. Bisher kämpftest du gegen andere und machtest sie dir untertan – nun bekämpfe und beherrsche dich selbst. Bisher war das Schwert deine Hauptwaffe, ab nun sei es die Geduld. Statt Rache zu üben, lerne im Namen Gottes, Hilfe zu leisten und das Recht zu beschützen. Wankelmut und Unmäßigkeit sollen dir verboten sein, Beständigkeit und Enthaltsamkeit seien dein Teil.«

WIE PARZIVAL MIT SEINEM BRUDER FEIREFIZ KÄMPFT UND GRALSKÖNIG WIRD

Gestärkt und mit friedlichem Herzen ritt Parzival fort. Er ritt allein durch den Wald seinem schwersten Kampf entgegen. Nichts regte sich weit und breit. Als er sich jedoch eine Stunde weit von Trevrizents Klause entfernt hatte, stellte sich ihm der furchtbarste Gegner in den Weg, den er je finden sollte.

Es war ein Heidenfürst, dessen Rüstung vom Helm bis zu den Sporen ganz mit Diamanten und anderen harten Edelsteinen besetzt war. Als Helmzier trug er eine aus Juwelen gebildete Schlange, deren Blick lebendig war und jedes unreine Tier, allen voran Drachen und giftige Ottern, tötete. Auch machte sie den, der sie trug, unverwundbar und schützte ihn gegen Dämonen.

Dieser Heidenfürst herrschte im Morgenland über fünfundzwanzig Völker, von denen keines das andere verstand. Er hatte kein leichtes Leben, obwohl er über alle Maßen reich war. Er kam gerade aus der Stadt Tabronit, wo ihm die Königin Sekundille, der er Minnedienste leistete, fünfundzwanzig große Schiffe mit Schätzen beladen hatte. Mit diesen Schiffen war er über das Meer gefahren, sie lagen unweit des Waldes in einer Bucht verborgen.

Kaum hatte der Heidenfürst den einsam ziehenden Parzival erblickt, als er die Lanze senkte und wie der Wirbelwind auf ihn zustürmte. Mit knapper Not konnte auch Parzival seine Lanze senken, da prallten sie auch schon aufeinander.

Der Boden bebte und zitterte von dem furchtbaren Zusammenstoß, aber Parzival saß dennoch aufrecht im Sattel.

Das war dem Heiden noch nie vorgekommen, bisher hatte er stets auf den ersten Stoß gesiegt. Sogleich ließ er sich vom Pferd gleiten, Parzival folgte seinem Beispiel, und nun durchflammten heiße Schwerthiebe den Wald. Es regnete Funken! Wie wirbelnde Schneeflocken, so dicht, umstoben sie die beiden Helden.

»Thasmeh!« rief der Heide, das war sein Schlachtruf, denn so hieß das mächtigste seiner vielen Länder.

»Pelrapeire!« schrie Parzival, denn das war der Name der Stadt, in welcher Kondwiramur lebte.

Die Königin hörte den Ruf über neun Länder weit mit ihrem Herzen. »Mein Geliebter ist in furchtbare Not geraten«, sagte sie, »ich will ihm mit der Macht meiner Liebe zu Hilfe kommen!« Und im selben Augenblick fühlte sich Parzival wunderbar gestärkt.

Stück um Stück hieb er aus dem Schild des Heiden, daß die kostbaren, blitzenden Steine den Boden übersäten. Als er aber weit ausholte, um dem unbekannten Helden Helm und Haupt zu spalten, zerbrach plötzlich Herrn Ithers Schwert an dem Zauberdrachen in zwei Teile.

Damit war Parzivals Leben verwirkt. Er stand auf Gnade und Ungnade in seines Feindes Hand.

Zum ersten Male war er selber besiegt.

So rächte der Himmel den Mord, den er einst vor der Stadt Nantes an seinem Onkel Ither begangen hatte.

Der Heide, den Parzivals Schlag in die Knie gezwungen und sicherlich getötet hätte, erhob sich. »Du bist ein gewaltiger Held!« sagte er. »Du hättest mir gewiß das Leben geraubt, trotz meiner Helmschlange, wenn dein Schwert nicht zerbrochen wäre. Ich biete dir Waffenruhe an. Komm, laß uns niedersitzen, und nenne mir deinen Namen!«

»Meinen Namen soll ich Euch nennen?« erwiderte Parzival. »Das hieße ja, daß ich mich als besiegt erkläre. Nun und nimmer!«

Der Heidenfürst lächelte. »Gut, so will ich dir meinen Namen zuerst sagen, es macht mir nichts aus. Ich heiße Feirefiz von Anjou.«

»Von Anjou?« fragte Parzival erstaunt. »Wie könnt Ihr Euch von Anjou nennen? Dieses Land samt allen seinen Burgen und Städten gehört mir! Ich hab es von meinem Vater Gachmuret geerbt. Wenn also einer von uns beiden ein rechtmäßiger Anjou ist, so kann das nach meiner Abkunft nur ich sein. Ich habe allerdings von einem Ritter gehört, einem unverzagten Helden, der fern im Heidenland wohnen und mein Bruder sein soll, wenn auch nicht von einer und derselben Mutter. Ich weiß auch ein Merkmal, woran ich ihn untrüglich erkennen könnte. Erlaubt, Herr, daß ich Euch ohne Helm betrachte. Nehmt ihn ohne Argwohn ab, ich werde Euch nichts zuleide tun, ehe Ihr ihn nicht wieder aufgesetzt habt, ich will nur Euer Gesicht sehen.«

Da lächelte der Heidenfürst abermals. »Ich fürchtete mich auch dann nicht vor dir, wenn ich nackt und ohne Schild dastünde, denn du hast ja kein Schwert mehr. Doch damit du siehst, wie wohlgesinnt ich dir bin, will ich mich meiner Waffe freiwillig entledigen. Sie soll keinem von uns beiden gehören! — Da!« Mit diesem Ruf schleuderte er sein prächtiges Schwert weit von sich in den Tann.

»Und nun sage mir, eh ich meinen Helm abnehme: Wie müßte mein Gesicht aussehen, wenn ich dein Bruder aus dem Heidenland wäre?«

»Wie beschriebenes Pergamentpapier«, antwortete Parzival, »voll schwarzer und weißer Flecke.«

»Ich bin es!« jubelte der Heide. »Ich bin es! Auch ich bin Gachmurets Kind!« Dann hob er seinen funkelnden Kopfschmuck ab, und siehe da, sein Gesicht war wirklich schwarz-weiß gesprenkelt wie das Gefieder einer Elster.

Da fielen die beiden Recken einander um den Hals und besiegelten ihren Frieden mit unzähligen brüderlichen Küssen.

»O wohl mir«, rief der Heide, »daß ich dich fand und heil in meinen Armen halten darf. Wie bin ich glücklich, dir ins Auge zu blicken, du Herzenspförtner, du Minnedieb! Nun sag auch nicht mehr länger Ihr und Euch zu mir — duze mich doch, wir sind ja eines Vaters Kinder!«

Sie setzten sich beide ins Gras, und Feirefiz erzählte Parzival, wie Gachmuret die Mohrenkönigin Belakane im Lande Zazamank geheiratet, aber wieder verlassen habe, und wie er, Feirefiz, das gefleckte Kind aus dieser Ehe, nun ins Abendland gekommen sei, seinen Bruder zu suchen.

»Ich komme geradewegs aus Tabronit, der Stadt, die alle Wünsche erfüllt. Doch wieviel Schätze es dort auch gibt, der kostbarste befindet sich nicht unter ihnen: der Gral. Den sollen fromme Ritter aus dem Morgenland ins Abendland gebracht haben — kannst du mir den Kristall finden helfen?«

»Oh«, stöhnte Parzival auf, »laß ab vom Gral, versuch nicht, ihn zu finden! Ich tu es schon seit vielen Jahren und immer noch vergebens. Was ich dabei an Leid erfuhr, was ich an Schuld unschuldig auf mein Herz lud, das kann ich dir nicht sagen, es ist zuviel. Aus Tabronit kommst du, wo jeder Wunsch in Erfüllung geht? Kehre dorthin zurück mit deinen Schiffen und Schätzen und lebe glücklich. Hier bist du in ein Land geraten, wo du alles entbehren lernen mußt, wenn Gott dir gnädig werden soll. Glaub es mir, Feirefiz! Verlang nicht nach dem Gral!«

Doch Feirefiz wollte nichts von Abschied und Trennung wissen.

»Nein, Bruder«, rief er, »du wirst mich nicht mehr los! Meine arme schwarze Mutter Belakane sehnt sich um unseres Vaters willen sehr nach der Taufe, doch blieb sie ihr verwehrt. Ich aber weiche nicht von hier, bis ich sie empfangen habe und durch sie der Liebe und Treue

Gottes teilhaftig geworden bin. Ich schenke dir alle meine Schätze, die ich mitgebracht habe, und zwei meiner größten Länder dazu, wenn du mir zur Taufe verhilfst. Sogleich will ich meinem Heer in der Bucht befehlen, die Schiffe zu entladen und dir alles zu bringen.«

»Behalte Schätze und Länder für dich«, sagte Parzival, indem er sich erhob, »die Taufe gibt dir jeder Priester frei und gern. Bei König Artus soll sie dir gespendet werden, er tagt mit seiner Tafelrunde nicht weit von hier — als ich den Berg hinanritt, sah ich von ferne ihre bunten Zelte durch die Wipfel schimmern. Komm mit! Manch tapferen, blutsverwandten Ritter wirst du dort antreffen und viele holde Frauen.«

Als Feirefiz das hörte, sprang er mit einem Satz auf die Beine und machte sich reisefertig, denn er kannte nichts Lieberes auf der Welt, als schöne Frauen zu sehen und ihnen Minnedienste anzubieten. Parzival half ihm, sein weggeworfenes Schwert zu suchen, und als sie es gefunden hatten, ritten sie selbander hinab, wo König Artus' Zeltlager war.

Sie wurden mit großem Jubel empfangen. Gawan, die Sonne der Ritterschaft, kam ihnen entgegen. Er hatte Parzival überall vergeblich gesucht. Zuletzt war er noch einmal im Wunderschloß gewesen und hatte in der Spiegelsäule gesehen, welch furchtbaren Kampf der Freund mit Feirefiz zu bestehen hatte. Wie auf geflügeltem Roß war er zu König Artus geeilt und hatte alle Ritter bestürmt, mit ihm den Wald zu durchstreifen, um die Kämpfenden aufzuspüren und voneinander zu trennen.

Das war nun gottlob nicht mehr nötig.

Vor Freude weinend, umarmte Gawan den Freund und gab ihm das kostbare Gralsschwert mit dem Rubingriff wieder zurück. »Du hast gekämpft und gelitten wie keiner auf dieser Erde«, sagte er zu ihm, »dein Rittertum überstrahlt uns alle. Ich bin nicht würdig, eine so köstliche Waffe noch länger zu tragen. Oh, hättest du sie zur rechten Zeit gehabt, nie wärest du gegen den Heiden unterlegen!«

»Ich bin froh, daß ich meinen Bruder Feirefiz nicht besiegte«, entgegnete Parzival. »Gott wollte es so, er ist weiser als wir Menschen.«

Als ihm jedoch Gawan auch das Tugendreis des Königs Gramoflanz überreichen wollte, gab er es dem Freund zurück und sagte: »Behalte und trage es zum Andenken an mich — du hast es nicht weniger verdient.«

In festlichem Zug traten Artus und Frau Ginover mit ihrem Gefolge aus dem Königszelt und begrüßten die Gäste mit hohen Ehren. Feirefiz wurde seines scheckigen Gesichtes und seiner funkelnden Rüstung wegen von allen bestaunt.

Doch kaum hatten der König und die Königin ihren Willkommgruß gesprochen, als ein Raunen durch die Reihen aller Anwesenden lief: Auf einem prächtig geschmückten Zelter kam Kundry, die Gralsbotin, in den Ring geritten. Tief verhüllt war ihr Antlitz. Sie trug eine Kappe und einen weiten Mantel aus Samt, der noch schwärzer war als ein türkischer Rappe, jedoch über und über mit Turteltauben aus arabischem Gold bestickt. Die Taube war das Wappentier des heiligen Grals.

Noch nie hatte man die unheimliche Frau so herrlich gewandet einherreiten sehen. Schnell stieg sie vom Maultier, warf sich Parzival zu Füßen und berührte mit Stirn und Händen den Boden.

»Vergib mir, daß ich dir einst so wild gezürnt«, flehte sie, »o vergib mir! Soeben erschien der Name ›Parzival‹ mit leuchtenden Lettern im Gral. Du bist durch den Willen des Höchsten als König nach Montsalvat berufen. Beeile dich, zu Anfortas in die Burg zu gelangen, eh es zu spät ist! Doch nimm einen Mann mit, den dein Herz auserwählt – ein strenges Gesetz befiehlt: ›Komm nicht ohne Bruder zum Gral!‹ Heil dir, wenn du den Richtigen erwählst und mitbringst! Heute noch sollst du mit Kondwiramur vereint sein, heute noch dein Söhnlein Lohengrin und seinen Zwillingsbruder Kardeis auf den Knien wiegen. Kondwiramur gebar dir beide in Schmerzen und zog sie auf, dieweil du durch die Welt irrtest.«

Da hob Parzival die kniende Botin sanft auf, löste den schwarzen Schleier von ihrem Antlitz und sah ihr ohne Schrecken ins häßliche Gesicht. Und siehe da, es dünkte ihn schöner und weiser als jedes andere. Noch nie hatte er in schönere Augen geblickt als die ihren! Sie schimmerten honiggelb wie der edelste Topas.

»Gesegnet sei dein Mund, der mir so herrliche Kunde bringt!« sagte Parzival. »Gesegnet sei der Fluch, der mich einst von hier fort über Länder und Meere trieb! Groß ist Gottes Güte, herrlich seine Gnade, da er mir nach so viel Leid so viel Glück gewährt!«

Darauf ging er zu Feirefiz hin und sagte: »Willst du mir die Liebe erweisen, mich zum Gral zu begleiten?«

Voll Freude sagte Feirefiz: »Ja!« Dann zogen die Brüder unter Kundrys Führung gemeinsam nach Montsalvat.

Auf ihrem Weg dahin kamen sie an Sigunes Klause vorbei. Sigune war gestorben, fromme Leute hatten sie gemeinsam mit Schionatulan-

der neben der Hütte begraben. Aus dem Grab wuchsen zwei Rebstöcke, die sich ineinander verschlangen.

Durch wilde Klüfte ging es weiter, keiner von den dreien sprach ein Wort, tiefer Friede und Glück erfüllte ihre Herzen.

Auf einmal sah Parzival den See Brumbane! Und da waren auch schon die Felsen, an denen sie entlangritten und zur Zugbrücke kamen! Gewaltig ragte die Gralsburg auf ihrem glatten Stein in den Himmel. Es war gerade Mittag, Sonnenglast erfüllte die Welt.

In dem Augenblick, da die Reitenden anlangten, ertönten von den Zinnen der Gralsburg schmetternde Freudenhörner, und in den vielen Türmen begannen die Glocken, die seit dem Tag, da Anfortas verwundet worden war, geschwiegen hatten, alle zugleich zu läuten. Der neue Gralskönig zog ein.

Als Parzival die große Halle betrat, bot sich ihm ein Bild, das seine Seele tief schmerzte. Anfortas kniete auf seinem Siechbett, die Hände in die Decken verkrallt und Gott um den Tod bittend. Seit vielen Wochen hatte der sündige König seinen Rittern das heilige Mahl verwehrt: er wollte den Gral, dessen Anblick Schmerzen lindert und das Leben verlängert, nicht mehr sehen und endlich sterben.

Nun aber ging Parzival festen Schrittes auf Anfortas zu, berührte ihn sanft an der Schulter und fragte ihn: »Oheim, was fehlt dir?« – und im selben Augenblick wichen die Qualen. Die Wunde schloß sich, und Anfortas erhob sich von seinem Bett. Gesund und blühend war sein Angesicht, es schien wie verjüngt, und vor Freude strahlten seine Augen fast noch heller als die Parzivals. Er sank vor seinem Neffen aufs Knie und huldigte dem neuen Gralskönig.

Parzival hob den Oheim sanft an den Schultern auf. Er sprach: »Der den Lazarus aus dem Grab zu neuem Leben erweckt hat und selber aus dem Grabe auferstand nach dreien Tagen, er hat dich durch meine Frage gesund gemacht und die Wirrnis deiner Seele geordnet. Heiliger, heilender Geist erlöst uns von Siechtum, errettet vor dem Tode, wenn wir unbeirrt auf seine Gnade bauen. Das Licht, das zu Pfingsten den Seelen der Apostel beschert wurde, es lenkt uns dahin, am meisten dann, wenn wir am meisten leiden. Ich hab es an mir selber erfahren, und du, Oheim, auch.« Dann umarmte er ihn.

Anfortas trat in die Schar der Ritter, zu der er von nun ab gehörte, und Parzival nahm den Sitz des Königs ein. Die Pforte öffnete sich. Königin Repanse kam mit ihren vierundzwanzig Jungfrauen in feierlichem Zug in den Saal. Sie trug den Gral, dessen Licht so hell strahlte wie noch nie.

Doch seltsam, Feirefiz, der schwarz-weiße Heide, sah ihn nicht. Er sah wohl die Königin, deren Schönheit sein Herz sogleich gefangennahm, und er sah ihre Hände, die etwas zu tragen schienen – aber er sah nicht, *was* sie trugen. Das Gebaren der Ritter, die wie verzückt auf Repanses Hände blickten, verwunderte ihn und beschwerte zugleich sein Herz. Er seufzte.

Parzival nahm ihn liebevoll an der Hand. »Du kommst aus fernem Morgenlande, wo große Weisheit daheim ist. Sie hat dich ins Abendland geleitet, zu mir, und nun hat sie dich bis in die Gralsburg gelangen lassen. Du darfst hier alles, alles schauen – die *Quelle* unseres Heils aber erst dann, wenn du die Taufe empfangen hast.«

»Die Taufe?« fuhr Feirefiz auf. »Was ist das für ein Ding? Ich will es haben! Kann man es im Kampf erringen?« Und er hielt gleich Umschau nach Waffen.

Die Ritter lächelten. Und auch Parzival konnte nicht ernst bleiben.

»Verhilft mir die Taufe zur Minne?« wollte Feirefiz wissen.

»Bist du denn in Minnenot?« fragte Parzival den gefleckten Bruder.

Feirefiz nickte heftig. Dann trat er dicht an Parzival heran und gestand ihm, daß er sich in die Trägerin der Gralsschale, in Repanse, verliebt habe. »Ihr Blick geht mir bis ins Herz hinein und schafft mir arg Weh«, flüsterte er. »Wenn du in Wahrheit mein Bruder bist, so hilf mir und wirb für mich um ihre Hand! Ich mag nicht mehr leben ohne sie, sie muß mein werden auf Zeit und Ewigkeit!«

Nun lächelte Parzival nicht mehr, sondern versprach Feirefiz, für ihn bei Repanse ein gutes Wort einzulegen.

Am andern Morgen, in aller Frühe, wurde der Heide in den Gralstempel geführt, dort sollte er getauft werden. Ein uralter, weißhaariger Priester trat auf ihn zu und fragte ihn:

»Entsagst du dem Jupiter und allen anderen fremden Göttern und Götzen? Entsagst du aller Sternenweisheit, Astrologia geheißen? Entsagst du auch dem Glauben, daß alles vorherbestimmt und unabwendbar sei, der Mensch nur ein Sklave Gottes und der Natur?«

Dem allen entsagte Feirefiz herzlich gern.

»So bist du würdig, das Wasser des Lebens zu empfangen, das aus Christus, unserm Herrn, fließt«, sagte der Priester. »Auch du wirst ein Gralsritter sein und auf allen Wegen dem Auferstandenen in Freiheit dienen.« Dann sprach er den Taufspruch:

»Das Wasser gibt den Bäumen Saft,
befruchtend wirkt des Wassers Kraft
auf alle Kreatur der Welt.
Des Wassers Tau das Aug erhellt.
Wasser verleiht den Seelen Schein,
daß die Engel nicht könnten lichter sein.«

Nun wurde der Schrein, in dem sich der Gral befand, geöffnet. Der Priester nahm eine Schale aus blutrotem Rubin, die war leer. Er hob die Schale mit beiden Händen hoch und neigte sie gegen den Gral hin — da füllte sie sich bis oben mit klarem, lauem Wasser. Das goß der Priester über das Haupt des Täuflings — und im selben Augenblick konnte Feirefiz den Gral sehen!

Inzwischen war Kondwiramur, von einer inneren Stimme gerufen und geleitet, mit ihren beiden Knaben und einer Schar erlesener Ritter von Pelrapeire aufgebrochen, um zu Parzival zu reisen. Auf einer Waldlichtung rasteten sie. Es war dieselbe, auf welcher Parzival seinerzeit gegen die Artusritter Segramors und Keie gekämpft hatte, und genau über der Stelle, wo die drei Blutstropfen im Schnee geleuchtet hatten, hatte Kondwiramur ihr Zelt aufschlagen lassen. Im kühlen Schatten ruhte sie, die Knaben schliefen in ihren Armen.

Als man Parzival das Nahen der so heiß ersehnten Gemahlin meldete und ihm ihren Rastplatz nannte, zog er sogleich jubelnden Herzens mit einem glänzenden Gefolge von der Gralsburg herab und holte sie ein.

Von nun ab lebten sie gemeinsam in der Gralsburg, und Lohengrin wurde unter Parzivals Aufsicht zum Gralsritter erzogen. Sein Bruder Kardeis aber blieb nicht auf Montsalvat. Als er herangewachsen war, übergab ihm der Vater die Herrschaft über seine drei irdischen Reiche, die ihm Gachmuret hinterlassen hatte. Kardeis zog nach Anjou und lebte dort als angesehener König.

Feirefiz blieb noch eine Weile als Gast bei Parzival und Kondwiramur, und die ungleichen Brüder erwiesen einander grenzenlose Liebe. Ehe er wieder ins Morgenland zurückkehrte, hielt Feirefiz selber um Repanses Hand an. Sie wurde ihm von Herzen gerne gewährt. Der Priester traute das Paar, und dann zogen die Glücklichen zu König Artus. Dort angelangt, ließ Feirefiz die Schätze kommen, die er auf seinen fünfundzwanzig Schiffen aus dem Morgenland mitgebracht hatte, und verteilte sie unter die Ritter und Frauen, zu denen sich unterdessen auch Königin Arnive mit ihren vierhundert Jungfrauen aus dem Wunderschloß gesellt hatte.

Von tausend Segenswünschen begleitet, segelte Feirefiz mit Repanse über das Meer in seine Heimat.

Dort schenkte ihm Repanse einen Sohn, der den Namen Johannes erhielt. Er wurde der berühmte Priester Johannes, der im Lande India und auch sonst im Orient viele Völker zum Christentum bekehrte. Auch seine Söhne, die nach ihm als Könige im Morgenland herrschten, nannten sich alle »Priester Johannes«. Die Kreuzfahrer brachten die Kunde von ihrem segensreichen Wirken zu uns nach Europa.

An Repanses Stelle versah nun Kondwiramur den Dienst der Gralskönigin. Sie trug die heilige Schale in den Saal, wo die Ritter versammelt und wieder guter Dinge waren. Neues Leben war auf Montsalvat eingezogen. Jahr für Jahr schwebte die Taube herab, und viele Ritter wurden wieder zu Hilfeleistungen in die Welt entsandt. Doch war es streng verboten, sie zu fragen, wer sie seien und woher sie kämen. Verletzte jemand dieses Gebot, so mußte der Ritter zwar seinen Namen nennen und seine Herkunft offenbaren, aber noch in derselben Stunde unerbittlich nach Montsalvat zurückkehren.

So wollte es der Gral.

LOHENGRIN DER SCHWANENRITTER

Es war in den Zeiten, da man in Deutschland immer mehr Urwälder zu Ackerland verwandelte und überall an den Flußläufen große, befestigte Städte erbaute, wo viele Menschen miteinander wohnten.

In Antwerpen, dessen wehrhafte Mauern und Türme sich in der Schelde spiegelten, lag der Herzog von Brabant im Sterben. An seinem Lager standen Elsa, seine Tochter, Gottfried, sein Söhnlein, ein zarter Knabe noch, und Graf Telramund, ein finster blickender, kampferprobter, dem Fürsten treu ergebener Mann von hünenhafter Gestalt.

Mit matter Stimme sprach der Herzog: „Graf Telramund! Du warst in schlimmen wie in guten Tagen mein treuester Genoß, dir vertraue ich meine Kinder an, ehe ich von hinnen scheide. Wache über Elsa, bis das Mädchen zur Jungfrau erblüht ist und sich liebend einem würdigen Mann verbindet, der es beschützt und umsorgt. Meinen Sohn Gottfried aber unterweise in allen ritterlichen Tugenden, damit er, herangewachsen, ein ebenso strenger wie milder, ebenso weiser wie unerschrockener Landesherr werde und ein tapferer Gefolgsmann unseres Königs. Lehre ihn so treu sein wie du, mein lieber Telramund!"

Der Graf versprach, alles auszuführen, worum der Sterbende bat. Dann sank der Herzog mit einem letzten, wehen Blick auf Elsa und Gottfried zurück und verhauchte seine Seele. Bittere Tränen stürzten aus den Augen der Kinder.

Telramund, wortkarg und verschlossen wie immer, nahm sie bei den Händen und führte sie aus dem Gemach.

Jahre vergingen. Unter Telramunds Zucht wuchs der kleine Gottfried zu einem klugen, geschmeidigen Jüngling heran, Elsa aber, die junge Herzogin, war von solcher Schönheit und Reinheit, daß jeder meinte, der

Himmel selbst strahle aus ihren Augen. Nicht die kleinste Lüge, nicht das geringste selbstsüchtige Begehren trübten je ihre engelgleiche Seele.

Um so trüber sah es in Graf Telramunds Herzen aus. Je schöner Elsa wurde, desto heftiger entbrannte er in leidenschaftlicher Liebe zu ihr. Wer soll es mir verwehren, das Mädchen zur Frau zu nehmen? fragte er sich insgeheim. Wer soll mich daran hindern, um Elsa von Brabant zu werben? Die Grafen und Barone des Landes stehen wie ein Mann hinter mir. Ich bin ein unbesiegter Ritter, stand meinem toten Herrn im Krieg wie im Frieden am nächsten — wo fände die Jungfrau einen edleren Gatten als mich?

Aber Friedrich von Telramund hatte die Rechnung ohne das Mädchen gemacht. Elsa wies alle seine Werbungen beharrlich zurück. Ob er nun sanft oder stürmisch, schmeichelnd oder drohend kam, sie wies ihn ab. „Ich liebe Euch nicht", das war alles, was er zu hören bekam.

Im Grunde ihres Herzens fürchtete sich Elsa vor dem finsterblickenden Mann mit dem dunklen Bart und den buschigen Brauen.

Telramund war außer sich vor Zorn und Scham, weil es ihm nicht gelang, die holde Jungfrau zu erobern. Er sattelte sein Pferd und strich ruhelos durch das Land. Da war viel Wald, den die rodende Axt noch nicht berührt hatte. Da dehnten sich dunkle Forste, reich an Wild und geheimnisvollen Wassern. In einem der Wälder stand eine Burg, ein verlassen ragendes Gemäuer, von Dorngestrüpp umwuchert. Sie war einst der Sitz der heidnischen Landesherren gewesen, die vor Elsas und Gottfrieds Vater über das Gebiet von Brabant geherrscht hatten. Friesen waren es gewesen, Radbod hatte ihr Ahnherr geheißen; sein letzter Sproß, die Fürstin Ortrud, hauste mit wenigem Gesinde im Wald.

Der unglückliche Graf besuchte diese Frau. Sie empfing ihn so ehrfurchtsvoll, als wäre er der König. Telramund schüttete ihr sein Herz aus, und Ortrud teilte seinen Grimm gegen Elsa.

„Sie wird noch im Staube vor Euch liegen, die Jungfer Hochmut", sagte sie. „Sie wird Euch um Gnade anflehen, und Ihr werdet sie ihr nicht gewähren!"

Mit solchen und ähnlichen Worten schürte die zauberkundige Frau Telramunds Haß. Als es dunkelte, ließ sie Fackeln bringen und im düsteren Saal ihrer Burg ein Mahl auftragen. Der Graf aß und trank mit ihr, und mehr noch als der schwere Wein, den sie ihm kredenzte, berauschte ihn das wilde Wesen der schwarzlockigen Heidin, die noch allerlei finstere Dämonen zu beschwören wußte.

Von nun an kam Telramund öfter zu Besuch. Immer mehr umstrickte ihn Ortrud mit ihren Künsten, und eines Nachts flüsterte sie ihm zu:

„Nimm mich zum Weib, und ich mache dich zum Herzog von Brabant! Ich stamme aus Radbods Blut, sein Geist umschwebt mich, und wer mich freit, wird eines Tages über dieses Land herrschen. Elsa und Gottfried aber werden mit Schimpf und Schande verjagt werden. Sicherlich hat das Mädchen einen geheimen Buhlen, am Ende gar von minderem Adel; darum hat sie auch deine Hand verschmäht!"

Diese Worte drangen tief in Telramunds Seele, und eines Morgens erschien er mit glänzendem Gefolge als Freier vor Ortruds Burg. Im Münster wurden die beiden getraut, obwohl die Fürstin heimlich noch den alten Göttern anhing, Odin und Frigga verehrte.

Als der Bischof die Hände des Paares ineinanderlegte, tat Ortrud bei sich einen Schwur, Elsa samt ihrem Bruder Gottfried zu vernichten.

Mit teuflischer List ging die Zauberin ans Werk. Sie beobachtete die beiden Geschwister aufmerksam, folgte ihnen heimlich auf ihren Wegen, und als Elsa mit Gottfried in den Wald ritt, lockte sie in Gestalt eines wunderbaren Vogels, der mit paradiesischer Stimme sang, den Knaben ins Dickicht, wo ein tiefer Weiher lag. Dort ließ sie ihn durch Zauberkunst verschwinden, und als Elsa ihren Bruder suchte und besorgt nach ihm rief, kam ihr sein Pferd ohne Reiter entgegen.

Die junge Herzogin strich bis zum sinkenden Abend durch den dunklen Tann, von allerlei Stimmen genarrt und gequält. Sie kam auch an den Weiher — da lagen Gottfrieds Federhut und sein Schwert.

Elsa nahm beides an sich und kehrte, das reiterlose Pferd neben sich am Zügel führend, verzweifelt in die Burg zurück.

Unterm Tor erwartete sie Telramund. „Wo hast du deinen Bruder gelassen?" fragte er drohend. „Wo ist der junge Herzog?"

„Ich weiß es nicht", antwortete Elsa. „Ich verlor seine Spur. Am Rand eines Weihers fand ich Hut und Schwert. Oh, helft mir ihn suchen! Bringt Fackeln! Schickt beherzte Männer aus, damit wir ihn finden!"

„Lügnerin! Heuchlerin!" schrie der Graf voll Haß. „Du hast deinen Bruder im Weiher ertränkt! Du hast ihn ermordet, damit du an der Seite deines Buhlen, mit dem du es hältst, uneingeschränkt über Brabant herrschen kannst. Der Knabe war dir im Weg, du Mörderin!"

Elsa war ohnmächtig vor Entsetzen. „Wie kannst du mich einer so furchtbaren Schuld zeihen, Graf Telramund?" sagte sie. „Wie hätte ich eine so gräßliche Tat vollbringen können?"

„Darüber möge des Königs Gericht entscheiden. König Heinrich kommt mit seinem Heerbann nach Antwerpen. Vor ihm magst du dich verteidigen, du Engelgleiche! Bis dahin aber bist du meine Gefangene. Versuche nicht, aus der Burg zu entfliehen!"

Telramund befahl seinen Knechten, die Herzogin vom Pferd zu heben und ihren Frauen zu übergeben. Dann verstärkte er die Wachen am Tor und stellte Bewaffnete rings um die Burg, die mußten Mauern und Zinnen Tag und Nacht im Auge behalten.

Von dieser Stunde an erfüllte Weinen und Wehklagen die Frauengemächer. Elsas Dienerinnen teilten den Schmerz ihrer Herrin. Wohin mochte Gottfried entschwunden sein? Welcher Zauber hatte ihn den Augen der liebenden Schwester entrückt? Wie durfte Graf Telramund es wagen, die Unglückliche so zu beschuldigen und sie wie eine Verbrecherin zu behandeln? Welch bösem Beschützer hatte der alte Herzog seine Kinder anvertraut! — Solche Fragen raubten allen Mädchen und Frauen die Ruhe.

Eines Morgens, als Elsa einsam im Gärtlein ihrer Burg auf einer Bank saß und dem Himmel ihr Weh klagte, stürzte plötzlich ein blutender Falke vor ihre Füße. Der herrliche Jagdvogel war von einem andern im Kampf verwundet worden. Voll Mitleid beugte sich Elsa zu dem armen Tier ins Gras hinab. Da hörte sie, wie der Falke mit kaum vernehmbarer Stimmme flüsterte: „Nimm die Schelle aus meiner Kralle und läute sie!" Dann starb er.

Elsa nahm den toten Vogel auf und fand in der Tat eine kleine goldene Schelle in der erstarrten Kralle. Sie löste das Glöckchen heraus und bewegte es hin und her. Es gab einen feinen, hellen Ton, der das ummauerte Gärtlein lieblich erfüllte und das gequälte Herz der Jungfrau augenblicklich beruhigte. Eine wunderbare Zuversicht erfüllte Elsa. Als sie das Glöckchen jedoch zum zweitenmal schwang, überfiel sie süßer Schlaf, der sie auf den Rasen niederzwang und alsbald mit einem lichten Traum beschenkte. Sie sah einen blondbärtigen, hochgewachsenen Ritter in silberner Rüstung aus dem Himmel herabsteigen und sich zu ihr neigen. Der Ritter trug ein langes, lichtes Schwert im Arm, an seiner Hüfte hing ein goldenes Horn, und an seiner rechten Hand glänzte ein wundervoller Ring. Sein Auge strahlte wie der helle Tag, und es war Elsa, als blickte er ihr bis auf den Grund der Seele.

Als sie erwachte, war sie gefaßt und ruhig, ihre Frauen erstaunten, als sie sie wiedersahen.

Wenige Tage später kam König Heinrich nach Antwerpen. Heinrich der Vogler war ein überaus gottesfürchtiger, tapferer Herrscher. Er zog durch seine Lande, um die Fürsten zur Heerfolge gegen die wilden Magyaren zu bitten, die im Osten die blühenden Grenzmarken des Reiches überrannten und verwüsteten. Seinen Beinamen hatte dieser Herrscher, weil die Fürsten ihm zur Winterszeit die Kunde von seiner Wahl zum Deutschen König überbrachten, ihn gerade damit beschäftigt fanden, wie er auf den verschneiten Feldern seines Gutes Leimruten und Vogelschlingen auslegte. Als die Boten von den Pferden sprangen und huldigend vor ihm das Knie beugten, rief er aus:

„O weh, so muß ich mein freies, frohgemutes Leben mit dem sorgenreichen Tagewerk eines Königs vertauschen. Doch wohlan, es ist Deutschen Reiches Wille!"

Heinrich der Vogler erschien also mit seinem Heerbann, sächsischen und thüringischen Edelleuten und Knechten, vor Antwerpen. Unter einer breiten Eiche am Ufer der Schelde hatte man einen steinernen Sitz für den König errichtet. Rings um ihn, im Schatten des mächtigen Baumes, versammelten sich die brabantischen Edlen und Reisigen, mit ihnen Graf Telramund und Ortrud, sein herrschgieriges Weib.

Feierlich trat der Herold des Königs vor und gebot Schweigen. Es wurde so still, daß man den Windhauch im Laub der Eiche hören konnte. König Heinrich erhob sich von seinem Sitz und sprach:

„Ihr Edlen von Brabant! Ich bin gekommen, um euch zu bitten, mir Heerfolge zu leisten im Kampf gegen die Magyaren. Das Reich ist bedroht! Da mir jedoch zu Ohren kam, daß ihr manchen Unfrieden im Lande habt, will ich zuvor hören, was an diesen Gerüchten ist. Wer also eine Klage vorzubringen hat, der möge sie jetzt und hier mit lauter Stimme erheben!"

Unverzüglich trat Friedrich von Telramund in den Kreis. „Ich danke dir, König", rief er, „daß du zu richten kamst, es ist hoch an der Zeit! Des Landes Frieden, den ich bisher mit starker Hand zu wahren wußte, stört ein furchtbares Verbrechen, begangen durch Elsa von Brabant. Sie hat ihren noch unmündigen Bruder Gottfried, meines Herzens Kleinod, das mir ihr Vater sterbend anvertraute, ermordet. Sie ritt mit ihm in den Wald und kehrte ohne ihn zurück. In einem Weiher hat sie ihn ertränkt, Hut und Schwert des Knaben brachten ihre Frevlerhände wieder. Der Bruder sei entschwunden, sagt sie und vergießt heuchlerische Tränen um den Gemordeten!"

Der König war erschüttert. „Elsa von Brabant — eine Brudermörderin?" sagte er. „Was veranlaßte die Jungfrau wohl, eine so schauerliche Tat zu begehen?"

„Sie hat einen geheimen Buhlen, dem sie die Krone Brabants aufs Haupt setzen will", rief Telramund. „Noch wissen wir nicht, wer es ist. Dein Gericht aber, o König, wird es an den Tag bringen!"

König Heinrich aber hob seinen Schild auf und hängte ihn über sich an den Stamm der Eiche; das war das Zeichen dafür, daß hier ein Königsgericht tagte. „Nicht eher schütze mich mein Schild", sprach er, „als bis ich in dieser Sache gerichtet habe. Möge Gott mich mit Weisheit segnen. Führt die Beklagte vor!"

Da teilte sich die Menge, und Elsa schritt, umgeben von ihren Frauen und geleitet von den Wächtern Telramunds, scheuen Schrittes und gesenkten Auges in den Kreis. Züchtig blieb sie vor dem König stehen. Sie war in strahlendes Weiß gekleidet.

Heinrich der Vogler sah forschend in Elsas Antlitz. Das sollte eine Mörderin sein? Dann beugte er sich vor und fragte:

„Elsa, erkennst du mich als deinen Richter an?" Und als Elsa nickte, fuhr er fort: „Weißt du, welcher schrecklichen Schuld man dich hier zeiht?"

Wiederum nickte Elsa.

Nun fragte der König: „Was hast du der Klage des Grafen zu erwidern?"

Elsa schüttelte wie träumend das Haupt und flüsterte: „Nichts."

„So bekennst du dich schuldig?"

„Mein armer Bruder!" Das war alles, was Elsa auf diese Frage antwortete. Alle verwunderten sich über das seltsame Gebaren der Jungfrau.

König Heinrich war ratlos. Wie sollte er da der Wahrheit auf den Grund kommen? Er hieß Elsa noch näher zu treten und redete wie ein Vater zu ihr: „Wo ist dein Bruder — vertrau es mir an."

„Ich weiß es nicht, o König. Wir ritten fröhlich durch den Wald. Ein Vogel lockte den Bruder von meiner Seite, und als ich Gottfried suchte, war er entschwunden. Mein Auge ist zu schwach, um das Dunkel dieses Rätsels zu durchdringen."

„Dann muß Gott entscheiden!" sagte der König. „Er sieht ins Verborgene, sein Urteil ruf ich an. — Graf Telramund! Bist du bereit, die Wahrheit deiner Klage mit dem Schwert kämpfend zu erhärten?"

„Das bin ich!" rief der Befragte. „Ich stelle mich dem Gottesgericht!"

Nun wandte sich der König wieder an Elsa und fragte: „Und du, Elsa von Brabant? Bist du bereit, das Urteil anzuerkennen, das Gott durch einen Zweikampf sprechen wird?"

Elsa nickte. Wie traumverloren stand sie da, den Blick zu Boden geheftet.

„Und wen erwählst du zu deinem Streiter?" fragte der König. „Wer soll für dich mit Friedrich von Telramund kämpfen?"

Da faltete Elsa die Hände und hob den Blick zum Himmel. „Ich schlief im Gärtlein meiner Burg", sprach sie leise, „da trat aus himmlischen Höhen ein Ritter auf mich zu. Seine Rüstung war von Silber, wie das Antlitz eines Erzengels strahlte sein Gesicht. Auf diesen Helden warte ich, er wird für mich kämpfen und mich retten."

„Sie schwärmt von ihrem Buhlen!" rief Telramund voll Hohn. „Gebt acht, gleich wird sie seinen Namen verraten. Mich täuscht weder ihr Unschuldskleid noch ihr entrückter Geist, sie ist und bleibt eine Mörderin!"

Wer war der strahlende Ritter, der Elsa im Traum erschienen war? Hatte ihn die goldene Schelle herbeigerufen, die die unglückliche Gefangene in der Klaue des sterbenden Falken fand?

In der Tat, so war es. Der feine Ton des Glöckleins war, immer stärker anschwellend, durch die Lüfte geschwebt und hatte mit Windeseile die Gralsburg erreicht. Die Ritter liefen zusammen. Im heiligen Gral erschien in leuchtender Schrift die Botschaft, ein Ritter möge sich unverzüglich nach Antwerpen begeben und der schuldlosen Elsa beistehen. Namen und Herkunft jedoch müsse er, wie immer, verschweigen.

Alle drängten sich dazu, den Auftrag auszuführen. Doch abermals leuchtete der kristallene Kelch auf und bestimmte Lohengrin, Parzivals Sohn, zum Beschützer Elsas.

Lohengrin rüstete sich zur Fahrt. Er gürtete sein glänzendes Schwert um, hängte sich das goldene Horn an die Hüfte und eilte den steilen Berg hinab. Sein Pferd weidete am See Brumbane. Ein Knappe führte es ihm zu, doch als Lohengrin sich in den Sattel schwingen wollte, kam auf einmal ein wilder Schwan auf dem Wasser „dahergeflossen", wie es in einem alten Liede heißt. Dieser Schwan zog an goldener Kette einen Nachen hinter sich her. Er schwamm dicht an das Ufer heran. Der

Gralsritter ließ sein Pferd sogleich stehen und bestieg den Kahn, der sich vom Ufer löste und über die glitzernde Flut dahinglitt.

„Ihr ziehet ohne Speise,
gar lange währt die Reise!"

rief der erstaunte Knappe dem Davoneilenden nach, doch Lohengrin, schon entrückt im Sonnenglast, der über dem heiligen See lag, antwortete:

„Ob Abend, Nacht, ob Morgen,
es wirret mich kein Sorgen.
Der mich von hinnen sendet,
mir Kraft und Nahrung spendet!"

Der Schwan zog Lohengrin über den See und durch einen kristallklaren Fluß hinaus auf das Meer. Als sie bereits fünf Tage unterwegs waren, fing der Schwan ein Fischlein und verschluckte es. Da sagte Lohengrin:

„O mein Genosse gut
auf inselloser Flut,
wir reisen brüderlich —
und du ißt ohne mich?"

Da tauchte der Schwan seinen Schnabel abermals ins Wasser und nahm eine Hostie auf, die ihm die Wellen zutrugen. Er wandte sich um und bot die weiße Scheibe dem hungrigen Ritter, der voll Freuden die eine Hälfte verzehrte, die andere aber dem treuen Vogel reichte, der erhobenen Hauptes in überirdischen Tönen zu singen begann. Dann faltete Lohengrin die Hände und sprach:

„Wie himmelsüß und rein
schwillt seine Stimme!
Das muß fürwahr ein Engel sein,
mit dem ich schwimme!"

Rasch ging die Fahrt im Nachen weiter, zur Mündung der Schelde und von dort flußauf gegen Antwerpen.

Von diesen wunderbaren Vorgängen ahnten die Versammelten unter der großen Gerichtseiche nichts. Die Sonne stand schon hoch im Mittag. Da befahl der König seinen Heerhornbläsern zu blasen, und dann mußte der Herold mit lauter Stimme ausrufen: „Wer hierherkam, zu streiten für Elsa von Brabant, der trete vor!"

Der Ruf verhallte. Niemand rührte sich. Triumphierend blickte Graf Telramund in die Runde: keiner der brabantischen Edlen wagte es, das Schwert gegen ihn zu erheben.

Der Herold wiederholte die Aufforderung. Weithin hallte seine Stimme über das flache Land. Aber kein Streiter meldete sich. Ließ Gott die unglückliche Herzogin im Stich? Sprach er sie schuldig?

Da hob Elsa bittend und voll Vertrauen den Blick zum König auf und sagte:

„O König, laß den Ruf noch ein drittes Mal ergehen, mein Ritter ist gar so weit."

Wieder ertönten die Hörner. Wiederum erhob der Herold seine Stimme. Doch diesmal war sein Ruf noch kaum verhallt, als sich der Anwesenden eine gewaltige Erregung bemächtigte. Ein Schwan kam den Fluß heraufgeschwommen, der zog an einer goldenen Kette einen Nachen, in dem in silberglänzender Rüstung ein Ritter stand, ganz so, wie Elsa ihn im Traum gesehen hatte: mit Schwert, Horn und Ring. Sein Schild, auf den er sich stützte, trug das Bild einer Taube.

Der fremde Ritter — es war Lohengrin — landete, stieg aus dem Nachen und dankte dem Schwan für seine Dienste. Der wunderbare Vogel bog demütig den Hals, wendete und entschwamm samt dem Kahn.

Nun schritt Lohengrin auf die Eiche zu. Ehrfurchtsvoll öffnete sich der Kreis. Wie erstarrt standen Ortrud und Telramund, voll Staunen sah der König auf den lichten Ankömmling. Elsa aber sank, von Glück überwältigt, in die Knie, ihre Augen füllten sich mit Tränen namenloser Dankbarkeit.

Lohengrin begrüßte zuerst den König. Dann sprach er: „Ich bin gekommen, für Elsa von Brabant zu streiten." Nun wandte er sich an Elsa. Er hob die Schluchzende vom Boden auf und fragte sie:

„Elsa — willst du dich meinem Schutz anvertrauen?"

„Seit du mir im Traum erschienst, bin ich dein", antwortete sie.

„Und wenn ich Telramund besiege, willst du mich dann zum Gatten nehmen und gemeinsam mit mir über Land und Leute herrschen?"

„Was ich bin und was ich habe, ist längst in deine Hand gelegt."

Da blickte ihr Lohengrin fest in die Augen und sagte mit ernster Stimme: „Wenn ich immer bei dir bleiben und nichts uns voneinander trennen soll, mußt du mir geloben, daß du mich nie fragen wirst, woher ich kam, wer ich bin und wie ich heiße. Versprichst du mir das?"

Elsa erwiderte seinen Blick voll innigen Vertrauens. „Gott hat dich mir in höchster Not geschickt — mehr begehre ich nicht zu wissen", hauchte sie.

Doch Lohengrin wiederholte sein Verbot. „Elsa!" rief er mahnend, „in deinen Händen ruht unser Glück. Fragst du mich dennoch nach Namen und Herkunft, muß ich dich zur selben Stunde verlassen!"

„Mein Retter", erwiderte Elsa, „nie wird die Frage über meine Lippen kommen."

Da schlang Lohengrin liebend die Arme um sie und küßte sie auf die Stirn. Dann stellte er die Beklagte unter König Heinrichs Schutz, richtete sich hoch auf und rief: „Elsa von Brabant ist frei von jeder Schuld! Daß Graf Telramund sie böswillig verleumdet, soll noch in dieser Stunde durch Gottes Urteil offenbar werden — durch mein Schwert!"

Nun traten auf des Königs Geheiß drei sächsische und drei thüringische Edelleute vor und steckten den Kampfplatz ab. Sie stellten sich im Kreis auf und stießen die Speere in den Boden. Der Herold gebot Schweigen und verkündete:

„Niemand betrete diesen Kreis! Wer des Königs Gebot verletzt, büße es durch harte Strafe: der Freie mit der rechten Hand, der Knecht mit dem Haupt. Ihr Streiter aber, beeinflußt das Gottesurteil nicht durch Zaubers Trug und List. Der Himmel wird euch richten, wie ihr es verdient, er ist's, der eure Waffen lenkt!"

Jetzt zogen Sachsen, Thüringer und Brabanter die Schwerter und stießen sie vor sich in den Rasen, während der König in Gebet versank und Gott anflehte, er möge über dem Kampf walten und sein Urteil durch Sieg und Niederlage aussprechen, auf daß die Wahrheit offenbar werde. Dann zog auch der König sein Schwert und schlug damit an den Schild zu seinen Häupten: der Zweikampf konnte beginnen.

Lohengrin und Telramund liefen in den Kreis. Mit unwiderstehlicher Härte trafen Lohengrins Schläge Schild und Helm seines Gegners. Lichtblitze gingen von der Klinge des Gralsritters aus, und seine Blicke drangen bis in Telramunds Seele. Grauen und Entsetzen lähmten den starken, unbesiegten Arm des Grafen, und plötzlich holte Lohengrin gewaltig aus und streckte den Verleumder zu Boden.

Kein Tropfen Blut war geflossen. Telramund war unverletzt und dennoch besiegt. Er vermochte nicht, sich zu erheben, es wurde Nacht um ihn. Er hörte noch, wie sein Schwert zerbrochen wurde und wie der Herold verkündete: „Friedrich von Telramund ist seines Landes verlustig und vogelfrei! Wer ihn bei sich aufnimmt, ist des Todes, wer ihn tötet, wird nicht verfolgt. Sein Land und seine Burg darf Graf Telramund nicht mehr betreten!"

Dann schwanden ihm die Sinne.

Als Telramund wieder aus seiner Ohnmacht erwachte, kniete Ortrud neben ihm. Ringsum war es finster. Düstere Wolken flogen über den Himmel und verhüllten die Sterne, der Nachtwind rauschte im uralten Baum.

„Vogelfrei! In Acht und Bann getan!" stöhnte Telramund verzweifelt. „Mein Schwert ist zerbrochen, mein stolzer Name besudelt! Der nächstbeste Wegelagerer darf mich erschlagen wie einen Hund! Und das alles verdanke ich dir, Ortrud, dir und deiner Lüge, verfluchtes Weib!"

„Meiner Lüge?"

„Ja, deiner Lüge!" versetzte Telramund. „Hast du mir nicht erzählt, du habest mit eigenen Augen gesehen, wie Elsa ihren Bruder im Weiher nahe deiner Burg ertränkte? Nun hat Gott dich schrecklich Lügen gestraft, mich aber hat er gerichtet und vernichtet! Nun teilst du meine Schmach."

Ortrud stieß ein schauerliches Lachen aus, grausig stieg es empor in den Wipfel der Eiche. „Gott?" rief sie höhnisch. „Gott war hier nicht zugegen — ein Zauber warf dich zu Boden, hast du es nicht bemerkt? Verzaubert war des fremden Ritters Blick, verzaubert war sein Schwert, Dämonen lenkten seinen Arm! Darum darf auch niemand wissen, wer er ist und woher er kommt; denn wüßten wir's, fiele der Zauber von ihm ab. Oh, hättest du ihm nur einen Finger, nur eines Fingers Glied abgeschlagen, ihm nur die Haut geritzt, so hätten seine Dämonen ihn verlassen und er wäre dir machtlos erlegen!"

„O tiefes Unglück! O schändlicher Betrug!" rief Telramund.

„Noch ist nicht alles verloren", flüsterte Ortrud geheimnisvoll. „Halte dich mit einer Handvoll wackerer Gesellen bereit. Ich werde Elsa schon dazu bringen, daß sie den fremden Ritter nach Herkunft und Namen fragt. Sobald sie dies tut, ist der Ritter nicht stärker als jeder andere, und du magst ihm ans Leben! Dann wird Elsas Schuld endlich offenbar! Auf zu ihr!"

Die Gemächer der Burg zu Antwerpen erhellte das Licht von Tausenden Kerzen. Laute Fröhlichkeit erfüllte den Saal, Saitenspiel und Gesang drangen durch die geöffneten Fenster in den duftenden, dunklen Garten. Lohengrin und Elsa hatten hoch und niedrig zu einem Freudenfest geladen, dessen Glanz der König durch seine Anwesenheit erhöhte.

Um Mitternacht trat Elsa auf den Balkon ihrer Kemenate. Sie wollte ihr übervolles Herz dem Wind anvertrauen und ihre glühenden Wangen kühlen.

Da hörte sie auf einmal aus dem Garten ihren Namen rufen. Unheimlich tönte es aus der Nacht: „Elsa!"

Erschrocken beugte sie sich hinab. Da stand Ortrud im Gebüsch und sah mit brennenden Augen zu ihr empor. „Elsa", sagte sie, „ein unglückliches Weib steht vor dir! Noch diese Nacht muß ich mit Telramund, dem Geächteten, fliehen. Aber auch für dich zieht Unheil herauf, darum schlich ich mich her, dich zu warnen. Vertraue dem fremden, lichten Ritter nicht: so geheimnisvoll, wie er kam, wird er dich eines Tages wieder verlassen!"

Elsa wunderte sich. „Wie könnte das geschehen?" sagte sie. „Solange ich ihn nicht frage, was er mir zu fragen verbot, kann nichts auf dieser Welt uns trennen."

Ortrud schüttelte heftig den Kopf. Sie trat noch näher an den Balkon heran und flüsterte: „Du bist verblendet, Elsa, glaube mir! Ist es nicht genug, daß Telramund *mich* mit ins Unglück reißt? Mußt auch *du* noch unglücklich werden? Ein Zauber umgibt den fremden Ritter, von dem niemand wissen darf; darum verbot er dir, ihn zu fragen, aus welchem Wunderland ihn der Schwan herbeigeführt hat. Ich aber erkannte und durchschaute ihn. Kenntest du seinen Namen, wüßtest du, woher er kam, so müßte er seines Zaubers Kraft mit dir teilen und wäre ewig, ewig an dich gebunden. Mächtiger als jede Königin der Erde würde dich die verbotene Frage machen. So aber bist du nichts als sein Weib, das er zu jeder Stunde verlassen kann, wann immer ihn der Herr seines Zaubers zurückruft in die Ferne, aus der er kam."

Verwirrt sah Elsa auf die finstere Versucherin nieder. „Ortrud", sprach sie, „du bist weise und magst tiefer blicken als ich. Doch diesmal irrst du bestimmt. Könntest du meinem Retter so nah ins Auge blicken wie ich und die Treue sehen, die aus ihm strahlt, du würdest mein Herz nicht mit so düsterer Warnung beschweren. Ich habe ihm gelobt, nicht zu fragen, und ich werde mein Versprechen halten."

„So bleibe zeitlebens das Weib eines Namenlosen, eines Fremden, von dem niemand weiß, aus welchem Geschlecht er stammt und wo seine Heimat ist! Mit Fingern wird man auf dich zeigen und aufmucken gegen die Herrschaft deines Gatten, des Fürsten ohne Namen. Mich stieß sein Sieg in Nacht und Not, aber eines habe ich dir auch noch im Unglück voraus: daß jeder von Ortrud sagen kann, sie war das Weib des Grafen Friedrich von Telramund, des Ersten unter den Edlen von Brabant. Jedoch, wer Elsas Gatte ist, das weiß niemand, nicht einmal sie selbst!"

Lautlos und ungesehen, wie sie gekommen, schlich Ortrud aus der Burg. In tiefem Sinnen blieb Elsa zurück. Die Worte der Zauberin waren wie Gift in ihre Seele gedrungen. Argwohn und Neugier nisteten plötzlich in ihrem Herzen und erhoben ihre Schlangenhäupter.

Bedrückten Gemütes kehrte sie in den geschmückten Saal zurück, und auch als sie am anderen Morgen, in prächtige, golddurchwirkte Gewänder gekleidet und die Krone Brabants im Haar, an Lohengrins Seite in das Münster zum Traualtar schritt, lag ein Schatten auf ihrer Seele.

Wohl sagten alle, die sie sahen: „Noch nie war die Herzogin strahlender und schöner als heute", aber sie wußten nicht, welch peinigende Zweifel das Herz der Braut bedrängten. Wird mich mein Gatte wirklich eines Tages verlassen, wie Ortrud es mir prophezeit? Wird das Volk nicht vielleicht doch eines Tages murren, wenn es von seinem Fürsten immer nur als dem „Schützer von Brabant" sprechen und niemals seinen Namen und seine Abstammung erfahren darf? Hat er mir die Frage am Ende doch nur deshalb verboten, weil er sein Geheimnis, seine Zauberkraft nicht mit mir teilen will? Hat er mich getäuscht durch sein Verbot, und werde ich ihn verlieren, wenn ich die Frage unterlasse? Ach, wie quält mich dieses Nichtwissen! Oh, wäre mir Ortrud doch nie unter die Augen getreten!

Der Festesjubel des Tages übertönte bald die Stimmen in Elsas Brust. Der König erhob seinen Pokal auf das Wohl des Paares und das Gedeihen von Brabant, und Lohengrin versprach Heinrich dem Vogler, ihm bereits wenige Wochen nach Beendigung der Hochzeitsfeierlichkeiten mit einem starken Heer zu folgen.

Darüber war der König hocherfreut, denn er ahnte: Wo dieser Gottesbote kämpft, dort ist der Sieg.

Und abermals senkte sich die Nacht herab, eine laue, linde, wolkenlose Nacht. Kein Lüftchen bewegte die Wipfel der Bäume, das Mondlicht versilberte Wald und Au.

Leise, wie aus weiter Ferne kommend, drang das Rauschen der Schelde zum Söller der Burg hinauf, wo Lohengrin und Elsa Haupt an Haupt gelehnt saßen und das Glück ihrer Einsamkeit genossen. Lohengrin hatte seinen weißen Mantel über die Steinbank gebreitet, sein abgeschnalltes Schwert lehnte an der Brüstung.

„Elsa", flüsterte Lohengrin und strich zärtlich über ihren schimmernden Scheitel.

Elsa schwieg und horchte dem Klang seiner Stimme nach. Dann seufzte sie und sagte: „Wie ist es schön, meinen Namen von deinen

Lippen zu hören. Nie wird mir das Glück beschieden sein, auch dich beim Namen zu nennen." Voll Wehmut schaute sie über das Land mit seinen Burgen und Dörfern, Hügeln und Tälern hin. Tränen füllten ihre Augen, ein heftiges Schluchzen erschütterte plötzlich ihren Leib.

Lohengrin erschrak. Voll Sorge legte er seinen Arm um sie. „Was ist dir, Geliebte?" fragte er.

„Ich bin deiner nicht würdig", antwortete Elsa verzweifelt. Ortruds Worte waren schon wieder in ihr erwacht und nagten gleich Schlangen an ihrem Herzen. „Du kamst wie aus dem Himmel auf mich zu — ich aber bin ein schwaches, kleinmütiges Weib."

„Das soll dich nicht quälen", versetzte Lohengrin freundlich. „Durch *meine* Liebe sollst du stark und zuversichtlich werden. Und *dein* Vertrauen, *deine* Liebe sind der schönste Lohn dafür, daß ich meine Heimat verließ, um für dich zu kämpfen."

Elsa beruhigte sich. Aber nicht für lange. „Wie soll ich dir mein Lebtag in Liebe anhangen, wenn du mir verbietest, was der geringsten Edelfrau, der letzten Bäuerin, dem Weib des ärmsten Fischers in meinem Land gewährt ist: den geliebten Mann beim Namen zu nennen und zu wissen, woher er stammt?" fragte sie erregt.

Lohengrin wurde sehr ernst. Er nahm seine junge Frau bei den Schultern, sah ihr lang in die Augen und sagte: „Habe *ich* dich gefragt, ob du schuldig oder unschuldig warst, als ich ans Land stieg und um dich warb? Ich vertraute dir, wie man dem Licht der Sonne vertraut. Und so vertrauen sollst auch du mir, bis ans Ende unserer Tage. Bezähme deine Neugier! Zerstöre nicht unser Glück durch ein unbedachtes Wort. Dein Schweigen ist meine Seligkeit."

Aber Elsa war der Stimmen in ihrem Herzen nicht mehr mächtig. „Du mißtraust mir", rief sie leise, „weil du fürchtest, ich könnte dein Geheimnis meinem Volk verraten. O höre: Nie werde ich dich vor andern, vor meinen Edlen etwa, beim Namen nennen! Nie, das schwöre ich dir! Und darum —"

„Elsa! Elsa!" warf Lohengrin angstvoll dazwischen. Er war aufgesprungen.

Elsa aber hörte seinen Ruf nicht mehr. Sie drängte sich an ihn und flüsterte mit bebenden Lippen: „Nur in den stillsten Stunden will ich dich bei deinem Namen nennen. Nur die Nacht und die Sterne sollen ihn hören, keines Menschen Ohr. Darum sage mir doch, wie du heißest — wer du bist — woher du kamst!"

Die verbotene Frage war ausgesprochen. Voll Gram und Schmerz blickte Lohengrin auf Elsa. In diesem Augenblick stürzte Telramund, gefolgt von vier verräterischen Gesellen, mit blanker Waffe durch die Tür auf den Söller. Elsa, die mit dem Rücken gegen die Brüstung stand, sah ihn zuerst. Sie stieß einen gellenden Schrei aus. „Dein Schwert! Dein Schwert!" rief sie außer sich. Sie packte die Waffe, hielt sie Lohengrin hin. Er riß die Klinge aus der Scheide, wandte sich im selben Schwung um und erschlug den Grafen, der ihm gerade das Schwert in den Rücken bohren wollte.

„Meuchelmörder!" rief Lohengrin verächtlich.

Die vier Spießgesellen entflohen.

Ohnmächtig sank Elsa zu Boden. Nach einem langen, schmerzlichen Blick auf die Unglückliche entfernte sich der Gralsritter. Jäh aufquellendes Gewölk verhüllte den Mond. Schwarz und grau lag das Land, laut rauschte die Schelde.

Knechte schafften den Leichnam Telramunds fort. Frauen eilten herbei und bemühten sich um die Herzogin. Als Elsa in ihrer Kemenate wieder zu sich kam, deutete sie nach dem Fenster und schrie verzweifelt, wie im Fieber: „Der Schwan! Der Schwan! Seht ihr ihn nicht? Er schwimmt den Fluß herauf! Er entführt mir den Gatten! Verjagt ihn! Verjagt ihn! Laßt ihn nicht landen!"

Bestürzt eilten die Frauen ans Fenster und spähten hinab. Da war kein Schwan zu sehen. Einsam und dunkel rauschte der Fluß.

Elsa aber weinte bitterlich.

Am andern Morgen versammelten sich die brabantischen Edlen wieder unter der Gerichtseiche vor der Stadt. Auch König Heinrich kam mit seinem Heerbann und Elsa mit ihren Frauen. Lohengrin hatte sie alle bitten lassen, sich auf der Au unter dem uralten Baum einzufinden. Als er zuletzt selber erschien, gerüstet wie am Tag seiner Ankunft, begrüßte ihn der König freudig:

„Heil dir, edler Held, Schützer von Brabant! Mit Freuden vernahm ich deine Botschaft — willst du schon heute deine Tapferen aufrufen, mir in den Krieg zu folgen?"

„O König, nein" entgegnete Lohengrin. „Solches geziemt mir nicht mehr, meine Macht in Brabant ist zu Ende. Elsa, mein Weib, hat ihr Gelöbnis gebrochen und mich nach Abkunft und Namen gefragt."

Ein Ruf des Entsetzens und der Entrüstung ging durch die Reihen der Männer. Die Frauen erhoben ihre Hände und klagten.

Lohengrin aber gebot Schweigen und fuhr fort: „Jeden anderen Frager hätte ich lachend abgewiesen — der Herzogin aber, für deren Unschuld ich kämpfte und der ich mich in Liebe verband, ihr muß ich Rede und Antwort stehen. So hört! — Fern von hier ragt eine Burg, Montsalvat geheißen. Das Land, in dem sie steht, kann euer Fuß nicht betreten, es wäre denn, daß Gott selbst eure Schritte dorthin lenkt. Mit Gold gedeckt sind die Türme der Burg, und in ihrem Innersten befindet sich in einer Kapelle das heiligste Gefäß der Welt, ein kristallener Kelch: der Gral. Durch ihn gibt der Himmel auf wunderbare Weise seinen Willen kund, und wenn irgendwo ein Mensch unschuldig in Not gerät, entsendet er einen der Ritter von Montsalvat als Helfer und Retter zu dem Bedrängten. Dieser Ritter kann seinen Auftrag nur erfüllen, wenn niemand weiß, wer er ist und woher er kommt. Wird er erkannt, muß er sogleich zum Gral zurückkehren. Auch ich kam aus Montsalvat zu euch und muß wieder heimkehren. Lohengrin ist mein Name — Parzival, des Grales König, ist mein Vater."

Ein vielhundertstimmiger Wehruf erfüllte die Au. Lohengrin aber trat auf Elsa zu und sprach: „Verzage nicht! Eines Tages wird dein Bruder Gottfried heil zu dir zurückkehren; er ist nicht tot, er ist nur verzaubert worden. Übergib ihm dies Schwert hier, dies Horn und meinen Ring. Das Schwert möge er im Dienste König Heinrichs gegen dessen Feinde führen. Das Horn möge er in höchster Not blasen, ich werde es hören und ihm Hilfe senden. Bei dem Ring aber möge er des Ritters gedenken, der dich, Elsa, aus tiefer Schmach befreit hat. Leb wohl!"

Mit diesen Worten übergab er Elsa, die sich kaum aufrecht halten konnte, Schwert, Horn und Ring.

Ein neuerlicher Wehruf scholl über die weite Au: Auf der Schelde war der Schwan mit dem Nachen erschienen, rasch nahte er dem Ufer. Lohengrin neigte ehrerbietig sein Haupt vor Heinrich dem Vogler, dann trat er aus dem Kreis und eilte zum Fluß hinab.

In diesem Augenblick drängte sich Ortrud durch die Menge. Sie schaute Lohengrin nach und rief hohnlachend: „Da geht er hin, der lichte Fremdling, der mir den Gatten erschlug! O Elsa, ich danke dir, daß du ihn durch deine Frage vertriebst — wäre er länger geblieben, so hätte er deinen Bruder erlöst. Wartet nur, bis er auf dem Wasser ist, dann will ich euch sagen, wer das ist, der den Kahn an goldener Kette zieht. So rächen sich die alten Götter dafür, daß ihr euch von ihnen abgewendet habt. Erkennt nun endlich, wer stärker ist, sie oder der Gral!"

Doch Ortrud frohlockte zu früh. Lohengrin hatte ihre Worte noch vernommen. Er verhielt seinen Schritt, kniete am Ufer nieder und betete inbrünstig zum Gral: „Laß mich noch zu dieser Frist, ehe ich den Fuß in den Nachen setze, das Werk vollenden, zu dem du mich ausgesandt."

Kaum hatte er so gebetet, da tauchte der Schwan plötzlich unter. Lohengrin sprang hinzu und hob mit starken Händen den Knaben Gottfried, den Ortrud in einen wilden Schwan verzaubert hatte, aus den Fluten. Er half ihm ans Land, wandte sich um und rief:

„Seht hier den Herzog von Brabant!
Ihm diene fürder all dies Land!
Kein Zauber, noch so bös entfacht,
Hat Dauer vor des Grales Macht!"

Damit stieg er in den Nachen. Eine Taube flatterte aus dem Himmel herab, nahm die goldene Kette des Schiffleins in ihren Schnabel und zog Lohengrin leicht und ohne Mühe über die Wellen davon.

Wehen Herzens auf seinen Schild gestützt, blickte der Gralsritter auf die Zurückbleibenden, die ehrfurchtsvoll das Haupt entblößten. König Heinrich hob grüßend sein Schwert. Die Frauen sanken ins Knie, nur Elsa blieb, auf ihren Bruder gestützt, aufrecht, wie erstarrt: sie konnte es nicht fassen, daß Lohengrin nie mehr wiederkehren sollte.

Als der Nachen auf der Schelde entschwunden war, umringten die Brabanter ihren Herzog und huldigten ihm. Gottfried gürtete sich mit Lohengrins Schwert, hängte sich das kleine goldene Horn an die Hüfte und steckte den Ring an. Dann ließ er zum Heerzug blasen und folgte dem König mit einer großen Schar furchtloser Streiter.

Die Zauberin Ortrud war beim Anblick Gottfrieds, den Lohengrin aus den Wellen gehoben hatte, lautlos umgesunken. Sie war tot. Man begrub sie im verwilderten Garten ihrer Waldburg, die alsbald verfiel. Heute sind auch ihre letzten Mauerreste zerbröckelt, niemand mehr findet den Ort.

Götter und Helden

Ein Nachwort für jung und alt

Das Unvergleichliche des Mythos ist, daß er jederzeit wahr und sein Inhalt für alle Zeiten unerschöpflich ist.

Richard Wagner

Die Götter- und Heldengeschichten, die hier vereinigt wurden, entstammen teils den unter dem Namen Edda bekannten altnordischen Lieder- und Sagensammlungen, teils der mittelalterlichen deutschen Heldenepik, teils der sogenannten höfischen Dichtung, wie etwa die Parzivalsage, die in dem mittelhochdeutschen »Parzival« des Wolfram von Eschenbach ihre vollendetste Ausgestaltung fand. – Die Mythen und Sagen dieses Buches sind jenen des Orients oder des alten Hellas völlig ebenbürtig. Sie sollten uns unser ganzes Leben hindurch begleiten, denn sie erscheinen uns auf jeder Stufe unseres Reifens in einem neuen Licht, bescheren uns immer tiefere Einsichten und Erkenntnisse. Darum wurden sie möglichst so gestaltet, daß man den Text in der Kindheit genauso gut wie im höchsten Alter lesen kann. Und aus demselben Grund werden hier im Nachwort wie in den Erläuterungen im Anhang Gedanken ausgesprochen, die zum Teil noch nicht für den jugendlichen, sondern erst für den reiferen Leser Bedeutung haben.

Die ersten und zugleich ältesten Sagen, die uns in diesem Buch begegnen, wurden erst vor rund siebenhundert Jahren aufgeschrieben, aber die hohe Welt ihrer Bilder und besonders die das ganze Wesen des Lesers ergreifenden und durchdringenden Rhythmen ihrer altisländischen Urfassung – der älteren Edda – führen uns in die fernste Vergangenheit des europäischen Nordens zurück, da noch unermeßliche Wälder den Erdteil bedeckten und die helläugigen Bauern und Jäger, ebenso königlich wie wild von Ansehen, mit ihren Sippen und ihrem Gesinde in verstreuten Gehöften hausten. Es waren Häuser, aus wuchtigen Balken gezimmert und mit Pfahlzäunen umgeben. Die uralten Lieder führen uns aber wohl noch tiefer zurück in das von Nebeln umwallte, für uns Heutige sagenhafte Land Atlantis, wo der Mensch noch innig mit dem Wollen und Tun göttlicher Wesen verbunden war. Sein leibliches Auge wurde erhellt und ergänzt vom Auge seiner Seele, und dieses war noch mehr dem Himmlischen als dem Irdischen geöffnet. Als Nifelheim, Nebelheim, lebt der Erdteil in den Sagen weiter. Er soll den Boden des heutigen Atlantischen Ozeans bilden, der nach ihm seinen Namen hat.

Die Völker des Nordens sahen in diesen Atlantisvölkern ihre Vorfahren, und die Götter des versunkenen Erdteils, die Wanen, gesellten sich zu den jüngeren Asen, den Göttern der nordeuropäischen Vorzeit: Ein Wane – Heimdall – hütet sogar die heilige Brücke, über welche der Ase Odin mit den Seinen tagtäglich zur Beratung reitet. Seher und Seherinnen betreuten diese Menschen in Kriegs- und Friedenszeiten, sie lenkten ihren kindlichen, oft allzu ungebärdigen Sinn und Mut durch urweisen Gesang vom Leben der Himmlischen, von Weltschöpfung und Götterdämmerung.

So beginnt das älteste dieser Lieder, das uns die Edda überliefert:

> Allen Edlen gebiet ich Andacht,
> Hohen und Niedern aus Heimdalls Geschlecht.
> Ich will Walvaters Wirken künden,
> die ältesten Lieder, deren ich mich entsinne.

Wir können uns die Sippe rings um einen breitkronigen jahrhundertealten Baum versammelt denken, unter einer der Sonne geweihten Platane etwa, unter einer Ulme, einer Esche, einer Eiche, und die Seherin bewegt sich im Rhythmus des Liedes und spendet mit ihren magisch wirkenden Lauten den ihr hingegebenen Seelen das ordnende, sänftigende lichte Wort der Götter, aus dem die Welt entstand. Thors Hammer wußte der Lauschende in seinem Herz pochen, Walvater Odins Atem fühlte er durch seine Lungen brausen, und in seinem Sinnen und Reden erlebte er, wie sich Baldurs goldstrahlende Weisheit mit Lokis verführerischem leidenschaftlichem Flackergeist mischte. Solch traumhaft erlebte Götterschau wirkte dann fort in allem Streben und in allen Entschlüssen.

Die Sagen, die sich an diese ältesten Lieder anreihen, sind ein Spiegel, in dem wir die weitere Entwicklung des Bewußtseins im nordeuropäischen Menschen verfolgen können. Da ist Sigmund aus der Sippe der Wölsungen, die Odin besonders liebt. Sigmund, der das kostbare Schwert aus dem Stamm zu ziehen vermag, in den es Odin vorzeiten hineingestoßen, hineinverborgen hat. Es ist das Schwert des Ichs, des keimenden Selbstbewußtseins, das ein künftiges freies Denken und Handeln verheißt, wie denn alle Waffen und Rüstungen in den Mythen und Sagen doppeldeutig zu nehmen sind. Auch Kämpfe und Zweikämpfe spielen sich ja immer zugleich in der Brust der Kämpfenden ab, die nach der Bezwingung des Gegners eben mehr sind, als sie vorher waren: mehr wert, in einem höheren Grade tüchtig, fortgeschritten in ihrer Entwicklung. So ist auch die Rüstung zugleich äußerer Schutz und Sinnbild für die innere Haltung, deren man sich befleißt. Und der Riese ist die Übertreibung in uns, die tödliche Unbeherrschtheit, die es zu besiegen gilt, will man ein wahrer Held sein, nicht nur ein wüster, herzloser Raufer und Totschläger. Und Gold meint fast immer Weisheit, und der Gral ist keine gewöhnliche Schale, sondern der nach oben sich öffnende Kelch der Seele.

Aber so weit sind wir noch nicht. Erst muß noch Sigurd, Sigmunds Sohn, das drohende Flackerfeuer um sich (und in sich!) durchschreiten und sich mit seiner Walküre liebend verbinden, seinem »Schutzengel« (wenn wir das Wort der Süßlichkeit entkleiden, die es angenommen hat). Und er muß seine Walküre verraten, indem er wieder zurücksinkt in die Blutsbande einer Sippe und — symbolisch — ein Erdenweib ehelicht.

Sigmunds Ich-Schwert war noch zu schwach, um sich gegenüber Göttern behaupten zu können, es zerbrach an Odins Speer. Sigurds Klinge jedoch, die er sich selber aus der zerfeilten und neu gegossenen, gleichsam wiedergeborenen Waffe seines Vaters schuf, kann sich bereits den Schritt in die Götterwelt ertrotzen, so daß der Held eine Weile bei seiner Walküre auf lichter Bergeshöhe (in der himmlischen Welt) wohnen darf. Aber es ist eben immer noch ein zu schwaches, ein zu egoistisches Ich, das da emporsteigt, es kann sich auf der Bergeshöhe nicht halten und sinkt hinab in die gewöhnliche Welt, wo Tod und Todesangst regieren, weil die Götter dort für unser Bewußtsein allmählich »verdämmert« sind.

Im Licht zu *bleiben*, das gelingt erst dem Helden Parzival, der mit seiner Entwicklung nichts mehr für sich selber, sondern alles für andere erringen will: Sein heiliger Speer (sein Ich) ist mit dem Blut des Auferstandenen geweiht, der den Tod »nach dreien Tagen« überwunden hat. Es ist eine ganz und gar unegoistische Waffe.

Parzival rächt nicht, er tötet nicht aus Zorn oder Eigensucht, er kämpft, nachdem er zum erstenmal die Gralsburg betreten durfte, nur, wenn er angegriffen wird. Sein Rittertum ist ein einziges Streben danach, in freier Selbstvervollkommnung Gottes Liebe zu erringen, Gottes Willen zu erkennen und auszuführen. Der Held in grauer Vorzeit stärkte seine Seele noch für sich – der Gralsritter tut es bereits im Dienste der Menschheit. Zwischen beiden liegt das mystische Opfer von Golgatha, ohne welches Parzivals Taten nicht möglich wären. Ohne die unfaßbar große Hilfe des Christus käme der fortschrittlichste Held immer nur so weit, wie Sigurd gelangen durfte. Und es ist von tiefster Bedeutung, daß die Kriemhild des mittelhochdeutschen Nibelungenliedes ausgerechnet ein Kreuz in das Wams ihres Gatten nähen muß – auf Hagens Rat, der genau weiß, wo er den lichten Mann tödlich treffen kann. Am Kreuz geht Sigurd zugrunde – durch das Kreuz und die Auferstehung erringt Parzival die Gewißheit von der Unsterblichkeit des Menschen, die Gewißheit von der Möglichkeit unserer Erlösung. Er wird Gralskönig. –

Damit ist der Plan dieses Buches dargelegt worden, der Bogen, der sich durch das Ganze spannt, und der Leser wird bei einiger Aufmerksamkeit merken, wie harmonisch sich die Sagen, die hier mit sicherlich völlig berechtigter Freizügigkeit als »deutsche« Sagen vereinigt wurden, zusammenfügen. Zu Beginn lassen die Götter den Widersacher Loki in ihre Versammlung herein, und Odin trinkt sogar Blutsbrüderschaft mit ihm. Das Weltendrama, der große Kampf um das Bewußtsein des Menschen, um seine Entwicklung, seinen Fortschritt beginnt, und sein erstes Opfer ist der lichte Gott Baldur, der in die Unterwelt muß. In dem Geisteslicht, das Baldur durch die ganze Welt ausstrahlte, waren Götter und Menschen, Schöpfer und Geschöpfe innig und ohne Tod vereint. Es war das Paradies. Im Augenblick, da der blinde (das heißt blindmachende!) Hödur, von Loki angestiftet, Baldur ermordet, bricht die Götterdämmerung an. Die alte, naturgegebene Hellsichtigkeit der Menschen erlischt allmählich. Licht vom Lichte Baldurs ist für den Menschen künftig nur mehr zu erlangen, wenn er sich unter Schmerzen und Gefahren darum bemüht, die Kräfte seiner Seele zu steigern. Die Tragik, die damit einsetzt, hat Richard Wagner am Schluß seiner Oper »Rheingold« einprägsam dargestellt in der großen, stummen Geste, mit welcher sich der Göttervater entschließt, das Schicksal von Himmel und Erde von nun ab in die Hand von Menschen, von Helden zu legen, denen er gleichsam die Führung übergibt: Siegmund und Siegfried (Sigmund und Sigurd). Aber erst seitdem »das Wort«, das »im Anfang« war, »Fleisch ward und unter uns wohnte«, ist die Rettung der Welt möglich geworden.

Wenn man den Beginn des Johannes-Evangeliums so ernst nimmt, wie es hier geschieht, dann sind wirklich »alle Dinge, die entstanden sind«, durch das Wort, durch den weltenschöpfenden Logos, entstanden, mithin auch alle vorchristlichen Religionen, in denen man geheime Wege zum Christus-Ereignis sehen darf, wie es die Propheten im Alten Testament voraussagten. Was dort vorbereitet und angekündigt wurde, das kündigt sich auf seine ganz besondere Art und Weise auch in der altnordischen Mythe an. Dort heißt es nach dem Zusammenbruch der alten Welt in der Götterdämmerung:

Da sah ich auftauchen zum andernmal
aus dem Wasser die Erde und neu ergrünen.
Die Fluten fallen, darüber fliegt der Aar.
Die Asen einen sich auf dem Idafelde,
über den Weltumspanner zu sprechen, den großen.
Uralter Sprüche sind sie da eingedenk . . .
Da werden sie wieder die wundersamen
goldenen Tafeln im Grase finden,
die in Urzeiten die Götter hatten.
Da werden unbesät die Äcker tragen,
alles Böse bessert sich, Baldur kehrt wieder!
In Heervaters Himmel wohnen Hödur und Baldur beisammen . . .
Da reitet der Mächtige zum Rat der Götter,
der Starke von oben, der alles steuert,
den Streit entscheidet er, schlichtet Zwiste
und ordnet ewige Satzungen an.

Ist es nicht, als ob durch diese Bilder das herankommende, alles versöhnende Christuslicht wie aus seliger Ferne verheißungsvoll hindurchschimmerte? –

Die Sagen zwischen den alten Göttergeschichten und der jungen Parzival-Mythe leben teilweise schon stark vom Historischen, Diesseitigen und von der Fabulierlust der Spielleute, die sie gestaltet und immer mehr ausgeschmückt haben. Trotzdem ist Theoderich der Große als Dietrich von Bern, der mit Riesen kämpft, Feuer ausatmet, der rauhen Else, dem Bild seiner erlösungsbedürftigen Seele, begegnet und zuletzt in den Himmel entrückt wird, noch deutlich in den Glanz des Mythischen getaucht. In der Nibelungensage erlischt dieser Glanz jedoch bald. Wohl besiegt der junge Siegfried den Drachen und bekommt seine Hornhaut, und selbst Hagen von Tronje hält noch an der Donau Zwiesprache mit Wasserjungfrauen. Aber die unerbittlich rächenden und richtenden Streiter in der Etzelburg sind schon alle, samt der rachsüchtigen Kriemhild, Angehörige des »finsteren Zeitalters«: Die alten Götter sind den Seelen bereits restlos verdämmert, die Verbindung zum Christuslicht ist noch nicht da. Denn daß wir im Nibelungenlied überall Kirchen und Priester antreffen, ist nichts weiter als das Kolorit der Umwelt seines unbekannten Dichters. Für das Denken, Fühlen und Handeln der Gestalten hat es nicht die geringste Bedeutung. Die sind so heidnisch, als irgend denkbar, ja heidnischer als die Heiden. Goethe hat am 16. November 1808 eine Eintragung in sein Tagebuch gemacht, in welcher es heißt: Die Nibelungen sind »so furchtbar, weil es eine Dichtung ohne Reflex ist (das heißt: ohne jede Beziehung zu einer höheren, göttlichen Welt) und die Helden wie eherne Wesen nur durch und für sich existieren«. Es gibt im Nibelungenlied nur die Erde und den sterblichen Menschen, sonst nichts. In gewissem Sinne eine sehr aktuelle Dichtung ...

In früheren Zeiten hielt man die herrlichen Stoffe, die uns in den Mythen und mythenhaften Sagen überliefert wurden, für bloße Poesie, für reine menschliche Phantasieprodukte. Moderne Geistesforschung lehrt uns jedoch, in all den Bildern und Worten Tatsachen zu erkennen, an denen sich der beschwerliche Weg des Menschen aus der Vergangenheit in die Zukunft ablesen läßt. In die Zukunft — denn der Gralsritter blickt, wenn er einsam durch die wirre Welt zieht, immer vorwärts. Daß er in der Sage Helm und Panzer, Schwert und Speer trägt, ist belanglos — was er leidet und kämpft, gilt für alle Zeiten, auch für die unsere, die jene Waffen längst ins Museum gehängt hat. Im Kleid des Alltags von heute müssen wir die gleichen Kämpfe zwischen Licht und Finsternis in der eigenen Brust bestehen. Wie Parzival.

Dr. Kurt Eigl

INHALTSVERZEICHNIS